林芝年鉴

2022 ཉིང་ཁྲིའི་ལོ་རིམ་མེ་ལོང་། LINZHI YEARBOOK

林芝市地方志编纂委员会办公室 编

方志出版社
Publishing House of Local Records

图书在版编目（CIP）数据

林芝年鉴. 2022 / 林芝市地方志编纂委员会办公室编.—北京 : 方志出版社, 2022.12
ISBN 978-7-5144-5725-4

Ⅰ. ①林… Ⅱ. ①林… Ⅲ. ①林芝－2022－年鉴
Ⅳ. ①Z527.53

中国国家版本馆CIP数据核字（2023）第132085号

责任编辑：刘芳
责任校对：刘玉霞
责任印制：梅中英
出 版 者：方志出版社
地　　址：北京市朝阳区潘家园东里9号（国家方志馆4层）
邮　　编：100021
网　　址：http://www.zgfzcb.cn
发　　行：方志出版社图书营销中心（010-67110500）
印　　刷：山东黄氏印务有限公司
开　　本：889毫米×1194毫米　1/16
印　　张：29.75
字　　数：796千字
版　　次：2022年12月第1版
印　　次：2022年12月第1次印刷
定　　价：298.00元

林芝市地方志编纂委员会

数说林芝·2021

- 地区生产总值：209.01 亿元
- 第一产业产值：12.56 亿元
- 第二产业产值：70.97 亿元
- 第三产业产值：125.48 亿元
- 常住人口：238936 人
- 农村居民人均可支配收入：21767 元
- 城镇居民人均可支配收入：41346 元
- 农林牧渔业总产值：172276.57 万元
- 粮食作物播种面积：17909.34 公顷
- 油料种植面积：1975.17 公顷
- 蔬菜种植面积：2811.48 公顷
- 粮食总产量：84979.08 吨
- 肉类总产量：13946.75 吨
- 奶类产量：22617.1 吨
- 工业总产值：22.7 亿元
- 中成药生产：2771.14 吨
- 天然饮用水生产企业：5 家
- 社会消费品零售总额：56.23 亿元
- 城镇消费品零售额：39.37 亿元
- 乡村消费品零售额：16.86 亿元
- 进出口总额：657.4 万元
- 公路客运量：119.06 万人次

- 公路货运量：210.8 万吨
- 民航旅客吞吐量：51.58 万人次
- 货邮吞吐量：0.28 万吨
- 公路通车里程：7187.6 千米
- 旅游业接待：1006.07 万人次
- 旅游总收入：83.75 亿元
- 入境游客：0.27 万人次
- 旅游外汇收入：711.24 万元
- 家庭旅馆总数：701 家
- 宾馆饭店总数：619 家
- 对外营运景区：28 家
- 公共预算收入：15.02 亿元
- 公共预算支出：103.58 亿元
- 各项存款余额：343.29 亿元
- 各项贷款余额：342.54 亿元
- 中学：11 所（含 3 所高中）
- 小学：61 所
- 销售体彩：9477.37 万元
- 艺术表演团体：510 个
- 文化馆（站）：62 个
- 公共图书馆：8 个
- 卫生工作人员：1563 人

领导调研

2021 年 5 月 10 日，住房和城乡建设部副部长张小宏一行在工布江达县巴河镇，调研我市特色小城镇建设、市政基础设施建设　　（林芝报社　供图）

2021 年 4 月 17 日，国务院抗震救灾指挥部办公室副主任、中国地震局副局长阴朝民一行到林芝市消防救援支队检查指导地震灾害防范应对准备工作

（市消防救援支队　供图）

2021年12月14日至18日，自治区党委书记王君正深入林芝市察隅、波密、墨脱、米林、巴宜、工布江达等县区，就学习贯彻落实党的十九届六中全会精神和自治区第十次党代会精神进行调研（《西藏日报》供图）

2021年3月22日，西藏自治区副主席多吉次珠率领区旅发厅、文化厅等单位负责人调研雅鲁藏布大峡谷景区旅游厕所、旅游交通、疫情防控、应急疏导等情况（中共米林县委员会办公室 供图）

2021 年 8 月 26 日，西藏自治区人大常委会副主任、林芝市委书记马升昌到米林县调研搬迁安置等工作　　（中共米林县委员会办公室　供图）

2021 年 10 月 8 日，市委书记赦刘全在工布江达县看望老党员贡嘎（宋建兴　摄）

2021年10月14日，市委书记敖刘全来到林芝干部休养基地整合项目施工现场，开展实地调研　　（宋建兴　摄）

2021年11月16日，市委副书记、市长巴塔到巴宜区，调研巴宜区农牧特色产业、乡村振兴工作开展情况　　（《林芝日报》供图）

年度要闻

①

②

③

4

5

1. 2021 年 4 月 5 日，雅鲁藏布大峡谷举行 AAAAA 级旅游景区揭牌仪式（中共米林县委员会办公室　供图）

2. 2021 年 10 月 31 日，新当选市委书记敖刘全携市委常委会成员 13 人集体亮相，与媒体记者见面，并向全市人民作出庄严承诺　（蔡尧　宋建兴　摄）

3. 2021 年 5 月 29 日，西藏自治区首个智慧型城市书屋在林芝福建公园北门揭牌　（市文广局　供图）

4. 2021 年 6 月 2 日，林芝市举办科技活动周暨科技工作者日活动　（市科技局　供图）

5. 2021 年 6 月 28 日，林芝市“墨脱采茶人、米林藏药种植人”入选全区典型劳务品牌，墨脱采茶人同步纳入人社部新公布全国劳务品牌建议名单　（市人社局　供图）

2021年6月29日，林芝市召开“两优一先”表彰大会，为老党员代表颁发“光荣在党50年”纪念章，表彰全市优秀共产党员、优秀党务工作者、先进基层党组织

（市委组织部　供图）

2021年7月23日，林芝市企业参加首届澳门·西藏林芝松茸美食文化节　　（市商务局　供图）

2021年10月29日，墨脱县召开国家发改委定点帮扶墨脱县工作座谈会，国家发改委副秘书长郭兰峰（左四）、国家发改委地区振兴司司长童章舜（右四）出席会议

（中共墨脱县委员会办公室　供图）

2021 年 10 月 30 日，“粤贸全国 · 粤品粤靓”产品展开幕（市商务局　供图）

2021 年 11 月 19 日，米林县在南伊乡琼林村“红色小牧屋”举行林芝市爱国教育基地揭牌仪式

（中共米林县委员会办公室　供图）

12 月 28 日，林芝市政务服务中心 24 小时自助服务大厅正式对外开放

（市行政审批和便民服务局　供图）

交流合作

1

2

3

4

5

1. 2021 年 3 月 25—29 日，广东外商投资企业协会到林芝考察　（市商务局　供图）

2. 2021 年 4 月 12—16 日，东莞市副市长黎军（第一排右五）一行到巴宜区开展对口支援工作考察调研　（中共巴宜区委员会办公室　供图）

3. 2021 年 5 月 21—26 日，林芝市人民医院到广东省对口帮扶医院交流学习　（市人民医院　供图）

4. 2021 年 9 月 8 日，福建省工商联党组书记李佳荣一行 10 人到林芝市考察学习　（市工商联　供图）

5. 2021 年 9 月 13 日，广东省佛山高新区考察组到林芝经济开发区考察　（中共林芝经济开发区委员会办公室　供图）

2021 年 9 月 14 日，上海市政协副主席、工商联主席寿子琪（前排左五）到林芝经济开发区考察　　（中共林芝经济开发区委员会办公室　供图）

2021 年 9 月 25—27 日，乌拉圭大使到鲁朗参观家庭旅馆　　（市外办　供图）

2021 年 10 月 23 日，粤藏供销协作暨林芝特色农产品产销对接会手拉手帮扶关系地区签约仪式在广州市举办 （市商务局　供图）

2021 年 12 月 25 日，中国邮政林芝市分公司与中国民用航空林芝站、南方航空公司拉萨营业部、西藏央秀实业有限公司举行“推进消费扶贫　助力乡村振兴”战略合作签约仪式　（林芝邮政公司　供图）

精彩林芝

2021 年 6 月 4 日，“粤林幸福菜谱”发布会举行　　（市人社局　供图）

2021 年 3 月 27 日，西藏林芝第十九届桃花旅游文化节开幕　　（市文广局　供图）

2021 年 3 月 28 日，米林县教育系统开展“3·28 西藏百万翻身农奴解放纪念日”文艺汇演主题系列活动　　（中共米林县委员会办公室　供图）

2021 年 3 月 28 日，米林县在宇妥公园举办“捧起幸福的火花”暨纪念百万农奴解放 62 周年文艺演出

（中共米林县委员会办公室　供图）

2021 年 4 月 3 日，林芝市第十九届桃花旅游文化节米林分会场开幕（中共米林县委员会办公室　供图）

2021年5月6日，以“100年廿七载 粤藏心连心”为主题的粤林文化艺术交流系列活动在广州举办 （市文广局　供图）

2021年5月28日，米林县第十四届黄牡丹藏医药文化旅游节在藏医药文化重要发源地扎贡沟开幕 （中共米林县委员会办公室　供图）

2021 年 6 月 18 日，米林县举办“文化和自然遗产日”宣传暨第二届“圣地药洲　唱响米林”歌手大赛“我把歌声献给党”　　（中共米林县委员会办公室　供图）

2021 年 7 月 8 日，朗县举行热烈庆祝中国共产党成立 100 周年暨西藏和平解放 70 周年文艺演出活动　　（中共朗县委员会办公室　供图）

2021 年 7 月 22 日，米林县开展第一届"红领巾心向党　传承红色基因"少年军校夏令营活动

（中共米林县委员会办公室　供图）

2021 年 9 月 26—27 日，2021 西藏林芝雅鲁藏布文化旅游节文艺晚会举行

（市文广局　供图）

2021 年 6 月 18 日，米林县举办“文化和自然遗产日”宣传暨第二届“圣地药洲　唱响米林”歌手大赛“我把歌声献给党”　　（中共米林县委员会办公室　供图）

2021 年 7 月 8 日，朗县举行热烈庆祝中国共产党成立 100 周年暨西藏和平解放 70 周年文艺演出活动　　（中共朗县委员会办公室　供图）

2021 年 7 月 22 日，米林县开展第一届"红领巾心向党　传承红色基因"少年军校夏令营活动

（中共米林县委员会办公室　供图）

2021 年 9 月 26—27 日，2021 西藏林芝雅鲁藏布文化旅游节文艺晚会举行

（市文广局　供图）

2021 年 9 月 29 日，波密县举办“冬游波密”旅游推介会活动

（中共波密县委员会办公室　供图）

2021 年 10 月 18 日，林芝市第十五届“南迦巴瓦峰杯”篮球赛闭幕

（中共米林县委员会办公室　供图）

编辑说明

一、《林芝年鉴》是由中共林芝市委办公室、林芝市人民政府办公室主办，林芝市地方志办公室编纂的地方综合年鉴。首卷出版于2007年，现已出版13卷。本卷年鉴坚持以马克思列宁主义、毛泽东思想、邓小平理论、“三个代表”重要思想、科学发展观、习近平新时代中国特色社会主义思想为指导，坚持辩证唯物主义和历史唯物主义的立场、观点和方法，真实、全面、系统载录林芝市自然、政治、经济、文化、社会等方面的基本情况，为各级领导了解林芝市情、实施科学决策提供依据，为各行业、各部门、各单位查询资料，为国内外各界人士认识、研究林芝提供可靠的信息，是林芝市精神文明建设和对外宣传的窗口。

二、本卷年鉴记录林芝市2021年度经济社会发展的基本情况。重点反映林芝市委、市政府及各部门认真贯彻落实习近平总书记治边稳藏战略思想和“建设美丽幸福西藏，共圆伟大复兴梦想”重要指示精神，立足新发展阶段，完整、准确、全面贯彻新发展理念，服务融入新发展格局，聚焦“四件大事”，聚力“四个创建”，按照市委“11364”发展思路，在稳增长、促改革、调结构、优生态、惠民生等工作进程中取得的新成果、新经验。

三、本卷年鉴采用分类编辑法，有类目、分目、条目三级，部分内容还有次分目（参见“银行”和“保险”分目、“院校选介”分目等内容）。条目标题统一用【 】表示，彩色版面单独标页，便于查阅。设有特载、大事记、市情概览、中国共产党林芝市委员会、林芝市人民代表大会、林芝市人民政府、中国人民政治协商会议林芝市委员会、纪检监察、对口援藏、群众团体、法治、军事、综合经济管理、农业和农村建设、工业和信息化、商贸流通、旅游、城乡建设 生态保护、应急救援、交通 邮政 通信、财税 金融、教育、科学技术、文化、卫生健康、社会生活、县 区、表彰、附录、统计资料30个类目。

四、本卷年鉴统计数据使用法定计量单位，价值指标绝对数凡未注明的，按记载当年（2021年）价格计算。

五、为免累赘，凡直书月、日，未写年份，即为2021年。数据增减多少未说明与某一年份相比，即为记载当年（2021年）与上年（2020年）比较。

六、本卷年鉴所提供的内容和数据，均由林芝市各有关部门、县（区）人民政府及驻地部队提供，经提供单位领导审核。所用综合性资料、数据，一律截至2021年底。

七、本年鉴使用的文字、数字、标点符号、计量单位等，均按国家颁布的统一规范书写。

目　录

特　载

大事记

市情概览

中国共产党林芝市委员会

林芝市人民代表大会

林芝市人民政府

中国人民政治协商会议林芝市委员会

纪检监察

对口援藏

群众团体

法 治

军　事

综合经济管理

农业和农村建设

工业和信息化

商贸流通

旅　游

城乡建设　生态保护

应急救援

交通　邮政　通信

财税 金融

教　育

科学技术

文　化

卫生健康

社会生活

县 区

表　彰

附　录

统计资料

特　载

立足新时代　谱写新篇章
为在建设社会主义现代化新西藏征程中
走在前列而努力奋斗

——在中国共产党林芝市第二次代表大会上的报告（节选）

市委书记　赦刘全

2021 年 10 月 29 日

中国共产党林芝市第二次代表大会，是在我们党成立 100 周年和西藏和平解放 70 周年的重要时刻，召开的一次十分重要的会议。大会主题是：高举习近平新时代中国特色社会主义思想伟大旗帜，深入贯彻总书记关于西藏工作的重要指示和新时代党的治藏方略，深入贯彻总书记视察西藏重要讲话精神，团结带领全市广大党员干部群众，积极投身推进长治久安和高质量发展的生动实践，奋力谱写新时代林芝工作新篇章。

一、回顾过去发展成就，以笃定自信的心态建功新时代

市第一次党代会以来，在党中央亲切关怀下，在区党委坚强领导下，市委团结带领各级党政组织和各族干部群众，按照区党委“五个走在前列”指示要求，以处理好“十三对关系”为工作方法，聚焦建设幸福繁荣和谐绿色美丽“五个林芝”，统筹推进改革发展稳定各项事业，全面完成了市第一次党代会确定的各项目标任务，为建设社会主义现代化新林芝奠定了坚实基础。

六年来，我们坚持绝对忠诚、拥戴核心的政治品格，“两个维护”在对标对表中更加坚决。始终把增强“四个意识”、坚定“四个自信”、做到“两个维护”作为最大政治，绝对忠诚于党、绝对忠诚于核心的信念坚如磐石。

六年来，我们发扬骨头要硬、腰杆要直的斗争精神，社会局势在共建共治中更加稳定。始终坚持稳定压倒一切，全面落实各项维稳举措，林芝成为全区唯一获得“长安杯”荣誉称号的地市。

六年来，我们保持强基补链、彰显特色的发展激情，经济实力在转型升级中更加强劲。始终贯彻新发展理念，不断提高发展质效。2020 年，全市地区生产总值达到 191.34 亿元，年均增长 9.1%。

六年来，我们厚植改善民生、凝聚人心的为民情怀，群众生活在提标扩面中更加幸福。始终以打赢脱贫攻坚战为重点，持续实施“民生十件实事”，各族群众幸福指数节节攀升。

六年来，我们敞开内外互动、合作共赢的宽广胸襟，发展活力在改革开放中更加凸显。始终坚持以开放的理念、创新的举措推动发展。

六年来，我们树立崇尚自然、和谐共生的生态理念，绿色林芝在保护治理中更加美丽。始终牢固树立绿水青山就是金山银山、冰天雪地也是金山银山的理念，坚持在保护中发展、在发展中保护。

六年来，我们传承戍边卫国、强边固防的爱国精神，边境防线在固边兴边中更加牢固。始终坚持屯兵和安民并举、固边和兴边并重，大力弘扬军政军民团结优良传统，确保边疆巩固和边境安全。

六年来，我们扛起党要管党、从严治党的主体

责任，执政根基在从严从实中更加坚实。始终严格落实新时代党的建设总要求和组织路线，抓基层打基础，扬优势显特色，不断厚植党在林芝的执政根基。通过一系列强基固本举措，党的基层组织更加坚强有力，各级领导班子精诚团结，各族干部群众心齐气顺，党的旗帜始终高高飘扬在雪域江南。

回顾过去六年的发展历程和艰辛探索，我们深刻体会到：推进林芝长治久安和高质量发展，必须坚定正确政治方向。只要我们始终高举习近平新时代中国特色社会主义思想伟大旗帜，林芝各项事业就一定能够沿着正确航向破浪前行。必须坚持新时代党的治藏方略。只要我们认真践行新时代党的治藏方略，切实抓好“四件大事”，林芝的未来之路就一定能够越走越扎实、越走越宽敞。必须坚持以人民为中心的发展思想。只要我们牢牢把握西藏工作的着眼点着力点、出发点落脚点，就一定能够得到各族群众的衷心拥护和信任支持。必须坚持党要管党、全面从严治党。只要我们认真落实新时代党的建设总要求，大力弘扬伟大中国共产党成立精神，就一定能经受得住风险考验，凝聚起干事创业的磅礴力量。

二、明确今后五年目标任务，以走在前列的姿态开启建设社会主义现代化新林芝新征程

“十四五”时期是我国开启全面建设社会主义现代化国家新征程，向第二个百年奋斗目标进军的关键五年，也是我市大有可为、大有作为的发展黄金期。站在“两个一百年”的历史交汇节点，习近平总书记视察西藏时发表了重要讲话，作出了一系列重要指示，深刻阐述了西藏工作的一系列方向性、根本性问题，为新时代西藏工作提供了根本遵循和行动指南。特别是总书记在林芝视察期间，专门叮嘱我们“守护好林芝的生灵草木、万水千山”“提升城市现代化水平”“全面推进乡村振兴”“让各族群众生活好上加好、芝麻开花节节高”，为林芝发展确立了新坐标、明确了新定位、赋予了新使命。习近平总书记的殷殷重托是谋划林芝未来工作的根本所在、方向所在，是我们最大的优势、最大的底气。我们必须在总书记重要讲话精神指引下，在区党委坚强领导下，强化历史思维和系统思维，增强机遇意识和风险意识，切实把发展机遇转化为发展优势和发展成果。

今后五年工作的总体要求是：高举习近平新时代中国特色社会主义思想伟大旗帜，深入贯彻党的十九大和十九届二中、三中、四中、五中全会精神，深入贯彻中央第七次西藏工作座谈会精神，深入贯彻总书记关于西藏工作的重要指示和新时代党的治藏方略，深入贯彻总书记视察西藏重要讲话精神，增强“四个意识”、坚定“四个自信”、做到“两个维护”，胸怀“两个大局”，牢记“国之大者”，立足新发展阶段，贯彻新发展理念，构建新发展格局，按照区党委决策部署，以在社会主义现代化建设新西藏征程中走在前列为总定位，把维护祖国统一、加强民族团结作为着眼点和着力点，把改善民生、凝聚人心作为出发点和落脚点，正确处理好“十三对关系”，抓好稳定发展生态强边“四件大事”，着力构建“一核三带六组团”新发展格局，努力把林芝打造成和谐稳定示范区、高质量发展先行区、生态文明引领区、强边固防样板区，推动新时代林芝长治久安和高质量发展。

今后五年工作的奋斗目标是：地区生产总值年均增长 8.5% 以上；城镇居民、农牧民人均可支配收入年均分别增长 11%、13.5% 以上，确保到“十四五”末，社会治理实现新提升，经济发展实现新跃升，改革开放实现新突破，民生福祉实现新提高，生态建设实现新进步，强边固防实现新巩固，党的建设实现新加强。

为实现上述目标，我们将着力构建“一核三带六组团”的新发展格局，实现打造“四个区”的新发展目标，概括起来就是“1364”发展战略。

三、做好未来五年主要工作，以砥砺奋进的状态推进新时代林芝长治久安和高质量发展

今后五年，全市上下要坚持把林芝工作摆在历史的大背景中来衡量，聚焦“四件大事”，实现“四个确保”，担负起历史使命、时代重任、人民期望，奋力推进“四个区”建设。

（一）牢牢把握“四个重点”，着力打造和谐稳定示范区。习近平总书记指出“在西藏，现阶段维护稳定仍然是第一位的工作任务”。我们要牢固树立总体国家安全观，牢牢把握维护祖国统一、加强民族团结这一着眼点着力点，多谋长久之策、多行固本之举，持续筑牢维护稳定的铜墙铁壁。

——要牢牢把握反分裂斗争这一重点。坚持反分裂斗争的方针政策不动摇。全面贯彻旗帜鲜明、针锋相对、掌握主动、争取人心、强基固本的方针，发扬斗争精神、增强斗争本领，深化反分裂斗争规律性认识，从打赢最复杂斗争、迎接最严峻考验、应对最困难局面的高度来谋划、来推进，坚决确保国家安全、社会稳定、人民幸福。保持反分裂斗争的高压态势不松劲。常态化开展扫黑除恶专项斗争，深入实施维护国家政治安全专项行动，坚决铲除分裂势力和分裂活动的滋生土壤。覆盖式开展《藏传佛教活佛转世管理办法》等法规规章宣传，教育引导各族干部群众坚决与分裂势力划清界限，打头阵、当先锋，决不胆怯、决不腿软。加强反分裂斗争的能力建设不懈怠。坚持主动治理与依法治理、系统治理、源头治理相结合，加快推进“雪亮工程二期”“智慧警务”等信息化建设，推进市域社会治理现代化。坚持和发展新时代“枫桥经验”，完善推行务实管用的村规民约、市民公约、寺规僧约，深化实施四级领导干部接访下访，实现社会治理向末端延伸。坚持问题联治、工作联动、平安联防，发挥驻村驻寺干部、“双联户”等方面力量作用，健全自治、法治、德治相结合的城乡治理体系，构建网格化管理、精细化服务、信息化支撑的基层管理服务模式。

——要牢牢把握维护民族团结这一重点。铸牢中华民族共同体意识。认真贯彻中央民族工作会议精神，深刻认识铸牢中华民族共同体意识是祖国统一、民族团结的思想基石，坚持所有工作都围绕这一主线聚焦发力，深入开展爱国主义教育、马克思主义“五观”“两论”教育、新旧西藏对比教育，突出抓好西藏地方和祖国关系史教育，让“三个离不开”“五个认同”“四个与共”在各族干部群众心中深深扎根。巩固提升全国民族团结进步创建成果。围绕创建全国民族团结进步示范市目标，实施好自治区民族团结进步模范区创建条例和规划，持续开展民族团结进步模范单位创建，大力实施中华民族视觉形象工程，开展国家通用语言文字教育普及活动，深入研究、挖掘整理具有林芝地域特色的民族团结故事，让各族群众了解西藏文化是中华文化的重要组成部分，使中华文化始终成为全市各族群众的情感纽带、心灵归属。加强各民族交往交流交融。坚持开放包容理念，用好对口支援、招商引资、旅游推介等交流交往平台，积极构建嵌入式社区环境，落实好外来致富能手、产业能人落户林芝的各项优惠政策，鼓励各族群众结成“师徒”，联合创业、共同致富，在共居共学共事共乐中手足相亲、守望相助。

——要牢牢把握依法管理宗教事务这一重点。增强“导”的实效。坚持“五个有利于”标准，发挥党员干部在推进“藏传佛教中国化”中的主导作用，调整优化驻寺干部，配齐配强寺管会班子，培养更多立场坚定、熟悉政策、说话管用的“明白人”。制定关于推进移风易俗、树文明乡风的政策措施，引导信教群众理性对待宗教，淡化宗教消极影响。健全“管”的机制。全面贯彻党的宗教工作基本方针，健全完善依法管理宗教事务机制，丰富拓展“遵行四条标准、争做先进僧尼”活动内涵，严格落实“三个不增加”“三项要求”，加强外来转山朝佛人员服务管理，稳妥管好伊斯兰教等其他宗教，着力在属地化、法治化、规范化管理上多方发力，确保宗教领域管得住、管得好。压实“稳”的责任。压实各级党委政府属地管理和分级负责责任、各级统战宗教部门统筹协调责任、寺庙管理委员会具体管理责任，落实党员领导干部联系寺庙和宗教界代表人士工作机制，做好宗教界代表人士培养，牢牢掌握宗教工作的领导权、主动权。

——要牢牢把握意识形态工作这一重点。壮大主流舆论。以社会主义核心价值观为引领，健全既

"管肚子"更"管脑子"长效机制，加强宣传思想文化阵地建设，建好用好管好新时代文明实践中心和融媒体中心，加快主流媒体深度融合发展，用群众喜欢听、听得懂、记得住的语言，深刻阐释党的英明伟大和社会主义制度的无比优越，最大限度凝聚正能量、弘扬主旋律。加强阵地管控。坚持政治家办报办台、新闻立报立台立站，办好林芝广播电视台、《林芝报》，深入实施网络内容建设工程，统筹网上网下，推动形成定位明确、特色鲜明、功能互补、覆盖广泛的舆论引导格局。掌握工作主动。严格落实意识形态工作责任制，完善互联网信息监管、有害信息封堵删除、网评引导和舆情预警机制，落实网络20条禁令措施，加强重大突发事件和敏感舆情分析研判处置，依法打击各类宣传渗透活动，严查封堵"藏独"反动出版物及宣传品，坚决确保意识形态领域绝对安全。

（二）大力实施"四项行动"，着力打造高质量发展先行区。习近平总书记指出"西藏发展不是单纯的经济问题，而是政治问题、经济问题、社会问题、民生问题的辩证统一"。我们要牢固树立以人民为中心的发展思想，坚持"四个赋予一个有利于"，增强内生动力、优化发展格局，努力在高质量发展中取得新成效。

——要实施"优势产业提质增效"行动。突出推进农牧产业现代化，做大一产。紧扣打造全区重要的特色农畜林产品生产加工基地，以"一带四基地"布局为主线，持续扩规模，围绕建设全国藏猪之乡、高原有机茶主供地，加强产业集群建设，强化科技创新，推动藏猪、茶叶等特色产业连片成带发展。持续育品牌，积极实施品牌带动战略，统筹特色资源，精心打造一批区域品牌，加快培育一批企业品牌，加大绿色食品、有机产品和国家地理标志保护产品认证力度，让林芝品牌享誉区内外。持续促增收，以健全群众增收与产业发展的联结机制为主攻方向，打破资金使用惯性，大力推行"企业+合作组织+农户""企业+基地+农户"等经营形式，构建起"龙头企业带动、合作组织跟进、广大农户参与"的抱团发展模式，让农牧民对接产业、联结企业，以长效机制合理分享全产业链增值收益，实现从"资金到户"向"效益到户"转变。突出清洁能源这个优势，做强二产。紧扣打造国家清洁可再生能源示范区，做好"电"的文章，加快能源基础设施建设，配合做好雅江下游水电开发设计，协助推进米林水库等调蓄工程前期工作，做好骨干电力输送通道等项目，建好国家清洁能源基地，真正把丰富的水电能源优势转化为经济优势。特别是要处理好移民安置与生态保护、城镇建设的关系，扎实做好思想引导、政策解读工作，提前谋划移民安置方案和帮扶措施，确保工程建设和移民搬迁"两不误"。做好"水"的文章，抓住自治区实施"西藏好水"走出去战略的大好机遇，高标准编制实施《林芝市天然饮用水产业发展规划》，大力发展天然饮用水产业，打造具有林芝特色的"绿色银行"。突出生态旅游业主导地位，做精三产。紧扣打造国际生态旅游区和全域旅游示范区目标，坚持"绿色打底、山河为骨、文化为魂"，构建全域旅游格局，加快新一轮旅游景区创A工作，打造A级景区集群体系，加强鲁朗国家旅游度假区建设，做好国家级文明旅游示范单位创建，形成一批以AAAAA级景区为龙头，点状布局、错位发展、功能完善、各具特色的精品旅游线路和景区景点。拓展全域旅游内涵，持续深化"旅游+""+旅游"战略，构建自然山水游、休闲养生游、红色文化游、特色乡村游的产品体系，深化"藏东南环线"及区外省市旅游交流合作，推动区域旅游资源共享、品牌共建、线路共联，持续扩大"两节加一季"影响力，打响"进藏第一站"品牌。夯实全域旅游支撑，积极改善旅游交通、景区设施和游客服务中心等基础设施条件，加快推进智慧旅游城市建设，构建完备的"吃、住、行、厕、游、购、娱"要素体系，力争到2025年旅游接待突破1400万人次，收入达到125亿元。

——要实施"发展动能提级扩能"行动。基础设施建设增动力。正确处理好建设重大项目和民生项目的关系，全力推进重大基础设施建设，保障做好川藏铁路林芝至雅安段建设协调服务工作，配合做好滇藏铁路前期研究和拉林铁路复线前期研究论证，加快推进G219线墨脱至察隅段公路建设，实施好自然灾害防治九项重点工程，加快“数字林芝”建设，以基础设施建设推动经济发展、带动全局。全面深化改革激活力。正确处理好简政放权和地方承接的关系，统筹推进“放管服”、社会事业和金融等重点领域改革，提高行政审批效率和便民服务水平，执行好阶段性减税降费政策，落实好国企改革三年行动方案，推进集体林权制度、草原承包经营制度改革，用权力的“减法”、服务的“加法”、障碍的“除法”，换取发展的“乘法”。积极融入自治区五城3小时经济圈，主动对接成渝双城经济圈、大香格里拉经济圈，连接大湾区经济圈。持续巩固对口支援关系，坚持引资和引技、引智并举，创新援藏形式、拓宽援藏领域、丰富援藏内涵，完善柔性援藏、“小组团”等对口受援模式，推动援藏资金、项目、人才向农牧区倾斜、向边境地区倾斜。关心爱护援藏干部人才，在政治上充分信任、工作上大力支持、生活上热情关心、管理上严格要求，为他们施展才华、发挥作用提供更加广阔的平台。招商引资引外力。按照“产城融合、一区多园、市县区联动”原则，大力实施林芝经开区成长工程，以集约化发展为导向，统筹整合县区资源，围绕高原生物产业、特色文化旅游产业、清洁能源产业等重点产业，开展产业链招商、园区招商、对口援助招商，进一步提升服务意识，吸引更多优质企业进驻林芝，更多优质项目落户林芝，努力把经开区打造成全市发展引擎和县区发展“飞地”。

——要实施“城乡发展提档升级”行动。全面推进乡村振兴。按照“产业兴旺、生态宜居、乡风文明、治理有效、生活富裕”二十字方针，严格落实5年过渡期内“四个不摘”要求，深入研究接续推进巩固脱贫攻坚成果与乡村振兴有效衔接，动态做好有返贫、致贫风险人口帮扶，持续发挥扶贫项目效益，抓好示范村和重点帮扶村建设，大力发展现代农牧业，改善农牧区人居环境，加强和创新农牧区社会治理，稳妥开展农牧区资源变资产、资金变股金、农牧民变股东改革，实现农牧区产业兴、乡村美、群众富，为全区乡村振兴提供林芝经验。要围绕“融得进、稳得住、能致富”的要求，以做细思想引导为重点，以做实稳定就业、产业项目等工作为关键，持续做好搬迁工作“后半篇”文章，让搬迁群众更好地融入当地、共同发展。加快推进中心城市建设。围绕“一核”建设，立足旅游城市功能定位，抓好河西新区建设和老城区提升改造，加快永久、结麦、觉木及火车站片区建设步伐，推进巴宜、米林协同发展，建设藏中南重点开发区东部中心。实施市政道路提升改造、停车场建设、中心城区慢行系统建设，推进智慧城管建设，提升城市公共服务能力。改造提升城市风貌，提高绿化覆盖率和人均公共绿地面积，创建国家级园林城市，推动城市功能、形象、品位全面升级。扎实推进城镇化建设。围绕“六组团”建设，加快实施以县城为重要载体的城镇化建设，大力推进六个县城优化升级，促进城乡要素自由流动、公共资源合理配置、乡村经济多元化发展和城乡公共设施联动发展，持续提升城镇产业功能、旅游功能、服务功能和生态功能，沿边境、江河、交通干线推进新型城镇化建设，形成点面结合的串珠城。

——要实施“民生事业提标扩面”行动。突出就业这个民生之要。落实更加积极的就业政策，以重大项目建设为契机，加强“订单定向式”“以工代训式”技能培训，提高农牧民转移就业组织化程度，力争“十四五”期间每年转移就业3.5万人以上。继续深化“五个一”工作机制，深挖驻林央企、国有企业以及各类民营企业优质岗位，打造高校毕业生企业就业、公职岗位就业、区外就业、自主创业等“多位一体”的综合就业平台，确保应届高校毕业生就业率保持在98%以上。筑牢教育这个民生之基。提升乡村级幼儿园保育质量，推动县域义务教育优质均衡发展，落实义务教育阶段“双减”政

策，实施高中阶段教育普及攻坚工程，加快现代职业教育和技术教育创新发展，提高各级师资水平。深化“组团式”教育援藏，落实“广东名校+”精准帮扶，争取其他省市优质教育教学资源落地林芝。抓好健康这个民生之本。加快健康林芝建设，健全市县乡村四级医疗服务体系，依托“组团式”援藏和“三级医院”对口帮扶医疗人才，加强全科医生特别是基层医疗队伍建设，推动藏医药传承创新发展和医防融合，提升医疗服务保障水平。满足文化这个民生之需。深化群众性精神文明创建，深入开展文化“八进”活动，加强优秀传统文化保护，利用扎木中心县委红楼、易贡将军楼等红色遗迹和太昭古城、阿沛庄园等历史遗迹，深度挖掘保护创新林芝市厚重的历史文化、民族文化。坚实社保这个民生之盾。以基本养老、基本医疗、最低生活保障为重点，建成覆盖全民、城乡统筹、权责清晰、保障适度、可持续的社会保障体系，持续推进妇女儿童、残疾人事业发展，动态做好集中供养和集中收养工作，确保有意愿特困人员集中供养率和孤儿集中收养率保持在100%。

（三）坚决做到“三个突出”，着力打造生态文明引领区。习近平总书记指出“保护好西藏生态环境，利在千秋、泽被天下”。我们要牢固树立绿水青山是金山银山、冰天雪地也是金山银山的理念，对历史负责、对人民负责、对世界负责，把生态文明建设摆在更加突出的位置，切实筑牢国家重要生态安全屏障。

——要突出生态环境保护。深化污染防治攻坚战。强化建筑施工、道路交通扬尘治理，开展集中式饮用水水源地环境保护专项行动，强化土壤污染管控和修复，建立完善垃圾分类处理体系，确保到2025年全市县城及以上城镇生活垃圾无害化处理、污水处理率分别达到98%、85%以上。推进生态系统保护和修复。编制“十四五”时期国土空间生态修复和国土综合整治规划，实施地质灾害、生态环境、水土流失治理，加强湿地、耕地、生物多样性保护，做到山水林田湖草沙冰整体保护、系统修复。加强生态空间管理。严格落实自治区关于建立国家公园为主体的自然保护地体系实施意见，抓好重点生态功能区保护、生态保护红线评估调整等工作，划定林芝市区域空间生态环境评价“三线一单”，科学预留重大基础设施建设廊道和国防建设空间。

——要突出生态文明创建。大力开展生态创建。着眼巩固国家生态文明建设示范市创建成果，认真落实西藏生态文明高地建设规划，推动生态安全屏障地、人与自然和谐共生示范地、绿色发展试验地、自然保护样板地、生态富民先行地建设取得重大进展。大力推进国土绿化。认真执行《林芝市生态公益林保护条例》《林芝市森林草原防火条例》，开展重点区域国土绿化行动，推进雅鲁藏布江和尼洋河流域、重要公路沿线、城镇造林植树，构建绿色生态屏障。大力建设生态走廊。积极实施新一轮退耕还林、退牧还草、森林草原有害生物防治工程，稳定提高草原综合植被覆盖度、沙区植被覆盖度和森林覆盖率。

——要突出生态机制建设。健全投入体制。逐步建立常态化、稳定的财政资金投入机制，鼓励通过政府购买服务方式实施生态环境治理和保护，撬动更多社会资本进入生态环境保护领域，形成多元投入机制。完善监管体系。加强生态环境保护领域立法，健全生态环境保护综合行政执法机制，实施领导干部自然资源资产离任审计，落实生态环境损害赔偿制度，加大生态违法惩处力度，对破坏生态环境违法行为“零容忍”。落实补贴政策。实施森林生态效益补偿机制和草原生态保护补助奖励政策，精准落实生态保护专职岗位，加大生态补偿力度，扩大生态补偿范围，提供更多生态公益性岗位，让绿水青山成为各族群众的幸福靠山。

（四）深入推进“三项举措”，着力打造强边固防样板区。习近平总书记指出“边境地区是国家安全屏障的第一道防线，是捍卫国家主权和领土完整的前沿阵地”。我们要坚持屯兵和安民并举、固边和兴边并重，全面落实自治区《关于做好新时代西藏强边工作的意见》，坚决确保边境发展、边民幸福、边防巩固。

——要持续吸引人口向边境地区聚集。坚持政策向边境倾斜。落实好中央和自治区各项涉边优惠政策，配套制定财政、金融、产业等差异化优惠政策，鼓励其他省市致富能手到边境地区落户兴业，与当地边民享受同等政策，对已经有稳定职业和居所、长期在边境生活的其他民族群众，在享有边民补贴等方面一视同仁，吸引更多群众向边境地区搬迁，力争未来5年从非边境地区向边境一线抵边搬迁1万人，让边民群众自觉做神圣国土守护者、幸福家园建设者。坚持要素向边境聚集。加大对边境地区民生事业的倾斜扶持力度，鼓励川藏铁路、雅江下游水电开发等项目建设优先吸纳边民就近就便就业，不断拓宽就业渠道、增收门路。特别是四个边境县要认真贯彻中央和国家机关定点帮扶西藏边境县推进会精神，认真谋划受援需求，加强沟通衔接汇报，清单式项目化推进帮扶措施落地实施，争取把林芝打造为全区甚至是全国定点帮扶的示范区。

——要持续提升边境地区自我发展能力。把优化发展布局作为抓手。在持续巩固边境小康村建设成果基础上，抓住自治区支持察隅、米林等城镇扩大人口规模的契机，加快推进边境重点中心城镇建设，优化边境地区行政区划设置，加强边境乡村固边能力建设，全面增强守边固边能力。把产业发展作为支撑。编制市县两级边境地区产业发展规划，支持建设一批带动边民深度参与的特色产业基地，重点打造一批边境旅游示范村，加快构建以沟域生态经济区、农牧产品加工基地、特色旅游村为重点的边境产业发展格局。把基础设施建设作为重点。推进军民一体化能力建设，统筹交通、能源、通信、社会事业等基础设施满足边防建设需求，完善边境地区公路网络，优先安排抵边新村道路建设，加强边境村镇和电网延伸工程建设，推进边境地区村庄和乡镇宽带、光缆及移动通信网络全覆盖，补齐边境地区基础设施短板。

——要持续强化边境地区联防联控。压实反蚕食反渗透斗争的责任。坚持党委把方向、政府总协调、军队当骨干、警方抓治理、民众为基础，不断完善党政军警民合力强边固防的体制机制，健全边境县乡人防指挥体系、应急救援指挥体系，制定边民绩效考核动态奖励机制，鼓励边民抵边建设、抵边耕种、抵边放牧、抵边采集、抵边作业，有效宣示国家主权。壮大反蚕食反渗透斗争的力量。着眼平时常态管控、及时联合处突，在边境乡镇按照“一乡一所”进行全线布防，在边境寺庙按照“一寺两警”要求驻点服务，抓好外事巡边员和护边员队伍建设，把更多边民培养成护边堡垒户、守边中心户，守牢守好边境通道，严查非法出入境人员。筑牢反蚕食反渗透斗争的根基。围绕打造边境红色长廊，深化实施“四红工程”“四个前移”，持续推广“五共五固”军地基层党组织结对共建经验做法，不断提升边境基层党组织稳边固边兴边能力，真正将党的基层组织前移至守边最前沿，实现强基固本和守土固边深度融合。

四、落实全面从严治党要求，以从严从实的常态为走在全区前列提供坚强有力的保障

做好新时代林芝工作，根本靠党的领导，关键在党员干部。我们必须坚决贯彻新时代党的建设总要求和组织路线，压紧压实管党治党政治责任，以党的政治建设为统领，推动全面从严治党纵深发展，护航林芝稳定发展生态强边工作继续走在全区前列。

（一）加强政治建设，夯实奋进前行的思想根基。加强和改进党的建设，必须抓住思想政治建设这个根本。强化理论武装，保持政治坚定。始终把习近平新时代中国特色社会主义思想作为“纲”和“魂”，持续完善学习新思想的长效机制，着力在学懂弄通做实上下功夫，深刻感悟蕴含其中的新时代命题、凝结其中的思想精华，不断提高政治判断力、政治领悟力、政治执行力，坚决在政治立场、政治方向、政治原则、政治道路上同以习近平同志为核心的党中央保持高度一致。强化理想信念，坚守初心使命。巩固党史学习教育和“三更”专题教

育成果，用好本地红色资源，新建改造一批爱国主义教育、党性教育基地，组织党员干部群众就近就便接受理想信念、党性修养、爱国主义、民族团结进步等教育，引导党员干部永葆政治本色，主动担负起党和人民赋予的时代重任。强化党的领导，凝聚广泛合力。支持人大及其常委会依法履职，加强人大对“一府一委两院”的监督，确保立法、监督、决定重大事项和人事任免更好体现人民意志；深入推进依法行政，完善依法行政制度体系，坚持严格规范公正文明执法，加快法治林芝、法治政府一体建设；支持人民政协开展政治协商、民主监督、参政议政，切实提高协商民主的成效和水平；巩固和发展最广泛的爱国统一战线，发挥工会、共青团、妇联等群团组织作用，最大限度凝聚全社会共识和力量。

（二）提升能力素质，打造敢于担当的干部队伍。推动事业发展，关键是建设一支敢于担当、勇于任事、依法办事、善作善成的干部队伍。以严实的要求建设班子。严格执行《中国共产党地方委员会工作条例》，认真贯彻民主集中制原则，对“三重一大”等重要事项实行集体决策，以全市改革发展的重大任务、重点工作为导向，用更加科学的考评体系衡量各级领导班子、激励党员干部。以经常的教育塑造干部。开展新一轮大规模干部教育培训、挂职锻炼工作，继续选派优秀年轻干部到那曲、阿里跟班锻炼和广东跟班学习，推动干部走出去开阔视野、走下去经受历练。全方位引才育才用才，着力打造西藏人才高地。以正确的导向选贤任能。按照新时期好干部标准和民族地区干部“四个特别”要求，加强干部政治素质考察，注重在稳定发展生态强边一线选拔任用干部，加大年轻干部培养选拔力度，真正把对党忠诚、作风过硬、能力过关、善于驾驭复杂局面的干部选配到重要岗位，打造适应新时代林芝工作需要的高素质干部队伍。以健全的机制激励担当。完善党政正职年度综合考核机制，落实《林芝市干部容错纠错实施细则》，常态化开展容错纠错、澄清正名工作，推动“干部为事业担当、组织为干部担当”良性互动。

（三）打好基层基础，筑牢坚实可靠的战斗堡垒。着眼增强组织力和政治功能，以抓党建促乡村振兴为主线，以完善上下贯通、执行有力的组织体系为重点，切实把基层党组织建设成为反分裂斗争的桥头堡、民族团结的工作队、群众致富的带头人。组织覆盖有效化。创新农牧区基层党组织设置，深入开展两新领域“两个覆盖”攻坚行动，不断延伸党的组织触角。围绕“六个基本”，扎实推进支部标准化建设，持续开展“整乡推进、整县提升”创建，重点打造一批党建示范点和组织振兴示范村。党员队伍优质化。巩固村“两委”班子成员100％是党员的成果，深入推进乡村振兴培训和村干部国家通用语言文字教育培训，大力开展村干部区外轮训工作，着力锻造担当乡村振兴重任的党员队伍。高标准做好发展党员工作，深入开展违纪违规发展党员问题排查整顿和信教党员查处。基层治理精细化。加强社区工作者职业体系建设，健全落实党员“三包”、村民自治、村级议事决策、民主管理监督和协商等制度机制，持续整顿软弱涣散基层党组织，优化以村级组织活动场所为主阵地的乡村综合服务设施布局，发展壮大村集体经济，构中国共产党成立组织领导的基层治理体系。

（四）持续正风肃纪，锤炼真抓实干的过硬作风。党的作风关乎党的形象、关系人心向背，必须持续用力、久久为功、常抓不懈。驰而不息改作风。推动落实中央八项规定及其实施细则精神常态化长效化，开展经常性的领导班子和领导干部作风分析，持之以恒纠治“四风”，力戒形式主义、官僚主义，坚定不移为基层减负、为干部减压。坚决有力抓落实。健全对重大决策部署执行情况的监督检查和纪律保障机制，加大对不作为、慢作为、乱作为等问题的查处力度，加强追责问责，坚决杜绝懒政怠政、执而不行、行而不实等行为，切实把各级干部的关注点、兴奋点引导到推动落实上来。坚持不懈促实干。继承弘扬“老西藏精神”“两路精神”，在推动项目建设、产业发展、改善民生、生态环保、强边固防等重点工作上，既站在前面、冲在一线，又跟踪督查、传导压力，带动形成攻坚克难、苦干实干的良好局面。

（五）深化反腐倡廉，营造风清气正的政治生态。坚持“三个牢固树立”，严格落实党风廉政建设责任制，把党风廉政建设和反腐败斗争不断引向深入。落实“两个责任”从严从实。制定落实“两个责任”清单，确保每一级党组织和每一名党员干部都能找准各自的责任定位，实现体系化明责；各级党委（党组）要牵头抓总，党委（党组）书记要主动承担全面从严治党第一责任人责任，班子成员要认真履行“一岗双责”，实现链条式履职。监督考核“两个责任”落实情况，在做好年终综合考评的同时，强化日常监督检查，实现靶向式问责。坚持廉政教育常态长效。加强廉政文化建设，强化党风廉政警示教育，注重把反面典型案例转化为警示教育资源，引导广大党员干部知敬畏、存戒惧、守底线，注重家庭、家教、家风，做到集干净和干事于一身、勤政与廉政于一体。推动反腐倡廉抓常抓长。坚持“零容忍”态度不变，准确运用监督执纪“四种形态”，有效发挥巡察利剑作用，紧盯权力集中、资金密集、资源富集、攸关民生等部门和行业领域，严肃查处发生在群众身边的腐败和作风问题，以永远在路上的执着和定力惩腐肃贪，涵养政治生态的“绿水青山”。

各位代表，同志们：宏伟目标需要我们团结奋进，崇高使命激励我们砥砺前行。让我们更加紧密团结在以习近平同志为核心的党中央周围，在自治区党委坚强领导下，团结带领全市广大党员干部群众，同心同德、群策群力，奋发有为、锐意进取，为推进新时代林芝长治久安和高质量发展、在社会主义现代化新西藏征程中走在前列而努力奋斗！

政府工作报告

——在林芝市第二届人民代表大会第二次会议上

林芝市人民政府市长　巴　塔

2022 年 1 月 12 日

各位代表：

现在，我代表林芝市人民政府，向大会报告工作，请予审议，并请各位政协委员和列席人员提出意见。

2021 年工作回顾

2021 年是林芝发展史上具有特殊而又重要意义的一年，在我们党百年华诞重要时刻，在党领导人民实现第一个百年奋斗目标、向着实现第二个百年奋斗目标迈进的历史关头，在西藏和平解放 70 周年、迈上社会主义现代化建设新征程的关键时期，习近平总书记亲临西藏视察，并把第一站选在林芝，从战略全局高度赋予林芝新的重大使命，给予我们最根本的遵循和指引、最强大的动力和鞭策。

一年来，全市上下坚持以习近平新时代中国特色社会主义思想为指导，在自治区党委、政府的坚强领导和市委直接领导下，统筹疫情防控和经济社会发展，积极应对各种风险挑战，“六稳”扎实推进，“六保”有力落实，较好完成了全年经济社会发展目标任务。预计全市地区生产总值完成 213 亿元，可比增长 10.1%；规上工业增加值 9.3 亿元，可比增长 8%；固定资产投资完成 135.1 亿元，同比增长 8%；社会消费品零售总额完成 57 亿元，同比增长 10.8%；一般公共预算收入完成 14.63 亿元，同比增长 2.3%；城乡居民人均可支配收入分别达到 40493 元、21328 元，分别同比增长 11%、13.5%，实现“十四五”良好开局。

（一）感恩笃行，理想信念更牢。深入开展党史学习教育和“三更”专题教育（自治区党委在全区开展“政治标准要更高、党性要求要更严、政治纪律性要更强”专题教育活动），认真学习全面落实党的十九届六中全会、中央第七次西藏工作座谈会和习近平总书记视察西藏重要讲话精神。隆重庆祝中国共产党成立 100 周年和西藏和平解放 70 周年，充分展示新时代林芝各项事业取得的全方位进步、历史性成就。全市上下“四个意识”更加牢固、“四个自信”更加坚定、“两个维护”更加自觉，当好“神圣国土守护者、幸福家园建设者”的共同意志更加坚定统一，建设团结富裕文明和谐美丽新林芝的自信心空前提振、精气神空前高涨、向心力空前凝聚。

（二）深化治理，社会局势更稳。严厉打击分裂渗透破坏活动，坚决维护祖国统一和国家安全。持续巩固扫黑除恶打非治乱专项斗争成果，群众安全感明显提升。着力加强信访问题源头治理，各类矛盾纠纷妥善化解。扎实推进民族团结进步示范市创建，不断加强各民族交往交流交融，中华民族共同体意识更加深入人心。依法管理宗教事务，积极引导藏传佛教与社会主义社会相适应。全面落实安全生产责任制和工作措施，全年未发生重特大安全生产事故。

（三）项目支撑，发展基础更实。川藏铁路建设稳步推进，拉林铁路建成运营，复兴号驶入林芝。派墨公路全线联通，国道 219 线墨脱至察隅段新改建工程进展顺利，川藏铁路（西藏段）配套公路、国道318线八一至波密段升级改造全面启动，边防公路、抵边搬迁道路、农村公路项目加快建设。北京—林芝航线顺利复航，武汉—林芝航线顺利开通。雅鲁藏布江下游水电开发稳步推进，扎拉电站建设进度加快。克劳龙流域水电规划和然布曲流域综合规划获批。墨脱县、察隅县主电网延伸工程全面完成，全市主电网延伸实现全覆盖。实施重点灌区续建配套与现代化改造工程，完成191处农村供水工程维修养护，巩固提升6.83万人饮水安全。新增和改善农田灌溉面积3.77万亩。新建5G基站210个，建成电子政务外网点位419个。

（四）旅游主导，产业支撑更强。巴松措景区被评为全国文化和旅游系统先进集体、入选国家体育旅游示范基地，鲁朗小镇入选第一批国家级文明旅游示范单位。全市旅游人数突破1000万人次，实现旅游收入83.75亿元，创历史新高。粮食产量稳产增产，粮食安全市长责任制考核连续6年被评为优秀。“一带四基地”建设提质增效，藏猪养殖规模和茶叶、林果、蔬菜种植面积持续扩大。“三品一标”认证农产品达149个，“林芝茶叶”成功注册国家地理标志证明商标。新增规上工业企业6家、“专精特新”企业3家、绿色工厂2家，规上工业总产值达15.18亿元，同比增长17.4%。林芝电子商务产业园正式挂牌，农村电商服务实现全覆盖。外贸进出口总额657.4万元，同比增长168%。

（五）统筹协调，区域布局更优。永久、结麦、觉木及火车站（仲果）片区市政基础设施、服务功能持续完善，城市建成区面积扩大到15.5平方千米。儿童公园、城市公园、生态公园全面开放，全市第一家青少年科普中心建成投用。林芝镇、通麦小镇等特色小城镇基础设施建设加快推进。“兴边富民行动中心城镇”建设深入实施，完成8个抵边安置点644栋房屋主体建设任务，边境一线地区人口集聚能力不断增强。

（六）深化改革，发展活力更足。调整政府组成部门行政职权事项3483项，较2020年减少232项。各类市场主体突破3万户，注册资本（金）达到3102.45亿元。全市银行金融机构各项存款余额337.8亿元，贷款余额350亿元，增速位列全区前列。国企改革三年行动扎实推进，市属国有企业资产总额达到83.12亿元，实现营业收入5.9亿元。圆满完成农村集体产权制度改革和工布江达县草原承包经营权确权登记试点工作。“林芝国家可持续发展实验区”工作持续推进，“林芝国家农业科技园区”顺利通过复核验收，国家川藏铁路技术创新中心（西藏）落地林芝。深度对接粤港澳大湾区，对澳企业引进实现零的突破，全市招商引资到位资金60.72亿元。援藏工作深入开展，实施援藏项目49个，完成投资5.25亿元。

（七）绿色引领，环境质量更好。全面完成第一轮中央环保督察反馈问题整改。申报自治区级生态县2个、乡镇30个、村居279个。顺利完成国土“三调”，编制发布“三线一单”。种质资源普查全面启动。国土绿化行动深入推进，完成人工造林2万亩。河湖长制、林长制全面落实，率先在全区建立“河湖长+检察长+警长”联动协作工作机制。建成生活垃圾处理设施项目9个。完成八一镇污水收集系统及雨污分流管网改造，米林、波密排水防涝设施和朗县县城供水项目有序实施，乡镇污水处理设施覆盖率达到55%。

（八）民生优先，群众实惠更多。党中央纪念品全面发放，民生十件实事有力落实。推进巩固拓展脱贫攻坚成果同乡村振兴有效衔接，制定防返贫致贫监测预警、帮扶和联席会议机制，强化产业就业消费帮扶，累计消除监测户179户675人，保持贫困户动态清零。启动实施乡村振兴示范村和重点帮扶村建设，建设人畜分离、污水处理等乡村项目127个。完成三岩搬迁508户3257人。农村人居环境整治三年行动圆满完成。全面落实“稳就业”政策，应届高校毕业生就业率达99.52%，城镇新增就业、农牧民转移就业分别完成年度目标任务的109.18%、117.1%。400万元以下项目吸纳农牧民用工占项目总用工人数的82.5%。优先发展教育事

业，新开农牧区幼儿园28所，学前教育毛入园率94.81%。推进城乡义务教育一体化发展，小学适龄儿童净入学率99.98%，九年义务教育巩固率96%以上。大力推进医疗惠民，实施市公共卫生临床中心、6县人民医院传染病楼等建设项目，深入推进县域综合医改，加快覆盖市县乡村的远程智慧医疗体系建设，医疗卫生服务能力和水平大幅提升。新冠疫情“零感染、零输入”防控成果持续巩固，累计完成第二剂疫苗接种24.63万人次。顺利通过国家卫生城市第二轮考核复评。深入实施文化惠民工程，完成第四批国家公共文化服务体系示范项目和第三批林芝市公共文化服务体系示范乡镇创建。全市广播电视综合人口覆盖率分别达到99.03%、99.33%。完善社会保障体系，全面推进6个老旧小区改造，开展危房改造637户。全民医疗保险参保率稳定在97%以上。率先在全区实现“一站式一单制”结算和跨省异地结算。城乡居民最低生活保障水平持续提高，实现应保尽保。退役军人服务保障体系建设交叉考核位居全区第一。

（九）实干为要，政府效能更高。始终坚持依法行政，深入贯彻落实行政执法“三项制度”，全面推进行政执法规范化建设，政府建设持续加强。主动接受人大法律监督、政协民主监督，办理区市两级人大代表建议和政协委员提案125件，办复率100%。严格落实中央八项规定及其实施细则精神和区党委实施办法，廉洁政府建设持续深化。持续推进精文简会、严控各类监督检查，切实为基层减负，把更多时间用在抓工作落实上来。

一年来，应急管理、外事侨务、编译、工青妇、工商联等工作继续加强，国防动员、双拥共建等工作取得新成效。

各位代表，回顾过去一年的工作，成之惟艰，极其不易，根本在于以习近平同志为核心的党中央高度重视、关心关怀，根本在于习近平总书记关于西藏工作重要论述和新时代党的治藏方略的科学指引，根本在于社会主义制度的无比优越；得益于自治区党委、市政府的坚强领导和市委的直接领导，得益于历届市委、市政府班子打下的坚实基础和全市人民的勠力同心、奋力拼搏，得益于国家部委、援藏省市和社会各界的长期关心、大力帮扶，离不开市人大、市政协的依法监督、大力支持。在此，我代表林芝市人民政府，向在各个岗位辛勤工作的全市各族人民，向给予政府工作大力支持的人大代表和政协委员，向驻地人民解放军、武警官兵、政法公安干警、消防救援指战员，向国家部委、援藏省市、央企和自治区各部门、兄弟地市，向所有关心支持林芝发展的社会各界，表示诚挚的感谢并致以崇高的敬意！

对照高质量发展要求，还存在一些矛盾和问题，主要是：经济总量不大，综合实力不强，产业创新能力不足；民营经济、开放型经济发展不充分，营商环境需持续优化；城乡发展不平衡不充分，县域经济总体偏弱；巩固拓展脱贫攻坚成果与乡村振兴有效衔接、污染防治、风险防控任务繁重；公共服务、民生改善与群众期盼还有差距；干部担当作为、履职尽责和服务群众的能力水平有待进一步提高，政府治理水平和效能有待进一步提升。这些问题和不足，我们要下大力气认真研究解决。

2022年工作安排

2022年是全面实施“十四五”规划的重要之年，是全面落实自治区第十次党代会和市第二次党代会精神的开局之年，特别是中国共产党第二十次全国代表大会将胜利召开，做好今年各项工作意义十分重大。我们要强化战略定力，始终对党绝对忠诚，秉持用政治眼光观察和分析问题、不折不扣落实党中央决策部署的政治定力，秉持抓发展、抓经济、抓项目久久为功的工作定力，秉持锚定目标、一以贯之、一干到底的发展定力，紧紧围绕习近平总书记在林芝视察时作出的重要指示精神，紧紧围绕区党委“四个创建”“四个走在前列”和把林芝建设成为全区改革开放先行区目标定位，紧紧围绕市委“11364”发展思路，不断提高政治判断力、政治领悟力、政治执行力，在把握战略全局中推进各项工作。我们要强化机遇意识，抢抓两大世纪性工程开工建设、国家部委定点帮扶边境县等系列重大历史机遇，抢抓中央关心关怀、国家各项优惠政策叠加增效的战略机遇，抢抓基础夯实、人心凝聚的时代机遇，积极应对“五期叠加”各类风险挑战，善于在危机中育先机、于变局中开新局，推动经济发展质量变革、效率变革、动力变革。我们要强化结果导向，以新发展理念引领高质量发展，贯彻落实“三个赋予一个有利于”，用数字检验落实的程度，用指标判定发展的成色，敢与强者比拼、与快者赛跑，以工作提标推动发展提速，以争先进位鼓足发展干劲，以群众的获得感幸福感安全感衡量工作实效，在“质”与“量”的同步提升中，不断提升林芝市的经济实力和发展韧劲，奋力推动各项工作走在全区前列。我们要转变作风狠抓落实。对标“八个落实”、当好“六个表率”，担当作为、实干立身，一级带着一级干、一级做给一级看，始终保持一心为公、勤勉敬业的工作状态，以踏石留印、抓铁有痕的工作作风，以钉钉子精神做好各项工作，对党中央的决策部署，对区党委和市委的工作要求，闻令而动、雷厉风行，唯实唯先、善作善成。

今年政府工作的总体要求是：坚持以习近平新时代中国特色社会主义思想为指导，深入贯彻落实党的十九大和十九届历次全会精神及中央经济工作会议、中央第七次西藏工作座谈会精神，全面贯彻习近平总书记关于西藏工作的重要论述和新时代党的治藏方略，全面落实区党委和市委经济工作会议精神，以迎接党的二十大胜利召开为主线，坚持稳中求进工作总基调，完整、准确、全面贯彻新发展理念，服务融入新发展格局，全面深化改革开放，坚持创新驱动战略，推动高质量发展，以优化发展格局为切入点，以要素和基础设施建设为支撑，以制度机制为保障，统筹疫情防控和经济社会发展，统筹发展和安全，锚定“四件大事”“四个确保”，继续做好“六稳”“六保”工作，保持经济运行在合理区间，保持平稳健康的经济环境、国泰民安的社会环境、风清气正的政治环境，把林芝建设成为全区改革开放先行区，努力在着力推进“四个创建”、努力做到“四个走在前列”工作中走在全区前列。

2022 年经济社会发展的预期目标：地区生产总值增长 8.5% 以上，固定资产投资增长 12% 以上，社会消费品零售总额增长 10%，规模以上工业增加值增长 10% 以上，城镇居民人均可支配收入增长 8.5% 以上，农村居民人均可支配收入增长 11% 以上，城镇调查失业率控制在 5% 以内，居民消费价格总水平涨幅控制在 3% 以内。

各位代表！凡益之道，与时偕行。我们要以闯关夺隘、砥砺前行的奋斗姿态，以史为鉴、抢抓机遇、开创未来，在高质量发展中赢得历史主动，不断推动各项工作谱新篇、出新绩。

（一）狠抓社会治理，在确保社会和谐稳定上出新绩。深入开展反分裂斗争。坚持把维护稳定作为第一位的工作任务，准确把握反分裂斗争新形势，牢牢掌握反分裂斗争主动权，坚决打击达赖集团分裂破坏活动，坚决消除可能引发不稳定的因素，确保国家安全、社会稳定。深化“平安林芝”建设。持续巩固“长安杯”，推进“雪亮工程”。着眼长效常治、源头治理、系统治理，纵深推进扫黑除恶专项斗争。深化“法治林芝”建设，全面推进“八五”普法，深入落实行政复议体制改革。加强信访法治化建设，坚持和发展新时代“枫桥经验”，妥善化解各类矛盾纠纷。依法管理宗教事务。牢固树立马克思主义宗教观，积极推进藏传佛教中国化，全面贯彻党的宗教工作基本方针，坚持“五个有利于”标准，不断完善宗教事务治理体系，提升宗教治理能力和水平，积极引导藏传佛教与社会主义社会相适应。不断铸牢中华民族共同体意识。深入推进民族团结进步示范市创建工作，丰富民族团结进步教育活动，健全完善民族团结宣传教育常态化机制。创造各族群众共居共学、共建共享、共事共乐和迁徙流动的社会条件，不断深化各民族交往交流交融。开展中华优秀传统文化进基层活动，使各民族人心归聚、精神相依。守牢安全生产底线。

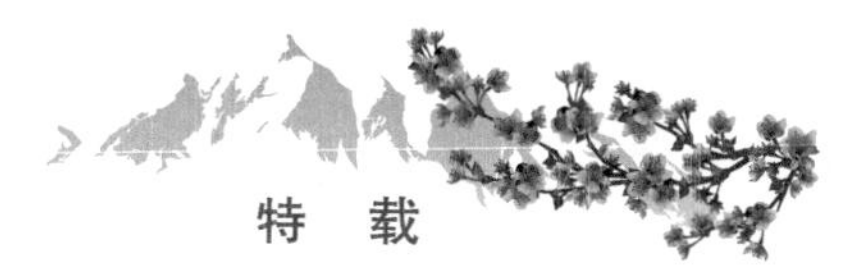

健全完善应急管理体制，提高消防救援和防灾减灾救灾能力。严格落实安全生产责任制，持续抓好安全生产专项整治三年行动，坚决遏制重特大事故发生。健全完善森林防灭火体制机制，加强森防基础设施建设，提高防灭火综合能力。实施地质灾害预警监测北斗应用试点项目。做好第一次全国自然灾害综合普查。加强食品、药品、特种设备安全监管，保障人民身体健康和生命安全。

（二）狠抓项目建设，在完善基础设施上出新绩。抓好综合交通基础设施建设。配合支持川藏铁路建设，做好滇藏铁路波密至然乌段前期工作。加快推进国道318线林芝境内段提升改造、国道219线察隅至区界段项目和国道559线达国桥至帮辛乡公路改建工程续建项目建设。力争开工建设省道303线康玉乡宗热村至康玉乡川藏铁路配套公路工程。做好自治区“四好农村路”示范县创建。争取波密、察隅支线机场纳入自治区项目建设规划。抓好水利基础设施建设。积极配合易贡湖生态修复与综合治理项目建设。完成尼洋河、古如曲流域综合规划审批。实施米林县水美乡村建设和波密县玉普乡莫如河河道治理工程、巴宜区米瑞灌区续建配套与现代化改造和三岩片区搬迁安置点防洪工程，综合治理河长70千米以上，新增改善有效灌溉面积1.2万亩。抓好能源信息基础设施建设。主动服务配合做好雅江下游水电开发。加快扎拉电站建设进度，推动忠玉电站建设，做好夏曲水电站和明期电站抽水蓄能项目前期准备，积极配合推进雅鲁藏布江、拉月曲流域综合规划审批。落实“宽带中国”战略，推进“数字林芝”建设，实施第六、七批边疆4G网络项目建设。加快5G网络基站建设，实现各县县城和重点景区5G网络全覆盖。

（三）狠抓特色产业，在夯实发展支撑上出新绩。大力发展全域旅游。完善火车站、机场及重要城镇节点旅游服务中心、游客集散中心和自驾车营地等建设，提升高速公路服务区旅游服务功能。推进国道318、国道219沿线旅游公共基础设施建设，加快察隅、墨脱、朗县旅游基础设施、产品开发、线路组合的区域旅游协调发展。推动巴宜区、波密县、工布江达县自治区级全域旅游示范县创建，提高全域旅游发展质量。打造精品红色旅游产品线路，完善红色旅游基础设施。全年接待游客1100万人次，实现旅游收入92亿元以上。做大做强高原生物产业。新增藏猪22万头以上，能繁母猪保持10万头以上。加强易贡茶场、墨脱县、察隅县、察隅农场茶叶基地建设，确保茶叶采摘面积2万亩以上。实施米林万亩苹果、巴宜区万亩蔬菜、朗县万亩辣椒基地建设，新增水果种植面积0.4万亩、提升改造0.3万亩以上，蔬菜种植面积稳定在4万亩以上。稳步推进自治区级米林县藏药材产业园建设项目，扩大米林、波密特色藏中药材种植面积，推进藏医药材种质基因库建设，藏药材与食药用菌在田面积稳定在200公顷以上。大力发展娟姗牛、雅江雪牛为主的河谷畜牧业，打造全区优质娟姗牛繁育和扩繁基地。高质量发展绿色工业。加大入规企业培育力度，力争规模以上工业企业达到20家。申报评定自治区级“专精特新”企业2家、“绿色工厂”企业1家。推进特色优势产业提质增效。充分发挥产业发展资金引导作用，支持龙头企业做大做强，开展龙头企业农牧业生产托管试点，发挥辐射带动作用扩大规模、延伸产业链，带动群众增收致富。落实产业发展短平快项目，推动特色优势产业提品质、增效益。积极推动“康养”产业发展。积极融入“东数西算”布局，力争在大数据产业上形成突破。推进林芝区域公共品牌建设，建立健全特色产品地方标准，构建现代市场营销体系，加大品牌宣传，提升特色产品市场竞争力。

（四）狠抓城乡建设，在推动区域发展上出新绩。深入推进新型城镇化。加快推进市县国土空间规划编制，形成布局合理、集约高效、支撑有力、协调可持续的国土空间发展格局。加快县区产业集群培育、市场主体培育、基础设施提升，着力构建主体功能明确、优势互补、高质量发展的“一核三带六组团”。巩固拓展脱贫攻坚成果。坚持“四个不摘”要求，强化防返贫动态监测预警和帮扶机制落实，促进扶贫产业提档升级，强化易地搬迁后续帮扶，统筹推进搬迁安置、产业就业、公共设施和公共服务体系建设。有效衔接推进乡村振兴。以农牧民增收为主线，精准发力“五大振兴”，精准制定“一村一策”，着力解决乡村发展不平衡问题，推动乡村实现“六个提升”，确保乡村发展每年都上一个新台阶，乡村建设每年都有一个新变化。要做好易地搬迁后续帮扶，盘活搬迁安置点生产生活资料，实施好扶贫产业提档升级、脱贫人口增收、乡村建设三大行动，确保每个规模以上集中安置点至少有 1 个市场效益好、带动效应强的配套产业，让群众稳得住、有就业、可融入、逐步能致富。促进边境地区高质量发展。抓住国家部委定点帮扶边境县工作机遇，加快米林县米林镇“兴边富民中心城镇”建设步伐，推进边疆明珠小镇建设，完善边境小康村配套设施，加大产业扶植力度，促进边境地区高质量发展。完成 8 个抵边安置点建设任务，新开工建设 6 个抵边安置点。实施智慧广电固边工程，提升边境地区广播电视传输覆盖能力。积极打造全方位、广覆盖的边境地区金融服务网。积极推进察隅县下察隅镇和墨脱县背崩乡军民一体化能力建设试点工作。

（五）狠抓改革开放先行区建设，在激发发展活力上出新绩。持续优化营商环境。深化“放管服”改革，纵深推进“互联网＋政务服务”，下大力气取消和下放一批行政审批事项，持续清理规范涉及企业和个人的证明事项。积极落实“一件事一次办”改革任务，协助推进“跨省通办”落地落实。打造项目交易不见面开标大厅，让数据“多跑路”、企业“零跑路”。实施优化营商环境建设年行动，学习借鉴区内外省市先进经验做法，着力打造审批事项最少、审批时限最短、审批流程最优、审批服务最好的营商环境。持续推进重点领域改革。深化财税金融体制改革，强化预算执行，保证财政支出强度，加快支出进度，提高财政资金使用效益。加强政府隐性债务管理，遏制增量，化解政府隐性债务 3 亿元。落实国有企业改革三年行动计划，通过资产重组优化国有资本布局，促进国资管理从管资产向管资本转变，提升国有企业核心竞争力，提高市属国有企业综合实力。积极推进供销合作社“四位一体”综合改革试点工作。持续激发市场活力。落实减税降费等助企纾困政策，搭建服务民营企业平台，强化对中小微企业、个体工商户、制造业风险化解的支持力度，提振市场主体信心。推动金融要素向重点和薄弱领域集聚，保持社会融资规模合理、适度增长，社会融资规模增速与 GDP 增速相匹配。创新招商引资工作。以经开区为平台，坚持引资、引技、引智并重，突出专业招商、以商招商、产业链招商，提高招商引资精准性和实效性，引进一批补链、强链、延链项目，争取更多央企和大中型企业落户经开区，力争推动 2 ～ 3 家清洁能源企业入驻产业园区，将林芝打造成为优质企业聚集地。提高资金到位率、项目开工率、投产达产率，确保招商引资到位资金 60 亿元。推进更高水平开放。紧扣把林芝建设成为全区改革开放先行区，积极打造对外开放先行地，主动服务融入国内大循环和自治区“一核一圈两带三区”新发展格局。全面放开城镇落户政策，探索对落户城镇人口出台相关配套支持办法，有序推进全市总人口尤其是中心城镇人口增长。扩大国内外游客游览范围，积极争取国道 219 沿线对国内游客全面开放，力争国道 318 沿线的巴宜区、工布江达县、波密县全域开放。办好环喜马拉雅国际合作论坛，积极申报重要国际国内会议在鲁朗举办，促进鲁朗会展经济发展。深入实施创新驱动战略。服务保障、深度参与第二次青藏科考。着眼打造以拉萨、林芝为中心带动辐射全区的科创新格局，加快推进川藏铁路技术创新中心、清洁能源技术创新中心、自然灾害风险防控工程安全研究中心建设，集合优势资源，有力推进技术创新攻关，促进区域创新能力和竞争力整体提升。不断深化受援工作。持续巩固对口支援关系，加快援藏项目建设，开展“订单式”产业援藏，继续开展好教育卫生“组团式”援藏，拓展深化人才智力、产业项目援藏模式。做好第九批和第十批援

藏轮换工作。

（六）狠抓环境保护，在建设生态文明高地上出新绩。全面推进生态保护修复。坚持生态优先、绿色惠民、共治共享，做好生态修复、环境保护、绿色发展文章。巩固提升国家生态文明建设示范市成果，完成国家森林城市创建，推进国家级园林城市创建。开展雅鲁藏布江、怒江、尼洋河等重要江河流域和国道318、国道219等重要公路沿线生态保护修复及水土流失防治。稳步推进雅鲁藏布江大峡谷、高黎贡山（伯舒拉岭）国家公园建设。实施生物多样性保护工程，提升生物多样性保护水平。加强雅江沿线沙化土地封禁保护和综合治理，巩固治沙成效。全面强化环境综合治理。深入打好污染防治攻坚战，重点围绕大气、水、土壤领域，持续加大生态保护和综合治理力度。加强对重点行业企业监管。全力推进“白色污染”和农业农村污染治理防治。做好第二轮中央生态环境保护督察迎检准备，强化生态环境部西南督察局督察反馈问题整改。全面完善生态制度体系。编制实施《林芝市生态公益林保护条例实施细则》《林芝市河道采砂管理办法》。开展生态价值本底调查。推进自然保护地管理体制改革，强化自然保护地监管。推进自然资源统一确权登记，完成农村集体土地确权登记发证。实行最严格水资源管理，建立水资源刚性约束制度。严明生态环境保护责任，深入落实河长制、湖长制、林长制。加大生产建设项目水土保持方案审批和监管。严格林草资源征占用、自然保护区设施修筑审批。

（七）狠抓社会事业，在增进群众福祉上出新绩。促进更充分更高质量就业。推进农牧民转移就业“六大工程”，确保全年新增城镇就业4500人、农牧民转移就业3.8万人。稳定就业总量，改善就业结构，提高就业质量，突出抓好高校毕业生、退役军人、残疾人、城镇困难人员等群体就业帮扶，实现应届高校毕业生就业率98%以上，零就业家庭动态清零。大力推进就业援藏，支持引导跨省划区域就业创业。大力开展“订单定向式”“以工代训式”培训，力争两类培训达到总培训人数的35%以上。加大国家投资项目吸纳农牧民就业力度，广泛动员农牧民参与工程建设管护，增加农牧民工资性收入。办好人民满意教育。上好新时代思政课，落实立德树人根本任务。大力提升乡村级幼儿园保育质量。推进县域义务教育优质均衡创建工作。巩固深化中小幼一体化国家通用语言文字教育教学体系。全面落实义务教育“双减”和“五项管理”要求，加强普通高中新课标、新教材、新高考软硬件建设，确保高中教育质量继续走在全区前列。优化市职业技术学校专业设置，探索完善校企合作、产教融合机制。推动市技工学校升格为高级技工学校。承办好第十三届全区运动会暨第五届民族传统体育运动会。推进林芝滑雪场、易贡高海拔训练基地建设，打造全区户外运动基地。提高人民健康水平。持续加强常态化疫情防控，完成全部接种人群第三针加强免疫。健全公共卫生服务体系，做好传染病、常见病、地方病综合防治。加强医疗卫生基础设施建设，加快县域综合医改进程，抓好健康影响评价评估制度建设试点。提升分级诊疗和家庭医生签约服务质量，增强基层医疗卫生服务能力。实施藏药标准三年行动计划，编制藏医药产业发展规划，促进藏医药事业传承发展。繁荣发展文化事业。巩固国家公共文化服务体系示范区创建成果，扩大基层文化惠民工程覆盖面。深入推进文化“润边”工程，广泛开展“深入生活、扎根人民”主题实践活动。抓好数字群众艺术馆和巴宜区文化馆图书馆总分馆制建设试点工作。加强非物质文化遗产申报、传承、保护和开发利用。加大文物安全工作力度，做好革命文物保护和展示利用。完善社会保障体系。提升电子社保卡签发率，推广社保卡广泛应用。推进新时代妇女儿童和家庭工作。统筹做好低保对象、孤残儿童、未成年人保护关爱工作，筑牢民生保障底线。强化医疗保障基金有效利用，杜绝“小病大治”“过度医疗”。加强退役军人服务保障和教育管理，完成优待证发放工作。严格落实《林芝市房地产行业管理暂行办法》，促进房地产良性循环和健康发展。认真办好民生实事。实施妇女“两癌”筛查救治，开展13～14岁在校学生HPV疫苗、60岁以上老年人和在校中小学生流感疫苗自愿免费接种。制定城乡居民生育保险管理制度，衔接三孩生育政策，人均每年提高补助100元，释放人口增长红利。实施17所乡镇学校和高海拔乡镇卫生院供暖设施建设。实施本地广播电视节目卫星定向覆盖工程，加快实现广播电视公共服务由粗放式覆盖向精细化入户升级，由数字标清信号向高清化、智能化升级，提升基层公共文化服务水平。加快农村客运发展，做好符合条件的乡镇和建制村新通客车工作，促进群众“行有所乘”。制定实施《林芝市保障性住房维修方案》，新建、续建城镇保障性安居工程1033套，解决干部群众住房难题。加快建成并投入运营10个乡镇（街道）社工站，畅通为民服务“最后一千米”。对60个村组6000人的农村供水工程进行维修养护，提升农牧区饮水安全保障能力。提高环卫工人和公益性岗位工资收入，改善生产生活水平。试点建立普惠性托育服务机构，解决城区幼儿托育短板。

各位代表！进入新阶段，踏上新征程，对政府工作提出了更高要求。我们必须切实加强政府自身建设，不断提升政府治理能力和水平，加快建设人民满意的服务型政府。

坚持对党绝对忠诚，坚定拥护“两个确立”。深刻领会“两个确立”的决定性意义，不断增强“四个意识”、坚定“四个自信”、做到“两个维护”。心系“国之大者”，自觉从党和国家工作大局出发研究思考、谋划部署工作，既为一域增光、更为全局添彩。坚持群众路线，践行勤政为民。牢记“江山就是人民，人民就是江山”，坚持以人民为中心的发展思想，以改善民生、凝聚人心为出发点和落脚点，把群众身边的小事当作政府的大事来办，多谋民生之利、多解民生之忧。坚持求真务实，勇于担当作为。带头加强团结、维护团结、增进团结，以班子的团结带动上下的团结，形成一盘棋抓工作、一条心干事业、一股劲促发展的良好局面。强化责任意识、系统思维，担当作为、实干立身，以钉钉子精神做好各项工作。坚持法治思维，全面依法行政。严格执行民主集中制，真正做到决策科学民主、执行坚决有力、办事合法高效。加快建设法治政府，认真办理人大代表建议和政协委员提案，自觉接受人大工作监督和法律监督，政协民主监督和社会监督，提高政府执行力和公信力。坚持从严治党，建设廉洁政府。严格贯彻落实中央八项规定及其实施细则精神和区党委实施办法，力戒形式主义、官僚主义。坚持“三严三实”，坚决防止简单化、乱作为，坚决反对不担当、不作为。牢固树立党风廉政建设和反腐败斗争没有任何特殊性的思想，带头做良好政治生态的建设者、促进者、守护者，真正做到忠诚、干净、担当。严格控制“三公”经费，政府带头过“紧日子”，让群众过“好日子”。

各位代表！站在“两个一百年”奋斗目标历史交汇点，我们要更加紧密地团结在以习近平同志为核心的党中央周围，从党的百年奋斗历程中汲取力量，在自治区党委、政府坚强领导下，在市委直接领导下，踔厉奋发、笃行不怠，努力走好新的赶考路，以优异成绩迎接党的二十大胜利召开！

大事记

1月

4—6日　自治区2020年度安全生产和消防工作考核组到巴宜区开展考核工作。市委常委、副市长杨赤卫陪同。

6日　自治区人大常委会副主任王峻带领在藏全国人大代表和自治区人大代表一行，到林芝市川藏铁路色季拉山隧道出口、拉林铁路林芝站和米林县新城区防洪整治工程等施工现场实地视察并召开座谈会。市领导符永波等陪同。

同日　林芝市召开贯彻落实“全国优秀农民工和农民工工作先进集体表彰大会精神”会议暨全市农牧民工工作会议。市委副书记、常务副市长刘光明出席并讲话。

6—7日　自治区2020年今冬明春第一次森林草原火险排查组在米林县、朗县进行检查。市委常委、副市长杨赤卫陪同。

6—13日　自治区生态环境保护考核工作组一行到工布江达县、巴宜区、波密县开展现场核查。副市长赵俊陪同。

7—8日　中共林芝市第一届委员会第十二次全体会议暨市委经济工作会议在市会展中心会堂召开。

10日　政协第一届林芝市委员会第七次会议召开。市委领导马升昌、张秀武等到会祝贺并指导。

同日　林芝市在厦门广场开展以“一心为民110，砥砺奋进新征程”为主题的集中宣传活动。

11日　林芝市第一届人民代表大会第八次会议在市会展中心会堂召开。出席市一届人大八次会议的各代表团代表，分组审议政府工作报告、审查“十四五”规划和远景目标纲要、计划报告、预算报告，审议大会选举办法（草案），酝酿候选人名单。

同日　林芝市组织收听收看全区根治拖欠农民工工资工作领导小组2021年第一次会议。市委常委、常务副市长符永波出席林芝分会场会议，并汇报林芝市根治拖欠农民工工资工作开展情况。

同日　林芝市委组织部、团市委联合举办“‘团聚’工布英才 勇担时代使命”——林芝市2021年度第一期青年人才论坛。

12日　11岁聋哑女孩成功接受人工耳蜗植入手术并能够开口讲话。2020年广东“健康直通车”志愿者服务队向团市委捐赠2只人工耳蜗，团市委和市残联在全市范围内进行筛选，最终确定工布江达县娘蒲乡吴朗村11岁聋哑女孩符合人工耳蜗植入条件并全免其20余万元的治疗费。1月2日赴广东治疗，5日在广东省第二人民医院成功接受人工耳蜗植入手术。12日在开机调试过程中，医生引导她开口讲话，叫出“爸爸、妈妈”。

12—15日　自治区水利厅副厅长、自治区最严格水资源管理河湖长制及水土保持工作考核组组长热旦带领的工作组一行，到波密县、巴宜区、工布江达县开展考核，并于14日召开考核情况汇报会。副市长尼玛扎西陪同考核、主持汇报会并汇报全市工作开展情况。

15日　市委副书记、市委平安林芝建设领导小组常务副组长张秀武主持召开市委平安林芝建设领导小组会议。

同日　全区“三农”工作调研组在林芝市召开座谈会。自治区财政厅二级巡视员肖厚国出席，副市长徐龙海主持。

15—24日　自治区党委农村工作领导小组办公室组织相关区直部门到林芝市开展“三农”工作调研。

19日　林芝市在市政府驻拉萨办事处举行2021年“三大节日”慰问离退休干部职工座谈会。市领导刘业强主持。

同日　林芝市召开国土空间总体规划编制推进会。副市长肖鹤出席并讲话。

同日　国家民委印发《关于命名第八批全国民族团结进步示范区示范单位的决定》，林芝市朗县被命名为第八批全国民族团结进步示范区。

20日　林芝市召开川藏铁路路地合作框架方案协调对接会。市委常委、副市长杨赤卫主持并讲话。

21日 林芝市组织收听收看全国征兵工作和自治区征兵工作电视电话会议，并召开林芝市征兵工作会议。副市长徐龙海出席。

同日 市妇联党组成员、副主席罗玉萍到巴宜区鲁朗镇拉月村开展“把爱带回家”2021寒假儿童关爱服务“四送”活动，并邀请林芝市中级人民法院四级高级法官次仁讲解《中华人民共和国民法典》。

22日 林芝市召开发展和改革工作电视电话会议。市委常委、常务副市长符永波出席会议并讲话，市政协副主席、市发展改革委党组书记玉珍主持。

同日 团市委组织西部计划志愿者及志愿服务组织尼洋公益社代表共计50余人开展“高歌志愿行、迈入新时代”迎新年主题活动。

23日 林芝市召开扫黑除恶专项斗争工作汇报会暨考评意见验收反馈会。自治区高法党组成员、副院长，自治区扫黑办副主任，自治区扫黑除恶考评验收组赴林芝组组长索朗扎西及考评验收组其他成员出席，林芝市领导张秀武主持，朱江、符永波、张明、崔晓东出席。

27日 林芝市召开2021年市政府第一次全体会议。市领导符永波、杨赤卫、尼玛扎西、肖鹤、徐龙海、旦增拉姆出席。

同日 林芝市召开2021年春运工作电视电话会议。市领导徐龙海出席。

27—28日 中国人民大学教授刘金龙、西北农林科技大学教授骆耀峰、邢成举等专家组到米林县调研“十四五”时期巩固拓展脱贫攻坚成果同乡村振兴有效衔接规划编制工作，市扶贫办领导胡洪松陪同。

28日 市委常委班子2020年度民主生活会召开。市委书记马升昌主持会议并作总结讲话。区监委委员、区纪委副秘书长次仁旺堆，区党委组织部干部三处处长措旺拉姆到会指导并作点评。市领导张秀武等出席。

同日 自治区总工会在川藏铁路公司林芝车站施工现场开展以“当好主人翁 服务新发展 建功新时代”为主题的“送温暖、送文化、送法律、送政策、送医送药活动”。自治区总工会党组书记、常务副主席王纯丁出席活动并致辞，副市长尼玛扎西出席。

同日 《林芝经济开发区水土保持区域评估报告》顺利通过评审并获得批复，是西藏自治区首家进行水土保持区域评估报告编制和获得行政批复的单位。

29日 林芝市召开党管武装述职暨党委议军会。市委书记、林芝军分区党委第一书记马升昌出席并讲话。林芝军分区党委书记、政治委员王卫红等领导出席。

同日 市政府党组班子2020年度民主生活会召开。市领导符永波等出席。

1月31日至2月2日 十三届全国人大常委会委员、全国人大监察和司法委员会副主任委员徐显明到雅鲁藏布大峡谷景区、波密县扎木镇岗村、古乡嘎朗村和扎木中心县委红楼调研，自治区、市等相关部门领导陪同调研。

2月

1日 林芝市组织收听收看中共西藏自治区第九届纪律检查委员会第六次全体会议。市领导马升昌等出席林芝分会场会议，李牧之等出席各县（区）分会场会议。

2日 市委书记马升昌到珠江农贸市场、百益超市和圣隆商贸土特产馆，考察调研市场供应、物价稳定、食品安全、疫情防控等情况。市领导符永波等陪同调研。

3日 林芝市召开“三大节日”离退休干部职工座谈会。市领导马升昌等出席。

同日 林芝市组织收听收看全区“四讲四爱”群众教育实践活动先进集体和优秀宣讲员表彰大会。市领导马升昌等出席林芝分会场会议。

同日 林芝经济开发区外资项目实现零的突破，引进联升贸易（澳门）有限公司、中拉控股集团有限公司两家澳门企业。

同日 林芝市完成全市501个村（社区）党组织换届选举。

4日 中共林芝市第一届纪律检查委员会第七次全体会议召开。市委书记马升昌出席并讲话，市委常委、纪委书记、监委主任喻昌主持。

8日 林芝市召开《大力推进林芝经济社会高质量发展的实施方案》专题研究会。市领导符永波等出席。

同日 墨脱县举行背崩乡地东边境小康示范村群众集中入住仪式，县级领导、背崩乡主要负责人及搬迁群众等参加仪式。

同日 自治区党委老干部局一级巡视员孔令君到林芝市看望慰问省级离退休老领导，并调研市老干部工作。

同日 团市委在市客运总站、米林机场、林芝宾馆启动为期22天的春运志愿服务“暖冬行动”。

9日 市委书记马升昌到驻地部队，看望慰问广大指战员。市领导梅家奎等陪同。

同日 市委书记马升昌到“年货一条街”实地调研节日市场供应情况。市领导梅家奎等陪同调研。

10日 市委书记马升昌到市消防救援支队、人民医院急诊中心、八一大桥便民警务站、国安指挥部、邮政林芝分公司看望慰问消防指战员、公安干警、医护人员、邮政工作者等。市领导符永波等陪同。

同日 林芝市统计局服务两会，编印统计服务手册《昂首阔步谱写林芝发展新华章——林芝市“十三五”期间经济社会高质量发展简述》。

14日 林芝市组织收听收看自治区国安指挥部视频会议。

20日 林芝市组织收听收看自治区党委落实中央第十巡视组巡视反馈意见整改工作动员会。市委书记马升昌等出席林芝分会场会议，扎西等出席各县（区）分会场会议。

21日 林芝市组织收听收看全区党史学习教育动员大会。市领导马升昌等出席林芝分会场会议，扎西等出席各县（区）分会场会议。

22日 林芝市政务服务中心“服务质量提升年”专项行动启动。

23日 自治区广电局党组成员、副局长尚俊霞，区广电局公共服务处二级调研员唐也、区网络传输中心主任黄海山同中央广电广播电影电视专家组一行，在米林县朗贡村调研有线、无线覆盖情况并了解下一步抵边安置工作中广播电台方面的需求。

25日 林芝市组织收听收看全国脱贫攻坚总结表彰大会。市领导马升昌等出席林芝分会场会议，市委副书记、常务副市长、广东省第九批援藏工作队领队刘光明出席北京主会场会议。

26日 市委书记马升昌到米林县调研农牧特色产业发展情况。副市长尼玛扎西陪同调研。

26—28日 市委副书记、常务副市长、广东省第九批援藏工作队领队刘光明在广东开展重点企业、链主企业对接、“十四五”规划及2021年援藏项目编制等工作。

27—28日 林芝市森林消防支队组织前指和巴宜区中队55人、12台车进行巴宜区比日神山森林火灾扑救，波密、米林森林消防中队第一时间增援。另外，增援队伍还有西藏森林消防总队特勤大队130余人。28日14时整，林火被扑灭。

3月

2日 林芝市组织收听收看全区政法队伍教育整顿动员部署会。市领导马升昌等出席林芝分会场会议，扎西等出席，各县（区）分会场会议。

3日 广东省第九批援藏工作队召开2021年干部人才会议。市委副书记、常务副市长、广东省第九批援藏工作队领队刘光明出席并讲话。

4日 中国光大银行拉萨分行党委书记米传文带领的调研组一行到林芝市调研国有企业、民营企业重点项目贷款、普惠金融和产业基金等金融服务工作。市委常委、常务副市长符永波陪同调研。

5日 林芝市集中收看十三

届全国人大四次会议开幕式。会后召开维稳工作会议，传达学习自治区国安指挥部视频会议精神，对当前维稳工作再强调再部署。市委书记马升昌出席并讲话，市领导刘光明等出席林芝分会场会议，多布庆等出席各县（区）分会场会议。

同日 林芝市召开党史学习教育动员大会。自治区党委常委、宣传部部长汪海洲到会指导，市委书记马升昌出席并讲话，市委副书记、常务副市长刘光明主持，市领导刘业强等出席主会场会议，多布庆等在各县（区）分会场参加会议。

同日 市委宣传部、团市委分别组织开展传承雷锋精神、争做文明市民学雷锋集中示范活动和“学雷锋做雷锋”志愿服务活动。

6 日 林芝市召开政法队伍教育整顿动员部署电视电话会议。市委书记、市政法队伍教育整顿领导小组组长马升昌出席并作动员讲话，市领导刘光明等出席主会场会议，扎西等出席各县（区）分会场会议。

6—8 日 自治区政府副主席江白在工布江达县、巴宜区、波密县调研森林草原防火工作。自治区政府副秘书长杨锐，副市长肖鹤陪同调研。

8 日 市委书记马升昌到林芝广东实验中学、第二高级中学、广东实验小学，调研疫情防控、校园安全、学校教学管理以及师生学习生活等情况。市委常委、秘书长梅家奎，副市长尼玛扎西陪同调研。

同日 林芝市妇联组织开展“巾帼心向党 奋斗新征程”庆第“111”个“三八”妇女节活动、“三八维权周”知识竞赛活动及“庆节日 增友谊”趣味活动。

同日 中国建设银行林芝分行扎木支行开业。中国建设银行西藏自治区分行党委书记、行长查克健，副市长肖鹤出席并揭牌。

10 日 林芝市政府与中国产业发展研究院人工智能研究院召开座谈会。市委副书记、常务副市长刘光明主持，中国产业发展研究院人工智能研究院院长奚炎等出席。

11 日 市委书记马升昌到拉林铁路林芝段米林站、朗县站调研拉林铁路建设运行情况。市领导杨赤卫等及西藏铁路建设有限公司党委书记、总经理徐建军陪同调研。

11—12 日 自治区政府副主席罗梅到波密县、巴宜区、工布江达县调研电商产业、桃花节疫情防控及电商小微企业工作开展情况。副市长赵俊陪同。

12 日 林芝市开展 2021 年春季义务植树活动。市委书记马升昌在朗县朗镇朗巴村居委会植树造林点植树，市领导梅家奎等参加。市领导谢英等在巴宜区林芝镇立定村、曲古村雅鲁藏布江与尼洋河交汇处植树点植树。

14 日 林芝市组织开展爱国卫生环境大扫除活动。市领导马升昌等参加活动。

15 日 市委书记马升昌到林芝干部休养基地整合项目施工现场、林芝经济开发区调研重点项目建设和经济开发区工作开展情况。市领导刘光明等陪同调研。

18—19 日 自治区司法厅党委书记阿布一行在林芝市考察公共法律服务中心、法治主题公园等运行情况。副市长肖鹤陪同考察。

19 日 市委书记马升昌到西藏农牧学院，参观“伟大开端”中国共产党创建历史图片展。

同日 自治区人大常委会农环工委副主任拉巴平措率领《西藏自治区实施〈中华人民共和国种子法〉办法（修订草案）》立法调研组一行在林芝市召开座谈会。市委常委、常务副市长符永波出席，市人大常委会副主任刘兴平主持。

同日 市政府新闻办召开林芝市五年来经济社会发展成就专场新闻发布会。市委常委、副市长杨赤卫出席并介绍相关情况。

19—24 日 自治区政府副主席多吉次珠带队的调研组一行到工布江达县、巴宜区、波密县、米林县等地，调研旅游基础设施标准化规范化建设、旅游交通、旅游线路、旅游厕所、旅游市场及疫情防控等情况，并于 23

日同市政府召开座谈会，研究旅游市场发展及旅游车辆运行保障等工作。市委常委、副市长杨赤卫出席，副市长徐龙海出席座谈会陪同调研。

21—24日 自治区党委常委、政法委书记、政法队伍教育整顿领导小组办公室主任何文浩到察隅县，就政法维稳、县域维稳、边境防控和政法队伍教育整顿进行调研。自治区党委政法委一级巡视员、区政法队伍教育整顿第四指导组组长王建雷，林芝市副市长、察隅县委书记扎西平措等陪同。24日，召开座谈会。

22日 林芝市召开新冠病毒疫苗接种工作电视电话会议。市领导张秀武等出席。

同日 西藏自治区副主席多吉次珠率领区旅发厅、文化厅等单位调研雅鲁藏布大峡谷景区旅游厕所、旅游交通、疫情防控、应急疏导等情况。

22—24日 林芝市相继组织收听收看全区地厅级主要领导干部学习贯彻党的十九届五中全会精神暨党史学习教育、“政治标准要更高、党性要求要更严、组织纪律性要更强”专题教育、中央巡视反馈问题整改研讨班会议。市领导马升昌等出席林芝分会场会议。

22—25日 自治区农业农村厅厅长杜杰带领调研组一行，到米林县、朗县调研边境地区产业发展、动物疫病防控和水利发展情况。副市长尼玛扎西陪同调研。

23日 林芝市举行2021年林芝旅游形象大使暨第六届“桃花仙子”选拔活动总决赛。市委副书记、常务副市长、桃花节组委会主任刘光明出席。

25日 市委书记马升昌到巴宜区林芝镇嘎拉村、工布公园，调研指导桃花旅游文化节筹备工作。市领导刘光明等陪同调研。

25—27日 国铁集团调研组一行在波密县现场踏勘调研川藏铁路重大工点、铁路支线等情况。市委常委、副市长杨赤卫陪同调研。

25—29日 广东省商务厅副厅长陈越华一行在林芝市经开区、鲁朗旅游小镇等地调研产业投资项目情况。副市长徐龙海陪同调研。

26日 林芝市组织收听收看党史学习教育中央宣讲团宣讲报告会。市领导马升昌等出席林芝分会场会议，扎西等分别出席各县分会场会议。

同日 林芝市召开2021年重点项目推进电视电话会议。市委常委、常务副市长符永波主持，市领导尼玛扎西等出席。

27日 林芝第十九届桃花旅游文化节在巴宜区嘎拉村开幕。市委书记马升昌出席并宣布2021年林芝市第十九届桃花旅游文化节开幕。广东省商务厅副厅长、广东外商投资企业协会会长陈越华，自治区旅发厅党组成员、副厅长姬越，市领导刘光明等以及广东省企业家代表和全区各地市相关领导出席开幕式。

同日 广东外商投资企业协会赴林芝经贸考察团80余人到林芝经济开发区调研考察。

28日 林芝市举行纪念西藏百万农奴解放62周年“升国旗·唱国歌”仪式。市领导马升昌等出席，市领导多布庆等及全市各单位干部职工、社会各族各界群众代表参加。

同日 林芝市美术馆正式开馆并举行林芝市第十九届桃花旅游文化节“党的光辉照边疆”主题展览。市委常委、宣传部部长张海波，自治区文联副主席、西藏音乐家协会主席美朗多吉出席会议并为美术馆开馆揭牌，市领导尼玛等出席。

同日 自治区旅发厅党组成员、副厅长、区旅发厅机关党委书记姬越一行到米林县雅鲁藏布大峡谷景区对米林旅游行业进行调研，重点调研G219线路打造及旅游节庆活动开发情况进行调研检查。市领导任君等陪同调研。

29日 林芝市在市技工学校举办2021年职业技能大赛。市委副书记、常务副市长刘光明出席并致辞。

同日 广州大学附属中学帮扶团队一行29人、广州援藏波密工作组成员及波密县教育局领导和1300余名学生、130余名教师参加广大附中—波密县中学首届科技节开幕式。

同日 自治区应急管理厅自然灾害风险普查督察检查组副厅长巩同梁率领一行，到米林县督察检查第一次全国自然灾害综合风险普查试点工作近期开展情况，市普查办相关领导及主要灾普单位随行检查。

30日 中国工程院院士，中国中西医结合学会会长，中国人民解放军医学科学技术委员会副主任委员、肾脏病学专家陈香美到林芝市人民医院开展帮扶指导活动。

同日 林芝市第十九届桃花节暨粤林产销投资对接会举办，市工商联邀请20余家企业到现场交流学习，现场签订招商引资项目21个，计划总投资达35亿余元。

31日 墨脱县举行林芝市第十九届桃花旅游文化节——墨脱徒步文化旅游活动开幕仪式。市政协党组成员、政协副主席、县委书记旺东等县级领导、干部群众200余人参加活动。

同日 2021年全区退役军人服务中心（站）示范创建专题培训暨现场观摩交流研讨班在林芝市开班。

4月

1—2日 市民宗局、市妇联联合市文广局、图书馆等多家单位开展“喜迎中国共产党成立100周年 童心向党 红色书籍进家庭”活动。

1—4日 全国人大民族委员会主任委员、中国科学院院士白春礼带队的调研组一行，在波密县、察隅县调研考察中科院藏东南站、朱西冰川、桃花沟科考任务开展情况以及来古冰川、帕隆四号冰川等。副市长强巴央宗全程陪同。

2日 林芝市召开创先争优强基础惠民生活动第九批驻村工作总结暨第十批驻村工作动员大会。市委常委、组织部部长刘业强主持，市领导朱江等出席。

同日 团市委联合市禁毒办在林芝市毒品教育基地举行林芝市青少年禁毒教育基地挂牌仪式。

2—5日 广东省文化和旅游厅党组书记、厅长汪一洋带领考察团一行在米林县、鲁朗小镇、巴宜区、波密县等地，就文化和旅游发展情况进行实地考察，并于5日召开粤林文旅业界座谈会。市委副书记、常务副市长、广东省第九批援藏工作队领队刘光明陪同考察并出席座谈会。

5日 米林县雅鲁藏布大峡谷国家AAAAA级景区挂牌。副市长肖鹤出席挂牌仪式。

5—8日 市委书记马升昌到波密县调研特色产业发展情况，看望基层干部群众。市领导尼玛扎西等陪同调研。

8日 广东省药监局党组书记、局长江效东一行在米林县调研对口支援工作，并召开广东省市场监管局、药监局与林芝市对口支援工作座谈会。副市长徐龙海陪同调研并出席座谈会。

9日 林芝市召开高质量发展领域专项整改组专题工作部署会议。

同日 团市委组织团巴宜区委、青年文明号单位、团工委、青工委、西部计划志愿者等70余名青年，到林芝镇立定村开展义务植树活动，打造“民族团结青年林”。

9—13日 广东省政协党组副书记、副主席林雄带队的考察组一行，围绕“西藏历史文化、经济社会发展及广东省对口援藏项目情况”等课题，到林芝部分乡镇、村（社区）、产业基地和经开区、市政协、工布公园等地开展考察调研活动。自治区政协副主席桑杰扎巴，自治区政协副秘书长、一级巡视员刘晖，市领导刘光明等陪同调研。

10日 林芝市召开政法队伍教育整顿学习教育总结暨查纠整改环节动员部署会。市委书记、市政法队伍教育整顿领导小组组长马升昌出席会议并讲话，全区政法队伍教育整顿第四驻点指导组组长王建雷、副组长刘露及成员，市领导朱江等出席。

12日 林芝市召开川藏铁路重大基础科学问题专项会议。副市长强巴央宗出席。

同日 林芝市举行“侨爱

心工程，暖暖高原情——天行健2021林芝慈善行暨粤林光明行”活动启动仪式。中国侨联基层建设部副部长刘景春，副市长赵俊出席，市委常委、统战部部长达瓦主持。

同日 林芝市组织收听收看自治区迎接国务院安委办2020年度安全生产和消防考核备考情况视频调度会，并召开林芝市迎接国务院安委会2020年度省级政府安全生产和消防工作考核推进会。

同日 广东省政协党组副书记、副主席林雄一行到林芝经济开发区考察。

13日 市委常委班子召开中央巡视整改专题民主生活会。市委书记马升昌主持会议并作总结讲话。

同日 江苏省政务办公管处处长陈伟东一行到林芝市公共资源交易中心调研指导工作，西藏自治区公共资源交易中心（筹）综合协调组组长曲扎加措、林芝市行政审批局原党组书记吕亚杰、局长普布昌菊陪同调研。

14日 林芝市召开2021年边防委员会第一次全体会议。市委书记、市边防委主任马升昌主持并讲话。

同日 市委网络安全和信息化委员会召开2021年第一次全体会议。市委书记、市委网信委主任马升昌主持并讲话。

同日 中国地质学会工程地质专业委员会第十三届全国工程地质高层论坛在林芝市召开。副市长强巴央宗出席并致辞。

14—17日 中国地震局副局长阴朝民一行，在自治区地震局党组书记哈辉等陪同下，到林芝市开展地震灾害防范应对准备工作专项检查，市应急管理局局长杨波、市地震局局长次仁陪同检查。

16—17日 林芝市召开市县领导干部学习贯彻党的十九届五中全会精神暨党史学习教育、“三更”专题教育、中央巡视反馈问题整改研讨班开班仪式。市委书记马升昌出席并讲专题党课，市委副书记、常务副市长刘光明主持，市领导刘业强等出席主会场会议，扎西等出席各县（区）分会场会议。

16—23日 自治区发展改革委副主任付玉寿一行在林芝市调研抵边搬迁工作，并于23日召开工作座谈会。市领导符永波陪同调研并出席座谈会。

18日 国家税务总局党委第五巡视组副组长李勇一行，到林芝市米林县南伊乡，联合米林县税务局、当地驻边部队开展以“弘扬‘特别能吃苦、特别能战斗、特别能忍耐、特别能团结、特别能奉献’的老西藏精神，做戍边兴税、守土尽责的税务人”为主题的党日活动。

18—23日 全国政法队伍教育整顿中央第十四督导组西藏小组组长殷明胜带队在朗县、巴宜区、墨脱县、波密县开展督导检查，并于19日召开政法队伍教育整顿汇报会。市领导王建雷等陪同督导。市委书记、市政法队伍教育整顿工作领导小组组长马升昌等出席19日汇报会。

19日 林芝市组织收听收看自治区全面依法治藏工作电视电话会议。市领导马升昌等出席林芝分会场会议。

20日 中国照明网携手广州市城市照明协会在波密县委大院举行“光”临西藏——2021西藏公益考察活动捐资助学仪式，多家爱心企业及个人捐赠助学金。

21日 市委书记马升昌到市委政法委、市委国安办、市公安局调研督导政法队伍教育整顿工作。市领导梅家奎等陪同调研。

同日 林芝市召开2021年招商引资工作电视电话会议。市委副书记、常务副市长刘光明主持，市领导符永波等出席。

21—23日 中山市卫健系统调研团和中山市第七批“组团式”医疗援藏专家一行到工布江达县开展调研，推进三级医院对口帮扶工作。22日，广东省中山市西区党政企代表团在中山市西区街道党工委副书记、办事处主任张峰峻的率领下，到工布江达县工布江达镇开展对口支援帮扶工作，推进粤藏两地更深层次互联互通互助。

22日 市委书记马升昌会见国家能源集团西藏电力有限公

司党委书记、董事长林丹，国家能源集团大渡河流域水电开发有限公司党委书记、董事长涂扬举一行。市领导梅家奎等陪同会见。

同日 广东拔萃教育集团“拔萃云支教西藏实验基地”签约挂牌暨佛山市顺德区大良实验小学与西藏林芝市第二小学结对友好学校签约仪式在林芝市第二小学举行。副市长强巴央宗出席。

22—24日 中央组织部干部一局副局长、一级巡视员刘后盛，教育部民族教育司副司长葛维威，国家卫生健康委医改医管局副局长邢若齐，中央组织部干部一局二级巡视员王雷组成的调研组一行，在波密县、巴宜区考察调研医疗人才“组团式”援藏受援工作、教育人才“组团式”援藏及“小组团”援藏支援工作，并召开座谈会。自治区党委组织部副部长、第九批援藏干部人才总领队杨晓林，市领导刘光明等陪同调研并出席座谈会。

23日 市委书记马升昌到工布江达县巴河镇松当村藏猪养殖合作社、嘎让村藏猪质控中心和工布江达县娘当村藏猪标准化养殖基地、仲萨乡结牧村念朗温泉调研特色产业发展情况。副市长强巴央宗等陪同调研。

同日 市委宣传部开展“党的恩情照高原、共沐书香护成长”主题演讲比赛和赠书活动。

25日 自治区第一次全国自然灾害综合风险普查试点办公室主任、应急厅副厅长巩同梁率自治区检查验收工作组，到米林县检查验收自然灾害综合风险普查试点工作。

25—29日 市委副书记、常务副市长、广东省第九批援藏工作队领队刘光明到广东省委、省政府汇报援藏工作，对接衔接招商引资相关事宜。

27—28日 应急管理部南方航空护林总站副总站长杨涛，在工布江达县、巴宜区、米林县督查森林草原防灭火工作。市领导杨赤卫等陪同。

27—30日 尼泊尔驻拉萨总领事纳瓦拉杰·达卡尔一行5人到林芝市公访。

29日 林芝市组织收听收看自治区党委农村工作会议、全区脱贫攻坚总结表彰大会暨全区巩固拓展脱贫攻坚成果同乡村振兴有效衔接视频会议。市委书记马升昌等出席拉萨主会场会议，自治区政协副主席桑杰扎巴，市领导张秀武等出席林芝分会场会议，扎西等各县（区）分会场会议。

同日 国家体育总局局长苟仲文率领工作组，在米林县、巴宜区调研体育工作开展情况。副市长强巴央宗陪同。

30日 2021年全区农牧工作会议在拉萨召开。

同日 林芝市在福建公园中心广场举办“在灿烂阳光下”——林芝市迎接中国共产党成立100周年、西藏和平解放70周年文艺展演。市领导张海波等出席并观看演出。

同日 林芝市召开纪念五四运动102周年大会。市委常委、组织部部长刘业强，市人大常委会副主任尼玛，副市长肖鹤出席。

4月30日至5月3日 十二届全国政协委员、全国工商联常委、中国品牌建设促进会理事长、全国鲁商联盟会会长、广东圣丰集团有限公司董事长江南一行考察团在林芝经开区、鲁朗国际旅游小镇、工布江达县开展投资考察。市委书记马升昌会见考察组一行。

4月 中组部调研组到林芝市开展医疗、教育“组团式”援藏和“小组团”援藏调研。

5月

1日 市委书记马升昌到工布公园、工布天街等重点项目建设现场，看望慰问节日期间一线工作人员。市委副书记张秀武，副市长强巴央宗一同慰问。

同日 工布江达县第八届环巴松措国际山地自行车越野竞速赛在国家AAAAA级景区——巴松措举行。

6—11日 市委副书记、常务副市长、广东省第九批援藏工作队领队刘光明带队到广东省开展“100年廿七载 粤藏心连心”粤林文化交流活动。其间，于8日参加广东省援藏民营企业家代表座谈会。

8—11日 在广州、佛山举办以“100年廿七载 粤藏心连心”为主题的西藏林芝民族文化艺术交流系列活动。林芝市领导张海波等出席活动。各县（区）文旅局、文旅企业参与活动。

9—18日 由自治区团委、教育厅联合组建的自治区党史学习教育宣讲团第三组一行分别到林芝市工布江达县、波密县、米林县、朗县、墨脱县开展“深入学习百年党史 汲取奋进和智慧力量”党史学习教育宣讲10场次，各级团干部、西部计划志愿者、各单位及企业骨干青年、农牧民青年、中学学生、非公领域、新兴领域青年代表共计1400余人参加。

10日 住房和城乡建设部副部长张小宏一行在林芝市调研边境地区、特色小城镇、市政基础设施等建设情况。市领导马升昌及自治区住房和城乡建设厅厅长格桑等分别陪同调研。

10—13日 自治区应急管理厅党委书记徐飞带领工作组在林芝市检查调研应急管理工作。11日召开汇报会。自治区应急管理厅副厅长成燕、周万书，自治区森林消防总队副总队长张建卫出席，市委常委、副市长杨赤卫陪同调研并主持汇报会。

12日 林芝市举行2021年全国防灾减灾日暨林芝市宣传周启动仪式。自治区应急管理厅副厅长成燕、周万书，自治区森林消防总队副总队长张建卫，市委常委、副市长杨赤卫到现场查看活动开展情况。

同日 市地震局在厦门广场开展以“防范化解灾害风险，筑牢安全发展基础”为主题的防震减灾宣传教育活动。

12—13日 全国政法队伍教育整顿中央第十四督导组组长李佳、副组长孙瑞标一行到林芝市开展调研督导。自治区党委常委、政法委书记、区教育整顿领导小组副组长何文浩，市委书记、市政法队伍教育整顿领导小组组长马升昌陪同调研督导。

14日 林芝市召开《林芝地区志（2001—2010）》总编稿评审会。

14—15日 外交部副部长、候任驻英国大使郑泽光一行4人到林芝市调研。自治区外办一级巡视员达瓦次仁、市领导强巴央宗等陪同。

17日 林芝市召开政法队伍教育整顿工作推进会。市委书记马升昌出席并讲话，市委副书记张秀武主持。

同日 由中国移动林芝分公司倡导，林芝市经信局组织4家通信运营公司，包括中国联通林芝分公司、中国铁塔林芝分公司、中国电信林芝分公司以及市公安局反诈骗中心、市通信监管办等相关部门在厦门广场开展“5·17”我为群众办实事——预防电信诈骗党建同创主题党日活动。

同日 由中国通信学会、林芝市政府共同主办，中国产业发展研究院、广东省第九批援藏工作队、中国民用航空应急救援联盟承办，主题为“高原5G幸福路”的2021年世界电信和信息社会日大会分会场活动在林芝市举办。中国通信学会副秘书长宋彤、中国产业发展执行院长史卓琦、市领导徐龙海等出席。市委副书记、常务副市长刘光明致辞。

18—20日 市委书记马升昌到墨脱县边境村庄和执勤点最前沿开展调研。市领导尼玛扎西等陪同调研。

18—20日 生态环境部环境工程评估中心总工程师王亚男一行到米林县、墨脱县、朗县，调研雅江下游生态环境保护相关工作。市领导符永波陪同调研。

19日 清华大学乡村振兴西藏林芝远程教学站启动仪式在市委党校举行。市领导刘光明，清华大学继续教育学院党委副书记、纪委书记张文雪出席仪式并致辞。

同日 由林芝市旅游发展局主办，巴宜区文化和旅游局、林芝市旅游协会协办的第11个“5·19”中国旅游日林芝市主题活动在工布公园城市广场举行。

21日 “12355”青少年服务台正式开通，提供心理咨询和法律服务，并组建由市检察院、法院、公安、司法局、人社局、民政局等部门组成的咨询团队开

展各类线下服务。

22 日 市委书记马升昌到波密县调研生态旅游产业发展情况，市领导尼玛扎西等一同调研。

23 日 自治区铁路建设领导小组暨川藏铁路建设领导小组第 1 次会议召开。

24 日 科技部、国铁集团调研组一行到林芝市调研。市领导陪同调研。

25—28 日 自治区副主席坚参一行到察隅县、波密县、易贡茶场调研农牧民增收、茶产业发展、水利重点项目等工作。副市长尼玛扎西陪同调研。

27—28 日 自治区商务厅党组成员、副厅长苏斌一行，采取听取汇报、查阅资料、现场勘查等方式，对林芝经开区进行验收，并检查指导相关工作。市领导徐龙海等陪同检查。

28 日 市委副书记、常务副市长、广东省第九批援藏工作队领队刘光明带领援藏工作队队员到米林县鲁霞村开展“粤藏同心感党恩 民族团结一家亲”结亲走访活动。

同日 林芝经济开发区通过自治区综合验收。

同日 团市委联合市中级人民法院开展“传播法律知识 弘扬法治精神”青少年模拟法庭教育活动。

29 日 西藏乡村振兴研究院揭牌仪式暨西藏“三农”高质量发展学术论坛在博泰林芝大酒店举行。西藏农牧学院党委副书记、院长娄源冰出席并致辞，副市长尼玛扎西出席。

同日 林芝首个智慧书屋在福建公园北门揭牌。副市长徐龙海出席仪式。

同日 市民政局在儿童福利院举行庆“六一”系列主题教育，市领导张秀武等看望慰问福利院儿童。

5 月—6 月 由自治区林草局支持，林芝市与深圳大疆公司合作，首次试验开展飞播造林。采取无人植保飞机雨季播种方式，对巴宜区比日神山和尼西村火烧迹地共完成高山松播种 1604 千克，飞播面积 4009 亩。此次试验，为西藏类似地理条件造林积累实践经验。

6 月

1 日 林芝市市县两级乡村振兴工作机构正式成立。市委副书记、市委农村工作领导小组组长张秀武，副市长、市委农村工作领导小组副组长尼玛扎西出席市乡村振兴局挂牌仪式。七县（区）乡村振兴局同日举行挂牌仪式。

同日 团市委、市少工委联合市教育局在工布儿童公园举行“童心向党 礼赞百年”林芝市第七届庆“六一”系列主题教育。

1—3 日 国家能源局副局长任志武一行在米林县、墨脱县调研清洁能源产业发展情况。副市长肖鹤陪同调研。

2 日 林芝市组织收听收看全国和全区深化“放管服”改革、着力培养和激发市场主体活力电视电话会议。

同日 2021 年市委农村工作会议召开。市委副书记、市委农村工作领导小组组长张秀武出席并讲话，市人大常委会主任、市委农村工作领导小组副组长多布庆主持。市领导尼玛扎西等出席。

同日 林芝市举行 2021 年科技活动周暨科技工作者日宣传活动。市领导达瓦等出席。

3 日 生态环境部部长黄润秋一行在墨脱县、米林县调研水电能源产业发展情况。自治区党委副书记、区政府主席齐扎拉，市领导赵俊等陪同调研。

4 日 全国生态环境系统“十四五”对口援藏工作会议在拉萨召开。

同日 中国人民银行林芝市中心支行联合市场监督管理局、经开区管委会，组织 8 家金融机构在经开区开展“动产和权利担保统一登记系统，助力企业融资发展”为主题的培训宣传活动，40 余家企业负责人参加活动。

同日 市医保局正式上线“不见面”无人值守柜台服务，可办理参保个人信息查询、凭证打印、门诊特殊病申报、医疗费用报销等业务。

同日 全市 54 个乡（镇）

领导班子换届选举工作完成。

5日 林芝市举办“让党史学习教育红起来，让非遗文化跳起来，让革命歌曲唱起来，让红色广播响起来”群众文化活动。市领导次仁央宗等出席，副市长肖鹤出席并致辞。

同日 林芝市在厦门广场开展以“人与自然和谐共生”为主题“六五”世界环境日宣传活动。副市长赵俊出席。

7日 市农业农村局联合工布江达县人民政府，在巴河镇连巴村举行全市放心农资下乡进村宣传周活动启动仪式。

7—9日 副市长、市招生考试委员会主任强巴央宗到林芝市国家教育考试指挥中心和第一中学、第二高级中学等4个考点开展高考巡考工作。

8日 林芝市在市儿童福利院开展“大手牵小手，永远跟党走”关爱行动。活动通过47名党员“一对一”慰问47名患病儿童与结对帮扶儿童，并为帮扶对象购买零食、玩具、书本、衣服等。现场集中宣讲《儿童福利政策》《中华人民共和国未成年人保护法》《中华人民共和国预防未成年人犯罪法》。

8—11日 全国气象观测质量内审检查组工作人员到工布江达县、巴宜区、米林气象局，对林芝市气象部门开展气象观测质量内部审核检查。

8—12日 中国地震局工程力学研究所研究员余世舟一行6人组成的地震重点危险区调研与风险预评估组，到林芝市察隅县开展地震重点危险区调研与风险预评估工作。市地震局局长次仁、县应急管理局局长曾西陪同。

9日 林芝市召开2021年水利工作会议。副市长尼玛扎西出席。

10日 团市委联合市中级人民法院到林芝市第二小学、市八一中学、市第二高级中学开展“青春与法同行——学法知法有我 守法用法看我”青少年法治宣传教育活动。

10—12日 自治区政协党组副书记、副主席雷桂龙一行在市客运有限公司、国道318线八一至鲁朗段、鲁朗镇客运站调研自治区重点提案办理情况，并召开汇报会。市领导谢英等陪同调研并出席汇报会。

11日 巴宜区举行第三届人民代表大会代表选举活动。市领导马升昌等以普通选民身份在各自选区参加投票或委托他人投票。

同日 市委书记马升昌与各县（区）委书记和市直政法部门主要负责人开展政法队伍教育整顿谈心谈话会议。市领导等出席。

同日 中国人民银行林芝市中心支行组织辖区银行、保险、证券机构，在厦门广场开展“普及金融知识，‘守住钱袋子’”宣传活动。

12日 林芝市在福建公园举行2021年“文化和自然遗产日”非遗宣传展演活动。副市长徐龙海出席并致辞。

15日 自治区自然资源厅副厅长张天华率重点项目用地报批调研组在林芝站调研并召开座谈会，检查川藏铁路、拉林铁路重点建设项目用地报批工作情况。自治区发改委副主任赵勇、副市长强巴央宗陪同调研并出席座谈会。

16日 林芝市召开政法队伍教育整顿查纠整改环节总结暨总结提升环节动员部署会。市委书记、市政法队伍教育整顿领导小组组长马升昌出席并讲话，区党委政法委一级巡视员、全区政法队伍教育整顿第四驻点指导组组长王建雷到会指导，市委副书记张秀武主持并汇报工作。市领导刘业强等出席。

同日 林芝市开展2021年“安全生产月”暨宣传咨询活动。副市长扎西平措出席。

16—18日 中国气象局副局长宇如聪一行到米林县调研青藏高原气象变化、乡村振兴和强边气象服务工作开展情况。副市长尼玛扎西陪同。18日，到林芝市气象部门看望慰问基层气象干部职工，调研指导工作。中国气象局预报司副司长金荣花、科技司副司长袁佳双、中央气象台副台长毛冬艳，自治区气象局党组书记拉卓，林芝市政府分管领导陪同。

18日 林芝市举行北京直飞林芝航线复航仪式。市委书记马升昌出席，中国航空集团有限公司副总经理、党组成员，国航股份有限公司副总裁、党委委员陈志勇，民航西藏局局长白珍出席并致辞，自治区旅发厅党组副书记、厅长王松平，市委常委、秘书长梅家奎，副市长扎西平措出席，民航西藏局副局长四朗泽培主持。

同日 中国气象局计财司副司长任振和一行到林芝市气象局、波密县气象局和墨脱县气象局调研指导。

18—19日 四川省气象局党组书记彭广、局长杨卫东、副局长陈忠明一行，到林芝气象局、工布江达县气象局调研指导工作。

18—19日 云南省气象局党组书记、局长尹晓毅率援藏调研组，到林芝气象部门调研、协调、指导对口支援工作。

19—23日 自治区教育厅二级巡视员胡志国带队的自治区“两规”(《妇女发展规划》《儿童发展规划》）终期评估工作组到林芝市朗县、米林县、波密县、墨脱县开展“两规”终期评估验收工作。市领导强巴央宗、梁小莉陪同。21日，召开自治区“两规”终期评估汇报会。

20日 林芝市开展以“庆祝中国共产党成立100周年、西藏和平解放70周年，展现辉煌成就　弘扬奋斗精神”为主题的书法摄影作品比赛颁奖暨展览活动。市领导刘业强等出席。

21日 林芝市召开人民武装委员会例会暨民兵工作会议。市委书记、林芝军分区党委第一书记马升昌出席并讲话。

21—23日 国家电网有限公司党组书记、董事长辛保安一行在林芝500千伏变电站、鲁朗镇扎西岗村调研供电服务保障、电力助力民族地区脱贫攻坚工作开展情况，并于23日召开国家电网有限公司助力新西藏高质量发展大会和川藏铁路配套供电工作座谈会，举行西藏清洁能源专家工作站和清洁能源创新发展中心揭牌仪式。自治区党委副书记、区政府主席齐扎拉，副市长肖鹤陪同。

22日 市农业综合行政执法队对所有牛羊猪禽等规模养殖场（户）、兽药经营门店、饲料加工企业、生猪牛羊屠宰企业等进行农资安全排查。

23—24日 自治区政府副主席孟晓林一行在波密县、西藏农牧学院、市特殊学校、市职业技术学校调研教育、科技工作开展情况，并于24日召开国家川藏铁路技术创新中心（西藏）建设工作推进会。副市长强巴央宗陪同调研并出席推进会。

24日 林芝市举办“派墨公路保通行、抓生产、抢贯通”劳动竞赛表彰大会暨庆祝中国共产党成立100周年、西藏和平解放70周年大讲堂活动。副市长肖鹤出席。

25日 川藏铁路拉萨至林芝段建成通车，结束了藏东南地区不通铁路的历史。川藏铁路拉林段位于西藏东南部，从拉日铁路协荣站引出，经贡嘎、扎囊、乃东、桑日、加查、朗县、米林至林芝，正线长度403.14千米，运营长度435.48千米，设计行车速度每小时160千米，共有车站34个，初期开站17个（其中客货运站9个、会让站8个），采用复兴号高原内电双源动车组运营，系西藏第一条电气化铁路，也是川藏、滇藏铁路的重要组成部分。

同日 林芝市开展以“节约集约用地，严守耕地红线”为主题的全国土地日集中宣传活动。副市长肖鹤出席。

26日 林芝市举办2021年“6·26”国际禁毒日宣传活动暨文艺演出。市领导张秀武等出席。

26—28日 自治区交通运输厅党组书记达娃欧珠一行在波密县、墨脱县调研国道318线、川藏铁路、边防公路工程建设情况。副市长扎西平措陪同调研。

27日 林芝市举行新党员入党宣誓暨老党员重温入党誓词仪式。市领导马升昌等出席。

同日 自治区党委常委、常务副主席白玛旺堆在工布江达县巴河镇调研藏猪产业发展情况。副市长尼玛扎西陪同调研。

同日 自治区党委常委、组

织部部长陈永奇到林芝市调研指导换届工作，并到林芝经济开发区考察调研。

28 日 林芝市召开区党委党史学习教育巡回指导和中国共产党成立 100 周年大庆期间维稳督导工作汇报会。自治区党委常委、宣传部部长，自治区党委党史学习教育第五巡回指导小组组长，自治区赴林芝维稳督导组组长汪海洲出席并讲话，市委领导汇报林芝市工作开展情况。

同日 林芝市开展以“凝心聚力抓实服务群众 全力以赴助推平安建设”为主题的 6 月综治宣传周集中宣传活动暨政法队伍教育整顿“为民办实事”集中展示活动。市领导张秀武等出席。

同日 林芝市举办“千歌万曲献给党”歌咏比赛。市领导多布庆等出席。

同日 自治区自然资源厅党组成员、副厅长刘鸿飞一行在措木及日调研河（湖）长制工作开展情况并召开座谈会。副市长尼玛扎西陪同调研并出席座谈会。

同日 林芝市“智慧党建”平台启动仪式举行。市领导张秀武、中国联通西藏自治区分公司领导周鹏程及市直各单位分管负责人等 150 余人出席启动仪式。

同日 林芝市“墨脱采茶人、米林藏药种植人”入选全区典型劳务品牌，墨脱采茶人同步纳入人社部新公布全国劳务品牌建议名单。

28—29 日 人社部劳动保障监察局副局长苏莹荣率国务院根治拖欠农民工工资工作领导小组赴藏考核组在米林县、巴宜区、波密县、墨脱县开展考核工作。自治区党委常委、常务副主席白玛旺堆，市委副书记、常务副市长刘光明陪同。

28—29 日 自治区旅游发展厅副厅长石玉辉、林芝市应急管理局局长杨波及林芝市旅发委副书记张润东一行 9 人对米林县大峡谷景区、南伊沟景区旅游安全和羌纳寺文物安全进行实地督导检查。

29 日 林芝市召开“两优一先”表彰大会。市委书记马升昌出席并讲话，市委副书记张秀武宣读表彰决定，市领导赵雄等出席。

同日 林芝市宗教界代表人士庆祝中国共产党成立 100 周年、西藏和平解放 70 周年座谈会召开。市领导马升昌等出席，市委常委、统战部部长达瓦主持。

同日 市委宣传部在福建公园举办“千歌万曲献给党”——林芝市庆祝中国共产党成立 100 周年爱党歌曲大家唱歌咏比赛。

30 日 市委宣传部在福建公园举办“乘风破浪再出发”——林芝市庆祝中国共产党成立 100 周年、西藏和平解放 70 周年献礼演出。

7 月

1 日 市委理论学习中心组组织集中收听收看庆祝中国共产党成立 100 周年大会实况暨第 8 次学习会，共同庆祝中国共产党百年华诞。自治区审计厅党组书记、副厅长、自治区党委党史学习教育第五巡回指导组副组长次多及市领导马升昌等出席。

4 日 水利部副部长魏山忠一行到米林县调研水利援藏工作，并就做好“十四五”水利援藏工作提出明确要求。

5 日 林芝市举办“快行漫游”西藏旅游市场推介活动。自治区旅游发展厅副厅长姬越，市委副书记、常务副市长刘光明出席。

同日 自治区安委办赴林芝市督导组组长、旅游发展厅副厅长石玉辉率督导检查组，在市区重点建设项目督导检查安全生产工作，并召开督导检查情况反馈会。副市长扎西平措陪同检查并主持督导检查情况反馈会。

5—8 日 自治区通信管理局副局长贡布多吉一行在米林机场、林芝火车站、工布公园等地调研西藏和平解放 70 周年庆祝活动通信保障工作情况。副市长徐龙海陪同调研。

6 日 林芝市组织收听收看西藏自治区各族各界庆祝中国共产党成立 100 周年座谈会。

市领导马升昌等出席林芝分会场会议。

同日 全国总工会办公厅副主任史红云带领调研组一行到米林县检查指导工作。自治区总工会党组成员、副主席丹拥拉姆，林芝市总工会党组成员、二级调研员黄文陪同调研。调研组到米林县进行实地调研“职工之家”，并听取县总工会对县“职工之家”“职工书屋”“南伊乡琼林村工会”的建设和运行情况的汇报，参观米林县红色教育基地“小木屋”。

6—8日 国务院安委会第八督导检查组组长王天详一行在林芝市各建筑施工地重点督导检查政府属地监管责任落实情况、安全生产责任制建立健全情况以及重要时段安全防控部署推动情况，并于6日召开西藏自治区安全生产工作汇报会。自治区安委会办公室常务副主任、住建厅厅长格桑，副市长扎西平措陪同检查并出席汇报会。

8日 自治区政府新闻办在拉萨举办林芝市70年党的建设和经济社会发展成就新闻发布会。市委新闻发言人、市委副书记张秀武，市政府新闻发言人、副市长徐龙海分别介绍林芝市党的建设发展情况和经济社会发展成就，并回答记者提问。

9—10日 中国艺术研究院党委书记、院长韩子勇一行7人及西藏自治区文化厅党组成员、副厅长赵斌一行6人，到南伊乡才召村、琼林村进行珞巴服饰、珞巴始祖传说、珞巴织布、米林县外宣点、藏医药文化馆、“红色小牧屋”等边境非物质文化遗产项目调研。市领导次仁扎西等陪同调研。

10日 国家市场监督管理总局食品协调司食品安全协调指导处副处长霍宏伟、发展研究中心副主任冯军和食品安全研究部临时负责人孙璐一行3人到米林县开展景区食品安全调研。自治区领导刘松涛及林芝市领导罗恒伟陪同。

11—12日 林芝市举行中国音乐学院考级助推西藏自治区民族公益事业发展活动暨民族乐器、教材捐赠仪式，并举办“中国民族音乐知多少”音乐会。文化和旅游部科技教育司副司长王磊，副市长徐龙海出席捐赠仪式和音乐会，自治区文化厅党组成员、副厅长甘立泉出席捐赠仪式，市政协副主席玉珍出席音乐会。

13日 林芝市医疗保障局发放林芝市第一笔欺诈骗取医保举报奖励金500元。

13—19日 全国人大常委会原委员、全国人大民族事务委员会原副主任委员列确，全国政协民族和宗教委员会原副主任、全国妇联原副主席巴桑带领部分自治区离退休省级领导，考察调研林芝市特色产业发展、生态旅游、经开区建设、文物保护、边境发展等工作。

14日 广东省民政厅党组成员、副厅长曾凡瑞，广东省民政厅党组成员、副厅长聂远松一行在米林县调研民政工作开展情况。自治区民政厅党组成员、副厅长丹巴，副市长徐龙海陪同调研。

15日 自治区自然资源厅副厅长罗庆伍带领全区七地市不动产登记工作人员50余人，到林芝市自然资源局调研交流不动产登记工作，市自然资源局党组成员、副局长周英陪同调研。

16日 林芝市举行2021年创建国家食品安全示范城市宣传暨“食品安全宣传周”活动。副市长徐龙海出席。

19日 自治区人大常委会副主任其美增仁、市人大常委会副主任扎西考察林芝市生态苗木基地工程建设情况。

20日 林芝市召开《中华人民共和国森林法》及《西藏自治区实施〈中华人民共和国森林法〉办法》执法检查座谈会。自治区人大常委会副主任、执法检查组组长其美仁增出席，市人大常委会副主任扎西主持，副市长徐龙海出席并汇报林芝市贯彻实施“一法一办法”情况。

同日 2021年科普援藏活动在波密县启动。活动主题为“百年回望：中国共产党领导科技发展”。活动由科学技术部主办，科学技术部人才与科普司、国家民委教育科技司、自然资源部科技发展司、西藏自治区科学技术厅、林芝市人民政府等13家单位承办，波密县人民政府、林芝市科学技术局等5家单位协办。科技部、有关部委和兄弟省市科技系统向林芝市捐赠科普经费70万元和价值30万元的科普设备、科普书籍等。

21日 全国人大常委会委员、全国人大环资委副主任委员王洪尧率全国人大环资委调研组到南伊乡琼林新村，对米林县生态环境情况进行调研。自治区领导周亦峰及林芝市领导尼玛陪同调研。

22—24日 中央农办副主任、农业农村部副部长刘焕鑫一行到工布江达县、朗县调研产业融合发展、农村改革、农村人居环境等工作。自治区人民政府办公厅一级巡视员潘旭春，自治区农业农村厅厅长杜杰，副市长尼玛扎西陪同调研。

26日 习近平总书记“七一”重要讲话精神自治区宣讲团在林芝市举行宣讲报告会。市领导马升昌等出席，市委常委、宣传部部长张海波主持。

同日 全国统计系统援藏工作会议在林芝市召开，总结“十三五”时期统计对口援藏工作，部署“十四五”时期援藏任务。国家发展改革委副主任兼国家统计局党组书记、局长宁吉喆，区党委副书记、自治区主席齐扎拉出席并讲话。区党委常委、自治区常务副主席白玛致辞，国家统计局党组成员、副局长李晓超主持。市领导徐龙海出席会议。

同日 国家发改委副主任兼国家统计局局长宁吉喆一行在林芝市城市规划馆参观考察林芝城市发展规划。自治区党委副书记、政府主席齐扎拉，自治区党委常委、政府常务副主席白玛旺堆，市委领导陪同考察。

同日 公安部网安局政委赵世强到林芝网安支队检查指导工作。

27—31日 市委网络安全和信息化委员会配合中央网信办、自治区党委网信办在林芝开展“石榴花开·籽籽同心”网络主题活动。

28—30日 团市委组织127名2021—2022年度西部计划志愿者开展岗前培训。

31日 中华全国供销合作社监事会副主任宗义一行在林芝市调研边境基层合作社发展建设情况。副市长徐龙海陪同。

8月

1日 市领导刘业强等分别带队到驻地部队、驻训部队及部分退役老党员家中开展2021年“八一建军节”拥军优属慰问活动。

同日 西藏数字乡村建设系列行动启动大会在林芝市召开。中央网络安全和信息化委员会办公室副主任、国家互联网信息办公室副主任牛一兵书面致辞。市领导张海波等出席。

2—3日 交通运输部部长李小鹏一行到川藏铁路隧洞、边防公路等地调研交通建设工作。市领导扎西平措等陪同调研。

2—3日 司法部普法治理局局长王晓光一行调研组到米林县才召村、巴宜区嘎拉村、喇嘛岭寺调研普法工作。

3日 自治区农业农村厅副厅长肖长伟一行调研组到米林县、工布江达县调研牦牛经济杂交工作。副市长尼玛扎西陪同。

3—5日 水利部水库移民司司长卢胜芳、水利工程建设司司长王胜万一行到米林县就定点帮扶事宜进行实地调研和交流座谈。

5日 林芝市召开领导干部警示教育大会。市委书记马升昌主持会议并讲话，市领导刘光明等出席主会场会议。甘丹平措等分别出席巴宜区、波密县分会场会议。

同日 林芝市召开第一次自然灾害综合风险普查工作电视电话会议。副市长扎西平措出席并讲话。

9日 林芝市召开《林芝市各有关部门生态环境保护责任清单》和第二轮中央环保督察整改部署会议。副市长赵俊出席并讲话。

13日 林芝市在永久创业梦想小镇市级电子商务公共服务中心举行首家“林芝电子商务产业园”挂牌仪式，授予梦想小镇

"林芝电子商务产业园"匾牌。

16 日 林芝市举行低氟茶发放仪式。副市长徐龙海出席仪式并为七县（区）代表发放低氟茶牌匾。

17 日 由市委、市政府主办，市委宣传部、市文广局、林芝广播电视台等单位举办"牢记嘱托 感恩奋进"——庆祝西藏和平解放 70 周年专场演出在巴宜区林芝镇嘎拉村举行。副市长扎西平措出席。

19 日 林芝市集中收听收看西藏和平解放 70 周年庆祝大会实况。市领导达瓦等出席林芝分会场会议，刘光明出席拉萨主会场活动。

20 日 广州市首批"组团式"援藏医疗队顺利抵达林芝，林芝市召开受援工作协调领导小组 2021 年第一次会议。市委副书记、常务副市长、广东省第九批援藏工作队领队刘光明出席并讲话，市委常委、常务副市长符永波主持。

同日 广东省第六批、第七批组团式援藏医疗人才欢迎欢送会暨工作交接部署会召开。副市长赵俊出席。

22 日 自治区党委副书记、自治区人大常委会主任洛桑江村到林芝市转送习近平总书记题词"建设美丽幸福西藏 共圆伟大复兴梦想"贺匾、贺幛、领袖画像、洗衣机、医疗健康包等 10 项西藏和平解放 70 周年纪念品。自治区人大常委会副主任、市委书记马升昌出席仪式并讲话。自治区政府副主席任维主持，自治区政协副主席桑杰扎巴等领导出席转送仪式。市领导达瓦（统战部）等出席。

同日 林芝市组织召开第六、第七批组团式援藏医疗人才欢送欢迎会暨工作交接部署会。

22—24 日 自治区发展改革委主任斯朗尼玛一行到米林县、墨脱县，就抵边安居与新型城镇化建设、国家发展改革委定点帮扶墨脱县有关需求等工作进行调研。市委常委、常务副市长符永波陪同调研。

23 日 自治区副主席任维一行到墨脱县背崩乡调研派墨公路建设情况。副市长扎西平措陪同调研。

24 日 林芝市在厦门广场开展"筑牢国家生态安全屏障 打造国家生态文明高地"为主题的 2021 年生态文明宣传月集中宣传活动。市委常委、宣传部部长张海波，副市长赵俊出席。

同日 全市首个独立运营县级党校——中共波密县委党校（行政学校）正式启用。

24—25 日 市农业综合行政执法队联合相关科室对全市范围内的种植养殖基地、屠宰场、农资兽药店等场所进行执法检查和普法宣传。

25 日 林芝市"十三五"期间完成的政府投资项目审计进点会议召开。自治区审计厅副厅长、一级巡视员马陵田出席，市委常委、常务副市长符永波主持。

26 日 市委书记马升昌到米林县里龙乡朗贡村等地，调研搬迁安置、特色产业发展等工作，其间，看望慰问驻地部队官兵，实地调研华发商贸物流产业园、林芝市招商规划馆相关情况。副市长尼玛扎西一同调研。

27 日 林芝市开展以"节能降碳、绿色发展"和"低碳生活、绿建未来"为主题的节能宣传周和低碳宣传日活动。市委常委、常务副市长符永波出席。

同日 教育部副部长、国家语委主任、第 44 届世界文化遗产主席田学军一行到米林县检查指导工作。

29 日 民族歌舞剧《天路鲁朗》在鲁朗小镇恒大演艺中心进行首次试演。市委副书记、常务副市长、广东省第九批援藏工作队领队刘光明出席并观看演出。

8 月 30 日—9 月 1 日 财政部金融司国有金融资本运营评价中心主任、一级巡视员胡学好一行到鲁朗、米林县南伊珞巴民族乡、派镇，调研基层金融网点、林芝民生村镇银行及西藏银行林芝分行两项补贴政策执行情况，并召开座谈会。副市长徐龙海陪同。

31 日 市农业农村局联合市生态环境局、巴宜区农业农村局、林芝镇人民政府在林芝市巴宜区达则村（娘亚码头）尼洋河流域开展2021年尼洋河水生生物增殖放流活动。

8月31日至9月1日 自治区林业和草原局委托国家林业和草原局中南调查规划设计院开展2016年度重点区域人工造林自治区级核查验收工作。9月1日，中科院西北生态环境资源研究专家到米林县开展退耕还林综合效益监测和沙化土地治理成果研究工作。

9月

1日 林芝市召开全市生物生态保护工作推进会。

2日 林芝市在厦门广场举行2021年大中城市联合招聘林芝籍高校毕业生和退役军人专场招聘会活动。广东省人才资源保障厅厅长陈奕威，副市长徐龙海，全国人才流动中心毕业生就业服务处处长李红义出席。

同日 市行政审批和便民服务局正式设立“帮办代办窗口”，政务业务办理由原来的“您来办”转变为“帮您办”。推出“办理营业执照”“办理食品经营许可证”“办理户外广告许可证”以及“公积金提取”4个事项作为帮办事项，推出当天就办理10余件，受到群众一致好评。

同日 广东省委书记李希、省长马兴瑞率广东省党政代表团到林芝经济开发区粤林产业园实地考察。自治区党委书记吴英杰，区党委副书记、自治区主席齐扎拉参加活动。

2—4日 广东省委书记李希，广东省委副书记、省长马兴瑞率广东省党政代表团，到米林县南伊珞巴民族乡琼林村、全国援藏展览馆、粤林产业园等地，考察林芝市经济社会发展和广东省对口支援工作情况，看望慰问当地老党员、村民和广东省援藏干部，并于4日召开“广东·西藏”对口支援工作座谈会。

2—4日 自治区人大常委会领导到林芝开展《西藏自治区实施宪法宣誓制度办法》实施情况执法检查和“人大代表之家”运行情况调研。

2—6日 市委组织部组织老干部宣讲团、市“夕阳红”文艺队等到巴宜区、米林县、工布江达县等县区、乡村社区开展“送宣讲、送文艺、送义诊”三下乡活动。

3日 自治区妇联党组成员、副主席龙措带队到林芝市察隅县开展以“党的光辉照边疆 边疆人民心向党”为主题的“阿佳讲堂乡村行”活动。

3—6日 林芝市医疗保障局联合市退役军人事务局到林芝军分区等单位，就退役军人医疗保险相关政策进行专题解读。

4—5日 中宣部副部长、国家广播电视总局局长、党组书记聂辰席一行在林芝市鲁朗镇扎西岗村调研广播电视“户户通”覆盖情况，并于4日在林芝市召开座谈会。自治区党委书记吴英杰，自治区党委常委、秘书长刘江，自治区人大常委会副主任、市委书记马升昌出席座谈会，自治区副主席甲热·洛桑丹增等领导陪同调研并出席座谈会。

4—7日 中国工程院副院长王辰一行到米林县、工布江达县、中铁隧道局等地调研高原地区呼吸系统疾病防治情况。副市长赵俊陪同调研。

4—7日 广东省广播电视局党组书记、局长刘小毅率援藏工作组一行前往工布江达县、巴宜区、米林县、林芝广播电视台、市文广局，就广播电视事业发展、融媒体中心建设、广播电视节目覆盖、群众收听收看情况实地调研。副市长徐龙海陪同调研。

5日 第6个“中华慈善日”，林芝市慈善总会2021年“中华慈善日”系列活动启动仪式在林芝市儿童福利院举行。市人大常委会原副书记、副主任兼市慈善总会名誉会长次旺晋美，市领导格尼群培等出席。

同日 自治区人大财经委员会主任委员李震带领自治区发改委、财政厅、统计厅等领导一行12人组成调研组，到米林县藏医药文化馆、米林县火车站至南伊环线道路工程施工点开展实地调研和检查。

同日 国家广播电视总局工作组到南伊珞巴民族乡琼林村调

研“村村通”农村广播电视覆盖情况，自治区广播电视局、林芝市文广局相关领导陪同调研。

5—7日 自治区政府参事马相村，自治区政府参事、西藏大学经济文化研究中心主任图登克珠一行到市职业技术学校调研西藏自治区职业教育发展工作。副市长强巴央宗陪同调研。

6—7日 农业农村部副部长张桃林一行到西藏农牧学院、米林县调研特色产业发展、藏猪遗传保护场建设等工作。自治区政府副主席江白等陪同调研。

6—8日 广东省退役军人事务厅党组副书记、厅长陈小山一行到市退役军人事务局，巴宜区、米林县退役军人事务局，市烈士陵园，经开区粤林产业园实地考察，并于8日召开座谈会。自治区退役军人事务厅党组副书记、副厅长蔡静，副市长徐龙海陪同调研并出席座谈会。

7日 八盖乡政府所在地开通移动4G网络，结束了作为波密县最后一个不通网络信号乡（镇）的历史。

8日 由林芝市疾控中心、林芝市人民医院联合波密县疾控中心，组织人员到波密县3个乡镇5个行政村开展大骨节病患者病情核查、查漏和药品发放工作。活动共筛查114人（Ⅰ度64人、Ⅱ度26人、Ⅲ度2人），排除7人、新发现14人、失访15人，其中符合手术指征且有意愿手术治疗患者67人，发放复方杜仲健骨颗粒1730盒、盐酸氨基葡萄糖片128盒、藤黄健骨胶囊627盒。

8—12日 上海国际问题研究院调研组6人到林芝调研。10日，召开座谈会。

9日 市委书记马升昌带队到林芝广东实验中学和市职业技术学校，看望慰问一线教师代表，实地调研教学情况。市委常委、秘书长梅家奎，市人大常委会副主任尼玛，副市长强巴央宗，市政协副主席旺东一同慰问。

同日 林芝市委印发《林芝市贯彻落实〈西藏自治区民族团结进步模范区创建规划（2021—2025年）〉的实施方案》《林芝市民族团结进步创建“九进”实施方案》《林芝市民族团结进步模范区模范单位考评命名实施办法（试行）》和《林芝市民族团结进步模范区模范单位考评命名实施办法（试行）》。

9—12日 林芝市人民医院开展让每一个孩子都绽放最美丽的微笑——“母亲微笑行动”唇腭裂公益救助活动。

10日 福建省工商联和佛山市工商联到林芝考察学习，佛山市工商联向墨脱县工商联捐赠10万元工作经费。

11日 市林草局组织开展“贯彻总书记视察精神·共建美丽雅尼湿地·实现人与自然和谐相处”大型主题宣传教育活动，宣传雅尼国家湿地公园生态保护整体形象。

同日 水利部党组书记、部长李国英一行到米林县就定点帮扶工作开展调研。自治区领导刘伟平、坚参及林芝市相关领导陪同调研。

14日 上海市政协副主席、工商联主席寿子琪到林芝经济开发区考察。

15日 林芝市在厦门广场开展9月民族团结进步宣传月集中宣传日活动。市领导张海波等出席。

同日 林芝市经济开发区基础设施建设项目（粤林高原生物科技产业园、中药藏药产业园）——粤林产业园二期（粤林高原生物科技产业园）、林芝市墨脱县生态功能区保护工程、林芝市波密县市政道路——滨江东路建设等3个房建市政类项目，在林芝市公共资源交易中心通过西藏自治区公共资源交易平台完成招投标工作，标志着西藏自治区公共资源交易平台在林芝市正式启用。

同日 全国总工会劳动和经济工作部一级巡视员闵迎秋一行到米林县调研劳模创新创业工作室建设情况、劳动和技能竞赛、职工技术创新情况等。自治区总工会劳动和经济工作部副部长袁定国等陪同。

16日 林芝市在厦门广场集中开展以“加强民族团结 共建平安西藏”“社会治理新时代 共建共治共受益、人人参与把梦圆”为主题的“9·16”平安西藏宣传日集中宣传活动。市领导张秀武等出席。

16—18日 国家林草局党组书记、局长关志鸥一行到工布江达县、市工布公园、嘎拉村、鲁朗、大峡谷调研生态保护修复等工作。自治区政府副主席江白，自治区林草局党组副书记、局长吴维，副市长徐龙海陪同调研。

17日 国家林草局党组书记、局长关志鸥调研林芝雅尼湿地。

18日 团市委联合林芝市电子商务产业园、中国石油西藏林芝销售分公司开展“‘团’团圆圆 情暖中秋”慰问活动，分别到美团骑手集中点、顺丰快递站点、中通快递站点、京东快递站点为林芝市395名快递小哥、美团骑手和20名西部计划志愿者代表送去月饼500份、矿泉水100件、方便面65箱、水果22件，价值共12万余元。

18—19日 肯尼亚驻华大使塞雷姆一行到林芝市雅尼国家湿地公园、尼洋阁、世界柏树王园林、嘎啦村开展公访活动。自治区外事办主任白曼央宗，副市长强巴央宗陪同。

22日 团市委依托广东健康直通车活动，为波密县玉普乡米美村的听力障碍儿童提供免费人工耳蜗植入手术并成功完成。6岁聋哑男孩为团林芝市委联合市残联在全市范围内经筛选后的第二名符合条件的孩子。

22—26日 贵州省民宗委党组成员、副主任潘选一行到林芝市开展民族团结进步创建工作专题调研，先后到墨脱县、波密县、巴宜区、工布江达县，走访机关、学校、乡村、寺庙、边境派出所、公共文化服务场所、民族团结进步教育基地等，通过实地考察、听取汇报、个人访谈等方式，专题调研林芝市创建全国民族团结进步示范市工作，并于26日召开汇报会。市委书记马升昌主持汇报会，自治区民委党组成员、副主任黄云素，市领导张秀武等出席。

23日 中国海洋发展基金会、深圳市盐田港集团有限公司捐建的海洋图书馆揭牌暨课桌凳捐赠仪式在八一中学举行。副市长强巴央宗出席。

同日 林芝临夏商会成立大会举行。林芝市委常委、统战部部长达瓦，市工商联党组书记余水及各地临商代表共250余人参加大会。

同日 中央农村工作领导小组办公室、农业农村部、中央宣传部、民政部、司法部、国家乡村振兴局联合公布第二批全国乡村治理示范村镇名单。其中，米林县南伊珞巴民族乡被认定为第二批全国乡村治理示范乡镇，南伊珞巴民族乡才召村被认定为第二批全国乡村治理示范村。

23—25日 农业农村部规划设计院副院长、研究员刘海启率调研组在朗县调研特色产业发展情况。自治区农业农村厅党组成员、副厅长王冠杰，朗县县委副书记、县长贡久以及区、市、县相关部门负责人陪同调研。

24日 应急管理部救援协调局副局长刘鑫军一行到川藏铁路色季拉山隧道开展川藏铁路建设应急管理专题调研。自治区应急管理厅二级巡视员普次，副市长扎西平措陪同调研。

同日 林芝市召开《林芝市构建现代环境治理体系实施方案》专题会。副市长赵俊出席。

同日 林芝市工程建设类首次远程异地评标试点项目顺利启动。

同日 市政府新闻办举办林芝市2010—2020年妇女儿童发展规划实施情况新闻发布会。副市长、妇儿工委办主任强巴央宗介绍林芝市2010—2020年妇女儿童发展规划实施情况，市教育局四级调研员王晓黎、卫健委副主任达瓦央金回答记者提问。

25—27日 乌拉圭驻华大使一行4人访问林芝。林芝区外办副主任孙晓波等陪同。

9月25日至10月15日 团市委联合市教育局、市市场监督管理局及各县（区）团委组成7个专项联合检查组，对市内以及各县（区）中小学周边进行红领巾、队旗、队徽等少先队标志标识规范检查。

26日 林芝市举办2021年西藏林芝雅鲁藏布生态文化旅游节文艺晚会。市委常委、统战部部长达瓦，副市长徐龙海出席并观看演出。

27日 林芝市召开干部大会。自治区党委常务副书记、区政协党组书记庄严代表区党委出席并讲话，区人大常委会副主任马升昌作表态发言，敖刘全、巴塔分别作表态发言。市领导张秀武等出席。

29日 中山大学党委书记陈春声，中山大学校长、中国科学院院士罗俊一行到市人民医院、巴宜区中学开展帮扶指导工作。市委副书记、常务副市长、广东省第九批援藏工作队领队刘光明陪同。

30日 林芝市在烈士陵园隆重举行烈士纪念日向烈士敬献花篮仪式。市委副书记、市长候选人巴塔主持，市领导张秀武等出席。

9月下旬 中央广播电视总台“庆丰收、感党恩”栏目组到波密县开展2021年《中国农民丰收节晚会》拍摄。

10月

1日 林芝市举行“升国旗唱国歌”仪式，庆祝中华人民共和国成立72周年。市委书记敖刘全致辞，市委副书记、市长候选人巴塔主持，市领导张秀武等出席。

2日 市委书记敖刘全看望慰问央金、旺杰、罗泽培、丁真多吉等离退休干部。市领导巴塔等一同慰问。

3日 市委书记敖刘全，市委副书记、市长候选人巴塔到米林机场、市人民医院、便民服务站、林芝火车站等基层一线，实地调研检查疫情防控工作，看望慰问节日期间坚守在一线的工作人员。市领导梅家奎等一同慰问。

5日 市地震局到波密县易贡乡开展抗震救灾和地震应急避险指导，并随后会同西藏自治区地震局、市应急局等部门组成专项工作组开展“9·25”地震群专项调研。

8—19日 日喀则市、那曲市退役军人事务局根据自治区退役军人事务厅安排部署，在林芝市开展全国示范型退役军人服务中心（站）交叉验收工作。林芝市退役军人事务局党组书记、副局长达瓦一同参加。

9日 2021中国最美县域榜单在第十七届中国（深圳）国际文化产业博览交易会上发布，全国100个县（市、区）榜上有名。西藏自治区波密县、墨脱县入选。

10—11日 国家市场监督管理总局特殊食品安全监督管理司司长周石平一行在林芝市开展“走基层查风险保平安”全国食品安全调研工作。副市长候选人刘春祥陪同调研。

10—15日 全区巩固拓展脱贫攻坚成果同乡村振兴有效衔接工作现场会在日喀则、拉萨召开。市委副书记、市长候选人巴塔出席15日拉萨现场会，副市长候选人段刚辉全程出席。

11日 林芝市举行“2021年林芝市网络安全宣传周”活动。市领导邓晓红等出席。

同日 第四届西藏自治区水工环地质工作研讨会在林芝市召开。自然资源部地质勘查管理司司长于海峰，自治区自然资源厅党组书记、副厅长王刚，副市长肖鹤出席。

11—12日 自然资源部执法局副局长潘辉一行在米林县、巴宜区、工布江达县督导检查装配式钢结构民房建设、农房安全隐患排查及地质灾害隐患情况等，并于11日在米林县召开座谈会。

11—13日 自治区妇联党组书记周世英，自治区妇联党组成员、一级巡视员张莉蓉到林芝开展“回信记心间 争做戍边人”边境研学活动。

11—15日 市委宣传部、市文广局、市文联组织开展“幸福不忘共产党 阳光路上梦起航”文艺巡演活动。

11—16日 生态环境部西南督察局副局长马若飞一行在巴宜区、米林县、工布江达县、波密县、墨脱县、察隅县、察隅农场、易贡茶场、鲁朗景区管委会等地，督导检查林芝市重点生态环境保护工作、第一轮中央生态环境保护督察整改工作，并调研川藏铁路雅林段临时用地环境管理情况。自治区生态环境厅党组成员、副厅长扎西顿珠，副市长赵俊陪同检查。

12日 生态环境部发布《第五批国家生态文明建设示范区名单》，工布江达县入选“第五批国家生态文明建设示范区”。

12—15日 中国工程院院士、中国国际工程咨询有限公司董事长王安一行在米林县、墨脱县、巴宜区调研雅下水电开发和派墨公路建设情况，并于15日召开座谈会。副市长肖鹤陪同调研并出席座谈会。

13日 林芝市与国家开发银行西藏分行座谈会召开。国家开发银行专家委原评审总监郑旭东，国家开发银行西藏分行党委书记、行长崔晓峰出席，市委副书记、常务副市长、广东省第九批援藏工作队领队刘光明主持。

同日 西藏自治区青少年“先天性心脏病”筛查救治——“青春逐梦行动”润心培根救助项目医疗队一行11人在林芝市开展筛查救助活动，该项目筛查并符合手术指征的自治区第一批患者于2021年10月29日前往河南郑州接受救治。

14日 林芝市召开离退休老干部欢度重阳节座谈会。市委副书记、市长候选人巴塔出席，市委常委、组织部部长刘业强主持。

同日 市委书记敖刘全到林芝干部休养基地整合项目施工现场实地调研建设情况。市委副书记、市长候选人巴塔一同调研。

同日 团市委联合市旅发局、市招商引资局、市乡村振兴局等10家单位举办“青创新时代 助力振兴梦”——2021年林芝青年创业创新大赛暨“网络达人”秀。

15日 林芝市召开市（中、区）直单位党员代表会议，选举产生市（中、区）直单位出席中国共产党林芝市第二次代表会议代表。市委书记敖刘全出席会议，市委常委、组织部部长刘业强主持，市领导张海波等出席。会议选举尼玛扎西为市人大常委会主任，肖鹤、次仁央宗、刘兴平、扎西、欧珠多吉、周传峰、王东升为副主任，甘国均为秘书长，王芳、王鹏等19人为常务委员。巴塔为市长，符永波、张海波、赵俊、玉珍、刘春祥、中次仁、米次、段刚辉为副市长。

16日 山东省青岛市委副书记惠新安一行在鲁朗考察。市委副书记、常务副市长、广东省第九批援藏工作队领队刘光明陪同。

16—17日 中国奥委会副主席、中国田径协会主席、国家体育总局原副局长段世杰一行到波密县易贡乡调研实训基地（易贡高海拔训练基地）选址工作。自治区体育局局长尼玛次仁，市委常委、副市长候选人张海波陪同调研。

18—21日 自治区政府副主席坚参一行在察隅县察瓦龙乡开展怒江流域调研工作，并于21日召开“怒江流域调研座谈会”。自治区水利厅党组成员、副厅长周建华，市委常委、副市长候选人张海波陪同调研并出席座谈会。

18—22日 团市委联合团广东省委、广东省第二人民医院开展为期5天的广东“健康直通车”——2021年西藏林芝行活动。

19日 墨脱县公共法律服务中心举行揭牌仪式，标志着墨脱县推进公共法律服务体系建设工作迈出实质性的步伐。

19—21日 农夫山泉集团水资源勘察部经理方强一行在巴宜区、米林县考察饮用水水源水质相关工作。自治区经济和信息化厅党组成员、副厅长郭翔，副市长候选人刘春祥陪同调研。

20日 中共林芝市第一届委员会第十四次全体会议召开。全会由市委常委会主持，市委书记敖刘全讲话，市领导巴塔等出席。

同日 林芝市召开搬迁群众服务保障工作安排部署电视电话会议。副市长尼玛扎西出席。

20—21日 应急管理部安全执法和工贸监管局副局长韩宇峰一行在市区督导检查工贸行业领域安全生产工作。自治区应急管理厅党委委员、副厅

长旦巴加措，副市长扎西平措陪同检查。

21日 市委召开疫情防控工作视频会议。市委书记敖刘全出席并讲话，市委副书记张秀武主持，市领导肖鹤等出席。

同日 2021年度林芝市国有企业青年人才队伍建设培训暨林芝市国有企业高质量发展培训动员会召开。市委常委、常务副市长符永波出席。

22日 市委书记敖刘全与新华社赴林芝采访调研团座谈，介绍林芝市基本情况和贯彻落实中央第七次西藏工作座谈会精神、习近平总书记视察西藏重要讲话精神情况。市委副书记张秀武主持，新华社对外部主任王进业，新华社西藏分社社长沈虹冰，新华社对外部副主任陈瑶及采访调研团成员出席会议，市领导符永波等出席。

同日 《美丽中华行》大型人文旅游纪录片《林芝——与时代同行》拍摄协调会召开。

同日 2021年中国技能大赛——西藏自治区第六届气象行业重要天气预报技能竞赛在拉萨闭幕，林芝市气象局代表队在15支参赛队伍中获团体第二名。

23日 波密县松宗镇对接广州，在广博会上介绍波密的农牧产品藏香猪，“波密藏香猪”与广州市达成销售协议，西藏五丰园农牧科技有限公司销往广州2万千克藏香猪新鲜猪肉，产生各项收益300余万元。

24日 林芝市召开维稳视频调度会。市委书记敖刘全出席并讲话，市委副书记张秀武主持，市领导柯磊等出席主会场会议，甘丹平措等分别出席巴宜区、波密县分会场会议。

26日 “阅读之光”洒进雪域高原2021“阳光关爱·i读计划”走入西藏林芝活动在巴宜区八一镇团结小学举行。市委副书记、常务副市长、广东省第九批援藏工作队领队刘光明与活动发起方和嘉宾代表进行座谈。

同日 团市委协助巴宜区团区委在林芝市第二高级中学、林芝市巴宜区中学组织400余名学生开展以“护航青春·与法同行”为主题的青少年普法宣讲活动。

26—27日 全国政协常委、中国气象局副局长宇如聪一行到林芝市开展调研，落实全国政协“加强青藏高原生态环境保护与气候变化适应”重点提案督办协商会精神和汪洋主席重要讲话精神，西藏自治区政协、西藏自治区气象局、华能雅江办、林芝市气象局相关领导和人员陪同调研。26日，宇如聪一行到派墨公路老虎嘴隧道口和墨脱县气象局了解“雅下”工程建设生态保护、修复以及墨脱国家气候观象台建设情况。27日，宇如聪一行到波密县气象局、西藏林芝高山森林生态系统国家野外科学观测研究站以及林芝市生态环境局开展调研。

28日 市委书记敖刘全到各代表团驻地，看望出席中共林芝市第二次代表大会的代表。市领导刘光明等一同看望。

28—30日 国家发展改革委副秘书长郭兰峰一行在墨脱县专题调研定点帮扶墨脱县有关事项，并召开定点帮扶工作座谈会。自治区发展改革委党组成员、副主任付玉寿，副市长候选人段刚辉陪同调研并出席座谈会。

29日 中共林芝市第二次代表大会在市会展中心会堂开幕。敖刘全代表中国共产党林芝市第一届委员会向大会作题为《立足新时代　谱写新篇章　为在建设社会主义现代化新西藏征程中走在前列而努力奋斗》的报告，中共林芝市第一届纪律检查委员会作工作报告（书面）。大会主席团常务委员会委员敖刘全等领导和大会主席团其他成员出席会议。大会由巴塔主持，自治区党委组织部换届风气督导指导第三组莅临大会现场指导，市领导次仁央宗等出席。

同日 “惠朗情谊深、粤援粤精彩”——惠州·朗县民族团结大家庭线上“云结亲”活动在两地14所小学陆续举行，80户结亲家庭的孩子们通过网络互相“喊话”。

29—30日 粤贸全国（林芝）经贸交流会在林芝市召开。市委副书记、常务副市长、广东省第九批援藏工作队领队刘光明，广东省人民政府副秘书长林积，广东省商务厅一级巡视员任少，广东省供销合作联社党组成员、理事会副主任翁少能出席交流会。市领导出席30日举办的“粤贸全国 粤品粤靓”产品巡展活动。

29—30日 自治区政府办公厅一级巡视员潘旭春一行在波密县调研米堆冰川光谢错冰湖溃决风险情况，并于30日召开自治区应对米堆冰川光谢错冰湖溃决风险研判会。副市长候选人中次仁陪同调研并出席研判会。

10月30日至11月2日 自治区团委、自治区青联联合自治区党委统战部在林芝市开展为期4天的全区宗教青年代表人士区情考察交流活动。

31日 中共林芝市第二届委员会举行第一次全体会议。受中共林芝市第二次代表大会主席团委托，敖刘全主持会议并讲话，会议通过《中国共产党林芝市第二届委员会第一次全体会议选举办法》和监票人名单。会议以无记名投票方式选举产生中国共产党林芝市第二届委员会常务委员会委员和书记、副书记。书记：敖刘全，副书记：巴塔、张秀武、杨光敏、柯磊、刘业强、达瓦、张海波、符永波、梅家奎、徐平、邓晓红、甘丹平措，常委：敖刘全、巴塔、张秀武、杨光敏、柯磊、刘业强、达瓦、张海波、符永波、梅家奎、徐平、邓晓红、甘丹平措。

11月

2日 政协第二届林芝市委员会第一次会议开幕。市领导敖刘全等主席团成员祝贺大会召开。谢英等领导以及一届政协副主席崔晓东、达瓦在主席团就座。会议选举谢英为政协第二届林芝市委员会主席，央宗、罗布次仁、旦增拉姆、旺东、朱正辉、熊义东、边巴卓玛、次仁多吉为副主席。

同日 市委书记敖刘全，市委副书记、副市长、代理市长巴塔到人大代表、政协委员驻地，看望慰问出席市二届人大一次会议的人大代表、市政协二届一次会议的政协委员。市领导刘光明等一同看望。

同日 农业农村部网站公布2010—2017年中国美丽休闲乡村监测合格名单，林芝市波密县古乡巴卡村入选。

3日 林芝市第二届人民代表大会第一次会议开幕。市委书记敖刘全主持，大会执行主席尼玛扎西、柯磊、符永波、刘兴平在主席台前排就座，市领导巴塔等和大会主席团成员出席大会并在主席台就座。巴塔代表林芝市人民政府向大会作工作报告。

5日 林芝市召开2021年根治欠薪冬季专项行动专题部署会议。市委副书记、常务副市长、市根治拖欠农民工工资支付工作领导小组组长刘光明出席会议并讲话。

同日 自治区党委常委、区政府党组副书记、常务副主席白玛旺堆到察隅县下察隅镇拉丁村调研生猪养殖情况。

6—8日 自治区党委常委、常务副主席白玛旺堆一行在林芝市调研，并于7日召开森林防灭火工作座谈会。市委副书记、市长巴塔主持座谈会，自治区政府副秘书长杨林，市委常委、常务副市长符永波陪同调研并出席座谈会。

8—19日 国家林业和草原局中南规划设计院森林城市监测评估处处长（二级教授）但新球一行3人到林芝市6县1区对创建国家森林城市指标、项目建设台账、信息、简报、总结等进行检查指导，对照《国家森林城市评价指标》5大类36项指标，林芝市33项达到或超过标准要求，取得阶段性成效。

9日 林芝市召开高黎贡山（伯舒拉岭）生物生态安全风险防范和保护工作专题推进会议。市领导敖刘全等出席。市委副书记、市长巴塔主持。

同日 市委副书记、市长巴塔到林芝经济开发区、市发改委，调研园区规划建设、企业生产经营、重点项目建设、粮油储备管理等工作。市领导刘光明等一同调研。

同日 林芝地震监测中心站举行揭牌仪式。自治区地震局党

组成员、副局长张军，副市长米次出席揭牌仪式并为林芝地震监测中心站揭牌。

10日 第二届林芝市人民政府第一次全体会议召开。市委副书记、市长巴塔主持，市领导符永波等出席。

12—14日 自治区乡村振兴局党组书记庄红翔在波密县、米林县调研乡村振兴工作。市领导闫新航等陪同调研。

16日 市委书记敖刘全到林芝经开区调研园区建设、入驻企业发展情况。市领导刘光明等陪同调研。

同日 市委副书记、市长巴塔到巴宜区米瑞乡、林芝镇、布久乡、更章乡、八一镇等地，实地调研巴宜区农牧特色产业、乡村振兴工作开展情况。副市长米次一同调研。

17日 市委副书记、市长巴塔到鲁朗调研管委会工作开展情况。

同日 林芝市召开铁路建设项目保障农民工工资支付工作座谈会。市委副书记、常务副市长、市根治拖欠农民工工资支付工作领导小组组长刘光明出席并讲话。

18日 市委副书记、市长巴塔到工布江达县，实地调研旅游及农牧特色产业、乡村振兴等工作，看望慰问“三老”人员、驻村工作队。

同日 林芝市与中国产业发展研究院召开座谈会。市委常委、常务副市长符永波，副市长中次仁、米次出席。

19日 市委副书记、市长巴塔到米林县，就边境小康村建设、特色产业发展、森林草原防灭火、乡村振兴等工作开展情况进行调研。市政协副主席、发改委主任熊义东一同调研。

20—21日 林芝市委常委、政法委书记、国安办主任、市公安局党委书记柯磊到察隅县公安局调研指导工作。

22—26日 自治区教督委工作组到市直相关单位、学校督导工作，并于25日召开自治区督导林芝市人民政府履行教育职责情况反馈会。自治区教育厅党组成员、区教育督导委员会常务副主任朱赟出席并讲话，副市长段刚辉陪同调研、出席情况反馈会并作表态发言。

23日 林芝市组织收听收看全区学习贯彻党的十九届六中全会精神中央宣讲团宣讲报告会。中央宣讲团成员、中央政策研究室副主任、秘书长林尚立作宣讲报告。市领导敖刘全等出席林芝分会场会议。

同日 林芝市“十三五”能源消耗总量和强度“双控”目标责任评价考核会议召开。市委常委、常务副市长符永波出席。

同日 林芝市医疗保障局联合市场监管局、卫健委、公安局、人民医院开展“打击欺诈骗保 维护基金安全”联合检查。

同日 国家民委公布《关于第九批全国民族团结进步示范区示范单位拟命名名单的公示》，林芝市、巴宜区、墨脱县入选第九批全国民族团结进步示范区、示范单位拟命名公示名单。

25日 林芝市举行“金秋嗨购·惠暖藏冬”消费促进活动林芝专场会启动仪式。市委副书记、常务副市长刘光明出席仪式并致辞。

26日 自治区文化厅党组成员、副厅长阎平带队到米林县实地复核第一、二批国家公共文化服务体系示范区创新发展情况。

26—27日 团市委开展“小手拉大手，融入新林芝”“三岩”搬迁青少年研学活动，组织巴宜区鲁朗镇中心小学40名“三岩”搬迁青少年，通过参观柏树王景区、藏东南博物馆、城市规划馆、林芝市广东实验小学、工布儿童乐园科技馆、工布公园和嘎拉村等地，全面推动三岩搬迁群众和本地群众交往交流交融，使搬迁青少年学生和群众主动融入林芝经济社会发展。

27—28日 应急管理部防火司副司长王月平一行到巴宜区、川藏铁路沿线督导森林防灭火等工作，并于27日召开森林草原防灭火专项督查工作座谈会。自治区应急厅党委委员、副厅长周万书，自治区林草局副局长拉增，市委常委、常务副市长符永波陪同巴宜区督导工作并出席座谈会，副市长中次仁全程陪同。

11月30日至12月3日 自治区2021年食品安全考核工作组到工布江达县、巴宜区、波密县等地开展相关工作。副市长刘春祥陪同。

12月

1日 2022年工布新年暨响箭文化旅游系列活动开幕。市领导张海波等出席开幕式并观看演出。

1—3日 交通运输部综合规划司副司长王松波一行工作组到波密县、巴宜区调研川藏铁路配套公路相关工作。自治区交通运输厅党组书记、副厅长达娃欧珠，市委常委、副市长张海波陪同调研。

1—3日 自治区公安厅副厅长赵尔才率自治区2021年度食品安全工作评议考核第三考核组，在巴宜区、工布江达县、波密县考核食品安全工作。副市长刘春祥陪同。

3日 2021—2022年林芝市冬季“稳市场促旅游惠民生”活动启动。市委副书记、常务副市长刘光明出席启动仪式并致辞。

3—4日 自治区体育局党组书记王德军，自治区体育局二级巡视员朱安乐一行到工布江达县、波密县易贡高海拔训练基地选址点调研。副市长段刚辉陪同。

4日 林芝市组织开展2021年“宪法宣传周”集中宣传暨法治文艺演出活动。市委常委、政法委书记、市公安局党委书记柯磊，市人大常委会副主任刘兴平，副市长玉珍，市政协副主席旺东出席活动并现场指导宣传工作。

5日 市委书记敖刘全，市委副书记、市长巴塔到巴宜区布久村、白玛岗街道等地，看望慰问基层群众，与大家欢度工布新年。市领导符永波等一同看望慰问。

6日 自治区民族团结进步模范区创建工作交叉考评验收组一行到林芝市委党校验收创建自治区级民族团结进步模范单位工作。

7日 林芝市组织收听收看全国疫情防控工作电视电话会议和全区疫情防控工作电视电话会议。市委书记敖刘全在会后主持召开林芝市疫情防控工作视频会议。市领导邓晓红等出席。

9日 自治区党委常务副书记、自治区政协党组书记庄严在林芝市宣讲党的十九届六中全会及自治区第十次党代会精神。市委书记敖刘全主持宣讲会，市领导柯磊等出席。

11日 西藏森林航空消防租赁高原型MI-171直升机项目签约试飞仪式在米林机场举行。该项目主要用于林芝森林草原航空消防工作。自治区应急管理厅党委书记徐飞，副市长米次出席仪式。

13—14日 自治区法治政府建设考核组在林芝市开展法治政府建设考核工作。副市长玉珍陪同考核。

14日 农业农村部、财政部、国家发展改革委公布2021年农业现代化示范区创建名单，西藏自治区桑日县、波密县、白朗县3个县上榜。

同日 财政部四川监管局党组成员、一级巡视员徐明松带队到米林县对粮食购销领域腐败问题专项整治、边境小康村建设等工作开展检查，调研“西嘎村藏纸”。

14—18日 自治区党委书记王君正到林芝市察隅、波密、墨脱、米林、巴宜、工布江达等县（区），就学习贯彻落实党的十九届六中全会精神和自治区第十次党代会精神进行调研，并于18日召开会议，听取林芝市工作汇报。自治区党委常委、秘书长刘江，自治区党委常委达娃次仁，市领导敖刘全等出席。

16日 市委副书记、市长巴塔到米林县，面对面向干部群众宣讲党的十九届六中全会和自治区第十次党代会精神，调研米林县边境小康村建设和森林防火工作开展情况。

同日 自治区住建厅副厅长宋长明一行在里龙乡朗贡村DB安置点进行调研，了解安置点的项目规划建设、项目进度等情况。

16—18日 水利部米林县水利业务培训班在林芝市举行开班仪式。水利部人事司人才与培训处处长唐晓虎等出席开班仪式。

17日 林芝市召开2021年保障农民工工资支付工作座谈会。自治区2021年保障农民工工资支付工作情况专项检查调研第一组组长、区人社厅二级巡视员洛旦及调研组成员出席，市委副书记、常务副市长、市根治拖欠农民工工资支付工作领导小组组长刘光明主持。

17—21日 由中宣部人权事务局和区党委宣传部组织的中外艺术家采风组一行12人，到林芝市群众艺术馆、藏东南博物馆，鲁朗援藏展览馆、大柏树景区、嘎拉桃花村、工布公园等地举行实地采风活动。市委常委、宣传部部长邓晓红，副市长段刚辉陪同。

19—25日 自治区政府副秘书长李桑一行到波密县、察隅县调研卫生健康、医疗保障、常态化疫情防控和县域综合医改等工作。副市长玉珍陪同调研。

20日 由林芝市自然资源局和市气象局联合实施的林芝市地质灾害预警预报系统通过竣工验收。

20—22日 自治区团委联合团市委走进林芝市巴宜区、工布江达县和米林县，开展为期3天的“永远跟党走　奋进新时代”——“西藏青年五四奖章”获得者（集体）事迹分享会林芝专场，林芝市各族各界青年代表共计300余人参加。

21日 市委书记敖刘全带领交叉考核的县（区）委书记和部分市直单位负责人，到巴宜区就基层党组织建设、产业发展、民生改善等重点工作进行调研考评。市领导符永波等一同考评。

同日 自治区2021年度巩固拓展脱贫攻坚成果同乡村振兴有效衔接考核组一行到墨脱县、朗县、巴宜区考核。副市长米次、刘春祥、段刚辉分别陪同考核。

22—24日 市委副书记、市长巴塔到墨脱县调研边境小康村、抵边搬迁、产业发展、民族宗教等工作，看望慰问基层干部职工、“三老人员”，宣传党的十九届六中全会和自治区第十次党代会精神，并开展2021年市重点工作考评。

22—24日 应急管理部国家自然灾害防治研究院院长胡锡伟带领的工作组一行到林芝市调研森林防火、自然灾害防治相关工作。副市长中次仁陪同调研。

23日 林芝市召开干部大会，传达学习自治区党委书记王君正在林芝考察调研时的讲话指示精神。市委书记敖刘全出席并讲话，市委副书记、市长巴塔主持（墨脱分会场），市领导柯磊等出席。

23—24日 自治区林草局二级巡视员伦珠次仁率自治区实行最严格水资源管理制度考核组一行在工布江达县、巴宜区开展考核工作。副市长赵俊陪同考核。

25日 林芝市组织收听收看自治区党委经济工作电视电话会议。市领导敖刘全等出席自治区主会场会议，柯磊等出席林芝分会场会议，旦增拉姆出席墨脱分会场会议。

同日 中国邮政林芝市分公司与中国民用航空林芝站、南方航空公司拉萨营业部、西藏央秀实业有限公司举行“推进消费扶贫　助力乡村振兴”战略合作签约仪式。

26日 林芝市召开2021年宗教工作领导小组专题会议。市委常委、宣传部部长邓晓红，市政协副主席旺东出席，副市长中次仁主持。

同日 林芝农垦嘎玛农业有限公司举行挂牌成立仪式。原米林农场正式改制为林芝农垦嘎玛农业有限公司，标志着林芝市属国有企业改革发展进入新阶段。

27日 林芝市召开《林芝市房地产行业管理暂行办法》暨工程建设项目审批制度改革专题会。市委常委、副市长张海波出席。

同日 林芝市召开国家川藏铁路创新中心（西藏）建设工作推进会。市委常委、副市长段刚辉出席。

同日 自治区民政厅副厅长、慈善总会副会长丹巴一行到米林县派镇堰塞湖搬迁点开展实地调研。民政厅为搬迁群众送去9.1万元慰问金，用于解决搬迁群众基本的生活问题。

27—30日 市农业综合行政执法队联合相关科室开展“三大节日”节前农业综合行政执法大检查行动。

28日 林芝市召开贯彻落实中央经济工作会议和西藏自治区党委经济工作会议精神研讨会。市委书记敖刘全主持并讲话，市领导巴塔等出席。

同日 市政务服务中心24小时自助服务大厅正式对外开放，向办事群众提供24小时自助业务办理，实现政务服务“不打烊”。

29日 市消防救援支队组织开展2021年“蓝色利剑”应急救援综合实战演练。市委常委、常务副市长符永波视频观摩演练。

30日 林芝市组织收听收看自治区根治拖欠农民工工资专项行动电视电话会议，并在会后召开林芝市根治拖欠农民工工资专项行动电视电话会议。市委副书记、市长巴塔主持，市委常委、常务副市长符永波出席。

同日 国家体育总局“大心脏计划”西藏自治区训练营在林芝市开营。自治区体育局局长尼玛次仁、副局长张明兴出席开营仪式，副市长段刚辉出席并致辞。

同日 林芝市召开贯彻实施《西藏自治区中长期青年发展规划（2018—2025年）》第二次联席会议，市委宣传部、市委网信办、市发改委、市教育局、市民宗局、市民政局、市财政局、市人社局、市文广局、市卫健委、市旅发局、市统计局和团市委共计13家联席会议机制成员单位相关领导和联络员参会。13家联席会议成员单位共同研讨2022年中长期青年发展规划工作。

31日 市委书记敖刘全到中国人民银行林芝市中心支行和中国农业银行林芝分行，调研指导金融机构年终决算工作，看望慰问一线干部职工。市委常委、常务副市长符永波，市委常委、秘书长梅家奎一同调研慰问。

同日 林芝市召开2021年重点企业表彰大会。市委常委、副市长张海波，副市长赵俊出席。

同日 由自治区体育局、林芝市人民政府共同举办的“西藏自治区迎2022年北京冬奥会滑雪登山体验活动暨冬令营活动”开幕。自治区体育局局长尼玛次仁、副局长张明兴出席开营仪式，副市长段刚辉出席并致辞。

市情概览

建置区划

【位置境域】 林芝市是西藏自治区下辖地级市，位于西藏东南部，东部及东北部与云南省、昌都市相连，南部与印度、缅甸两国接壤，西部与拉萨市相邻，西南与山南市相连，北部与那曲市为邻。平均海拔3100米，东西长646.7千米，南北长353.2千米。林芝有“西藏小江南”“东方瑞士”“生态绿洲”之美称。因地处西藏东南部，又称“藏东南”。

林芝市地处喜马拉雅山、念青唐古拉山和横断山三大山脉之中，面积为11.66万平方千米，其中巴宜区1.02万平方千米、工布江达县1.30万平方千米、朗县0.41万平方千米、米林县0.95万平方千米、察隅县3.15万平方千米、波密县1.68万平方千米、墨脱县3.15万平方千米。

【人口区划】 林芝地处西藏东南部，古称“工布”，藏语音译为“尼池”，寓意为“太阳宝座”，素有“西藏江南”“雪域明珠”等美称。至2021年底，林芝市辖1个区、6个县，56个乡（镇、街道办）、504个村（居），居住着藏、汉、门巴、珞巴等35个民族和僜人，常住人口23.97万人。

2021年林芝市行政区划表

表1

县（区）名称	乡镇（街道）名称	驻地	自治组织		备注
			数量	村（居）名称	
巴宜区	白玛岗街道	白玛岗	2	白玛岗社区居民委员会、尼池社区居民委员会	4个镇、3个乡、2个街道办事处，4个社区居委会、69个村委会
	觉木街道	双拥路	2	双拥路社区居民委员会、沿河社区居民委员会	
	林芝镇	卡斯木	9	卡斯木村、尼池村、达则村、康扎村、朗欧村、曲古村、立定村、帮纳村、真巴村	
	百巴镇	色贡	12	色贡村、百巴村、拉格村、开朗村、增巴村、章巴村、强嘎村、连别村、折巴村、扎地村、大坝村、嘎吉村	
	八一镇	巴吉	11	巴吉村、尼西村、多布村、唐地村、公众村、加当嘎村、拉丁嘎村、巴果绕村、永久村、章麦村、加乃村	
	鲁朗镇	罗布	9	罗布村、东巴才村、扎西岗村、洛木村、拉月村、白木村、巴嘎村、东久村、明吉村	
	更章门巴民族乡	更章	6	更章村、白玛店村、久巴村、娘萨村、门仲村、扎曲村	
	布久乡	朵当	10	朵当村、仲果村、甲日卡村、嘎玛村、简切村、仲萨巴村、麦巴村、孜热村、珠曲登村、杰麦村	
	米瑞乡	增巴	12	增巴村、米瑞村、色果拉村、通麦村、姆多村、玉容增村、朗乃村、嘎萨村、曲尼贡嘎村、吉定村、泽列村、麦娘麦村	
工布江达县	工布江达镇	果林卡	11	果林卡社区居民委员会、结底岗村、阿沛村、达帕莎村、卓木村、宾格村、孜嘎村、扎玛村、拉果旁村、结定村、娘当村	3个镇、6个乡，1个社区居委会、81个村委会
	金达镇	金达	16	金达村、扎布村、嘎木村、仲村、新生村、加龙村、旁村、强洛村、朗色村、多其木村、峡索村、仲荣村、德村、达金村、拉荣村、色江娘村	
	巴河镇	朗色	11	朗色村、仲当村、堆果村、雪卡村、东玛村、孜木宗村、拉如村、帮久村、叮当村、秀巴村、连巴村	
	朱拉乡	扎热	9	扎热村、四章村、柳四朗村、嘎当村、波村、坝村、吉木雄村、崩嘎村、扎堆村	
	错高乡	错高	5	错高村、错久村、杂拉村、结巴村、罗池村	
	仲莎乡	仲莎	7	仲莎村、林则村、那岗村、麦巴村、结牧村、巴朗村、翁布朗村	
	江达乡	唐丁	8	唐丁村、米吉村、昂巴宗村、太昭村、皮康村、帮嘎岗村、朗村、吾路岗村	
	娘蒲乡	拉如	7	拉如村、巴嘎村、尼木朗村、吾纳村、岗纳村、朝纳村、同吉村	
	加兴乡	下巴塘	8	下巴塘、加兴村、松多村、白朗村、西朗村、罗马林村、吉朗村、雪朗村	

续表 1

县（区）名称	乡镇（街道）名称	驻地	自治组织		备注
			数量	村（居）名称	
朗县	朗镇	堆巴塘	9	朗巴社区居民委员会、堆巴塘村、托麦村、冲康村、巴热村、堆巴村、娘村、其次村、申木村	3个镇、3个乡，1个社区居委会、51个村委会
	仲达镇	仲达	8	仲达村、伟列村、拉丁雪村、林古村、堆许村、解协村、卓岗村、达贵村	
	洞嘎镇	聂	7	聂村、滚村、卓村、堆村、扎西塘村、嘎贡村、达木村	
	拉多乡	拉多	10	拉多村、扎村、吉村、藏村、白坡章村、许村、杰村、白露村、巴顿村、昌巴村	
	金东乡	东雄	8	东雄村、帮玛村、秀村、康玛村、来义村、西日卡村、巴龙村、松木材村	
	登木乡	登木	10	登木村、洛龙村、崩达村、左嘎村、比邻村、森木村、巴桑村、如字村、多龙村、崩嘎村	
米林县	米林镇	东多	5	东措社区居民委员会、东多村、米林村、帮仲村、扎西新村	3个镇、5个乡，1个社区居委会、68个村委会
	派镇	多雄	9	多雄村、雪嘎村、派村、格嘎村、加拉村、大渡卡村、麦朗村、索松村、达林村	
	卧龙镇	卧龙	18	卧龙村、真多村、卧龙下却村、塘崩巴村、麦村、甲竹村、本宗村、本宗下却村、仙村、普龙村、单嘎努觉村、江中村、日旭村、甲格村、扎村、角木那村、日村、阿拉塘村	
	丹娘乡	丹娘	6	丹娘村、仲萨村、白拉村、鲁霞村、桑巴村、康布热村	
	南伊珞巴民族乡	南伊	3	南伊村、才召村、琼林村	
	扎西绕登乡	雪巴	10	雪巴村、龙安村、森波村、扎村、康萨村、甲玛村、吞布容村、多卡村、彩门村、萨玉村	
	里龙乡	里龙	9	里龙村、甲帮村、才巴村、朗贡村、巴让村、仲萨村、玉松村、德吉新村、康桑村	
	羌纳乡	羌渡岗	9	羌渡岗村、米尼村、结果村、娘龙村、朗多村、西嘎门巴村、巴嘎村、岗嘎村、色沃村	
波密县	扎木镇	桑登	11	扎木社区居民委员会、桑登村、巴琼村、扎木村、岗巴村、康木村、卡达村、东若村、通木村、娘那村、达兴村	3个镇、7个乡，1个社区居委会、84个村委会
	倾多镇	达龙	13	达龙村、热西村、朱西村、如纳村、扎西村、巴康村、栋曲村、德吉村、古通村、叶巴村、项仲村、康达村、曲西村	
	松宗镇	纳玉	9	纳玉村、格尼村、角达村、角通村、德巴村、岗巴村、多格村、栋亚村、栋曲村	
	易贡乡	贡仲	5	贡仲村、格通村、沙玛村、江拉村、通加村	
	玉普乡	阿西	6	阿西村、格巴村、达巴村、宗坝村、米美村、米堆村	
	康玉乡	通堆	5	通堆村、乌那村、达曲村、宗热村、扎瓦西村	
	多吉乡	德吉	9	德吉村、扩拉村、通参村、西巴村、达大村、木古村、毛江村、帕雄村、角落村	
	玉许乡	棠木	14	棠木村、白玉村、林琼村、热西村、麦差村、扎西岗村、亚它村、海定村、帮肯村、则普村、普热村、达拉村、玉沙村、沙仁村	
	八盖乡	雄吉	7	雄吉村、卧普村、巴瑞村、竹玉村、日卡村、龙普村、塔鲁村	
	古乡	古	6	古村、巴卡村、嘎朗村、松绕村、索通村、雪瓦卡村	
察隅县	竹瓦根镇	嘎巴	16	吉公社区居民委员会、嘎巴村、龙古村、学尼村、巴嘎村、桑久村、空档村、扎拉村、雄久村、嘎达村、目若村、日东村、曲瓦村、知美村、吉太村、扎嘎村	3个镇、3个乡，1个社区居委会、96个村委会
	上察隅镇	米古	20	米古村、目宗村、本堆村、阿扎村、翠兴村、桑巴亚中村、毕达村、松林村、布宗村、荣玉村、迟巴村、格拥村、体育村、西巴村、仕中村、竹巴村、目本村、巩固村、岗藏村、古巴村	

续表 1

县（区）名称	乡镇（街道）名称	驻地	自治组织		备注
			数量	村（居）名称	
察隅县	下察隅镇	沙琼	21	沙琼村、嘎腰村、塔玛村、日玛村、拉丁村、竹尼村、沙玛村、松古村、自更村、扎巴村、共同村、嘎堆嘎美村、塔林村、宗古村、巴安通村、京都村、布巴村、夏尼村、新村、卡地村、洞冲村	3 个镇、3 个乡，1 个社区居委会、96 个村委会
	察瓦龙乡	扎那	25	扎那村、邓许村、龙普村、扎恩村、昌西村、松塔村、阿丙村、左布村、前中瓦村、康然村、扎然村、学巴村、瓦布村、洪东村、珠拉村、格布村、沙布村、目巴村、梦扎村、拉卡村、格日村、处尼村、曲珠村、龙布村、格德村	
	古拉乡	则巴	8	则巴村、沙美村、沙堆村、俄玉村、关龙村、安巴村、日托村、觉布如村	
	古玉乡	古井	7	古井村、博学村、巴依村、玉和村、罗马村、然乌学村、布玉村	
墨脱县	墨脱镇	墨脱	8	东布路社区居委会、墨脱村、巴日村、米日村、玛迪村、亚让村、朗杰岗村、亚东村	1 个镇、7 个乡，1 个社区居委会、45 个村委会
	加热萨乡	加热萨	5	加热萨村、达昂村、更帮村、拉贡村、曾求村	
	甘登乡	甘登	1	甘登村	
	达木珞巴民族乡	达木	4	达木村、卡布村、贡日村、珠村	
	帮辛乡	帮辛	6	帮辛村、根登村、肯肯村、西登村、宗荣村、帮果村	
	格当乡	格当	6	格当村、桑珍卡村、占根卡村、布龙村、多龙岗村、德吉村	
	德兴乡	德兴	7	德兴村、荷扎村、那尔东村、巴登则村、易贡白村、德果村、文朗村	
	背崩乡	背崩	9	背崩村、阿苍村、巴登村、地东村、西让村、江新村、德尔贡村、格林村、波东村	

自然环境

【概况】 林芝市是青藏高原人类原始文化的发祥地之一。林芝属于全国水利资源富集区，拥有全国最大的原始林区，是世界生物多样性最典型地区之一，水能理论蕴藏量 1.43 亿千瓦，森林覆盖率达 47.6%。先后获国家卫生城市、国家生态文明示范市、全国绿化先进城市、“最美中国榜 · 目的地城市”、第二批国家生态文明建设示范市等荣誉称号和“长安杯”（全国社会治安综合治理最高奖项）、全国人居环境范例等奖项。

【地形地貌】 林芝市北部为念青唐古拉山脉，南部为喜马拉雅山脉东段，西北部为冈底斯山余脉，东部系横断山脉，前三大山脉为东西走向，后者多为南北走向。境内地形总的趋势是自西北向东南倾斜，高低悬殊，最高点为喜马拉雅山东端米林与墨脱两县交界的南迦巴瓦峰，海拔 7782 米；最低点为雅鲁藏布江下游墨脱县巴昔卡，海拔 155 米，相对高差 7627 米。全境具有典型的高山峡谷与山地河谷地貌，山脉之间是宽窄相间的河流谷地，其中最大的是喜马拉雅山和冈底斯山之间的雅鲁藏布江谷地及其支流尼洋河、帕隆藏布、察隅河谷地。峡谷主要有雅鲁藏布江大拐弯、察瓦龙、墨脱、波密、朗县、察隅等 7 条较大峡谷，属于弧形或线形断裂槽谷，长度 56 ~ 496 千米，宽度一般在 80 米以上。峡谷类型除雅鲁藏布江大峡谷和察瓦龙峡谷为深切峡谷型，其他均为中等切割峡谷。

【植被与草原】 林芝市地域宽广，地形及水热条件各异，植被类型复杂，有热带、亚热带、温带直至高山寒带的各类植被，之间既呈水平地带分布，又有明显的垂直地带分布。其主要植被类型有高山稀疏垫状植被，高山、亚高山草甸与灌丛草甸土植被，

以云杉、冷杉为主的暗针叶林，以高山松、云南松为主的亮针叶林，西藏柏树林及巨柏疏林，以高山栎为主的硬叶常绿林，以杨林、桦林为主的落叶阔叶林，以常绿阔叶林和常绿落叶林混交的亚热带阔叶林，热带山地常绿雨林与热带季雨林，河谷草甸、灌丛及灌丛草原等植被类型。

林芝市草地总面积 262.38 万公顷，占土地总面积 22.50%，常见的草地植物有 63 科、240 属、503 种，其中，可饲用植物有 204 属、411 种。境内草地类型较齐全，依照草地分类标准，天然草地可划分为 8 个草地类，11 个亚类，32 个草地组，62 个草地型。另有林下草地、撂荒地和农田隙地 3 种附属草地。在草地类型水平分布上，地区南北纬度差 3° 7′ 24″，东西经度差 6° 35′ 25″，表现为南北水热条件差异大，水平气候具有一定差异，草地类型随纬度的水平分异较为明显；相比之下，同一纬度上的气候差异不大，湿润状况相似，东西草地类型相同。在草地类型垂直分布上，地区境内高山遍布，气候垂直变化明显，植被具有相应的明显垂直差异，草地类型分别在东南部、西部和北部有 3 种不同表现。

【气候】 概况　林芝常年受孟加拉湾暖湿气流的影响，是典型的高原季风气候区，夏秋季为雨季，冬春季为旱季，形成热带、亚热带、温带、寒带并存的立体气候类型和“一山有四季，十里不同天”自然景观。

2021 年，林芝市年总降水量除察隅偏少外，其余各县区均正常。平均气温较正常略高，整体气候基本正常，没有出现大范围的气象灾害，但降水时空分布不均。

1—2 月，除工布江达外，全市大部地区降水量偏少。3 月，降雪过程频繁，降水多集中在工布江达、波密、墨脱及高海拔山区。初夏林芝大部降水偏少，导致雨季推迟，4—6 月，察隅出现轻度干旱。盛夏短时强降水频发，出现 10 次暴雨天气过程，日最大降水量为墨脱的西让村，达 149.2 毫米（大暴雨）。盛夏波密偏多六成，巴宜偏多五成，工布江达偏多四成，朗县偏多三成。8 月中旬墨脱旬降水量，8 月下旬波密、墨脱旬降水量突破历史同期极值，致使多地出现洪涝、滑坡、泥石流等地质灾害。9 月以连阴雨天气为主，朗县、巴宜偏多。10—12 月降水巴宜偏多，波密、墨脱正常，其余各县区偏少。年平均气温巴宜、米林、波密偏高 1℃以上，其他各县较常年略高，其中 1 月、10 月月平均气温偏高明显，10 月巴宜、米林、波密、察隅日最高气温超历史同期极值。

气温　2021 年，林芝年平均气温为 11.6℃，与 2020 年年平均气温（11.0℃）相比正常，与历年平均气温（10.8℃）相比基本正常。一区六县的年平均气温在 8.2℃ ~ 16.8℃之间。年平均气温最高为墨脱 16.8℃，年平均气温最低为工布江达 8.2℃，与历年同期值相比巴宜、米林、波密偏高 1℃以上，其余各县正常；年内极端最高气温为 33.2℃（朗县），出现在 7 月 24 日；年内极端最低气温为 −16.9℃（工布江达），出现在 12 月 24 日。

空间分布特征。2021 年，年平均气温墨脱县亚东村、西让、德兴、背崩、帮辛、墨脱镇、达木，察隅察瓦龙、下察隅年平均气温在 16℃以上，年平均气温最高为墨脱镇亚东村 18.9℃；德姆拉山、色季拉山、松多、嘎隆拉山、

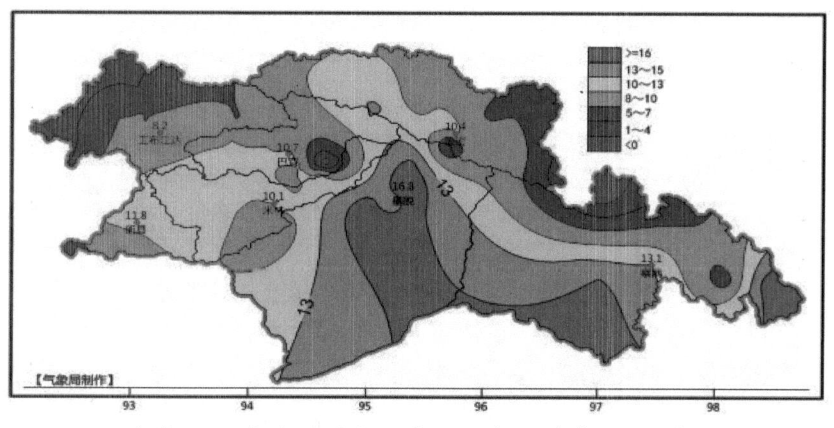

林芝 2021 年年平均气温空间分布图（单位：℃）

娘蒲，年平均气温在4℃以下，年平均气温最低为德姆拉山 −1.3℃。

逐月平均气温变化趋势。林芝各县区月平均气温变化趋势明显，1月月平均气温最低，7月月平均气温最高；工布江达各月平均气温最低，墨脱最高，且墨脱月平均气温明显高于其他县区。

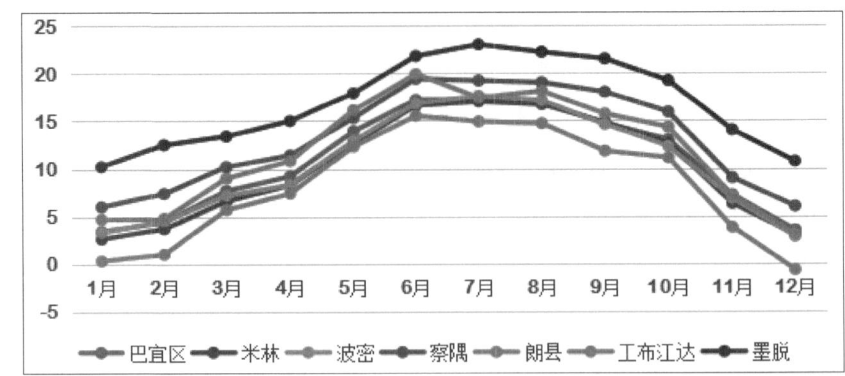

林芝2021年各站逐月平均气温变化曲线图

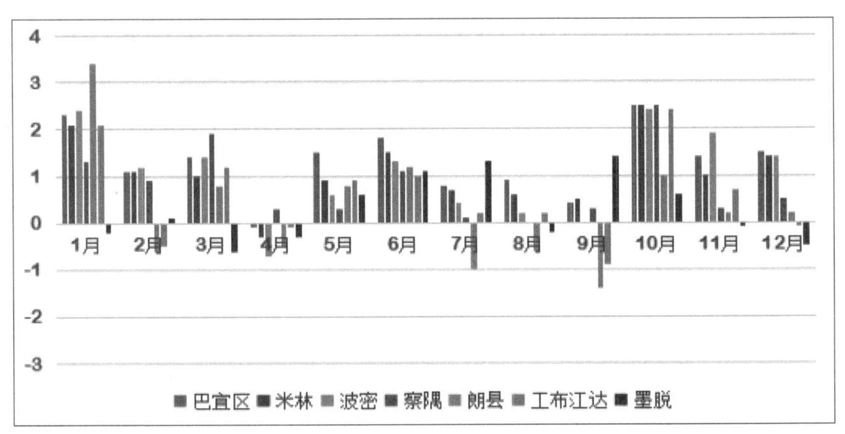

林芝2021年各站逐月平均气温距平图

1月、10月月平均气温偏高明显，除墨脱基本正常外，其余各县区偏高2℃以上。其中，1月朗县偏高3℃以上；2月巴宜、米林、波密偏高1℃以上；3月察隅偏高近2℃；4月全市各县区基本正常；5月巴宜偏高近2℃；6月巴宜、米林偏高近2℃，墨脱、察隅、朗县、工布江达、波密偏高1℃以上；7月墨脱偏高1℃以上；8月全市各县区基本正常；9月墨脱偏高近1℃以上，朗县偏低1℃以上；10月巴宜、米林、察隅、朗县偏高近3℃，波密、工布江达偏高2℃以上；11月波密偏高近2℃；12月巴宜偏高近2℃，米林、波密偏高1℃以上。

2021年各区、县年平均气温与常年比较表（单位：℃）

表2

站名	巴宜	米林	波密	察隅	朗县	工布江达	墨脱
2021年平均气温	10.7	10.1	10.4	13.1	11.8	8.2	16.8
常年年平均气温	9.4	9.0	9.3	12.3	11.5	7.6	16.5
距平	1.3	1.1	1.1	0.8	0.3	0.6	0.3

2021年各区、县极端最高气温、最低气温表（单位：℃）

表3

站名	巴宜	米林	波密	察隅	朗县	工布江达	墨脱
最高气温	29.2	28.0	30.1	30.3	33.2	30.9	32.5
最低气温	−8.1	−9.3	−8.8	−3.0	−10.9	−16.9	2.4

2021年气温低于历史同期极小值站点表（单位：℃）

表4

站名	日最低气温（℃）	出现日期（年/月/日）	历史同期极小值（℃）	出现日期（年/月/日）
工布江达	−6.6	2021年4月5日	−6.4	2012年4月1日

续表 4

站名	日最低气温（℃）	出现日期（年 / 月 / 日）	历史同期极小值（℃）	出现日期（年 / 月 / 日）
朗县	9.8	2021 年 7 月 31 日	10.6	2016 年 7 月 27 日
朗县	4.7	2021 年 9 月 19 日	5.5	2014 年 9 月 29 日

2021 年气温高于历史同期极大值站点表（单位：℃）

表 5

站名	日最高气温（℃）	出现日期（年 / 月 / 日）	历史同期极大值（℃）	出现日期（年 / 月 / 日）
米林	27.1	2021 年 6 月 28 日	26.4	2015 年 6 月 26 日
朗县	33.2	2021 年 7 月 24 日	33.0	2018 年 7 月 7 日
巴宜	29.2	2021 年 7 月 24 日	29.1	2015 年 7 月 25 日
察隅	30.1	2021 年 10 月 1 日	29.9	2016 年 10 月 2 日
波密	26.2	2021 年 10 月 1 日	25.4	2016 年 10 月 2 日
米林	25.5	2021 年 10 月 1 日	24.8	2013 年 10 月 10 日
巴宜	24.0	2021 年 10 月 12 日	23.5	2016 年 10 月 2 日
波密	17.1	2021 年 12 月 4 日	16.1	2014 年 12 月 7 日

降水　2021 年，林芝年平均降水量为 842 毫米，比 2020 年年平均降水量（958 毫米）偏少 116 毫米，较常年平均值（876 毫米）相比，偏少 34 毫米。

2021 年，一区六县 7 个站的年降水总量为 377.1 ~ 2088 毫米，与历年同期值相比察隅偏少五成，其余各县区均正常。空间分布特征。2021 年，降水主要集中在东南部墨脱及波密一带，年最多降水量出现在西让村达到 3036 毫米；其次是德尔贡、背崩、墨脱大部以及通麦、南伊沟、易贡一带，降水量为 1217 ~ 3015 毫米；年最少降水量分布在八盖乡、察隅一带、米林西部及朗县等地，在 400 毫米以下。

2021 年，林芝一区六县降水量变化为：巴宜区 1—5 月、11—12 月偏少，7—10 月偏多，6 月正常；米林 1—6 月、10—12 月偏少，7 月偏多，8—9 月正常；波密 1—2 月、5 月、11 月偏少，4 月、7—8 月、10 月、12 月偏多，3 月、6 月、9 月正常；察隅除 7 月、11—12 月正常，其余各月偏少；朗县 1 月、4—5 月、10—12 月偏少，2 月、7—9 月偏多，3 月、6 月正常；工布江达 1 月、4 月、6 月、10—11 月偏少，2—3 月、5 月、8 月偏多，7 月、9 月、12 月正常；墨脱 1 月、5 月、9 月、11 月偏少，8 月、12 月偏多，其余各月正常。

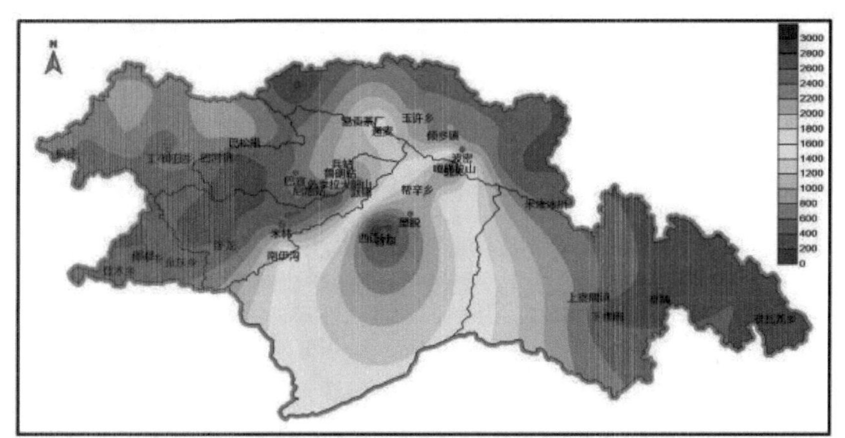

林芝 2021 年年降水量空间分布图（单位：毫米）

林芝各站2021年逐月降水距平表

表6

县区	1月	2月	3月	4月	5月	6月	7月	8月	9月	10月	11月	12月
巴宜	偏少	偏少	偏少	偏少	偏少	正常	偏多	偏多	偏多	偏多	偏少	偏少
米林	偏少	偏少	偏少	偏少	偏少	偏少	偏多	正常	正常	偏少	偏少	偏少
波密	偏少	偏少	正常	偏多	偏少	正常	偏多	偏多	正常	偏多	偏少	偏多
察隅	偏少	偏少	偏少	偏少	偏少	偏少	正常	偏少	偏少	偏少	正常	正常
朗县	偏少	偏多	正常	偏少	偏少	正常	偏多	偏多	偏多	偏少	偏少	偏少
工布江达	偏少	偏多	偏多	偏少	偏多	偏少	正常	偏多	正常	偏少	偏少	正常
墨脱	偏少	正常	正常	正常	略少	正常	正常	偏多	偏少	正常	偏少	偏多

2021年，林芝市一区六县7个站共出现中雨104次（10～24.9毫米），较2020年偏少64次；大雨出现45次（25～49.9毫米），较2020年偏少2次；暴雨2次（墨脱7月30日出现52.3毫米的暴雨、8月26日出现55.8毫米的暴雨），较2020年多1次。

波密和墨脱雨季开始期出现在3月17日，工布江达5月5日，巴宜5月30日，米林6月4日，朗县6月5日，察隅7月20日；较历年常年值相比：工布江达提前7天，波密提前11天，墨脱提前34天，朗县推迟12天，巴宜推迟21天，米林推迟26天，察隅推迟113天。

雨季结束期工布江达出现在9月18日，朗县9月28日，察隅10月22日，巴宜、米林、波密出现在10月23日，墨脱10月27日；较历年常年值相比：朗县、波密、工布江达、察隅分别提前5天、7天、8天、11天，米林、墨脱分别推迟11天、10天，巴宜推迟20天。

2021年雨季开始期结束期及历年值统计表

表7

站点	雨季开始期	较历年相比	雨季结束期	较历年相比
巴宜	5月30日	推迟21天	10月23日	推迟20天
米林	6月4日	推迟26天	10月23日	推迟11天
波密	3月17日	提前11天	10月23日	提前7天
察隅	7月20日	推迟113天	10月22日	提前11天
朗县	6月5日	推迟12天	9月28日	提前5天
工布江达	5月5日	提前7天	9月18日	提前8天
墨脱	3月17日	提前34天	10月27日	推迟10天

日照 林芝年日照时数在1244～1908小时，其中，2021年米林县日照1908小时，较2020年偏多297小时；巴宜区日照1639小时，较2020年偏少265小时；波密县日照1244小时，较2020年偏少194小时；察隅正常。从日照时数月际变化来看，林芝日照冬季多，夏季少，4个站较历年相比5月偏少最明显，偏少44～76小时；巴宜除日照1月、2月、6月、7月、9月、11月、12月正常外，其余月份偏少35～76小时；米林日照6月、7月、9月、10月、11月、12月正常外，5月、8月偏少47～65小时，其余月份偏多77～126小时；波密日照1月、6月、7月、9月、10月、11月、12月正常外，2月偏多23小时，其余月偏少22～64小时；察隅

日照3月、4月、7月、9月、11月、12月正常外，1月、2月、10月偏多24～37小时，其余月偏少34～44小时。

无霜期　巴宜无霜期为214天（3月28日终霜至10月29日初霜）；米林无霜期为205天（4月6日终霜至10月29日初霜）；波密无霜期为183天（4月5日终霜至10月6日初霜）；察隅无霜期为264天（3月9日终霜至11月30日初霜）。

各县区气候概况　巴宜区气候概况。林芝市巴宜区受印度洋暖湿气流的影响，气候温和湿润，属高原温带半湿润季风气候区，平均海拔3000米左右，相对高差2200～4700米，气候温和、雨量充沛、多夜雨、日照充足、无霜期较长、昼夜温差大、冬季干燥，夏季湿润无高温。雨季开始较早，结束晚，降水多，巴宜区年平均降水量786.5毫米，降水主要集中在7—10月，降水分布呈单峰型，高峰期出现在7—8月，年平均降水日数为141天；年平均气温10.7℃，年日照时数达到1639小时。年平均风速为每秒1.7米，年平均大风日数为8天，常见气象灾害有山洪地质灾害、病虫害、洪涝、干旱、霜冻、冰雹、大风、雷暴、雪灾、森林火灾等。

米林县气候概况。米林县地处雅鲁藏布江中游河谷地带，地势西高东低，平均海拔3700米。属高原温带半湿润性季风气候，同时印度洋与孟加拉湾暖流通过雅鲁藏布江通道，在米林县境内形成亚热带、温带、寒带并存的特殊气候。气候总的来说，夏无酷热、冬无严寒、气温偏低、年温差小、昼夜温差大、气候湿润，垂直变化明显。雨季在4月底5月初开始，10月初结束，雨量较为充沛，85%的雨水集中在6—9月，年降水量586.3毫米，年平均降水日数181天。日照充足，年平均日照时数1611.3小时，无霜期205天，常见气象灾害有山洪地质灾害、病虫害、洪涝、干旱、霜冻、冰雹、大风、雷暴、雪灾、森林火灾等。

波密县气候概况。波密县受印度洋海洋性西南季风影响，气候温和湿润，波密县海拔在2700米以下属亚热带气候带，海拔2700～4200米属高原温暖半湿润气候带，4200米以上属高原冷湿寒湿带。其气候总的来说，夏无酷热、冬无严寒、雨量充沛、霜期短、昼夜温差大、气候湿润。雨季开始期早，结束期晚，降水多，年均降水量945.6毫米，年日照时数1244小时，年平均降水日数为183天；年均温度10.4℃，年平均日照时数1428.5小时，无霜期183天。常见气象灾害有山洪地质灾害、病虫害、洪涝、干旱、冰雹、森林火灾、霜冻、大风、雷暴、雪灾等。

察隅气候概况。察隅县海拔2700米以下属高原热带季风湿润气候带，海拔2700～4200米属高原亚热带湿润气候带，4200米以上属高原寒带湿润气候带。其气候总的来说，夏无酷热、冬无严寒、雨量充沛、霜期短、昼夜温差大、气候湿润。年平均降水量为377.1毫米，年平均气温13.1℃，年日照时数达到1516小时，年日照百分率为73%；年平均降水日数为168天。降水主要集中在3—10月，占全年降水量的41%，降水分布呈双峰型，4月为第一个高峰期，7月为次高峰期；察隅县的年平均风速为每秒2.1米，年总大风日数为20.6天。常见气象灾害有洪涝、干旱、霜冻、冰雹、雪灾、雷暴。

朗县气候概况。朗县位于林芝市西南部，北纬28° 40′～29° 29′，东经92° 28′，地处喜马拉雅山北麓，雅鲁藏布江中下游，东与米林县，北与林芝市巴宜区、工布江达县，西与山南地区加查县相邻，南部与印度接壤，地域面积4200平方千米。朗县属于高原丘陵地貌类型。地势为北部和中部高，南部低，多为开阔谷地、坡地和山地。气候属高原温带半干旱气候带，夏无酷热、冬无严寒、夏秋多雨、春冬干旱多风，垂直气候复杂多变、自然灾害较频繁、生态环境十分脆弱。年均日照达2000～2500小时，日照百分率70%～80%，太阳年辐射每平方米700兆焦耳，年平均降水量711.3毫米，年平均降水日数为97天，降水多集中在6—9

月，占全年降水量的90%以上，且多为夜雨，年蒸发量在2200毫米左右，约为降水量的3倍。干季长达8个月，湿季仅为4个月。年平均气温11.5℃，全年无霜期日数平均在130～170天。常见气象灾害有山洪地质灾害、病虫害、洪涝、雪灾、大风、干旱、森林火灾、霜冻、冰雹、雷暴等。

工布江达县气候概况。工布江达属高原温带半湿润季风气候、高原温带季风半干旱气候类型，年平均降水量401.3毫米；年平均气温7.6℃，年无霜期156天，昼夜温差大于10℃；气温垂直变化特征明显，大约海拔每升高100米，气温下降0.7℃。最大冻土深度13厘米，年日照时数在2000小时以上，年平均降水（雪）日数为147天。3—10月降水量约占全年降水量的95%，其中80%集中在5—9月，而11月至次年2月的降水量仅占全年降水量的5%左右；3—10月相对湿度62%，11月至次年2月相对湿度42%；多年平均蒸发量1457.3毫米。常见气象灾害有山洪地质灾害、病虫害、洪涝、雪灾、大风、森林火灾、干旱、霜冻、冰雹、雷暴等。

墨脱县气候概况。墨脱大部属亚热带季风湿润气候，海拔1000米以下属热带季风湿润气候带，气候温和湿润，平均海拔1200米，最低海拔115米，其气候总的来说，四季如春，雨量充沛，年平均降水量2088毫米；年平均气温17.6℃，年无霜期340天，年日照时数2000小时以下，年平均降水日数为210天，降水主要集中在3—10月，占全年降水量的81%，降水分布呈三峰型，主雨峰在6月，4—9月出现两次次雨峰，年最长连续降水日数为62天；墨脱县的年平均风速为每秒1.3米，历年最大风速为每秒18.7米。常见气象灾害有山洪地质灾害、病虫害、洪涝、雪灾、干旱、森林火灾、冰雹、大风、雷暴等。

自然资源

【土地资源】 林芝市按适宜性分类可以分为适宜农业利用土地类、适宜牧业利用土地类等。按土地评价采用的适宜性划分，有宜农、宜林、宜牧、暂不宜农林牧四种，四个土地类型中，进一步按适宜性程度和主导限制因素划分，宜农地分为4个等11个型，宜牧地分为5个等3个型，宜林地分为5个宜林型。适宜农、林、牧的各类土地的空间分布差异大，但有明显水平和垂直变化规律。宜农地全部散布于河谷地带的各阶地及洪积裙、洪积扇、洪积台和两侧山坡的基部，海拔高150～4200米，大部分在3000米以下；宜林地分布下限为河谷底部，上限一般在4200米左右，最高4600米；牧地分布于林线以上和林线以下两个部位，林线以下是与宜农地相混的四季草场，林线以上宜牧地可分布到5000米上下，最高达5800米。

林芝市受地形因素限制，河谷地带农地分布比较零散，特别是随河谷的宽、窄变化，分布差异大。雅鲁藏布江中游段，宜农地集中，面积较大，下游段宜农地很少，分布零散。尼洋河上游段宜农地多分布在洪积台地上，距河床高差大，下游段集中连片。林芝市有5613公顷土地可作为宜农后备耕地资源，其中可垦水耕农地873公顷，可垦旱耕农地4740公顷。

土地资源分区是以土地适宜类型组合特点确定土地开发利用方向，并参照土地利用现状、草地和土壤调查资源划分，全地区分为四个大区、九个亚区。四个大区包括西部温暖半湿润农牧区，北部温暖湿润农林区，南部暖热温润农林区，东部怒江干热河谷褐土、热性草丛农牧区。九个亚区包括尼洋河上中游灰褐土、温性草原农牧亚区，雅鲁藏布江中游朗县段褐土、温性草原农牧亚区，雅鲁藏布江中游米林段棕壤暖性草丛牧林亚区，尼洋河下游棕壤暖性草丛农业亚区，帕隆藏布棕壤、黄棕壤暖性草甸农林亚区，康玉藏布帕隆藏布上游褐土、灰褐土、温性草原农林亚区，雅鲁藏布下游、黄色赤红壤、黄壤、黄棕壤、热性草丛农

林亚区，察隅曲流域黄壤、黄棕壤热性草丛农林亚区等。

【水资源】 林芝一方面受南部暖湿气流及受地形抬升影响，在迎风面产生强降水；另一方面水汽沿河谷北伸，可到达较北位置，使该地区成为自治区暖湿气流最活跃、水汽来源最充沛的地区。

区内及四周高山隆起，高寒的气候条件使大量的天然降水以固体形式储存于高山上，现代冰川极为发育。全市冰川及常年积雪面积6728.2平方千米，占土地总面积的5.78%，较大的有近40处，仅次于新疆维吾尔自治区，居全国第二。

现代冰川大多属海洋性冰川，工布江达、朗县西部为海洋性和大陆性过渡性冰川，念青唐古拉山脉东段南坡波密县易贡八玉沟的卡钦冰川是全国最大的海洋性冰川。丰富的冰雪资源提供农田、牧场及人畜用水，同时补给河川径流。但是，由于冰川消融水平线较高，特别是夏季，冰川大量消融，在一定条件下造成巨大冰川泥石流，冲毁公路，严重威胁农牧业生产和群众生活。主要冰川有阿扎冰川、卡钦冰川、南迦巴瓦峰冰川、加拉白垒峰冰川、米堆冰川、若果冰川、嘎隆拉冰川。

全市温泉点近100处，主要分布在工布江达县、米林县、波密县、墨脱县。有布如温泉群、排龙温泉群、玉麦温泉、大渡卡温泉、龙亚喊泉、松多温泉、巴嘎温泉、格登德母弄巴温泉群。瀑布众多，主要有位于米林县雅鲁藏布江大拐弯处大拐弯瀑布、墨脱县背崩乡汗密瀑布、波密县古乡通麦一线瀑布、巴宜区八一镇卡定天佛瀑布、工布江达县加兴沟瀑布、墨脱县达木乡欧登瀑布等。

河流主要属雅鲁藏布江和怒江两大水系，其他有吉太曲、察隅曲、丹龙明等河流。河流和小溪因地势由北向南倾斜，河水南流出境。属雅鲁藏布江水系的有雅鲁藏布江、尼洋河、巴河、帕隆藏布。属怒江水系的有然龙曲和康玉藏布曲。较大湖泊有工布江达县境内的错高湖（巴松措），波密县境内的易贡湖、帕隆湖、古乡湖和察隅境内的八嘎湖等。

【森林资源】 2021年，林芝市林地面积657.44万公顷，占土地总面积的56.38%。具有热带、亚热带、暖温带、温带和湿润、半湿润的各种森林植被。全地区木材蓄积量14.09亿立方米。

全市有林草部门管理的自然保护地14个，其中，5个自然保护区（西藏雅鲁藏布大峡谷国家级自然保护区、西藏察隅慈巴沟国家级自然保护区、林芝巴结巨柏自治区级自然保护区、工布自治区级自然保护区、西藏白朗沟白唇鹿县级自然保护区）、3个国家森林公园（巴松措国家森林公园、色季拉国家森林公园、比日神山国家森林公园）、3个国家湿地公园（雅尼国家湿地公园、嘎朗国家湿地公园、朱拉河国家湿地公园）、1个国家地质公园（西藏易贡国家地质公园）、2个自治区级风景名胜区［鲁朗林海自治区级风景名胜区、梅里雪山（西坡）自治区级风景名胜区］，总面积422.19万公顷，占林芝市面积的36.21%。

【生物资源】 *植物资源* 林芝已知高等植物有261科、1327属、4817种（含变种），其中，苔藓类植物52科、181属、480种，蕨类植物40科、107属、429种，裸子植物7科、15属、36种，被子植物162科、1024属、3872种。此外，大型真菌植物43科、169属、686种，其中，食用菌240种，药用菌180种，毒菌80种，木腐菌70种，外生菌根菌180种。其中，桫椤（桫椤科）、巨柏（柏科）、云南红豆杉（红豆杉科）、穗花杉（红豆杉科）、长蕊木兰（木兰科）属国家一级保护植物，海南粗榧（三尖杉科）、澜沧黄杉（松科）、油麦吊云杉（松科）、水青树（木兰科）、星叶草（毛茛科）、云南黄连（毛茛科）、婆罗双（龙脑香科）、四数木（四数木科）、西藏延龄草（百合科）、心叶瓶尔小草（瓶尔小草科）、瓶尔小草（瓶尔小草科）、楠树（樟科）、樟树（樟科）、松口蘑（口蘑科）、虫草（麦角菌科）、红椿（楝科)、长喙厚朴(木兰科)、干果榄仁(使君子科)属国家二级保护植物。

林芝是自治区重要药材产区之一，有药用植物1000余种，常见药用植物有贝母、大黄、雪莲花、雪山一枝蒿、黄芪、党参、小檗、当归、天麻、丹皮、防风、柴胡、冬虫夏草等，常年收购量平均在2万千克左右。

林芝是野生花卉主要产区之一，有杜鹃、海棠、桃、木兰、绣线菊、蔷薇、金露梅、百合、丁香、报春、龙胆、绿绒蒿、兰花、景天、鸢尾、石榴、木瓜等几百种花卉植物。

林芝也是自治区重要食用菌产区之一，食用菌种类有猴头、木耳、金耳、松茸、牛肝菌、肉齿菌、红菌等，其中松茸分布广，产量大，产品远销东亚和沿海地区。

动物资源 林芝已知哺乳类动物有7目、20科、60属、94种；鸟类动物有18目、47科、174属、315种；爬行类动物有43种，两栖类动物有32种；鱼类4科、15属、24种；昆虫有2322种。各种野生动物依其自身生态习性分布于各地。

鸟类有国家一级保护动物9种，包括黑鹳、斑尾榛鸡、雉鹑、灰腹角雉、棕尾虹雉、孔雀雉、黑颈鹤、棕颈犀鸟、双角犀鸟；国家二级保护动物23种，包括赤麻鸭、鸢、栗鸢、苍鹰、雀鹰、松雀鹰、普通鵟、白眼鵟鹰、蛇雕、隼、藏雪鸡、血雉、红腹角雉、藏马鸡、黑鹇、勺鸡、雉鸡、白腹锦鸡、棕背田鸡、绯胸鹦鹉、斑头鸺鹠、灰林鸮、短耳鸮。

兽类有国家一级保护动物17种，包括长尾叶猴、白眉长臂猿、豚尾猴、穿山甲、豺、云豹、豹、虎、雪豹、大灵猫、丛林猫、金猫、白唇鹿、扭角羚、赤斑羚、林麝、马麝；国家二级保护动物16种，包括熊猴、猕猴、赤狐、藏狐、黑熊、棕熊、小熊猫、石貂、黄喉貂、水獭、猞猁、豹猫、毛冠鹿、赤鹿、鬣羚、岩羊。

爬行类有国家一级保护动物蟒。

极端天气气候事件及其影响

【高温】 2021年7月24日，朗县日最高气温33.2℃，突破历史同期极值32.4℃(2010年7月14日)。

10月1日，米林日最高气温25.5℃，突破历史同期极值24.8℃(2013年10月10日)；波密日最高气温26.2℃，突破历史同期极值25.4℃(2016年10月2日)；察隅日最高气温30.1℃，突破历史同期极值29.9℃(2016年10月2日)。

【强降水】 2021年3月21日，波密日降水量45.5毫米，突破历史同期极值44.8毫米(2011年3月25日)；墨脱8月上旬降水量为167.2毫米，突破了历史同期极值163.3毫米(2015年8月上旬)；波密8月下旬降水量100.7毫米，突破了历史同期极值84.6毫米(2015年8月下旬)；墨脱8月下旬降水量为161.7毫米，突破了历史同期极值142.6毫米(2015年8月下旬)。

【因强降水导致山洪、泥石流、塌方等次生灾害】 2021年3月21日，波密县普降大雪，扎木镇日降水量45.5毫米，突破有历史资料以来同期日最大降水量极值(44.8毫米)，倾多镇21.0毫米、古乡39.1毫米、康玉6.4毫米，全县大部分乡镇不同程度受灾，其中扎木镇受灾较为严重，全县无人员伤亡和房屋倒塌。

5月后，受持续强降雨的影响，察瓦龙乡塌方、泥石流灾情严重。

6月22日，察隅县竹瓦根镇扎嘎村连续十几天太阳暴晒、暑气逼人，农田玉米受旱严重。

6月30日开始，林芝大部出现连续的强降水天气，致使林芝大部农田出现渍涝、倒伏、黑霉病、锈病等农业气象灾害。

7月25日21时许，国道559，K108+890米处(七道班真空桥)，桥的一边发生坍塌，坍塌处路面直径约3米，坍塌中间直径约5米，深度约5米。

国民经济和社会发展

【概况】 2021年，全市实现地区生产总值209.01亿元，同比增长6.9%，增速排名全区第二位。其中，第一产业增加值12.56亿元，下降0.9%；第二产业增加值70.97亿元，增长4.0%；第三产业增加值125.48亿元，增长9.4%。三次产业的比例为6∶34∶60。固定资产投资135.12亿元，同比增长8%，增速排名全区第一位。城镇居民人均可支配收入41346元，比2020年增长13.3%，增速排名全区第一位。农村居民人均可支配收入21767元，位居全区前列。全市一般公共预算收入15.02亿元，增长5.1%。公共财政预算收入占GDP比重为7.2%。公共财政预算支出103.58亿元，下降23.1%。

社会消费品零售总额56.23亿元，同比增长9.4%，增速排名全区第一位。全年居民消费价格总水平上涨0.3%，涨幅比2020年缩小1.9个百分点，为近10年年度涨幅最低水平。八大类消费品呈“五涨三降”态势，其中食品烟酒、衣着、交通和通信、生活用品及服务、教育文化和娱乐价格分别上涨2.1%、0.2%、0.6%、0.1%、1.3%，居住、医疗保健、其他用品和服务价格分别下降3.2%、0.3%、0.3%。

2021年林芝居民消费价格指数表

表8

指标名称	价格指数
居民消费价格总指数	100.3
1. 食品烟酒	102.1
粮食	100.1
鲜果	106.8
2. 衣着	100.2
3. 居住	96.8
4. 生活用品及服务	100.1
5. 交通和通信	100.6
6. 教育文化和娱乐	101.3
7. 医疗保健	99.7
8. 其他用品和服务	99.7

注：以2020年为100。

【农业】 2021年，全市农林牧渔业总产值完成172276万元，增长2.4%。其中，农业产值86062万元，增长5.0%；林业产值3240万元，下降9.6%；牧业产值77086万元，下降0.8%；渔业产值88万元，增长102.8%；农林牧渔服务业产值5798万元，增长2.5%。

粮食作物播种面积17909.34公顷，下降0.9%；油料种植面积1975.17公顷，下降21.0%；蔬菜种植面积2811.48公顷，增长0.3%。

全年粮食总产量84979.08吨，增长0.1%。其中，青稞24452.81吨，增长19.5%；小麦34732.52吨，增长2.5%；玉米产量20308.01吨，增长2.4%；豆类产量464.25吨，增长27.8%；油料3670.94吨，下降20.2%；蔬菜42063.56吨，增长16.0%。

全年肉类总产量13946.75吨，增长18.7%。其中，牛肉产量5469.48吨，下降18.7%；羊肉产量59.3吨，下降14.1%；猪肉产量6613.15吨，增长41.9%；禽肉产量1804.82吨，增长515.1%。

全年奶类产量22617.1吨，下降14.3%；禽蛋产量3040.3吨，下降5.1%。

【工业】2021年，全市工业总产值同比增长22.7%，实现工业增加值同比增长12.4%。其中，规模以上工业总产值同比增长2.2%；规模以下工业总产值同比增长113.8%。规模以上工业完成轻工业总产值同比增长11.6%；以水力发电企业为主的重工业总产值同比下降10.2%。中成药生产2771.14吨，同比增长3.8%；天然饮用水生产企业5家，产量5463.29吨，同比下降54.3%。

【固定资产投资】2021年，全市完成固定资产投资比2020年同期增长8.0%。其中，民间投资同比下降16.0%。

2021年，全市施工项目689个，其中：500万元～5000万元项目576个，5000万元以上联网直报项目113个。全年5000万元以上项目完成投资86.99亿元。

2021年七县（区）固定资产投资同比增长情况表

表9

县（区）	同比增长（%）
全市	8.0
巴宜区	−9.3
工布江达县	9.1
米林县	−4.2
墨脱县	44.7
波密县	−19.3
察隅县	129.9
朗县	−16.9

【国内贸易】2021年，全市社会消费品零售总额达56.23亿元，同比增长9.4%。按经营单位所在地分，城镇消费品零售额39.37亿元，同比增长11.3%；乡村消费品零售额16.86亿元，同比增长5.3%。

按消费类型分，商品零售46.31亿元，同比增长7.6；餐饮收入9.92亿元，同比增长18.4%。

2021年七县（区）社会消费品零售总额情况表

表10

县（区）名	社零总额（万元）	增速（%）
巴宜区	385411.0	9.3
工布江达县	49922.2	9.4
米林县	38066.9	9.1
墨脱县	7281.0	11.9
波密县	37631.6	10.1
察隅县	25210.1	9.1
朗县	18844.3	9.5

【对外经济】2021年，实现进出口总额657.4万元（人民币，下同），同比增长167.0%，其中，出口164万元，同比增长9.8%；进口493.4万元，同比增长414.0%。

【交通、邮电和旅游】2021年，全市公路客运量

119.06 万人次，同比增长 15.1%；公路货运量 210.8 万吨，同比下降 0.2%。民航旅客吞吐量 51.58 万人次，同比增长 24.7%；货邮吞吐量 0.28 万吨，同比下降 2.0%。

年末公路通车里程达 7187.6 千米（含国道），同比增长 0.7%。54 个乡镇中 47 个乡镇实现通车，乡镇通车率 87.0%；52 个乡镇实现通畅，通畅率 96.2%。全市共有 504 个行政村（居委会）全部实现通达，通达率 100%；431 个行政村通畅，通畅率 85.5%。

2021 年，全市邮政企业和规模以上快递服务企业业务收入（不包含邮政储蓄银行直接营业收入）累计完成 7876.63 万元，同比增长 2.7%；业务总量累计完成 5167.04 万元，同比增长 1.4%。

2021 年，旅游业全年累计接待国内外游客 1006.07 万人次，同比增长 48.9%；旅游总收入 83.75 亿元，同比增长 109.8%；入境游客 2700 人次，同比增长 342.4%，旅游外汇收入 711.24 万元，同比增长 319.9%。全市农牧民家庭旅馆总数达 701 家（其中星级农牧民家庭旅馆 207 家）。全年农牧民家庭旅馆共接待游客 66.02 万人次，同比增长 34.3%，实现旅游收入 1.38 亿元，同比增长 51.7%。全市宾馆饭店总数达 619 家，拥有客房数 21808 间，床位 39743 张，年接待能力达到 1430 万人次（其中星级宾馆饭店 31 家，拥有客房数 2741 间，床位 4863 张，年接待能力达到 177 万人次）。全市对外营运景区共 28 家。其中，AAAAA 级景区 2 家，为巴松措景区、雅鲁藏布大峡谷旅游区；AAAA 级景区 6 家，分别为卡定沟景区、大柏树景区、南伊沟景区、波密红楼红色景区、米堆冰川景区、鲁朗风景区；AAA 级景区 5 家，分别为千年核桃王景区、尼洋阁景区、冲康庄园景区、岗云杉林景区、秀巴古堡景区。

【财政金融】 2021 年，全市完成一般公共预算收入 15.02 亿元，同比增长 5.1%，其中，税收收入 8.07 亿元，增长 9.3%；完成一般公共预算支出 103.58 亿元，同比下降 23.1%。

2021 年末，全市金融机构各项存款余额 343.29 亿元，同比下降 2.5%；各项贷款余额 342.54 亿元，同比增长 7.4%；绿色金融贷款完成 97.05 亿元，同比增长 14.3%。

【教育体育】 2021 年，普通中等职业学校 1 所，招生 1113 人，比 2020 年增加 94.2%，在校生数 2313 人，比 2020 年增加 7.4%，教职工数 259 人，比 2020 年增加 0.8%。

中学（含 3 所高中）11 所，招生人数 5077 人，比 2020 年增加 20.3%。在校生数 13780 人，比 2020 年减少 5.8%。教职工数 1230 人，比 2020 年增加 0.5%。小学 61 所，招生人数 3750 人，比 2020 年增加 3.8%。在校生数 21523 人，比 2020 年增加 2.1%。教职工数 1992 人，比 2020 年增加 2.0%。幼儿园在园儿童 10683 人，比 2020 年增加 0.7%。

2021 年，共举办各类比赛 39 项，其中市级 6 项、县（区）级 33 项，体育教练员 3 人。销售体彩 9477.37 万元，同比下降 23.7%，筹集本级体彩公益金 369.18 万元。

【文化、广播电视和卫生】 2021 年，全市有艺术表演团体 510 个〔市级 1 个、七县（区）7 个、村级文艺演出队 502 个〕、文化馆（站）62 个〔市直 1 个、七县（区）7 个、乡镇 54 个〕、公共图书馆 8 个〔市直 1 个，七县（区）7 个〕、博物馆 1 个。

全市有市级广播电视台 1 个，县级以上广播电视台 6 个，县级以上电视转播台 1 个，广播综合覆盖率 99.0%，电视综合人口覆盖率为 99.3%。

僧尼和城乡居民免费健康体检常态化，体检率分别为 94.8% 和 53.7%。农牧区孕产妇住院分娩率 99.0%，高危产妇管理率 100%、住院分娩率 100%，孕产妇死亡率 0/10 万人，婴儿死亡率 5.2‰。

全市市、县、乡医疗卫生机构拥有卫生工作人员 1563 人，每千人拥有卫生技术人员 6.54 人，每千人床位 4.86 张。

【环境和安全生产】 2021年，全市空气质量指数优良率为100%，集中式饮用水源地水质达标率100%。水环境质量安全达到稳定，全市主要河流雅鲁藏布江、尼洋河水质达标。八一镇一水厂水源地水质各项监测指标符合《地表水环境质量标准》（GB3838—2002）Ⅲ类标准。二水厂水源地水质各项指标符合《地下水质量标准》（GB/T14848—93）Ⅲ类标准。

2021年，全市发生生产安全事故2起，死亡1人，受伤4人，无经济损失。

【人民生活和社会保障】 2021年，农村居民人均可支配收入21767元，同比增长15.8%，其中：工资性收入2940元，同比增长33.5%；经营净收入14000元，同比增长12.4%；财产净收入1211元，同比增长9.8%；转移净收入3616元，同比增长19.2%。城镇居民人均可支配收入41346元，同比增长13.3%，其中：工资性收入36100元，同比增长11.7%；经营净收入2810元，同比增长17.0%；财产净收入876元，同比增长27.9%；转移净收入1560元，同比增长44.3%。

2021年，全市城镇新增就业4755人，城镇登记失业率控制在1.5%以内；农村劳动力转移就业63143人次、41197人；全市共有公益性岗位1892个。在全年各类社会保障参保人员中，城镇职工基本养老保险参保人数32594人（缴费人数31466人，退休人数7549人），城乡居民基本养老保险参保人数77026人（缴费人数61806人，退休人数15331人），城镇职工基本医疗保险参保人数36287人（在职28607人，退休7680人），城乡居民基本医疗保险参保人数154313人，失业保险参保人数18184人。征缴失业保险金2168.16万元，领取失业保险金人数28人。

中国共产党林芝市委员会

重要会议

【中共林芝市委一届十三次全会】2021年5月10日，中国共产党林芝市第一届委员会第十三次全体会议召开。会议以习近平新时代中国特色社会主义思想为指导，深入贯彻落实中央和区党委关于做好市级领导班子换届工作的决策部署，研究决定林芝市第二次党代会有关问题，审议决定选举办法等相关事项，安排部署会议筹备相关工作。市委书记马升昌出席并讲话。市领导张秀武、刘业强、达瓦、符永波、杨赤卫、梅家奎、喻昌、多布庆、刘兴平、肖鹤、玉珍出席会议。

【中共林芝市委一届十四次全会】2021年10月20日，中国共产党林芝市第一届委员会第十四次全体会议召开。全会以习近平新时代中国特色社会主义思想为指导，全面落实习近平总书记视察西藏重要讲话精神，坚决贯彻党中央和区党委决策部署，酝酿《中国共产党林芝市第一届委员会报告》《中国共产党林芝市第一届纪律检查委员会工作报告》《林芝市出席中国共产党西藏自治区第十次代表大会代表候选人预备人选建议名单》《中国共产党林芝市第二届委员会委员、候补委员和中国共产党林芝市第二届纪律检查委员会委员候选人预备人选建议名单》，部署中国共产党林芝市第二次代表大会相关事宜。审议通过《中共林芝市委员会贯彻落实〈中共西藏自治区委员会关于深入贯彻落实习近平总书记视察西藏重要讲话精神的实施意见〉的方案》。市委书记敖刘全出席并讲话。市委领导巴塔、刘光明、张秀武、柯磊、刘业强、符永波、梅家奎、邓晓红、徐平出席。

【一届市委131次常委会会议】2021年1月3日召开，市委书记马升昌主持会议。传达学习中央农村工作会议、区党委九届九次全会暨区党委经济工作会议、区党委人大工作会议精神，研究部署近期工作。市委领导刘光明、张秀武、刘业强、达瓦、张海波、梅家奎、喻昌出席。市领导多布庆、尼玛、张明、次仁央宗、刘兴平、尼玛扎西、肖鹤、赵俊、强巴央宗、崔晓东、达瓦、罗布次仁、旦增拉姆、常仕洪、尼玛次仁列席主会场会议。李牧之、扎西、扎西平措、旺东、朱正辉列席各县（区）分会场会议。

【一届市委132次常委会会议】2021年1月26日召开，市委书记马升昌主持会议。传达学习习近平总书记在省部级主要领导干部学习贯彻党的十九届五中全会精神研讨班开班式上的讲话、《中共中央 国务院关于实现巩固拓展脱贫攻坚成果同乡村振兴有效衔接的意见》精神和区党委常委会会议、全区两会、自治区强边工作会议精神，研究部署相关工作。市委领导张秀武、刘业强、达瓦、张海波、符永波、杨赤卫、梅家奎、喻昌出席。市领导多布庆、谢英、尼玛、次仁央宗、刘兴平、尼玛扎西、肖鹤、赵俊、徐龙海、崔晓东、达瓦、央宗、罗布次仁、玉珍、旦增拉姆、常仕洪、尼玛次仁列席主会场会议。李牧之、扎西、扎西平措、甘丹平措、旺东、朱正辉列席分会场会议。

【一届市委134次常委会会议】2021年2月22日召开，市委书记马升昌主持会议。传达学习习近平总书记在中央政治局第二十七次集体学习时的重要讲话、自治区党委领导同志批示、区党委落实中央第十巡视组巡视反馈意见整改工作动员会及区党委常委会会议精神，安排部署近期工作。市委领导张秀武、刘业强、达瓦、张海波、符永波、梅家奎、喻昌出席。市领导多布庆、谢英、次仁央宗、刘兴平、尼玛扎西、赵俊、徐龙海、强巴央宗、崔晓东、罗布次仁、玉珍、旦增拉姆、尼玛次仁列席主会场会议。扎西、甘丹平措、旺东、朱正辉列席分会场会议。

【一届市委137次常委会会议】2021年4月9日召开，市委书记马升昌主持会议。传达学习九届区党委第173、174次常委会会议精神，研究林芝市贯彻落实意见，部署近期工作。审议通过《关于调整市本级2021年度财政预算的请示》《关于审定2020年度林芝市就业促进工作先进集体和先进个人的请示》。市委领导刘光明、张秀武、刘业强、达瓦、张海波、符永波、杨赤卫、梅家奎、喻昌出席。市领导多布庆、尼玛、次仁央宗、刘兴平、肖鹤、赵俊、罗布次仁、玉珍、旦增拉姆、常仕洪、尼玛次仁列席主会场会议。李牧之、扎西、扎西平措、甘丹平措、旺东、朱正辉列席各县（区）分会场会议。

【一届市委139次常委会会议】 2021年5月7日召开，市委书记马升昌主持会议并讲话。传达学习九届区党委第175、176次常委会会议；传达《中共西藏自治区纪律检查委员会关于四起违反中央八项规定精神典型案例的通报》，对进一步推进全市全面从严治党进行安排部署。市委领导张秀武、刘业强、达瓦、符永波、杨赤卫、梅家奎、喻昌出席会议。

【一届市委140次常委会会议】 2021年5月21日召开，市委书记马升昌主持会议。传达学习《中共中央 国务院关于新时代加强和改进思想政治工作的意见》和区党委第177、178次常委会会议等文件和会议精神，听取2021年一季度全市经济运行情况，研究部署相关工作。市领导刘光明、张秀武、刘业强、达瓦、张海波、符永波、杨赤卫、梅家奎、喻昌出席。尼玛、次仁央宗、尼玛扎西、肖鹤、强巴央宗、崔晓东、达瓦、央宗、罗布次仁、旦增拉姆、常仕洪、尼玛次仁列席主会场会议。扎西、扎西平措、甘丹平措、旺东、朱正辉列席分会场会议。

【一届市委141次常委会会议】 2021年5月31日召开，市委书记马升昌主持会议并讲话。传达学习《中共中央关于印发〈中国共产党领导国家安全工作条例〉的通知》《中共中央关于印发〈关于当前意识形态领域的通报〉的通知》等文件精神，研究贯彻落实意见。市委领导张秀武、刘业强、达瓦、张海波、符永波、梅家奎、喻昌出席会议。

【一届市委142次常委会会议】 2021年6月10日召开，市委书记马升昌主持会议并讲话。传达学习《中国共产党组织工作条例》等文件和区党委常委会会议精神，研究贯彻落实意见。市委领导刘光明、张秀武、刘业强、达瓦、张海波、符永波、杨赤卫、梅家奎出席会议。

【一届市委143次常委会会议】 2021年6月23日召开，市委书记马升昌主持会议。传达学习陈永奇《致各地市委书记、组织部部长一封信》精神，听取相关情况汇报，研究贯彻落实意见及部署近期工作。市委领导刘光明、刘业强、达瓦、张海波、符永波、梅家奎、喻昌出席会议。市领导多布庆、谢英、尼玛、张明、次仁央宗、扎西、尼玛扎西、肖鹤、扎西平措、徐龙海、央宗、玉珍、朱正辉、常仕洪列席主会场会议，甘丹平措、旦增拉姆列席分会场会议。

【一届市委144次常委会（扩大）会议】 2021年7月6日召开，市委书记马升昌主持会议。传达学习习近平总书记在庆祝中国共产党成立100周年大会上的讲话精神；市委领导刘光明、刘业强、达瓦、符永波、梅家奎、喻昌结合自身工作和分管领域实际作交流发言。市领导多布庆、谢英、张明、尼玛扎西、强巴央宗、崔晓东、罗布次仁、朱正辉、常仕洪列席会议。

【一届市委145次常委会会议】 2021年7月12日召开，市委书记马升昌主持会议并讲话。传达学习自治区党委第182～185次常委会会议及相关文件精神，听取市委常委班子成员履行党风廉政建设主体责任情况汇报，研究有关工作。市委领导刘业强、张海波、符永波、梅家奎、喻昌出席。多布庆、谢英、尼玛、次仁央宗、扎西、尼玛扎西、肖鹤、赵俊、徐龙海、崔晓东、达瓦、央宗、玉珍、朱正辉列席主会场会议。甘丹平措、旦增拉姆列席分会场会议。

【一届市委146次常委会（扩大）会议】 2021年8月3日召开，市委书记马升昌主持会议。传达学习习近平总书记在西藏视察工作结束时的讲话精神和区党委九届十次全会精神，研究部署贯彻落实工作。市委领导达瓦（统战部）、张海波、符永波、梅家奎、喻昌出席，市领导尼玛、次仁央宗、刘兴平、扎西、肖鹤、扎西平措、徐龙海、崔晓东、达瓦、罗布次仁、玉珍、朱正辉、常仕洪、尼玛次仁列席主会场会议，甘丹平措列席巴宜区分会场会议。

【一届市委147次常委会会议】 2021年8月10—11日召开，市委书记马升昌主持会议并讲话。传达学习区党委186、187、188次常委会会议精神和中央和自治区有关文件精神，听取全市意识形态工作，政法队伍教育整顿工作，上半年经济运行，基层党组织建设和群团组织工作，市人大、政府、政协党组，七县（区）上半年工作及履行党风廉政建设主体责任和市纪委监委履行监督责任等情况汇报，研究部署相关工作。市领导刘光明、张秀武、刘业强、达瓦（统战部）、张海波、符永波、梅家奎、喻昌出席会议，谢英、尼玛、刘兴平、扎西、尼玛扎西、扎西平措、赵俊、徐龙海、强巴央宗、崔晓东、达瓦、央宗、罗布次仁、玉珍、旺东、朱正辉列席会议。甘丹平措、旦增拉姆分别列席巴宜区、波密县分会场会议。

【一届市委148次常委会会议】 2021年9月9日召开，市委书记马升昌主持会议并讲话。传达学习自治区党委常委会会议精神，自治区党委外事工作委员会2021年第一次、第二次全体会议精神，听取全市2021年上半年公安工作情况，研究部署相关工作。市领导张秀武、刘业强、达瓦（统战部）、张海波、梅家奎出席。尼玛、次仁央宗、刘兴平、扎西、尼玛扎西、赵俊、徐龙海、强巴央宗、达瓦、罗布次仁、玉珍、旺东、常仕洪列席会议。甘丹平措、旦增拉姆分别列席巴宜区、波密县分会场会议。

【一届市委150次常委会会议】 2021年10月12日召开，市委书记敖刘全主持会议。传达学习习近平、汪洋在中央民族工作会议上的讲话精神，传达学习九届区党委第195次常委会会议精神、书记吴英杰在林芝调研时的指示精神和有关会议文件精神，研究部署相关工作。市委领导巴塔、刘光明、刘业强、达瓦（统战部）、梅家奎、邓晓红、徐平出席会议。市领导谢英、张明、次仁央宗、刘兴平、扎西、扎西平措、刘春祥、崔晓东、罗布次仁、玉珍、旺东、喻昌、常仕洪、尼玛次仁列席主会场会议。甘丹平措、旦增拉姆列席分会场会议。

【一届市委151次常委会会议】 2021年10月13日召开，市委书记敖刘全主持会议。研究《林芝市出席中国共产党西藏自治区第十次代表大会代表候选人初步人选建议名单》《中国共产党林芝市第二届委员会、中国共产党林芝市第二届纪律检查委员会人事安排的请示》《市人大、政府、政协领导班子成员和监察委员会主任、副主任、法院院长、检察院检察长人事安排的请示》《林芝市第二届人大常务委员会委员建议名单》《政协第二届林芝市委员会常务委员会委员建议名单》。市委领导巴塔、刘光明、柯磊、刘业强、达瓦、张海波、梅家奎、邓晓红、徐平出席。

【一届市委152次常委会会议】 2021年10月18日召开，市委书记敖刘全主持会议。研究一届市委报告，一届市纪委工作报告及林芝市党费收缴、使用和管理情况报告，听取市两会筹备工作汇报，研究部署相关工作。市委领

导巴塔、刘光明、张秀武、柯磊、刘业强、符永波、梅家奎、邓晓红、徐平出席。市领导谢英、尼玛、次仁央宗、刘兴平、扎西、肖鹤、扎西平措、赵俊、刘春祥、段刚辉、崔晓东、达瓦、央宗、罗布次仁、玉珍、旺东、常仕洪列席主会场会议。甘丹平措、旦增拉姆列席分会场会议。

【一届市委153次常委会会议】 2021年10月20日召开，市委书记敖刘全主持会议。传达学习全区领导干部会议精神，研究《中共林芝市委员会贯彻落实〈中共西藏自治区委员会关于深入贯彻落实习近平总书记视察西藏重要讲话精神的实施意见〉的方案》，听取有关情况汇报，研究部署相关工作。市委领导巴塔、刘光明、张秀武、柯磊、刘业强、符永波、梅家奎、邓晓红、徐平出席。市领导谢英、张明、次仁央宗、刘兴平、扎西、尼玛扎西、崔晓东、达瓦、央宗、罗布次仁、玉珍、旺东、常仕洪列席主会场会议。甘丹平措列席分会场会议。

【二届市委1次常委会会议】 2021年10月31日召开，市委书记敖刘全主持会议。会议研究市委组织部提交的干部人事事项和市纪委有关案件。市委领导巴塔、刘光明、张秀武、杨光敏、柯磊、刘业强、达瓦、张海波、符永波、梅家奎、邓晓红、徐平、甘丹平措出席。

【二届市委2次常委会会议】 2021年11月8日召开，市委书记敖刘全主持会议。传达学习习近平总书记在中央人才工作会议上的重要讲话精神，《中共中央　国务院关于以铸牢中华民族共同体意识为主线推进新时代党的民族工作高质量发展的意见》等文件精神，听取2021年前三季度全市经济运行情况汇报，研究贯彻意见，部署相关工作。市委领导巴塔、张秀武、柯磊、刘业强、达瓦、张海波、符永波、梅家奎、邓晓红、徐平、甘丹平措出席会议。市领导尼玛扎西、谢英、肖鹤、次仁央宗、刘兴平、扎西、欧珠多吉、周传峰、王东升、赵俊、玉珍、刘春祥、中次仁、罗布次仁、旺东、边巴卓玛、次仁多吉、常仕洪列席主会场会议。旦增拉姆列席波密县分会场会议。

【二届市委3次常委会（扩大）会议】 2021年11月15日召开，市委书记敖刘全主持会议。传达学习党的十九届六中全会精神和《中共中央　国务院关于加快推进构建新发展格局的意见》《中华人民共和国退役军人保障法》《中华人民共和国公务员法》及相关配套法规精神，研究贯彻落实意见。市委领导巴塔、刘光明、柯磊、达瓦、张海波、符永波、梅家奎、邓晓红、甘丹平措出席会议。市领导尼玛扎西、谢英、肖鹤、刘兴平、扎西、欧珠多吉、王东升、赵俊、玉珍、刘春祥、中次仁、段刚辉、罗布次仁、旺东、熊义东、边巴卓玛、次仁多吉、常仕洪、尼玛次仁列席会议。旦增拉姆列席波密县分会场会议。

【二届市委4次常委会会议】 2021年11月22日召开，市委书记敖刘全主持会议并讲话。传达学习中央和区党委重要会议及文件精神，听取有关情况汇报，安排部署相关工作。市委领导巴塔、刘光明、张秀武、刘业强、张海波、符永波、梅家奎、甘丹平措出席会议。市领导尼玛扎西、肖鹤、刘兴平、扎西、欧珠多吉、王东升、玉珍、刘春祥、中次仁、米次、央宗、罗布次仁、旺东、熊义东、边巴卓玛、次仁多吉列席会议。

【二届市委5次常委会会议】 2021年12月2日召开，市委书记敖刘全主持会议并讲话。传达学习贯彻自治区第十次党代会精神。市委领导巴塔、刘光明、张秀武、柯磊、刘业强、达瓦、符永波、梅家奎、邓晓红、徐平、甘丹平措出席。市领导尼玛扎西、肖鹤、刘兴平、欧珠多吉、周传峰、王东升、赵俊、中次仁、旦增拉姆、旺东、熊义东、边巴卓玛、次仁多吉、常仕洪列席会议。

【二届市委6次常委会会议】 2021年12月9日召开，市委书记敖刘全主持会议并讲话。传达学习中央和自治区有关会议和文件精神，围绕学习贯彻自治区第十次党代会精神，交流学习体会。市委领导柯磊、张海波、梅家奎、徐平、甘丹平措出席。市领导肖鹤、刘兴平、周传峰、王东升、玉珍、米次、央宗、熊义东、次仁多吉、常仕洪列席会议。

【二届市委7次常委会（扩大）会议】 2021年12月20日召开，市委书记敖刘全主持会议并讲话。传达学习习近平总书记在党的十九届六中全会上的报告讲话和书记王君正在林芝考察调研时的讲话指示精神。市委领导巴塔、柯磊、符永波、梅家奎、邓晓红、甘丹平措出席。市领导尼玛扎西、肖鹤、扎西、欧珠多吉、周传峰、王东升、赵俊、刘春祥、央宗、熊义东、常仕洪列席会议。

【二届市委8次常委会会议】 2021年12月24日召开，市委书记敖刘全主持会议并讲话。传达学习书记王君正在中国共产党西藏自治区委员会第十次代表大会闭幕会、中国共产党西藏自治区第十届委员会第一次全体会议上的讲话精神和十届自治区党委常委会第2次会议精神，研究部署相关工作。市委领导柯磊、梅家奎、邓晓红、徐平、甘丹平措出席。市领导尼玛扎西、肖鹤、扎西、欧珠多吉、周传峰、王东升、刘春祥、段刚辉、央宗、旺东、熊义东、常仕洪列席会议。

【二届市委9次常委会会议】 2021年12月30日召开，市委书记敖刘全主持会议并讲话。传达学习自治区进一步改进作风狠抓落实工作部署动员会、十届自治区党委常委会第3次会议和《关于印发〈关于加强和改进新时代我区思想政治工作的实施方案〉的通知》精神，研究林芝市贯彻意见，安排部署相关工作。市委领导巴塔、柯磊、刘业强、符永波、梅家奎、徐平、甘丹平措出席。市领导肖鹤、扎西、欧珠多吉、周传峰、王东升、赵俊、中次仁、米次、央宗、旺东、熊义东、常仕洪列席会议。

（林芝市委）

决策部署

【市委平安林芝建设领导小组会议】 2021年1月15日召开，市委副书记、市委平安林芝建设领导小组常务副组长张秀武主持。传达学习习近平总书记关于平安中国建设的重要指示精神，贯彻落实中央和区党委各项决策部署，总结2020年成绩，审议《2021年林芝市平安建设（综治工作）要点》，研究部署相关工作。市领导刘业强、达瓦、张海波、张明、崔晓东、常仕洪出席。

【政法队伍教育整顿学习教育总结暨查纠整改环节动员部署会】 2021年4月11日召开，林芝市政法队伍教育整顿学习教育环节总结暨查纠整改动员部署会。全区政法队伍教育整顿第四驻点指导组组长王建雷、副组长刘露出席。市委书记、市政法队伍教育整顿领导小组组长马升昌出席会议并讲话。马升昌强调，教育整顿即将进入查纠整改环节，要在思想发动上、政策运用上、案件线索查办上、顽瘴痼疾整治上持续用力。马升昌要求，全市各级党委和政法各单位要切实加强组织领导，进一步拧紧责任链条，形成查纠整改工作合力。市领导张海波、喻昌、常仕洪、尼玛次仁出席。市委常委、组织部部长、市政法队伍教育整顿领导小组副组长刘业强主持会议。

【2021年林芝市民族团结进步创建评选活动领导小组第一次会议暨创建工作安排部署会】 2021年5月19日召开，市委副书记、市民族团结进步创建评选活动领导小组组长张秀武主持。传达学习自治区民委《关于林芝市创建全国民族团结进步示范市工作考核验收的反馈意见》《西藏自治区民族团结进步模范区创建规划（2021—2025）》文件精神，审议《林芝市2021年创建全国民族团结进步示范市深化方案》等相关文件。市领导达瓦、尼玛、肖

鹤、达瓦出席。

【2021年前三季度经济运行分析电视电话会议】2021年10月21日，林芝市召开2021年前三季度经济运行分析电视电话会议，分析研究当前林芝市经济运行情况，安排部署下一步重点工作。市委副书记、市长候选人巴塔出席并讲话。会议指出，全市上下立足新发展阶段，贯彻新发展理念，服务和融入新发展格局，指标完成情况持续向好，民生保障成效持续向好，高质量发展成色持续向好，全市经济运行总体平稳、稳中有进，成绩好于预期。市领导刘光明、尼玛扎西出席。市委常委、常务副市长符永波主持会议。

【贯彻落实中央经济工作会议和西藏自治区党委经济工作会议精神研讨会】2021年12月28日召开，市委书记敖刘全主持会议并讲话。敖刘全强调，全市各级各部门要结合学习贯彻中央经济工作会议和区党委经济工作会议精神，坚持以把林芝建设成为西藏改革开放先行区为引领，在研判大势中科学谋划2022年全市经济发展，在统一认识中推动明年全市经济工作更好更快发展。市领导巴塔、刘光明、柯磊、刘业强、张海波、符永波、梅家奎、赵俊、玉珍、刘春祥、中次仁、段刚辉、熊义东出席。

（林芝市委）

市委办工作

【概况】2021年，市委办公室、市委政研室把服务市委中心工作、推动市委办各项工作落实作为党史学习教育的重要实践载体，发挥办公室的整体效能，完善“三服务”理念，提升“三服务”水平，落实各项工作任务，完成全年各项工作任务，保证和促进市委各项工作运转。

【党史学习】2021年，市委办公室按照《中共林芝市委办公室理论学习中心组2021年专题学习计划》《中共林芝市委办公室党总支2021年度学习计划》，把深入学习习近平新时代中国特色社会主义思想，同学习党史、新中国史、改革开放史、社会主义发展史、西藏地方和祖国关系史贯通起来，同“三更”专题教育有机结合起来，通过理论中心组、党总支学习，邀请专家专题辅导，开展“党办干部读党史、追本溯源悟初心”读书活动，观看爱国主义电影、警示教育片、参观爱国主义教育基地等主题党日活动，提高全办党员干部运用最新理论成果分析解决问题的能力和水平，推动办公室“三服务”（服务发展、服务决策、服务落实）工作发展。市委办公室理论中心组、党总支、“三更”专题教育、党史学习教育共开展集中学习30次，党员领导干部64人次作交流发言，党员干部撰写心得体会178篇，理论知识测试5次；党总支、3个党支部、12个党小组共开展读书活动70余次；开展各类主题党日活动22余次。

【以文辅政】2021年，市委办公室累计完成各类文稿470余篇，为县（区）和市直单位部门修改西藏自治区林芝市外事巡边员实施细则、在全国政协农业农村委“三农”工作对口协商座谈会上的发言材料等文稿60余篇；配合中央、自治区调研组和市委主要领导，围绕疫情防控、市县乡村换届选举、安全生产、产业发展、乡村振兴等重点工作，到基层各领域开展调研70余次，形成林芝市特色产业发展调研报告、市县乡村换届选举工作调研材料等40余份。

【办文办会】2021年，市委办公室执行《党政机关公文处理工作条例》和《党政机关公文格式》，加强公文处理的质量、运转效率和批示件办理进度，确保公文安全、保密、快速发送和及时高效办理。共筹办一届市委第十二次、十三次、十四次全体会议，中国共产党林芝市第二次代表大会，市委常委会会议，市委理论学习中心组学习会，九届区党委常委会会议、区党委理论学习中心组学习会、自治区维稳视频调度会等自治区会议林芝市分会场会议，广东·西藏对口支援工作座谈会等各类会议200余场次。完成西藏自治区省级领导班子党史学习读书班暨自治区党委理论学习中心组学习会等重要接待任务60余次，协调市委领导赴各县（区）、各部门调研活动20余次。

【档案　党史　史志】 2021年，市委办公室贯彻《地方志工作条例》《党史工作规划》和《地方志书质量规定》，全年编辑市委大事记12期、内部出版《林芝史志》2期，《阿沛村志》《鲁朗镇志》《金东乡志》完成篇目制定、资料收集，《巴吉村志》在开展市地方志编委会评审会相关筹备工作，《林芝年鉴（2020）》公开出版，并获第八届全国地方志优秀成果（年鉴类）奖。加强专项档案指导服务、依法规范档案管理、提升档案行政执法检查、提高档案利用率，编印《林芝市各类档案整理规范及标准》《林芝市房屋建筑和市政基础设施工程建设项目档案整理标准》，向各县（区）、市（区）直各单位、各企业发放280余册，接待26场次1200余人次参观中国共产党成立100周年暨西藏和平解放70周年主题展。

【信息服务】 2021年，市委办公室上报《林芝信息》1863条，与市政府办联合编发《党政要情》217期，处理《紧急信息》60期，编发《业务通讯》9期。中办秘书局采用3条，区党办信息处《西藏信息》采用33条，《每日信息》采用259条，《西藏工作情况交流》采用1篇，《要情》采用4条，得到区党委领导批示16件次、市委领导批示21件次。全市党委信息工作位列全区七地市第二位。

【保密监督】 2021年，市委办公室推进机要密码治理体系和治理能力现代化，成立密码安全专项检查组，组织相关县（区）委机要局开展密码安全保密交叉检查工作，检查范围纵向到各县（区）、横向到市（中、区）直各单位，覆盖率100%，有效堵塞工作漏洞、消除安全隐患。加大保密监督管理、检查指导力度，组织开展市（中、区）直单位专项检查、废旧市场和打印、复印场所专项保密检查等各类督导检查130余场次，检查机关单位96家、计算机835台，检查打字复印和广告传媒公司19家、非涉密计算机17台。

【后勤服务】 2021年，市委办公室落实“三重一大”、固定资产内控等制度，召开固定资产采购工作领导小组会议2次，召开市委秘书长班子办公会议15次；严格财经纪律、执行财务制度，做好经费管理，2021年年初财政下达预算指标4084.54万元，年中追加指标1489.18万元，全年财政指标共计5573.72万元。基本支出完成2450.75万元，完成预算的100%，项目支出完成3112.13万元，完成预算的99.65%；落实常态化疫情防控工作措施，办公场所每周全面消毒处理2次，为各部门（科室）配发消毒液24瓶、一次性手套12盒、一次性口罩1020只、手消24瓶；加强党政大楼、市档案馆、市涉密载体销毁中心的维稳带班值班工作，在敏感时段、两会期间、重点节假日期间，落实带班值班制度；注重安全生产，定期对各类重要设施、设备开展安全隐患排查，做好防火防盗、防失泄密工作；加强车辆管理，统筹调度车辆，完善公务车辆使用、维修、用油等制度，加强驾驶员安全教育和业务学习，实现安全行驶零事故。

【督查督办】 2021年，市委办公室围绕党中央、区党委以及市委中心任务，督促检查各级各部门学习贯彻习近平总书记“七一”重要讲话、视察西藏工作重要讲话和十九届六中全会、第七次西藏工作座谈会精神以及区党委、市委经济工作会议、常委会会议精神及出台的系列文件和主要领导指示批示、交办事项落实情况，确保党中央、区党委和市委各项决策部署落地见效。全年制定重大文件会议细化分解方案10个，起草落实区党委常委会、市委常委会情况报告30余份，各类综合性报告40余份；起草学习贯彻落实习近平总书记系列重要指示批示精神、中央第七次西藏工作座谈会精神，常态化疫情措施、应急物资储备、冷链物流、核酸检测P2实验室运行等重点工作开展相关材料55期；跟踪督办自治区“十三项民生实事”等项目投入使用情况，起草报告5期；做好自治区党委书记涉林网上留言和市委书记留言办理，共办理回复网民留言104件，解决各类投诉70余件，解答政策咨询30余件，追回各类欠薪400余万元。

制定《中共林芝市委员会2021年度全面从严治党主体责任清单》，明确责任单位、责任领导和完成时限，加强沟通、及时提醒、定期督办；抓好中央巡视反馈意见集中整治和持续整改阶段工作，4个方面36项122条整改措施按时保质完成整改，共起草各类汇报材料、报告、台账7期；成立中央巡视全面从严治党领域整改工作专班，执行周报告制度，报送周报5期，跟踪督办8次，汇总佐证资料55余份，制定各类规章制度10个，完成全面从严治党领域9项26条整改任务；制定《2021年市直各部门年终综合考评办法》《2021年重点工作自查考评方案》，组织相关部门深入各县（区）、各部门实施考评。

【减负工作】 2021年，市委办公室落实文件会议、督查检查计划，实行市直部门调研考察备案审批制度，清理整治“土政策”、村居挂牌、责任书签订、“某长制”、指尖上的形式主义等顽瘴痼疾，实行“每月对账、季度交账、年底算总账”为基层减负常态化机制，把基层干部从形式主义的束缚中解脱出来；组派专门力量深入各县（区）、各单位，实地查找困扰基层的“累点”“难点”“堵点”，解决影响为基层减负“中梗阻”顽疾。全年起草各类报告、台账、通知等30余份，全市共制发文件413件、比计划减少36.6%，召开会议70次、比计划减少40.67%；开展督查检查考核13次。

【党建工作】 2021年，市委办公室制定印发《2021年市委办公室党建工作要点》《党建经费使用计划》《市委办党总支2021年度学习计划》《市委办理论学习中心组学习计划》等文件，明确全年党建工作任务和理论学习重点，推进支部建设制度化、规范化；落实“三会一课”、组织生活会、民主评议党员等制度，7月中旬至8月初，市委办党总支以及三个党支部分别召开党史学习教育专题组织生活会，市委4名主要领导以普通党员身份参加所在党支部会议；全年发展正式党员2名、预备党员2名，组织党员参加党务、业务等各类培训62人次；党总支及3个党支部完成换届选举工作，选举产生新一届党总支部及各支部书记、委员。向组织推荐提任正县级实职1人、副县级实职1人，晋升三级调研员2人、四级调研员2人；根据工作需要，从基层调入干部4人；按照干部管理权限，提任副科级实职1人，平职调整3人。

（市委办公室）

组织工作

【概况】 中共林芝市委员会组织部内设办公室、研究室、组织一科、组织二科（市党代表联络办公室）、干部一科、干部二科（对口支援干部科）、公务员一科、公务员二科、人才工作科（市知识分子工作办公室、组团式援藏工作办公室）、干部教育科、干部监督科、行政机构编制科（体制改革科）、事业机构编制科（事业单位登记管理局）、机构编制监督检查科、市非公有制经济组织和社会组织党工委办公室等15个机构。

中共林芝市直属机关工作委员会，内设办公室（政工人事科）、组宣部（市直属机关纪律检查工作委员会）、群众工作部（共青团林芝市直属机关工委委员会）和机关后勤服务中心（下属事业机构）等4个机构。

中共林芝市委员会老干部局是市委管理离退休干部工作的职能部门，正县级建制，归口市委组织部管理。市委老干部局内设有党建工作科、服务科、老干部活动中心3个机构。

2021年，以“基层党组织政治功能强化年”为主题，健全基层组织网络，选优配强村居干部，注重典型示范带动，在各个领域集中打造130个基层党建示范点，评选表彰120个先进集体和先进个人，12个被评为全区先进，琼林村获评全国先进基层党组织。围绕新时代党的治藏方略，分类分级培训干部1.8万余人次、党员4.3万余人次，实现全覆盖。

【主题教育】 2021年，围绕贯彻党的十九届六中全会、习近平总书记“七一”重要讲话和视察西藏重要讲话精神，中央“七次会”、总书记关于西藏工作的重要指示批示精神及新时代党的治藏方略进行教育培训，实现主题教育全覆盖。组织开展“紧跟总书记足迹、做到‘两个维护’”党性教育实践活动，七县（区）、50余家市（中、区）直单位9000余名党员干部重走总书记考察路线，全市3.47万名党员重温总书记考察指示。制定述学考学评学实施细则，全覆盖开展3轮县处级干部理论水平能力测试，并将考试结果纳入干部政治素质档案。依托红色资源，组织380余名新任职干部到波密红楼、察隅英雄坡、米林“红色小牧屋”观摩学习。组织退休老干部、驻村工作队、第一书记等成立510支宣讲队，到基层开展宣讲。3万名党员包联服务19万名群众，解决“急难愁盼”问题8200余件，让党员受教育、群众得实惠。开展“三更”专题教育，创新9项实践活动，组织9200余名党员干部到党性教育基地学习，选派2批优秀年轻干部到那曲、阿里跟班锻炼，选树10名“新时代担当作为好干部”，树立党员干部新形象。集中传达学习严重违纪违法案件，开展“以案为鉴、以案促改”警示教育，市委常委班子带头自查自纠，深化作风建设，净化政治生态。组织397名县处级干部代表旁听违纪人员案件庭审，“零距离”感受纪法威严。

2021年9月14日，部分市直单位、巴宜区党员干部在嘎拉村开展“紧跟总书记足迹、做到‘两个维护’”党性教育实践活动

（市委组织部　供图）

【干部选任】 2021年，选优配强党政“一把手”，结合实际配备女干部和党外干部，每个乡镇班子有1名专招干部，实现“五个好”目标。县、乡领导班子平均年龄45.2岁、34.4岁，大学以上学历分别占66.3%、72.4%。县区党政班子中具有乡镇党政正职经历的占38%，乡镇党政正职中具有2年以上乡镇领导工作经历或3年以上乡镇工作经历的占77.8%，从乡镇事业编制人员、优秀村党组织书记、第一书记和驻村工作人员、寺管会优秀工作人员中选拔83人进入乡镇班子。干部交流与班子配备相结合，选派26名市直单位干部到县乡历练，交流19名县区班子成员、乡镇正职干部到市直单位任职，从县直机关选派122名年轻干部进乡镇领导班子，推动干部交流上下贯通。面向全区公开选聘14名干部到市属国有企业任职，市委出资1700万元配套支持企业班子建设，充实提升领导班子。

【干部培育】 2021年，林芝市围绕提升干部“七种能力”，探索推行市委党校训、艰苦地区炼、发达省市学、基层一线磨的“四位一体”培养模式，举办政治理论、乡村振兴、社会治理等培训班 20 余期，点名调训干部 1500 余人次。连续选派 5 批 102 名年轻干部到那曲、阿里跟班锻炼。发挥智力援藏优势，选派 730 余人次到粤学习交流。将 2000 余名干部放在基层一线墩苗育苗，经受历练。制定干部容错纠错实施细则，在全区首次召开干部澄清正名大会，为 15 名直面矛盾、勇于担事的基层干部澄清正名。合理使用 20 名处分影响期满的县处级干部。设立 100 万元干部关心关爱专项资金，帮扶 100 名患重病干部和在职去世干部困难家庭，每人慰问 1 万元。将解决基层干部工作生活中 1 件难事纳入市委“民生十件实事”，落实海拔 3500 米以上乡镇供暖供氧工程。结合中央巡视反馈问题整改，开展干部“泡病号”专项整治，对 82 名长期病假人员“糊名盲审”，要求 11 人限期返岗。建议市审计局对 137 名离任党政正职、国有企业主要领导人员开展经济责任审计，促进权力阳光运行。严明换届工作纪律，换届风气满意率达 100%。加强对“一把手”和“关键少数”的监督，每年开展县区、市直单位党政正职综合考核，对排名靠后的约谈提醒。

【人才队伍建设】 升级人才政策　2021 年，林芝市实施人才“双百计划”，增设“工布英才”专项，累计选派 730 多名干部到广东跟岗学习，引进 420 多名高层次人才开展帮带。从西藏高校毕业生中公开考录公务员 56 人，到广东、广西、江西等省区开展专招工作，招收非西藏生源毕业生 74 人，充实基层干部队伍力量。

用好援藏人才　推进医疗教育人才“组团式”援藏。教育组团围绕“智慧教育 + 红色德育”，推进“广东名校 +”帮扶项目，搭建“停课不停学”智慧教学平台，提升受援学校教育教学水平。创新柔性“组团”新模式，引进 59 名技术人才支援技工学校、经开区、藏医院等建设，解决重点产业、行业和民生发展瓶颈问题。在市级每年 1000 万元基础上，2021 年增加 500 万元，推动柔性援藏人才同援藏干部工资、生活补贴等待遇基本持平。发放柔性人才服务卡、政策明白卡，开辟医疗绿色通道，打造首个人才公寓，解决人才后顾之忧。

【基层党建】 健全基层组织网络　2021 年，拓展“两个覆盖”，在易地扶贫搬迁点、基层治理网格、产业链、护边队等成立 67 个党组织，重点实施两新组织党的组织和工作覆盖攻坚行动。在商圈楼宇、专业市场等薄弱环节，健全基层组织，非公有制经济组织党组织覆盖率提高到 75.29%。持续整顿软弱涣散基层党组织 31 个，推动后进赶先进、先进更前进。

做好系列庆祝活动　围绕庆祝中国共产党成立 100 周年和西藏和平解放 70 周年，评选表彰“两优一先”。整合党费 225 万元，走访慰问获党内表彰党员、生活困难党员、老党员等。颁发“光荣在党 50 年”纪念章，激励老党员珍惜荣誉、砥砺前行。建成“林芝智慧党建平台”，开拓“指尖上的党建”新阵地。

选优配强村居干部　完成

2021 年 6 月 30 日，举行林芝市“光荣在党 50 年”纪念章颁发仪式暨老干部座谈会　（市委组织部　供图）

503个村居换届工作，村“两委”干部全部是党员，其中高校毕业生31人，在林芝落户的产业能手28人。换届后平均年龄40.2岁，初中及以上文化程度占56.2%，村居主干92.6%是带富致富、乡村治理等方面的“能人”。区外轮训村居主干129人，开展国家通用语言文字普及教育，94.6%的村居主干会讲国家通用语言，为全区前列。

建设边陲党建红色长廊 实施“向前推”战略，累计向边境地区搬迁6463人，在全区率先建成151个边境小康村。在边境放牧点、抵边生产点新建帐篷党支部、小牧屋党小组，在优秀民族群众、农牧民等中新发展党员1285人。推进“五共五固”军地基层党组织结对共建，将边境派出所、边境管理大队纳入共建范围，双向聘请党建指导员105人、边境顾问100人，开展共建活动2400余场次。

【机构编制管理】 2021年，林芝市深化各领域机构改革。完成市纪委监委派驻纪检监察组、市县扶贫办等领域机构的调整设置，在巴宜、米林、朗县拉林铁路沿线新设4个派出所，设立残疾人托养服务中心和残疾人康复中心。完成乡镇和街道机构改革，在边境乡镇设立边境事务协调办公室，其余乡镇设立生态和自然资源办公室，凸显强边、生态等方面职能，体现林芝特色。完善市统计局、农业农村局、林草局等部门机构编制调整优化，理顺地震机构管理体制，促进职能、机构、人员深度融合。合理使用编制资源，为七县（区）乡村振兴领域事业单位核增事业编制126人，为市县医疗卫生、教育和乡镇综合服务事业机构核增编制451名。完成森林防灭火、边境县公安机关、边境县外事办和乡镇编制分配工作，提升编制使用效益。探索部门内设机构整合，在市工会、团委、妇联试行财务人员集中办公，缓解财务人员紧缺困难。同时把审核编制作为干部调动的前置程序，严禁超编进人、违规进人。开展机构编制核查工作，建立查处纠正机构编制条条干预问题的长效机制，开展“三超两乱”问题自查自纠，严肃机构编制纪律。

【老干部工作】 2021年，市委组织部注重在政治上尊重、在生活上照顾老干部，同时发挥老干部余热。完善联系老干部工作机制，建立走访慰问、信访诉求等6项服务清单。及时向老干部传达中央、自治区和林芝市重大会议精神，通报全市经济社会发展情况，组织老干部参加重要会议活动40余次。举办健身歌舞、书画摄影等活动36场次，丰富和满足老干部精神文化生活需求。关注老干部健康，邀请医疗“组团式”援藏专家，组织送医送药，协调市医保局，为8名跨省安置老干部及时报销医疗费用30万元，方便看病就医。看望慰问“59·3·28”和地厅级老干部85人次，发放慰问金353.66万元，帮扶罹患重病、突发变故退休干部和遗属64人，开展心理疏导，解除后顾之忧。组建8支老干部宣讲团，给全市各族干部群众宣讲党的惠民政策，受教育党员群众1.4万余人次，开展“我看中国共产党成立百年新成就”专题调研活动14次，组织40名居住在拉萨和成都的老干部返林参观考察，围绕产业发展、乡村振兴等建言献策。

（市委组织部）

宣传工作

【概况】 中共林芝市委宣传部内设办公室（财务室）、理论教育科（讲师团）、宣传教育科（国防教育办公室）、对外宣传科、市文明办、政工人事科、新闻科、文化艺术和电影管理科（文联办公室）、新闻出版与版权管理科（文化安全监管科）、政策法规研究室10个科室。归口领导和管理《林芝报》社、西藏林芝网管理中心、电影管理中心、新华书店4个正科级事业单位和机关后勤服务中心1个不定级全额拨款事业单位。2021年，全市宣传思想工作既坚持规定动作与自选动作出彩出新，又注重重点工作与常规工作互促互进，以“十个一”林芝市宣传思想工作示范点建设为抓手，在2020年的基础上，示范点数量从22个扩大到31个，以点带面，实现守正创新。

【理论学习】 2021年，市委宣传部制定印发《中共林芝市委理论学习中心组2021年专题学习安排意见》，明确学习形式、学习重点、学习目标、学习资料，发挥理论学习中心组示范作用。市委理论学习中心组学习10次，各级中心组学习平均达12次以上。建立市委宣传部部务会班子成员分组参与机制，完成三轮27家市直单位党委（党组）理论学习中心组巡听旁听任务，发挥县级党委（党组）理论学习中心组巡听旁听督促作用。同时在组织开展的县处级领导干部理论知识测试、党员领导干部线上答题中均取得优异成绩。依托“学习强国”学习平台，各级各部门每季度开展一次知识竞赛，全市14600余名学员人均积分排名稳居全区前3名。制定印发《习近平新时代中国特色社会主义思想金句100条》《林芝市党史学习教育应知应会手册》等口袋书，利用手机报每天逐条推送，畅通学习渠道。

从区党委党校、西藏农牧学院、市委党校吸收25名专家学者，建立林芝市理论宣讲人才库，扩充全市优秀宣讲人才资源，形成以1061名自治区基层宣讲员为主体、503名后备宣讲力量为补充的基层宣讲队伍，确保每个村（居）至少有3名骨干宣讲员，基层宣讲队伍稳步壮大。举办自治区基层宣讲员暨党史学习教育林芝市宣讲培训班，通过自治区、市、县（区）、乡（镇）四级培训实现农牧民骨干宣讲员全覆盖。波密县扎木中心县委红楼和墨脱县德兴乡新时代文明实践中心被评为第二批自治区基层理论宣讲示范基地。全市各级各部门支持宣讲和各级宣讲队伍自觉宣讲的积极性明显增强，全年开展习近平总书记“七一”重要讲话和视察西藏重要讲话精神等主题宣讲2.4万余场次，受教育群众达80万余人次，推进党的创新理论“飞入寻常百姓家”。面向市级领导和各县（区）委书记、市（中、区）直各单位党委（党组）书记、理论工作者征集理论文章120余篇，择优78篇编发《庆祝中国共产党成立100周年和西藏和平解放70周年林芝市理论文章选编》2000册；完成5个2021年自治区哲学社会科学项目申报工作，申报数量创历年之最。

【节庆活动】 2021年，林芝市制定印发《林芝市庆祝中国共产党成立100周年和西藏和平解放70周年宣传活动方案》，全市各级各部门严格规定动作、创新自选动作，举办“重温百年辉煌、传承红色基因、践行初心使命”知识竞赛、“奋斗百年路　启航新征程”演讲比赛、“千歌万曲献给党”歌咏比赛、“乘风破浪再出发”献礼演出、庆祝西藏和平解放70周年广场文化活动和专场文艺演出等活动，各族干部群众共同庆祝。

【新闻宣传】 2021年，林芝市属各媒体均开设《奋斗百年路　启航新征程》专栏，结合政法队伍教育整顿、党史学习教育和“三更”专题教育、常态化疫情防控、乡村振兴、党代会等重点工作，推出1.1万余条新闻报道，其中，《致富路上铆劲奔跑——探访西藏林芝市八一镇巴吉村》等多篇在中央媒体头条或头版刊发，桃花节的宣传报道传播力、影响力达到历史新高。中央媒体团在西藏和平解放70周年主题采访活动中，刊发林芝新闻稿件80余篇。举办林芝市新闻从业人员与舆情管理专题培训班，采取专题授课、现场教学、互动讨论等方式，提升新闻工作者能力水平。

【社会宣传】 2021年，市委宣传部组织各级各部门在“3·28”西藏百万农奴解放纪念日开展“升国旗·唱国歌”活动近600场次、播放悬挂宣传标语800余条次。围绕庆祝中国共产党成立100周年、西藏和平解放70周年，规范使用宣传标语口号，累计设置宣传点3500余处，悬挂更换国旗4万余面。在公园、广场布置印有庆祝中国共产党成立100周年标识、西藏和平解放70周年庆祝徽标的彩条5.5万米，营造全市节庆氛围。

【网络宣传】2021年，市委宣传部邀请新华网等5家媒体和5位区外网络知名人士，到4个县22个采访点开展“100年70载林芝跨越”网络主题活动。摄制《见证·奋进中的林芝》《再唱山歌给党听》短视频，其中《见证·奋进中的林芝》被新华社等16家区外媒体采用，阅读量达160万余人次。举办林芝市“网红”培训班、网络安全知识培训班，开通运营“微林芝”抖音号。全市属地政务新媒体累计推送相关稿件1.4万余篇，阅读量达700万余人次。

【对外宣传】2021年，市委宣传部围绕市委、市政府中心工作，共举办新闻发布会14场次，推出12个主题故事采访线索100条、西藏和平解放70周年林芝发展成就系列素材10余条。察隅县、墨脱县、巴宜区外宣点项目建设完工并投入使用。建立林芝市对外宣传联席会议机制。《中国纪行：摆脱贫困》在林芝采拍直播视频全球阅读量突破40万，《体验中国：风物西藏》报道在全球覆盖量超过38万。

【精神文明创建活动】2021年，市委宣传部在市税务局等文明单位举办新风讲堂示范宣讲6场次。在春节和藏历新年、清明节、五一劳动节和五四青年节、端午节、中秋节期间，分别组织开展“辞旧迎新庆吉年，砥砺前行谱新篇”游园活动、网上祭英烈活动、“心中有梦、劳动最美”志愿活动、“浓情端午、温馨共享”走进快递小哥活动、“红色传承 情系中秋”活动等。发挥先进典型作用，组织7名道德模范、最美人物开展“传承红色基因·学习身边榜样”巡回宣讲240余场次、受众达2.5万人次。

【新时代文明实践中心建设】2021年，市委宣传部召开林芝市建设新时代文明实践中心工作推进会，开展实地督导考核工作。各新时代文明实践中心（所、站）全部实现“七个有”目标，共组建志愿服务队伍5692支。依托每月5日的新时代文明实践推动日，开展各类文明实践志愿服务活动22万余场次。争取资金41.4万元制作志愿者马甲等新时代文明实践宣传品。

【未成年人思想道德建设】2021年，新申报7所乡村学校少年宫项目获批建设，全市乡村学校少年宫项目实现乡镇中心小学（学生人数大于100人）全覆盖。4名学生入选自治区2021年新时代好少年。各级各类学校德育室规范化建设应建尽建。

【文化服务】2021年，林芝市完成第四批国家公共文化服务体系示范项目和第三批林芝市公共文化服务体系示范乡镇创建工作，边境县、乡镇、村公共文化建设项目通过验收。“工布扎念博咚”入选第五批国家级非物质文化遗产代表性项目名录。市图书馆在全区率先建成智慧书屋。举办“党的恩情照高原、共沐书香护成长”主题演讲比赛和赠书活动、“喜迎中国共产党成立100周年童心向党　红色书籍进家庭”活动、“全民阅读·文化林芝”让“悦”读遇见你我红色书籍读书分享活动、“让党史学习教育红起来，让非遗文化跳起来，让革命歌曲唱起来，让红色广播响起来”红色群众文化活动、市第5个“文化和自然遗产日”非遗歌舞展演活动。结合“深入生活、扎根人民”主题实践活动，开展“感恩共产党 携手奔小康”迎新春送春联和采风活动，书写赠送春联、福帖、书画作品2.6万余幅（对）；举办“党的光辉照边疆”主题展览暨林芝市美术馆开馆仪式，展出书法、美术、摄影作品300余幅。开展“幸福不忘共产党 阳光路上梦起航”等文艺巡演活动2300场次，受众8万余人次。推进农村电影放映工程，共放映523场，观影观众7.8万余人次。

【文艺创作】2021年，林芝市推出庆祝中国共产党成立100周年献礼歌曲《阳光下旗帜飞扬》、市党史学习教育主题曲《足迹》、庆祝拉林铁路通车系列歌曲《吉祥的新天路》《巨龙腾飞》和《新天路》MTV等各类文艺作品400

余个。其中，《足迹》受到自治区党委主要领导肯定，《吉祥的新天路》得到自治区党委常委、宣传部部长汪海洲表扬，歌曲《谢谢您，老师！》《珞巴少女》在全区“童唱新时代，永远跟党走”优秀原创少儿歌曲发布活动中获2021年原创少儿歌曲优秀作品奖，摄影作品《大峡谷的春天》在第二十三届全国艺术摄影大赛中获风光摄影类银奖，声乐类节目《达姆韵》《美丽的工布》分获全自治区大型电视文艺节目《格桑花开》之特别节目《青稞飘香》总决赛第一名、第四名。

【文化产业发展】 2021年，9家文化产业示范基地入选自治区文化产业示范基地，粤林产业园区入选自治区文化产业示范园区。以文化产业助力乡村振兴，全市文化及相关产业累计转移就业农牧民796人，实现收入837万元。

加强出版印刷行业监管，完成3家印刷企业和44家出版发行单位年度核验工作。规范全市内部资料性出版物管理，办理34宗内部一次性资料出版物准印证。打击制售盗版软件行为，专项检查软件销售点位80余家次。举办林芝市2021年知识产权宣传周版权宣传活动，制作发放“护苗”宣传海报1000张、“绿书签行动”书签1.5万张。推进“新风2021”“正道2021”“净网2021”等专项行动，检查市场点2642家次，发现删除违禁曲目43首，没收盗版违规出版物80册。

（市委宣传部）

网络安全和信息化

【概况】 中国共产党林芝市委员会网络安全和信息化委员会办公室，内设综合科（政工人事科）、网络传播科、网络管理科、网络安全和信息化协调科4个行政科，下属互联网评论中心、网络安全应急指挥中心、机关后勤服务中心3个事业单位。2021年，市委网信办围绕庆祝中国共产党成立100周年、西藏和平解放70周年主题，组织开展网信系统党史学习教育、“三更”专题教育，做好各类重大活动、重要时间节点的网上服务保障工作，为林芝长治久安和高质量发展贡献力量。

【网信委会议】 2021年4月14日，市委网信委召开2021年第一次全体会议，安排部署网信工作。传达学习全国、全区网信办主任会议精神，通报中共林芝市委员会网络安全和信息化委员会2020年工作开展情况，审议通过《林芝市网评员管理办法（试行）》《林芝市网络通信领域违法犯罪信息线索和不良信息举报奖励办法（试行）》和《中共林芝市委员会网络安全和信息化委员会2021年工作要点》。

【主题宣传活动】 2021年，市委网信委以中国共产党成立100周年、西藏和平解放70周年为主线，围绕各级各类重要会议、重大活动、重要时间节点，组织全市属地政务新媒体对相关稿件进行推送。全年累计推送2.1万余篇，阅读量达860余万人次，在全网范围内展现林芝崭新形象。组织开展“100年 70载 林芝跨越”网络主题活动，各媒体发布40余篇稿件，阅读量达280万余次。微博话题“100年 70载话林芝”发布微博153条，话题度2.3亿次。微博短视频50余条，阅读量达25万余次。协助中央网信办、区党委网信办在林芝开展“石榴花开 籽籽同心”网络主题活动，各媒体发布90余篇稿件，阅读量达1000万余次。微博话题累计发布微博30余条，话题度1.5亿次。抖音和短视频31条，阅读量190余万次。

【作品创作】 2021年，市委网信委组织策划拍摄制作《见证·奋进中的林芝》五集系列短视频、《再唱山歌给党听》短视频和《知史鉴今 关照未来 坚定信念 凝聚力量》党史教育宣传片。收集报送“《沿着高速看中国》自拍：我家门前那条路”“《江山》自拍：我的小康生活”专题短视频11个，《再唱山歌给党听》短视频9个。

【指令落实及新媒体监管】 2021年，市委网信委落实区党委网信办宣传指令，全年累计接收指令共780余条，全市政务微信公众号共推送指令4万余条次，累计下发市级指令190余条。在新媒体运维监管方面，建立完善并落实“日巡查”“月报告”“季通报”制度，针对“僵尸号”等问题账号开展集中清理，印发《网络信息传播与内容管理月报》6期、《林芝市政务微信号监管工作情况通报》3期。

【网评队伍建设】 2021年7月10—12日，举办林芝市“网红”培训班，县（区）及市直相关单位微视频编辑人员54人参加培训；先后组织属地24名“网红”参加区党委网信办举办的两期线上培训班。2021年9月，开通运营“微林芝”抖音号（现改为“网信林芝”），壮大和巩固网络阵地。“网信林芝”“微林芝”后台累计粉丝量5万余人，全年发布信息4200余条，点击阅读量380余万。“微林芝”稳居全区微信公众号前16名以内。“网信林芝”抖音账号推送稿件100余篇，播放量超过520万次，获赞2.6万余次，粉丝突破1万人。

【舆情管理】 2021年，市委网信委制定工作方案，持续开展网上各类专项行动。全年对10家异常网站（存在安全隐患3家，挂黄4家，跳转3家）进行核查通报并要求网站主体限期内进行整改。下发《梳理统计政务新媒体注册备案登记（注销）工作通知》，加强移动应用程序、应用商店和互联网小程序备案管理。加大对各类平台的巡查监看力度，对重点工作进行定岗定责。全年共报送各类舆情专报32期，月分析及下月预警共8期，舆情周报17期，转办舆情通报178起。加强互联网违法和不良信息举报和受理。明确举报工作职责和接办流程，坚持当日交办和限期办结，对举报信息的查处进行跟进和回访。针对涉及全国、全区的违法和不良信息，向自治区违法和不良信息举报中心上报，全年上报互联网违法和不良信息520余条。协助中央网信办、区党委网信办在林芝举办涉藏网上斗争联动协作机制工作会议。

【信息化建设】 2021年3月、6月，对市属10家企业单位、3家重点网站以及市（中、区）直单位开展网络安全检查，督促落实重点网络安全责任制，提高网络安全意识和网络安全保护能力，预防和减少网络安全事件的发生。依托相关互联网技术公司对全市178家重点网站进行网络安全监测，全年通报各类网络安全风险18起。8月23日至9月18日，对全市43家单位和七县（区）重点网站、关键信息基础设施进行网络安全检查和风险评估，检查出28575个安全漏洞，全面梳理问题、提出整改措施，确保全市网络安全。

2021年国家网络安全宣传周活动期间，市委网信委各委员单位通过“线上+线下”“老区+新区”等方式开展宣传，累计发放各类宣传品等8000余份，现场累计参与群众达3300余人次。各县区同步参与群众达2000余人次。在军分区多功能厅开展网络安全知识培训，各级官兵2700余人参加。在市消防救援支队开展《网络舆情分析及应对》专题授课，市、县两级100余人参加。全年与区党委网信办以及相关企业主动对接多次，进行实地调研9次，召开汇报及座谈会14次，确保数字乡村试点建设工作高质量推进。智慧文旅大数据平台、数字乡村展示馆（数字乡村大数据平台）、联通5G基站建设、电信5G基站建设、融媒体培训扶持等五类项目已报送至区党委网信办。协助中央网信办、区党委网信办举行西藏“数字乡村”建设系列行动启动仪式，搭建西藏“数字乡村”发展合作平台。

【队伍建设】 2021年，市委网信委组织开展集中学习55次、交流研讨15次，交流发言51人次。组织参加自治区党委网信办开展的“网信讲堂”专题讲座18次。观看红色系列纪录片5次、红色电影5次、讲党史党课7次，开展党史知识竞赛1次、理论知识测试2次、党史故事分享2次、红色诗歌朗诵2次、外出参观学习3次。开展“我为群众办实事”实践活动，向市直相关部门、各县区等转办解决涉及民工工资拖欠、旅游设施改善等群众民生诉求事项89条，涉及群众600余人次。利用微信公众号“微林芝”新媒体平台，发送各类就业信息、车辆年检、交通指南、成绩查询、疫情防控等便民信息323条，点击量达34万余人次。在“微林芝”开设《奋斗百年路 启航新征程》《党史故事》《专题理论文章（100年70载）》《筑梦林芝》《学史力行——我为群众办实事》《学党史 悟思想 办实事 开新局》《雪域欢歌70载·西藏启航新时代》等专题，累计推送相关稿件900余篇，阅读量达90万余次，在工作群推送“党史百年天天读”91期。组织开展“三更”专题教育学习会23次。组织参加“3·28”西藏百万农奴解放纪念日升国旗、唱国歌活动，在民族团结广场、鲁朗知青点等红色教育基地开展党性教育。及时传达中央、区、市违纪违法典型案例通报，组织观看《警钟长鸣》《守住第一次》《失守》等警示教育片，在巴宜区廉政警示教育基地和林芝市“全面从严治党永远在路上、中国共产党纪律建设百年图片展”接受廉政文化教育，在微信工作群开辟“晨话廉语”小课堂，每个工作日推送廉政警示教育内容。开展检视问题、整改落实工作，向市直各单位、各县区网信部门征求意见建议，形成检视问题整改工作清单，明确整改措施和整改时限，年底前全部完成。

（市委网信办）

统一战线

【概况】 2021年，市委统战部坚持以习近平总书记关于加强和改进统一战线工作的重要思想为指导，以学习贯彻《中国共产党统一战线工作条例》为着力点，把全市中心工作所需与统一战线所长结合起来，推动党中央关于统一战线工作方针政策和区党委、市委的决策部署落到实处。

【落实统战条例】 2021年，市委统战部学习贯彻《中国共产党统一战线工作条例》，举办林芝市学习贯彻《中国共产党统一战线工作条例》培训班，市委统一战线工作领导小组成员单位负责人、各县（区）统战民宗部门负责人等72人参加培训，提升全市统一战线领导小组各成员单位履职能力，推动全市统战工作的科学化、规范化、制度化。选派20余名党员干部参加全区《中国共产党统一战线工作条例》宣讲人员培训班等进行培训。及时向市委请示报告统一战线工作，加强对各县（区）委统一战线工作领导小组的工作指导，加强组织协调、督促检查，推动条例规定落地落实。召开2次市委统一战线工作领导小组会议，总结工作、部署任务，细化统战工作领导小组成员单位职责，推进统战工作领导小组与民族、宗教、侨务、民营经济等工作机制的衔接，构建统战工作领导小组研究部署重大事项和重要任务、各领域工作机制抓日常的工作格局。

市委统战部召开征求意见、情况通报等会议，组织统一战线成员学习、领会习近平新时代中国特色社会主义思想的科学体系和精神实质。召开党外干部、民营经济人士、党外知识分子、新的社会阶层人士“弘扬爱国奋斗精神、建功立业新时代”和宗教教职人员“遵行四条标准、争做先进僧尼”“四讲四爱”主题教育实践活动。组织开展“三大节日”（元旦、藏历新年、春节）走访慰问、党外代表人士迎新春座谈会和庆祝中国共产党成立100周年、西藏和平解放70周年座谈会等系列活动。

【民族团结进步创建】 2021年，市委统战部开展民族团结进步创建，制定6份指导性文件，推动中央《关于全面深入持久开展民族团结进步创建工作铸牢中华民族共同体意识的意见》精神落实到工作中、《西藏自治区民族团结进步模范区创建条例》体现到行动上，林芝市、巴宜区、墨脱县被国家民委命名为“第九批全国民族团结进步示范区示范单位”。

全市召开专题会议传达学习中央民族工作会议精神，开展中央民族工作会议精神的学习宣讲46场次，举办“铸牢中华民族共同体意识、全面推进民族团结进步模范区创建”为主题的集中宣传活动。发挥电视、广播、报纸等传统媒体主阵地作用，配合市电视台、《林芝报》推出《石榴花开 籽籽同心》《中华民族一家亲 同心共筑中国梦》等专题专栏，宣传林芝市民族团结进步好声音、好故事。

促进民族交往交流交融。因地制宜规划建设多民族共居环境，打造幸福小区、青年公寓、福建公寓等多民族和谐社区。实施《林芝市加强招商引资促进经济高质量发展（试行）办法》，完善支持外来产业能手和致富能人落户林芝的政策措施，促成佛山高新技术区、深圳华大基因科技有限公司、华南农业大学等多家企业、高校建立协作关系，并入驻落户林芝。依托永久精准扶贫双创孵化基地，吸引300余家各民族精英团队共同入驻创业。开展民族联谊活动，全市各级机关事业单位定点帮扶504个村（居）、近5000名党员干部结对帮扶各族贫困群众，161家民营企业定点帮扶119个村（居）、1116户4322人。广东67个市县区与林芝全部县区、乡镇结对帮扶。

【做好宗教工作】 2021年，市委统战部以“导”的方针推进藏传佛教中国化。制定《林芝市常态化推进“遵行四条标准、争做先进僧尼”教育实践活动实施方案》，常态化推进“遵行四条标准、争做先进僧尼”教育实践活动。推进藏传佛教活佛转世历史定制、宗教仪轨、法律法规“全覆盖”宣传，市县统战民宗部门集中宣讲340余场次，受教育僧尼和信教群众1.3万人次，通过领导带头宣讲、宗教界代表人士示范宣讲、寺管干部送教上门，广大僧尼对藏传佛教大活佛转世“国内寻访、金瓶掣签、中央政府批准”的重大原则认识深刻、遵行自觉。推动藏传佛教教规教义阐释，对接中国佛教协会西藏分会，配合做好藏传佛教教义教规阐释，组织僧尼参加佛协西藏分会组织的教义阐释大会，向大会投稿论文。在此基础上，收集汇编6篇优秀论文形成《林芝市促进藏传佛教与社会主义社会相适应阐释汇编》，印发给僧尼学习交流。

【党外人士人才库建设】 2021年，市委统战部开展党外人士信息统计，构建林芝市党外人士人才库。印发《关于推荐全市党外知识分子和新的社会阶层人士重点人选的通知》，在全市各行业各领域中统计思想政治素质好、专业造诣水平高、模范带动作用强的党外知识分子和新的社会阶层人士作为人才储备。实施林芝市百名党外代表人士培养计划，其中宗教界代表人士25人、党外干部代表20人、民营经济代表人士15人、新的社会阶层人士5人、党外知识分子35人，

2021年2月26日，林芝市委统战部召开全市统战民族宗教工作会议暨遵行“四条标准”教育实践活动总结部署会，市委副书记张秀武出席会议并讲话，市委常委、统战部部长达瓦主持会议

（市委统战部　供图）

以各级党组织的思想政治引领，发挥有关行业协会、群众组织的作用，支持他们增强在各自领域中的代表性和影响力。在市人大、政协换届工作中，推荐提名考察9名党外人大代表和110名党外政协委员。

【民营经济“两个健康”发展】2021年，市委统战部完善市级领导干部联系民营企业、招商引资企业制度，畅通与民营企业沟通联系机制，组织民营企业家参加政银企对接会，帮助企业排忧解难，推动林芝营商环境的持续优化。开展理想信念教育，对52名民营经济代表人士进行综合评价，协调推进民营经济党建工作，加强民营经济人士思想引领。以非公经济行业党委为阵地，以党史学习教育为契合点，为全市17个非公企业党支部96名党员量身定做学习计划、工作安排，为献礼中国共产党成立100周年、西藏和平解放70周年，组织民营企业代表队参加全市“再唱山歌给党听”歌咏比赛，获二等奖。引导民营企业履行社会责任，以参与资源开发、投资基础设施、发展文化旅游产业等形式助力经济发展。以第十九届桃花旅游文化节和全国工商联系统援藏工作座谈会召开契机，对接广东、江苏、上海、福建、四川及拉萨工商联，邀请区内外知名企业家100余人到林芝参加第十九届桃花旅游文化节暨粤林产销投资对接座谈会和参观考察，现场签订意向合作项目21个，涉及现代农业、清洁能源、旅游文化、商贸物流、消费援藏等多个领域。

（市委统战部）

党校教育

【概况】2021年，市委党校（市行政学校）围绕市委、市政府中心工作，发挥党校干部培训、思想引领、理论建设、决策咨询作用，打造高原红色学府，创建全区一流党校。在助力脱贫攻坚推动乡村振兴、做实党史学习教育、“三更”专题教育中发挥职能作用、贡献党校（行政学校）力量。全年举办各类培训班次50个，培训人数3782人次，其中计划内培训班次31个，培训人数1765人次，承办那曲市委组织部、山南市委党校等计划外班次19个，培训学员2017人次；建设清华大学乡村振兴远程教育站8个，开展培训6场，培训学员400余人次。

【干部教育培训】2021年，市委党校（行政学校）发挥干部教育培训主阵地作用，重点打造以理论教育、党性教育、区情市情教育和能力提升教育为主的4个教学板块，开发党的十九届五中、六中全会，中央第七次西藏工作座谈会，习近平总书记“七一”重要讲话精神和在西藏视察重要讲话精神，党史学习教育和“三更”专题教育等重点教学内容专题47个；打造特色品牌课程20余个，获第一届全区党校（行政学院）系统样板课1个；打造党史党建、特色产业、民俗文化等10个类别17个现场教学基地。

【教学科研】2021年，市委党

2021年5月19日，清华大学乡村振兴西藏林芝远程教学站启动仪式在林芝市委党校举办（市委党校　供图）

校（行政学校）成立由教学骨干为“领头雁”的8个课题调研组，围绕“四件大事”、党史学习教育、“三更”专题教育等主题，深入基层一线、边境偏远地区，开展基层调研12次，发表理论文章29篇，8个科研成果应用于课堂教学，2个决策咨询报告正在撰稿。全区党校（行政学院）系统科研课题结项1个，校内课题结项3个，7名教师申报为全区党校（行政学院）系统“全区农牧民党员培训教材”“中共西藏地方党史研究”等联合课题组成员。出版校刊《林芝发展探索》2期600本。

【队伍建设】 2021年，市委党校（行政学校）落实人才强校战略，拓展教师进修、实践锻炼等渠道，加强藏汉双语教师培养力度。利用各级党校、对口援藏的优势资源，通过跟班学习、挂职锻炼、精品课资源共享等援助交流方式，先后外派53名干部职工到中央党校、自治区委党校、珠海市委党校等地进修。在校内开展“师傅带徒弟”活动，由党校（行政学校）6名骨干教师与12名青年教师结成帮扶对子，带师德、带教学、带课题，促进青年教师提升业务能力。从校外采取聘请各行各业专家、领导、业务骨干组建专家库，校专家库中客座教授200余人。

创新开展学史力行“双评一提升”活动，采取学员课后评分、教师课后现场点评的“双评”模式，对每名授课教师在授课选题、结构框架、语言表达、教学效果等方面进行系统点评，点出授课教师的优点和不足，并及时反馈。全年开展学史力行“双评一提升”活动12期。举办林芝市党校（行政学校）系统“双评一提升”暨第三届“用学术讲政治”样板课比赛，评出林芝党校（行政学校）系统样板课6门。市委党校（市行政学校）加大业务指导力度，成立由校领导带队的2个调研组深入七县区委党校（县区行政学校）开展调研，了解党委重视情况、发挥作用及教学开展情况、师资队伍建设情况、办学保障和基础设施建设情况。针对县级党校（县区行政学校）起步晚、起点低，师资力量薄弱等问题，采取师资培训、挂职锻炼、跟班学习等方式，帮助七县区委党校（县区行政学校）提升师资队伍业务水平，有7名县级党校（县区行政学校）教师到市委党校学习。

【学风建设】 2021年，市委党校（行政学校）制定完善教学、科研和干部队伍建设等10余项制度，夯实办学治校的制度基础。定期召开党建暨党风廉政建设工作会，对党风廉政建设工作进行全面部署。发挥校风学风督查作用，全年开展督查9次，治理“慵、懒、散”等不良作风，进行自我督查、自我纠正。明确“党校讲课有纪律”，开展推门听课巡查，实行竞课和教育质量评估；建立授课评价机制，完善“金数据”软件，细化教师授课情况评估，达不到标准的不上讲台。制定学员培训考核办法，将学员表现记录在案，促进学员加强自我管理。

【新校建设】 2021年8月15日，西藏林芝干部休养基地项目整合建设项目开工建设。至年底，19栋单体建筑主体结构完成施工，进入室内外装饰装修及安装阶段，室外景观绿化及附属工程部分进行综合管网、人工湖、道路基层等施工。完成总工程量3.9亿元，占总工程量的70%。

【巡视整改】 2021年，市委党校（市行政学校）就中央巡视反馈意见整改工作召开专题会议，成立工作领导小组办公室及工作专班，明确职责任务。针对提出的12项整改任务，制定整改措施35条，形成《中共林芝市委员会党校（林芝市行政学校）关于落实中央第十巡视组反馈意见的整改措施》，按时上报整改落实情况。年底前，党的建设领域整改内容整改完成。

【助力乡村振兴】 2021年，市委党校（市行政学校）校委班子研究驻村工作3次，校领导到驻村点看望慰问驻村干部7人次，选派3名干部开展驻村工作，建立健全党员干部入户走访、结对帮扶机制，开展“四对一”结对帮扶工作4次，为驻村工作队及驻村点群众配备消毒液、口罩、消毒酒精等物资。联系中铁建工集团西北分公司为帮玛村村级活动场所赠送场所外集装箱板房2个、空调4台，改善活动场所条件；梳理村集体发展思路，为村集体经济帮玛庆国实业有限公司购置工作服55套、灭火器10个，帮助定做产品包装、拓宽销售渠道等工作，助力村集体经济发展。

【保密档案工作】 2021年，市委党校（行政学校）成立国家安全人民防线工作领导小组，调整充实机要密码保密工作领导小组，明确责任分工和目标任务；制定完善《保密制度》《档案管理制度》《移动电子设备管理制度》等规则制度，完成国产化设备替代工作，其中涉密计算机3台、涉密打印机3台、工作单机58台。将档案工作纳入全校长期规划和年度计划，配备专职干部管理档案，档案室配齐“八防”，设施设备及监控系统正常运行，规范档案管理，做好文件的收发整理。年内收各类文件1863份，其中电报24份、涉密文件266份、非涉密文件1573份。

【党史及“三更”教育】 2021年，市委党校（行政学校）开展“我为群众办实事”实践活动、召开专题组织生活会等5项活动，开发党史精品课程21个，发表理论文章25篇，打造红色教学基地5个，开展“初心大讲堂”送教宣讲活动403场，累计受众2.39万人次；到驻村点朗县帮玛村，帮助解决各类困难问题5个，投入资金12万余元，开展“党员干部进村入户结对认亲交朋友”138人次，实现资源共享、优势互补、协同提升。开展“三更”专题教育，组织专题学习会13次，开展警示教育活动7次，交流研讨4次，校委班子成员、科室负责人等9人作交流研讨；举办“三更”专题教育培训班4期，培训学员352人次；开展观看红色影片、烈士陵园缅怀先烈、党校（行政学校）教师专题授课等党性教育锻炼活动8次，领导干部讲专题党课2次。校委及班子成员深入对照查摆，检视问题32条，并制定整改清单，逐条进行整改。

【机关党建】 2021年，市委党校（行政学校）利用党支部“三会一课”“两学一做”“学习强国”等学习平台，以集中学习、专题辅导、研讨交流、参观学习、时政热点分享等形式，开展理论中心组学习23次，党支部集中学习32次，交流研讨12次、交流发言37人次，上党课8次，开展知识测试4次。抓住重大节日和敏感节点，依托林芝市第26个党风廉政建设宣传教育月活动，对党员干部进行警示教育，学习“三更”专题教育读本5本，学习《准则》、各类典型案例通报14次，上廉政党课4次，观看警示教育片4部，参观廉政警示教育基地2次，召开节前干部大会7次。组织全体党员干部签订共产党员不信仰宗教承诺书、个人廉洁风险承诺书，引导党员干部坚定理想信念，维护祖国统一，加强民族团结。

（市委党校）

林芝市人民代表大会

综　述

【概况】林芝市第二届人民代表大会常务委员会设主任1人，副主任7人，秘书长1人，副秘书长2人。成立5个专门委员会，即法制委员会、财政经济委员会、教育科技文化卫生委员会、民族宗教外事侨务委员会、社会建设委员会，分别设主任委员1人，副主任委员2人。常委会办公室内设秘书科（研究室）、综合科、政工人事科、代表人事选举科4个行政科室以及编译室、机关后勤服务中心2个事业科室，各专委会分别下设1个正科级办公室，机关实有人员69人。人大常委会机关党的组织健全，分别设有常委会党组、机关党组、机关党支部和5个党小组，共有党员58人。

2021年，召开7次常委会会议，听取审议7个专项工作报告，检查5部法律法规实施情况，开展6项专题调研，作出5项决议决定、6个审议意见，任免国家机关工作人员129人次，组织64人次进行宪法宣誓，配合全国、自治区人大完成视察调研、执法检查、法律法规草案征求意见等工作44次，协助全国及其他省市县人大等56个工作组完成调研任务。2021年，市、县、乡三级人大换届，选出新一届市人大代表242人、县人大代表906人、乡镇人大代表2328人。

【坚持党的领导】2021年，常委会以开展党史学习教育和“三更”专题教育为契机，采取集中学习、研讨交流等方式，累计开展集中学习41次、集中研讨10次。把党对人大工作的全面领导贯穿于人大工作全过程，落实每半年向市委常委会汇报工作制度，及时就市县乡人大换届、代表视察等工作向市委请示报告重要事项40次。选派党员领导干部152人次参加市级领导维稳值班带班、信访接访、中国共产党成立100周年重要节点维稳督导、西藏和平解放70周年大庆、大学生就业指导、乡村振兴等中心重点工作，推动中央、区党委和市委各项重大决策部署全面贯彻落实。

【党风廉政建设】2021年，履行党组书记从严治党第一责任人责任和班子成员“一岗双责”责任，研究制订《林芝市人大常委会机关2021年党风廉政建设工作计划》，将党风廉政建设工作内容分解到班子成员每个人头上，与人大工作同部署、同落实、同检查、同考核，并明确各科室廉政风险防控责任，形成一级抓一级、层层抓落实的工作格局，确保党风廉政建设取得新成效；严格执行常委会党组“三重一大”议事规则，召开7次党组会议，研究常委会履职事项及机关资金使用等事宜，做到按程序决策、按规矩办事、按制度落实，确保常委会各项工作在党组的领导下开展；围绕强化广大党员干部的廉洁从政意识，先后组织全体党员干部学习党风廉政建设相关文件15份，集中观看警示教育片7部，组织干部交流学习心得23人次，参观警示教育基地129人次，使纪律和规矩意识更加深入人心，不敢腐、不能腐、不想腐的自觉性更加坚定。

（市人大常委会）

重要会议

【市一届人民代表大会第八次会议】2021年1月11—13日，市一届人大八次会议召开。市人大常委会党组书记、主任多布庆主持开幕式和闭幕式。会议主要议程有听取和审议林芝市人民政府工作报告，审查和批准林芝市国民经济和社会发展第十四个五年规划和2035年远景目标纲要草案，审查和批准林芝市2020年国民经济和社会发展计划执行情况与2021年国民经济和社会发展计划草案的报告，批准林芝市2021年国民经济和社会发展计划，审查和批准林芝市2020年财政预算执行情况与2021年财政预算草案的报告，批准林芝市2021年财政预算，听取和审议林芝市人民代表大会常务委员会工作报告，听取和审议林芝市中级人民法院工作报告，听取和审议林芝市人民检察院工作报告，选举林芝市一届人大常委会副主任，选举林芝市人民检察院检察长。

【市二届人民代表大会第一次会议】 2021年11月3—5日，市二届人大一次会议召开。市人大常委会党组书记、主任尼玛扎西主持开幕式和闭幕式。会议主要议程有听取和审议林芝市人民政府工作报告，听取和审议林芝市人民代表大会常务委员会工作报告，听取和审议林芝市中级人民法院工作报告，听取和审议林芝市人民检察院工作报告，通过关于设立林芝市第二届人民代表大会专门委员会的决定，选举林芝市第二届人民代表大会常务委员会主任、副主任、秘书长、委员，选举林芝市人民政府市长、副市长，选举林芝市监察委员会主任，选举林芝市中级人民法院院长，选举林芝市人民检察院检察长，通过林芝市第二届人民代表大会专门委员会组成人员。

【市一届人大常委会第三十六次会议】 2021年1月9日，市一届人大常委会第三十六次会议召开。市人大常委会党组书记、主任多布庆出席会议并讲话。会议传达学习自治区党委九届九次全会暨自治区党委经济工作会议精神。传达学习自治区党委人大工作会议和市委一届十二次全会暨市委经济工作会议精神，确认个别代表资格，审议市政府关于《2020年林芝市本级政府性基金预算调整方案》的议案，听取和审议市政府关于市一届人大七次会议代表意见、批评和建议办理情况的报告，审议拟提请市一届人大八次会议的事项和人事免职事项。

【市一届人大常委会第三十七次会议】 2021年1月17日，市一届人大常委会第三十七次会议召开。市人大常委会党组副书记、副主任尼玛出席会议并讲话。会议审议免职议案，补选自治区第十一届人民代表大会代表。

【市一届人大常委会第三十八次会议】 2021年3月16日，市一届人大常委会第三十八次会议召开。市人大常委会党组书记、主任多布庆出席会议并讲话。会议传达学习十三届全国人大四次会议精神，听取市政府2020年度环境状况和环境保护目标完成情况的报告，审议《林芝市人民代表大会常务委员会关于加强检察机关公益诉讼工作的决定（草案）》，表决有关人事任免事项。

【市一届人大常委会第三十九次会议】 2021年5月11日，市一届人大常委会第三十九次会议召开。市人大常委会党组书记、主任多布庆出席会议并讲话。会议传达学习市委人大工作会议精神，确认个别代表资格，审议通过市政府关于2021年本级财政预算调整方案（草案）的议案、市人大常委会关于《中华人民共和国社区矫正法》贯彻实施情况的调研报告和人事任免事项。

【市一届人大常委会第四十次会议】 2021年6月22日，市一届人大常委会第四十次会议召开。市人大常委会党组书记、主任多布庆出席会议并讲话。会议确认个别代表资格，审议关于《中华人民共和国治安管理处罚法》贯彻实施情况的执法检查报告、林芝市2020年度国有资产管理情况综合报告、关于《中华人民共和国统计法》及其实施办法贯彻实施情况的执法检查报告、关于《中华人民共和国公共文化服务保障法》贯彻实施情况的执法检查报告、关于《中华人民共和国安全生产法》贯彻实施情况的执法检查报告、《林芝市第一届人民代表大会常务委员会工作报告（讨论稿）》和人事任免事项。

【市一届人大常委会第四十一次会议】 2021年7月25日，市一届人大常委会第四十一次会议召开。市人大常委会党组副书记、副主任尼玛出席会议并讲话。会议听取关于林芝市人口较少民族发展现状的调研报告，审议人事任免事项。

【市一届人大常委会第四十二次会议】 2021年10月19日，市一届人大常委会第四十二次会议召开。市人大常委会党组副书记、副主任尼玛出席会议并讲话。会议传达学习中央人大工作

会议和自治区十一届人大常委会第三十二次会议精神，审议市政府提请的各项议案。

【市一届人大常委会第四十三次会议】2021年11月2日，市一届人大常委会第四十三次会议召开。市人大常委会党组副书记、副主任尼玛出席会议并讲话。会议表决市二届人大一次会议相关事项，决定市二届人大一次会议列席人员名单。

【市一届人大常委会第四十七次主任会议】2021年1月5日，市一届人大常委会第四十七次主任会议召开。市人大常委会党组书记、主任多布庆出席会议并讲话。会议传达学习自治区党委人大工作会议精神，研究财政经济委员会关于2020年林芝市本级政府性基金预算调整方案的审查结果报告和市一届人大八次会议相关事项、人事免职事项、第三十六次常委会会议建议议程。

【市一届人大常委会第四十八次主任会议】2021年1月16日，市一届人大常委会第四十八次主任会议召开。市人大常委会党组副书记、副主任尼玛出席会议并讲话。会议研究人事免职事项和第三十七次常委会会议议程（草案）。

【市一届人大常委会第四十九次主任会议】2021年2月25日，市一届人大常委会第四十九次主任会议召开。市人大常委会党组书记、主任多布庆出席会议并讲话。会议传达学习习近平总书记在中央政治局第二十七次集体学习时的讲话及中共中央关于在全党开展党史学习教育的通知精神，研究《林芝市人民代表大会常务委员会2021年工作要点（草案）》《林芝市人民代表大会常务委员会关于加强和促进检察机关公益诉讼工作的决定（草案）》《关于市人大常委会备案审查工作情况的报告》和拟提请第三十八次常委会议审议的人事任免事项及第三十八次常委会会议建议议程。

【市一届人大常委会第五十次主任会议】2021年3月16日，市一届人大常委会第五十次主任会议召开。市人大常委会党组书记、主任多布庆出席会议并讲话。会议听取《林芝市人民代表大会常务委员会关于加强检察机关公益诉讼工作的决定（草案）》和《2020年度环境状况和环境保护目标完成情况报告》情况汇报。

【市一届人大常委会第五十一次主任会议】2021年5月8日，市一届人大常委会第五十一次主任会议召开。市人大常委会党组书记、主任多布庆出席会议并讲话。会议研究法制委员会关于《中华人民共和国社区矫正法》贯彻实施情况的调研报告、财政经济委员会关于《2021年本级财政预算调整方案（草案）》的审查结果报告，研究人事任免事项和第三十九次常委会会议建议议程。

【市一届人大常委会第五十二次主任会议】2021年6月18日，市一届人大常委会第五十二次主任会议召开。市人大常委会党组书记、主任多布庆出席会议并讲话。会议研究法制委关于《中华人民共和国治安管理处罚法》的执法检查报告和关于《城市市容和环境卫生管理条例》修订情况的说明，研究财经委关于赴广州、成都人大考察预算联网监督工作的情况汇报和关于2020年度市国有资产管理情况的综合调研报告、关于《林芝市2020年度国有资产管理情况综合报告》的初审意见、关于《中华人民共和国统计法》的执法检查报告，研究教科委关于《公共文化服务保障法》的执法检查报告，研究社会委关于《中华人民共和国安全生产法》的执法检查报告，研究《林芝市第一届人民代表大会常务委员会工作报告（讨论稿）》、人事任免事项和第四十次常委会会议建议议程。

【市一届人大常委会第五十三次主任会议】2021年7月20日，市一届人大常委会第五十三次主任会议召开。市人大常委会党组副书记、副主任尼玛出席会议并讲话。会议研究有关报告的审议意见、关于林芝市人口较少民族发展现状的调研报告，讨论相关人事任免事项，研究第四十一次常委会会议建议议程。

【市一届人大常委会第五十四次主任会议】 2021年10月15日，市一届人大常委会第五十四次主任会议召开。市人大常委会党组成员、副主任张明出席会议并讲话。会议研究市政府提请的相关议案，讨论相关人事任免事项，研究第四十二次常委会会议建议议程。

【市一届人大常委会第五十五次主任会议】 2021年10月31日，市一届人大常委会第五十五次主任会议召开。市人大常委会党组副书记、副主任尼玛出席会议并讲话。会议研究市二届人大一次会议相关事项和第四十三次常委会会议建议议程。

（市人大常委会）

权力行使

【立法工作】 2021年，市人大常委会围绕贯彻落实市委“11364”发展战略，贯彻落实中央全面依法治国工作会议精神，推进全面依法治市，将《林芝市城市市容和环境卫生管理条例》修订工作纳入2021年立法计划，召开5次座谈会、2次研讨会，累计征求立法咨询专家、政府职能部门等各方意见建议161条，对条例进行修订完善。条例修订草案提交自治区人大法制委员会备案审查处初审。

【监督工作】 经济运行监督 听取审议国民经济和社会发展计划执行情况、预算执行情况、国有资产管理情况、预算调整情况报告，全面评估“十三五”规划实施情况，审查市政府提出的2021年国民经济和社会发展计划草案、2021年财政预算草案和“十四五”规划及2035年远景目标纲要，围绕产业发展层次水平有待提升等突出问题，提出8条意见建议。

审计整改监督 做好审计整改监督的“后半篇文章”，以审计部门查出市发改委、教育局、卫健委等单位存在问题为依据，首次专题听取相关部门的整改情况汇报并开展满意度测评，对整改不到位的单位进行跟踪督办，保障财政资金规范运行。

民生事业监督 关注群众老旧小区改造、农村供水工程维修养护、小区物业管理等2021年“民生十件实事”热点问题，以体育领域作为切入点，到察隅等3个县（区）、6个乡（镇）、6个村（居）进行实地调研，随机与社会体育指导员、竞技体育从业者等20余人次进行访谈交流，梳理提出四大方面20条工作建议。

民族宗教工作监督 采取实地查看、翻阅资料、询问交流等方式，到巴宜、米林等6个县（区）针对林芝市人口较少民族发展现状进行专题调研，围绕“人口较少民族地区与全市经济社会平均水平依然存在较大差距”等问题提出9条富有建设性的意见建议，助推区域协调发展的整体性、联动性和协调性持续深化。到波密等3个县10个宗教场所和寺管会调研“遵行四条标准 争做先进僧尼”教育实践活动开展情况。

乡村振兴有效衔接监督 组织市乡村振兴局等部门，到朗县、工布江达等基层一线调研全市巩固拓展脱贫攻坚成果同乡村振兴有效衔接情况，对“乡村振兴人才队伍难以稳定、产业融合不够深入”等17个问题提出针对性工作对策，为统筹推进脱贫攻坚成果巩固和乡村振兴工作提供决策依据。

司法工作监督 围绕加强全市检察机关公益诉讼工作，强化司法监督，研究通过《关于加强检察机关公益诉讼工作的决定》，助推检察机关更好履行维护国家和社会公共利益的法定职责。

法律实施监督 开展社区矫正法专题调研，开展治安管理处罚法、公共文化服务保障法、安全生产法、统计法“一法一办法”5部法律的执法检查，提出建设性可行性意见建议22条，推动相关法律法规在林芝全面贯彻实施。建立备案审查工作情况年度专项报告制度，首次听取备案审查工作专项报告，围绕计划生育、高考优惠政策等内容开展

3 次规范性文件专项清理工作。

【讨论决定重大事项】2021 年，市人大常委会把依法讨论决定重大事项作为贯彻市委决策部署、保证人民当家作主的重要体现，先后作出《关于同意撤销米林县设立县级米林市的决定》等 5 项决议决定，将市委部署通过法定程序转化为全市人民的共同愿望。

【选举任免】2021 年，市人大常委会依法依规行使任免权，全年累计任命国家机关工作人员 75 人次、免职 36 人次、批准任命 13 人次、批准免职 5 人次，确保党组织推荐的人选通过法定程序成为国家行政机关的工作人员。制定《林芝市人大常委会任命人员任前法律知识考试办法（试行）》，围绕宪法、地方组织法等法律，完善形成 783 道考试题库，并先后组织 5 批次 31 名被任命人员进行任前法律知识考试，组织 64 人次进行宪法宣誓，增强被任命人员的宪法意识、法律意识。

（市人大常委会）

代表工作

【概况】2021 年，常委会党组执行《林芝市人大常委会组成人员联系市人大代表制度》和《林芝市人民代表大会代表联系人民群众制度》，通过邀请 145 名代表列席自治区人大、市人大常委会有关会议和参加常委会及其专门委员会组织的各类执法检查、立法调研等活动，引导和支持代表更好投身服务大局“主战场”。同时为新一届人大代表配备专业书籍教材，为各位代表如何当好人大代表及如何履好职奠定坚实基础。

【提升代表履职能力】2021 年，市人大常委会推动代表履职能力提高，连续三年与市委党校联合举办人大代表履职能力提升培训班，组织引导 40 名新一届市级人大代表学习党的政策理论、代表议案建议撰写、代表权利义务等内容，推进代表培训的制度化、规范化、常态化。特别是为帮助新一届人大代表尽快熟悉人大工作、掌握履职技能，专门为每名人大代表配备《地方人大代表履职问答》《人大代表履职教程》工具书，为每名代表如何当好人大代表及如何履好职奠定坚实基础。

【创新代表联系形式】2021 年，市人大常委会推动代表联系形式多元化，贯彻落实“双联系”制度，邀请代表参加各类履职活动，全年邀请代表 63 人次列席自治区、市人大常委会有关会议，邀请代表 45 人次参加常委会和专门委员会组织的执法检查、工作调研等活动，引导和支持代表更好地投身服务大局“主战场”，当好人民群众“代言人”。结合代表的业务专长，合理安排代表 37 人次参加“一府一委两院”的听证会、座谈会、意见征求会，保障代表知情权、参与权、监督权。

【代表建议督办】2021 年，市人大常委会制定《关于 2021 年度代表建议督办的方案》，发挥各专委会职能作用，做到以督促办、以督增效，提高代表意见办理工作的整体水平。针对代表提交的 46 件建议办理工作，组织代表对“加强我市扶贫产业项目后续管理、加强乡镇卫生院人员及医疗设备配置和基础设施建设”等 7 件重点代表建议办理情况进行现场座谈、现场推进、现场督办，推动代表关心、群众关切的热点难点问题得到解决。

（市人大常委会）

林芝市人民政府

重要会议

【2021年第1次政府常务会议】
2021年1月27日，2021年第1次政府常务会议召开，会议研究应对新型冠状病毒感染肺炎疫情工作领导小组办公室《关于统筹解决紧急使用新型冠状病毒疫苗经费的请示》、市水利局《关于解决“十三五”期间推进农电类项目前期费用的请示》、市交通运输局《关于解决林芝市墨脱县韩国荣桥工程等9个项目森林植被恢复费的请示》、市林业和草原局《关于解决林芝市创建国家森林城市工作经费的请示》、市自然资源局《关于审批〈林芝市经济开发区国有建设用地使用权出让方案〉的请示》和干部任免相关事宜等10项议题。

【2021年第2次政府常务会议】
2021年1月31日，2021年第2次政府常务会议召开，会议研究《林芝市关于实现巩固拓展脱贫攻坚成果同乡村振兴有效衔接的实施方案（征求意见稿）》和市林草局《关于〈2021年度中央财政天然林停伐补助资金使用计划分配方案〉的请示》2项议题。

【2021年第3次政府常务会议】
2021年4月7日，2021年第3次政府常务会议召开，会议研究市人力资源和社会保障局《关于审定2020年度林芝市就业促进工作先进集体和先进个人名单的请示》、市委宣传部《关于申请解决庆祝中国共产党成立100周年、西藏和平解放70周年系列活动宣传工作所需经费的请示》、市商务局《关于申请解决新冠肺炎疫情防控物资采购资金和预备金的请示》、市卫生健康委《关于解决建设市藏医院核酸检测实验室所需缺口经费的请示》、市医保局《关于推行购买医疗保障经办服务的请示》、市农业农村局《关于解决2021年牦牛经济杂交推广工作相关资金的请示》、市政府国资委《关于请林芝市人民政府审定并同意签订〈三亚南林自动化洗车场国有投资权益转让协议〉的请示》、市住房和城乡建设局《关于明确林芝市火车站片区市政基础设施项目建设单位的请示》和干部任免相关事宜等18项议题。

【2021年第4次政府常务会议】
2021年5月20日，2021年第4次政府常务会议召开，研究市招商引资局《关于审定2021年林芝市招商引资工作经费安排方案的请示》、市纪委《关于划拨林芝留置场所项目规划建设用地的请示》、市委党史学习教育领导小组办公室《关于解决工作经费的请示》、市中级人民法院《关于追加2021年诉讼费退付资金的请示》、市林业和草原局《关于解决林芝市乡村“四旁”植树配套资金的请示》、市扶贫办《关于解决2021年乡村振兴示范村和重点帮扶村村级方案编制经费的请示》、市脱贫攻坚指挥部《关于2021年市本级财政专项扶贫资金分配计划的请示》、市住房和城乡建设局《关于解决林芝市人防基本指挥所防水维修工程资金的请示》、市住房和城乡建设局《关于解决林芝市“十四五”时期住房发展规划和“一城一策”工作方案编制经费的请示》、市森林消防支队《关于申请救援装备经费的请示》、市产业办《关于审定印发〈林芝市重点企业认定及奖励办法〉的请示》、市文广局《关于命名首批市级文化产业示范园区和基地的请示》等21项议题，安排部署近期重点工作。

【2021年第5次政府常务会议】
2021年7月28日，2021年第5次政府常务会议召开，研究市委宣传部、市旅游发展局《关于解决在拉萨—广州、拉萨—上海列车（拉萨至西宁段高原专列）上实施两列一年冠名广告宣传工作经费的请示》、市旅游发展局《关于解决我市三条航线定额补贴的请示》、市旅游发展局《关于拨付林芝市第三轮第二期“冬游西藏·共享地球第三极”活动补助资金的请示》、市旅游发展局《关于解决拍摄〈美丽中华行〉栏目大型人文旅游纪录片〈林芝——与时代同行〉所需经费的请示》、市疫情办《关于申请解决市疫情

办常态化疫情防控日常办公经费的请示》、市医保局《关于审定〈林芝市城乡居民2021年、2022年医保基金总额预算控制指标〉的请示》、市交运局《关于解决察隅县上察隅镇至本堆村公路硬化改（扩）建工程等2个项目森林植被恢复费的请示》、人行林芝市中心支行《关于解决缺口资金的请示》、市中级人民法院《关于计划招录聘用制书记员的请示》、西藏自治区地震局《关于藏东南地震监测中心超面积使用土地申请的函》、市农业农村局、市政府国资委《关于将奶牛繁育中心资产及养殖运营权移交给林芝市扶贫开发投资有限责任公司的请示》等20项议题。

【2021年第6次政府常务会议】2021年9月18日，2021年第6次政府常务会议召开，会议研究市人力资源和社会保障局《关于解决林芝市技工学校2021—2022年办学经费的请示》、市科技局《关于申请解决2021年度“林芝国家可持续发展实验区”建设本级财政专项配套资金的请示》、市政府办公室《关于申请解决“7·21”专项活动经费的请示》、市政府性融资担保公司组建筹备工作领导小组办公室《关于解决筹备工作经费的请示》、市医保局《关于推进“一站式一单制”结算系统在基层落地运用有关事宜的请示》、市生态环境局《关于解决林芝市巴宜片区环境监测站项目附属工程资金的请示》、市住房和城乡建设局《关于委托消防技术服务机构开展消防设计审查验收工作的请示》、市住房和城乡建设局《关于解决林芝市规划馆布展更新及运维经费的请示》、市行政审批和便民服务局《关于解决市政务服务中心试点设置24小时自助服务区经费的请示》等17项议题。

【2021年第7次政府常务会议】2021年10月12日，市委副书记、市长候选人巴塔主持召开2021年第7次政府常务会议，研究自治区检察院《关于申请以划拨方式办理31亩土地〈不动产登记证〉的函》、国网林芝供电公司《关于林芝市觉木110千伏输变电工程站址及线路路径方案选址选线用地的请示》，审议《林芝市人民政府工作报告（讨论稿）》，听取全市安全生产、生态环境等重点工作开展情况汇报，安排部署相关工作。

【2021年第8次政府常务会议】2021年10月17日，市委副书记、市长候选人巴塔主持召开2021年第8次政府常务会议，研究撤销米林县设立县级米林市相关事宜，会议原则同意撤销米林县，设立县级米林市。

【2021年第9次政府常务会议】2021年10月26日，市委副书记、代市长巴塔主持召开2021年第9次政府常务会议，会议研究市纪委监委《关于解决“9·25”专案经费的请示》、市政府办公室《关于申请下发〈关于进一步明确1000万元以下市级财政资金审批权限的通知〉的请示》、市发展改革委《关于核准米林县扎绕农村道路项目的请示》、市自然资源局《关于批准〈林芝市经济开发区3宗国有建设用地使用权出让方案〉的请示》等4项议题。

【二届市政府第1次常务会议】2021年11月12日，市委副书记、市长巴塔主持召开二届市政府第1次常务会议，传达学习《中共西藏自治区委员会办公厅 西藏自治区人民政府办公厅关于印发〈西藏自治区信访工作责任制实施细则（试行）〉的通知》文件精神，听取林芝市2020年全区经济社会发展目标绩效考核相关情况的报告，研究市生态环境局《关于发布〈林芝市“三线一单”生态环境分区管控实施意见〉的请示》、鲁朗景区管理委员会《关于请求解决鲁朗旅游小镇环境保洁及运维经费的请示》、市旅游发展局《关于审定林芝—兰州—西安、林芝—西安、深圳—西昌—林芝三条航线定额补贴资金的请示》《林芝市旅游发展局关于审定林芝—武汉航线航班定额补贴资金的请示》、市城市管理和综合执法局《关于解决河西新区污水处理厂配套污水管

网排查资金的请示》、市财政局《关于审批2021年市直单位新增车辆购置计划的请示》、市司法局《关于审定印发〈林芝市人民政府规章立法规划（2021—2025年）（送审稿）〉的请示》等6项议题。

【二届市政府第2次常务会议】 2021年12月21日，市委副书记、市长巴塔主持召开二届市政府第2次常务会议，会议听取川藏铁路建设项目保障农民工工资支付工作情况汇报，研究《政府工作报告（讨论稿）》、市发展和改革委员会《关于审定〈林芝市2021年国民经济和社会发展计划执行情况与2022年国民经济和社会发展计划草案的报告〉的请示》、市财政局《关于审定〈林芝市2021年财政预算执行情况与2022年财政预算（草案）〉的请示》、市人力资源和社会保障局《关于审定印发〈林芝市人社事业“十四五”规划和二〇三五年远景目标纲要（送审稿）〉的请示》、市经济和信息化局《关于解决西藏奇正藏药股份有限公司申请高校毕业生就业奖励资金的请示》、市文化广播电视局《关于解决林芝市图书馆、博物馆、群艺馆附属设施建设所需资金的请示》、市城市管理和综合执法局《关于申请解决林芝市隐患路段污水管网排查项目资金的请示》等12项议题。

（市政府办公室）

市政府办工作

【概况】 2021年，市政府办公室内设行政财务管理科、政工人事科（党建办公室）、机要文电科等12个科室；所属事业单位有市接待服务中心、机关后勤服务中心、市政府电子政务中心。2021年，市政府办公室学习贯彻党的十九大、十九届历次全会精神和中央第七次西藏工作座谈会精神，开展“三更”教育和党史学习教育，围绕全市中心工作和“四件大事”，开拓创新、扎实推进，政务保障有力度，全年共接收各类文电3529份（其中电报345份）；共编发各类文电723个字号，做好为基层减负各项工作，市政府和市政府办共发文88件，自行召开会议13次，控制在年初计划内。承办各类会议138场；协调政府领导参会、学习465场1018人次，协调政府领导参加各类活动145场256人次，协调领导出差及下乡调研127次155人次，协调领导全天维稳带班74次74人次，市级领导信访接访15人次。承办政府常务会议10次，党组会议14次，理论学习中心组学习会12次，专题民主生活会2次，协助做好市政府党组党建和党风廉政建设工作。制作细化各类活动计划、方案10余件。

【思想教育】 2021年，执行“三会一课”制度，党总支召开党员大会3次，支委会13次，班子成员、支部书记讲党课7次。组织开展党总支学习会13次，撰写心得体会45篇，分享红色故事11人次。拓展党员“三包”，结对党员共计74人。发展入党积极分子1人，发展对象2人。

2021年9月30日，林芝市人民政府机关党组召开理论学习中心组2021年第14次学习会（市政府办公室 供图）

组织开展党建工作培训，5名党务工作者、2名入党积极分子参加党建方面脱产培训。召开市政府机关党组会议15次，机关党组理论学习中心组学习会15次。利用本地红色资源，组织党员干部参观波密红楼、琼林村“红色小牧屋”、军史馆、档案局陈列馆、西藏和平解放70周年图片展等。发挥党员示范带头作用，成立3支志愿服务队，68名党员干部与71户建档立卡户结对成“亲戚”，共发放慰问金4.26万元。

【政务督查】 2021年，制定印发《林芝市2021年〈政府工作报告〉重点任务分解方案》并签订年度目标责任书，共分解任务125项，按季度跟踪落实情况。对二届林芝市人民政府《政府工作报告》涉及的今后五年工作安排进行细化分解，共分解任务141项。实施2021年度重点项目“挂图公示”“十三五”政府投资收尾项目、投资到位未开工项目等315个项目按月督查通报，推进项目建设进程。对领导关注的制止餐饮浪费、财政资金支出、项目建设、厕所革命、雅鲁藏布江堰塞湖灾后重建、民生十件实事等进行实地专项督查9次，累计天数93天。办理“人民网地方领导留言板”“互联网+督查”“互联网+政务服务”等网民留言51起，办结45起，办结率88.24%，累计为群众追回务工费用、项目款及旅游消费损失160余万元。相继督促解决色季拉山旅游公厕、废品收购站迁移、林升小区环境卫生等其他民生问题。

【办理建议提案】 2021年，主办自治区两会代表建议和委员提案8件。承办市两会建议提案1件，办结率、满意率100%。印发《林芝市人民政府办公室关于办理人大代表、政协委员所提意见建议的通知》，要求各责任单位于2021年12月24日前完成答复工作。

【政务信息采集】 2021年，向自治区政府办公厅上报《林芝政务信息》945条，在自治区《政务信息》中平均每期被采用2条，上报《林芝政务信息专报》32篇。采编各县（区）、各单位上报信息2120余条，编发《林芝党政要情》233期；向各县（区）、各部门发出信息约稿131次；完成2020年度政务信息报送先进集体、先进个人评选工作，共评选先进集体12个，先进个人20名。完成林芝市2020年度政府信息公开年度报告编制报送，并在西藏林芝政府网公开。根据国务院政务新媒体普查结果，将28个政务新媒体纳入“全国政务新媒体信息报送系统”中。检查政务新媒体11次，下发检查通报2次，对发现问题及时督促整改。林芝市政府网站共发布政务信息900余条，办理网民留言141条。推动林芝市政府网站的集约化工作，网站IPv6支持和响应率工作完成98%以上。2021年2月，在国务院办公厅政务公开办公室《关于推互联网协议第6版IPv6的规模部署行动计划》中，林芝市政府集约化网站为全区唯一的合格平台。

【参谋辅政】 2021年，起草各类文件、领导讲话稿、汇报材料、总结材料等360余份，起草各类请示、审计报告及会议纪要等30余篇，超100万字。高质量完成市委经济工作会议、区市两级两会、市政府全体会议、市政府党组会议和全市经济运行分析会议等各类材料起草工作。随同政府领导和工作组深入各县（区），就农牧区经济社会发展、脱贫攻坚成果巩固、乡村振兴、特色产业发展等各项工作，开展调研并形成专题调研材料，为政府决策提供参考。配合自治区政府研究室开展“积极融入川渝经济圈、大香格里拉经济圈”“巩固拓展脱贫攻坚成果同乡村振兴有效衔接”“新型城镇化建设”等各类调研，形成相关调研成果。

【应急管理处置】 2021年，协调处置各类应急事件35起，其中，自然灾害29起、事故灾难6起；上报自治区政府总值班室16起；编写各类林芝值班要情102

期。配合市地震局和波密县做好“9·25”地震群监测工作，妥善应对察隅“10·27”森林火情，第一时间核实汇报。开展各县区政务值班值守电话抽查9轮。制定印发《林芝市人民政府办公室关于进一步规范突发事件信息报送工作的通知》，规范各类突发事件信息报送工作，提高突发事件信息报送的主动性、时效性和规范性。

【依法行政】 2021年，收到自治区、市法治政府建设领导小组、市人大立法、依法行政、法治政府建设各领域征求意见函20余份，提出意见建议40余条；参加市政府领导主持的涉及法律事务的各类专题会议10场，审核把关各类合同、协议、规范性文件50份，提出意见建议60条。贯彻落实法律顾问制度，签订2020—2021年度市政府法律顾问合同，聘请市政府法律顾问，进行市政府对外签订框架类协议的专项梳理和厦林路桥股权变更专项尽职调查法律服务工作。为市政府及相关部门重大决策提供法律意见书20余份。

【后勤保障】 2021年，完成重要接待、西藏和平解放70周年转赠仪式、广东省党政代表团等368个18581余人次接待任务。其中，接待国家级领导15人次，省部级领导283余人次，地厅级领导1012余人次。协调抽调驾驶员及车辆300余人（车）次、礼仪人员100余人次，协助政审工作人员600余人次。修缮领导住宿区、干部周转房10余套，检修党政大楼基础设施200余次，调整办公室10余间，改善干部职工生活、办公条件。完成机关食堂新老厨师团队的过渡衔接，保障四大班子领导、区内外工作组、党政大楼300余名干部职工的就餐任务。保障32辆公务用车安全运行70万余千米。完成会展中心41场大型会议保障工作。

【协调推进产业发展】 2021年，将产业工作开展情况纳入年终综合考评体系，开展产业建设专项督查5次，明确各产业发展重点，细化为工作措施和具体项目，确保产业发展责任到位、工作见效。召开市产业建设领导小组工作推进会4次，市产业建设领导小组办公室会议6次，协助9个专项产业推进组召开相关专项组推进会。上报自治区产业领导小组办公室简报170期、专报63期、台账11期。围绕“一核三带”发展布局，推进全市产业建设工作，安排产业发展资金2000万元。

【保密工作】 2021年，办公室保密委员会与各科室签订保密责任书，按要求对保密工作人员进行政审。安排电子政务中心对办公室所有办公电脑进行自查，机要文电科每月对各科室保密工作进行检查指导，督办整改工作中存在的失泄密隐患。配合市委机要局开展国产化办公设备替代工作，更换安装涉密计算机、涉密打印机、复合打印机、通用单机。完成14台网站服务器的国产化替代和数据迁移工作。

【驻村工作】 2021年，选派驻村队员6名，进驻2个驻村点，围绕自治区“七项重点任务”、市委“三项要求”和察隅县“五个一”要求，履行驻村工作职责，开展宣讲教育40场次；与57户建档立卡贫困户开展“四对一”结对帮扶，筹集扶贫资金3.4万余元，实现全覆盖；组织党员开展“主题党日活动+党员三包”活动。

（市政府办公室）

市政府驻拉萨办事处

【概况】 林芝市人民政府驻拉萨办事处内设办公室、管理科、财务科、接待科4个科室。2021年，办事处围绕市委、市政府中心工作，坚持以习近平新时代中国特色社会主义思想为指导，落实思想政治教育、服务管理、发挥作用三项职能，实现“思想教育好、支部建设好、待遇落实好，作用发挥好”四个目标。

【服务老同志】 2021年，强化政

治建设的统领作用，每月组织各支部成员进行集中学习讨论，四个离退休支部坚持每月5日、10日、11日、15日分别召开学习会议，先后传达习近平总书记“七一”和视察西藏讲话、西藏和平解放70周年大会、中央民族工作会议、党的十九届六中全会、中央经济工作会议等精神并展开交流发言，办事处党委组织学习讨论10次。征订《西藏日报》《人民日报》《求是》《西藏老干部》等各类报刊5种。邀请离退休支部书记、区委党校、区民委、市委党校、办事处主要领导开展专题授课4次，专题辅导2次。成立换届工作领导小组，指导换届选举工作，研究和解决换届选举过程中出现的问题。

在生活待遇方面，做到“三必访”（重要节日必访、老干部有病必访、老干部家中重大事故必访），把家访与履职尽责、完成上级决策部署、做好当前各项工作结合起来，了解思想动态和实际困难。全年共走访慰问126人，送去慰问金7.37万元。对特困、孤寡、高龄、“59·3·28”等特殊家庭进行备案，做到底数清、情况明。办事处干部职工与14名特别困难户进行一对一联系帮扶，帮扶资金8500元。分别为每户代管离退休特困家庭，争取救济金1万元，共6户6万元；争取资金8万余元，为离退休第二党支部（米林农场退休基地）活动室更新桌椅，配置电脑、书架等软件设施。

【维稳工作】 2021年，调整充实林芝市人民政府驻拉萨办事处维护社会稳定领导小组，不定期召开信访维稳相关会议，传达落实区、市两级维稳相关文件精神，制定《林芝市人民政府驻拉萨办事处2021年综治维稳工作方案》，形成一把手负总责，分管领导具体抓，其他领导协助抓，一级抓一级，层层抓落实的维稳工作格局。在“萨嘎达瓦”“雪顿节”“中国共产党成立100周年”“西藏和平解放70周年”等节点，实行24小时值班制度，由主要领导全程带班，做到每日形势掌控、即时报告、即时处理、即时化解。做好接访、转访工作，共接待群众来访111批（件）687人次，涉及资金2636.25万元，其中受理76批（件）554人次，涉及资金2365.19万元。

【服务保障工作】 2021年，与拉萨乃仓大酒店、迎宾馆、四川会所、怡程酒店、金谷饭店等达成合作关系，优先为林芝市接待人员预留房屋等。对接火车站、贡嘎机场，做好市5批要客进出站协调接送工作。围绕疫情防控、大庆活动、拉林铁路通车等重大事项，在防疫物资、大庆物资中转、人员食宿安排、车辆保障协调沟通方面做好服务保障工作，确保各项工作有序推进。

（市政府驻拉萨办事处）

外　事

【概况】 林芝市外事办公室内设综合科（政工人事科）、涉外边界管理科、礼宾和出国管理科3个科室，下设：外事服务中心和机关后勤服务中心2个事业单位。2021年，林芝市外事办公室贯彻落实党中央、国务院和自治区党委、政府以及林芝市委、市政府的各项决策部署，立足新发展阶段、贯彻新发展理念、构建新发展格局，配合中央和区外办做好对外交往交流工作。

【友城交往】 2021年，开展与尼泊尔博克拉市之间的交往工作，春节期间，林芝市市长与博克拉市市长互致贺信。市外办主要领导与博克拉市尼中友好协会主席保持经常性的联络沟通，通过“常来常往”增进友好。应尼泊尔博克拉市所请，林芝市先后为尼泊尔博克拉市捐赠2批次抗疫物资，两次援助活动得到尼泊尔国内媒体大力报道，博克拉市政府多次发来感谢信。为尼泊尔安纳普尔纳电台捐赠太阳能光伏独立发电系统1套。

【礼宾工作】 2021年，完成5批次外宾团组的接待工作。完成4月11—13日，哥伦比亚等国驻沪总领事一行林芝参访接待。完成4月27—30日，尼泊尔驻拉萨总领事纳瓦拉杰·达卡尔一行5人到林芝市参访接待。完成9月18—19日肯尼亚驻华大使一行3人到林芝参访接待。完成9月25—27日乌拉圭驻华大使一行4人到林芝参访活动接待。

（市外事办）

行政审批和便民服务

【概况】 林芝市行政审批和便民服务局下设3个科室和3个中心，分别为：办公室（政工人事科）、业务监督科、行政审批科、政务服务中心、公共资源交易中心、机关后勤服务中心。2021年，市行政审批和便民服务局贯彻落实中央、自治区和市委、市政府关于“放管服”改革各项决策部署，落实“五减”措施，减少30家单位91个认领事项173个证明材料。至年底，市政务服务中心进驻单位共48家（市级39家、巴宜区9家），进驻事项334项（市级301项，巴宜区33项），梳理36家政府工作部门《政府部门权责清单》行政职权事项共3483项，权责清单总项与2020年相比减少232项。全年市（区）两级政务服务中心共受理办结行政审批及公共服务事项78919件，办结率100%，满意率100%，较2020年增长26%；市公共资源交易中心工程建设和政府采购累计完成交易项目629项，交易总金额为44.91亿元，增收总额为319.85万元，节约1875.81万元。

【政务为民】 2021年2月22日，林芝市政务服务中心“服务质量提升年”专项行动启动。市纪委监委派驻第三纪检监察组、巴宜区纪委监委派驻第二纪检组相关负责人受邀参加启动仪式，督导检查服务大厅各服务窗口。局党组副书记、局长普布昌菊主持召开动员会，部署开展“服务质量提升年”专项行动各项工作，针对市、区两级便民服务大厅48家进驻单位54个服务窗口开展“服务质量提升年”专项行动。8月5日，老年优待证、寿星证办理业务入驻市政务服务中心。9月2日，设立“帮办代办窗口”，政务业务办理由“您来办”转变为“帮您办”。推出办理营业执照、办理食品经营许可证、办理户外广告许可证、公积金提取4个事项作为帮办事项，推出当天就办理10余件，得到群众认可。10月8日，市政务服务中心母婴室升级改造完成。室内配备独立母乳间、婴儿车、尿布台、休息桌椅、沙发、饮水机、温奶器、纸巾、免洗消毒凝胶、纸尿裤等便民设施。12月28日，市政务服务中心24小时自助服务大厅正式对外开放，向办事群众提供24小时自助业务办理。

2021年9月2日，市行政审批和便民服务局正式设立帮办代办窗口

（市行政审批和便民服务局 供图）

【培训学习】 2021年5月7日，林芝市“互联网＋政务服务”工作培训班开班式在市会展中心会堂举行，市政府副市长赵俊出席并讲话，市行政审批和便民服务局原党组书记、副局长吕亚杰主持开班式。市政府副秘书长向巴次仁，市行政审批和便民服务局党组班子成员，各县（区）、市（中、区）直相关单位分管领导及相关业务骨干参加开班式。同

日下午，组织七县（区）召开“互联网＋政务服务”工作座谈会。5月11日，组织全体党员干部和各县区参加“互联网＋政务服务”培训人员共计80余人开展“观看红色电影 增强党性意识”活动——集中观看电影《悬崖之上》。8月2日，市公共资源交易中心组织开展自治区公共资源交易新平台使用操作培训会，自治区推进公共资源交易平台整合共享工作专班相关技术人员为林芝市招标人、招标代理机构、评标专家、投标单位等150余人次开展3场集中学习培训会。

【沟通交流】 2021年3月9日，市行政审批和便民服务局组织市发改委、交运局、文广局等13家“互联网＋政务服务”相关单位负责人和业务人员，在市政务服务中心二楼会议室开展“一月一梳理、一月一研讨”活动启动仪式。3月24—31日，组织市司法局、自然资源局、应急管理局等17家单位在政务服务中心开展集中办公工作。通过6天的集中办公，各单位共录入办件360个，录入电子证照信息197个，签发电子证照217个，录入监管信息50条。

（市行政审批和便民服务局）

藏语文 编译

【概况】 林芝市藏语委办（编译局）内设办公室（政工人事科）、语管科、翻译科3个机构。2021年，市藏语委办（编译局）推进全市藏语文社会用字检查工作、对全市藏语文翻译工作进行业务指导，组织开展藏语文书法、翻译学术活动，检查督促藏语文工作方针、政策的实施。规范社会用字，每周四为藏语文社会用字检查日，检查商铺门牌、电子显示屏、消防安全提示、指示牌、产品简介、户外广告等藏语文社会用字。

【藏语言文字标准化建设】 2021年，市藏语办（局）成立专项检查组，先后3次到七县（区）的23个乡镇、20所中小学校、10个景区（点）检查指导藏语文工作，就交通警示牌、商铺门牌、电子显示屏、消防安全提示、指示牌、产品简介、户外广告、工程领域、道路交通、旅游景点、金融标识、通信领域，存在藏文书写不标准、张贴不规范、名称不统一等问题现场进行指正，并督促各县（区）、各相关单位整改，整改率98%。

市藏语委办（编译局）到朗县登木乡中心小学、朗县巴尔曲德寺、米林县中学、工布江达县拉如寺、工布江达县中学、百巴镇中心小学、巴宜区喇嘛岭寺等地开展“智慧笔尖”书法作品巡回展，丰富青少年学生和寺庙僧尼的精神文化生活，增强写规范字、用规范字的意识。翻译《习近平金句100条》在“微林芝”公众号推送，并为部分学校、寺庙送去藏汉文版《习近平金句100条》60余册、书法纸张250余张。办（局）联合市直机关工委、市民宗局举办以“展现辉煌成就 弘扬奋斗精神”为主题的书法摄影展活动，共征集书法作品238幅，其中藏文作品204幅、汉文作品34幅作品，评选出优秀作品76幅，于6月20日在福建公园举行颁奖参展活动。

【语言文字公共服务】 2021年，完成市第二次党代会报告、决议及相关会议材料的翻译工作和市人大、政协换届相关材料的翻译审核工作，完成《林芝市国民经济和社会发展第十四个五年规划和二〇三五年远景目标纲要》翻译工作及《乡村振兴促进法》的翻译宣传工作，编印《农牧区群众思想教育宣传手册》(藏汉双语版)1100本，发放给农牧民群众，使广大农牧民群众及时跟进学习习近平总书记系列重要讲话精神，创造条件，提供方便。

开展便捷为民翻译服务，结合便民服务中心翻译便民窗口工作实际，探索推进微信便捷翻译服务，采取“线上+线下”模式，50字以内的翻译内容采取现场翻译方式，50字以上的翻译内容采取微信翻译服务方式，全年总翻译53.86万字。

2021 年 1 月 15 日，市藏语委办（编译局）在香港路民俗步行街开展“三大”节日送对联主题党日活动　　（市藏语委办　供图）

【制度建设】 2021 年，调整领导分工，充实党风廉政、意识形态、民族团结、保密等工作领导小组人员，采用分工负责与团结合作相结合方式，执行主办责任制、限时办结制和把关责任制。重新修改完善《林芝市藏语委办（编译局）党员干部行为规范》《党组会议制度》《主任（局长）办公会议制度》《贯彻落实“三重一大”事项集体决策制度实施办法》《理论学习中心组学习制度》《请示报告制度》等 15 项制度，形成规范有序、科学高效的机关工作模式，提高藏语委办（编译局）的工作质量和效率。

协调相关部门和上级业务部门，从市、县（区）编译人员中选派 16 名翻译人员，分别到中央民族大学、西北民族大学、华中师范大学等高等院校参加翻译业务培训，选派 9 名干部参加各级党校举办的理论政策培训，提高编译人员的业务水平和综合素质。

【汉藏书法精品展】 2021 年，将历届优秀书法作品汇编《林芝市“智慧笔尖”汉藏书法比赛百幅精品作品集》1200 册，到乡村、学校、寺庙开展传承和弘扬中华优秀传统文化主题实践——汉藏书法精品展览活动 21 场次。

【汇编《国家通用语言 500 句——轻松学》】 2021 年，聚焦农牧区、农牧民，收集整理与群众生产生活、技能学习、劳动致富、社会交往密切相关的汉语词句，改变藏汉“双语”读本采取藏汉互译和以汉语拼音标音的模式，探索采取“音译 + 意译”的方式，汇编《国家通用语言 500 句——轻松学》，印制 8000 册发放至各村（居）。

（市藏语委办）

信　访

【概况】 林芝市信访局内设办公室、业务科和督查督办科 3 个科室。2021 年，林芝市委、市政府把信访工作纳入全市平安建设考核和年底综合考评，对各级各部门信访工作开展情况进行量化考核，推动形成党委统一领导、政府组织落实、联席会议协调、信访部门推动、各方齐抓共管的信访工作格局。10 月 3 日，市委书记敖刘全听取信访工作汇报，对做好新时代信访工作提出更高要求。10 月 8 日，市委常委、政法委书记、市信访工作联席会议第一召集人柯磊到市信访局开展调研，指导信访工作。12 月 24 日、28 日，市委书记敖刘全和市长巴塔先后到信访接待场所接待来访群众，协调相关责任部门解决信访诉求。2021 年，召开 5 次信访工作联席会议，定期分析信访形势，协调指导解决信访突出问题。

【矛盾排查化解】 2021 年，全市各级各部门开展矛盾纠纷排查化解活动 15 次，排查出矛盾纠纷 364 起，化解 339 起，化解率为 93%。各级信访部门接待群众来信来访 347 批（件）515 人次，妥善解决信访问题 206 批件。每月 25 日前，收集汇总各级各部门排查报送的矛盾纠纷信息台账，通报反馈责任主体，督促依法及时就地化解。加强工作专班力量，梳理排查出的矛盾纠纷，通过分析研判，明确责任领导、化解调处措施和应急处置措施。

2021年11月17日，林芝市信访局组织党员干部参观米林“红色小牧屋”，开展“参观红色基地重温红色记忆”主题党日活动

（市信访局　供图）

【信访工作规范化】 2021年，推进落实信访工作制度改革举措，建立和完善各项工作制度36项，开展全市信访业务干部集中培训2次，到县（区）开展业务指导培训6次，组织跟班学习8人次。在日常接访工作中执行“首办负责制”，做好信访事项办理流程的解释工作，督促责任单位按期办理，提升信访事项及时受理率和按期办结率，提高信访人的参评率及对信访部门及责任部门的满意度评价。

【四级领导接访制度】 2021年，全市四级干部定期坐班接访，接待群众来访106批次310人次，协调处理信访问题100起，涉及291人次。修改完善《林芝市市级领导干部接待群众来访方案》，坚持解决信访事项与了解民生民情共同推进，市级领导每周五信访接待场所坐班接访，县级干部每周2次集中接访，乡镇每天安排接访，并根据实际需要安排包村干部每月下村接访。全年市级领导干部在市信访局接访大厅接待群众来访27批次67人次，协调解决疑难复杂信访问题21批次56人次，整合行政资源，协调解决民生热点难点问题，实现群众“最多访一次”目标。

（市信访局）

中国人民政治协商会议
林芝市委员会

综　述

【概况】 中国人民政治协商会议林芝市委员会下设办公室、提案委员会、经济和人口资源环境委员会、文化文史民族宗教委员会、农业和农村委员会、社会法制外事教科卫体委员会。政协第一、第二届林芝市委员会正副主席9人、秘书长1人，其中主席1人、副主席8人，经政协第一届林芝市委员会第一至七次会议和第二届林芝市委员会第一次会议选举产生。

【政协第二届林芝市委员会第一次会议】 2021年11月2—4日，政协第二届林芝市委员会第一次会议召开。会议应到委员186人，因事因病请假9人，实到委员177人，会议由市政协副主席央宗主持。会议审议通过《政协第二届林芝市委员会常务委员会第一次会议议程和日程》；听取和审议通过政协第一届林芝市委员会主席谢英代表市政协常委会所作的《政协第一届林芝市委员会常务委员会工作报告》；听取和审议通过政协第一届林芝市委员会副主席罗布次仁代表市政协常委会所作的《政协第一届林芝市委员会常务委员会关于提案工作情况的报告》；听取和审议通过《政协第二届林芝市委员会主席、副主席、秘书长、常务委员会候选人名单》；传达学习中央和自治区、林芝市有关会议及文件精神；列席第二届林芝市人民代表大会会议，听取并讨论政府工作报告及其他有关报告；审议通过《政协第二届林芝市委员会第一次会议政治决议》《关于政协第一届林芝市委员会常务委员会工作报告的决议》《关于政协第一届林芝市委员会常务委员会提案工作情况报告的决议》；听取和审议通过人事事项及其他事项。

2021年11月4日，政协第二届林芝市委员会第一次会议举行选举大会

（市政协　供图）

【政协第一届林芝市委员会常务委员会第二十七次会议】 2021年4月30日，政协第一届林芝市委员会常务委员会第二十七次会议召开。会议应到常委24人，实到19人。会议由市政协党组书记、主席谢英主持。市政府副秘书长卓玛，市委组织部常务副部长裴伟受邀参加会议。会议审议通过政协第一届林芝市委员会常务委员会第二十七次会议议程（草案）；传达学习全国两会精神、习近平总书记在看望参加政协会议的医药卫生界教育界委员时的讲话精神，中央党史学习教育动员大会精神、全区全市党史学习教育动员大会精神以及庄严在政协第十一届西藏自治区委员会常务委员会第十六次会议上的讲话精神；2名常务委员围绕履职情况作交流发言；市政府副秘书长卓玛代表市政府通报第一季度全市经济运行情况；审议通过有关人事事项。

【政协第一届林芝市委员会常务委员会第二十八次会议】 2021年6月18日，政协第一届林芝市委员会常务委员会第二十八次会议召开。会议应到常委24人，因事因病请假6人，实到常委18人。会议由市政协党组书记、主席谢英主持。会议审议通过政协第一届林芝市委员会常务

委员会第二十八次会议议程（草案）；传达学习《关于新时代加强和改进思想政治工作的意见》和《中国人民政治协商会议全国委员会协商工作规则》；审议通过《政协林芝市委员会提案工作条例（草案）》；审议政协第一届林芝市委员会常务委员会工作报告（草案）；审议政协第一届林芝市委员会常务委员会关于提案工作情况的报告（草案）；3 名委员围绕履职情况作交流发言；审议通过有关人事事项。

【政协第一届林芝市委员会常务委员会第二十九次会议】 2021 年 8 月 17 日，政协第一届林芝市委员会常务委员会第二十九次会议召开。会议应到常委 24 人，实到常委 16 人。会议由市政协党组书记、主席谢英主持。会议审议通过政协第一届林芝市委员会常务委员会第二十九次会议议程（草案）；传达学习习近平总书记在庆祝中国共产党成立 100 周年大会上的重要讲话和习近平总书记在西藏考察工作结束时的讲话精神以及自治区党委九届十次全会精神；传达学习市委第一百四十六次常委会会议精神；4 名常务委员围绕习近平总书记在庆祝中国共产党成立 100 周年大会上的重要讲话、习近平总书记在西藏考察时的重要讲话重要指示精神作交流发言；审议通过《政协林芝市委员会关于政协委员在铸牢中华民族共同体意识中发挥作用的实施意见（草案）》；审议通过有关人事事项及其他事项。

【政协第一届林芝市委员会常务委员会第三十次会议】 2021 年 9 月 23 日，政协第一届林芝市委员会常务委员会第三十次会议召开。会议应到常委 24 人，实到常委 13 人。市政协党组书记、主席谢英出席会议并讲话。市委常委、统战部部长、市政协党组副书记达瓦主持会议。此次常委会是林芝政协自成立以来召开的第一次专题议政性常委会。市政府副市长尼玛扎西应邀参加会议并代表市政府通报林芝市“巩固拓展脱贫攻坚成果同乡村振兴有效衔接”情况。会上，4 名常委围绕“加强公共卫生体系建设”“产业振兴”“加强文化建设助力乡村振兴”“生态宜居”4 个调研专题作了重点发言；5 名委员分别从加强乡村人才队伍建设等方面提出意见和建议；有关部门作回应发言，并提出加强和改进工作的具体措施。

【政协第一届林芝市委员会常务委员会第三十一次会议】 2021 年 10 月 31 日，政协第一届林芝市委员会常务委员会第三十一次会议召开。会议应到常委 24 人，实到常委 22 人。会议由市政协党组书记、主席谢英主持。会议审议通过政协第一届林芝市委员会常务委员会第三十一次会议议程；审议通过关于召开政协第二届林芝市委员会第一次会议的决定；审议通过政协第二届林芝市委员会委员推荐人选建议名单及界别设置情况；审议通过提交政协第二届林芝市委员会第一次会议审议的政协第一届林芝市委员会常务委员会工作报告；审议通过提交政协第二届林芝市委员会第一次会议审议的政协第一届林芝市委员会常务委员会关于提案工作情况的报告；审议通过政协第二届林芝市委员会第一次会议议程（草案）和日程（草案）；审议通过政协第一届林芝市委员会常务委员会第三十一次会议关于委托主席会议处理未尽事宜的决定及其他事项。

【政协第二届林芝市委员会常务委员会第一次会议】 2021 年 11 月 5 日，政协第二届林芝市委员会常务委员会第一次会议召开。会议应到常委 36 人，实到常委 36 人。会议由市政协党组书记、主席谢英主持。会议审议通过政协第二届林芝市委员会关于设立专门委员会的决定；审议通过政协第二届林芝市委员会专门委员会主任、副主任名单；审议通过政协第二届林芝市委员会副秘书长名单及有关人事事项。

（张丽娟　苏永卫）

专门委员会工作

【提案委员会】 2021 年，收到提案98件，立案88件，办复率100%。协同市政府及相关承办单位召开提案交办会。推出由“答复型”提案变身“落实型”提案新举措，对一届五次、六次会议重点提案、民生热点提案《关于解决318国道波密通麦附近5条隧道照明问题》《关于仁青崩寺寺庙整体修缮的提案》等进行跨年度跟踪督办；开展换届新委员提案业务知识培训工作；开展《中国人民政治协商会议林芝市委员会提案工作条例》修订工作。搜集整理市政协一届历次会议提案工作报告、提案审查报告以及调研考察报告等，并汇编成册。

【经济和人口资源环境委员会】 2021年，结合党史学习教育“我为群众办实事”活动，围绕提升城市服务功能专题协商会成果转化工作，到市交通产业集团开展调研，实地查看公交总站建设情况，了解公共交通运营管理中存在的困难和问题，并召开公共交通运营管理专题协商会。围绕“生态宜居”主题开展调研工作，推动林芝市乡村污水处理、乡村垃圾处理脱节，景点、火车站沿线道路垃圾剧增等问题的解决。

【文化文史民族宗教委员会】 2021年，围绕《西藏自治区民族团结进步模范区创建条例》贯彻落实情况和县级综合文化活动中心、乡镇综合文化站、村级文化室发挥作用情况课题、民族文化传承与保护工作开展调研和考察学习。召开市政协县（区）级综合文化活动中心、乡（镇）综合文化站、村（居）级文化室发挥作用情况专题协商会。举办《林芝文史资料选辑》发放仪式，发放图书3000余册。完成《西藏政协年鉴》（林芝篇）、《林芝年鉴》（政协部分2020卷）及2021年政协大事记报送工作。开展《红色印记——镌刻在林芝的往事》编撰工作。建立专门的文史资料室。邀请区政协文化文史和学习委员会主任梁建平为新晋委员进行培训授课。

【农业和农村委员会】 2021年，根据市委和政协两级党组决策部署，围绕乡镇农牧民专业合作社发展情况和乡村特色产业发展情况两个专题在市内开展调研活动。举办政协第一次“巩固拓展脱贫攻坚成果同乡村振兴有效衔接”专题议政性常委会。开展“我为群众办实事”活动，争取项目资金4万元，帮助解决下却村苹果种植资金问题。

【社会法制外事教科卫体委员会】 2021年，围绕加强传染病及突发公共卫生事件防治体系建设、巩固拓展脱贫攻坚成果同乡村振兴有效衔接、如何发挥职业教育在促进就业创业中的作用等课题，开展调研考察学习活动。借助“林芝政协”微信公众号定期推送健康专栏60期、法治宣传专栏68期。利用“委员大讲堂”平台，邀请杨晓林委员作《自然保护与生态文明》专题讲座。

（张丽娟　苏永卫）

重要活动

【举办林芝市政协新晋委员履职能力提升培训班】 2021年11月23日，市政协联合市委党校（行政学校）举办新晋政协委员履职能力培训班正式开班。市政协党组副书记、副主席央宗出席开班式并讲话。市政协党组成员、副主席罗布次仁、旺东，市政协党组成员、秘书长杨天昌出席开班式。市委党校（行政学校）副校长普布主持开班式。新晋政协委员和市政协机关干部共90余人参加开班式。

【举办委员大讲堂】 2021年，围绕生态文明建设、党史教育、解读习近平总书记“七一”重要讲话精神等内容，邀请专家、学者、教授，以《自然保护与生态文明》《重温辉煌党史、践行初心使命，争做新时代有为政协人》《加强斗争精神　应对内外挑战——解读习近平总书记“七一”重要讲话精神》《习近平总书记“七一”重要讲话精神的理论逻辑与西藏证成》等为主题，举办委员大讲堂4期，参与委员和政协干部730余人次。

【专题调研】 2021年4月20—

22日，市政协副主席崔晓东带领市政协社法委和部分医药卫生界委员，围绕“加强传染病及突发公共卫生事件防治体系建设”课题和“我为群众办实事”实践活动开展实地调研。4月26—29日，市政协党组书记、主席谢英结合党史学习教育“我为群众办实事”活动，围绕“铸牢中华民族共同体意识”课题开展专题调研；5月6—8日，市政协副主席达瓦带领市政协文化文史民族宗教委员会和部分政协委员以及相关单位负责人，到巴宜区、工布江达县围绕《西藏自治区民族团结进步模范区创建条例》贯彻落实情况和县级综合文化活动中心、乡（镇）综合文化站、村（居）级文化活动室作用发挥情况开展专题调研。6月7日，市政协党组书记、主席谢英到巴宜区林芝镇嘎拉村文化室、到群众家中调研基层党组织建设、群众文化生活等情况。8月30日—9月3日，市政协副主席带领农业和农村委员会工作人员围绕“关于产业振兴在推动乡村振兴中发挥作用情况”开展调研。

【考察学习】 2021年8月12—16日，市政协农业和农村委员会组织部分联系界别委员到昌都市就“农牧民合作社”发展情况进行考察学习。8月24—31日，市政协副主席罗布次仁带领市县两级部分政协委员及提案委工作人员，到那曲市考察学习提案征集、提案办理经验做法。8月25日—9月2日，市政协副主席达瓦带领部分市政协委员及文宗委干部，到阿里地区围绕少数民族文化传承与保护情况开展考察学习。9月6—15日，市政协主席谢英带领部分县（区）政协主席、区市政协委员到日喀则市考察学习边境小康村建设情况。11月22—28日，市政协经环委组织部分政协委员和市国资委、市经开区干部到拉萨，围绕“促进经开区高质量发展”课题开展考察学习。

【协商平台】 2021年，利用“有事好商量”协商平台，召开专题协商会3次，推进“川藏铁路前期建设情况，加强生态环境保护”“加强传染病及突发公共卫生事件防治体系建设”等问题的解决。开设委员风采专栏，推送各界别委员履职实践11期。

【党史学习教育】 2021年，启动党史学习教育，围绕“学党史、悟思想、办实事、开新局”的目标要求，提高政治站位，加强组织领导，推进党史学习教育走深走实。以“弘扬艰苦奋斗精神 争做党和人民满意的好干部”“锤炼过硬作风 做新时代有担当敢作为的政协人”等为主题，先后讲授专题党课8次。组织机关干部职工到西藏和平解放70周年影像展等地参观学习，开展“紧跟总书记足迹、做到‘两个维护’”等主题党日活动10余次。推送党史学习教育专栏149期。推进基层社会综合治理，加大普法力度，协调市司法局宣讲员，开展“送法下乡”活动。组织开展“我心目中的英雄”故事会3期，参与党员干部职工100人次。

（张娟丽　苏永卫）

2021年8月6日，林芝市政协组织机关干部前往林芝市党风廉政建设警示教育基地，参观“中国共产党纪律建设百年图片展”

（市政协　供图）

纪检监察

综　述

2021年9月22日，自治区党委常委、纪委书记王卫东到林芝市调研纪检监察工作开展情况，与广东省第九批援藏干部代表座谈

（市纪委监委　供图）

【概况】 2021年，市纪委监委内设办公室、组织部、宣传部、党风政风监督室、政策法规研究室、信访室、案件监督管理室、第一至四监督检查室、第五和六审查调查室、案件审理室、纪检监察干部监督室15个机构。派驻纪检监察组第一至七纪检监察组共7个。下设信息中心和机关后勤服务中心2个事业单位。林芝市委巡察机构设1办2组，市委巡察办下设综合科、秘书科、督查科3个科室；下设数据应用中心1个事业单位。2021年，督促各级党组织把学习贯彻习近平新时代中国特色社会主义思想作为首要政治任务，全面贯彻党的十九大和十九届历次全会精神，贯彻落实习近平总书记关于西藏工作的重要论述、新时代党的治藏方略、中央第七次西藏工作座谈会精神，学习贯彻习近平总书记在西藏考察调研时的重要讲话精神。

【监督执纪问责】 2021年，坚持党对反腐败工作的统一领导，市委主要领导批准立案审查20人，留置7人。市纪委监委向自治区纪委监委、市委分别请示报告重要工作118项、98项。严守政治纪律和政治规矩，处置违反政治纪律和政治规矩问题3件，涉及党员8人。对落实“两个责任”不力的20名党员干部进行问责。把好选人用人党风廉政意见关，回复20527人次，提出暂缓或否定性意见83人次。

聚焦市委中心工作，围绕“四件大事”、实现“四个确保”、贯彻落实“十四五”规划等重点工作开展监督检查，纠正上有政策下有对策、有令不行有禁不止等行为。加强常态化疫情防控监督工作，督促完成整改问题23个。保障换届工作风清气正，累计开展监督检查493场次，督促整改问题216个，处置违反换届纪律信访举报9件，防止“带病提拔”“带病提名”。根据中央第十巡视组反馈问题，成立3个监督检查组，由市纪委监委3名委领导带队，到各县区、市直各单位督促整改到位。

【反腐败斗争】 2021年，受理群众信访举报267件（次），追究党纪政务责任126人，追缴违纪资金3168.75万元。运用“四种形态”处理546人次，其中：“第一种形态”418人次，占比77%；“第二种形态”83人次，占比15%；“第三种形态”27人次，占比5%；“第四种形态”18人次，占比3%。加强廉政风险防控，督促83家单位排查梳理风险点3443个，制定防控措施3711项；发挥纪检监察建议纠偏功能，下达纪律检查建议和监察建议书84份；在全区率先召开干部澄清正名大会，为受到不实举报的12名干部澄清正名；正确对待受处理干部，通过谈心谈话，鼓励他们放下思想包袱，共有20名处分期满、表现突出的县级干部和乡镇党政正职得到提拔使用、晋升职级。

以党风廉政宣传教育月活

动为抓手，拍摄警示教育片《失守》，组织观看200余场，受教育党员干部9000余人次；举办“全面从严治党·中国共产党纪律建设百年图片展”“警示教育典型案例展”等活动，受教育党员干部6200余人次；发挥以案为鉴警示作用，组织全市57家市直单位200余名党政领导干部旁听违纪人员案件庭审。整治群众身边的“微腐败”，受理问题线索113件，立案29件，党纪政务处分30人，组织处理29人。推动拓展巩固脱贫攻坚成果同乡村振兴工作有效衔接，受理扶贫领域问题线索19件，党纪政务处分8人，组织处理6人，通报曝光6起11人。开展粮食购销领域腐败问题专项整治，发现问题15个，整改完成12个；受理问题线索20件，办结11件。加大政法队伍教育整顿工作力度，组织8个宣讲组开展政策宣讲12场次，受教育政法干警2000余人次；教育引导60名政法干警在查纠阶段主动向纪检监察机关说明问题，办结59个，组织轻处理57个；核查问题线索110件，办结104件，党纪处分10人，政务处分7人，双重处分8人，组织处理71人次，移送司法机关1人。

【作风整顿】 2021年，组织开展第二轮违反中央八项规定精神自查清理纠治工作，发现问题257个，约谈单位主要责任人19人，提醒谈话、批评教育79人。聚焦作风之弊、行为之垢开展监督检查，督促整改问题248个，移送问题线索31件。全年查处违反中央八项规定精神问题线索16件28人，党纪政务处分11人，组织处理17人；曝光典型案例9起11人。制止餐饮浪费行为，开展监督检查150次、单位923家，督促整改问题218个。开展不作为慢作为、文山会海等问题专项整治，查处问题线索7件21人，党纪政务处分15人，组织处理6人。整治私设“小金库”问题，联合市财政、审计等部门到各县区和市直各单位进行排查，并督促全面整改。开展“私车公养”专项治理，发现问题16个，移送问题线索1件，追缴违纪资金1.2万元。整治长期借公款不还、违规占用周转房、办公用房超标等问题，全市共清退借款2029.55万元，清退率93.6%；清退违规占用周转房384套，清退率96%，移送问题线索5件；督促2个县（区）和35家市直单位整改超标办公用房1.69万平方米。开展“一人多证”问题专项清理治理工作，会同市委组织部、市公安局针对违规办理持有使用虚假居民身份证情况、军官（警官）证件情况、虚假因私出国（境）证件情况及违规获取境外身份、瞒报因私出国（境）证件等5类问题开展清查，移交问题线索81件。

2021年7月11日，林芝市举行第八个党风廉政建设宣传教育日活动 （市纪委监委　供图）

【体制改革】 2021年，围绕“三转”，先后取消（退出）市纪委监委参与的议事协调机构98个，保留16个，清理率86%；取消（退出）派驻机构参与的议事协调机构90个，保留41个，清理率69%。聚焦规范化建设，制定《林芝市加强线索移送工作暂行办法》等制度，修改完善《林芝市纪委监委问题线索管理和处置实施办法（试行）》；改造完成

留置专区并投入使用，制定《林芝市监察机关留置专区安全管理办法》等规定，确保留置专区安全规范运行；依法规范运用审查调查措施13种，出具各类审查调查文书3284次；加强对巴宜区纪委监委内设机构改革试点工作的指导，推动试点工作顺利完成。

【纪检监察队伍建设】 2021年，召开市纪委常委会、办公会22次，市纪委理论学习中心组学习会、党总支学习会、党小组会103次。加强专业训练，参加区内外业务培训43人次，安排60名纪检监察干部跟班跟案轮训；组织开展“六大行动”“苦练内功、百日攻坚”行动，提升能力素养。邀请“两代表一委员”、特约监察员，加强对纪检监察干部的监督；修改完善《林芝市纪委监委干部综合考核办法》，制定《林芝市纪检监察机关审查调查工作绩效考核办法》，激励担当作为；对执纪违纪、执法违法行为“零容忍”，受理纪检监察干部问题线索4件，处置4人次。

（市纪委监委）

巡察工作

【政治巡察】 2021年，发挥巡察作用，把发现问题作为巡察工作生命线，组织开展2轮巡察，派出4个巡察组对6家市直单位开展巡察“回头看”，对14家市县粮食主管部门和国有粮食购销企业开展涉粮问题专项巡察，发现突出问题282个，立行立改22个，移交问题线索16件。

【巡察整改】 2021年，坚持问题导向抓整改、协作配合抓整改、持续跟踪抓整改，强化纪检监察机关和组织部门巡察整改监督责任，落实巡察党组织整改主体责任，督促完成整改问题259个，建章立制159项，追缴违规违纪资金58.04万元。

【强化市县联动】 2021年，探索形成以“一督二报三审四会”为主的工作方式，指导七县（区）全面调整充实巡察工作领导小组，实现实地督导巡察工作全覆盖、“巡回”指导县区新一届党委首轮巡察全覆盖。

（市纪委监委）

对口援藏

广东省第九批援藏工作队

【概况】 2021年，广东省第九批援藏工作队围绕广东省对口支援西藏新疆工作领导小组会议、广东·西藏对口支援工作座谈会精神，把发扬援藏精神与中国共产党成立精神、“老西藏精神”、改革开放精神相结合。2021年，广东“十三五”对口支援西藏绩效综合考核获评优秀，援藏队获评“全国脱贫攻坚先进集体”“自治区招商引资工作先进单位”“自治区文明单位”“林芝市先进基层党组织”“林芝市就业促进工作先进单位”。全年援藏队各级集体获得省部级及以上表彰5次、获得地厅级表彰4次；援藏干部人才170人，共62人次获得各级表彰，其中个人获得省部级及以上表彰8人次、获得地厅级表彰20人次，获得县级表彰34人次。

【援藏队伍建设】 2021年，践行援藏精神，打造援藏铁军。围绕党史学习教育，开展一系列专题学习、选树一批先进典型、为群众办一批实事等“十个一”举措，引导全体援藏干部人才提高政治判断力、政治领悟力、政治执行力。邀请自治区纪委监委领导为援藏干部人才作廉政辅导报告，引导全体队员汲取以往批次个别援藏干部违纪违法案的教训。严肃对待审计整改，自觉执行内审制度，开展5轮内部审计检查监督，加强援藏项目建设和资金管理的规范化、科学化。全年援藏干部人才170名，其中组团援藏教师50名、医生34名，“小组团”援藏干部人才11名。实施人才交流“双百计划”，以柔性援藏方式引进人才127人，覆盖党政机关、事业单位及国有企业。

援藏成果

【维稳强边】 2021年，围绕稳定、发展、生态、强边“四件大事”，开展感党恩、爱核心，爱国主义教育。深入高海拔农村、边境一线宣讲党的路线方针政策、十九届六中全会精神、党的民族宗教政策及中央赋予西藏的特殊优惠政策等46场次，受教育人数5000余人次。依托琼林村“红色小牧屋”示范点，建设边境“党建小屋”。更新改造全国援藏展览馆展厅，展览馆获批为“全国爱国主义教育示范基地”。讲好党建引领富民安民、固边守边故事，增强边境百姓听党话、跟党走的主动性和自觉性。

安排资金4200万元，实施米林县、察隅县抵边搬迁村建设项目，新建2个抵边安置点，惠及搬迁群众242户1791人。为66所边境学校购置173台交互式教学终端。建设广东省远程抵边医疗站，为全市55个乡镇卫生院和141个边境小康村配备远程医疗系统及健康检测一体机，让群众享受广东高质量医疗服务。实施琼林新村巡边公路项目，夯实守边固边基础。

安排基层组织及政权建设项目4项，加强10个村级活动场所及党建、文化卫生等配套设施。向基层公安机关援赠警用车辆，提高防突制突能力。开展“感党恩·一家亲”民族团结进步创建活动，与戍边官兵和群众“共唱一首红歌、共升一面红旗、共上一堂红色党课、共走一条巡边路”，打牢民族团结的思想基础。

【增收致富】 2021年，援藏夯实林芝产业基础，带动农牧民增收致富。由广州市支援的波密县，天麻采收超过100吨，占西藏天麻产量的90%，带动当地农牧民增收280万元，吸纳就业800余人次。由深圳市支援的察隅县，猕猴桃流转土地2322亩，覆盖9个行政村624户2560人，人均增收1925元。由佛山市支援的墨脱县，茶产业增收1157万元。由中山市支援的工布江达县，松茸首次销往澳门。由广东省国资委支援的易贡茶场，茶产量比2019年增加61.5%，销售收入比2019年提升233%，首次实现出口，在全市国有企业考核中排名第一名，职工收入增长57%，茶农采茶收入比2019年增加37.5%。广东援藏企业研发的“松茸醇”提纯制作的松茸面条数度脱销。

助力林芝农特产品销往全国，推动注册“林芝源”援藏公益品牌，“林芝源”产品进驻京东、天猫等电商平台，协助林芝特色农产品“进机关、进企业、进学校、进社区”超过50场次。粤港澳大湾区“7+2”西藏特色产品和旅游交易推广中心运营，国内有52个展销平台集中推介、展示、销售林芝特色农产品，全年推动销售特色农牧产品5亿元。助推林芝企业申报“三品一标”质量认证，支持建立农产品质量安全追溯体系、农产品质量安全检测体系，全市124个农产品获“三品一标”认证，认证总量和增幅均居自治区首位。农牧民生产生活条件持续改善，安排援藏资金7700万元，实施10个乡村振兴示范村项目，惠及5266户22774人，改善村容村貌。实施农村供水保障工程，安排援藏资金6750万元，改善供水基础设施和设备，让2.76万名群众喝上“放心水”。

【脱贫攻坚】 2021年，为全市14万名农牧民购置防贫救助保险，防止因自然灾害、意外事故和突发公共卫生事件等原因而返贫。协调清华大学支持启动乡村振兴西藏林芝远程教学站。

【医疗援藏】 2021年，推进林芝市人民医院“强三甲、创一流”，打造危重病救治和辅助诊疗平台，在全区率先配置“人工肺”（ECMO），实现影像和病理远程会诊。挂牌国家老年疾病临床医学研究分中心。率先建成全科医学规范化培训基地，纳入国家5G+医疗健康应用试点。推动市藏医院建立名中医工作室、标准手术室，支持建设藏医药大楼、中医藏医交流研究中心。提升基层医疗服务管理水平，修订完善189项管理制度，制订“不出县疾病目录”。建设“五大医疗”资源共享平台，以林芝市人民医院为核心，构建市县乡村协作网络。开展“高原治未病”行动，出版汉藏文版《高原治未病——广东医疗援藏主动健康管理探索与实践》书籍，加强基层高原常见病、地方病防治。完成5名先天性心脏病儿童的免费救治、86台膝关节置换手术、近百名儿童的唇腭裂手术。

【教育援藏】 2021年，聚焦“红色教育＋智慧教育”目标，以信息手段对接广东优质教育资源，开展“粤藏同心、教育同行”送教送培60批次300余人次，开设示范课、讲座等1232节，听评课1.36万节次，培训乡村教师4000人次，提升乡村教学质量。开展精准传帮带工作，加强南伊乡小学、琼林村幼儿园援藏教师力量，以点带面提升边境教育水平。全年3所组团式受援学校在全市保持领先，林芝市第一中学高考上线率100%、本科率87.6%、重本率49.6%。

【就业援藏】 2021年，广东提供优质企业岗位2000余个，将西藏籍高校毕业生纳入广东“三支一扶”招募范围。推动成立市县两级农牧民劳务输出组织15个，实现农牧民转移就业3.92万人，转移就业收入3.1亿元。开展技能培训40余期，培训学员2300余人次。林芝籍高校毕业生在粤就业人数230人。

【产业援藏】 *招商引资* 2021年，广东省对口支援林芝项目49个，总投资5.25亿元，全年项目投资完成率超过90%。计划外项目共投资1.77亿元，其中党政代表团考察之后新增加7000万元，超过95%的资金用于民生领域和县以下基层。省领导在广州主持召开援藏民营企业家代表座谈会，推动“粤企入藏”，开展消费援藏多城联动，共引进广东省各企事业单位125批次1200余人次到林芝开展考察洽谈。援藏招商引资项目33个，到位资金20.16亿元，完成固定资产投资13.92亿元。

高原生物产业 2021年，投入援藏资金3.39亿元，建设粤林产业园一期和二期项目。一期20家企业全部入驻，8家广东企业，2家澳门企业，另有5个实验室进驻，涵盖高原生物、化妆品、藏茶、农特产品深加工等多

个领域，集研发、生产、销售、展示于一体，总投资4.5亿元，带动就业300余人，被评为西藏自治区级文化产业示范园区。开工建设粤林产业园二期项目，建成后可容纳企业57家。

“六园六基地” 2021年，推动一区六县特色产业规模化发展，“六园六基地”初具规模。墨脱2000亩的“广东茶园”试种成功，广东企业水产养殖试养成功；察隅2023亩猕猴桃种植基地丰收，依托粤港澳大湾区市场购销两旺；朗县1000亩的藏药材基地吸引西藏甘露等龙头企业洽谈合作；波密1200亩天麻林下野生抚育基地建成；易贡“臻选红茶”获全国“华茗杯”质量推选活动金奖，易贡茶场被评为“中国茶产业TOP20最美生态茶园”。

旅游产业 2021年，推动签署旅游援藏合作协议，到广东、成都、武汉等地开展旅游主题推介活动，推出“穗深佛援藏”地铁宣传，吸引粤港澳大湾区客源。推动文旅产业融合发展，打造工布响箭文化旅游节等旅游文化品牌，研发“粤林幸福菜谱”。全年接待国内外游客1006万人次，同比增长48.9%；实现旅游收入83.22亿元，同比增长108.47%。广东游客从2018年第四旅游客源地跃升为林芝最大旅游客源地，占游客总量20%以上。

工会项目 2021年，广东省总工会投入资金6396万元，从工会阵地建设、提升职工能力、提升职工生活品质3个方面援助10个项目。

【智力援藏】 2021年，开展组团式援藏，形成以党建为引领，以教育和医疗为示范，以易贡等3个“小组团”为重点，市技工学校、市第二高中、市藏医院、文旅组团、经济开发区等柔性“小组团”齐推并进的“1+2+3+N”组团援藏新局面，广东援藏“小组团”经验获中组部肯定，在全区推广。组团医疗人才、教育人才采取“团队带团队”“专家带骨干”“师傅带徒弟”等方式，开展实践训练、技术培训、引领示范等帮教活动。“鲁朗景区创AAAAA等级”“易贡茶场产销一体”以及“墨脱茶产业增产提质”3个援藏“小组团”安排11名援藏干部，助力林芝旅游业、茶产业。

提升干部队伍素质 2021年，安排资金500万元，通过“送出去”和“请进来”的方式，结合林芝人才需求实际组织开展培训。会同有关部门培训各类干部人才600人次，组织受援地1300余人次到其他省份培训学习、挂职锻炼、交流访问。引进各类短期援藏专业技术人才127名，引进推广新业务新技术87项；援藏干部人才组织举办各类培训班，培训本地干部职工2000余人次。

技能人才培养 2021年，依托广东省技工教育优势，从院校合作、软硬件建设全方位对口支援林芝市技工学校，实施“粤菜师傅”“广东技工”“南粤家政”等工程，组织培训50余期、培训2300余人次，培养一批适应林芝经济社会发展需要的“高原工匠”，学员月收入超1万元。投入援藏资金1.8亿元，建设林芝市技工学校二期，建设面积3.56万平方米，可容纳在校生2000人以上。

【交往交流】 2021年，动员社会力量、结亲结对单位、企业为受援地捐款捐物5963.2万元；规划内实施交往交流交融类项目6个，安排资金770万元。援藏队员采取“一对多”的结对帮扶方式，与170户726名农牧民群众结亲。组织文艺会演下基层，开展“感党恩、聚人心”文艺会演活动18场，观演群众2300人次，通过歌舞节目，宣传党和政府对西藏人民的关怀。深化援受双方基层组织互通，各对口支援地市的镇街与受援地乡镇基层，以“广东一区（镇、街）结对林芝一乡镇，分批轮换”方式进行结对共建。广东67个市县区与林芝全部县乡场结对帮扶全覆盖，区乡结对占全自治区数量的1/4。

教育和医疗组团分别推行“名校结对帮扶”“院包科”“师带徒”等多种交往交流形式。医疗结对方面，广东省33家单位结对帮扶林芝市、县两级共8家医疗机构，提升医疗医技水平。其中，15家“三甲”医院支援林芝市人民医院15个专科专业建设，签订以院包科责任书，全面强化医院学科建设，建成骨外科、妇产科、ICU等14个林芝市级重点专科；援藏医疗人才与当地医护人员以“师带徒”开展结对结亲。教育结对方面，加强推进“名校+”精准帮扶工程，广东138所中小学及幼儿园名校与林芝市各级各类学校80所结为友好学校、17所高校与林芝市66所大中小学及幼儿园成为“校地共建”单位。

开展“粤藏家庭云结对”“同上5G党史互动课”“互联网+主题班会”等结对结亲交流活动，参与师生18余万人次。开展粤藏云端党史学习教育20余次，线上交流互访500余批次。组织惠州·朗县两地14所学校85户家庭线上开展民族团结大家庭“云结亲”活动。举办首届“林海情·青春梦”西藏米林学子珠海冬令营活动。在广州、佛山举办民族文化艺术交流系列活动，在澳门举办首届“澳门—西藏林芝松茸美食文化节”，组织“天路鲁朗”民俗文化歌舞表演，面向粤港澳大湾区宣传推介林芝。

【生态保护】 2021年，助力受援地全面检视鲁朗总体规划和控制性规划落实情况。投入援藏资金支持实施果果塘旅游产业基础设施建设、鲁朗扎塘鲁措清淤等系列项目，改善自然景观和旅游基础设施。借鉴黄帝陵景区经验，投入6600万元建设大柏树景区提质扩容项目，形成《巴吉巨柏自然保护区保护及提升方案》，将景区打造成古树生态保护、科普教育、文化传承的示范基地。加强林芝森林防火技防力量，协调国家自然灾害防治研究院、中国产业研究院等科研技术力量，推动全市防灾技术能力提升。

（广东省第九批援藏工作队）

群众团体

林芝市总工会

【概况】 林芝市总工会内设办公室（政工人事科）、劳动保护与经济工作部（市总工会女职工委员会办公室）、法律与职工权益保障部（经费审查委员会办公室）3个行政科室，困难职工帮扶中心1个事业单位。2021年，全市小微企业联合工会建设从规范化转向标准化。加快新领域新阶层组织建设，以工业园区、楼宇商圈、物流平台等领域中的小微企业和货车司机、快递员等“八大群体”为重点，推进工会组织、工作和服务“三覆盖”。新建基层工会组织6家，吸纳会员429名。全年全市共建会584家，会员3万余人，其中农民工会员1.12万人。全年开展各类业务培训3批次，培训150余人次，优化工会队伍，强化工会干部履职能力，组织招聘社会化工作者12名。

【思想政治引领】 2021年，全市各级工会干部通过党组理论中心组、工会干部专题培训班等多种途径，以观看直播、集体学习、专题研讨、邀请党校老师作辅导报告等方式，学习贯彻习近平新时代中国特色社会主义思想和党的十九大精神。开展应知应会测试3次，制作党史专题展板，以习近平总书记在党史学习教育动员大会上和在中国共产党成立100周年大会上的讲话精神，以及《论中国共产党历史》《中国共产党简史》《毛泽东　邓小平　江泽民　胡锦涛关于中国共产党历史论述摘编》《苦难辉煌》等为学习重点，以工会党组理论中心组、支部“三会一课”、主题党日活动为载体，开展理论中心组学习29次，党支部学习14次，党员大会4次，研讨交流5次，撰写心得体会30余篇；发挥微信公众号等平台，开展学习宣传活动，发送相关信息20余条。结合主题党日活动，到农牧学院、米林“红色小牧屋”教育基地、林芝市规划馆开展现场教学3次，开展重温入党誓词活动1次，到廉政教育基地参观学习3次，观看教育片4次，开展重走习近平总书记足迹活动1次。

2021年2月2日，林芝市总工会举行“迎新年送温暖”活动，市委常委、组织部部长刘业强（右二），市政府副市长强巴央宗（右一）出席

（市总工会　供图）

组织全市工会系统和企业干部职工200余人听取“永远跟党走 奋进新时代”宣讲报告，举办庆祝中国共产党成立100周年“中国梦 劳动美——永远跟党走、奋进新征程”主题宣传活动，启动“百年历程、光辉岁月”红歌传唱活动、“百年风雨、铸就辉煌”五送活动、“健康林芝行”职工文体活动、“弘扬劳模精神、喜迎中国共产党成立百年”劳动模范和先进工作者座谈会暨宣誓签名活动、“新时代西藏最美职工”推荐评选等相关庆祝活动。组织开展喜迎中国共产党成立100周年和西藏和平解放70周年活动，联合体育局举办林芝市第四届“职工杯”篮球比赛；联合机关工委举办首届7人制干部职

工杯足球赛；联合宣传部、机关工委、广电局举办演讲比赛。

【服务产业工人】2021年，组织召开“新时代产业工人队伍建设”座谈会，深入基层、企业、一线职工，了解产业工人队伍建设现状，听取产业工人心声、征集意见。贯彻《中共西藏自治区委员会　西藏自治区人民政府关于新时代产业工人队伍建设的意见》并制定实施方案，贯彻落实协调机制，调整林芝市新时代产业工人队伍建设工作推进协调领导小组，确定市城投、奇正藏药公司为试点单位，明确工作任务，谋划发展方向。统筹协调各相关部门参与，加强对产业工人队伍建设改革的组织领导、统筹协调、督促检查，形成上下联动、左右互动、整体推动的工作局面。

【维护职工权益】2021年，开展“当好主人翁、建功新时代”主题劳动和技能竞赛，与市城投、林安交通、林升公司、奇正藏药4家公司联合开展“安康杯—11·9”消防安全培训。依托“安康杯”竞赛，联合市应急管理局、中铁隧道局对9家国有企业、1家非公企业进行安全生产隐患排查。全年组织全市75家企业开展林芝市工会系统“安全生产月”暨“安康杯”竞赛活动，参赛职工1000余人次，维护职工安全健康权益。推进安全生产互巡联建工作，向职工群众普及职业病防治、安全生产知识。联合易贡茶场举办“采茶制茶”劳动技能竞赛；与林升公司联合开展“弘扬劳模精神　凝聚奋斗伟力”林业生产实际操作技能竞赛。深化劳动保护分级管理制度，建立工会劳动保护监督检查长效机制，全面提高劳动保护工作水平。

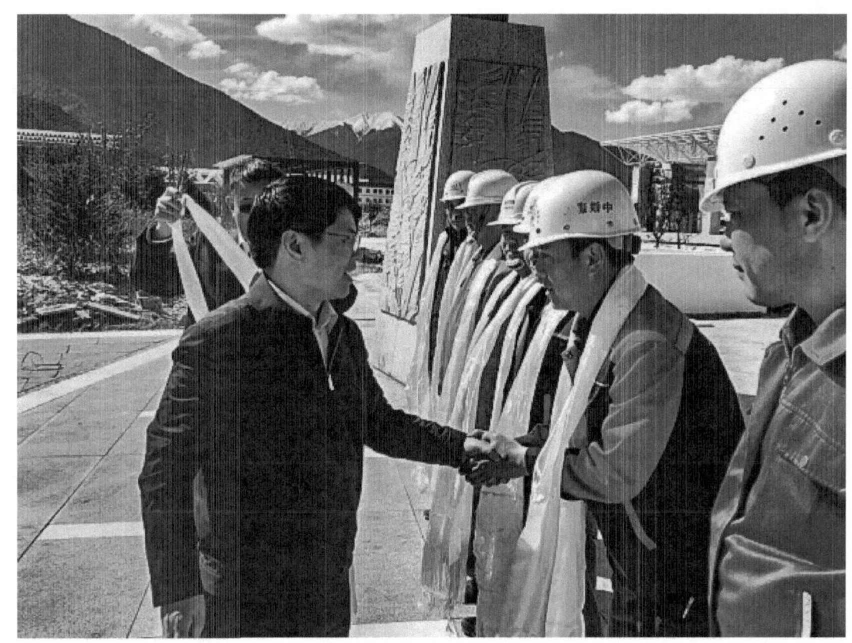

2021年4月29日，林芝市总工会开展“五月暖心”慰问活动

（市总工会　供图）

2021年，开展入企入户调查核实，全市入网建档困难职工135名，实现常态化精准帮扶，救济、金秋助学等困难帮扶援助351人次104.7万元。开展“三大节日”慰问活动2场次，慰问团队15个、困难职工67户、劳模20人、坚守一线人员85人次，发放资金和物资合计20.8万元。开展送温暖、慰问等系列活动，走访慰问职工212人、团队47个，发放资金28.05万元。开展生活救助311人次，发放资金61.62万元；医疗救助2人次，发放资金5.26万元；助学救助38人次，发放助学金37.81万元。全年开展“五送”活动2场次，参与职工群众600余人次，慰问职工40人，发放慰问金及物资11.91万元。结合职工需求，做好维权服务。与市妇联联合举办女职工维权培训班，培训基层维权干部100人，聘请工会法律顾问1人，为5家企业提供5.4万元法律援助资金。开展医疗互助工作。全市有82家单位5269人参加在职职工重大疾病综合互助保障活动，参保金额达103.38万元，全年共办理职工医疗互助申报补助2人次，发放补助金12万元，7人在审核中。完善职工疗休养政策，开展2批次60

人一线职工和优秀企业工会干部外出疗休养。做好关爱女职工工作，开展“温情三八节·心系女职工”和“五月暖心”慰问等活动。新建2家“爱心妈咪小屋”，组织317名女职工开展“两癌”筛查工作。组织90余人开办“关爱女职工”培训班，增强女职工礼仪专项技能和健康水平。新建劳模创新工作室1个、职工创新工作室1个。开展“助力解困脱困 普惠服务职工”活动，为全市200余家工会的1万余名职工群众提供500余万元的家电补贴，助推市场主体消费，全面助推企业复工复产，同时让职工群众得到实惠。

面对新冠肺炎疫情，市总工会组织开展疫情慰问6场次，慰问一线团体4个、个人103人次，发放物资及资金10.2万元。动员各基层工会购买扶贫产品，全市基层工会全年购买价值800余万元扶贫产品，降低受疫情影响企业损失。开展农民工平安返乡活动，为50名农民工购买返乡车票，花费4.16万元防疫物资和车票。慰问52名留守农民工，发放3.1万元日常生活用品、防疫物资和节日慰问金。

【基层工会组织建设】 2021年，开展职工之家建设调研10余次，投入资金98.81余万元，完成市直6家职工之家建设，下达各县（区）职工之家（职工书屋）建设资金140万元。规范工会法人资格登记，全市完成459家工会法人资格登记。规范履行民主程序，依托法人资格登记，依法规范基层工会组织459家。完善选优配强基层工会班子，规范基层工会印章、账户、会员会籍、工会福利发放管理，加强财务、保密、档案规范化建设。按照“两年一审、一审两年”的机制，聘请第三方机构对3个县、6个企业和27家市直机关工会开展工会经费使用审计，提出问题和意见建议130余条，提升工会运作规范化水平。全年实现9家民营企业工会组织上解工会经费。

（市总工会）

共青团林芝市委员会

【概况】 2021年，全市共有各级团组织809个，其中，团委70个，基层团工委27个，团总支2个，团支部660个；青年45143人，团员12774人，团青比例达28%；专职团干部33人，兼职团干部632人；少先队组织854个，少先队员21367人；青联委员80人，其中市（中、区）直单位推荐委员42人，县（区）推荐委员38人；全市在岗志愿者共182人，其中市直单位112名，各县（区）70人。

【基层组织建设】 2021年，完善组织架构，召开共青团林芝市一届委员会第八次全体委员会议、共青团林芝市一届委员会第九次全体委员会议及青年联合会第一届委员会第四次常委会、少工委一届三次全委会，指导各县（区）团委特别是边境县相继召开团代会，补充完善人员组成，安排部署重点工作，推动全市56个乡（镇、街道）、504个村（居）团组织换届工作，换届率达100%，村级团支部书记年龄均为35岁以下。加强对边境县人才支持，为4个边境县补充西部计划志愿者45人。推进各县（区）团组织标准化建设，依托“智慧团建”，整改整顿15个“影子团支部、空心支部、残缺支部”等空壳团组织、软弱涣散团组织。规范团费收缴使用，确保团费真正用到实处。

加强基层组织建设，实施《中长期青年发展规划（2016—2025年）》，实现市（县）两级青年发展联席会议机制建立和召开会议全覆盖；推进“两新”组织团建工作，在全区成立“邮政快递团工委”“外卖快递团工委”；筹划与市教育局、市卫健委成立教育系统团工委、医疗系统团工委、及时成立国资系统团工委、工商联非公企业团工委、民办教育团工委。

完善“青年之家”建设，全市现有“青年之家”122个，其中边境县“青年之家”105个，占总数的86%。

【青少年理想信念教育】 2021

2021年4月30日，团市委在民族艺术团举办“百年对话 青春之歌”五四文艺庆典 （团市委 供图）

年，通过团干部培训、青年大学习、青年马克思主义者培养工程、编印应知应会学习手册、青年讲师团理论宣讲等方式，组织广大团员青年开展各类会议精神学习。全市各级团组织共开展主题学习160余次，宣讲教育活动180余次，参与青少年达3.1万人次，举办中青年干部人才论坛3期。深入七县（区）开展党史宣讲14余场次，参与青少年1600余人，青年讲师团宣讲3场次，受众青年群体800余人；联合团区委到巴宜区、工布江达县开展党的十九届六中全会及自治区第十次党代会宣讲2场次，参与青年200余人次；团市委副书记权猛到驻村点朗县金东乡巴龙村开展习近平总书记“七一”重要讲话精神、党的十九届六中全会及自治区第十次党代会宣讲2次，参与农牧民群众150余人；依托“林芝青年”团属微信公众号，发布各类文章619篇，拓展“林芝青年说之讲党史故事”板块，在线推送52集党史小故事，并在“学习强国”平台转发推广。推进“青年大学习”，参与青年累计3.2万人次。推进铸牢青少年中华民族共同体意识，推出“百年对话·青春之歌”五四文艺庆典、“童心向党 礼赞百年”六一活动、“红领巾寻访”、少年军校夏令营、“民族团结快闪视频”等一系列符合青少年特点的原创宣教活动。

【参与社会治理】 2021年，实施“共青团与人大代表、政协委员面对面”活动，聚焦全市推进市域社会治理现代化及“八五”普法规划，促进市域社会治理创新，加强青少年法治宣传，发挥预防青少年违法犯罪牵头单位职能，实施“零犯罪社区”活动，与市检察院签订《未成年人检察工作社会支持体系建设合作协议》，开展青少年模拟法庭活动，组织开展禁毒教育、暑期自护课堂、中高考减压等活动，维护青少年权益工作的能力逐步提升。

【乡村振兴青春建功行动】 2021年，引导广大青年围绕巩固拓展脱贫攻坚成果同乡村振兴有效衔接、“一核三带六组团”等中心工作要求，落实《共青团学习贯彻党的十九届五中全会精神在全面建设社会主义现代化国家新征程中组织动员广大团员青年建功立业的行动纲要》，动员广大青少年踊跃投身以“神圣国土守护者 幸福家园建设者”为主题的乡村振兴青春建功行动，拓宽青年“双创”工作渠道，在与人社部门配合做好创新创业大赛的基础上，组织就业创业指导培训班等各类活动76场次，开展四届林芝市青年农牧民创新创业大赛，谋划开展“直播带货竞赛”及“林芝青年网红达人秀”“林芝青年网红培训班”活动，通过“网红”自身影响力带动基层青少年不断加强创新创业意识；组织大学生青年参加“返家乡”社会实践活动，受众青年达4813人次，助推林芝经济社会发展；开展“青年五四奖章”“青年文明号”“青年安全生产示范岗”等青字号评选活动，选树先进典型。

【青少年服务】 2021年，组织开展“手拉手 心连心 民族团结

2021年5月21日，团市委举办“强信念、葆初心，青春建功新时代”林芝市2021年第二期青年人才论坛暨林芝市县处级干部“三更”专题教育学习论坛（团市委 供图）

一家亲”活动，慰问贫困青少年1200余人次，累计发放物资总价值130余万元；开展“小手拉大手、融入新林芝”关爱三岩搬迁青少年活动，开展慰问“三岩”搬迁青少年303人次，赠送各类慰问品13.3万余元；组织易地搬迁青年开展“基层青年农牧民致富产业实地观摩”活动，参与青年40人次；联系广东“健康直通车”医疗服务队进林芝，累计义诊群众3.15万余人次；开通“12355”青少年维权平台，帮助青少年维护自身合法权益、并走进学校、企业开展服务活动；推动希望工程事业发展，发放各类奖（助）学金102.6万元，资（奖）助大中小学生87人。10月13日，西藏自治区青少年“先天性心脏病筛查救治——‘青春逐梦行动’润心培根救助项目”医疗队一行17人到林芝市巴宜区开展筛查救治工作，免费为1名患者进行筛查诊断，并于10月28日到河南郑州开展中期治疗。

【志愿服务】 2021年，加强对西部计划志愿者的服务与管理，在全区率先成立西部计划志愿者自主管理委员会，开展疫情防控志愿服务活动，成立283支青年突击队和志愿者服务队，常态化组织志愿者在机场和留观酒店开展进藏人员分流和登记服务工作，累计组织志愿者342人次；开展服务春运和节后返程“暖冬行动”“爱心面包”派送、“暖蜂”慰问快递外卖小哥、关心关爱特殊儿童、金晖助老关心关爱老年人等活动，动员组织志愿者投身各大活动、重大赛事志愿服务项目。

【生态文明建设】 2021年，深化“美丽中国、青春行动”，开展青少年生态文明宣传教育，推动生态文明教育纳入团课、队课，推动青少年树牢“两山”理念，组织志愿者及团员青年开展“清洁家园 美丽林芝”活动，传播绿色理念，倡导绿色发展、生态发展。开展“河小青”“杜绝餐饮浪费”“节能减排、低碳环保”等生态文明创建活动，累计参与青年1000余人次；发动各级团组织开展“保护母亲河——青年当先”等卫生清扫活动，参与青年1200余人次；组织社会各界青年开展“民族团结青年林”义务植树活动，累计栽植600余棵树木，为林芝市在全区实现绿色发展贡献青春力量。

【主题教育】 2021年，落实《中共中央关于全面加强新时代少先队工作的意见》，开展青少年“讲科学、爱科学、学科学、用科学”主题实践教育活动，将实践活动纳入少先队“每周一课”中，集中开展队课、主题队日讲解。开展“红领巾爱学习”宣传教育队课，在全市70所中小学集中开展“小手拉大手——我给爸爸妈妈讲科学故事”活动，开展“童心向党 献礼中国共产党成立100周年”主题活动，深化“争做新时代好队员”主题实践教育，累计开展校外红领巾寻访活动12期次。组织开展第七届“红领巾心向党 传承红色基因”少年军校夏令营活动，组织林芝市和其他省市3000名各族青少年“书信手拉手、结对子”，推进少先队活动阵地和标志标识

标准化建设工作，少先队工作在全区实现“三个走在前列”，即完成各级中小学少工委组织全覆盖工作、少先队活动阵地和标志标识标准化建设工作、少先队“每周一课”规范化建设工作均走在全区前列；同时制作符合林芝特色的“雏鹰奖章”“获章证书”及“争章手册”，设计奖章8枚。做好青年交流联谊工作，举办“团委有约·缘来是你”单身青年联谊会，到米林县南伊乡琼林村，组织开展“团委有约·缘来是你”——第十届边疆单身青年联谊活动，为单身青年搭建可靠婚恋交友平台。以党史学习教育和“三更”专题教育为契机，加大团干部培训力度，与广东省团校建立长期培训合作计划，组织40名基层团干部和边境一线团干部到广东培训交流。强化团干部的政治素质培训，规范团员发展和日常管理，规范入团评价标准，全面从严管理团队。

（团市委）

林芝市妇女联合会

【概况】 林芝市妇女联合会内设办公室（政工人事科）、权益科、妇女发展科、妇女儿童工作委员会办公室4个科室。下设妇女儿童活动（培训）中心、机关后勤服务中心。2021年，协调人社、农业、教育、财政等相关部门支持，采取“订单式培训”的方式，举办妇女技能培训班8期，培训人员320余人，实现培训和就业无缝对接。“三八”妇女节期间，在全市范围内推选出70个“市级‘三八红旗’系列、‘巾帼’称号”人物。林芝市巴宜区特困人员集中供养服务中心等3个单位获“全国巾帼文明岗”“全国巾帼建功先进集体（标兵）”称号。推荐全国劳动模范1名、全国先进工作者1名；推荐“全国最美家庭”2户，1户家庭获“自治区五好文明家庭”称号、5户家庭获“自治区最美家庭”称号。评选表彰林芝市“三八红旗”系列荣誉18人、集体11个，“林芝市巾帼文明岗（标兵）”9个（10人）、“林芝市巾帼建功集体”11个，“林芝市五好文明家庭”11户，“林芝市第一届十大致富女能手”10人。

【理论学习】 2021年，制订《市妇联2021年党组理论中心组学习计划》，全年共组织开展学习28次。组织召开林芝市妇联党史学习教育动员大会，党组书记带头抓谋划，制定《中共林芝市妇女联合会党组开展党史学习教育实施方案》《林芝市妇联党史学习教育学习计划》和《林芝市妇联“每天1小时 连学100天 读好5本书”党史专题教育读书活动方案》。召开廉政专题学习会5次、观看警示教育片4次，筑牢思想防线。4名县级领导参加中央党校中青班、延安、浙江、贵州的理论和业务学习，选派6名干部参加市委党校理论学习。与自治区妇联、市总工会联合举办2021年村（社区）妇联主席培训班和维权岗培训2期，200余名基层新任妇联主席参加培训。结合“庆祝中国共产党成立100周年大会”“西藏和平解放70周年”和习近平总书记在西藏考察时的重要讲话精神等开展学习研讨3次，组织党史集中测试3次。党支部牵头组织党员参观市档案馆、市城市规划馆、市廉政展馆、“两路精神”展馆、琼林村“红色小木屋”等，观看《废奴》《中国医生》《停战以后》《布德之路》等影片，撰写观后感16份，集体讨论1次。

【主题活动】 2021年3月，以“童心向党、喜迎中国共产党成立100周年”为主题，与市图书馆共同开展第二届“红色书籍进家庭”活动，为林芝市广东实验小学100个家庭、15个纪检监察家庭、10个民族团结家庭和10个外来务工人员家庭赠送红色书籍973本。5月，结合国际家庭日与机关工委联合举办“传承红色家风、铸就忠诚品质”主题展，集中展示习近平总书记关于“注重家庭家教家风”的重要论述和党史基本知识及30余位老一辈革命家红色家风故事。6月，开展“红色书籍进村委、助力乡村振兴”活动，与来义村党支部共建。7月，联合市文广局、市图书馆在“智慧书屋”开展“家庭爱廉说 红色家风故事”活动，邀请“维稳、发展、生态、强边、民生、文明家庭”领域的穷达、巴桑卓嘎等8个家庭，以朗诵、讲故事、现场互动等形式重温红色家书、领悟“老西藏精神”、感受抗疫有我·幸福同行、传承家风·建设家园等红色家风故事。结合党史学习教育，制定14项办实事举措，投入资金17.08万元，开展“我为妇女儿童办实事”活动；9月，与自治区妇联到工布江达县、察隅县和波密县的10余个村庄开展以“党的光辉照边疆 边疆人民心向党”为主题的“阿佳讲堂乡村行”活动，贯彻落实习近平总书记“七一”重要讲话精神和视察西藏时的重要讲话精神；联合区妇联开展“回信记心间　争做戍边人”隆子县玉麦乡农牧民妇女群众边境研学活动，促进山南、林芝两地边境妇女交流学习。

【保障妇女儿童权益】 2021年，开展线下宣传，依托“三八”维权周、3月综治宣传月、安全生产宣传日、科技宣传活动日等重要节点，宣传印发男女平等基本国策、妇女权益保障法、未成年人保护法、民法典、反家庭暴力法、禁毒法、母婴保健法等法律法规7000余份，营造尊重妇女、关爱儿童的良好氛围。做好妇女群众来信来访接待调处工作，加强对涉及妇联重点信访人员的思想教育和动态管控工作。全年市、县（区）共接待来信来访97件，其中，市妇联4件，各县、区93件，调处率100%。市妇联到市级5家便民警务站检查妇女儿童维权服务岗工作开展情况，并提出指导意见。

开展“把爱带回家”2021寒假儿童关爱服务“四送”活动，在巴宜区鲁朗镇拉月村，邀请林芝市中级人民法院高级法官，用日常生活案例解读《中华人民共和国民法典》婚姻家庭编中的继承、赡养、婚姻、家庭教育等；开展“三进一评一倡”宣传教育活动，淡化宗教消极影响；在市儿童福利院，邀请市妇幼保健院儿科医生以儿童健康知识为主题，结合孩子们生理、心理方面的烦恼进行讲解，教育、引导孩子们健康快乐地成长；开展“阳光下共成长·特殊学童科普游园”活动，组织市特殊学校的46名学生在工布儿童游乐园了解垃圾分类、计算机技术、健康生活等相关科普知识；联合市科技局、检察院、福利院开展“阳光下共成长 福利院学童科普庆‘六一’”暨“让科普走进儿童福利院、走进家庭”活动；开展“检爱同行、共护未来”主题检察开放日活动，为孩子们讲解《中华人民共和国未成年人保护法》《中华人民共和国预防未成年人犯罪法》。

【助力乡村振兴】 2021年，结合“家家幸福安康工程”，推进“美丽家园　幸福人家”创建活动。利用“林芝微女性”微信公众号及七县（区）微信开创健康知识、科学知识、环境卫生及“美丽家园　幸福人家”创建活动信息窗口发送相关信息，促进妇女群众养成良好个人卫生习惯、家庭

2021年9月5日，自治区妇联党组成员、副主席龙措（左四）一行到林芝市察隅县察隅镇调研妇女生产生活情况，林芝市妇联党组副书记、主席晓红（左五）陪同　（市妇联　供图）

卫生观念。组织四级妇联主席带头开展“大宣讲”活动，号召巾帼志愿服务队、女党员、女（妇联）干部参与辖区环境卫生整治工作，妇女群众逐渐成为乡村环境整治的主力作用。

抓好妇女群众关爱服务，在“三大节日”和“5·12”护士节走访慰问市人民医院、藏医院、妇幼保健院、疾控中心检验科一线医务人员和各县（区）一线医务人员12人，发放慰问金1.8万元；组织干部职工为米林县贫困妇女捐款4600元、为河南捐款1万元；为全市基层一线环卫女工、妇女群众等发放隔离霜800支，为察隅县、墨脱县的8所小学500名女童发放爱心包500个。

2021年8月2日，自治区妇联党组成员、副主席邓晓红（左二）检查指导“妇女儿童之家”建设情况　（市妇联　供图）

【落实“两规”工作】 2021年5月，市政府妇儿工委办组织成员单位召开林芝市“十三五”“两规”迎检及“十四五”“两规”编制工作部署会和自治区“两规”终期评估迎检工作电视电话推进会，传达学习《“两规”实施情况终期评估到地市督导工作流程》的通知精神，通报“两规”实施情况，了解迎检工作准备情况、存在的问题及困难，安排部署迎检工作。6月，自治区“两规”评估组一行到朗县、米林县、波密县、墨脱县、林芝市儿童福利院、特殊学校以及工布儿童公园等地以入户走访、查阅资料等形式，就林芝市在实施“十三五”妇儿“两规”中，妇女儿童在教育、卫生、社会保障、生活环境等方面的工作进行评估验收。召开自治区“两规”终期评估汇报会，集中观看林芝市“十三五”妇儿“两规”工作专题片——《乘风破浪　扬帆远航　奋力推进林芝妇女儿童工作再上新台阶》，听取市教育局、市卫健委等5家成员单位的专题汇报，市政府副市长、市妇儿工委主任强巴央宗汇报林芝市“十三五”“两规”工作开展情况。评估组一行从“两个有力、两个显著”（顶层设计有力，工作措施有力，工作成效非常显著，能力水平显著提升），肯定林芝市妇女儿童事业在“十三五”期间取得的成绩，并就下一步工作提出针对性的指导性建议。

通过督导检查、召开“林芝市2010—2020年妇女儿童发展规划实施情况新闻发布会”等举措，对妇女儿童健康、妇女儿童受教育水平、妇女参与经济能力、妇女社会保障、妇女参政议政水平、妇女儿童生活环境、妇女儿童合法权益七个方面取得的成绩和经验进行总结。至2021年，“十三五”期间林芝市确定的“两规”各项量化指标达标，婴儿死亡率由2010年的25.02‰下降到9.86‰；九年义务教育巩固率96.53%，农牧民子女从学前到高中15年免费教育实现全覆盖；林芝市党代表、人大代表、政协委员中女性占比分别为25.48%、24.48%、24.79%；兑现“两癌”救助金84万元。

市发改委拨付20万元“十四五”“两规”编制资金，市政府妇儿工委办委托自治区党委党校编制新“两规”。8月中旬，自治区“两规”编制专家组到察隅县上察隅镇、下察隅镇调研“十四五”“两规”编制工作，组织35家市直成员单位召开编制新“两规”调研座谈，听取各成员单位实施“两规”存在的困难和问题，围绕妇女儿童与健康、妇女儿童与教育等方面就编制工作进行交流，为专家组科学编制“十四五”妇女儿童发展规划、推动妇女儿童事业健康发展奠定基础。

（市妇联）

林芝市工商业联合会

【概况】 林芝市工商业联合会内设办公室（政工人事科）、经济联络科、组织会员科、光彩事业中心4个科室，全市共有各级工商联（商会组织）8个。其中林芝市工商联（商会）1个，县（区）工商联7个。2021年，全市实有各类市场主体31998户，实有注册资本（金）2935.58亿元；民营经济市场主体31077户，注册资本（金）595.75亿元，占市场主体总量注册资本总额的97.15%、20.29%，同比增长15.67%、39.41%。民营经济税收完成21.43亿元，同比增长22.44%，增收4.11亿元，占总税收收入95.50%。全市会员总数994家（其中企业会员699家，团体会员6家，个人会员289家）。全年，全市工商联完成提供就业岗位212个，协助招商引资到位资金2亿元。

【政治建会】 2021年，贯彻落实中央第七次西藏工作座谈会和习近平总书记在西藏考察期间的重要讲话精神，印发宣传工作方案，组织民营企业集中学习10余次，专题研讨2次，座谈交流5次，受教育职工达200余名。以非公行业党委为阵地，聚焦党史学习教育，为全市17个非公企业党支部96名党员量身制定学习计划、学习内容、学习方案和活动载体，开展“提升党员修养、打造特色支部”主题活动9次。为中国共产党成立100周年暨西藏和平解放70周年献礼，由民营企业员工及市工商联干部职工组成的民营企业代表队参加林芝市“再唱山歌给党听”歌咏比赛，获得二等奖。鼓励奇正藏药参加第16届西藏青年五四奖章申报；4月2日，做好自治区、市“两优一先”推荐工作；6月4—10日，推荐5名民营经济人士参加西藏和平解放70周年庆祝活动，并做好政审工作；推荐第二届党代表2名、人大代表3名、政协委员16名；12月中旬，市委统战部副部长、市工商联党组书记余水深入朗县、米林县和各民营企业宣讲党的十九届六中全会和西藏自治区第十次党代会精神。

【团结立会】 2021年，开展理想信念教育活动，研究制定全年工作方案，印制各类法律汇编、宣传手册、宣传单1000余份，利用综治宣传日向非公企业累计发放宣传资料700余份，覆盖300余人。开展法律“七进”“春雨润苗”等活动，向民营企业宣传合法合规经营理念。依托第十九届桃花旅游文化节和全国工商联系统援藏工作座谈会，对接广东、江苏、上海、福建、四川及拉萨工商联，邀请区内外100

2021年11月19日，市工商联机关党支部非公经济行业党委进社区开展党员先锋志愿服务共建活动 （市工商联 供图）

余名企业家到林芝参加第十九届桃花旅游文化节暨粤林产销投资对接座谈会和参观考察，投资兴业。密切联系企业，挖掘企业典型。推荐会员企业参评各类评优评先，其中华庭房地产开发有限公司获 2020 年“全区脱贫攻坚先进集体”，朱拉松茸加工农民专业合作社获 2020 年“中国最具影响力农产品加工品牌”，林芝银丰农牧科技有限公司、西藏林芝圣域农牧综合有限公司、林芝墨脱茶业有限公司、西藏蕃腾农牧生态有限公司获 2021 年“第六批西藏自治区农牧业产业化龙头企业”称号。

【服务兴会】 2021 年，落实《对口支援合作协议》，3 次到广东省工商联对接任务清单，与广东省工商联协商解决各县（区）公务用车和改善办公条件资金，9 月落实到位资金 350 万元；其中佛山市工商联向墨脱县工商联捐赠 10 万元经费。服务民营企业高质量发展，多渠道拓宽经济服务。4 月 13 日和 4 月 25 日，组织 105 家企业负责人在人行会议室和五洲皇冠会议厅参加林芝市 2021 年第一季度政银企对接会、林芝市 2021 年政银企专场对接会，通过座谈交流、宣讲和签订贷款电子协议，提高民企对政府、金融机构最新政策的知晓率，缓解“贷款难、融资难”等问题。12 月 12—18 日，林芝市工商联在武汉举办民营经济人士培训班，共有 24 名民营经济人士参加。

2021 年 9 月 10 日，佛山市工商联向墨脱县工商联捐赠 10 万元工作经费 **（市工商联　供图）**

【改革强会】 2021 年，加强商协会建设，成立湖南商会、福建商会、临夏商会。举行林芝临夏商会成立大会，市委常委、统战部部长达瓦出席致辞，各地临夏商会代表共 250 人参加大会。主要领导及分管领导深入各商会开展调研督导 12 次，推动商会建设工作。依据《工商联组织建设工作五年规划（2018—2022）》《2020—2022 年全国“五好”县级工商联建设工作实施方案》，开展“五好”（政治引领好、队伍建设好、商会发展好、作用发挥好、工作保障好）县级工商联建设。林芝市七个县（区）工商联均获得全国“五有”或“五好”县级工商联称号，实现“五好”县级工商联全覆盖。做好工商联建设工作，林芝市工商联召开一届六次常委会，选举工商联党组副书记格桑卓嘎为林芝市工商业联合会第一届执委、常委、主席（会长）。

【抗疫抗灾】 2021 年，市工商联召开党组会议研究疫情防控工作 1 次、疫情防控工作安排部署会 4 次，强化领导干部职工疫情防控思想意识，落实防控工作责任；做好带班值班制度，制定年度疫情防控方案、应急预案、“三包”工作方案等，同时定时检查、更新、储备疫情防控物资，每周制定在岗人员疫情防控体温测量表，将防疫工作落实、落细。向民营经济人士宣传防疫政策、知识及相关培训，组织民营经济人士开展疫情防控演练，鼓励会员企业捐赠防疫物资、资金等。林芝市、县（区）工商联 113 家会员企业向自治区、林芝市、县（区）人民政府、其他省市疫情严重地区累计捐赠疫情防控资金、物资折合人民币1200万元，其中向各省市累计捐赠疫情防控资金及物资折合人民币280万元；向区内各级防控部门累计捐赠疫情防控资金、物资折合人民币920万元。8月3日，在河南抗洪救灾中，市工商联号召35家企业向灾区捐款13.15万元。

（市工商联）

林芝市残疾人联合会

【概况】 2021年，林芝市残疾人联合会立足新时代残疾人事业高质量发展“三个赋予、一个有利于”要求，依托残疾人基本服务状态和数据动态更新，精准掌握残疾人需求，开展“进残疾人家庭，访残疾人需求”大走访活动，摸清残疾人的家庭状况，了解残疾人康复服务需求、就业培训需求、托养服务需求、无障碍改造需求、辅具适配需求、文化体育需求等，实现由“人找政策”向“政策找人”转变，集中解决制约残疾人事业发展的问题，增强林芝市8659名持证残疾人获得感、幸福感、安全感。

【残疾儿童康复救助】 2021年，贯彻《林芝市残疾儿童康复救助实施办法（试行）》，开展2例听障儿童人工耳蜗免费植入手术，为听障儿童家庭解决相关费用16.8万元；集中组织工布江达县7名残疾儿童到重庆医科大学附属儿童医院免费康复救治，在市特殊教育学校开展7名人工耳蜗术后儿童言语康复训练；投入资金68.04万元，在林芝市残疾人康复服务中心对181名有需求的残疾儿童开展筛查评估，对54名脑瘫（肢体）、智力障碍（孤独症）、听力（言语）障碍儿童进行为期八周的“一对一”康复训练。

【残疾人就业创业】 2021年，以残疾人创业带动就业，实施残疾人创业扶持。根据残疾人自主创业和自谋职业需求，组织25名残疾人参加SYB（创办你的企业）创业培训班，针对每名残疾人不同创业项目，提供2万元的创业扶持，学员创业率96%；增强各用人单位安置残疾人岗位积极性，为市（中、区）直11家单位推荐残疾人保安、保洁、门卫等岗位12人，达成就业8人；推荐12名残疾人开展订单式培训，为用人单位和残疾人提供双向服务。

【公益助残服务】 2021年，为各类残疾人发放助听器、拐杖、坐便器、轮椅、护理床等各类辅助器具1100余台（件、套），发放惠残政策宣传手册800余份，走访慰问76名残疾人，发放慰问金3.8万元。开展志愿助残、文化体育助残等公益活动，工布江达县拉姆残障缝纫友谊合作社理事长拉姆荣获“全国脱贫攻坚先进个人”奖，波密县残联理事长次仁央宗获“全国残疾人事业先进工作者”称号；推介林芝残疾人代表拉姆参加中国残疾人脱贫

2021年9月23日，江苏省残联党组成员、副理事长杜晓镇到林芝市考察调研残疾人就业、康复和托养工作 （市残联 供图）

故事分享会，选派残疾人在十一届残运会上取得50米赛事银牌和听障标枪第八名的好成绩，林芝残疾人以“自尊、自强、自立、自信”的精神风貌践行感党恩、听党话、跟党走。

【权益保障】 2021年，开展残疾人证“跨省通办”，开创全程网办、异地代收代办、多地联办等方式，为申请人提供申请受理、审查决定等便民服务，办理残疾人证“跨省通办”3份。投入资金30万元，分批次对240名村（社区）残协专职委员进行任职培训，提升综合素质和能力。

【政治建设】 2021年，林芝市残联建立《林芝市残联党员“三包”和进社区志愿服残长效机制》，上门开展残疾人慰问帮扶、心理疏导、辅具适配等康复服务，推动机关党建、残疾人工作、驻村点工作部署深度融合，各项目标任务全面完成；开展庆祝中国共产党成立100周年和西藏和平解放70周年系列活动，开展“紧跟总书记足迹、做到‘两个维护’”“走进红色小木屋”等主题党日活动，组织参观廉政教育基地展览、观影《布德之路》《长津湖》，开展“六一文艺慰问进特校”“九九重阳节文艺慰问进五保供养中心”等群众联谊活动，丰富党群文化生活。全年共召开党组理论学习中心组学习会33次，开展学习研讨14次、理论测试3次，班子成员上党课4次；党支部开展学习18次、主题党日活动13次；以开展村社区残疾人专职委员培训、残疾人SYB（创办你的企业）创业培训为依托，邀请党校老师在残疾人中宣讲中央第七次西藏工作座谈会和习近平总书记视察西藏重要讲话精神6场次，400余名残疾人接受教育；以村（社区）残协专职委员为基石，拓展残疾人事业宣传面。米林县、巴宜区、察隅县残协专职委员宣讲助残惠残政策70余场次，开展志愿助残活动20余场次，200余名残疾人得到关怀帮助，引导残疾群众树立“三个离不开”、增强“五个认同”。

2021年2月2日，市残联走访慰问奇正藏药残疾职工 （市残联供图）

（市残联）

法 治

政法 综合治理

【概况】 2021年，中共林芝市委政法委员会内设市委政法委办公室（政策研究室）、政治处、执法监督科（市司改办、市法学会秘书科）、维稳指导科（政治安全科、反邪教协调科）、综治督导科（专项行动办公室）、基层社会治理科、政法信息化建设指导科（宣传教育科）、铁路护路联防办公室8个行政机构，内设社会管理信息中心1个事业单位。2021年，坚持把“平安林芝”建设作为“一把手”工程，纳入经济社会发展总体规划和年度目标管理，46个成员单位加强对维护政治安全、维护社会稳定、宗教领域维稳等12个重点领域专项组的工作推进。召开2021年度平安林芝建设领导小组会议，审议通过《2021年林芝市平安建设（综治工作）要点》，细化“组织协调”“维护稳定”“治安防控”“依法治理”“市域治理”等8大类69项138个具体任务，全面推动2021年平安建设（综治工作），研究制定《2021年林芝市平安建设县（区）考核评价细则》，确保平安建设各项措施落实落地。全年全市创建国家级平安县1个，自治区级平安县7个、县域平安边界2个、平安校园1所、平安医院2所、平安景区1个，市级平安县（区）7个、平安乡镇56个、平安单位240家、平安企业40家、平安村（居）303个、平安小区20个、平安寺庙61座、平安校园80所、平安医院63家、平安家庭441户、平安景区17个，县级平安边界7个、平安市（商）场12家、平安宾馆（酒店）29家、平安寄递8家。

【矛盾纠纷排查化解】 2021年，发挥便民警务站、网格职能作用，依托“创建枫桥公安派出所”“百万警进千万家活动”，健全党政军警民协调联动工作机制，围绕“双拖欠”、拆迁补偿、拉林铁路、大型工程、易地搬迁等矛盾纠纷，全年累计排查矛盾纠纷375起，调处347起，调处率92.5%。推行“每月一排查”和重点敏感时段随时排查化解制度，全年累计接涉法涉诉信访事项49件，办结39件，办结率为80%；组织全面梳理评查各系统涉法涉诉信访案件，梳理涉法涉诉信访案件91条，均化解。按照重大事项社会稳定风评评估审批程序，累计评估审查、审批和备案项目729个和活动类11个。

【扫黑除恶专项斗争】 2021年，召开扫黑除恶部署会、推进会、专题会、协调会、分析会70余次，健全完善专项斗争期间制定的“一把手”负责、联席会商、通报约谈、签字背书、承诺背书等工作机制10项，开展线索直核、协核，提高打击精准性、实效性，聚焦重点行业领域突出问题专项整治工作，制发“三书一函”26份，全部完成整改，建立长效机制13个。

【提升基层治理能力】 2021年依托四级“综治中心+网格”，全面整合7个县（区）、46个成员单位社会治理职能，配齐乡镇（街道）政法委员56名，配强综治专职干事182名，择优选拔网格管理员7264名。统筹基层党支部、“双联户”党小组等党组织团结一致，发挥综治组织、治保会、调委会等群防力量基层优势，运用平安守护队、群防群治、“四护队”、民兵、保安、护边（林）等“红袖标”队伍，包括基层综治组织586个2195人、治保会506个2255人、调委会570个2546人、平安守护队726个6316人，助推社会治理，提升全市基层治理能力。

【“先进双联户”创建】 2021年，调整充实各级“先进双联户”创建工作领导小组，层层签订工作责任书，设立专项工作办公室，确保“先进双联户”各项工作有序推进。科学划分联户单位6510个，成员5.8万余户23.8万余人，实现“双联户”工作全覆盖。根据《西藏自治区“先进双联户”创建评选活动实施方案》，落实“先进双联户”各项优惠政策措施，办理享受高考加分政策1人，享受高校毕业生公开考录考试加分政策62人。

【市域社会治理】2021年，调整充实平安林芝建设工作领导小组，下设市域社会治理组及36家成员单位，召开专题部署会1次、推进会1次。制定印发《林芝市市域社会治理现代化试点工作实施方案》，出台市域社会治理现代化试点工作三年方案、指标，制定37项分解任务，细化具体措施102项，突出7项推进重点和年度特色任务清单，并定期督促落实。指导各县（区）确定全市第一批市域社会治理试点乡镇7个、试点村居15个。确定市级层面有关矛盾纠纷多元化解机制建设、综治工作中心标准化建设工程的重难点问题试点项目。结合林芝实际确定防范化解政治安全风险和防范化解网络安全风险两项市域社会治理推进项目。

【护路联防】2021年，成立市、县（区）铁路护路联防工作领导小组及办公室，将铁路护路联防工作纳入本地、本辖区平安建设（综治工作）总体规划。签订铁路护路联防工作目标管理责任书，制作管段图及巡逻守护路径图，明确大队、中队、守护点管辖区域范围和巡逻守护路线。建立完善路地双方齐抓共管工作机制、建立健全配合协调、巡护值守、工作职责机制等52项，完善、强化处突演练和应急处突工作方案，建立铁路护路联防工作各类台账70余本。开展铁路沿线督导检查，组织开展护路联防工作人员实地交叉观摩学习交流。落实信息梳理，通过政治审查、思想教育各环节工作，招录专职护路队员共356人。开展封闭式岗前培训14天，选派参加区党委政法委护路办培训30余人。开展铁路沿线环境安全治理，全线累计开展排查巡逻80余次，排除突出问题隐患10个，开展环境安全治理120余次，清理环境卫生区域500余处。兑现专职护路队员工资，向市政府申请解决专职护路队员每人每月300元生活费的问题，累计组织开展“5·26”我爱路主题宣传、综治宣传教育等活动20余场次，发放各类宣传资料4500余份，受教育群众3000余人次。

【法治保障】2021年，组织人员开展调研，形成《林芝市政法系统关于执法司法制约监督体系建设情况的调研报告》《强化法治建设　助力新时代政法工作高质量发展调研报告》《林芝市政法系统持续推进政法领域全面深化改革情况调研报告》，确保市委政法领域全面深化改革各项任务落地落实。制定印发《2021年元旦、春节、藏历年期间市委政法委涉法涉诉信访工作方案》等，针对关键节点各类不稳定因素，科学部署防控力量，强化信访矛盾纠纷排查力度。制定《林芝市委政法委关于开展落实“三个规定”情况的专项整治工作活动方案》，形成并上报《林芝市关于执法司法领域存在的突出问题及对策建议的调研报告》等专题报告4份。组织对2018年以来市政法单位办理特定范围内131件案件的交叉评查，查找问题线索并核查整治，以评促改，提升政法单位执法司法公信力。新发展法学会会员5人，全市中国法学会个人会员达319人，团体会员25个。举办“双百”法治宣讲专场报告会113场次，听众达7.15万人次。推进覆盖全市7个县区法治文化基层行活动，举办各类法治宣讲宣传、法律服务2151场（次），直接受众16万人次，发放宣传资料20万余份。

【法治宣传】2021年，开展“三月”综治宣传月、“六月”宣传周、“9·16”平安西藏宣传日集中宣传活动，设立宣传点329个，出动工作人员1763人次、车辆346台次；悬挂横幅、滚动播放宣传标语244条，展出宣传展板200幅，发放宣传资料5.7万余份（册）、宣传光碟700余张，受教育群众达7.6万余人次；设立法律咨询服务点139个，宣传各类法律法规、惠民强农政策135余种，接受法律咨询1638人次；发放价值11.58万余元的雨伞、围裙、购物袋、玻璃杯、圆珠笔等各类宣传物品。制定印发《林芝市2021年政法舆论宣传工作实施方案》《关于进一步做好新时代林芝政法宣传舆论工作的实施意见》《林芝市政法系统学习贯彻习近平法治思想宣传工作方案》等，建立健全纵向贯通到县、横向覆盖政法各单位134名的政法网军队伍，组建反诈联盟宣传队伍10支，同步吸收"美团外卖""饿了么"义警成员300名，利用外送服务等形式开展"一餐一宣传"工作。利用"林芝政法""平安林芝"等微信公众号平台开辟政法队伍教育整顿动态专栏，发挥流动法庭、便民警务站、驻村工作队等深入群众的优势，协调交运部门在全市出租车顶灯滚动播放教育整顿宣传标语，全方位展现教育整顿活动开展情况及推进措施，共播放"政法队伍教育整顿进行时"专栏41条，《西藏日报》《林芝报》刊载相关文章70篇。

【推荐见义勇为英模】 2021年，推荐全国见义勇为个人英模候选人1名和英模群体1个，推荐全区见义勇为个人英模候选人2名和英模群体1个，上报《林芝市委政法委关于推荐重大见义勇为典型的报告》，推荐1名个人和3个集体见义勇为事迹材料；通过微信公众号进行宣传巴宜区公安局刑侦大队5名民辅警见义勇为英模的事迹；帮助困难见义勇为人员及家属解决实际困难，送去慰问金7000元。

【政法队伍教育整顿】 2021年，林芝市各级政法部门开展政法队伍教育整顿，收集问题线索1015件，办结1015件，办结率100%。纪委监委立案23件，留置1件；"四种形态"处理处分946件，其中"第一种形态"929件，"第二种形态"16件，"第三种形态"1件，"第四种形态"0件；认定"六大顽瘴痼疾"1059件862人，整改率100%。

（市委政法委员会）

2021年3月31日，林芝市政法队伍教育整顿"开门整顿、公开纳谏"座谈会召开
（市委政法委 供图）

公 安

【概况】 2021年，林芝市公安局坚持创新机制，不断适应新形势新变化，顺应党和人民新要求，推进四大体系建设，抓好公安工作会议部署任务的落实，总结经验、完善制度，解决问题、提升能力。

【党建引领警务】 2021年，落实林芝公安党建一周一学习、一月一活动、一季一党课、一年一评议"四个一"工作机制，解决基层党组织存在的"虚、软、松"等问题，打造以"党员之家、民警之家、人才之家"为主要内容的"三家"党建品牌，把政工部门建成民警的家园；通过领导带头领学、讲好党课思学、开展体验教学、开门座谈互动学、线上线下实践学等方式，推动党史学习教育开展。参观农牧学院"伟大开端"77657部队军史馆、米林"红色小牧屋"等爱国主义教育基地，共计21批600余人次；开展夜校辅导、开门纳谏等座谈会37场次，组织观看《决胜时刻》《抗美援朝》《悬崖之上》《布德之路》《跨过鸭绿江》等红色电影51场次1600余人次。全年开展理论中心组学习20次、研讨8次、专家辅导教学4次，党（总）支部集中学573学时；开展中国共产党成立100周年庆祝活动19场次，选送党员参加各种培训5人次。

【创新警务机制】2021年，市公安局在干部选拔任用时探索创新干部考察识别方式方法，把维稳一线、重大安保、急难险重作为考察识别干部的“主阵地”，推动形成全方位、立体式、多渠道、零距离的干部考察识别机制，对德才兼备、实绩特别突出的干部予以提拔使用，形成强大的正向激励效应。强化警媒合作，展现林芝公安良好形象，全年各类媒体报道767条，其中国家级媒体91条，自治区级媒体317条，市级媒体359条；“平安林芝”公众号关注人数4.3万人，抖音关注粉丝8.4万人；推出《雪域蓝》《再唱山歌给党听》《永远跟党走》《疫情下的藏青蓝》等经典作品，其中歌曲《雪域蓝》在中国警察网全国展播，《再唱山歌给党听》《永远跟党走》在“学习强国”平台播出，《疫情下的藏青蓝》在全区公安机关巡演。市公安局治安支队对辖区各娱乐场所采取“严打严控、日常监督”相结合的方式，规范管理、严守娱乐场所“四条底线”，强化林芝娱乐场所管理，组织召开联席会，建立娱乐场所管理长效机制，制定《林芝市行业场所管理规范》，指导督促治安系统民辅警学习相关法律规定，提高自身素养。市公安局交警支队为方便群众，结合林芝实际，在全市设立5家“林芝市公安局交警支队车管所机动车登记服务站”，实现全区第一家机动车登记服务站报废车业务办理、全区第一个设立自助交税机等“一站式”服务工作。巴宜区公安局将办理准迁证审批流程由7个工作日缩短为3个工作日，办理临时身份证由3个工作日变为当场办理，补办户口簿由3个工作日变为当场补办，并现场提供申请书，无须群众自行打印，增强群众对公安窗口服务工作的满意度。波密县公安局创新“三个一模式”，推进政法队伍教育整顿、党史学习教育工作。朗县公安局搭建“三官一平”（法官、警官、检察官、平安建设中心）平台，落实“六员”（当好为民解忧服务员、社情民意收集员、平安建设指导员、矛盾纠纷化解员、人民调解培训员、法律法规宣传员）工作任务，推进平安朗县、法治朗县建设。察隅县公安局依托“一标三实”工作基础，根据民居、出租屋、项目施工地等性质不同的建筑物，制定颜色不同的二维码门牌，搭建完成Ⅰ类、Ⅲ类信息采集应用平台，完善网上车管所、无违法记录证明、户籍办理、一键报警求助、群众意见建议等互联网+服务。

2021年11月20—21日，林芝市委常委、政法委书记、国安办主任、市公安局党委书记柯磊（左一）到察隅县公安局调研指导工作

（市公安局　供图）

◆“三个一模式”：组建“一个团队”，在全局中组建一个由“一把手”带领的10人宣讲团，采取送教上门、宣讲入队、驻点指导、平台推进结合方式，将学习教育任务分解表规定内容宣讲到每个点位、每名干警；用好“一套系统”，用好“村村通”视频会议系统平台，将专题讲座、书记党课、警示教育、英模精神等内容，通过视频会议系统覆盖至各乡（镇）派出所，确保

每次学习不漏一点；打造“一批标杆”，分领域梳理、汇总全国、全区、全市嘉奖干警名录，收集和整理先进事迹、岗位故事，打造一批理论强、业务优、口碑好、能示范的波密公安干警标杆，通过组织开展红色教育、英模宣讲形式，在全局干警中营造学习英模、崇尚英模、争当英模的良好风尚。

【教育整顿队伍】针对教育整顿中的实际问题，以及执法办案、信息化建设、项目工程、选人用人、行政审批、服务群众等滋生腐败、容易发生问题的领域，市公安局党委通过数据分析、调研论证，修订完善《林芝市公安局轮岗交流管理办法》《林芝市公安机关关于禁止使用刑事手段插手干预经济纠纷“八个严禁”的规定》等制度规定46项，形成制度体系，将教育整顿成果转化到为民办实事的具体举措，转化到业务水平维稳能力的提升。

（市公安局）

检 察

【概况】2021年，全市检察机关办理各类案件723件。其中，刑事案件580件、民事案件33件、行政案件9件、公益诉讼案件101件。全市刑事检察“案—件比”为1.13，较2020年下降27.1%；认罪认罚适用率86.01%，上升2.3个百分点，办案质效呈现向好态势。

【坚持政治引领】2021年，创建“知信行·检察蓝”文化和绿色检察两大品牌，通过“123456工作举措”，把党中央、区党委和市委各项决策部署落实到检察工作中。落实《中国共产党重大事项请示报告条例》《中国共产党政法工作条例》，依规向各级党委、政法委和区检院请示报告重大事项和案件36件次。落实意识形态工作责任制，统筹推进三大教育，推进党史学习教育走深走实，做到“真学真懂、真信真用、真抓实干、真心为民”。坚持抓源治本，确保政法队伍教育整顿高标准推进，通过“七个一”（一场部署会、一封致家属的信、一份告知书、一份自查报告、一场谈心谈话、一场民主组织生活会、一场座谈会）措施，排查整治检察系统内部“六大顽瘴痼疾”99个，推动建立健全长效机制30项。

◆“123456工作举措”：“1”即一个品牌，“知信行·检察蓝”。“2”即“提笔练文”和“读书分享”两项活动，是基础，旨在强化检察队伍的基本能力建设。“345活动方案”是载体，即“知之队”围绕演讲、辩论和青年论坛赛三项活动重点推进；“信之队”围绕主题征文、党史知识竞赛、庆“七一”系列活动和支部“共驻共建”四项活动统筹部署；“行之队”聚焦“检察大讲堂”“检察官以案释法”“十堂精品课”“优秀公诉人竞赛”“法律文书评选”五项活动发力，找弱点、破难点、做亮点，在知行合一中着力解决“怎么干”的问题，引领年轻干警在实践中增长解决问题的新本领、在知行合一中主动担当作为，把党中央的各项决策部署转化为具体思路、具体措施，落实在各项检察工作中，以

2021年2月7日，市检察院召开全市检察工作会议（市检察院　供图）

创新实干、务实担当去破局求新，以“求极致”的工作态度赢得群众满意。“六大团队”行于实践，即“我为群众办实事”工作团队、“绿色检察”品牌创建工作团队、“案－件比”研判工作团队、未成年人检察工作团队、认罪认罚从宽制度研判工作团队、“普法”工作团队，团队旨在坚持系统观念、法治思维、强基导向，坚持讲政治与抓业务有机统一。

2021年11月9日，市检察院党组书记、检察长尼玛次仁到察隅县独龙江（吉太曲）流域开展巡河工作　（市检察院　供图）

【平安林芝建设】 2021年，围绕人民群众平安需求，全市批准和决定逮捕各类刑事犯罪167人，同比上升36.9%；起诉279人，同比下降29.2%。依法批捕故意杀人、故意伤害等暴力犯罪20人、起诉31人，依法批捕侵犯公民人身权利、民主权利犯罪22人、起诉33人。开展扫黑除恶斗争，加强行业监管和专项整治，巩固专项斗争成果，坚决打击黑恶势力及其“保护伞”，确保城乡安宁、群众安乐。服务常态化疫情防控，提升依法处置公共卫生事件中相关案件的能力。部署开展“司法工作人员职务犯罪侦查百日攻坚”行动，发挥检察一体化优势，立案侦查司法工作人员相关职务犯罪4件。依法对区内有重大影响的职务犯罪案件提起公诉，保持对腐败犯罪的高压态势。

【保障经济发展】 2021年，全力服务保障经济社会高质量发展。依法维护企业合法权益，平等保护各类市场主体，开展涉企案件“挂案”清理工作，走访民营企业14家，提供法律咨询14次，为民营企业提供定制检察服务。参与防范处置涉众型经济犯罪，依法起诉破坏市场经济秩序犯罪3人。主动参与“断卡”“净网”行动，依法批捕电信诈骗案件23人。服务巩固脱贫攻坚成果和全面推进乡村振兴，依法发放司法救助金17.9万元。

【创建“绿色检察”品牌】 2021年，推行“河（湖）长＋检察长＋警长”检察公益诉讼协作机制、检察公益诉讼与生态损害赔偿衔接机制，开展“绿色检察”品牌创建，依职权立案生态环保公益诉讼案件49件，发出诉前检察建议34件。办理非法采伐国家重点保护植物，非法猎捕、杀害珍贵、濒危野生动物刑事附带民事公益诉讼案件7件。排查清理污染和非法占用河道165千米，清理被污染水域面积8466.67平方米，保护被污染土壤1.9万平方米，清除处理生活垃圾、固体废弃物233吨。

【市域社会治理】 2021年，落实“少捕慎诉慎押”司法政策，依法适用逮捕措施，强化羁押必要性审查，全年不捕74人，不捕率30.1%；不诉67人，不诉率14.9%；羁押必要性审查后改变强制措施人数17人，变更强制措施率占审查人数的45.9%。聚焦办案发现的社会治理难题，精准发力，向有关单位制发检察建议90件，回复率97.8%，助推社会治理法治化。落实检察环节“谁执法谁普法”责任制，围绕“八五”普法规划实施要求，完善检察官以案释法和法律文书说理制度，开展法治进校园、进社区、进企

业、进寺庙等778场次，引导广大群众信任司法、信仰法治。

【践行司法为民】 民生司法保障 2021年，开展“我为群众办实事”实践活动，出台“检察为民十项实事”系列措施，围绕民生民利、乡村振兴、生态保护等办好便民利民惠民实事164件。依法严惩危险驾驶案48人，维护群众“身边”的安全；落实高检院“四号检察建议”，组织开展窨井盖管理专项监督，清查窨井盖9650个，就问题窨井盖及时反馈市政管理部门。开展“检察公益诉讼守护美好生活”专项活动，组织对全市各地辖区内农贸市场、超市、饭馆以及92家诊所、2家药店、1家卫生院进行安全质量专项检查，立案43件，制发诉前检察建议31件，督促相关部门消除安全隐患。

社会矛盾预防化解 2021年，坚持和发展新时代“枫桥经验”，探索在抵边村全面建成12309检察服务中心。做好“群众来信件件有回复”工作，7日内办理程序性回复案件50件，3个月内办理过程或结果答复23件。全市办理听证审查案件49件，邀请人大代表、政协委员、人民监督员及各界人士163人次参与案件听证。

未成年人保护 2021年，打击侵害未成年人犯罪，批捕5人，起诉9人。落实“一站式办案救助中心”建设，避免对未成年被害人的“二次”伤害。推进最高检“一号检察建议”，推进教师任职资格审查和强制报告制度，协助开展入职查询198人。加强青少年法治教育，21名检察官走进中小学校园担任法治副校长，开展“法治进校园”巡讲71场次，发放宣传资料1万余份，受教育人数1.3万余人。

【检察监督】 刑事检察 2021年，监督刑事立案2件，纠正漏诉7人，纠正公安机关违法活动6件。强化刑事审判监督，依法提出抗诉7件。完善刑事执行和监管执法监督，办理减刑、假释、暂予监外执行案件92件，开展看守所检察42次、社区矫正检察60次。专项开展违规违法减刑、假释、暂予监外执行案件全面排查整治。

民事检察 2021年，以全面实施民法典为契机，加大民事检察力度，办理民事裁判结果监督案件5件，依法提请抗诉2件。开展民事检察支持起诉工作，办理支持起诉案件26件，支持起诉14件，帮助210名弱势群体追讨欠薪、赡养费、损害赔偿金209万元。

行政检察 2021年，办理行政争议实质性化解1件，办理行政非诉执行监督案件1件，探索推进与自然资源等领域行政执法与行政检察衔接，破解涉土地、环境、安全生产等行政处罚决定强制执行难题。监督行政机关不规范执法案件7件，依法制发检察建议6件，促请行政机关依法行政，助推法治政府建设。

公益诉讼检察 2021年，全市共受理公益诉讼案件线索131件，依法立案101件，发出诉前检察建议68件，推动解决重点行业和领域突出问题。稳妥办理涉安全生产、公共卫生、文物保护等领域公益损害案件8件。创新加快权益恢复的工作模式，以磋商程序进行公益监督8件，在拟提出检察建议之前先促请行政机关主动履职，以最小司法投入获得最佳治理效果，发挥公益诉讼守护公益的法治效应。

【检察队伍建设】 提升专业素能 2021年，围绕“有案能办、提笔能写、开口能讲、问策能对、遇事能干”的人才培养目标，以“1个基础方案+12个活动方案”为框架，出台《林芝市检察机关“知信行·检察蓝”文化品牌创建工作实施意见》，打造“知信行·检察蓝”文化品牌，全面提升检察队伍素质能力。

基层基础建设 2021年，坚持新时期好干部标准，调整任职30名正科级干部、13名副科级干部，晋升23名干部职级、检察官等级，推进形成合理结构梯次，促进解决干部“断层”问题。加强员额检察官动态管理，调整入额2名、退额4名，配合自治区检察院完成全市第三批检察官入额遴选工作。加快智慧检务建设，完成检察业务2.0系统部署应用，建成检察听证室和赃证物保管室，以确保基层院建设有序、稳步发展。

主动接受监督 2021年，落实全面从严治党主体责任，执行“三个规定”，主动记录报告95件。自觉接受人大、政协监督，办理答复建议38件，邀请代表、委员、人民监督员及各界人士参加检察开放日等活动149人次。推进检务公开，公开案件程序性信息353条、重要案件信息16条、法律文书129份，检察工作更加开放透明。利用检察新媒体发布信息8693条，其中发布微信3786条、微博3012条、头条1192条、门户网站703条。

（市检察院）

法　院

【概况】 林芝市中级人民法院内设督察处、办公室、政治部、审管办、审判监督庭、研究室、立案一庭、立案二庭、刑一庭、刑二庭、民一庭、民二庭、行政审判庭、环境资源庭、赔偿办、执行局、司法行政装备处、法警队、技术科、司法行政辅助中心20个机构，均为正科级建制。辖区内7个县（区）法院中巴宜区人民法院设有8个内设机构，波密县、察隅县、米林县、工布江达县、朗县人民法院分别设有5个内设机构，墨脱县人民法院设有4个内设机构，均为副科级建制。2021年，全市法院共受理各类案件7659件（旧存230件、新收7429件），审、执结6935件，综合结案率90.55%。新收案件同比（3681件）增长108.07%；审、执结6935件，同比（3451件）增长100.96%。

【刑事审判】 2021年，贯彻落实罪刑法定、宽严相济等刑事政策，坚持惩罚犯罪与保障人权相统一，打击各类严重刑事犯罪，保障人民生命财产安全，严惩职务犯罪，巩固司法惩治腐败压倒性态势。落实认罪认罚从宽制度，对知罪悔罪、认罪认罚的当事人，从宽从轻处理。全市法院共受理刑事案件393件（旧存8件、新收385件），审结368件，未结25件，结案率93.64%。其中，受理刑事一审案件219件（旧存5件、新收214件），审结206件，未结13件，结案率94.06%。受理刑事二审案件23件（旧存3件、新收20件），已结22件，未结1件，结案率95.65%；受理刑事再审审查案件7件（新收），已结6件、未结1件；受理刑事再审案件3件（新收），已结1件、未结2件。受理刑罚与执行变更审查案件122件（新收），全部结案；受理刑罚与执行变更监督案件19件（新收），已结11件、未结8件。

【民事审判】 2021年，坚持把依法保障服务民生工作摆在突出位置，快立、快审劳动报酬、婚姻家庭、人身伤害等涉民生案件，妥善化解纠纷。稳妥处理民营企业经济类纠纷，为民营经济发展提供有力的司法保障。坚持把纠纷调解贯穿民事审判工作始终，推行“情、理、法”相结合调解方式。全市法院共受理民商事案件3640件（旧存106件、新收3534件），审结3288件，未结352件，结案率90.33%。其中，受理民商事一审案件3153件（旧存91件、新收3062件），审结2855件，未结298件，结案率90.55%，结案标的6.2259亿余元。受理民商事二审案件264件（旧存15件、新收249件），审结218件，未结46件，结案率82.58%，结案标的4811.09万元。受理按特别程序审理民商事案件210件（新收），已结205件、未结5件。受理民商事再审审查及再审案件13件（新收），已结10件，未结3件。

【行政审判】 2021年，与市检察院、司法局联合印发《关于促进行政争议实质化解衔接工作的实施办法》，立足促进行政争议实质性化解，加大依法行政引导力度，推进行政应诉工作，助推法治政府建设，保障行政相对人合法权益。全市法院共受理行政案件13件（旧存1件，新收12件），已结10件，未结3件，结案率76.92%。其中行政一审案

件9件（旧存1件、新收8件）中已结6件、未结3件；行政二审案件2件（新收）已结；非诉行政行为执行审查2件（新收）已结。督促机关单位、国有企业主动履行裁判义务，足额向民营企业、中小企业支付欠款4250余万元。针对案件审判中发现的管理漏洞，向有关单位发出司法建议4条。

2021年5月13日，全国政法队伍教育整顿中央第十四督导组组长李佳（左二）、副组长孙瑞标（左一）一行到林芝市中级人民法院督查指导　　（市中级人民法院　供图）

【执行工作】 2021年，全市法院共受理执行案件2891件（旧存111件、新收2780件），执结2551件，同比增长138.93%、132.12%，执结率88.24%，执结标的8.65亿元，执行到位金额2.47亿元，执行到位率51.98%。已执结案件中，终结本次执行459件，终结执行554件，执行完毕751件（自动履行432件、强制执行313件、执行和解6件），驳回申请1件，解除保全31件，无标的物实施保全55件，部分保全63件，保全完毕621件，驳回异议6件，异议成立1件，异议部分成立2件，撤回异议4件，其他方式结案3件。

制定《关于执行一案一账户管理规定（试行）》《刑事涉财产刑案件移送执行暂行规定》等制度，逐步加强执行监督管理，规范执行行为。开展执行攻坚专项行动，坚持执行“三统一”原则，统筹全市法院执行力量，集中攻克执行难案件106件；全面清理2014年以来涉刑事财产刑案件132件；在全区率先完成“一案一账户”清理工作，发放执行案款1.7亿元。协助米林县法院办理执行保全案件300件。健全执行权运行制约监督体系和廉政风险防控机制，落实“一案双查”，查处消极执行、选择性执行、乱执行等行为。全市法院始终把整治执行领域不作为、慢作为、乱作为现象作为工作重点，以严肃问责机制，规范执行行为，全年无执行干警受到问责处分。

加强执行信息化建设及成果运用，推动执行指挥中心运用实体化，加强总对总执行查控系统运用，规范“一案一账户”、网络司法拍卖工作。全市法院引入网络拍卖模式，确保需要处置标的物网络拍卖100%全覆盖，使标的物竞价更为充分，惠及案件当事人。全市法院通过网络拍卖案件17件，成交5件，成交金额400余万元，为当事人节约19.35万元。

助推诚信社会体系建设，发挥执行联动联合惩戒体系作用，加强纳入限制高消费、曝光失信被执行人、冻结查封扣押划拨执行财产等常规惩戒措施运用，打击拒执行为，构建诚实守信社会体系。全市法院通过林芝市电视台宣传报道执行工作20余次，2篇报道被国家级媒体转载报道；运用失信被执行人曝光制度，加大对拒不执行、躲避执行、逃避执行行为的惩治力度，精准适用联合惩戒措施，曝光失信被执行人456人次、限制高消费714人次、司法拘留10人次，罚款2人次。打击拒执犯罪行为，判处拒执罪1人。配合人大、政府、政协及组织等部门开展干部选拔任用诚信核查8421人次。

强化执行工作信息公开，按照37个节点全流程公开执行信息，推行执行案件监督评价机制，向每个执行案件双方当事人发放“廉政监督卡”，保障申请执行人的监督权。健全完善人大代表及政协委员执行联络机制，向人大常委会及人大代表专项汇报执行工作，主动邀请人大代表、政协委员参与见证执行全过程，自觉接受人大代表、政协委员及社会各界对执行工作的支持和监督指导。

【维护社会稳定】 2021年，结合维稳工作要求和工作实际需要，调整维护稳定工作领导小组，压实维稳、综治、安全生产等各项工作责任。召开专题会议，安排部署维稳安保各项工作，落实“三大节日”及党的百年大庆期间维稳工作要求，做到有研究、有部署、有落实、有检查，确保将“日报告”“零报告”等措施要求落实到位。完善工作机制，制定维稳工作方案及各类处突应急预案，明确细化值班、庭审、巡逻等安全防范工作，确保各项工作措施有力、责任到人。严肃维稳工作纪律，将常规检查和专项巡查结合起来，确保各项维稳措施和维稳责任落实到位。全市法院共参与维稳一线督导带班213人次，在加油站、交通哨卡等执勤697人次。

【驻村工作】 2021年，贯彻落实区党委、市委关于驻村工作的部署要求，有序推进驻村工作，完成第10批驻村工作人员轮换工作，派驻35名干警（其中，9名干警任村支部第一书记）入驻15个驻村工作点开展工作。开展支部共建及党员干部进村入户结对认亲交朋友活动23场次。发挥司法职能作用，协助指导人民调解、村“两委”班子化解矛盾纠纷66件，为民办实事71件。院党组书记到驻村工作点宣讲党的十九届五中全会精神、中央第七次西藏工作座谈会精神52场次；驻村工作队组织开展《中华人民共和国民法典》《反分裂国家法》《中华人民共和国环境资源法》等普法宣传活动97场次。

【开展扫黑除恶专项斗争】 2021年，贯彻落实中央关于推进扫黑除恶工作常态化决策部署、全国扫黑除恶专项斗争总结表彰大会部署精神，制定《扫黑除恶专项斗争涉黑涉恶线索核查工作规范》等制度，健全常态化工作机制。坚持源头治理、系统治理、综合治理、依法治理，在案件审判工作中，加强涉黑涉恶线索排查，落实“两个一律”“一案三查”要求和“案件涉黑涉恶涉保护伞线索排查表”制度，确保线索排查不留空档、不留死角。

【法治宣传教育】 2021年，在广场、街道、社区组织开展各类法治宣传活动261场次，发放宣传资料2.6万余份，现场解答群众法律咨询4600余人次。将民法典等列入“八五”普法重要内容，开展“送法进边境乡镇、进边境村居”“学好用好民法典，推进全面依法治国”“奋斗百年征程 践行法治初心主题巡回宣讲”等法治宣传活动，让民法典真正走进群众心里。市中院共派出干警140余人次到寺庙、学校、乡（镇）、村（居）开展各类法治宣传活动60场次，向农牧民群众发放法律宣传资料3800余份，为群众提供法律咨询95人次，受教育群众3000余人次。结合党史学习教育，市中院组织开展“奋斗百年征程 践行法治初心”主题巡回宣讲活动，派宣讲组到朗县、米林县、察隅县的29个边境行政村宣讲法律29场次、受教育群众1400人。七县（区）法院“车载科技流动法庭”下乡712次，巡回办案275件，开展以案释法、现场讲法活动354次。

【司法综合配套改革】 完善人员分类管理 2021年，落实《西藏自治区法官、检察官单独职务序列改革实施方案》，推进人员定岗定责管理工作，完善落实法官、法官助理及书记员单独职务序列配套制度机制。开展法官等级按期晋升、择优选升及法官

管理、考核和任免职工作。全市法院按期完成8名法官、6名法官助理职级晋升工作，提请人大对34名法官进行法律职务任免，其中，提请任命新入额法官职务26名、免去法官职务8名；完成16名法警执法勤务套改工作（其中晋升职级3人）；新招录42名聘用制书记员。健全完善人员分类管理，合议庭、独任制、审判委员会等审判组织和院庭长监督管理工作机制，规范审判权运行机制，强化司法权力监督制约。

推进案件机制改革　2021年，探索以速裁程序、简易程序为主的办案模式，推动多数纠纷通过“分”“调”“裁”渠道化解，减少进入“审”环节的案件数量，缓解“案多人少、事多人少”的矛盾。适用小额诉讼程序，提高简易程序、速裁程序适用率，实现简案快审。全市法院简案快审结案率60.34%，刑事、民事、执行案件平均办理周期分别缩短5.5天、11.1天、13.6天。结合审判工作实际，优化审判结构及人员组成，按照团队化管理模式，细化各业务条线法官、法官助理和书记员职责清单，促进办案效能最大化，并根据案件特点和审判工作实际需要，组建“速裁团队”，增设成立3个速裁合议庭及环境资源、强制破产清算、家事审判、知识产权等专门合议庭，提高审判效率和专业化审判水平。

规范司法权力运行　2021年，压实院庭长带头办案和监督管理职责，对院庭长办理重大、疑难、复杂、新类型等六类案件情况实施统计通报制度。规定院庭长、审委会专职委员、法官办案比例，全市法院庭长办案数明显上升，各层级法官办案指标逐步优化，不同岗位法官作用发挥明显。结合司法责任制要求，完善《审判委员会工作规则》，规范审判委员会工作、提升效率。市中院共召开25次审判委员会会议，上会讨论各类案件412件，其中，历史减刑假释案件407件，全年在办案件15件。严格审判流程管理，加强案件审判流程各节点监督、管理、催办，结合干警自行排查情况，以每周反馈、每月通报的方式全程动态跟踪、督促催办，确保案件审判工作规范有序。加强对长期未结案件分类督办，按照预期时间，采取部门负责人督办、审管办督办、分管院领导督办、提请审判委员会督办等方式，加大对长期未结案件的监督管理力度，提高案件审判效率，最大限度保障当事人合法权益尽早实现。市中院组织开展案件专项分析研讨会5场次，专题分析研究30件一年以上长期未结案件，加大指导督办力度，已结案件16件。加大专项督办力度，将涉民生案件、欠企业资金执行案件、涉军案件，从立案起纳入专项督办事项，确保特殊案件当事人合法权益得到保障。市中院对涉民生案件发出督办通知1次，对15件涉军案件进行周报告、周分析、周研判的方式进行处理，确保案件依法如期审结完毕。

发挥人民陪审员职能　2021年，落实《中华人民共和国人民陪审员法》和自治区高级人民法院、司法厅相关精神，拓宽人民群众参与司法工作的渠道。辖区人民陪审员参加审理案件556件591人，其中，参加刑事案件审理41件56人，参加民商事案件审理515件535人。

开展案件质量评查　2021年，细化各类案件质量评查评分标准，指导各基层法院建立覆盖全体员额法官的案件质量评查工作机制。对员额法官办理案件开展年度性常规评查，重点评查提起抗诉、涉诉信访、申请再审、再审被改判发回重审等案件，专项通报评查情况，督导相关法院进行总结分析、责任追究、整改落实。全面启动已结未归档案件合议庭及庭室自查工作，完成316件已结案件自查评查工作，抽查全市法院2061件已结案件。制定《互联网公布裁判文书实施细则》，采取线上线下监督方式，加强裁判文书质量评查及网上公开管理。市中院完成1470篇裁判文书的评查，抽查全市法院3095篇已结案件文书，对已上网的607篇存在瑕疵、错误的裁判文书发出整改通知并监督整改到位。从庭审驾驭、程序正当、人员礼仪、用语表述等十多个方面规范庭审工作，加大庭审现场安保、突发事件处置、舆情引导等庭审直播安全保障力度。市中院评查41件开庭审理案件庭审质量，抽查全市法院庭审303场次。

推进事务性工作外包 2021年，落实事务性工作外包举措，结合法院各项工作实际需求，争取党委、政府支持，将法院适合外包的辅助性事务交由企业或社会组织承担，建立购买社会化服务的工作机制。全市法院已落实安保服务、集约送达、电子卷宗随案生成3项事务工作外包。市中院另落实历史档案扫描、内网运维2项外包事务工作。通过购买社会化服务工作，推动司法审判、司法行政工作标准化建设，缓解事务性工作压力。

【推进多元化纠纷解决机制】 **非诉纠纷解决机制** 2021年，坚持把司法工作融入党委领导、政府负责、社会协同、公众参与、法治保障的社会治理体系，推动完善调解、仲裁等有机衔接、相互协调的多元纠纷解决体系，打造集诉讼引导、案件受理、分调裁审、诉讼调解、司法救助、来信来访、卷宗查询、院长接待等各类功能于一体的现代化诉讼服务中心。将诉前调解案件纳入案件管理流程，统一编列“诉前调”字号。聘请退休资深法官与专职调解员共同调处纠纷，从源头上减少诉讼增量，节约司法资源。全年40个基层治理单位、11个特邀调解组织、39名特邀调解员入驻人民法院调解平台，参与诉前调处各类纠纷1354件，诉中调解案件349件，成功调解1504件，完成司法确认170件。

全市法院共受理非诉案件722件（旧存4件、新收718件），结案718件，未结4件，结案率99.45%。其中非诉保全审查685件、管辖21件已结，国家赔偿与司法救助8件已结，破产与强制清算8件（旧存4件、新收4件）中申请破产3件已结、3件未结及强制清算1件已结、1件未结。依法对经济困难的当事人决定减免缓诉讼费137件，共计29.09万元。其中减交23件，共计2.91万元；缓交78件，共计18.94万元；免交36件，共计7.24万元。

规范立案诉讼服务 2021年，健全完善《诉讼服务中心行为规范》等15项工作制度，与市司法局、中国人民银行林芝市中心支行、中国银保监会林芝监管分局共同建立《涉金融保险解纷行业调解工作规范》《关于开展律师调解工作的实施意见》等工作制度，健全完善《全市法院全面贯彻落实立案登记制的工作方案》《关于加强和规范登记立案工作实施细则》《网上立案和跨域立案办法》，全面落实立案登记制，落实一次性告知制度。推动网上立案、跨域立案、网上缴费、在线调解、互联网庭审等业务功能全覆盖。开通立案“绿色通道”，对涉及老年人、未成年人、残疾人、农民工等追索劳动报酬、赡养费、抚养费、扶养费、抚恤金等涉民生案件实行优先登记立案，维护当事人的合法权益。全市法院网上立案922件、跨域立案118件、电子送达各类法律文书4.85万件次，通过“12368”诉讼服务热线解答群众来电咨询1554人次，诉讼服务中心接待群众2万余人次。

推动人民法庭工作 2021年，落实“谁执法、谁普法”职责，开展“送法进村”等活动，打通司法为民服务“最后一公里”。在交通沿线村居、旅游景区设立“司法便民服务牌”、便民服务箱等，为群众提供司法便民利民服务。利用“车载科技流动法庭”开展巡回审判，对适用简易程序的进行就地审理、就地宣判、就地解纷，推动多元化矛盾纠纷化解和速裁工作服务基层、贴近百姓。乡镇人民法庭审结民事类案件310件，调处各类矛盾纠纷128件，开展法治宣传101场次。推动法官包乡镇、村居全覆盖，开展送法上门服务116次，调处矛盾纠纷76件。

畅通涉法涉诉信访通道 2021年，完善《领导干部接访日工作制度》，坚持每月1日、15日由院长、副院长、党组成员、审判委员会专职委员轮流开展接访工作，共接待来访群众166人次，帮助群众解决问题53件。抓好重点信访案件的排查、化解等工作，完善涉诉信访问题摸排

化解工作机制，定期排查梳理重点信访问题，畅通信访渠道，依法予以化解。全市法院接待群众来信来访1次（1人）。

【智慧法院建设】 2021年，坚持信息化服务司法审判，推进“互联网＋诉讼服务”建设，推动智慧法院建设向节省司法资源、便利群众诉讼、提高司法效能的方向迈进。引用信息化4.0版，加大各类数据收集运用，为正确分析研判司法审判态势、科学合理制定措施提供数据支撑。推进诉讼费管理系统建设，利用现代信息科技拓宽当事人网上缴费渠道，实现诉讼费的线上对账和退费管理。

推进科技法庭、远程提讯、互联网法庭及智能庭审功能整合，建设具备智能庭审、异地庭审、远程质证、远程庭审、互联网庭审、多方远程庭审等多端业务协同的智慧法庭。借助语音识别、人工智能、新视频科技、智能硬件终端等，简化庭审事务性工作办理，减轻庭审工作量和诉讼参与人诉累。

通过集约送达中心，灵活采用直接送达、微信送达、电话送达、邮寄送达、公告送达等法律规定方式，向当事人送达法律文书，推动文书送达管理工作科学化、规范化、高效化运行，提高案件办理效率。法律文书平均送达时长2.55天、送达成功率90.95%。

通过办案平台加强法律法规智能推送、法律文书自动生成及智能纠错推送运用，提高辅助信息智能生成及实时推送能力，为辅助法官办案、提升审判质效提供支持。深化庭审记录改革，推广庭审语音识别系统，提升司法产出能力。

围绕领导决策分析、绩效考核的需要，推进集目标管理、业务管理、人员管理等管理指标于一体的绩效考核系统，提升工作绩效考核考评的科学化、智能化、精细化水平。

贯彻落实《关于开展全区法院“六专四室”建设达标验收工作的通知》精神，制定“六专四室”规范化建设验收工作方案，制作《“六专四室”规范化建设达标情况评估表》，对照最高院下发的“六专四室”建设标准，逐“专”逐“室”检查10余次，召开“六专四室”建设工作推进会4场次，督促指导各县（区）法院“六专四室”规范化建设工作。全年市中院及巴宜区、工布江达县、朗县法院完成“六专四室”建设，米林县、墨脱县、波密县法院处于建设中，察隅县法院完成部分建设。

【法院队伍建设】 2021年，每月开展理论中心组学习会、每周开展支部学习会、干警周学习会，加强政治理论武装。市中院组织开展理论中心组学习会14次、召开专题民主生活会和组织生活会7次、组织开展书记讲党课2场次、组织干警集中学习54场次。坚持抓党建与审判业务融合推进，开展“推进标准化、提升组织力”活动，5月18—19日，通过最高人民法院组织力提升工程交叉互学第19调研组考评验

2021年5月18日，最高人民法院组织力提升工程交叉互学第19调研组组长、广东省高级人民法院政治部教育处副处长陈徐良（左一）到林芝中院考评验收组织力提升工程　　（市中级人民法院　供图）

收。全市法院向自治区高院上报党建工作典型案例4篇，对3名优秀党员、优秀党务工作者以及1个基层党组织予以表彰。重视干警教育培训，聚焦干部思想政治历练、增强党性修养、提升专业能力，开展干部教育培训。组织干警参加政治轮训33期71人次，参加法官学院培训58期78人次，到援藏法院学习交流培训6期43人次，自行组织培训4期460余人次。探索实施“组团式”援藏模式，邀请其他省份法院优秀人才组团到林芝“面对面”“手把手”指导立案、执行、信息化建设工作5次22人；选派干警到浙江法院开展一站式建设跟班学习8人次。开展党风廉政教育，组织干警认真学习准则、条例等党内法规，观看《巡视利剑》《失守》等警示教育纪录片48次，撰写心得体会1590余篇。

开展“三项”教育　2021年，坚持把政法队伍教育整顿同党史学习教育、“三更”专题教育结合起来协同推进，成立工作专班，制定《林芝市中级人民法院队伍教育整顿实施方案》，围绕“四项任务”“三个环节”要求，推进教育整顿各项工作。全市法院共组织开展政法队伍教育整顿专题会议76场次，组织开展党组理论学习中心组学习会115次、专题民主生活会和组织生活会16次，组织开展书记讲党课25场次，组织干警集中学习264场次、撰写心得体会1850余篇，开展各类主题教育实践活动126场次。

开展自查自纠　组织召开全市法院政法队伍教育整顿学习教育环节总结暨查纠整改环节动员部署会，制定《林芝市法院政法队伍教育整顿查纠整改工作方案》，聚焦“清除害群之马、整治顽瘴痼疾”，深化政策解读，深挖问题线索，抓好整改落实。组织召开全市法院查纠整改部署会、推进会和查纠整改问题分析会8场次，宣传解读“自查从宽、被查从严”。在谈心谈话、个人自查、线索核查、案件评查中，深入查摆存在问题，促进教育整顿自查自纠见人、见事、见案件。全市法院开展3轮谈心谈话活动，形成谈心谈话记录1060份，向在职和离退休干警发放《关于“自查从宽、被查从严”政策告知书》，组织全体干警签订“承诺书”，如实填写个人事项自查报告表3轮900余份，共核查问题线索120条，办结120条。

整治“顽瘴痼疾”　制定《林芝市法院顽瘴痼疾专项整治工作方案》，按照“6+N”模式，从9个方面明确45项整治内容。启用“三个规定”记录报告平台，制定《关于严格执行“三个规定”记录报告工作细则》《“三个规定”一案一卡制度》等，印发《防止干预司法“三个规定”材料入卷的通知》，开展“以三更标准严格落实‘三个规定’”专题学习教育，组织全市法院干警专题学习“三个规定”内容及平台填报培训3次，配合政法委向全市领导干部宣讲“三个规定”1场次；签订林芝两级人民法院严格落实“三个规定”承诺书，自查补报2018年以来落实“三个规定”1次、补报记录9条，自查补报2015年以来落实“三个规定”1次，补报记录76条，落实“三个规定”。全市法院组织召开专题民主生活会、组织生活会16场次，开展批评与自我批评，推进问题查纠整改，市中院组织召开“全市法院队伍教育整顿赶先争优交流暨审执工作推进研讨会”，围绕整治顽瘴痼疾、提升审执质效、强化服务保障、突出整改成效等进行交流研讨，通过分析存在的问题和不足，总结经验做法，推动查究整改和审执工作“两不误、两促进”。全市法院核查梳理六大顽瘴痼疾核实认定数为125件，完成整改125件。

建章立制　坚持统筹“当下治”与“长久立”，边查边整边改边建，推动个性问题与共性问题、显性问题与深层次问题一起解决。把问题整改与建章立制结合起来，全市法院围绕队伍教育整顿中暴露出的突出问题和队伍教育管理监督的短板漏洞，从正风肃纪长效机制、执法司法制约监督体系、干警素质能力提升等方面制定完善制度33项。

履职尽责　聚焦群众“急

难愁盼”问题，推出“法官释法进百家、驻村夜话解民忧、假日法庭不打烊、‘三快两先’解纠纷、司法确认促履行、司法便民暖人心、司法救助解民困、流动法庭进村居、阳光司法零距离、院长接访解难题、执行攻坚清积案、掌上诉讼云智审”等12项为民办实事活动，把教育整顿成效体现在司法为民服务上，增强人民群众获得感、幸福感、安全感。运用“三快两先解纠纷”模式，对涉农民工、老弱病残、妇幼等弱势群体设立绿色通道，快立快审快执涉农民工讨薪案件153件，为农民工讨回劳动报酬1008.3万元。开展“执行一案一账户”案款清理、失信被执行人集中曝光、清理执行难“骨头案”等4个执行专项行动，向当事人兑现执行案款4000余万元。市中院派驻巴宜区门仲村工作队，发挥职能优势，为群众追回拖欠工资10.35万元，全市法院累计为民办实事180件。

开展宣传 利用“两微一端”、宣传展板、LED显示屏等，宣传报道全市法院在政法队伍教育整顿采取的务实举措、为民办实事案例等，推进政法队伍教育整顿营造良好舆论环境和社会氛围。全市法院推出专题信息简报610期，制作专题宣传展板63块，通过市电视台召开新闻发布会2次，微信、微博公众号宣传报道850期，制作宣传微视频24个，LED显示屏滚动播放相关内容、宣传标语32期。宣传报道信息被国家级媒体采用报道11条，被西藏电视台等省级新闻媒体采访报道22次，被林芝市电视台等市级新闻媒体采访报道13次。

推动司法行政工作规范化 持续改进司法行政工作作风，落实为基层减负“三精简 三规范”工作要求，严格控制会议、发文数量，逐步规范材料报送、考评事项、督查检查工作。重视档案工作，将档案工作列入重要的议事日程，与其他工作同筹划、同部署，纳入年度工作考核目标，在院务会上听取档案工作汇报，解决工作中出现的具体困难和问题，在人、财、物方面给予档案工作保障，落实档案室“七防”工作要求，保证档案室安全环境。对收集的诉讼档案和行政档案按规定时间归档，做到对归档的卷宗及材料齐全完整。诉讼档案及行政档案实施数字化电子外包工作，提高档案便捷、高效利用。

（市中级人民法院）

司法行政

【概况】 林芝市司法局内设办公室、政治处、立法科（行政复议与应诉科）、行政执法协调监督科、普法与依法治理科、人民参与和促进法治科、公共法律服务管理科、社区矫正管理支队8个科室。有法律援助中心、公证处2个事业单位。2021年，全市共受理人民调解案件426件，成功调处393件，调解成功率92.2%，开展纠纷排查7743次，预防纠纷225件。全市共有7家律师事务所，19名专兼职律师，办理刑事案件52件、民事276件、行政复议1件、仲裁17件、非诉讼法律事务735件，参与公益法律服务类82件，参与普法35次，代写法律文书507件，提供法律咨询1259件次。全市各级普法机构共开展各类法治宣传教育830场次，受教育群众3.6万人次，发放宣传资料4.8万余份，开展举办专题培训9次，培训人数达420余人。

【政法队伍教育整顿】 2021年，全市司法行政系统教育整顿期间，共组织专题学习114次，谈心谈话30轮337余人，召开民主生活会和组织生活会各8次，签订各类责任书共计455份，撰写学习体会745篇。利用办公楼走廊制作活动专题宣传栏49个。主动说明问题41条39人；为群众解难事、办实事130件，征集意见11类共37条全部建立问题台账，做到分类汇总、底数清晰，逐项整改销账；组织填写个人自查表19次、开展大走访22次，新建各类工作制度43个、修改完善17个。

【法治政府建设】 2021年，制定《中共林芝市委全面依法治市委员会关于贯彻落实法治中国建设规划（2021—2025年）实施方案的分工方案》《中共林芝市委全面依法治市委员会关于贯彻落实〈法治社会建设实施纲要（2020—2025年）〉的实施方案的分工方案》，并下发至各单位、各县（区）。印发《2021年中共林芝市委全面依法治市委员会工作要点》，落实《依法治市建设与责任落实督察工作规定》，将依法治市建设纳入全市经济社会发展总体规划和年度工作计划，与经济社会发展同部署。创新政府法律顾问履职方式，推动政府法律顾问提前介入，按照全区推进依法治市和关于配备法律顾问的工作要求，林芝市直各单位和所辖七县（区）全部配备法律顾问，市级党政部门配备率逐步提升。制定《中共林芝市委全面依法治市委员会办公室法治督察员工作制度》，建立由24名行政工作人员和5名在藏律师组成的市委全面依法治市办法治督察人才库，明确工作职责，理顺管理机制。制定印发《林芝市法治工作重要决定和方案备案工作办法》，规范林芝市法治工作重要决定和方案备案。制定《林芝市政府规章立法规（2021—2025年）》《2021年立法科工作重点》《立法科工作进度安排表》，从工作内容、措施、完成时限等方面细化安排全年的工作。参与林芝市地方性法规制定修改工作，做好《林芝市市容和环境卫生管理条例》的修改工作。参与起草《林芝市旅游管理办法（草案）》《林芝市城市容貌标准（草案）》《林芝市生活垃圾分类管理办法（草案）》。

2021年4月25日，区司法厅党委副书记、厅长张会明（右一），林芝市副市长肖鹤（右三）实地调研波密监狱迁建事宜

（市司法局　供图）

坚持审查，有错必纠，审查回复各类征求意见42份。从源头上为行政权力的运行提供法律保障。组织、督促各级人民政府及市政府组成部门，开展政府规章、规范性文件清理，共清理政府规章1件、市政府及其部门规范性文件29件、县（区）级政府及其部门规范性文件7件。全面落实行政执法责任制，制定实施《林芝市行政执法公示制度行政执法全过程记录制度重大行政执法决定法治审核制度实施办法》，建立健全常态化执法机制和行政裁量权基准制度，推行全市权力清单、收费清单、负面清单管理制度。加强行政执法监督工作，针对林芝市行政执法现状，组织工作人员、律师到市财政局、水利局等10家单位开展行政执法监督检查，各县（区）加大行政执法监督检查，规范行政执法行为。同检察院、人民法院联合制定《关于促进行政争议实质性化解衔接工作的实施意见（试行）》，在办理行政争议案件时，形成工作合力。做好行政执法证件标准样式实施工作，加强行政执法证件管理。

强化行政复议规范化建设，

提高行政应诉效率。加大对行政复议与应诉工作的监督指导力度，开展行政复议与诉讼清理。全年共受理行政复议案件3件。推进行政复议体制改革，向市委、市政府请示汇报，与相关部门沟通协调，争取机构设置、人员配备方面工作支持。审核协议书，提出5条意见建议。完成信访复核案件，并针对办理案件中发现的问题，提出书面建议。受理信访复核案件5件，全部办理完结。

【法治宣传】 2021年，制定《林芝市2021年普法与依法治理工作要点》，明确责任，加强考核，促进林芝市普法依法治理工作规范有序开展，同时强化经费保障，全年林芝市普法经费达到人均2元。加大村（居）法律明白人工程培训力度，10月，举办工作培训班，提高基层普法队伍的工作能力和水平。将宪法、民法典、西藏民族团结进步模范区创建条例等列为全年宣传重点，依托“三官普法讲师团”“村（居）法律明白人”等队伍，围绕乡村振兴、强边固边、民族团结等领域，开展形式多样、内容丰富的宣传活动。其中市普法办结合川藏铁路项目施工实际，制定《关于川藏铁路林芝段项目施工专项法治宣传活动实施方案》，督促指导巴宜区、波密县开展专项法治宣传活动，确保项目施工合法合规。

落实领导干部带头普法制度和旁听庭审制度。建立健全领导干部应知应会法律法规清单制度，学习党内法规。通过开展各类线上答题活动，增强广大干部职工的法治意识。以法治乡村建设工作为主线，以“送法下乡，法治同行”活动为基础，通过宣传引导各族群众增强法律意识，健全完善村规民约，树立乡村法治新风尚。市司法局、普法办开展“送法进乡村”“防范电信诈骗”法治宣讲活动，工布江达县开展“乡村振兴　普法先行”法治宣传活动，波密县开展“共读民法典 送书进乡村”活动。调动法副治副校长力量，依托“开学法治第一课”活动，开展法治宣传教育。市司法局、普法办开展“拒绝校园欺凌　远离校园暴力”专题法治讲座；巴宜区、米林县、朗县开展“送法进校园”法治宣讲活动；察隅县为青少年订制赠送法律知识读本，墨脱县成立全市首个青少年法治宣传基地。利用新媒体技术，在“微林芝”“林芝司法为民”微信公众号等新媒体平台，推送相关法律法规，丰富法治宣传渠道，形成线上、线下普法工作新方式。8月，林芝市开通“法治林芝”官方抖音号，在抖音平台上推出针对群众关心的热点难点问题，进行法律法规解读。发挥法治主题公园主阵地作用，紧跟时代步伐，定期更换宣传内容，组织领导干部、青少年、农牧民参观，营造浓厚法治氛围。其中，墨脱县在公路沿线设置法治宣传栏及法治长廊建设，巴宜区、米林县加大民主法治村（居）建设力度。

【社区矫正】 2021年，紧盯社区矫正领域重点，强化管控措施和优化矫正方案，坚决预防脱管漏管和重新违法犯罪的案（事）件

2021年8月20日，市司法局召开林芝市司法行政工作推进会

（市司法局　供图）

发生，确保全市社区矫正领域“零”事故发生。开展政法队伍教育整顿，印发《林芝市社区矫正领域教育整顿实施方案》，深挖社区矫正领域“顽瘴痼疾”和执法不规范问题，针对全市社区矫正领域存在的问题，提出整改措施，确保整改到位。制定下发《关于进一步加强社区矫正领域线索摸排的通知》，要求各县（区）开展查纠整改工作。开展走访教育活动，针对 9 名困难社区矫正对象，协调相关部门，解决他们的实际困难，累计投入帮扶资金达 5800 元。加强心理咨询辅导，其中巴宜区、波密县邀请心理专家对社区矫正对象开展心理矫治活动。通过社区矫正对象档案卷宗对照自查、案件相互交叉评查的方式，查找存在的问题。推进“4 个三”工作模式，优化监管教育工作措施，把日常报告、定期报到等“常规监管措施”与公安网数据大平台和微信巡查等“信息科学技术”结合，严防脱管漏管和重新违法犯罪情况的发生。加大社区矫正工作宣传力度，巴宜区、工布江达县等开展社区矫正开放日活动。全年全市共有社区矫正对象 103 人，其中，缓刑 99 人、暂予监外执行 3 人，假释 1 人。全市无脱管漏管社区矫正对象，涉嫌重新违法犯罪 1 人，无涉法涉诉和重大群体性事件发生。

【安置帮教】 2021 年，加大安置帮教对象的走访排查及工作力度，了解安置帮教对象的思想动态及生活状况。解决“三无”人员和重点刑满释放人员过渡性安置问题，协调相关部门帮助“三无”人员解决实际生活困难。加强日常监管，发挥“双联户”在安置帮教工作的关键作用，执行“六对一”工作机制，完善“双列管”工作模式，落实各项帮扶管理措施，确保无脱管漏管以及重新违法犯罪现象发生。加强重点帮教对象的管控，落实确保刑满释放人员出监有人接、有人管，杜绝漏管失控现象。强化刑满释放人员信息管理系统的运用率和核查率，确保信息准确、核查无误。全年林芝市有刑满释放安置帮教人员 472 人，建档率、帮教率、重点人员接送率均为 100%。

【人民调解】 2021 年，弘扬和借鉴“枫桥经验”，健全落实排查预警、防范化解、依法处置机制，把基层矛盾化解在当地、解决在萌芽状态。探索建立多元化矛盾纠纷化解机制，制定《林芝市多元化矛盾纠纷调处实施方案（人民调解方面）》《林芝市诉调对接实施方案》，完善司法调解、行政调解、人民调解工作联动机制。结合村“居”两委换届，调整充实各级人民调解委员及组成人员，明确工作职责、理顺工作机制，完善工作制度；推进行业性、专业性人民调解组织建设和人民调解委员会的规范化建设，加强 56 个乡（镇）人民调解指导中心建设。将人民调解融入川藏铁路开发等“十四五”规划重大项目当中，确保项目有效实施。全市各县区开展人民调解培训，提升人民调解服务经济社会的能力和水平。全年全市建立各级人民调解委员会 571 个，调解员 4018 名，其中乡镇、街道、村居调委会 550 个，调解员 3869 人，行业性专业性调委会 21 个，调解员 149 人。

【法律援助】 2021 年，开辟法律援助绿色通道，根据青少年、老年人、残疾人和军人军属等特殊群体的实际情况，采取先办案、再受理的方式，为他们提供法律服务。扩大法律援助社会影响力，制作法律便民服务卡 300 份，为需要法律帮助的人提供多元化选择渠道。做好“双拖欠”清理工作，深入川藏铁路等项目工地，加大对欠薪违法、依法支付薪酬的普法宣传，推动对欠薪违法行为的依法治理。推进法律援助“零门槛”，免费为广大农民工提供法律咨询、代写法律文书、代理民事诉讼。做好法律援助工作六统一，推动法律援助工作规范化。年内，林芝市法律援助中心获司法部“法援惠民生扶贫奔小康”品牌活动表现突出单位。市县两级法律援助机构共办受理法律援助案件 252 件，接待来电、来访咨询共计 4070 人次，代写各类法律文书 2325 份。

【公证服务】 2021 年，推行“最多跑一次”“一次性告知制度”等特色服务，全面优化公证服务质量。创新工作方法，开展预约上门服务，解决老弱病残孕等困难群体公证需求问题，全年开展预约上门服务 60 次。实行“5+2”工作模式，在节假日及周末期间，为疫情防控一线医护人员、人民警察、消防人员等群体开辟公证法律服务通道，受理各类公证事项。市公证处共办理各类公证案件 1385 件，上缴财政国库公证费 64.84 万元，现场咨询 1700 余人次。

【律师管理】 2021 年，市司法局联合党支部活动室、律师调解室，开展律师事务所党组织规范化建设。支部书记讲党课 1 次，开展“三会一课”，召开学习党史专题组织生活会，撰写组织生活会材料及专题学习心得体会。制定律师事务所量化考核办法，定期督导检查，强化律师事务所和律师年度考核工作。开展村（居）法律顾问工作，实现法律顾问有效覆盖，有 15 名专兼职律师、6 名援藏律师参与到工作中，通过微信方式提供法律咨询 30 余人次。开展民营企业法律服务工作，为民营企业有序发展提供法律支撑，全市各律所共担任企业法律顾问 50 家，起草及审核合同 560 次，提供法律咨询 300 余次，提供法律帮助 6 余次，解决矛盾纠纷 3 次，举办法制专题讲座 45 次。建立商会加律所联系机制，全市 2 家商会与律所签订合同，其余 2 家商会进行接洽。

【基层司法行政工作】 2021 年，加强乡（镇）司法所建设的督导工作，全市共有 12 个乡（镇）司法所。“十四五”期间，各县区在边境乡镇、人口密度大乡镇统筹规划乡镇司法所。广东省司法厅投入 554 万元，用于建设林芝市、波密县、工布江达县、墨脱县等 7 个公共法律服务中心，已投入使用。

（市司法局）

边境管理

【概况】 2021 年，林芝边境管理支队按照“两级”移民管理工作会议部署，抓好边境管理体系建设、通信应用体系建设，应对各类风险挑战，开展反分裂斗争，打击边境违法犯罪活动，落实重要活动安保维稳工作，实现边境辖区和队伍内部“双安全”“双稳定”，维护林芝边境地区和谐稳定。

【边境管控体系建设】 2021 年，贯彻落实国家移民管理局《关于加强边境地区管控体系建设的指导意见》精神，协调林芝市边防委推动落实党委和政府议边管边制度，建成覆盖各涉边单位和公安机关内部各警种联席会议网络。依托国家移民管理局《新时代边境派出所工作的意见》，辐射“护游”警务效应、打造推广“羌纳”模式，搭建“一室两队”新型警务运行模式。加强沿 219 国道山南林芝、怒江林芝交界两端和咽喉要道边境检查站（点）建设，全面规范边境检查站点勤

2021 年 5 月 28 日，边境管理支队晋升警衔仪式举行

务运行，搭建林芝边境地区管控网络。

【反分裂斗争】 2021年，树立总体国家安全观，把维护国家政治安全放在首位，防范化解重大政治斗争方案、预案，打击非法组织、非法出境参加法会等行为，在重点部位、重点方向部署开展隐蔽斗争。深化各类专项行动成果，落实“24小时”双向查缉要求，推进边境治理向“要我稳定”到“我要稳定”转变。

【打击违法犯罪活动】 2021年，加强与山南、怒江支队区域警务合作，强化社会面、重点群体、两边一线三大领域管控，保持对非法出入境、贩枪贩毒、走私禁运等边境违法犯罪活动的严打高压态势。强化执法监督服务，开展案件评查、警情倒查。全面落实“谁执法谁普法”责任制，开展法治宣传教育活动，合理规划新增站点的执法场所建设改造，持续推动执法硬件建设更加规范。

【通信应用体系建设】 2021年，探索构建“情指勤舆”一体化，全面升级应急处突和重大勤务通信应用体系，发挥指挥中心信息主渠道和先期响应处置作用，依托信息化、智能化、科技化手段，“点对点”指挥调度，常态化开展应急拉动演练，确保遇有突发情况随时“拉得出、联得上、打得赢”。

（林芝边境管理支队）

军　事

林芝军分区

【概况】 2021年，林芝军分区学习贯彻习近平总书记“七一”重要讲话和在西藏考察重要讲话精神，完成“706”专项行动和庆祝西藏和平解放70周年大庆安保任务，部队建设实现开创性、突破性发展。

【思想强军】 2021年，依托中国共产党成立100周年，抓好党委中心组理论学习、部队经常性学习教育，党委常委12次带头为部队作辅导授课。维护和贯彻军委主席负责制，自上而下掀起学习贯彻习近平总书记“七一”和在西藏考察重要讲话、给“高原戍边模范营”全体官兵回信以及党的十九届六中全会精神热潮，组织党委专题研学20余次。统筹推进主题教育和党史学习教育，开展向新时代卫国戍边英雄群体学习活动，结合“两优一先”评选表彰，专题召开典型事迹报告会，边防某团被军区表彰为“先进旅团级单位党委”。开展新闻政研工作，152篇政研成果、2446篇新闻报道在省级以上媒体刊发。

【备战练兵】 2021年，完成“2·27”比日神山森林救火、“7·28”墨脱泥石流救灾和察隅“10·27”山火扑救等任务。军分区被军区表彰为“教练员培养先进单位”，边防某团被军区表彰为“强军备战先进旅团级单位”，生产第1营中士张旭被陆军表彰为“练兵备战先进个人”。

【固边稳藏】 2021年，拓展深化“五共五固”经验，助力打赢脱贫攻坚战，边防某团被自治区表彰为“拥政爱民模范单位”，来果桥边防连被党中央、国务院表彰为“全国脱贫攻坚先进集体”，该连政治指导员孙科巍被表彰为军区第三届“固边稳藏十大标兵”，军地同守共建格局不断深化。

【国防动员】 2021年，落实党管武装制度，牵头筹备召开林芝市党管武装述职会暨党委议军会，协调解决驻地部队重大现实问题25个，10个党管武装工作先进单位和30名个人受到市委表彰。深化民兵调整改革成果，专题召开民兵工作会议，完成基干民兵布局调整，动用民兵配属边防团完成巡逻伴随保障任务。做好民兵应急动员准备，制定完善国防动员措施方案，为各区（县）民兵任务分队调整补充装备器材，提升国防动员对军事斗争全局的贡献率。做好“一年两征”工作，全年完成兵役征集和兵役登记，登记率连续3年达到100%。抓好人武部正规化达标建设，巴宜区、米林县、工布江达县、朗县4个人武部一级达标。

（林芝军分区）

武警林芝支队

【概述】 2021年，武警林芝支队全面落实规划攻坚，推进“六难”问题整治，投入450万元，修缮11个单位45项生活设施。助力乡村振兴，投入20万元，帮扶八一镇唐地村开展花海旅游项目建设和修建巴河镇秀巴村温室大棚。坚持开展医疗巡诊，累计巡诊42次，开展新冠疫情检测和疫苗注射，保障官兵身心健康。

【思想政治建设】 2021年，学习贯彻习近平主席视察机动第二总队、“七一”重要讲话和党的十九届历次全会精神。贯彻落实“三个法规文件”精神，推进党史学习教育和主题教育。开展“传承‘老西藏精神’，献身新时代使命”学习整训，利用驻地红色资源，组织“兵说党史”“士兵大讲堂”和“有理大家谈、是非大家辨”群众性教育活动，支队年底被国务院表彰为“全国民族团结进步示范单位”。

【练兵备战】 2021年，规范运用“智慧磐石”科技效能，动态抓好拉动检验，深刻汲取长沙监狱、吉林监狱在押犯脱逃事件教训，组织监管羁押对象外出就医、转监武装押解等临时勤务，实现执勤连续21年无事故。完

2021年2月27日，武警林芝支队参与林芝市巴宜区比日神山森林火灾扑救　（武警林芝支队　供图）

成“两节”社会面防控、三月维稳重点工作、林芝市专项任务保障、专机警卫、中国共产党成立100周年和西藏和平解放70周年安保执勤、墨脱县“7·28”泥石流灾害抢险救援和察隅县“10·27”山火扑救等任务。

【基层基础建设】 2021年，深化总队三级书记队伍网上集训成果转化，组织《军队基层建设纲要》实践训练，把补短治弱作为夯实基层基础、提升建设质量的有效抓手。开展“正品德、严法纪、强震慑”“抓规范、治违法、遏事故”“依法从严治军”警示教育和暑期“百日安全竞赛”等教育活动，落实“大安全”工作机制，抓好条令法规学习贯彻，加大网赌网贷、酒驾醉驾、打骂体罚和不假外出等重点领域管控治理力度，落实疫情防控措施，保持全年安全无事故，林芝武警支队被武警部队评为2021年度安全工作“六无”单位。

【双拥共建】 2021年，与一区六县医院、餐饮、维修机构、超市等20余家地方单位签订应急保障协议。推进资产大清查、重点行业领域整肃、“两场会战”等工作，规范落实财经制度和物资采购，后装管理正规有序，在总队装备管理“三化”达标考评中取得总评第四名的成绩。

【组织建设】 2021年，学习《军队党的建设条例》《中国共产党军队委员会（支部）工作条例》等党内法规，贯彻民主集中制“十六字”方针，对标对表《西藏总队党委常委会议事规则》，明确党委议事“六不决策”原则，确保党委议事决策符合组织程序，提升党委科学决策、民主决策、依法决策能力。召开党史学习教育专题民主（组织）生活会，开展基层党组织规范化建设专项检查和考评鉴定工作，组织正副书记网上培训和党建法规学习辅导。

（武警林芝支队）

综合经济管理

发展与改革

【概况】 聚焦区域经济发展，开展“十四五”规划编制，优化营商环境、强化项目对接，完善招商政策体系建设，确保粮食安全，推动强边固边建设。强化经济运行监测分析，当好参谋助手。采取月调度、季调度等方式，运用经济运行联席会议机制，适时召开全市经济运行分析会议，全面加大复工复产、复市复业、保供稳市等方面的监测分析力度。

【经济运行监测分析】 2021年，加强市场价格预警监管，确保市场价格秩序基本稳定，居民消费价格指数控制在3%以内，新增9个蔬菜和肉类价格监测点，共有监测点51个，扩大居民生活品监测范围。针对11月林芝市蔬菜和粮油价格上涨幅度较大的情况，按照藏发改价格〔2021〕322号的分工要求，提前做好准备，并协调商务、农业农村等部门做好物资生产、储备等相关工作。

【重点项目建设】 2021年，结合各县区和行业部门重点项目建设计划，制定《林芝市2021年重点项目建设计划表》，完善“挂图公示”“重点项目推进会”，签订2021年林芝市重点项目建设目标责任书等项目服务协调推进机制。全年重点项目开复工项目266个，完成投资123.11亿元，完成年度目标任务的100.91%。其中：续建项目107个全部复工，完成投资90.12亿元；新建项目开工159个，完成投资32.99亿元；未按计划开工项目38个（其中资金到位未开工项目19个）。重大工程按节点推进，川藏铁路拉林段林芝境内投资154亿元，新建铁路里程195.5千米，6月25日开通运营。川藏铁路雅林段累计完成投资28.58亿元，年度累计完成投资26.37亿元；219国道墨脱—察隅段完成投资14亿元，扎拉水电站完成投资9.5亿元。

【编制“十四五”规划】 2021年，编制《林芝市国民经济和社会发展第十四个五年规划和二〇三五年远景目标纲要》（以下简称《纲要》），在全区七地市中率先完成《纲要》发布工作，提出“一核三带”新发展布局和“四区”发展定位，统筹推进市县（区）级规划工作，完成总体规划9个、专项规划17个（共20个）、区域规划2个（共3个）。

【招商政策体系】 2021年，制定《加强招商引资促进经济高质量发展试行办法》，优化园区布局，完善基础配套设施，创新体制机制，努力打造林芝经济发展的新增长极。全市在建招商引资项目共计225个，计划总投资361.6亿元，累计到位资金60.72亿元，举办招商引资活动14场次，成功签约项目31个，签约金额达44.64亿元。完成固定资产投资46.13亿元，完成自治区54亿元年度目标任务的112.44%，区内转移就业2126人，实现劳务总收入3446.33万元。

【援藏项目】 “十四五”时期广东省规划内援藏资金26.25亿元，分为智力支援、产业支援促进就业、保障和改善民生、各民族交往交流交融、文化教育支援共5大类78个项目。2021年，广东省对口支援林芝项目49个，总投资5.25亿元，投资完成率100%。

【推进强边固边】 2021年，推进“三岩”搬迁工作。累计投入资金17.29亿元，解决搬迁群众安置房、基础设施、公共服务、生产资料等配套设施，搬迁群众508户3257人。解决集中安置点配套产业项目43个，总投资1.23亿元，完成39个，完工率达90.7%，剩余4个项目为入户养殖类项目，待群众全部入住后实施。抵边村镇建设稳步推进。全年实施8个抵边安置点，新建644栋房屋，于6月底开工建设并全部完成住房建设。推进军民融合项目建设，投入资金1591.47万元，用于应急储备库房和应急训练基地建设。推进军民一体化能力试点建设，上报并获批察隅县下察隅镇为建设试点，同时申报墨脱县背崩乡军民融合一体化能力试点方案，涉及项目1个，投资5000万元。申报“十四五”规划内民兵训练基地设施类项目9个，提升强边固防能力建设。实施边陲党建工程，制定《林芝市推广“五共五固”经验加强边境一线军地基层党组织建设的细化措施》，设立1400万元专项资金，建强党在边境地区的执政根基。推进“兴边富民”行动。编制米林县、察隅县、墨脱县、墨脱县格当乡“兴边富民”行动中心城镇试点方案，申报项目42个，规划总投资13.33亿元。其中米林县“兴边富民”行动中心城镇建设试点已获批，涉及项目9个，到位资金3.49亿元。推进国家四部委定点帮扶工作。国家发展改革委（能源局）、自然资源部（林草局）、水利部、农业农村部分别定点帮扶墨脱县、察隅县、米林县、朗县，在支部结对共建、规划编制、产业帮扶、人才交流等方面达成基本共识，拟定帮扶方案。资金项目持续向边境倾斜。“十四五”规划项目储备2156个，估算总投资948亿元，其中涉及边境地区项目510个，总投资399亿元，占比42.1%。“十四五”援藏规划总投资26.25亿元，其中边境地区13.02亿元，占比50.7%。

【水电能源产业发展】 2021年，林芝市水能资源理论蕴藏量1.43亿千瓦（技术可开发装机1.24亿千瓦），建成多布电站、波堆电站、亚让电站、波罗电站等电源点项目，全市总装机量达35.68万千瓦。推进米林水库前期工作，完成左岸道路核准事宜。推动电网并网建设，全年完成固定资产投资8.2亿元；完成整县（区）屋顶分布式光伏开发试点申报工作，工布江达县屋顶分布式光伏试点开发方案通过国家审批。推进流域规划工作（流域水电规划及环评规划通过审批）；克劳龙流域水电规划通过审查、环评报告获批；然布曲流域综合规划获批。

【生态环保工作】 2021年，落实生态保护各项政策。坚持“三高”企业和项目零审批、零引进，空气质量达标天数比例达100%。开展碧水保卫战，推进污水处理、垃圾填埋无害化处理设施项目建设。河湖管理成效显著，主要江河湖泊水质达到或优于Ⅲ类水标准，集中式饮用水水源地水质监测达标率100%。开展土壤污染状况调查工作，林芝境内无受污染地块，土壤状况良好。重视生态环境宣传工作，参与“6·5”世界环境日、生态文明建设宣传月、节能减排宣传活动，提升“国家生态文明建设示范市”创建水平。

【强化粮食安全】 2021年，为12家新增粮食应急供应网点挂牌，同时就“三大节日”期间稳市保供工作与参会企业恳谈，确保节日期间粮油市场供应充足、价格平稳，全市共挂牌应急供应网点21个。组织实施林芝市2021年全区粮油库存检查工作，检查七县（区）9个粮油承储库点。配合市委巡察组对林芝市粮食和物资储备局及国有企业开展涉粮问题专项巡察工作。开展粮食购销领域腐败问题专项整治工作，召开动员部署会议8次，制定实施方案9个，开展自查自纠8次。加强对储备粮轮换特别是成品粮轮换管理工作。至6月30日，轮换自治区储备成品粮、市级应急储备成品粮大米。开展下半年成品粮轮换及食用油一年轮一次的工作，确保全市储备粮油常储常新。完善应急救灾物资储备管理工作。落实市级救灾物资管理经费128.67万元，为林芝市市级救灾物资提供经济保障。加强对各县区救灾物资储备监督检查，完成林芝市本级应急救灾物资托管协议签订工作。拨付工布粮油有限责任公司2020—2021年救灾物资储备管理经费82.02万元，确保救灾物资储备管理规范，储存安全。

【党建引领】 2021年，制订《林芝市发展改革委2021年党组理论中心组学习计划》，开展党组理论中心组学习15次、党支部

每周四集中学习36次，交流发言10次，撰写学习心得40余篇，邀请市委党校老师授课4次。落实民主生活会、组织生活会、“三会一课”制度，党组成员参加党史学习教育专题组织生活会，开展干部谈心谈话2次，党组成员讲党课4次。推进党史学习教育、“三更”专题教育，通过微信工作群推送党史金句、小故事150余条，报送专题学习教育简报40期，开展学习教育理论测试3次，网上答题5次，交流分享学习心得9次，开展11次（18地）主题党日活动，观看《厉害了，我的国》《1921》等红色电影10余部。组织制定《林芝市发展改革委“我为群众办实事”实践活动实施方案》，归纳具体问题17个，细化解决措施22条。调整充实党风廉政建设、反腐败工作领导机构，制定印发党组主体责任清单，督促班子成员、科室负责人严格履行“一岗双责”，签订党风廉政建设责任书，召开党风廉政专题会议2次，开展廉政谈话2次，听取班子成员、科室负责人党风廉政建设情况汇报2次。落实意识形态工作责任制，调整充实意识形态工作领导小组，制定意识形态工作方案，召开意识形态专题会议2次，听取意识形态工作汇报2次，督导检查2次，加强微信群、微博、QQ群等网络平台监管督导检查1次。制定党员“三包”服务台账，开展“支部书记大走访”活动，对党员信教情况进行摸排，并建立工作台账。

【综治维稳】 2021年，贯彻落实区党委、市委系列决策部署，落实“一把手”维稳责任，建立实绩档案，完善各项维稳制度，调整充实维稳、督导工作领导小组，制定2021年维稳安保总体方案、敏感节点应急处突预案，执行承租户和外来人员登记排查制度，落实24小时值班带班制度和零报告、日报告制度。召开专题会议研究部署维稳工作，强化干部职工维稳意识，定期开展法治宣传教育，督促双联户长履职尽责，全年度未发生治安案件及维稳事件。

（市发改委）

国有资产监督管理

【概况】 市政府国资委内设办公室、政策法规与改革发展科、财务监管与统计评价科（考核分配科）、产权与收益管理科、政工人事科（企业领导人员管理科）5个机构。市政府国资委监管国有企业9家，分别为林芝市城市投资有限责任公司、林芝市米林农场（林芝农垦嘎玛农业有限公司）、林芝市察隅农场（林芝农垦察隅农场有限公司）、林芝市易贡珠峰农业科技有限公司（林芝农垦易贡茶业有限公司）、林芝市林安交通产业集团有限公司、林芝市净源水务集团有限责任公司、林芝市文化旅游投资发展有限责任公司、西藏林升森工有限责任公司、林芝市扶贫开发投资有限责任公司。

2021年，市政府国资委以国有资本保值增值为中心任务，聚焦企业发展市场化和国资监管规范化，推进“做强做优做大”三年行动各项工作任务，提升国资国企发展水平。全市42家国有企业资产总额125.40亿元，较2020年同比增长7.93%；净资产46.09亿元，较2020年同比增长10.71%；资产负债率63.25%，较2020年同比下降2.5个百分点。市属9家监管企业，资产总额87.01亿元，较2020年同比增长2.84%；净资产22.90亿元，较2020年同比增长8.69%；资产负债率73.68%，较2020年同比下降1.43个百分点；年度实现营业收入5.52亿元，较2020年同比下降5.89%；实现利润总额4200万元，较2020年同比增长373.49%；营业收入利润率5.94%，同比增长9.68%；职工月均工资6857元，同比增长16.70%。县（区）属33家监管国有企业，资产总额38.39亿元，同比增长21.56%；净资产23.19亿元，同比增长23.84%；营业收入2.01亿元，同比增长7.10%；利润总额同比下降65.26%（其中工布江达县3家企业利润同比增长69.58%，米林县5家企业增长3.82%）；资产负债率39.60%，同比下降1.12个百分点。全面完成市属企业62个“十三五”规划项目竣工验收、结算审计、移交投产等工作；加快推进16个续建新开工重点项目建设进度，全年累计完成总投资6亿元；深化与在林央企合资合作，累计签约“央企助力西藏富民兴藏”“央企助力西藏脱贫攻坚”项目60个，完工23个、建设中12个，其余处于前期工作推进阶段。

【国有企业改革】2021年，通过清单管理、跑表计时、建立台账等方式推动国有企业改革走深走实。“三年行动”方案涉及的7个方面65项工作任务，完成56项，完成率86%。

布局优化和结构调整。完成林升公司出资人变更，推进经营性国有资产集中统一监管；完成林升公司所持贡布乳业股权划转至扶贫开发公司、巅峰旅游公司国有股权划转至文旅公司工作，接收市农业农村局奶牛繁育中心资产及养殖运营权，接收林芝江南交通工程试验检测有限公司30%国有股权；督促市城投公司开展第二批市直单位资产划转工作，23家涉及市直单位全部对接完毕，其中21处资产确认移交，累计划转资产1.12亿元，增加企业国有资本体量，盘活国有资产效益；清退低效无效资产，5家企业纳入“僵尸企业”名单并依法实施清退；推动混合所有制经济发展，5家市属国有企业积极与区内外优势企业合作，探索市场化经营机制和路径，通过参股等方式成立混合所有制子公司19家。

全面完成国企公司制改革。制定“一企一策”，分类确定公司制改革时间表、路线图，定期召开专题改革会议通报工作进展，研究探讨难点、堵点问题，并提出相应解决思路，全部完成市属国有企业公司制改革任务，实现董事会应建尽建，企业均重新制定公司章程，健全法人治理体系，建立市场化用人机制。

完善三项制度改革。以市场化方式配齐配强市属国有企业高管，推进企业管理人员竞争上岗，分两个批次公开选聘14名人员进入企业领导班子队伍，提任5名企业中层管理人员担任经理层职务，全部实行任期制契约化管理，优化班子队伍结构；建立经营责任制，签订业绩考核目标责任书，按期兑现企业负责人薪酬绩效。

解决企业历史遗留问题。梳理汇总国有企业存在的历史遗留问题12个，解决7个，完成率58%，其余5项明确责任人和完成时限，持续推进其余遗留问题解决。

【国有资产监督管理】2021年，坚持强监管、防风险和促发展相结合，健全市属国有企业激励约束机制，完善国资系统“三重一大”事项集体决策制度，制定国有企业加强党的领导、监管责任约谈、资产交易监管、企业负责人业绩考核、任期综合考核等5项规范性文件，用制度建设确保国企监管管出成效。建立党组织研究讨论前置事项清单，加强企业党组织的领导；建立经营业绩月调度、季分析、年考核工作机制，提升企业经营管理水平；落实公司律师制度，市政府国资委机关及市属企业全部聘请常年法律顾问，组织开展法律知识培训2次，促进企业依法经营；健全以企业章程为基础的内部制度体系，完成市属企业内部管理制度、公司章程修订及审核备案工作。

基本形成经营业绩考核体系。推行企业负责人任期考核，签订业绩考核目标责任书，根据年度经营业绩考核结果计算薪酬，激励企业提高经营管理效率；开展市属国有企业负责人任期综合考核，制定市属国有企业高级管理人员任期考核评分细则，对21名符合条件的企业负责人开展任期考核并兑现任期激励资金40.61万元。

加强产权管理。健全产权管理制度，利用产权信息和产权登记手段，完成市属国有企业（含分子公司）共47家、县属国有企业（含分子公司）63家国有产权登记工作，实现市县两级国企产权登记全覆盖。强化产权交易监管，督促指导监管企业贯彻落实企业国有产权进场交易制度，

注重强化交易过程监管，建立监督检查机制。

加强财务审计监督。开展任期经济责任审计和企业年报审计，整改落实存在问题，督促企业规范运作。全年完成城投公司、林升公司等两家企业原法人代表离任审计工作，开展9家监管企业及子公司共计47户年度会计报表审计工作，并对财务虚假问题开展专项整治行动。

【国有企业社会责任】 2021年，聚焦“保就业、保民生、促发展”，围绕解决西藏籍高校毕业生就业工作，结合企业发展实际梳理人才需求，提供高校毕业生就业岗位242个，招聘西藏籍高校毕业生67名；支持企业吸纳、稳定农民工就业，实现农牧民转移就业2979人次，人均收入每人每月4287元。推进社会化管理服务工作，全面完成国有企业职工家属区“三供一业”分离移交和国有企业退休人员社会化管理服务工作，累计完成移交区内外退休人员管理关系3234人，移交率100%，兑现退休人员社会化管理服务费84万余元。建立困难职工数据库，从普惠救助转向精准帮扶，市属国有企业45名因病致贫职工纳入2021年工会救助政策，8名家庭人均收入低于最低生活保证标准的职工纳入市民政城镇低保政策范围，2名职工因患重症疾病纳入临时救助范围；申请市慈善总会35万元专项救助资金，帮扶市县属国有企业11名患病职工、26名家庭生活困难职工，帮扶3名职工子女就学；全年为9家市属国有企业拨付党内激励帮扶资金33.2万元。

【党建引领】 2021年，推进党史学习教育、“三更”专题教育。依托“我为群众办实事”，推进解决历史遗留问题，完成数项干部职工长期未解决的问题。全年召开党委会议23次，党委理论中心组学习21次，专题讨论会13次，国资系统党的建设、党风廉政建设、意识形态专题会议4场次，讲党课4次，党史学习教育、“三更”教育专题学习会议47次，撰写心得体会、调研报告4篇，筹备举办6场次国资系统红歌比赛、主题演讲比赛、知识竞赛、文艺会演等活动庆祝中国共产党成立100周年和西藏和平解放70周年。开展“党员先锋岗、党员责任区和党员先锋班组”创建活动，把党组织建在车间、班组、工程、项目上，在市属国有企业33个党支部范围内创建20个党员先锋岗、17个党员责任区、13个党员先锋班组，促进党建工作与生产经营活动深度融合。严格干部任用工作程序，全年选拔任用、调整任职29名企业高管，优化国有企业高级管理人员班子队伍结构，市属9家国有企业配备配齐高级管理人员48人，除农垦嘎玛农业有限责任公司外全部配齐专职纪委书记，加强国有企业纪检监察工作。创新培训方式，结合实际制定国资系统干部人才培训规划方案，推进干部管理规范化，培养服务企业发展的专业化人才队伍。通过采取“请进来走出去”的方式，组织国企经营管理能力提升班、青年人才队伍建设班、

2021年3月3日，林芝市2021年国资监管暨党风廉政建设工作电视电话会召开，市委常委、常务副市长符永波（左二）出席会议（国资委　供图）

国资监管干部能力提升培训班等培训班次，累计培训管理人员、职工骨干等300余人次；组织30名市县国有企业储备人才到广东省开展为期六个月的脱产培训。开展“阳光国企”建设，推动市属国有企业巡察整改专项行动，协同各级部门做好审计、巡察工作，严肃查处腐败和违纪问题，落实“一案双查”，着力构建“不敢腐、不能腐、不想腐”长效机制，维护国有资产安全，查处违规违纪党员2名。

（市国资委）

统　计

【概况】 2021年，林芝市统计局执行中央、区党委和市委、市政府以及西藏自治区统计局各项决策部署，开展统计改革创新，加强统计基层基础工作，提高统计数据质量和服务水平。组织开展各项监测分析，做好全年经济运行形势预警预测和分析研判。开展各类统计培训班，强化干部职工业务技能培养，夯实基层统计基础，提高统计业务技能，为统计援藏提供智力支持。

【加强基层统计力量】 2021年，加强统计基层基础工作，为各县区配置公车、为各乡镇配发统计工作专用笔记本电脑，资金200余万元。

在全市范围内推行乡镇规范化建设。市县两级财政各承担100万元，用于2021年、2022年两年内完成全市54个乡镇规范化建设工作，4月，对工布江达县试点进行验收。开展市、县、乡“三级”统计人员培训。年内，市政府批复100万元经费指标，用于在全市范围内建立市、县、乡三级一体统计人员培训体系，以“统计队伍知识更新培训”和“统计实务专业培训”为重点，实施三级统计员能力素质提升工程，实现全市统计系统培训全覆盖，每期50人，共计100人参加。第一期于9月5—11日举行。第二期于11月28—12月4日举行。面向社会公开招聘5名辅助统计员，4月15日全面启动，采取严格规范的招聘程序，确保招聘工作客观公正，保证选准人才、用好人才。

【监测分析】 2021年，利用《林芝市统计联席会议工作运行制度》优势，与市发改委、财政局、工信局、商务局等部门定期沟通互通数据，做好动态跟踪、预测、预警服务，为社会公众提供统计信息。完成统计信息、统计专报330余篇，被市委、市政府、自治区统计局采用70余篇次。以《统计公报》《领导干部手册》、经济运行新闻发布会等为载体，为各级各部门、各级领导和社会公众提供统计数据服务。服务两会，收集整理汇总各部门各行业各类数据指标127项，编印《林芝市“十三五”时期经济社会发展简述》，采取图文并茂形式展示“十三五”时期林芝经济社会发展的成就，供两会代表与委员参阅，参政议政数说有据。为市委、市政府重要会议、重要汇报材料和各部门提供统计数据百余次，回复社会来信咨询10余次。4月，联合国家统计局林芝调查队，组织全市统计联席会议成员单位，召开全市2021年度统计调查工作会议，通过交流分析，并对2020年全市各级统计机构和统计调查对象单位企业存在的问题和不足进行总结分析，对2021年度重点统计工作进行详细安排部署，做好全年经济运行形势预警预测和分析研判。

【《年鉴》《公报》编撰】 2021年，协调13家市中区直相关部门，收集整理2020年全市主要经济社会发展指标，编撰完成《2020年统计公报》；制定详细工作计划开展年鉴编印工作，《林芝统计年鉴（2021）》于10月完成印刷。

【普查后续工作】 全国第四次经济普查　2021年，在全面梳理数据的基础上，完成第四次全国经济普查公报印刷工作。同时，拟定《林芝市高质量发展研究》《林芝市经济发展要素聚集研究》《林芝市投融资创新研究》三个课题，深化经济普查成果开发应用。通过公开招标方式委托成

都云策数据科技有限公司为第三方进行课题开发。第三方课题开发专家组完成相关调研和数据收集，成果报告完成两轮审校，相关内容在修改当中。

第七次全国人口普查　林芝市普查公报通过自治区审核，经市政府审定，对外公布普查数据。全市常住人口为238936人，与2010年第六次全国人口普查的195109人相比，增加43827人，增长22.46%，年平均增长率为2.05%。

【统计援藏】2021年，对口援藏省市采取“请进来、送出去”“深度互访，加强交流”等形式，努力打造一支高素质的统计队伍。依托“双百计划”“请进来”柔性人才，引进广东省局、深圳市统计局各1名业务骨干，开展为期六个月的短期智力援藏。邀请广东省、市统计局业务骨干到林芝开班授课，为全市各级统计从业人员举办国民经济核算、统计执法监督、统计分析写作等方面的培训班，强化干部职工业务技能培养，夯实基层统计基础，提高统计业务技能。选派1名林芝统计干部到广东省统计局为期半年挂职锻炼，强化林芝统计业务水平。7月，第三次全国统计系统援藏工作会议在林芝召开，与广东省统计系统沟通对接，广东省统计系统将林芝市县（区）统计系统纳入统计援藏范围。

【依法统计】2021年，加强统计法律法规宣传。宣传《中华人民共和国统计法》《中华人民共和国统计法实施条例》《西藏自治区实施〈中华人民共和国统计法〉办法》以及《林芝市统计法律法规应知应会手册》《林芝企业诚信统计明白手册》等统计法律法规和知识，全年共计发放1500余册宣传资料，向400余人解答咨询内容。

做好统计法律法规进党校工作。与市委党校沟通确定党校主体班次专题名称及授课人员，由市统计局党组副书记、局长刘东红，局党组成员、副局长员苑业庆，广东省统计局三级主任科员邢珍分别对中青年干部培训班、县级干部进修班、公务员任职培训班和公务员初任培训班相关学员进行授课。

加强统计执法检查工作。配合协助市人大财经委员会，做好《中华人民共和国统计法》《西藏自治区实施〈中华人民共和国统计法〉办法》落实情况执法检查；听取有关防范和惩治统计造假弄虚作假工作汇报8次，安排相关工作10余次，组织开展统计执法检查2次，统计业务检查5次，发出统计责令整改书3份，约谈企业3家，警告提醒7家单位。同时，局党组就局机关各部位廉政风险点予以排查与提醒，做到防患于未然。

【驻村工作】2021年，与村“两委”交谈，了解聂村村内基本情况，实地走访查看全村耕地、道路、水利、电力情况，了解村自然环境和耕地种植情况。实施统筹聂村经济社会发展战略，发挥全面乡村振兴示范村建设的作用。驻村工作队协助指导村“两委”，通过项目竞争性评选，以第一名的成绩，取得乡村振兴示范村（广东援藏）600余万元项目。

以西藏和平解放70周年、中国共产党成立100周年，党史学习教育和“四讲四爱”群众教育实践活动等载体，为群众普及党的理论政策，驻村工作队共开展集中宣传教育6场次，参与群众250余人次，发放宣传资料400余份。

（市统计局）

国家统计局林芝调查队

【概况】国家统计局林芝调查队内设办公室、综合科、住户调查科、价格调查科、产业调查科5个科室。2021年，城乡居民收支调查方面，林芝市共有城乡居民收支调查点22个，220户调查户。其中，农村调查点12个，涉及四个县（区）：巴宜区1个调查点、鲁朗管委会1个调查点、米林县2个调查点、波密县4个调查点、工布江达县4个调查点，每个调查点均有10户调查户；城镇调查点10个，100户调查户，均设在市辖区。劳动力调查方面，林芝市共有24个调查点，384户调查户，覆盖七县（区）。居民消费价格调查方面，完成林芝市辖区内的89个采价点，268个基本分类的1378个消费品的调查。农牧业统计方面，立足于分县粮食、畜牧业产量汇总数据，定期开展辖区内粮食、畜牧业产量统计调查。同时，林芝调查队还承担农民工监测、贫困监测、新设立小微企业跟踪调查、非制造业采购经理指数专项调查等统计调查任务，完成国家局或总队下达的快速调查及调研等任务。

【基层基础建设】 2021年，林芝调查队从人、财、物、制度等各方面加强完善基层基础建设，确保数据质量。按照统计报表制度和方案，完成以城乡住户、劳动力调查、居民消费价格调查为主要内容的统计调查任务。选聘4名辅调员辅助调查，缓解用人紧张的压力，完善辅调员管理办法。与市委、市政府对接，争取地方政府经费支持，全年争取地方政府经费74.7万元。做好样本点的维护和分市县样本点的统筹管理，落实业务规范化标准化各项要求，完善数据质量逐级审核机制，强化分专业、分岗位的统计调查源头数据质量控制。

【完善统计制度】 2021年，推进调查业务制度化规范化，各调查专业建立完善相关统计制度和数据质量控制规范，设立工作台账，明确业务人员工作职责。聚焦政府和公众关注的经济社会热点，做好经济形势分析和预测预判，开展各类快速调查，全年林芝调查队参与快速调查8次，报送统计调查分析22篇，国家局内网采用5篇，总队内网采用22篇，市两办采用4篇，报送调研报告5篇、专题分析3篇，全部被总队内网采用。

【统计调查纪律】 2021年，向社会公布统计违纪违法举报电话、信箱及电子邮箱等信息，畅通群众举报统计调查违纪违法行为的渠道；按照西藏调查队系统“数据造假、以数谋私”专项治理的要求，定期对统计造假弄虚作假防范和惩治情况进行全面排查；每季度上报《领导干部干预统计数据记录台账》《统计执法检查处理情况调查表》，开展违规违法行为处理记录工作；以农业农村调查、住户调查为检查重点，对3个县（区）、6个乡镇开展统计执法检查，对发现的问题，督促相关部门及时整改；与总队业务处室对接沟通，全年接受总队业务处室工作指导检查8次，完善各调查业务相关制度和工作台账，明晰调查业务人员工作职责。上下联动、多措并举，强化对统计违纪违法行为的震慑作用，全年林芝调查队未发生一例统计违纪违法事件。

【学习培训】 2021年，林芝调查队建立长效学习机制，学习贯彻中央《关于深化统计管理体制改革提高统计数据真实性的意见》《统计违纪违法责任人处分处理建议办法》《防范和惩治统计造假、弄虚作假督察工作规定》，

2021年4月15日，林芝市统计局、国家统计局林芝调查队共同组织召开林芝市2021年度统计调查工作视频会议

（统计局林芝调查队　供图）

召开专题会议传达学习2021年西藏统计调查工作会议精神和习近平总书记在中央全面深化改革委员会第二十一次会议上关于更加有效发挥统计监督职能作用的重要讲话精神，汇编《习近平总书记关于统计工作重要讲话、指示批示精神学习要点选编》资料。

开展统计调查业务培训。派员参加总队举办的各类岗位知识培训班，加强统计干部队伍能力建设，提升统计调查能力，全年派员参加总队业务培训10余人次；举办基层统计人员业务培训班2次，要求县级统计局业务人员跟班学习1次。

【统计援藏】 2021年7月，统计援藏工作会在林芝召开，林芝调查队与国家统计局广东调查总队取得联系，沟通援藏事宜。9月6日，林芝调查队将受援需求报送至广东总队。年内，广东调查总队向林芝调查队提供15万元援助资金。

（统计局林芝调查队）

审　计

【概况】 林芝市审计局内设办公室、政工人事科、法规科、财政审计科、行政事业社会保障审计科、农业农村与自然资源生态环境审计科、固定资产投资审计科、派出审计科、经济责任审计科、电子数据审计科。2021年，完成审计项目16个，其中审计15个，专项审计调查1个。查出各类违纪违规资金21.33亿元，出具审计报告和专项审计调查报告16篇，审计处理处罚金额4.69亿元，移送司法机关、纪检监察机关和有关部门处理事项14件。审计提出建议58条，被采纳58条；促进被审计单位建立、健全规章制度3项；提交审计信息、要情69篇，被批示、采用5篇次。

【重大政策措施落实情况审计】 2021年，围绕脱贫攻坚与乡村振兴有效衔接、促进防范化解重大风险和促进生态文明建设等方面开展重大政策措施落实情况跟踪审计，针对生态环境保护、重大项目落地、民生政策落实、“放管服”改革以及财政资金管理等方面开展工作，形成3份政策跟踪审计报告。

【预算执行审计】 2021年，采取现场审计与非现场审计相结合，开展市本级2020年财政预算执行和其他财政收支情况审计、80家市直部门2020年预算执行和其他财政收支情况大数据审计、朗县2018年至2019年财政决算及其他财政收支审计，查出各类违法违规问题资金3.86亿元，处理处罚资金3.5亿元，下达整改函77份，促使市财政清理盘活存量资金累计3.7亿元。重点揭示预算执行进度、资金绩效、“三公”经费、往来账款、资产处置等方面存在的问题，促进规范财政预算管理，提高财政资金使用绩效。

【经济责任审计和自然资源资产离任审计】 2021年，配合自治区审计厅开展朗县主要领导干部经济责任审计和自然资源资产管理及环境保护责任落实情况审计，实施市扶贫开发有限责任公司、市城市投资有限责任公司、市林升有限责任公司主要领导和市交通运输局、发改委、商务局主要领导干部经济责任审计。重点关注领导干部贯彻执行重大决策部署、履行党风廉政建设第一责任人职责，以及遵守有关廉洁从政规定等情况。查出各类违法违规问题资金9.83亿元，处理处罚资金6384.19万元。揭示隐瞒应缴预算资金、损失浪费等突出问题。

【民生专项审计】 2021年，聚焦涉及人民群众切身利益的重点民生资金和项目，组织开展林芝市七县（区）扶贫专项审计调查和墨脱县巩固提升脱贫攻坚成果情况审计，重点关注国家及自治区精准扶贫脱贫政策、脱贫工作责任制落实、相关项目推进及绩效、资金管理使用和脱贫目标任务完成等情况。查出各类违法违规问题资金6.83亿元，处理处罚资金3285.51万元，揭示闲置资金、滞留应下拨资金等突出问题。

2021年10月18日，市审计局召开林芝市波密县脱贫攻坚专项审计调查进点会议（市审计局 供图）

【政府投资项目审计】 2021年，制定印发《林芝市“十三五”政府投资项目审计全覆盖三年实施方案》，开展林芝市巴宜区林芝镇康扎村人居环境整治二期工程建设项目专项审计。揭示违规采购、扩大建设动用预备费等36个突出问题，挽回损失61.24万元，促进建章立制3项，为推动规范林芝市建设市场秩序、提高政府投资绩效发挥建设性作用。

（市审计局）

市场监督管理

【概况】 林芝市市场监督管理局内设办公室、政策法规科、市场综合监督管理科、反垄断反不正当竞争和价格监督管理科（规范直销与打击传销办公室）、食品生产监督管理科、食品经营监督管理科、药品化妆品监督管理科（中药民族药监督管理科）、医疗器械监督管理科、产品质量安全监督抽查科、质量发展和计量认证科、标准化科、特种设备监督管理科、登记注册科（小微企业个体工商户专业市场党建工作办公室）、知识产权科、政工人事科15个科室。下设食品药品检验所、不良反应监测中心，质量计量特种设备监督检验检测所，市场监督管理局机关后勤服务中心。2021年，市场主体总量突破3.1万户，同比增长15.67%，带动就业创业8.24万人，同比增长17.90%。新增市场主体首次突破6500户，同比增长15.89%。

【优化“营商环境”】 2021年，拓展商事制度改革成果，全面推行“证照分离”、全程电子化等便利化改革举措，新设企业登记注册事项全程电子化使用率超过95%。建立服务市场主体制度和窗口服务规范，出台优化营商环境四项措施，企业登记注册事项办理时限压缩至1.5个工作日。落实“四级调研员以上干部联系民营企业制度”，开展“小个专”党建结对共建和“服务企业我参与”行动，助力220户企业落地林芝经济开发区，协调对接转移农牧民就业4669人次。

【提升“质量环境”】 2021年，发挥“品牌+标准”引领效应，聚焦林芝特色优势产业，开展品牌培育和知识产权应用，“林芝茶叶”“察隅猕猴桃”获得国家地理标志证明商标，指导34家重点企业构建“地理标志区域公用品牌+企业自主品牌”品牌强企战略。印制“醉美林芝 舌尖臻品”主题宣传册，录制“林芝好产品”宣传片，强化“人间净地 醉美林芝”品牌宣传推介力度。全市有效注册商标3784件，同比增长33.57%。专利130件，其中发明专利60件。地理标志证明商标20件，国家地理标志产品保护10个，8个标准发布实施。推动《林芝家庭旅馆服务规范》标准立项和“墨脱茶叶”“林芝藏香猪”标准体系建设。共有146家企业发布标准、169家企业声明公开产品标准和服务标准。开展“计量服务中小企业行”活动，对140辆巡游出租车计价器、318个加油机、362台衡器、670台医疗仪器等进行检定校准。推进“质量专家企业行”、小微企业质量管理体系认证和首席质量官培训，指导17家重点企业率先建立首席质量官制度。试点推行质量基础设施“一站式”服务，助力林芝墨脱茶业有限公司发展，墨脱茶业被评为“中国驰名品牌”。“一站式”服务试点入选国家市场监督管理总局典型案例，西藏奇正藏药股份有限公司获得首届西藏自治区政府质量奖。至2021年底，全市通过认证企业28家、获得认证证书67张。

【筑牢“安全环境”】 食品安全　2021年，聚焦创建国家食品安全示范城市，开展食品安全专项整治行动，检查食品生产经营市场主体2万余户次，推动食品全链条全领域智慧化监管。全市9000余户食品相关业态实现“数字化+网格化+铁脚板”全链条全领域无缝监管。完成食品及食用农产品抽检1886批次，线上食用农产品快检7721批次，食品快检抽检合格率超过98%，不合格食品核查处置率100%，立案查处食品案件60件，罚没金额141.45万元，销毁不合格食品1.6吨。严守冷链食品安全防线，对进入林芝市的冷链食品做到“落地就检、应检尽检”。共开展核酸采样检测1万余批次，依法退市进口冷链食品5.08万千克。

药品安全　在米林、朗县6家药品零售企业试点开展远程审方和电子处方服务，完成远程审方2600余次。建立药品医疗器械质量追溯信息系统，实现14万条药械零售信息线上监管。向市疫情办推送“四类药品”销售登记信息8万余条。

特种设备安全　定期检定全市1200余台特种设备，联合国家电网林芝分公司开展特种设备安全专项整治活动，整改安全隐患122处，关停特种设备8台（套）。推广电梯责任保险，参保率70%。通过国家市场监督管理总局资质复审取得《中华人民共和国特种设备检验检测机构核准证（综合检验机构 丙类）》，为全区地（市）级首个获证特种设备检验检测机构。

工业产品安全　抽检儿童口罩、成品汽油、老年用品、消防产品等工业产品325批次，依法核查处置不合格产品72批次。

【规范“竞争环境”】 2021年，强化反垄断和反不正当竞争执法，开展行政指导、行政约谈16次、下达责令整改通知书26份，清理审查政策性文件740件。强化重点领域监管执法，开展“清朗·网剑”“铁拳”“治理涉企收费”等行动，“双随机、一公开”市场主体6631户，立案172件，结案125件，罚没金额213万元，集中销毁货值44.22万元假冒伪劣产品。守住消费维权阵地，受理消费者投诉举报705件，为消费者挽回经济损失136万元。

（市市场监督管理局）

农业和农村建设

农业农村工作

【概况】 2021年，林芝市农业农村局以农牧业、农牧区高质量发展和农牧民持续增收为目标，以实施乡村振兴战略为抓手，以农牧特色产业为着力点，围绕“一带四基地”产业布局，通过抓产业发展、基地建设、结构调整、科技创新、环境治理等方面，构建现代农牧业发展体系，提升粮、油、果、蔬、茶和畜牧业生产能力及产品品质。全年完成播种面积36.72万亩，其中：粮食播种面积28.48万亩，比计划增加8900亩，增长2.5%，粮食产量8.76万吨；经济作物种植面积6.64万亩；饲草料种植面积1.91万亩（不含牧业口种植的5万亩）。良种推广面积26.91万亩，良种推广率94.5%，全市调运化肥3710吨，购买调运有机肥3960吨，调运农药16.91吨，外调良种67万千克，投入农机具2.4万台。牲畜存栏75万头（只、匹），新生仔畜28万头（只、匹），牲畜出栏27万头（只），主要畜产品（猪、牛、羊）产量2.48万吨，奶产量5.13万吨，家禽存栏30万羽、出栏50万羽、蛋产量1000吨。农村居民人均可支配收入21328元，同比增长13.5%，其中工资性收入3540元，经营性收入13970元，转移性收入2431元，财产性收入1387元。

【常规农牧业】 2021年，在完成2020年2万亩高标准农田建设的基础上，新建高标准农田1.76万亩，总投资5280万元，其中中央、自治区和市级项目建设资金4753.4万元，米林县、波密县已完工；建设良种繁育基地1.7万亩，下拨良种补贴资金122.4万元，每亩补贴标准72元。做好草地贪夜蛾、蝗虫等重大农作物病虫害防治工作。自治区下达林芝市2021年度渔业资源增殖放流资金150万元，完成放流西藏土著鱼类苗种117万尾，放流鱼苗种类包括异齿裂腹鱼、拉萨裂腹鱼等；自治区下达林芝市草原生态保护补助奖励资金8526万元，资金按照草畜平衡面积拨给各县（区）。

【特色农牧业】 生（藏）猪产业 2021年，生（藏）猪养殖规模73万头，存栏41.59万头，能繁母猪9.97万头，9个畜禽粪污资源化项目，投资620万元，3个项目基本完工。完成2个2020年稳定生猪生产项目，总投资600万元。藏猪团体标准编制有序进行，“林芝藏香猪”地理标志证明商标新增冠名企业1家。

茶产业 完成地块落实2255亩，完成种植1282亩。采摘细茶茶青26.56万千克，边销茶茶青采摘105.75万千克。

蔬菜、藏药材、林果产业 蔬菜种植面积3.9万亩，产量达8.02万吨；新增藏药材种植1814.12亩，藏药材在田面积4500余亩；新增林果种植4599.96亩。

畜种改良 加快畜种改良进程，完成牦牛经济杂交9816头，完成年度任务率98.16%；完成黄牛改良5313头，完成年度任务率106.3%。

2021年1月19日，自治区财政厅二级巡视员肖厚国（前左）到墨脱县调研茶产业工作 （市农业农村局 供图）

【新型农牧业经营主体培育】 2021年，联合市市场监督管理局，集中清理整治林芝市农牧民专业合作社，对不运作的空壳社引导其自愿注销；对运营不规范，面临破产的合作社指导其规范运营。全市共梳理285家空壳社，完成注销112家，指导其规范运营的有135家，其余38家持续清理。组织辖区内7家自治区级龙头企业申报国家级龙头企业，全市自治区级龙头企业达7家、市级8家。

【品牌创建】 2021年，落实“三品一标”惠农政策，全市“三品一标”认证（登记）农产品总量147个，其中无公害农产品5家76个、绿色食品12家23个、有机产品5家37个，农产品地理标志5家11个。配合自治区开展认证及证后监管工作，开展企业认证培训，提高企业认证工作的积极性和主动性，做好认证企业及产品的开发。

【涉农项目建设】 2021年，实施农牧业项目78个，总投资9.81亿元。其中，结转“十三五”末项目44个，总投资72926万元，完工34个，完成投资6.63亿万元；在建项目9个、投资1.54亿元；未开工项目1个。全年新建项目34个，总投资2.52亿元，完工项目3个、在建项目14个，完成投资1.49亿元。

【农牧综合执法】 2021年，做好农产品质量安全监督检查。全面检查蔬菜生产基地、农业投入品经销店，确保上市食用农产品的质量安全，每月联合巴宜区农业农村局不定期开展蔬菜质量安全监督管理，每月监督检查蔬菜生产基地不少于2个，确保林芝市蔬菜质量安全。开展农资市场及瘦肉精检查工作，制定《农资打假及“瘦肉精”排查检查方案》，协调市市场监督管理局、公安局等单位开展以农资和“瘦肉精”为主的联合检查行动。排查辖区内所有牛羊猪禽等规模养殖场（户）、兽药经营门店、饲料加工企业。全市农资打假共出动执法人员230余人次，检查各类企业、生产主体200余家次，发放宣传资料1540余份；没收过期蔬菜种子300余袋、农药15千克。配合自治区推进“十四五”农产品质量可追溯体系建设，林芝市有17家企业配备追溯码打印设备，实现可追溯管理。广东第九批援藏队为林芝市解决104万元追溯项目资金，林芝市为51家企业配备追溯设备，全市实现可追溯管理的企业达到68家。落实食用农产品合格证制度，开具合格证8936张，带证上市产品1581.13吨。

【动植物疫病防控】 2021年，落实“大消毒、大培训、大宣传”冬春百日会战。强化物资保障和技术支持，督促各环节经营者履行防疫主体责任，重点对畜禽养殖密集区域、老疫点、老疫区等重点区域进行消毒灭源。累计发放消毒药品5.5吨、防护服等300套、手动喷雾器70台、电动喷雾器60台，累计开展消毒灭源1.8万余场次；组织畜牧兽医人员110人次，到54个乡镇、50个重点村（居）开展非洲猪瘟等重大动物疫病及新冠肺炎疫情防控宣传教育104场次，受教育群众1.2万人次。

开展重大动物疫病防控免疫。全市7个县（区）春秋两季牛O-A型口蹄疫二价苗免疫率95.28%；猪O型口蹄疫免疫率96.27%；羊O-Ⅰ型口蹄疫双价苗免疫率96.75%；H5N1禽流感免疫率97.37%；猪瘟脾淋免疫率98.72%，棘球蚴病（羊棘球蚴基因工程亚单位）97.5%，达到国家强制免疫疫苗“应免尽免”的要求。

巩固生猪屠宰环节“两项制度”。督促各县（区）开展畜禽屠宰监管相关行动，督促企业落实非洲猪瘟自检及屠宰环节“瘦肉精”、旋毛虫抽检等制度。巴宜区两家生猪定点屠宰场日均屠宰生猪30头，牛羊定点屠宰场日均屠宰牛9头、羊25只，满足市区新鲜肉品市场需求。

做好动物检疫工作。全市各级动物卫生监督管理机构加强检疫申报管理，强化运输环节检疫监管，建立完善产销衔接和“点对点”调运监管机制。全年全市开展产地检疫19.17万头（只、

2021年9月28日，林芝市农业农村局开展2021年易贡湖水生生物增殖放流活动（市农业农村局 供图）

羽），屠宰检疫42.67万头（只、羽），检疫畜动物产品238.89万千克，禽等产品11.98万千克。

做好高黎贡山（伯舒拉岭）生物生态安全风险防范和保护工作。与云南省贡山县及昌都市农业农村部门沟通联系，摸清该地区基本情况，申请专项经费40万元，开展察瓦龙省际公路动物防疫监督检查站快速检测实验室升级改造和察隅县动物疫病预防控制中心能力提升建设项目，落实各项防控措施，加强草地贪夜蛾等病虫害防治，做好动物疫源疫病防控。

【农牧科技服务】 2021年，做好农牧民实用技术培训工作。开展农作物栽培技术和田间管理等各类培训35期，共培训4608人；开展茶叶病虫害防治、茶叶采摘技术等企业订单式培训3期，共培训70人。分别在巴宜区、波密县、朗县、工布江达县开展高素质农民培育试点工作。全市开展新型职业农民培训20期，培训总人数1604人，其中生产经营型735人、专业技能型679人、专业服务型186人、其他4人。开展林芝市乡镇农牧综合服务中心初级专业技术人员培训班3期，共培训专业技术人员203人。做好农牧业防灾减灾工作，下拨防抗灾资金573万元，发放抗灾物资化肥46.85吨、地膜301捆、青贮饲料28吨、牛羊颗粒饲料261吨。因干旱、病虫害、霜冻、洪涝灾害共造成7183.76亩农作物受灾，其中，绝收500.1亩，轻灾6683.66亩。

组织开展农口科技人员下基层服务。制定印发《2021年林芝市农牧科技人员下基层服务工作方案》，明确责任分工、服务内容，选派412人（自治区级23人、市级36人、县级85人、乡镇268人）组成林芝市农牧科技服务组，分别到林芝市7个县（区）、54个乡镇，对乡、村干部及农牧民群众进行培训指导。累计开展培训62期，参训群众6518人次，开展技术服务136余次，出动专业技术人员775人次，实地指导农牧民群众4200余人次，共计服务群众10718人。

提升农业机械化水平。全市农机购置补贴资金共计1827万，完成农机深松面积1.13万亩。其中，春季完成深松作业面积2680亩，秋季完成深松作业面积8620亩，投入深松作业机具17台（套），投入补助资金62.15万元。

【农牧区改革】 2021年，全面开展农村土地承包经营权确权登记颁证基层数据自查工作，主要对“回头看”数据更新入库情况进行自查。基本完成农村集体产权制度改革工作，成立集体经济组742个，登记赋码742村（组）登记赋码率100%。全面完成农村集体资产清查核资和政策与改革年报系统录入和上报工作，清查资产总额13.76亿元，集体土地总面积152.5万亩，其中农用地总面积144.47万亩。搞好农村人居环境整治，开展4次村庄清洁行动，清理农村生活垃圾

2778.9吨、白色垃圾1171吨；清理农村沟渠水塘、河道湖泊3225.35千米，黑臭水体、淤泥等661余吨；清除村内残垣断壁、拆违拆旧470余处，张贴宣传标语988余条。除长期在外地居住和有搬迁计划的农牧户，全市改厕农牧户基数为31453户，完成改造30579户，普及率97.22%，较户用卫生厕所改造工作开展前增加57.88个百分点。全年完成3336户，完成目标任务的100%。

（市农业农村局）

乡村振兴

【概况】 2021年6月，林芝市扶贫办重组为林芝市乡村振兴局，内设综合科（政工人事科）、政策法规科、计划财务科、开发指导科、社会扶贫科、数据统计科6个科室。年内，面对“三农”工作重心历史性转向乡村振兴的新形势，以农牧民收入持续增长为主线，聚焦巩固拓展脱贫攻坚成果、统筹推进乡村振兴两大任务，推进乡村产业、人才、文化、生态、组织五大振兴。

【全面推进乡村振兴】 2021年，调整市委实施乡村振兴战略领导小组，组建政策保障组、巩固拓展组等10个专项工作组，明确牵头单位及其职能职责，压实党政“一把手”政治责任，举办4期培训班，培训196人，提升全市乡村振兴系统干部的理论素养、政策业务、能力水平。由市乡村振兴局牵头，两次与市农业农村局、发改委等组成联合调研组，到县区围绕县乡村防返贫致贫监测和帮扶、产业项目利益联结机制及2021年乡村振兴示范村、重点帮扶村推进情况、2022年项目库建设等工作进行调研，了解掌握基层工作实情，听取民声、收集民意。编制《林芝市“十四五”巩固拓展脱贫攻坚成果同乡村振兴有效衔接规划》，制定《林芝市关于实现巩固拓展脱贫攻坚成果同乡村振兴有效衔接的实施方案》。梳理《林芝市巩固拓展脱贫攻坚成果同乡村振兴有效衔接工作要点》，提出林芝市乡村振兴十五项工程等指导性内容，推动各县区乡村振兴示范引领村建设。整合各方资源，用于巩固拓展脱贫攻坚和乡村振兴。落实资金14.51亿元，较2020年增加3.11亿元，其中市本级财政资金1.2亿元用于乡村振兴示范村和重点帮扶村建设。

【巩固拓展脱贫成果】 监测帮扶　2021年，制定《林芝市健全完善防止返贫动态监测和帮扶机制的工作方案》《林芝市健全防止返贫动态监测和帮扶联席会议机制》，对“三类人群”（脱贫不稳定户、边缘易致贫户、因其他原因收入骤减或支出骤增的困难户）实施常态化监测帮扶。全市监测对象共264户1009人，通过针对性帮扶，累计消除监测户179户675人，防止规模性返贫。

强化“三保障”巩固和饮水安全　围绕控辍保学、医疗救助、住房安全、饮水安全，加强部门协调联动，落实教育、医疗、住房、饮水等民生保障普惠性政策，提升“三保障”和饮水安全水平，确保脱贫攻坚政策向乡村振兴平稳过渡，全市义务教育阶段脱贫家庭学生入学率、建制村卫生室和村医覆盖率、脱贫群众安全住房率、农村饮水安全人口普及率均为100%。安置易地搬迁群众1267户6649人（昌都跨市整体搬迁508户3257人），投入资金17.29亿元，建成安置点80个，配套解决安置房、基础设施、公共服务、生产资料等。转移易地扶贫搬迁工作重心，统筹整合资金2.87亿元，实施搬迁后续扶持项目87个，其中投资1.42亿元，实施三岩搬迁后续扶持项目36个，强化基础设施、公共服务、产业发展、转移就业等工作，做好搬迁后续扶持和管理服务，推进搬迁安置点治理，促进搬迁群众与迁入地群众交往交流交融，提升搬迁群众获得感、幸福感和安全感。

就业扶持　围绕脱贫群众

转移就业增加收入，加大技能培训和转移就业力度。以群众就业增收、致富为主要培训目标，围绕种植、养殖和实用技能，全市落实资金547.52万元，使用资金454.5万元，培训农牧民群众3203人。将政府投资400万元以下的95个项目交由农牧民施工企业实施，累计用工人数8000余人次，累计发放工资1128万元。全市脱贫人口和边缘易致贫人口外出务工达9124人，较2020年同期增长4%，完成预期目标。

消费扶持　打造线上线下营销平台，强化扶贫产品认定工作，促进产品变商品。新认定扶贫企业6家、新增扶贫产品8种，全市认定扶贫企业36家、扶贫产品258种。全市共布设消费帮扶专柜2个、消费帮扶馆3个、消费帮扶专店43家，入驻自治区第三极产品展销中心27家企业231种产品、广东西藏馆30家152种产品、“7+2”消费援藏平台56家180种产品、“832”网络平台11家40种产品、京东·西藏助农馆电商平台27种产品、京东·林芝助农馆电商平台58种产品。通过线上互联网平台和线下商超专馆等渠道，全年累计销售扶贫产品1.28亿元。全市脱贫群众人均纯收入达14295.3元，较2020年同比增长17.55%。

【项目储备建设】“十四五”期间，林芝市规划实施巩固拓展脱贫攻坚成果同乡村振兴有效衔接项目1304个，投资108亿元。2021年，落实财政衔接推进乡村振兴补助资金项目270个。其中生产发展类项目116个、基础设施类项目121个、其他类项目26个、生态保护和建设类项目7个，总投资12.96亿元。至12月初，开工项目260个，开工率94.3%，完工项目153个，完工率56.7%，支付资金8.3亿元，资金支出率64.08%。申报2022年财政衔接推进乡村振兴补助资金项目118个。其中生产发展类项目46个、小型公益性基础设施类项目14个、巩固提升类项目13个、美丽宜居整村推进类项目33个、扶贫贷款贴息类项目6个、其他类项目6个，总投资14.26亿元。完善项目后续管理，开展扶贫项目资产确权登记，共登记扶贫资产项目1551个，资产原值规模58.15亿元，确权资产项目1551个，资产原值规模58.15亿元，确权率100%；完成移交1551个，资产原值规模58.15亿元，移交率100%，各县区完成登记确权的项目资产录入系统工作。

【打造乡村振兴样板】 2021年，落实“产业兴旺、生态宜居、乡风文明、治理有效、生活富裕”总要求，推进“美丽乡村·幸福家园”建设行动，打造乡村振兴林芝样板。市委、市政府印发《关于编制行业部门乡村振兴实施方案的通知》《关于做好2021年乡村振兴有关工作的通知》。坚持“突出重点、分类帮扶，严格管控、应减尽减，综合衡量、科学确定”原则，对全市495个建制村（含朗巴居委会）人口结构、收入结构、生产资料、基础设施、公共服务设施、产业发展等方面开展摸底，将基础设施和公共服务完善、产业发展势头好、农牧民群众收入水平高且具备稳定增长基础、不需要大规模投入建设的23个村（含14个边境村），划定为“条件特好村”；将村庄发展水平较高、资源禀赋好、产业发展较好、农牧民群众收入水平较高、基础设施和公共服务具备一定条件但仍需完善的91个村，划定为“一类村”；将产业发展、基础设施和公共服务具备一定基础，但还需进一步提升完善的123个村，划定为“二类村”；将条件最差、巩固脱贫攻坚成果任务最重、基础设施、公共服务和产业发展方面存在较大短板的118个村，划定为“三类村”；将“十三五”时期纳入边境小康村建设规划，安排大量项目资金解决基础设施、公共服务和产业发展等方面问题的140个村，划定为“边境小康村”。

落实“试点示范带动一批、重点帮扶巩固一批、全面推进攻坚一批”工作要求，优先从城乡接合部、乡镇周边、景区景点沿线、公路铁路机场交通沿线周边等条件完善的地方选出70个建制村，作为乡村振兴示范引领村重点打造；从资源匮乏群众收入低、易地搬迁（三岩搬迁）、地质灾害易发、村集体无产业、公共基础设施薄弱等条件较差的地方选出30个建制村，作为乡村振兴重点帮扶村强化提升改造。

坚持以保护传统村落和乡村特色风貌为前提，科学谋划具体建设项目，投资6.42亿元，推进农牧区改厕改卫和公厕建设，做好人畜分离与垃圾分类清运处理“两分”工作，实施道路硬化、庭院美化、路灯亮化、环境净化、村庄绿化，整治乱搭乱建、残垣断壁、污水乱排、耕地草场乱占、集体资源乱用，推进发展能力、基础设施、公共服务、人居环境、乡风文明、治理能力“六项提升”。市本级安排财政资金1.2亿元支持乡村振兴示范村和重点帮扶村建设，县区按照不低于市级资金投入的20%予以配套，组织农牧民群众以投工投劳方式按照不低于市级资金投入的10%予以配套。实施项目132个，开工项目127个，开工率96.21%，完工项目32个，完工率24.24%。各县区鼓励群众通过以工代赈、以奖代补等形式参与乡村建设行动。

【党风廉政建设】 2021年，履行主体责任，实现责任主体明确化、岗位责任具体化、责任链接无缝化，专题研究部署全面从严治党工作3次，党风廉政建设专题汇报2次。组织全体党员参加红色爱国主义教育和廉政教育，开展以案释纪、以案说法、以案为鉴警示教育，教育党员干部严守政治纪律和政治规矩。开展集中学习31次，警示教育7次，交流研讨6次，党性实践锻炼活动3次，专题教育培训2次，书记讲党课3次，党史故事每周讲6次，为民办实事11件。组织单位党员干部签订《党员干部不信仰宗教承诺书》。安排专人负责“林芝扶贫”公众号管理运营，落实网络信息发布三审三校制度，全年累计转发、转载中央、自治区关于脱贫攻坚和乡村振兴工作的各类政策解读、宣传类文章59篇。

（市乡村振兴局）

察隅农场

【概况】 察隅农场属正县级国营农垦企业，内设党政办公室、纪检委办公室、工会办公室、财务科等，下属4个连队。2021年，农场拥有土地面积4253.9亩，其中办证土地面积3066.2亩，林地1143亩和卫生院44.5亩未予办证。农场主要以生猪养殖为主，少量养殖梅花鹿等。种植茶叶、油桐、柑橘、枇杷和玉米、花生，兼有零星种植辣椒、红薯、油菜等作物。农场全年实现总产值2808.78万元，同比减少3118.39万元。营业总收入638万元，其中土地和物业租赁收入340余万元、茶苗和茶叶收入170余万元、生猪销售收入70余万元、鹿茸酒销售收入30余万元、其他收入30万元，净利润250万元。职工月平均工资7800元，比2020年增加1300元。职工人均年收入9.39万元，比2020年增加1.6万元。

【项目建设】 2021年，开工新建项目6个，完成项目建设5个，完成终验9个。其中涉及生猪养殖和茶叶种植的国有农场扶持资金项目5个，全部完工并通过验收。

农副产品集散中心建设项目，4月开工，10月完工。边境小康建设16个子项目全部建设完成。援藏项目察隅农场特色产业提升项目，分两期实施，年内到位资金500万元（含智慧农场一期，土壤评价一期）。年初，获批国债规模化养猪场建设资金1.4亿元，另需企业配套6000万元，合计2亿元资金的标准化养猪场建设项目。

【企业改制】 2021年，在市国资委的帮助和指导下，经过清产核资专项审计和资产评估，实现新公司的登记注册和挂牌，完成企业改制工作。

【产业结构】 生猪养殖 2021

2021年4月4日，察隅农场党委班子成员下基层指导工作

（察隅农场　供图）

年，察隅农场建成年生猪养殖规模3500头的养殖场。建设总面积8000平方米，包括育肥猪舍、母猪舍、产仔舍、保育舍等，并配套职工住房、业务用房、加工厂房、仓库、办公室、监控室、门卫室、兽医室、消毒室、上猪台、配精室及相关设备，场区内水、电、路、网畅通。围墙高2米以上，封闭性强。全年察隅农场出栏生猪1600余头，养猪场产值600余万元。

采茶制茶　农场自2017年开始发展茶叶种植，至2021年种植茶叶2168亩，可采茶面积1400余亩。全年茶青试采摘1000余千克，产值6万余元。4月6日，开展采茶制茶活动，采摘茶青1297.5千克，兑现茶青采摘费5.34万余元。

热带作物试验种植　自治区农科院在农场试种100亩澳洲坚果、柑橘、芒果、荔枝、龙眼、黄皮、果桑、杨梅、枇杷、菠萝、火龙果、菠萝蜜、青枣、番荔枝等14种38个品种4369株热带亚热带果树。年内，农场种植枇杷100余亩，柑橘150余亩。

花生种植　农场种植花生300余亩，亩产量250～300千克，产量5万千克，产值100万元。

蔬菜种植　农场各类时令蔬菜、特色蔬菜100亩。

【安全生产】2021年，察隅农场与下属各单位签订安全目标责任书，农场领导班子成员签订“一岗双责”责任书，并将安全管理作为重点工作纳入全年工作计划。每月定期、不定期派人员到施工现场督查，消除安全隐患。重要节假日时期（元旦、清明、五一、国庆）开展安全生产大检查，领导到工程施工现场、生产场所检查安全工作。开展安全生产月、安全生产大检查、隐患排查治理、安全知识讲座、安全知识竞赛、安全应急演练、安全体验等活动，提高全员安全意识和安全管理水平。

（察隅农场）

林芝农垦易贡茶业有限公司

【概况】2021年，易贡茶场设综合办公室、财务部、生产部、销售部、茶叶加工厂、建设与规划发展部6个部门，茶叶一队、茶叶二队、茶叶三队、单卡队4个生产连队，易贡茶场边销茶察隅加工厂1个加工厂。全场有369户1300人，在职职工279人。易贡茶场有茶园5300亩，累计种植7590亩，主要品种为中小叶群体种、福选九号、福云四号、梅占、中茶302、名选131、乌牛早以及软枝乌龙等，其中有3000余亩可投产。生产茶叶4.85万千克，其中红绿茶3947千克、黑茶4.5万千克，实现营业收入1400万元，比2020年同期增长70.94%；实现利润300万元。在职职工年人均收入5.23万元，比2020年同期增加9194.19元，增长21.33%。2021年5月，易贡茶场被推评为“第三届中国茶产业T20最美生态茶园”。年内，易贡甄选系列红茶被评为“华硕杯”全国红茶、绿茶评选活动“金奖”。

2021年5月28日，西藏自治区政府副主席坚参到易贡茶场开展茶产业发展情况调研 （易贡茶场 供图）

【茶产业发展】 完善高原茶产业链 2021年，利用易贡茶场苗圃繁育基地，扩大具有良好区域适应性的优良西藏本土茶苗培育和种植推广，推进本土茶树申报和茶苗培育工作，填补西藏自治区在本土茶苗培育领域的空白。

提升高原茶品牌知名度 依托广东省第九批援藏工作队开展的招商引资和消费援藏工作，凭借易贡茶场茶叶产品优异的品质，与境外客商达成易贡茶叶出口合作，5月，实现茶叶首次出口。用好线上销售平台，分别与国家扶贫"832平台"、广东省援藏队的粤港澳大湾区"7+2"西藏特色产品消费平台、广东省南粤分享汇等各大平台对接，开展营销直播。两家西藏自治区实体销售企业与茶场达成合作，分别在日喀则和林芝两地新开合作经营门店。与中国石油开展线下跨界营销合作。线上线下多元化合作，提高易贡茶叶知名度和影响力。

茶产业品牌化建设 联合国内茶叶专家力量开展科研合作，保护性开发老茶树，采摘品质优异、数量稀少的本地老茶树鲜叶制作成高品质的老树茶。同时加强品牌建设规划，完成"易贡茶场"商标注册，依托"林芝源"品牌优势，打造满足高端市场需求的全新系列高品质产品。

茶旅融合发展 通过茶文化、茶产业、茶科技的有机结合，完成西藏第一块茶田的保护性开发、铁山观赏处的六号茶田和藏刀山观赏处的八号茶田的景观化改造，开发"茶园＋采摘"体验、"茶园＋茶艺"体验，增加易贡茶场红色人文历史风情，营造红色文化氛围，形成易贡茶场红色旅游带，带动当地生态旅游发展。

【重点项目建设】 2021年，易贡茶场标准化边销茶加工厂（察隅）建设项目，总投资1000万元，5月27日竣工投入使用。易贡茶场茶叶学校改建项目，10月底完工待验，主要建设内容为装修原茶校的部分房屋。完成易贡茶场茶叶博物馆装修展陈，新建4栋育苗温室大棚等，项目总投资439万元。本土优质茶苗繁育项目，4月初开工，总投资500万元。场部加工厂扩建工程（援藏项目），投资700万元，在加工厂内新建一座细茶加工厂房。与三峡集团达成捐赠意向，由三峡集团捐资1500万元，用于实施易贡茶场本土茶苗繁育基地及原生地保护项目，年底前完成设计方案并报送市政府及三峡集团。投资55.93万元的茶场整体规划项目，完成茶场整体规划初稿。

【产业扶贫】 从2014年开始，公司争取国家资金扩建茶园，让职工群众参与项目建设，通过参与项目建设年人均创收10133元，创造就业岗位，解决200余名待业人员的就业问题，签订《劳动用工合同》，构建和谐用工关系，茶场适龄就业率、五险参保上缴率均达到100%，人均年收入从2013年的3650元增长到2021年的2.2万元。通过推动茶产业的发展，采取"企业＋基地＋茶农"的农业产业化发展模式，与茶农建立利益联结机制，把企业办成服务职工群众、带动职工群众增收致富的惠农型企业，增强企业社会责任感。

（易贡茶场）

林芝农垦嘎玛农业有限公司

【概况】 林芝农垦嘎玛农业有限公司创建于1960年，原为西藏军区生产建设师米林4团（中国人民解放军404部队4团），1986年归属林芝地区行政公署，更名为西藏林芝地区米林农场。2021年12月，更名为林芝农垦嘎玛农业有限公司。公司设有党委、董事会、经理层和监事会，下辖行政人事部、财务审计部、生产技术部、经营发展部等机构，在编员工63名，退休员工256名。全年全场实现经济收入494.67万元，实现利润13.11万元，职工人均收入4.85万元。

【公司改制】 2021年，开展公司化改制工作，完成清产核资、资产评估、新公司章程制订和人员选举等工作，年底办理公司注册登记手续。改制后的发展思路是：种植结构根据市场需求不断优化调整，从单一的种植苹果向种植樱桃、葡萄等高附加值经济水果转变，产品种植种类逐渐丰富多元化；规划出一定面积的种植区域，建立经济果苗和经济作物试种区，从中选育出符合大规模推广种植的品类和品种，提高经济效益；引导促进一、三产业融合，发展“农旅结合”经营模式，推广“嘎玛”品牌。

【特色产业】 2021年，完成第五生产管区50亩优质樱桃种植及3000株苹果新品种的种植，完成现代农业园区江边苗圃2.5万余株樱桃苗木繁育，各类苗木长势总体良好。11月下旬，委派专人到自治区外购买5000株樱桃（品种系“布鲁克斯”和“鲁樱3号”）、2630株苹果（品种系“华硕”）、2000株蟠桃（品种系“中油17号”“中油18号”）、750株李、梨等适生果树苗木，丰富农场的水果种植品类。全年实现各类水果和果树苗木销售收入129.83万元。其中新鲜水果实现销售收入82.59万元，果树苗木实现销售收入47.24万元。

2021年12月26日，林芝农垦嘎玛农业有限公司挂牌成立

（林芝农垦嘎玛农业有限公司　供图）

【投资项目】 2021年，投资1413.1万元的苗木繁育设施大棚建设项目和投资330万元的有机肥生产工艺研究与应用项目建设完工，并通过农场和上级部门验收。投资300万元的现代果苗繁育基地建设项目完成工程总量的95%（仅剩苗木托盘未安装），投资740万元的米林农场优质水果种植项目（江边果园）完成工程总量的90%（仅剩苗木种植）。

【援藏工作】 2021年，广东省第九批援藏工作队米林农场工作组全年投入各类资金3094万元（规划内资金2200万元，规划外财政资金460万元，规划外社会资金434万元），实施援建项目9个（产业援藏类项目4个，民生援藏类项目5个），助推提升农场特色产业发展，改善职工生产生活条件。

产业援藏　总投资1000万元的米林农场林果产业配套提升工程（一期），建设1万平方米阳光板温室大棚，种植葡萄、樱桃等高附加值水果；总投资1500万元的米林农场林果产业配套提升工程（温室大棚），新建3.15万平方米的水果温室大棚，配合林芝市提出的“一带四基地”产业总体布局，做强做优做大特色产业。以上两个项目12月下旬完成主体工程建设。投资300万元的嘎玛水果一条街提升改造工程完工，为农场打造环境优良的水果销售平台。试种蓝莓、圣女果等高附加值经济水果，蓝莓全年产出1000余千克，以每千克200元的价格销往拉萨市场。圣女果全年产出5000千克。协调推进“农业＋旅游”融合发展，招商企业“嘎玛康桑”营地3月18日对外营业。项目系援藏资金与社会资金融合运营的一个范例，增强农场发展新动能。

智力援藏　援藏干部筹措专项经费，7月选派2批6人次到中国农业科学院辽宁果树研究所、山东果树研究所考察学习，10月安排3名职工到珠海市学习考察。组织开展高附加值经济水果种植管理技能提升培训班，参训人数60余人次；邀请河南省郑州果树研究所、西藏自治区农牧科学院的专家教授考察指导特色产业发展，谋划农场产业发展方向。

民生援藏　援藏工作组协调珠海水务环境控股集团有限公司，投资334万元支援建设供水工程，解决1200亩果园灌溉用水、嘎玛康桑营地日常用水和第四生产管区生产生活用水问题。投资20万元建设安全设施项目，对嘎玛花园职工住宅生活区内的景观渠进行清淤，安装防护栏杆，完善相关安全设施，预防溺水事故发生。投资16.5万元实施退休职工居住点饮用水安全工程，保障退休职工及家属的生活饮用水安全。投资63.5万元实施机关办公楼及干部职工周转房修缮工程，解决职工房屋和办公楼渗水、漏水等安全隐患问题。投资55万元实施嘎玛花园小区围墙翻新加固工程，维修坍塌围墙，全部安装防刺网，提高小区安全性。

2022年10月13日，林芝市委书记敖刘全（前排左二）到米林农场考察调研企业经营情况、特色产业发展和援藏工作开展情况

（林芝农垦嘎玛农业有限公司　供图）

消费援藏　在援藏工作组的支持和组织下，年内，农场优质水果大量销往粤港澳大湾区，其中苹果20吨。苹果收购价为林芝市场收购价的2倍，提高了职工种植果树的积极性。

粤藏情谊　珠海市及其他各级各部门考察调研米林农场11批次，共计112人次，增进相互了解。援藏干部与困难职工结对结亲，支出专项资金，慰问逝世退休职工的家庭并发放慰问金。重大节日期间，为困难职工多次发放各类慰问金和生活物资。

【平安建设】 2021年，全面落实维稳工作领导分级分片负责制，细化分解维稳责任，执行24小时值班制度、零报告制度及日报告制度，做好外来人员和机动车辆进出的身份登记和核查，确保值班台账和值班室的规范化。

组织干部职工学习市委、市国资委和安监局关于安全生产的一系列会议精神、红头文件和部署安排，修改完善《米林农场突发安全生产事件应急预案》等制度，与各生产管区签订综治管理责任书，做到责任落实到位到人；加强职工在农业机械使用、家庭用电防火等方面的安全教育宣传，场领导开展安全生产督导检查工作9次，检查各类仓库、住房、商铺等21处（间），检查招商企业15次。

发挥全场联动、群防群控的优势，召开会议传达部署新冠肺炎疫情防控工作，动员组织全体职工前往定点医疗机构开展疫苗注射，实行免费发放医用口罩（660个）、活动密集场所全面消毒、发放宣传资料、设立防疫二维码和外来人员体温检测登记、工作微信群发布小知识等措施。

组织党员干部职工开展“扫黑除恶打非治乱专项斗争”“全民国家安全教育”“网络安全法”等知识网络线上考试，并将答题结果及时上报。全年全场没有发生一起涉及社会稳定事件、治安刑事经济案件和安全生产事故。

（林芝农垦嘎玛农业有限公司）

水　利

【概况】 林芝市水利局聚焦农村饮水安全、水旱灾害防御、水资源管理、河湖长制、水土保持、水利工程建设等工作，编制完成林芝市“十四五”水安全保障规划。林芝市被自治区初步纳入“十四五”水安全保障规划共10大类53项，总投资23.13亿元。其中，边境农村供水安全保障1项20子项、防灾减灾能力建设16项、重点灌区与节水增效5项、城市防洪3项、城市饮用水源地1项、重大水利骨干项目2项、中小河流治理22项、中型水库1项、农村供水保障工程1项，水系连通及水点乡村建设1项。推动尼洋河流域、古如曲流域综合规划审批工作。配合推进易贡藏布和雅鲁藏布综合流域规划审批。做好项目前期3年储备工作，储备27个项目，总投资10.97亿元。

【水利项目】 2021年，林芝市水利项目建设年度计划完成2.41亿元，全市落实资金3.32亿元，完成项目建设投资2.97亿元，完成年度投资计划的123.2%。全年综合治理河长68.58千米，新增治理水土流失综合面积101.8平方千米，维修养护191处农村供水工程，巩固提升6.83万人的饮水安全，新增和改善农田灌溉面积3.77万亩。

【防汛抗旱】 2021年，调整充实林芝市防汛抗旱应急指挥部成员单位，公示2021年度防汛抗旱行政责任人、大江大河行政责任人、水库大坝防汛抗旱行政责任人名单，确保责任到位。落实防洪工程建设资金1.97亿元，完成投资1.61亿元，完成率82%，全年共修复37处水毁工程。

开展水旱灾害普查，制定市级第一次水旱灾害风险普查实施细则，申请普查经费82.8万元，全市水旱灾害普查调查类及质检工作全部完成。提升突发水旱灾害处置能力，举办超标准洪水应急演练8次。开展山洪灾害隐患排查，各级水利部门派出排查组33个，对203个隐患点建立台账并制定预案，落实相关责任人。汛期各级水利部门巡查水利工程900余次，参与巡查3000余人次。做好防汛物资储备，全市共设9个防汛抗旱物资储备仓库，储备物资总价值680万元。启动防汛应急值班制度，各级水利部门执行24小时防汛值班和“日报告、零报告”制度，落实巡河巡堤制度，确保信息报送及时、准确。完善预测预警体系，对山洪灾害监测预警系统进行运维，全市83个自动雨量站数据到报率达97.59%。全市总体降雨量偏少两成，共计发生大小水旱灾情97起，水利设施直接经济损失2584万元，防洪堤受损46处，护岸损坏27处，共计8005米，引水灌溉设施损毁37处，未发生人员伤亡和水库大坝溃坝决堤事故。

【水利设施建设】 2021年，落实1010万元，提升改造70个乡村振兴示范村和30个帮扶村的农村供水工程，推进重点灌区工程建设。落实7770万元建设重点灌区续建配套与现代化改造工程5个，新增和改善农田灌溉面积

3.77万亩。推动民生“十件实事”落实。对191个村组6.8万人的农村供水工程进行维修养护，提升农牧区饮水安全保障能力，把改善民生、凝聚民心作为推进水利工作的出发点和落脚点，抓好工作落实，确保兑现承诺。抽检全市七县（区）101处农村供水工程水质27项常规指标，均达到合格标准。健全农村饮水运行管理机制，明确“三个责任”、落实“三项制度”，全市明确县级责任人14人，乡镇级责任人55人，村级责任人813人，水费收缴率达95%，安排水生态保护岗位和村级水管员1764人，每人每年3500元，为农村供水工程良性运行提供保障。

【安全监管】 2021年，采取“四不两直”和“双随机”的方式，开展水利建设工程质量与安全生产检查44次，提出问题80余条，下发质量监督通知书和检查记录卡共13份，全部完成整改。规范建设市场行为，开展全国水利建设市场信用信息平台系统建档工作，严把水利建设市场准入关，落实项目招投标制。开展水利工程建设领域市场秩序专项整治和在建项目质量考核工作，落实民工工资实名制管理制度，实现制度全覆盖。

通过水利工程建设，带动林芝市农牧民转移就业1531人，增加农牧民群众收入2105万元，同比增长45%，通过协调相关企业提供30个大学生转移就业岗位。全年全市水利项目未出现安全生产事故，在自治区安全生产与质量考核中获得第一名的成绩。

【水资源管理】 2021年，建立健全水资源刚性约束指标体系，控制用水总量，统筹生产、生活、生态用水，推进农业、工业、城镇等领域节水，管好水资源。提升水生态综合保护能力，对全市8个县城集中供水水厂的水源地开展安全达标建设评估，完成34条河流的二级水功能区划及尼洋河生态流量（水量）保障分配等工作。推进节约用水工作，指导各县区有序开展县域节水型社会建设和节水普法宣传，完成工布江达县和朗县县域节水型社会达标建设，朗县通过自治区验收。建立监督管理体制机制，联合市检察院、司法局建立水行政执法联席机制，建立执法全程记录、重大案件审批等制度，联合开展水行政监督执法检查20余次。强化取水行为监督管理，在全区率先完成2020年度水资源费征收工作，共征收267.19万元，做到“应收尽收”。全面开展农田灌溉工程和农村供水工程水资源论证工作。

【河湖长制工作】 2021年，全市设置四级河湖长1595人。其中，市级河湖长27人（含总河长2人）、县区级河湖长173人、乡镇级河湖长473人、村居级河湖长922人。强化河湖长履职，全市各级河湖长开展巡河巡湖2170人次，推进河湖“清四乱”工作，排查河湖“四乱”问题8起，销号8起，组织清理垃圾712次，出动1.38万人次，清理河湖302条，整治垃圾堆放点192处，清运垃圾344吨，对西藏自治区卫星遥感监测发现的1549个疑似“四乱”问题进行现场复核，并整改属实问题。落实资金1321.67万元，推进河湖长制各项工作，其中，中央财政水利发展资金（第二批）342.97万元，市本级财政经费978.7万元，用于开展市级河流“一河（湖）一策”修编、河湖健康评价、河道管理范围划定、岸线保护与利用规划、界桩埋设等工作，计划年底前完成。加强制度建设，在河湖长会议等10项制度基础上，在全市建立“河湖长+检察长+警长”联动协作工作机制，形成河湖长牵头、检察长监督、警长执法打击的河湖管理格局，强化制度约束。创新建立联防联控机制，与云南怒江州建立河道上下游联防联控联巡机制，签订跨界河流联防联控联治协议书，开展联合巡河工作。推进河湖长制宣传进学校、进社区、进基层、进机关等宣传活动，累计开展宣传活动26次，发放10余万元的宣传资料和2万余份的宣传物品，接受群众咨询1万余人次，更新河湖长公示牌584块，在微林

芝、水利网、市县电视台等媒体上推送河湖长制信息23条，有效营造河湖保护良好氛围。开设“粤林水利大讲堂”8场次、河湖长制业务能力培训3场次，参训360人次，提高全市河湖长和河湖长制工作人员履职能力。2020年度林芝市河湖长制考核获得自治区第一名成绩，朗县河长制办公室被评为全国先进集体，工布江达县1名县级河长、墨脱县1名乡级河长被评为全国先进河长。

【水土保持】 2021年，完成水土保持方案审批82项，其中落实承诺制管理46项。全年开展专项监督检查6次，综合监督检查4次，共发现问题7个，整改率100%；核查疑似违法图斑148个，复核率100%，整改率100%。配合税务部门推进水土保持补偿费征收，征收水土保持补偿费317万元。推进水土流失生态综合治理项目建设，实施朗县荣普那曲小流域水土流失综合治理工程和察隅县古拉乡水土流失综合治理工程建设，总投资3917万元，完成投资2933.2万元，计划完成投资3217万元，完成计划投资率的91.2%。

【定点帮扶】 2021年，水利部定点帮扶米林县。市水利局明确分管领导和科室负责人，具体协调服务帮扶工作，围绕八个方面任务进行帮扶，推进米林县水系连通及水美乡村工程、米林县城乡供水一体化工程、里龙（木如1号、2号）抵边安置点人饮安全工程等项目的申报工作。米林县水系连通及水美乡村工程列入水利部2022年投资建设计划。

（市水利局）

工业和信息化

工业管理和信息化建设

【概况】林芝市经济和信息化局内设办公室（政工人事科）、经济运行科、工业管理科、信息化推进科4个机构；下设机关后勤服务中心。2021年，全市规模以上工业完成工业总产值16.75亿元，累计增长2.2%；实现规上工业增加值9.3亿元，增速6.3%。54家民族手工业实现总产值1557.05万元，同比增长21%。

【工业经济】2021年，加快“小升规”企业培育工作，制定帮扶措施，帮助企业解决困难。全年新增规上企业5家，占全区新上规企业总数的四分之一以上，全市规模以上工业企业达到15家。落实《林芝市重点企业认定及奖励办法（试行）》，对全市重点企业进行认定、挂牌及奖励。墨脱茶业、可心农业、藏谷谷源食品3家企业被认定为2021年西藏自治区“专精特新”中小企业，完成年初目标的150%，“专精特新”中小企业达到4家。易贡珠峰农业、奇正藏药2家企业被自治区认定为2021年“绿色工厂”企业，完成年初制定目标的200%。申报2020年中小企业发展专项资金第一批、第三批项目共14个，资金1030万元；获批10个，资金680万元。报送市招商引资管理办中小企业发展专项资金20%配套资金，7家企业共80万元。帮助奇正藏药兑现招商引资奖励资金3448.5万元。通过“走出去、引进来”的方式，在邀请农夫山泉集团到林芝市考察天然饮用水水源点基础上，市政府分管领导又带队到农夫山泉集团主动对接，初步达成投资意向。碘盐配送充足，累计配送农牧区碘盐800.06吨，覆盖农牧民14.36万人，完成年度计划的100%。协助自治区经信厅开展区外食盐定点批发企业备案许可工作，区外食盐定点批发备案企业增加至10家。

【信息化发展】2021年，推进5G网络建设，完成市级和各县区网络基站建设401个，总投资1.1亿元，基本实现重点区域、重点场所5G网络全覆盖。完善数字基础建设，全年全市300万元以上重点信息化项目15个，总投资3.06亿元。全年全市电子政务外网建设点位419个，全年保通率超过98%，有效支撑互联网+政务服务等多平台应用。举办以“高原5G幸福路”为主题的“5·17”世界电信日林芝分会场活动和西藏自治区商用密码协会成立大会暨商用密码创新与产业发展论坛，提升林芝知名度，促进数字信息产业发展。

【安全生产】2021年，在“中国共产党成立100周年和西藏和平解放70周年”等重点时段，先后20多次派出人员100余人次，到民爆仓库及规上企业进行安全隐患排查检查，发现隐患28项，整改完成28项，保障民爆企业安全有序发展。2021年春运期间，累计发送旅客96636人次，顺利完成春运工作。开展清欠工作，协助解决西藏字众劳务有限公司和林芝圣域公司两起拖欠账款纠纷，清欠账款标的额分别为110.3万元和543.12万元，合计653.42万元。

【党建工作】2021年，以党史学习教育和“三更”专题教育为载体，依托庆祝中国共产党成立100周年和西藏和平解放70周年，打造“五型”机关党建品牌。局党组召开党史学习教育专题会31次，党组书记、局长及其他班子成员共讲党课5次，基层宣讲5次；开展研讨交流10次；开展“紧跟总书记足迹”、参观米林县南伊乡琼林“红色小牧屋”、农牧学院党史学习教育馆等主题党性教育活动5次；开展“我为群众办实事”实践活动9次。同时，加强党风廉政建设，对党员干部进行理想信念、党风党纪、廉洁从政教育，筑牢反腐倡廉的思想防线。

（市经信局）

国网林芝供电公司

【概况】国网林芝供电公司下设10个职能部门和7个业务支

撑机构，下辖巴宜区、工布江达县、米林县、朗县、波密县、察隅县、墨脱县7个县级供电公司。主要承担林芝市一区六县电力供应服务，电力客户5.2万户；负责运维管理110千伏变电站10座，变电容量43.5万千伏安；220千伏线路4条，线路长度91.497千米；110千伏线路20条，线路长度471009.97千米；35千伏变电站6座，变电容量15.5万千伏安，35千伏线路57条，线路长度1677.972千米；10千伏线路170条，共计3596.17千米（含专线）。2021年，完成售电量5.84亿千瓦时，同比增长30.02%。全网最高用电负荷233.26兆瓦，同比增长38%。

【安全生产】 2021年，落实安全生产管理责任，加强电网风险管控，发布电网风险预警通知37份。“一三一”应急体系运转，开展大面积停电事故应急演练，推进安全生产专项整治三年行动工作，解决林芝14个厂站的盲调问题，提升农网感知能力。开展配电自动化功能建设，完成西藏公司首条无线公网APN数据专线建设，实现配电自动化建设从“0”到“1”的跨越。首次开展防山火专项诊断分析。全年未发生人身和六级及以上电网、设备安全事故，未发生交通、消防、信息安全、疫情防控事件，累计实现安全生产天数4308天。

【电力应急保供】 2021年，科学调整电网运行方式安排，拉网式开展应急保供隐患排查，解决设备重过载问题。落实限电不拉闸、限电不限民生要求。成立保供电工作小组，制定“统一指挥、市县协作、深挖潜力、保障民生”的工作思路，发挥辖区小水电作用，做好电力调度和用户告知，最大程度保障民生用电。保供期间，林芝电网未发生舆情事件，供电服务实现“零投诉”。

2021年5月14日，国网林芝供电公司选派的数名运检专业技术骨干到福建福州、漳州两地开展为期一个月的配网不停电作业交流培训

（吴子伟　摄）

【服务地方经济】 2021年，成立川藏铁路和雅下开发施工用电领导小组，解决重点工程建设施工用电的各项需求，拉林铁路配套供电工程按期投运。实现八盖乡通电。推广零点作业、带电作业和综合检修，实现带电作业“零”的突破。推动办电手续精简，实现居民房电同步过户。鲁朗试点商户“全电绿色厨房”顺利落地，助力乡村振兴。完成“2·27”比日神山和“10·27”察隅山火现场保供电。落实“15+24”项保电措施，完成习近平总书记到藏考察、“两个大庆”重特大保电任务。全年受理95598各类工单1866件，接派单及时率99.29%。成立乡村振兴领导小组，派出3名驻村干部完成轮换，采购12万元扶贫产品。

（国网林芝供电公司）

国网巴河发电公司

【概况】 国网西藏电力有限公司巴河发电公司有5个职能部门、集控中心和运维中心2个实施机构，辖6个发电站。其中，巴河流域位于工布江达县巴河镇，沿巴河流域梯级布置，

所辖三站分别为老虎嘴站（装机容量：3×3.4万千瓦）、雪卡站（装机容量：4×1万千瓦）、六〇六站（装机容量：3×1600千瓦）；八一流域位于巴宜区八一镇，沿八及曲流域梯级布置，所辖三站分别为冰湖站（装机容量：2×800千瓦）、二级站（装机容量：3×1600千瓦）、一级站（装机容量：2×1600千瓦、尾水站2×320千瓦）；总装机容量15.704万千瓦。公司有员工139人，其中女职工47人，男职工92人；公司领导5人，中层干部14人（正职4人、副职10人），取得技术职称115人，其中中级39人、初级70人、高级6人。职业技能等级85人，其中高级技师3人、技师1人、高级工33人、中级工48人。平均年龄38岁，大专及以上学历124人；劳务派遣5人，业务外包33人。设有1个党委，5个党支部，共产党员73人，其中在岗党员61人、离岗休养党员12人。年内，公司获“全国模范职工小家”称号、西藏公司2021年“宪法宣传周”活动暨法治辩论赛获得团队三等奖、国网西藏公司质量管理（QC）小组活动集体铜奖。

【安全生产管理】 2021年，增设安全管控中心及应急管理中心，成立公司“131”应急指挥体系。坚持安委会、安全生产月例会制度，审议发布年度安全生产重点工作任务、安全生产专项整治三年行动“两个清单”，组织签订公司各级安全生产目标责任书。进一步完善安全生产管理体系，提升除隐患、防风险的能力。扎实开展安全生产专项整治三年行动，排查问题隐患50项，整改41项，整改率84%。配合西藏公司开展安全巡查工作，开展节前、季节性重点领域安全例行检查及森林、草原防火等各种专项安全督查，发现问题28项，整改24项，整改率85.71%。落实“四个管住”和“六全”工作要求，加大“四不两直”现场督查覆盖率。两级管控中心累计督查作业现场474次，发现违章185项，其中公司二级管控中心督查发现违章161项，下发违章整改通知书7份、安全生产督办单5份，出具考核通知及考核意见37份。

【设备设施管理】 2021年，加强设备检修维护，修编机组滚动检修计划、设备预试及保护定检计划，完成机组大修16台，预试46台套。开展调控系统、涉网安全等专项检查，夯实缺陷闭环管理，发现问题30项，完成整改22项，整改率73.33%。开展消防系统、工业电视等设备维保工作。强化综合计划精准管控、刚性执行，执行里程碑管控计划及“五率”要求。开展水工设施补强加固、超标洪水复核等工作，配合完成国网水新部开展水电防汛检查。应对巴河流域、八及曲流域各种险情，实现平稳度汛。委派2名骨干员工到林芝市下察隅县农噶电站和察瓦龙乡果达水电站，帮扶开展小水电设备检查、维护、保养、隐患缺陷消缺和恢复发电工作，提升小水电保供的“防御力”。

【经营管理】 2021年，严格综合计划及财务预算刚性执行，推进全员绩效管理，综合运用督察督办，全面管控关键经营指标、年度重点任务，促进各项指标、任务协调推进。推进老虎嘴站土地权证办理、工程收尾等历史遗留问题处置工作。推进往来款项清理。巡视巡察问题全部完成整改销号并收集归档，规范各项经营活动。加强“三重一大”决策事项合法性审查，落实合规管理问题清单及重点任务责任清单要求，发挥合规管理“三道防线”职责，强化服务（物资）采购活动、工程项目、合同履约、后勤领域等关键业务法律风险控制，年度制定风险控制计划4条并完成验收评估，防范各类法律风险。

【队伍建设】 2021年，坚持党管干部原则和新时期好干部标准，制定《员工晋（竟）岗工作流程》，完成年度优秀年轻人员现场调研，实时补充适应新时代要求的优秀年轻领导人员，实现动态管理、跟踪培养。强化对四级领导人员的日常考核，按期开展年度综合考核及民主测评工作，强化考核结果应用。开展专业技术职称和技能等级评定，16人取得初级及以上职称，2人取得技师及以上资格。规范教育培训工作，成立教育培训委员会，实施培训项目“里程碑”管控，加强技能骨干外送插班实训，提升人才素质。修订《公司全员绩效管理实施细则》，完善考核指标及评价方式，健全考核机制，成立公司员工奖惩领导小组。组织实施经理层成员任期制和契约化管理。

（国网巴河发电公司）

西藏林升森工有限责任公司

【概况】 西藏林升森工有限责任公司总部设行政办、党建办、计划财务部、劳动人事部、生产技术部、综治办、项目办、工会办、安全生产办公室等职能部门，下设扎木林场、东久林场、岗嘎林场、雪巴农场（强嘎果园）、拉萨经销部、西藏林升森工有限责任公司环保运营车队、林芝市生态苗木良种基地等生产经营单位。下设西藏林芝市金林房地产开发有限公司、西藏林芝市造林工程有限公司、西藏林芝市物业管理有限公司3家全资子公司。同时，公司发起成立西藏林芝林升华达门业有限责任公司、西藏欧林生物质能有限公司、西藏林芝金森有限责任公司、成都大民木业有限公司4家参股企业。

2021年，公司总资产94037.70万元，比2020年减少3069.21万元，同比下降3.16%，负债总额56536.51万元，比2020年减少1991.68万元，同比下降3.40%。实现营业总收入6572.67万元，2020年同期实现7419.87万元，比2020年减少847.20万元，同比下降11.42%。实现利润总额730.58万元，上年同期利润总额141.83万元，同比2020年增加588.75万元，同比上升415.1%。上缴税金859.51万元，比2020年增加590.83万元，同比上升219.90%。公司职工人均月收入6950元，增加工龄工资每人每月35元。

【项目建设】 2021年，公司协调完成“两路”绿化财评外业工作，并拿到财评结果；协调指导完成米林县农牧、林业经济苗木补植补造工作；协调指导米林县2017年核桃产业、2016年防护林建设项目苗木补植补造及资料汇编；协调指导完成米林县2018年苹果种植建设项目苗木补植补造及资料编制；协调指导完成林芝市城市周边面山生态修复工程建设苗木栽植及自查自验工作，同时进行项目竣工资料审定，2021年11月25日配合昆明院完成初验工作；完成生态苗木基地建设项目二期工程建设的收尾及竣工验收工作；协调完成生态苗木基地二期二阶段设计工作；推动三期设计工作，待可研批复下达并确定部分设计内容后，出具设计成果；向市政局递交永久片区防护林工程移交报告，并完成现场清点工作，并办理移交手续；协调指导完成朗多江心岛防沙治沙工程各项工作，完成防风屏障建设并全面进入苗木栽植阶段；有序推进岗嘎扶贫苗圃建设，12月完成苗木种植；完成扎木苗圃苗木栽植及其他建设内容、自查自验和财评工作；完成藏鸡养殖项目、强嘎标准化果园项目的建设工作；推进火车站面山建设项目合同签订工作；协调指导林芝市4县区公路沿线生态修复（造林）工程江河交汇段面山造林建设项目；协调指导完成2016年度重点区域补植补造工作，通过市林草局现场复核。

【安全生产】 2021年，公司坚持“安全第一，预防为主，综合治理”方针，抓好安全生产专项整治工作，落实安全生产大排查大整治工作。全年组织开展安全生产会议7次、安全生产培训4次，消防演练3次。把安全生产和消防安全工作纳入重要议事日程。签订西藏林升森工有限责任公司2021年安全生产目标责任书；制定西藏林升森工有限责任公司2021年“安全生产月”和“安全生产林芝行”活动实施方案，落实安全生产大排查

2021 年 7 月 19 日，自治区人大常委会副主任其美仁增（右五）、市人大副主任扎西（右六）考察林芝市生态苗木基地工程建设情况

（林升公司　供图）

大整治工作和 2021 年“安全生产月”和“安全生产林芝行”活动各项工作要求；根据要求、结合实际调整充实安全生产工作领导小组；下发防汛防灾方案、通知。安委办成员全年前往生产一线检查指导安全生产工作共 11 次，重点排查消防、森林防火、职工住房办公区的用电线路，并对各分厂、各管护小组的车辆进行各项隐患排查工作，对检查出的问题提出整改意见并开展“回头看”工作。全年公司未发生任何安全生产事故。

【综治维稳】 2021 年，公司制订 2021 年综治维稳工作计划、措施、维稳处突应急预案。签订社会治安综合治理工作目标责任书、禁毒工作责任书、消防安全承诺书，与林芝商业城、鸿基市场签订社会治安综合治理保一方平安责任书，与单位全体干部职工均签订禁赌承诺书、党员承诺书。不定期传达学习综治维稳相关文件并贯彻落实。组织职工学习治安条例、森林法、禁毒条例等法律法规和防控预防毒品知识。落实公司联防联控责任，抓好重点时期安全维稳工作措施，制定敏感时期、重要节假日的方案、措施、计划、应急处突预案、台账。贯彻落实《关于集中排查化解矛盾纠纷和整治突出治安问题工作方案》文件精神及要求，形成矛盾排查调处报告制度。年内，与林芝市厦门广场警务站合力出动联防联动出勤 30 余次，出动人员 90 余人次；与林芝市市政府配合整治市政环卫脏乱差工作出动人员 260 余人次；跟双拥路居委会排查巡逻出动勤务工作 30 余人次，参与帮扶单位综治维稳共建活动。全年公司未发生群体性信访事件、越级信访事件。

（西藏林升森工有限责任公司）

林芝市净源水务集团

【概况】 林芝市净源水务集团有限责任公司下设具有独立法人资格的子公司环林污水处理有限公司、供暖分公司、永盛管道安装有限公司、森绿特色产品经贸有限公司及液化气站，是一家集产水、供水、污水处理、供暖，兼营管道安装、特色产品加工、液化气经营、进出口贸易的国有独资企业。拥有自来水厂两座（第一水厂、第二水厂），日供水能力 5 万立方米，实际供水量 3 万立方米，供水主管网 100 余千米，供水人口 7 万余人，供水服务面积 20 平方千米，管网覆盖率达 98%，管损率 7.77%。

2021 年，水务集团总收入 4038 万元，同比增加 244 万元；成本 3494 万元，同比减少 130 万元；实现利润 544 万元，同比增加 114 万元；职工月平均工资 7457.96 元，同比增加 676.14 元。其中，水务集团公司营业收入 2123 万元，同比增加 20 万元；成本 1819 万元，同比增加 114 万元；利润 304 万元，同比减少 94 万元。森绿公司收入 642 万元，同比增加 237 万；成本 199 万元，同比减少 306 万元；利润 443 万元，同比增加 443 万元。永盛公司收入 513 万元，同比减少 773 万元；成本 522 万元，同比减少 632 万元；利润负 9 万元，同比减少 141 万元。供暖公司收入 260 万元，同比增加 1 万元；成本 254 万元，与 2020 年持平；利润 6 万元，同比增加 1 万元。环林公司收入 500 万元，与 2020 年持平；成本 700 万元，同比增加 49 万元；利润负 200 万元，比 2020 年增亏 49 万元。

【安全供水】 2021 年，公司对生产运行部工作人员定期开展理论知识考核，组织职工集中学习供水设备相关知识，提高运行人员的理论水平和专业素养。完善供水相关资料，并获得西藏自治区住房和城乡建设厅供水规范化运行交叉检查考核工作第一名。保障城市供水安全优质稳定，实时监测供水量变化，科学调控，每月对第一、二水厂水量统计。7 月，派遣化验室 2 名工作人员到广东中山小榄水务公司为期两个月跟班学习水质化验。定期组织清洗城市供水管网、清水池，检修、维护生产设备，确保设备安全运行。申请投资 35.67 万元，完成厂区过滤池和无阀滤池维修、更换石英砂和过滤槽，确保优质供水。由县住建局主导投资 400 万元改造、更换供水管网，解决察隅县城供水管网老化问题。

【安全生产】 2021 年，召开安全生产工作分析会 4 次，每个厂区设置配备安全生产专兼职管理人员。组织安全生产检查 29 次、召开安全生产会议 17 次，查出整改安全生产隐患 45 处，下达整改通知单 4 份，了解掌握各部门、子公司的安全生产情况。制订《安全生产费用投入计划》，建立安全生产使用经费台账，全年安全生产费用投入 62 万元，主要用于第一、二水厂水质消毒试剂、水质检测，波密县、米林污水处理厂购买药剂及安全设施设备的维护。

【综治维稳】 2021 年，与各部门主要负责人签订《综治维稳责任书》，明确各部门的职责，建立健全相关制度、预案，确保各项工作平稳运行；深化矛盾纠纷排查全力维护社会稳定。组织全体干部职工观看禁毒公益宣传片《青春不是挥霍的筹码》，开展禁毒宣传活动，组织召开“健康人生、绿色无毒”专题会，增强抵制毒品的自觉性，营造全面禁毒的浓厚氛围。开展防范电信网络电信诈骗宣传工作会，学习《防范电信网络诈骗告知书》，增强电信网络诈骗犯罪的意识和能力，防范打击电信、网络诈骗违法犯罪；落实值班制度，执行 24 小时值班、领导带班制度。

【环林污水处理有限公司】 2021 年，定期检修保养设备，组织开展安全隐患排查，发现问题及时整改，污水达标排放率达到 100%，出水水质达到《城镇污水处理厂污染物排放标准》（GB18918—2002）一级 B 标准。完成波密县污水处理厂、松宗镇、通麦镇污水处理厂招标工作，完成工布江达县污水处理厂，木巴、巴河、金达镇的运营方案制定，完成河西污水处理厂运行方案制定，完成米林县污水处理厂的合同签订。完成米林县污水处理厂修建化学品仓库、危废仓库和污泥暂存间，领取米林县污水处理厂排污许可证。波密县污水处理厂完善出水口安装监控设备及温度计设备工作。

【永盛管道安装公司】 2021 年，完善供水抢修方案，成立抢修小组，每天对供水管网进行巡查，抢修人员通信设备 24 小时待机，确保第一时间赶到事故现场。每季度清洗供水管网，加强城市供水管网维护的常态化与管理，提高供水质量与供水服务。

【森绿特色产品经贸有限公司】 2021 年，发展产业链，借助新闻媒体的宣传，打造林下资源、桶装水品牌，提高产品生产、包装及营销策略。拓宽经营范围，完成桶装水生产车间及松茸加工车间升级改造，并申办桶装纯净水生产许可证，年内生产桶装水 1.3 万桶。依托《林芝市人民政府关于同意林芝森绿公司液化气

站扩建项目用地的批复》，同意森绿液化气站置换用地，完成土地招投标工作。

【在建工程情况】 2021年，完成林芝市八一镇雨污分流管网改造建设项目初验，整改质监站提出的整改意见。根据林芝市住房和城乡建设局下发的《关于加快推进巴宜区污水处理厂配套污水收集管网排查整治工程建设相关事宜》的通知，以及西藏自治区住房和城乡建设厅《关于申报2020年水污染防治专项资金支持污水处理设施项目拟建方案的请示》，决定对巴宜区污水处理配套污水收集管网进行排查整治。市住建局确定集团公司为巴宜区污水处理厂配套污水收集管网排查整治工程施工单位，重点整治污水收集错接、漏接、混接点。该项目于2021年3月开始对滨河路南段、工布民俗街、幸福小区片区等污水管网进行排查，完成项目可研、初设、概算、图纸审查，项目处于招投标阶段。

（净源水务集团）

林芝市林安交通产业集团有限公司

【概况】 林芝市林安交通产业集团有限公司共有分子公司和参股公司12家。其中，一级全资子公司3家（集团出资）：林芝市交通实业有限责任公司、西藏林芝市客运有限责任公司、林芝市平安物流配送有限公司；二级全资子公司3家：林芝市机动车检测有限公司（交通实业出资）、林芝市平安出租车有限公司（交通实业出资）、林芝市公交有限公司（客运公司出资）；内资企业法人分支机构（非法人）3家：林芝市平安驾校、林芝市二手车交易中心、波密县客运站；混合所有制参股公司3家：林芝市城投汽贸有限公司（持股30%）、林芝宇拓藏药有限公司（持股35%）、察隅县安顺客运有限公司（持股51%）。实现集团公司市场化、专业化、集约化的运营机制。2021年，公司营业总成本4201万元，比2020年增加561万元，同比增长15.43%；职工人均月收入7911元，同比增加471元，同比增长6.33%。资产总额3亿元，同比减少445万元，同比下降1.46%；负债总额1.73亿元，同比减少1544万元，同比下降8.2%。

【业务经营情况】 2021年，公司收入1779.18万元，与2020年同比增加316.46万元，同比增长21.63%。其中车辆检测收入640.88万元、二手车过户收入62.72万元、平安驾校收入222.32万元、出租车管理费157.5万元，房租及场地费过户费收入695.76万元。客运公司收入1265.36万元，同比增加59.51万元，同比增长4.85%，其中站务管理费收入137.03万元、车辆承包费管理费收入284.74万元、卫生费停车费安检费车检费收入50.82万元、房租及过户费收入261.52万元、公车公营收入541.72万元、其他收入9.68万元。平安物流公司收入152.41万元，同比增加26.28万元，同比增长20.83%。林芝市林安交通产业集团公司全年实现营业总收入3522万元，比2020年增加581万元，同比增长19.75%，实现利润总额1034万元，比2020年增加771万元，同比增长293.01%。

【安全生产工作】 2021年，公司提取安全生产经费37万元，投入23万余元。主要用于购买疫情防控物资、维护消防器材、购买安全设备、职工职业安全体检、安全培训等。重要节日期间，在车站LED显示屏展示宣传标语，安全宣传画等50余幅，发放各类宣传资料2000余份，利用广播、宣传栏、电视、LED、微信、事故案例分析、网络等多媒体向社会宣传安全生产法律、法规和政策。播放安全警示教育片400余场次。全年共组织驾驶员安全学习30余次，提高职工安全生产工作意识。

加强安全生产检查，排查事故隐患，落实隐患整改专项及汛期等安全检查迎检工作，开展专项安全生产大检查11次，查出隐患共35项，发出整改通知单5份，全部完成整改并归档。为加

2021 年 6 月 3 日，副市长符永波（左三）视察检测线

（林安交通产业集团　供图）

大办公区、快修市场、检测线、驾校、客运站场内、安全保卫和消防工作的监管力度，做好防火、防盗、防破坏等安全预防措施。全面检查各部门电源线、电灯、灭火器等用电和消防设施，建立防火巡查记录台账。由保安专门负责对站场范围内车辆和旅客的安保管理工作，重视夜间值班巡查，防止人为蓄意破坏和斗殴闹事。特邀请林芝市消防支队李国才为全体职工及驾驶员进行消防安全知识培训，40 余人参加培训。6 月 24 日，开展反恐防暴应急演练；9 月 16 日、10 月 20 日、11 月 11 日分别开展三次消防演练。

【项目推进情况】 交通实业项目　2021 年，林芝市交通实业有限责任公司与西藏奇正藏药股份有限公司共同持股合作经营的“宇拓藏药”，经集团党委会、董事会研究决定股权 35% 转让或出售给他方持股人。落实波密检测站项目，完成土地置换，建设工程规划许可证、建设用地规划许可证、国有土地使用证均办理完成。经开区检测站、经开区停车场项目，国有土地使用证、建设用地规划许可证办理完毕，完成风评，环保备案。

客运公司项目　综合楼项目完成建设，进入验收阶段。波密客运站升级改造完成，投入运营。公交总站及换乘站建设完毕，验收合格，9 月投入使用。经开区（永久片区）及觉木片区换乘站项目进行前期准备工作。

（林安交通产业集团）

林芝市文化旅游投资发展有限责任公司

【概况】 林芝市文化旅游投资发展有限责任公司（以下简称市文旅公司）有西藏林芝宾馆有限责任公司、林芝净地旅行社有限公司 2 家全资子公司，林芝市文旅物业管理服务有限公司 1 家控股公司，西藏林芝市巅峰旅游开发有限责任公司 1 家参股公司，资产主要包括游客综合服务中心、印象酒店、鹏程演艺宫、广东会展中心 4 ~ 7 号房产等。市文旅公司（含总部及下属公司）有人员 97 人。2021 年，公司组织制定“十四五”发展规划，提出公司改革发展方案，形成“1+2+N”（即 1 个集团公司、2 大管控平台、N 个项目公司）的架构思路，形成文旅板块、现代服务板块、投融资建设板块三大业务板块布局，打造架构科学、制度完善、链条完整、人才齐备、资源优质、效益良好的现代化大型集团公司，成为林芝市文旅行业的龙头企业、文旅产业投融资建设运营“一条龙”管理平台。10 月 21 日，公司被自治区级授予第五批自治区级文化产业示范园区称号及林芝市文化产业示范基地。获得外交部西藏全球推介活动纪念证书。

【企业发展】 2021 年，公司接手西藏林升森工有限责任公司所持巅峰旅游公司 40% 股份，推动其他 60% 私有股权收购，推进巅峰旅游公司发展规划，制定全员营销方案，推出年卡回馈促销活动，年卡销售 1000 张，为景区实现增收创收 30 万元。加大宣传力度，在“南方 +”平台和“学

2021 年 3 月 27 日，林芝文旅公司开展 2021 年西藏林芝第十九届桃花旅游文化节第三届雪域桃花音乐节　　（市文旅公司　供图）

习强国”平台进行展示推广，累计浏览人数 20 万人次。与旅游业界旅行社达成合作意向，促进公司业务可持续发展。

【承办活动】 2021 年 3 月 27—28 日，中央公园工布公园举办 2021 年西藏林芝第十九届桃花旅游文化节第三届雪域桃花音乐节，开幕式观众累计 2.1 万人次，网络平台直播点击率百万人次，两天共吸引 3.6 万名观众。

6 月 27 日，承办林芝国资系统庆祝中国共产党成立 100 周年和西藏和平解放 70 周年文艺晚会，受到各方的好评。

【人才队伍建设】 2021 年，公司先后引进柔性援藏人才 4 名，派出公司骨干 3 批次共计 8 人次到珠海九洲控股集团跟班学习。树立正确的选人用人导向，实行公平公正竞聘上岗，健全管理人员选拔任用机制，参考《党政领导干部选拔任用工作条例》，经市国资委批准 2 名部门职员通过竞聘晋升到部门副职岗位。10 月 22 日，委派 2 名大学生参加林芝市国有企业青年人才队伍建设培训班。

（市文旅公司）

林芝市城市投资有限责任公司

【概况】 2021 年，林芝市城市投资有限责任公司（以下简称市城投公司）下设全资二级子公司 10 家、控股二级子公司 3 家、参股二级企业 5 家。市城投公司资产规模 49.66 亿元，在编干部职工 270 人。公司实收资本 3.04 亿元，资产总额 49.48 亿元，净资产 12.35 亿元，实现营业总收入 3.61 亿元，营业总成本 2.75 亿元，实现利润总额 1609.24 万元，较 2020 年减亏 4422.49 万元。

【重点项目】 建筑板块　2021 年，市城投公司负责实施的重点建设项目共计 30 个，总投资 26.92 亿元。完成工程总额 26.29 亿元，占总投资的 97%。其中，完工项目 29 个，主要包括永久片区市政道路建设项目、幸福小区巴吉西路延伸段等 8 条市政道路项目、拉林铁路站前市政公共基础设施和服务配套设施建设项目等，其中拉林铁路站前市政公共基础设施和服务配套设施建设项目项目总投资 69006 万元。巴宜区永久片区经一路、尼洋大道北段市政基础设施配套管网工程正在建设中，项目总

2021 年 12 月，市委书记敖刘全，市委常委、秘书长梅家奎到城投公司调研并召开座谈会　　（城市投资有限责任公司　供图）

投资6298万元，主要建设里程2235.429米，其中经一路建设里程835.126米，尼洋大道北段建设里程1400.3米，路宽均为26米，办理完施工许可证，施工单位年底进场施工。下属市建筑公司承建的林芝市公共卫生临床中心（传染病医院）建设项目一标段、尼洋时光四期项目全面开工建设，利润1300万元。林芝市老旧小区改造——青年公寓、福建公寓改造提升项目二标段项目、国家工程研究中心林芝科技基地出入口连接道路EPC承包项目、林芝新区财政厅地块土方回填项目完工验收，利润100万元。

建工建材板块 城投建工公司全年累计销售砂石成品料27.49万立方米、普通沥青混凝土1.4万吨、改性沥青混凝土7786.01吨、乳化沥青13.8吨、钢筋1540.685吨、商品混凝土47154立方米，保障全市建筑材料的供应。

资产运营板块 下属资产公司创新资产管理方式，其中代管城投公司资产89处（商铺52、住房37），出租61处（商铺50、住房11），出租率为98.8%。代管建筑公司资产115处，出租114处，出租率为99.13%。代管市直单位资产196处（商铺160、住房37），出租193处（商铺160、住房33），出租率97.96%。整体资产出租率98.3%。汽贸城项目现建设完成投入运营，一期出租率54%。

房地产板块 尼洋时光四期、尼池城投广场和“林芝苑”房地产项目全面开工建设，“林芝苑”项目售出445套，未售2套，实现回款3628.12万元，完成年度回款任务的181.41%，年底完成交房工作。尼池城投广场项目主体封顶。尼洋时光四期销售许可证完成办理，年底前售出公寓103套、叠墅8套、商铺6套，实现认购产值6980.86万元，实现销售回款4961.54万元。

食品加工板块 天禾啤酒厂生产的“林芝啤酒”按营销计划稳步在自治区和外省市铺点。至10月31日，完成销售总量898.51吨。推出25升原浆、3升原浆、2升原浆系列产品，丰富产品体系，满足不同消费群体的消费需求。玻璃瓶生产线相关设备完成安装，正进行调试整改。

对外投资以及其他业务板块 与中石化西藏分公司合作建设的林芝市南粤大道加油站建设项目完成，投入运营。对接市发改委完成林芝市永久片区文旅融合基地政府专项债项目申报工作，取得专项债项目——林芝市永久片区文旅融合基地项目可行性研究报告的批复，项目2.1亿元专项债资金到位，进行协调该项目用地事宜。12月初，启动6500万元地下智能停车场专项债申请项目，完成项目《可行性研究报告》编制工作。

【隐性债务化解】 2021年，市城投公司共化解债务1.86亿元。其中，新型城镇化综合试点建设项目归还贷款资金9398万元，12个乡镇供排水项目归还贷款资金1244.31万元，2017年棚户区改造项目归还贷款资金2000万元，2018年棚户区改造项目归还贷款资金5997万元。剩余债务，将按照《林芝市隐性债务化解方案计划表（十年）》逐年进行还款。

【资产划转】 2021年，第二批资产划转工作取得成效，完成市住建局原质检站、市商务局原办公楼、市交通局雪莲宾馆3处不动产权办理，其余2处资产完成资产评估工作。第三批资产下达注资批复后，与23家资产划转单位全部完成对接，确认移交资产的单位有22家。

【审计工作】 2021年，市城投公司先后开展9次审计工作，配合市审计组对城投公司原总经理离任审计进行沟通、协调工作；开展对天禾啤酒公司原总经理任期经济责任审计；完成下属建工公司自成立以来至2021年4月财务收支审计工作；完成建工公司内部控制后续审计工作；开展市建筑公司原主要负责人2012—2019年的经济责任审计工作；完成市建筑公司内部控制后续审计；完成项目管理公司原法人代表任期经济责任审计工作；完成建工公司原总经理任期经济责任审计工

作；开展林芝高争城投砼业有限公司2018—2021年经营成果审计工作；同时配合市审计局开展林芝市城投公司原总经理离任审计报告整改情况的沟通、协调、整理上报工作。

（市城投公司）

林芝市扶贫开发投资有限责任公司

【概况】 林芝市扶贫开发投资有限责任公司（以下简称市扶贫公司）内设综合办、财务室、产业运营部、产业投资部、项目部5个部门。下设林芝市乡兴牧业有限责任公司、控股公司西藏林芝贡布乳业有限公司2个全资子公司。2021年，市扶贫公司实现营业总收入820.55万元，同比2020年减少860.69万元；营业总成本616.77万元，同比2020年减少571.58万元；市扶贫公司利润总额206.39万元，同比2020年减少289.83万元；资产总额141434.89万元，同比2020年减少5998.78万元；负债总额122332.91万元，同比减少19996.77万元；职工人均工资6628元，比2020年增加1381.88元，同比增加26.34%；缴纳税费31万元，比2020年减少91万元。

【主导产业】 2021年，林芝振兴乡村共享经济综合商贸（电商孵化）示范工程项目，总投资3255.97万元，至12月，电商项目市级电商体验馆装修进场。

藏猪产业综合开发项目，11月完成投资2000万元。西藏天禾啤酒有限公司新增瓶装生产线及附属配套项目，总投资2000万元，年内按项目进度拨付资金1700万元，第一次拨付400万元，占总投资20%；第二次拨付1300万元，占总投资的65%。林芝市肉制品和果蔬冷链体系建设项目，总投资5000万元，建筑面积1.3万平方米，年底前完成主体施工，完成投资3818万元。扶贫产品深加工项目，总投资2000万元，项目主要以收购林芝本地生产的苹果等林果业，木耳、松茸等林下资源，藏香猪、牦牛肉等肉制品为主。购置深加工设备，打造林芝本地特色品牌，将产品变商品。年内完成实施方案的编制工作，经由第三方评审公司评审后出具评审报告。消费扶贫产品线上线下平台建设项目，总投资1000万元。主要建设内容为消费扶贫产品线上线下平台的建设。年底前项目完成实施方案的编制工作，经由第三方评审公司评审后出具评审报告，实施方案及评审报告上报乡村振兴局审批。林下资源种植项目，总投资2000万元，主要在全市范围内种植木耳、羊肚菌等林下资源，增加群众收入。至12月底，完成项目的初步设计、可行性研究报告编制、风险评估报告、测绘、地质勘查等工作，进行对接林草局进行项目林评、草评的审批工作。林芝市乡兴牧业公司（全资子公司）项目。2021年10月成立，公司注册资金2000万元。组建公司人员架构开展工作，有干部职工共17人。至年底，有2批次共900头娟姗牛进入牛场，存栏896头（退回3头，病死1头）。

（市扶贫公司）

商贸流通

商 务

【概况】 林芝市商务局内设办公室、政工人事科、市场体系建设科、商贸服务管理科、外国投资管理科、对外贸易科6个科室；设有供销合作社、商务信息与国际交流服务中心、机关后勤服务中心3个事业单位。

2021年，全市社会消费品零售总额完成56.23亿元，同比增长9.4%。实现外贸进出口总额(含边民互市贸易)657.4万元，同比增长168%。其中，出口164万元，进口493.4万元。市商务局完成招商引资到位资金2.55亿元，完成目标任务的102%。推进供销社综合改革，六县一区供销社完成挂牌，组织体系实现全覆盖；6个基层社实现销售收入2859.74万元。

【促进社会消费】 2021年，继续实施冬季“稳市场 促旅游 惠民生”活动。向827家正常营业商户兑付补助资金780.7万元。活动期间，社会消费品零售总额完成5.4亿元，参与活动商户销售额累计4.71亿元，增速较2020年同期提升17.1个百分点。开展特色产品展销，发挥展会平台作用，举办“桃花美食节暨来自林芝的礼物”特色产品展销、农特产品展销活动，展示展销农特产品、美食220余种，销售额188万元，扩大林芝特色产品知名度。桃花节汽车展销会销售额280余万元。组织企业参加那曲虫草节等展会，拓展林芝农特产品销路。提振大宗消费，林芝首家厂商授权的4S店——林芝泰立汽车奇瑞4S店开业运营。引导各县区、各大超市利用“三大节日”等节假日开展促销。举办“扭转乾坤林芝年 佳美精品年货街”活动，累计销售额490余万元。开展“消费促进月”活动，邀请林芝苏宁易购、汇通名车等12家企业和9家本地特色农产品合作社参与促销，拉动城乡消费增长。做好限上企业培育纳统工作，将9家企业纳入限上统计企业。做好物资保障和市场保供，加强市场运行监测，抓好35吨冻猪肉、2000担边销茶储备工作，抓好疫情物资保障和市场保供。

2021年8月16日，在八一永久梦想小镇举行林芝市2021年低氟健康茶配送发放仪式，副市长徐龙海出席活动 （市商务局 供图）

【商务惠民工程】 2021年，承接成品油经营资格审批权限有关事项，做好各成品油企业年检、法人变更及监管工作。开展低氟健康茶配送工作，共向七县（区）配送低氟健康茶605.51吨，完成任务的100%。推进消费扶贫，组织七县（区）16家合作社（企业）、46个农副产品通过“832平台”，累计实现销售额223.6万元，拓宽林芝市特色产品销售渠道。联系驻地部队开展消费帮扶活动，帮助扶贫企业开展产品销售，销售额60万元。

【进出口贸易】 2021年，加大外贸经营主体培育力度，培育7家外贸企业。帮助企业开拓市场，组织6家企业参加第129届广交会线上展，林芝茶叶、松茸首次销售到澳门。加强边民互市贸易，抓好《吉太边贸控制性详细规划》的修改、报批，同时积极争取吉太边贸基础设施建设项目资金。利用1000万元外经贸发展专项资金扶持经济开发区建设。

【招商引资】 2021年，引进中

拉控股集团有限公司、联升贸易（澳门）有限公司2家澳门企业落地林芝经开区，注册资金1500万元。举办林芝第十九届桃花旅游文化节暨粤林产销投资对接会，签约商贸物流、消费援藏等项目21个，总投资35亿元，其中消费援藏签约项目3000万元。举办首届“澳门—西藏林芝松茸美食文化节”，销售额110万港币，11家企业达成采购意向，6家企业签订采购协议500万元。

【供销合作社综合改革】 2021年，深化基层社改革发展，推进察隅县、米林县、朗县3个县基层供销合作社改革工作，完成七县（区）县级供销社挂牌。搭建销售平台，建立“西藏林芝供销社深圳运营中心”，拓展农产品销售渠道。

【产业发展】 2021年，借助粤港澳大湾区“7+2”西藏特色产品展销平台、京东商城·林芝扶贫馆等平台，加强“地球第三极”“林芝源”品牌宣传推介，增强林芝区域公共品牌影响力。推进电子商务进农村综合示范项目建设，林芝电子商务产业园正式挂牌，1—11月，实现交易额953.4万元。加快推进物流及冷链项目建设，巴吉物流产业园入驻商家110户230间，入驻率43%；林芝万吨农副产品冷链储存配送中心项目一期工程投入运营；米林华发（林芝）商贸物流园项目一期A区全部建成，完成招商40%。

【商务援藏】 2021年，落实全国商务援藏工作会议、全国供销合作社系统援藏工作座谈会精神，加强与广东省商务厅、广东省供销合作社沟通对接，分别与广东省商务厅签订《广东帮扶林芝商务工作备忘录（2021—2024）》、与广东省供销合作联社签订合作协议，明确下一步对口援藏支持方向，为做好“十四五”时期商务（供销）受援工作打下基础。

（市商务局）

烟草专卖

【概况】 林芝市烟草专卖局（公司）下辖波密县、察隅县2个县级卷烟营销网点。2021年，全市销售卷烟1.27万箱，增长3.46%，完成全年销售任务的100.19%；实现销售额5.75亿元，同比增加2779万元，增幅5.08%；单箱销售额4.51万元，增长1.57%，实现税利8300万元，同比降幅4.13%。

【网络销售】 2021年，跨行结算、电子结算、网上订烟稳步推进。全市有效零售商户1615户，其中电子结算户数1615户，占比达到100%，网上订货商户数1505户，占总商户数的93.19%，跨行结算户数为145户，现代零售终端户数为39户，扫码率88.25%，组建自律互助小组69个，涵盖991户零售户。

【市场监管】 2021年，组织开展4次专项整治行动；推行“双随机、一公开”监管模式，全年检查零售户190余户，结合“互联网+监管”，提升市场监管的效率和水平。与市公安局森林警察支队、市场监管局、邮政局等多家单位形成联席会议机制，与拉萨市烟草专卖局（公司）签订联合打假打私协议，联合查处2起涉烟违法行为案件。全年共查处案件29起，各方出动执法人员511人次，查获涉案卷烟25万支，涉案金额49.81万元，结案件上缴罚没款1.48万元。

【助力乡村振兴】 2021年，市局（公司）驻村工作队及调研组、19名机关党员到驻村点格日村、拉卡村开展“宣讲—帮扶—共建”系列活动。其间，慰问市局（公司）驻村点30户建档立卡户、6名“三老人员”及困难党员、30名大中专院校家庭经济困难学生，慰问金额6.6万元；党员自发组织捐款，认领建档立卡户，捐款金额1.5万元。

【安全维稳】 2021年，加强24小时带班值班管理工作，重要敏感期和重大节日落实各项维稳安保措施和要求，提高应急处置能

2021 年 6 月 2 日，国家局第十一检查组到林芝市烟草专卖局（公司）开展 2021 年上半年安全生产专项检查　（市烟草专卖局　供图）

力；组织开展各类安全检查 29 次。全年组织召开安委会 2 次，维护稳定工作专题会议 3 次，开展安全教育讲座 8 次，其中，消防应急演练 1 次、车辆起火事故应急处置演练 1 次、交通安全知识培训 3 次、反诈宣传培训 1 次、其他安全教育培训 2 次。传达学习国家局、区局（公司）通报的行业内的安全事故，要求市局（公司）全体员工引以为戒，确保市局（公司）"三不出""三稳定"。

（市烟草专卖局）

石油销售

【概况】 中国石油天然气股份有限公司西藏林芝销售分公司（以下简称中国石油西藏林芝销售分公司）位于西藏林芝市巴宜区八一大街 339 号，内设业务经营部、投资质量安全部、财务部、办公室 4 个部门，下设机关、城区加油站、县加油站 3 个支部，工会、妇联、团总支、纪检、安委会、基建、信访等组织健全。有员工 99 人，其中合同化用工 41 人，市场化用工 58 人。有地面加油站 24 座（阳光、巴吉、滨河、东郊、尼洋、林宏、百巴南、百巴北、百巴雪域、工布江达县、米林、米林机场、朗县、朗县吉祥新区、鲁朗、易贡、波密、波密 2 号、察隅、察隅嘎巴、察隅雪域、察瓦龙、墨脱、大峡谷），油库 1 座，橇装加油站 1 座（上察隅橇装）。2021 年，销售成品油 12.68 万吨，纯枪销售 10.25 万吨，同比增长 15.08%。直批销售 2.43 万吨，油品销售总量同比增长 5.49%。非油收入 1786.05 万元，同比增长 41.27%，非油毛利 385.26 万元。全年新开发加油站 1 座，投运 1 座，运营油库站达 26 座（含撬装站 1 座、油库 1 座）。

【营销状况】 2021 年，以站为点，全面摸排市场，制定客户开发"田"字格、进度"曲线"表，全面梳理客户，形成客户维系、市场开发的"网格化"管理。全年维系服务客户 119 家，开发大客户 12 家，公关大客户 23 家。紧盯川藏铁路大型项目建设，318 国道扩建、墨脱公路建设，多布、扎拉等水电项目开发建设，与中油铁工、中铁五局等达成长期合作，累计向川藏铁路建设供油 4918 吨。

针对加油站纯枪销量同比下滑情况，制定实施尼洋、林宏加油卡促销活动，工布江达加油站油非互动促销活动，中石化南粤大道加油站开业促销，滨河加油站开展点对点加油卡促销活动。通过汽柴油销售点对点降价竞争、以非促油，有效阻止竞争对手。通过与当地政府、农牧部门协调，采取多种措施，结合春耕时节，开展送油下乡活动，方便农牧民加油。组织工布江达、滨河、波密加油站开展站外小额配送、送油下乡工作，累计送油 130 余次，增销 498 吨。加大力度推广集团客户卡政策，单位卡开通积分或折扣等措施提升销售水平，新增纯枪销售 105 吨。

【非油业务发展】 2021 年，开展"西藏石油会员日"，坚持三步走战略，网格化摸排、广撒网、全覆盖，新客户成老客户，老客户成优质客户，巩固市场份额。通过油非互动公司沉淀资金 1880 万元。创新非油促销售、非油互促显成效。每月开展月度主题促销，通过生肖卡换购、非油“1+n”礼包等形式，推动节日期间加油站零售。引进工布乳业、幸福水泡健康茶、自行“大礼包”、蛋糕等多种业务，探索实施买非油赠主油，带动纯枪销量 1000 余吨，增加非油销售 10 余万元。通过“油惠·精彩周末”、集团客户卡、单位卡阶梯优惠活动，锁定 1.7 万名客户，使 788 个政府客户、工程客户成为长期固定客户，使 3656 个农机客户成为依赖客户。以卡客户为主体，加油站经理创建的朋友圈为平台，通过网络营销，实现快速宣传、全面覆盖。

【网点开发】 2021 年，坚持网点布局抢占先机，抢占市区高效市场，集群发展以面控点，对接经济开发区管委会和市属国企谋划选址和合作建站事宜；布局交通要道、旅游景区，关键道路以点控线，年内实现巴松措合资公司成立、加油站征地、商务预核准办理，租赁易贡加油站完成改造投运。优化网络布局，对接米林农场，上报规划和选址，提前布局雅下电站开发油品市场；统筹谋划乡村站点，金东乡完成预核准办理，加兴乡办理农转建手续报审、娘蒲乡达成合作意向。公司全体干部职工发挥亲情圈、朋友圈各方关系与力量，开发谋划公司未来网络发展，“十四五”加油站建设规划与市行业规划有效衔接、同频同步。以 15 座加油站纯枪量为主要基础，新增 9 座加油站，新投运站点为公司增量 2.03 万吨，实现纯枪量的增长，鲁朗加油站每天纯枪销售 20 吨。

【安全管理】 2021 年，组织开展危险因素辨识和风险识别，制定油、库站安全风险分级防控制度措施。推进安全生产三年专项整治行动，开展隐患大排查及静电跨接、防爆封堵、卸油口密封、配电柜规范操作等专项整治，全年排查和治理隐患 1100 余项，专项治理隐患问题 8 项，投入整改资金 301.94 万元。落实“应急演练日”演练活动，油库站开展演练 300 余次，提升应急处置能力。做好特殊时期、重要节点升级管控，强化卸油、散装加油、检维修和施工重点工作监管，夯实安全管理根基，确保全年安全平稳运行。

【费用管控】 2021 年，围绕“效益转、盯着费用控、咬定目标干”，算好纯枪吨油费用和利润两笔账，控制非生产性支出费用，合理安排营销支出增效益，主动研判销售形势提升价格到位率增毛利，店内店外双拓展强非油增效益。贯彻落实公司提质增效专项行动，实现提质增效 1623.85 万元。加大可控费用的管控力度，合理筹划各项经营性费用，全年实现吨油纯枪费用每吨 575.36 元，比控制目标每吨节余 63.64 元，增效 10%。

（中国石油西藏林芝销售分公司）

2021 年 2 月 27 日，中国石油西藏林芝分公司助力林芝山林灭火，彰显央企责任担当　　（中国石油西藏林芝分公司　供图）

旅　游

综　述

【概况】 2021年，全市累计接待国内外游客1006.07万人次，较2020年同比增长48.91%；实现旅游总收入83.75亿元，较2020年同比增长109.8%。农牧民家庭旅馆接待游客66.02万人次，较2020年同比增长34.32%；实现旅游收入1.38亿元，较2020年同比增长51.65%。

2021年3月31日，林芝市旅游发展局与雅安市文化体育和旅游局签订《旅游交流合作框架协议》　（市旅游发展局　供图）

【产业主体】 2021年，全市宾馆饭店619家，其中星级宾馆饭店38家，规模以上非星级酒店5家，客房数2.18万间，年接待能力1430万人次。有农牧民家庭旅馆701家，其中星级207家，拥有客房数4946间，年接待能力400万人次。全市旅行社增加到10家，旅游客运企业5家。全市对外运营旅游景区（景点）达到28个，国家A级以上旅游景区13个，其中AAAAA级旅游景区2个、AAAA级旅游景区6个、AAA级旅游景区5个，形成巴松措、大峡谷AAAAA级景区“双轮驱动”，A级旅游景区集群发展的良好态势。

【旅游规划编制】 2021年，编制完成六县一区全域旅游规划，在全区率先实现全域旅游发展总体规划市、县两级全覆盖的目标。完成“十四五”旅游产业发展规划编制，报请市政府审批。加大项目投资，实施巴松措、鲁朗景区基础设施重点项目和重大建设，落实总投资1.1亿元，启动G219国道林芝沿线3个重大旅游基础设施项目的可研编制、工程勘察等前期工作；推进工布江达县结巴村和察隅县嘎巴旅游基础设施项目建设，落实资金2000万元；完成投资853.96万元建设墨脱县、察隅县旅游标识标牌项目，均通过验收。

【旅游宣传】 2021年，举办第十九届桃花旅游文化节，接待游客52.7万人次，实现旅游收入1.76亿元，同比2019年分别增长37.56%和67.62%。签约合作项目21个，涉及总投资35亿元。完成“全域旅游促发展·再唱山歌给党听”MV宣传片，举办2021年中国旅游日西藏分会场林芝市主题活动，完成6套11个品种旅游文创产品设计制作工作，参与藏东南合作联盟联合推介、快行漫游、G219西藏段旅游推广联盟年会、澳门—西藏林芝松茸美食文化节、2021年冬航季武汉航线航班推介会、2021年首届中国（武汉）文化旅游博览会等活动，举办2022年工布新年暨响箭文化旅游系列活动，完成人文旅游纪录片《林芝与时代同行》策划方案。

【产业品质提升】 2021年，推进产业升级，完成林则景区、工布原乡申报国家AAAA级旅游景区验收工作。推进巴宜区和工布江达县申报自治区级全域旅游示范县（区）建设。兑现林芝—兰州—西安、林芝—西安、深圳—西昌—林芝3条航线第二年定额补贴资金2472.3万元，新开通

林芝—武汉定期航线，林芝对外航线达到 10 条，连通林芝与西北、珠三角等主要客源市场的交通大动脉，对接林芝—深圳直飞航线。对接新奥集团，完成 5000 万元的招商引资任务。与雅安文体局协调沟通并签订合作框架协议，向全市旅游住宿类商铺兑现 2020 年冬季“稳市场　促旅游　惠民生”活动 75 万元资金。全年全市各类旅游业主体带动农牧民转移就业 2.75 万人，同比增长 4%；实现旅游转移就业收入 9636 万元，同比增长 16%；人均参与旅游转移就业收入 3500 元，同比增长 13%。全市乡村旅游接待游客 138 万人次，同比增长 66%，实现旅游接待收入 1.78 亿元，同比增长 73%；农牧民参与乡村旅游就业 1.8 万人次，同比增长 0.65%，实现乡村旅游就业收入 6695 万元，同比增长 48%，人均参与乡村旅游就业收入 3300 元，同比增长 22%。

【智慧旅游】 2021 年，林芝智慧旅游语音讲解系统第一、二期工程完成并通过验收，全市 88 个景区景点（28 个对外开放景区景点和 60 个未对外开放景区景点）516 个双语讲解点位全部运营。在广东省第九批援藏工作队的支持下，投资 960 万元的林芝市智慧旅游建设项目进入策划设计阶段。全年林芝市微博共发文 724 条，总点击量超过 334.62 万人次，新增粉丝数 2357 人；头条文章 20 篇；旅游官方网站发布原创内容 51 篇，转载国务院及自治区文章 417 篇；微信公众号发布推文 763 篇，原创推文 125 篇，平均每篇阅读量超过 3670 人，有 6 篇文章阅读量过万，进入林芝市政务类微信总榜前五位 9 次，新增粉丝数 1.05 万人；抖音作品 110 个，点赞量 33 万次，新增粉丝 3000 人。

【旅游监管】 2021 年，健全旅游市场综合监管体系，提升旅游突发事件应急处置能力，落实旅游企业主体责任制，加大对疫情防控、旅游安全等隐患排查治理力度。全年全市旅游部门深入旅游企业开展市场综合执法检查行动 515 次，出动检查人员 2013 人次，出动检查车辆 498 台次，检查各类旅游企业 2007 家次，其中检查景区景点 370 家次、星级宾馆酒店 1222 家次、星级家庭旅馆 321 家次、旅行社 21 家次、旅游公司 73 家次。排除旅游安全隐患 406 处。接到旅游咨询电话 1189 次，接处旅游投诉 145 起，其中有效投诉 82 起。下发限期整改通知书 32 份，挽回经济损失 33.75 万元，保持旅游行业“零事故”。

【党建工作】 2021 年，开展党组理论学习中心组集中学习 29 次，党支部集中学习 11 次，参学人员累计 1020 余人次。党员干部撰写发言材料、心得体会 49 篇，举办理论知识书面测试 3 场次，在线测试答题 7 场次，印发各类学习材料 200 余件。局党组班子成员、全国脱贫攻坚先进个人及老党员讲党课 7 次，邀请

2021 年 8 月 20 日，林芝市旅发局与西藏农牧学院校地合作发展座谈会暨共建就业实践基地签约仪式在农牧学院举行

（市旅游发展局　供图）

市委党校讲师作专题辅导2次；累计组织开展观影、参观等活动16场次；召开专题组织生活会1次。落实470.5万元支持波密县等4县环保旅游厕所等旅游基础设施建设，落实956万元实施348家农牧民群众旅游家庭旅馆改造提升建设，落实13.04万元建设波密县古村村集体生态停车场项目，落实18.9万元改造波密县古村旅游文化活动中心，落实32.76万元用于波密县扎木镇东若村“旅游＋生态采摘”项目基础设施建设。组织党员干部帮助司法小区打扫环境卫生，慰问尼池社区困难群众并送去价值1000元物资，组织全体党员为波密县东若村因病致困群众捐款7000余元，对林芝市广东实验中学79名学生，开展结对帮扶活动并筹集帮扶资金7000余元，组织60名环卫工人参观游览巴松措景区、错高村新旧对比展览馆。为东若村、古村解决“七一”党建活动经费1万元。与农牧学院、林芝市职业技术学院校地合作，引进5名研究生、本科生进入旅游行政机关实践学习。

（市旅游发展局）

工布江达县风景管理局

【概况】 2021年，工布江达县风景管理局以“抓防疫、保安全、促生产”为准则，圆满完成各项工作目标。全年巴松措景区接待游客44.4万人次，门票收入3548.6万元，分别同比增长33.3%、24.9%。

【安全生产】 2021年，建立安全生产工作领导机构，明确企业安全生产主体责任，完善景区安全生产方案、应急预案等资料，全年无安全生产事故发生。全年景区开展安全生产培训6次，森林防火、消防等应急演练5次，提升应急处置能力。开展安全生产及森林防火巡逻检查工作，落实专项督导检查10次并督促相关公司做好整改落实工作。加强安全生产教育，强化宣传工作，做好游客提醒劝导工作，禁止携带火源进山以及野外用火和吸烟。

【景区管理服务】 2021年，撰写《关于巴松措景区管理现状的思考》《巴松措景区关于打造旅游产业改革开放先行区汇报材料》，就景区体制机制运行，服务管理优化、旅游产业发展提出意见建议。督促景区两家公司组织开展业务能力培训，优化服务水平，提高服务意识。管理景区工作人员形象，做好旅游投诉处理，维护游客权益和AAAAA旅游景区形象。

【景区生态保护】 2021年，查看和保护景区景点内的林木资源，禁止乱砍滥伐。针对环境卫生工作的特点和景区实际情况，分区域、划片区、定点位对景区进行无死角安排部署，确保整个景区的环境卫生清理工作有序开展。开展环境卫生整治和爱国主义卫生运动4次、植树活动1次，开展环境卫生督导检查工作，及时反馈存在卫生死角等问题，并督促相关单位落实整改。

【疫情防控】 2021年，全面贯彻各项疫情防控政策及措施，完善疫情防控工作小组，制定和完善疫情防控工作方案、预案等。全年开展疫情防控演练2次，培训2次。做好景区进出入人员、车辆的检查、登记和体温检测等工作，在售票大厅内安放2台一体式体温检测仪，增设多顶帐篷和栏杆建立疫情防控区，储备口罩、手套、消毒液等防控物资。

（工布江达县风景管理局）

鲁朗景区管理委员会

【概况】 鲁朗景区管委会秉承“生态优先，绿色发展”的理念，将自然生态、人文地理等资源转化为旅游产业经济实力，获得国家全域旅游示范区、国家级旅游度假区、国家级运动休闲特色小镇、全国爱国主义教育基地、中国天然氧吧、西藏自治区生态旅游示范区等自治区级以上荣誉20余项。鲁朗下辖9个行政村、360户1687名农牧民，全年农村经济总收入达到7948.97万元，农牧民人均纯收入达到2.65

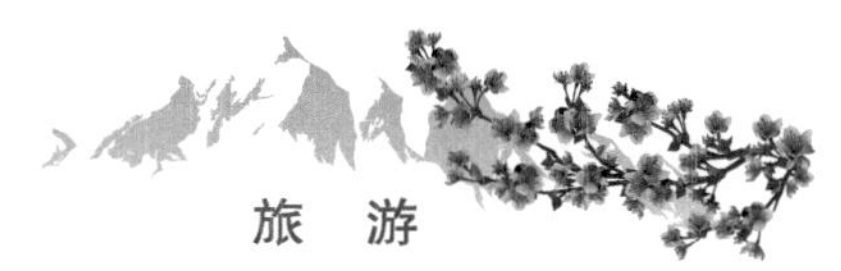

万元。鲁朗小镇客流量达77.08万人次，同比增长32.73%，旅游收入达9199万元，同比增长73.87%，

【组织建设】 理论学习　2021年，组建“委、镇、村”三级联动的党史宣讲体系，共计11支宣讲队伍，80余名宣讲员开展党史学习教育活动。全年开展理论中心学习组学习会39次，党史学习教育会37次，面向群众开展宣讲活动90余场次，受教育5000余人次，做到辖区全覆盖，人均受教育超过3次。

为民办实事　聚焦学史力行，开展“我为群众办实事”实践活动，通过打造实景演出剧《天路鲁朗》，为当地群众解决就业岗位90余人，在提高鲁朗知名度的同时，提升对群众和游客党史学习的宣传教育力度。全年开展结对帮扶5次，为民办实事270余件，解决实际困难260余个，惠及群众3000余人次。

镇、村领导班子换届　在镇、村换届工作中，开展换届政策和纪律宣传54场次，签订换届纪律承诺书800余份。选优配强村“两委”干部，新当选的村“两委”班子45名成员整体素质普遍提高，学历、年龄实现“一升一降”，村“两委”班子平均年龄为40岁，实现组织认可与群众意愿统一。优化鲁朗镇班子结构，选举产生的新一届乡镇领导班子成员共11名，45岁及以下11人，占100%，大专以上文化程度11人，占100%。

党风廉政建设　召开2次党风廉政建设和反腐败斗争专题部署会。按照“一岗双责”工作要求，党工委书记与班子成员、各科室、鲁朗镇负责人签订党风廉政建设和反腐败工作责任书18份，保障党风廉政建设工作和业务工作同部署、同检查、同落实。出台《林芝市鲁朗景区管理委员会干部管理办法》，实现干部日常工作表现量化管理。

【景区管理】 内部管理　2021年，召开5次党工委专题会议查找“委镇黏合度不够”的问题根源，研究整改政策，推进委、镇两个单位统筹的总基调。统一干部思想，转变“委、镇两家人”的思维模式，推进委、镇统筹管理，并实行责任倒追制度，压实领导干部工作责任。

完善运维机制　9月10日，与巴宜区联合召开鲁朗相关工作第一次协调会，双方就理顺沟通协调机制、强化巴宜区对鲁朗镇的支持力度、突出问题导向三点达成共识，解决管委会执法权限不齐全、行政审批难、干部流动性差、工作经费紧张等困难，为鲁朗解决小镇运维管理机制问题建立起良好工作沟通机制。

【重点项目】 2021年，鲁朗景区管委会有乡村振兴项目3个，总资金2800万元。完成鲁朗镇明吉村犏奶牛养殖1个项目，涉及金额550万元，鲁朗镇青稞鸡综合养殖项目、鲁朗镇扎塘鲁措罗布村河道水上旅游服务综合项目2个在建项目，涉及资金2250万元。共计吸纳当地108名农牧民劳动力转移就业，人均增收1.54万元。

川藏铁路　辖区内长期参与铁路建设的有378人，其中明吉村参与人员36人，主要负责保洁、安保、小工等工作，月薪平均5000余元；临时参与到铁路建设达7000余人次，经济收入200余万元。利用本地群众运输车辆175台、挖掘机96台、装载机54台，全年鲁朗群众参与到川藏铁路项目建设获得收入2344万元。

拉月茶场　该茶场建设43万平方米茶叶种植基地，实现3人稳定就业，月薪5000元。带动当地群众投工投劳1500余人次，人均增收2.15万元。

家庭旅馆　鲁朗家庭旅馆有113家，床位1191张，旅游旺季价格每间300元，淡季每间150元，年内营业的家庭旅馆46家，共接待游客3.84万人次，收入总计327.4万元，营业家庭旅馆平均收入7.12万元。

明吉村群众收入　鲁朗景区管委会关心三岩搬迁村明吉村发展，助力壮大村集体经济项目。对接施工方，寻求明吉村村集体机械承租方，年租金47万元。建成明吉村集体文化旅游体验馆项目，年租金14.4万元。引导东巴才村向明吉村分享旅游发展红利50万元。协调明吉村参与旅游业，有旅游景点摊位9个，骑马射箭场牵马位14个，射箭位3个，年收益超过70万元；引导搬迁群众在镇区转移就业，在镇区实现稳定转移就业18人，人均收益3.3万元；引导搬迁群众参与川藏铁路建设，有17辆机械车辆、6名人员投工投劳；举办为期一个月的农牧民夜校双语培训班和掐丝唐卡手工艺培训班培训，共培训24人，助力明吉村群众实现就地就近就业。明吉村搬迁群众享受林芝市社保、医保等各项惠民政策。

2021年西藏自治区爱国主义教育基地揭牌仪式

【旅游产业】 2021年，举办第五届工布牧歌节、篝火晚会，引入国内外大型文旅活动，提高鲁朗知名度。加大旅游推介，借助广东省游客援藏政策，亮相“7+2”消费援藏平台和广佛地铁广告推广平台，参与广东旅博会等粤藏两地旅游推介招商活动，广东游客在鲁朗旅游人次占比中达24%。加强网络宣传，鲁朗“两微一抖”粉丝量超过12万人,“李宁秋冬季鲁朗发布会”各平台累计浏览量240万余人次。

布局“一核四线两基地”的全域旅游规划图，以鲁朗小镇为核心，辐射可容纳14个景点的越野自驾百千米、徒步百千米、扎塘鲁措水上娱乐、鲁朗红色知青点4条旅游环线，带动洛木沟农牧种养殖业基地和小镇周边旅游服务基地，完善旅游产业链条的同时促进乡村振兴发展。

丰富旅游产品，融合发展“旅游+”产业，通过“旅游+红色历史”打造鲁朗全国援藏展览馆；“旅游+体育”举办龙血100极限越野跑活动；“旅游+文艺”举办摄影作品展、牧歌民俗文化旅游节、《天路鲁朗》文艺活动；“旅游+会议”举办中国西藏鲁朗环喜马拉雅国际合作论坛、鲁朗旅游论坛；“旅游+文创”引导市场制作鲁朗小镇纪念品、石画等文创产品，促进旅游业与相关产业融合发展，丰富旅游产品。

【森林防火】 2021年，制定《林芝市鲁朗景区管理委员会关于加强森林草原防灭火工作的通知》，落实值班值守制度和火险隐患排查工作，与8名专业管护队员，9个行政村签订森林防火责任书；联合市应急管理局排查鲁朗洛木沟自然灾害安全隐患，开展汛期安全隐患排查工作；在“119”宣传月与鲁朗消防站共同策划开展“结对结亲　交流交融”活动，实施全年度“消防安全守护”计划，分四个季度举办冬季火灾防控与森林火灾防控、自然灾害防范与自救、旅游景区火灾防范等主题活动。

（鲁朗景区管理委员会）

城乡建设　生态保护

住房和城乡建设

【概况】2021年，林芝市住房和城乡建设局内设办公室、政工人事科、城乡建设与管理科、住房保障科、建筑市场监管科、指挥通信科、建筑节能和设计标准定额科7个行政科室。年内，市住建局落实24小时值班带班制度，排查化解住建领域矛盾隐患34起。完成与自治区人防办、日喀则人防办短波电台通联46次，人防机动指挥车演练29次，举行全区首次内外场同步人防指挥演练和远程拉练，达到“战时防空、平时服务、应急支援”。

【民生项目】2021年，完成青年公寓、福建公寓1170户老旧小区改造。启动3500米以上乡镇供暖供氧，全市5个海拔3500米以上的乡镇供暖工程建成并投入。开展人防工程建设，审批修建人防工程13个，收缴人防易地建设费416.73万元。增强住房公积金保障能力，至12月底完成住房公积金缴存9.33亿元、提取5.93亿元、发放贷款1006笔6.71亿元。开展住建领域自然灾害综合风险普查，制定《林芝市第一次全国自然灾害综合风险普查房屋建筑和市政设施调查实施方案》，调查城镇房屋面积1385.35万平方米，农村房屋面积461.66万平方米，市政桥梁100座，市政道路1183.92千米，供水厂29座，供水管线814.3千米。

【城镇建设】2021年，科学编制住建领域“十四五”规划，完成“十四五”城镇基础设施中央预算内项目报送工作，总投资17.36亿元。开展火车站片区市政道路及污水处理项目前期工作，经费到位2360万元，编制完成火车站片区市政道路可行性研究报告，待评审。进行火车站片区及仲果片区污水处理项目初步可行性研究报告编制。12个乡镇14个完善城镇功能项目，完成总工程量的85%。米林县、波密县排水防涝设施和朗县县城供水项目有序推进，其中，米林县排水工程项目总投资2900万元，处于招投标阶段；波密县排水防涝项目总投资5000万元，完成工程量的60%；朗县县城供水项目总投资1872万元，项目完工。开展738户农村危房改造，完成645户。

【绿色建筑】2021年，推广绿色建筑，各施工图审查机构累计上报并审查项目167个，达到绿色建筑标准、符合绿色建筑自治区级评价标准104个。推广运用装配式建筑，全市装配式建筑面积21.32万平方米，呈上升趋势。

【城市安居工程】2021年，公租房建设项目246套，总投资4603.01万元，完成投资3845.48万元，占总投资的83.5%。干部职工周转房建设项目616套，该批总投资2.01亿元，8月5日下达建设计划，项目全部开工建设，完成投资1700.8万元。加强保障性住房管理，建成公租房1150套，入住894套，入住率78%；建成周转房2547套，入住2008套，入住率79%。累计核查市直干部职工违规占用周转房298套，完成清退288套，清退率达96%。加强全市党政机关办公用房清理整改，腾退市直党政机关办公用房面积2876.63平方米，七县（区）整改基本办公用房使用面积8397.64平方米。

【房地产市场监管】2021年，全市备案房地产企业74家，房产中介33家。在建房地产项目34个，总投资53.89亿元，总建筑面积163.44万平方米。在售项目66个，累计在售面积167.52万平方米，年内商品房买卖合同网签备案2855套，交易面积29.05万平方米，签约交易金额19.93亿元，每平方米均价6861.96元。加强预售资金监管，联合人行林芝市中心支行、银保监林芝分局印发《关于进一步加强林芝市商品房预售资金监管的通知》，加强商品房预售资金监管，保障买卖双方合法权益，确保资金使用安全。开展房地产市场秩序整治，检查房地产开发项目13个，房地产经纪机构73家次，下达整改通知书41份。制定《林芝

2021 年 7 月 15 日，西藏自治区党委常务副书记庄严指导林芝城市规划馆布展工作　　（市住建局　供图）

市房地产行业管理办法》，推进"清河阳光·林芝苑"产权证办理工作，总户数 564 户，办理不动产权证 331 户。

【建筑市场管理】 2021 年，开展招投标专项检查，涉及房屋及市政建设项目 18 个，招投标机构 2 家，发现问题 7 条，下发整改通知书 2 份，均整改到位。加强诚信一体化平台信用评价管理，对受到行政处罚、质量投诉或存在就业弄虚作假的企业，录入一体化平台，记入不良诚信行为并予以扣分，年内共录入不良信息企业 6 家。做好工程质量安全生产监督，全年累计对市区 26 个项目开展日常检查 190 余人次，对各县区 149 个项目开展专项检查 3 次，下发整改通知书 40 份，停工通知书 14 份、执法建议书 4 份，发现隐患 346 条，处罚金额 106.4 万元，报监项目工程监督覆盖率 100%，住建领域全年未发生安全生产事故。

（市住建局）

城市管理和综合执法

【概况】 2021 年，林芝市城市管理和综合执法局内设办公室、政工人事科、政策法规科、城市管理科、城市建设科、综合执法科、燃气管理科 7 个科室，有城市管理监察支队、城市环境卫生管理中心、城市园林管理中心 3 个参公事业单位，以及机关后勤服务中心、城市管理指挥中心、城市公园管理中心 3 个事业单位。年内，围绕"和谐稳定示范区、高质量发展先行区、生态文明引领区、边境发展样板区"总要求，以打造宜居宜业宜游城市环境为目标，提高城市精细化管理水平，推进城市管理提质增效。

【市政设施管护】 2021 年，突出亮化管理，全面抓好城市路灯、亮化维护工作，保障城市照明安全。维修更换节能灯、镇流器、触发器、LED 芯片等各类路灯材料 5625 件（个），城市亮化率超过 98%。加强道路及附属设施安全隐患排查，更换破损窨井盖 267 个、修复人行步道 331 处，修复面积 2230 余平方米，扶正路灯杆、修复公交站牌。协调开展城区雨污分流改造项目所涉管道疏通尾保工作，确保污水管道畅通。做好迎"大庆"工作，在城区主要街道和广场悬挂灯笼、流星雨瀑布灯 700 米，制作安装"新年快乐"、2021 等字样雕塑 3 处。安装洗墙灯 881 套、投光灯 140 套、轮廓灯 270 套、瓦片灯 148 套。安装吉祥结 68 个、国旗灯箱 860 余个，提升城区亮化景观效果。改善林芝花园居民生活环境，开展林芝花园小区引水工程，安装引水管道 3000 米。完善广东花园立面改造及福清河两岸节能优化改造项目，完成万清堂大酒店、景观苑门面房、地震局侧面、中国银行侧面、名人商务酒店、武警支队围墙、中国人民银行等建筑物楼体亮化提升改造工作。完成广州大道路灯升级改造项目。城市占道促销、道路开挖、户外广告、占道装修等 4 项审批业务均实现网上办理，共受理审批 299 件。

【城市管理执法】 2021 年，协

助开展冬季“稳市场 促旅游惠民生”活动，完成159家土特产活动店铺报备登记，取缔4家未按规定开门营业商铺。处理砂石运输车辆、渣土运输车辆不密封及工地扬尘污染案件25起，处罚金额7.92万元。整改招牌破损、一店两招、围挡破损等问题，共更换招牌43个，拆除招牌60余个，拆除旧宣传广告100余条，拆除破旧横幅200余条。先后3次联合交警、爱卫办、八一镇政府、街道（社区）等单位集中整治武警退休区市容市貌，出动执法人员60余人次，清理各类杂物10余吨。整治城市“六乱”问题8000余起，劝导教育流动摊贩1000余起，依法办理执法案件138件，罚款共计14.62万元。拆除违法建设7处，拆除面积1400余平方米。制作悬挂“门前四包”责任牌2800个，“门前四包”责任书签订实现商铺全覆盖。

【园林管护】 2021年，对市区内20余条街道的行道树进行抹芽、修剪工作，共计抹芽、修剪树木1000余株。开展城区灌木、乔木、草坪浇水工作，累计浇水6万余吨。完成巴宜城区迎宾大道、福州大道、广州大道等路段行道树松土、施肥、浇水等工作。对主要路段开展树木补栽工作，共计补栽野桃树、樱花等358棵。城区内灌木、绿化修剪累计20.3万平方米。驱赶进城牲畜500余头。在巴宜城区福建公园、中心广场、七彩公园、会展中心等地种植各类花卉1.4万余株。对七彩公园、广福大道、珠海路等城区主要街道、广场喷施多菌灵、氧乐果等药品，喷施行道树5000余株，灌木4万余平方米。

【环境卫生治理】 2021年，推进垃圾分类工作，投资590余万元购买的垃圾车、餐厨车、四分类垃圾桶等设备，城区8座垃圾房升级改造四分类垃圾房项目有序推进，城区垃圾分类逐步实施。定期对城区43座公厕、垃圾房、环卫工人休息室等区域开展消杀工作。累计出动1400余人开展河道垃圾打捞工作，共计打捞清理垃圾18吨。定期检查林芝市生活垃圾填埋场、医疗废物处置中心，规范运行程序和登记台账录入。全年收集处理生活垃圾3.68万吨，处理医疗废弃物192.57吨，处理餐厨垃圾4600余吨。

【燃气监管】 2021年，定期开展燃气安全检查，共计整改150余项安全隐患。开展燃气安全宣传教育工作，确保群众用气安全，与各县（区）签订2021年度林芝市燃气安全生产管理目标责任书。加强燃气行业监管，纠正燃气企业违规收费问题5起，清退多收费用并处罚款2320元。督促燃气企业做好燃气安全配送，全面排查市场销售液化气钢瓶情况，制定完善《林芝市燃气突发事故应急预案》，确保燃气领域生产安全。

【游园管理】 2021年，围绕“争一流服务、创优美环境”目标，定期开展工布公园园区设备安全隐患排查，确保不发生安全事故。全年工布公园接待游客20余万人次，工布儿童公园游乐设施收入达68.05万元，维修保养游乐设施60余次。工布公园内竖立各类标识牌100余个、烟灰桶27个。科普中心亮化项目、休闲长廊互动投影项目、不锈钢垃圾桶项目完成并投入使用。

【管理制度完善】 2021年，颁布实施《林芝市城市市容和环境卫生管理条例》，为城市管理和综合执法工作提供强有力的法律支撑。制定《林芝市城市管理和综合执法局党员“三包”工作方案》《林芝市城市管理和综合执法局街长制工作实施方案》《林芝市城市管理和综合执法局“每月一星”评选活动实施方案》《林芝市城市管理和综合执法局行政执法督察制度》《林芝市城市管理和综合执法局“城市管理示范街”创建实施方案》《林芝市城市管理和综合执法局“城市管理一线体验日”活动实施方案》等文件。城管执法部门联合公安、交警、市场监管、住建、生态环境、自然资源等部门综合执法逐步成为常态，探索实践“城管+

公安 +N”的综合执法模式。

（市城管执法局）

自然资源管理

【概况】 林芝市自然资源局内设办公室（政工科）、自然资源确权登记科、国土空间规划科、地质勘查与矿产资源储量管理科、自然资源开发利用科、政策法规科 6 个行政科室，有地质环境监测站、资源储备中心、自然资源执法监察支队、不动产登记中心 4 个参公科室，有国土空间规划研究中心、机关后勤服务中心 2 个事业单位。2021 年，市、县两级国土空间规划定位林芝市“建设具有雪域高原特色的国际生态旅游城市、国际知名休闲度假疗养胜地、全区旅游集散次中心、国家清洁能源接续基地”，划定生态保护红线面积 90378.72 平方千米，占市域国土面积 79%，并将高黎贡山（伯舒拉岭）区域纳入市、县国土空间规划编制范围，初步完成双评价、双评估等 10 个专题研究，形成规划文本、说明书图集等阶段性成果，构建符合林芝市“11364”发展思路的林芝市国土空间规划发展蓝图。全年累计审批民生类项目建设方案 6 件、办理建设用地规划许可证 78 件、办理建设工程规划许可证 47 件、出具规划设计条件 16 件、查处规划违法案件 9 起，共处罚金 119.37 万元。

【自然资源资产制度改革】 2021 年，推进自然资源资产产权制度改革，组织指导各县区开展农村集体土地确权登记发证工作。其中，农村集体建设用地已发 995 宗，发证率 85.33%；“房地一体”宅基地确权登记已发 27395 宗，发证率 99.21%；集体土地所有权已发 3862 宗，发证率 92.13%；易地扶贫搬迁已发 1338 宗，发证率 100%。工布江达县草原承包经营权确权登记试点工作基本完成，覆盖率 93%。完成市级验收和自治区抽验，自治区数据库建立完成后可进行发证，其他县（区）草原承包经营权确权登记工作全面启动，完成项目经费预算，成立市级工作领导小组。米堆冰川权籍调查示范项目通过国家级验收；藏传佛教寺庙财税监管有序推进，完成自治区安排的 27 座寺庙的权籍摸底调研工作，27 座寺庙用地面积 37.54 万平方米，建筑面积 7.38 万平方米。第三次国土调查工作全面完成；完成 2020 年度国土变更调查，2021 年 11 月 1 日正式启用；国土面积数据统一管理工作全面开展，四个边境县外业测绘工作全面完成。

【自然资源要素保障】 2021 年，出台《关于完善建设用地使用权转让、出让、抵押二级市场的实施意见》，编制并公布实施七县区征收农用地区片综合地价，指导督促相关县区完成川藏铁路拉林段和林芝至雅安段用地报批组卷工作，累计完成 28 个项目用地预审选址审查、16 个乡村振兴建设项目和 8 个抵边搬迁安置点农转用审查上报工作。制定《林芝市中心城区 2021 年度土地供应计划》，建立经开区项目用地联席会议制度，保障经开区建设项目用地需求。全年全市累计供

2021 年 6 月 15 日，自治区自然资源厅党组成员、副厅长张天华，自治区发改委副主任赵勇到林芝检查川藏铁路、拉林铁路重点建设项目用地报批工作情况，市委常委、常务副市长符永波，副市长强巴央宗陪同调研

（市自然资源局　供图）

应建设用地151宗，面积166.93万平方米，出让金收益1.91亿元，对重点项目开辟绿色通道，保障川藏铁路建设、边防国防项目、经开区建设、招商引资等重点项目用地。同时，2019、2020年度城乡建设用地增减挂钩项目有序实施，助推全市乡村振兴和产业发展工作。

【自然资源管护整治】 2021年，巩固深化违建别墅问题清查整治行动，遏制违建别墅乱象，全年无新增违建别墅现象发生。完成农村乱占耕地建房问题摸排工作，全市共摸排农村乱占耕地建房存量问题880宗，涉及占用耕地73.82万平方米，占用永久基本农田14.07万平方米，探索存量问题分类处置办法，暂无新增农村乱占耕地建房问题。历史违法图斑整改工作有序推进。落实自然资源动态巡查监察制度，全年出动巡查人员547人次，车辆312台（次），依法处理非法占用国有储备土地案件3起，乱倒生活、建筑垃圾案件3起，组织清理国有储备土地垃圾5.5吨，规划区内土地违法现象较往年明显减少。

【地质灾害防治】 2021年，修订完善《林芝市突发性地质灾害应急预案》，制定印发《林芝市2021年地质灾害防治方案》，明确年度地质灾害排查重点区域、防治措施、宣传要点和工作要求，并结合党史学习教育，以“我为群众办实事”活动为抓手，开展地质灾害知识“五进”宣传活动工作，完成全市70个乡村振兴示范村和30个重点帮扶村的地质灾害排查工作。启动全市地质灾害风险评价调查工作，完成野外验收；米林县、察隅县和朗县1∶5万地质灾害详查成果完成入库，44个普适性监测点投入使用，85个拟安装点完成选址申报；波密县白龙沟等9个在建项目有序实施，察隅县察瓦龙乡昌西村泥石流治理项目等4个计划实施项目完成申报；市级500万地质灾害防治资金安排项目有序实施。

【便民服务】 2021年，深化“放管服”改革，立足自然资源工作职责，全面梳理、承接下放职责，完成权责清单梳理和动态调整工作。落实“互联网+政务服务”“互联网+不动产登记”工作，推进“多审合一”制度改革，精简优化规划审批、用地预审、不动产登记等领域办事流程，不动产登记实现“一窗受理、共同办理”目标，转移登记压缩至5个工作日内办结，抵押登记压缩至3个工作日内办结，咨询、查询类等登记业务即时办结，抵押注销、查封登记、解封等登记业务一次性办结。在党史学习教育中，依托“我为群众办实事”，推动解决平安小区、龙泉小区、林升花园、金林小区、公路分局等一批不动产登记历史遗留问题，得到企业群众的一致认可。全年累计受理各类不动产登记3952件，发放不动产证书2774份，证明641份，设立3处不动产登记抵押点，共计受理抵押登记608件，贷款金额14.1亿元。并协助办理司法查询136起，办理查封登记16起。

（市自然资源局）

林业和草原保护

【概况】 林芝市林业和草原局为与自然保护区管理局合署的正县机构，内设办公室（政策法规科）、生态保护修复科、森林资源管理科、草原保护和产业发展科、野生动植物和湿地资源管理科、自然保护地管理科、规划财务科、政工人事科、森林草原防火科等9个科室，下设林业调查规划研究所、中心苗圃、国家湿地公园管理中心、林政检查管理中心、比日山森林公园管理中心、机关后勤服务中心、森林病虫害防疫站（濒危野生动植物救助站）7个事业单位。

2021年，实施产业项目15个，总投资1.0068亿元，高原水果、干果、特色林副产品之乡和花卉种植基地逐步形成。引导农牧民参与林草项目建设，明确局项目办具体负责，实现农牧民群众转移就业7589人次，促进农牧民增收2594.5万元，实现地绿、富民“双丰收”。累计提供林草生态岗位4398个，带动林区群众通过履行保护职责致富增收。落实野生动物肇事补偿政策，受理野生动物肇事案件2413起，涉及赔付资金371万元。落实中央森林生态效益补偿金制度，全年下达生态公益林管护资金2.7亿元，促进全市农牧民群众人均年增收1850元。完成冬虫夏草采集管理工作，产量6678.5千克，产值5.12亿元。

【创建国家森林城市】 2021年，开展全民义务植树活动，推进古树名木保护，推进城市绿化美化进单位、进学校、进军营、进社区、进庭院、进寺庙“六进”活动，全面消除“无树村、无树户、无树寺庙”植树空白，推进城乡周边、国道省道、面山裸露等重点区域绿化，形成绿化美化、促进旅游、改善生态和促民增收“四位一体”发展模式。至11月，全市创森建设项目共计210个，总投资32.85亿元，完成投资28.94亿元，占总投资的88.1%。其中，市级成员单位创森涉及建设项目共有54个，总投资23.12亿元，完成投资19.63亿元，占总投资的84.9%。其中正在建设项目11个，完工项目43个。六县一区创森项目共涉及156个，总投资9.73亿元，完成投资9.31亿元，占总投资的95.7%。其中正在建设项目12个，完工项目144个。

完成林芝市古树名木调查工作。全市有古树种群21个（各类型自然保护区、国家森林公园、国家湿地公园除外），共计71913株，面积1808.88公顷，采集记录古树名木的信息，挂牌工作全部完成。

【面山造林】 2021年，针对林芝市城市周边重要景观点山体阳坡植被稀疏、山坡下部裸露等问题，市林草局采取人工整地、引水上山、就地打井、持续管护等方式，组织实施城市周边、江河交汇段面山、火车站面山等三大面山生态修复工程，累计完成修复面积367.33公顷，栽植高山松、云杉、光核桃、藏柏、黄花木等树种，造林成活率超过95%。

【森林灾害防控机制】 2021年，将森林草原防火纳入地方性法规条例，制定《林芝市森林草原防火条例》，分批推进森林防火项目和体系建设，启动县域森林防灭火工作综合试点，构建森林灾害防控堡垒。累计开展应急演练14次，举办宣传活动150余场次，发送宣传短信400万余条，发放宣传资料15万余份。推进森林防火专项整治，加大森林草原防火巡护力度和频次，全市每天投入森防巡护员3000人，车辆1200台，护林员巡护时间超过14小时，专业管护站坚持24小时值守巡护。更新11块大型宣传牌版面，各县区设立森林草原防火宣传牌188处，喷涂宣传标语240条，悬挂横幅1000余条，开展森林草原防火“六进”活动400余场次，发放宣传资料3万余份；累计清运各类林下可燃物600余车，消除潜在火灾隐患109个；累计排查树障隐患118处，完成廊道内树障清理修剪2550棵。推进森林草原火险普查，完成森林草原野外火源、历史森林草原火灾和森林草原火灾减灾能力调查统计。推进森林防火靠前驻防站建设，11月以来在部分重点沟口、重点部位完成建设68个驻防站，

2021年11月10日，林芝市召开森林防火专项整治部署会，安排部署森林防火专项整治工作　（市林草局　供图）

配套人员200余名和必要设备，火源管控、前期预防能力得到提升。壮大防灭火力量，建成专业管护员300人、专职护林员3301人，乡、村灭火突击队325个1.7万余人，群众护林员12万余人的防灭火队伍。加强林业有害生物防控工作，开展苗木产地检疫和调运检疫管理、植物检疫许可审批事项监管。全年共审批植物检疫要求书845份，办理植物检疫证42份；全面排查松材线虫病入侵风险，投资18.86万元购置松材线虫快速检测设备，发放宣传册1000余份，全市未发现入侵现象；防治枯黄高山松550亩。

【林草资源管理体系】 2021年，印发《林芝市关于全面推进林长制的实施方案》，开展森林督查、打击毁林等专项执法行动，强化征占用林草地审核审批管理，违规占用林草地和乱砍滥伐、乱捕滥猎等破坏林草资源现象减少。全年共受理行政案件65起，查处率100%。落实天然林、公益林保护政策，制定《林芝市生态公益林保护条例》等地方法规条例，形成严管、慎用、依法使用林草地的社会氛围。完善公益林管护措施，实行奖惩办法，发挥基层农牧民在森林资源管护中的作用，确保公益林资源安全。落实林草资源监管服务分级巡查，开展市级巡查4轮次，七县（区）共开展巡查118次。发挥专业管护站、林业工作站、护林员前哨作用，累计开展巡查400余次。坚持主动作为、主动服务，针对重点项目建设，成立服务专班，建立沟通协调机制，提高林草前置手续办理效率，全年共办理征占用林、草地手续258件。

【保护地管理与建设】 2021年，建立健全自然保护地“一区一法”，持续开展保护地大检查，依法对保护地建设管理进行全程监管，严格审批保护地开发建设项目。实施保护地生态修复工程，保护自然保护区、森林公园、湿地，全市各类保护地面积422.54万公顷，形成全面覆盖核心森林、水系、湿地相结合的绿色生态屏障。围绕“保护面积不减少、保护强度不降低、保护性质不改变”的原则，统筹考虑重点工程建设、城镇规划发展的需求，推进保护地整合优化，做到应划尽划，应保尽保，合理安排生产、生活、生态空间，形成整合优化预案通过专家评审。强化生态保护监测，以雅尼湿地为重点，与西藏大学、西藏农牧学院搭建战略合作平台，依托科研机构技术人才力量，科学规划保护措施，为确保重要湿地资源安全和可持续发展提供科技支撑。强化野生动植物保护，推进国家重点保护物种野化放归、候鸟迁徙保护和收容救护救治，全市国家重点保护动物达96种、国家重点保护植物达23种，发现白颊猕猴、察隅湍蛙等两个新物种，首次拍摄到孟加拉虎、雪豹的活体照片，每年到林芝市越冬的黑颈鹤数量达500余只，占全球种群的5%。配合西藏雅鲁藏布大峡谷生物多样性调查，共记录野生动物80种。强化生态保护宣传，举办“贯彻总书记视察精神·共建共享美丽雅尼湿地·实现人与自然和谐相处”“生态保护、战略工程两不误，携手共推川藏铁路建设”“生态保护进校园”等主题宣传活动，增强公众生态保护意识。

（市林草局）

2021年9月17日，国家林草局党组书记、局长关志鸥（前右二）调研林芝雅尼湿地 （市林草局　供图）

生态环境保护

【概况】 2021年，林芝市环境空气质量有效监测天数365天。其中，317天空气质量达优、48天空气质量为良，全市环境空气质量优良天数比例为100%。22个地表水断面各项监测指标均达到或优于《地表水环境质量标准》（GB3838—2002）Ⅲ类，水质达标率100%。12个县级及以上集中式饮用水水源地水质满足Ⅲ类水水质要求，水质达标率为100%，八一镇主城区功能区声环境质量达标，全市环境质量状况优良。

【生态文明建设】 *生态文明建设示范创建*　2021年，启动国家生态文明建设示范市评估复核自查工作，全面做好复核及迎检准备工作。组织完成31个乡镇生态文明建设示范乡建设规划和284个村生态文明建设示范村建设方案的评审。指导巴宜区完成“国家生态文明建设示范区”复核自查工作，并通过自治区级审核。组织完成林芝市、2个县、30个乡镇、279个村2021年度自治区生态文明建设示范市、县、乡、村的创建和申报。10月12日，工布江达县获得“国家生态文明建设示范县”称号。

自然保护地监督　全面排查国家级自然保护地重点问题，对2017—2020年“绿盾”自然保护地强化监督工作问题整改情况进行现场复核，强化自然保护地监督和管理。完成2019年“绿盾”问题S303线易贡茶场至八盖乡公路沿线商品混凝土站、预制场、采砂点问题整改销号，完成2020年“绿盾”问题墨脱县明海紫韵春天酒店建设项目违规降低环评等级问题整改销号。完成雅鲁藏布大峡谷国家级自然保护区遥感监测人类活动15处点位实地核查和系统填报。完成工布自治区级自然保护区62处点位实地核查、信息上报和系统填报。

生物多样性保护宣传　印发《林芝市各有关部门生态环境保护责任清单》《林芝市构建现代治理体系实施方案》，为各单位履行生态环境保护职责提供依据。搜集整理林芝市重点保护野生动植物资料，制成PPT宣传片，进行播放宣传，利用“5·22”国际生物多样性日、“6·5”世界环境日、8月生态文明宣传月组织开展生物多样性保护宣教活动。

完成1例生态环境损害赔偿案件磋商，签订《生态环境损害赔偿协议书》，生态环境损害责任人以货币形式支付赔偿资金1万元，案件上报至国家生态环境损害赔偿报送系统。

【污染防治】 2021年，林芝市正常运营机动车环保检验机构（I站）有2家，启动非道路移动机械的摸底排查登记发放环保标牌工作，发布《关于林芝市非道路移动机械摸底调查和编码登记获取环保标牌工作的通告》，借助非道路移动机械监管平台开展登记，全年完成793辆非道路移动机械的登记工作。林芝市巴宜区八一镇老城区、新区、觉木片区、永久片区、结麦片区、仲果片区，各县区县城所在地建成区均划定为高污染燃料禁燃区。组织各县区进行燃煤锅炉的复核检查，防止复燃、偷燃。全年全市有14家生物质锅炉，无燃煤锅炉。

统筹七县（区）划定乡（镇）级饮用水水源地保护区40个，获得市政府批复；对493个行政村开展农村饮用水水源地水质常规监测，于10月底前完成《农村饮用水水源地水质监测报告》编制工作。开展入河排污口摸排工作，通过查、堵、测建立入河排污口台账，编制《林芝市入河排污口整治方案》，逐步完善对入河排污口的治理；开展水环境功能区划定工作，获市政府批复；完成林芝市二级支流水功能区划定。

发挥土壤环境信息化管理系统作用，掌握各县（区）垃圾填埋场，医废处置中心土壤pH值、土温、监控平台土壤环境质量数据，提升环境监管水平。加强危险废物管理基础数据统计，完成2020年度危险废物申报登记工作，申报企业468家，全年产生危险废物367.45吨，委托处置303.49吨，暂存63.96吨。制定完成2021年重点排污单位名录，并在林芝市生态环境局网站上公开，林芝市符合条件的有9家。

推进污染防治类项目实施。投资3125.207万元，实施林芝市福清河流域生态环境保护基线调查项目、林芝市福清河流域污染防治工程、福清河流域河流岸滨带生态修复工程、林芝市朗县境内道路沿线生态修复和环境综合整治项目、米林县加拉村雅鲁藏布江堰塞湖灾后重建点饮用水源地环境保护工程、开展卧龙村、索松村、琼林村、里龙村、唐丁村污水处理试点工作。做好2022年生态环境项目建设的谋划，确定林芝市29个乡（镇）饮用水水源地保护工程、林芝市（计划实施23个村）农村污水处理、墨脱县空气质量自动监测站（点）建设、察隅县空气质量自动监测站（点）建设、察隅县察隅河（桑昂曲宗）水质自动站、墨脱县背崩乡新解放大桥水质自动站、林芝巴宜区噪声自动监测站、林芝市墨脱县加热萨乡、甘登乡灾后重建搬迁点水源地保护区建设及周边环境整治等项目的设计（含可研）、勘察（测绘）、咨询公司开展项目的前期工作。完成全市固定污染源排污许可清理整顿及排污许可发证登记工作，核发63家，登记管理304家。

【环境影响评价】 2021年，对符合国家产业政策、符合林芝产业发展定位、满足绿色发展和环保准入要求的项目加快审批进度，全年共审批建设项目环境影响报告表49份，各县区分局网上备案的项目2173个（抵边固边降级豁免的项目52个）。落实涉边项目环评分类管理，对涉及小康村、抵边搬迁、国家安全能力建设的相关水利、畜牧业等13个行业的31种建设情形降低环境影响评价类别，降低环评等级及豁免项目52个。组织技术评审44次，邀请专家120余人次，技术审查44份建设项目环境影响报告文本，出具技术评估报告44份。开展“三线一单”划定工作，“三线一单”成果通过技术审核，于11月14日，发布《林芝市人民政府关于印发〈林芝市“三线一单”生态环境分区管控实施意见〉的通知》。

【环境监督管理】 2021年，坚持服务与监管并重，指导监督川藏铁路林芝段指挥部落实生态环境保护主体责任，要求做到绿色施工，加强对拉林铁路建设后期临时用地生态恢复执法监管。围绕重点建设项目、水电开发项目、重点排污企业等开展执法检查500余次，出动执法人员1300余人次。全年共立案查处13起，共处罚款112.58万元，开展生态损害赔偿1起，赔偿金额1万元。坚持24小时值班制度，保障“12369”环保举报热线畅通，全年全市环境执法系统共接到群众举报93件，处理93件，处理率100%。完成环保督察整改，中央环保督察33项整改任务、96项整改措施完成整改并报请自治区销号备案。自治区环保督察反馈的23项问题、34项措施均全部整改完成。针对生态环境部西南督察局督察情况，制定整改方案并落实。

（市生态环境局）

2021年9月1日，市人大常委会副秘书长尼玛次仁一行到林芝市生态环境监测中心参观实验室　　（市生态环境局　供图）

应急救援

应急管理

【概况】2021年，林芝市应急管理局先后召开5次全市安全防范工作会议、3次安全风险分析研判会，分析研判安全生产和防灾减灾形势，贯彻习近平总书记关于“6·13”湖北十堰燃气爆炸事故、河南等地防汛减灾重要指示精神，贯彻落实全国安全生产、森林防火、防汛工作会议精神及自治区、林芝市决策部署，统筹抓好两节、两会、五一、七一、汛期和西藏和平解放70周年、中共十九届六中全会、自治区第十次党代会等重点时段安全生产工作。1—11月，全市共接报各类涉及人员伤亡安全事故81起，同比增加27起，上升50%；死亡10人，同比增加7人，上升233.3%，其中生产安全事故2起，受伤4人、死亡1人。

【健全应急机制】2021年，修订《林芝市自然灾害会商研判机制》《林芝市市级应急救援物资调拨规定》《林芝市解放军、武警部队参与应急救援机制》，建立健全应急会商、分析研判、救援联动长效机制，更新四级灾害信息员队伍646人，发布地质灾害预警预报信息20余期、森林火灾气象信息45期。持续加强协调联动，开展强汛期卫星电话调度5次，搜集汇总并协调处置各类应急事件70起。落实航空应急救援直升机续租费用330万元，开展直升机巡护30余次，加强对雅江堰塞坝、色东普堰塞坝空中侦测。推进灾害风险普查，成立林芝市第一次自然灾害风险普查领导小组，编制《林芝市自然灾害风险普查实施方案》，成立普查工作专班，组建736人的普查队伍，共召开灾害普查工作会议10余次、培训会3次，完成六县（区）1208条承灾体和综合减灾能力数据填报工作。

【专项整治】2021年，围绕安全生产专项整治三年行动“1+2+14”行动架构，召开三年整治工作推进会，制定印发《安全生产专项整治三年行动集中攻坚行动方案》，编印《安全生产专项整治三年行动应知应会手册》1000余册，各级专班办公室统筹协调、行业牵头推动、相关部门联动配合，推动专项整治集中攻坚走深走实。各县区、各部门按照市委、市政府部署要求，坚持防范风险，通过政府购买服务、聘请专家等方式，到基层全方位、全覆盖、多轮次开展重点领域隐患排查治理。围绕危化、非煤矿山和工贸领域难点问题，组织6个专家组对危化、工贸、建筑施工、电站、铁路项目、客运公司等484家重点企业开展专家“会诊”检查和专家指导服务。围绕重点企业开展安全生产监管执法，办理安全生产行政处罚案件9起，处罚企业4家、罚款10万元，处罚企业负责人1人，处罚2.6万元。全年全市共组织各类安全生产检查4650余次，检查企业1.14万家次，排查问题隐患1.07万个，整改1.05万个，罚款1008.6万元，责令停产停业整顿企业19家，警示约谈企业350余家，消除安全隐患。为庆祝中国共产党成立100周年和西藏和平解放70周年安全顺利进行，开展风险防控督导巡查，派出2批次5个督导组到各县区和市安委会重点成员单位开展督导，共检查企业单位240余家次，发现各类安全隐患403个，全部整改到位；派出3个巡察组，共巡察县区、管委会8个、乡镇25个，安委会重点单位86家，企业（场所）24家，发现各类问题隐患325条。在习近平总书记对湖北十堰燃气爆炸事故、河南等地防汛减灾作出重要批示后，重点对燃气安全、交通安全、建筑施工安全、消防安全、防汛安全等工作，采取重点检查和普遍检查相结合、企业自查与专家检查相结合、领导带队检查与政府督查相结合等一系列有效措施，对全市燃气经营单位、餐饮企业、在建项目等进行全方位督导检查，共派出督导检查组16个，检查在建项目121个，企业81家，发现各类问题隐患547个，相关问题隐患均整改落实。针对国务院安委会第八督导组、自治

区安全生产督查组反馈的 145 条问题和市安委会巡查、专家会诊检查发现的 1097 个问题隐患，定期调度、跟进推动，并派出 2 个检查组专项复核，下达整改复查意见书 79 份，实际整改到位 1096 个。

【安全防范】 2021 年，结合《林芝市 2021 年政法工作要点》，将工作任务层层分解到科室，加强动态管理，定期检查监督落实目标责任情况，形成层层抓、抓层层的格局，做到人人有任务、个个担责任。加强内部安保工作。结合节假日、重要会议、重大活动等时机，开展安全保卫和防火、防盗、防事故、防破坏自查工作，发现安全隐患，堵塞漏洞，确保单位内部的绝对安全。落实维稳带班值班制度。实行 24 小时值班带班制度，严格信息报送，做到有事报事，无事报平安，不得迟报、瞒报、谎报、漏报。时刻保持应急临战状态，随时做好处置各类突发事件人员、物资、装备等方面的准备工作，确保遇到重大突发事件得到有效处置。做好公共安全管理组各项工作，发挥组织协调作用，督促各成员单位落实市国安办、平安办各项部署要求，收集汇总上报公共安全组工作开展情况。特别是重大节日期间，督促协调各成员单位在市国安指挥部做好值班值守工作，自 2021 年 4 月 29 日起，按照“有事报事、无事报平安”的要求，坚持每日收集汇总各县（区）应急局和重点安委会成员单位信息，确保全市公共安全领域稳定。

2021 年 5 月 29 日，林芝市应急管理局机关党支部与中铁隧道局川藏铁路项目经理部党支部联创共建活动启动仪式（市应急管理局供图）

【“十四五”规划】 2021 年，开展全市应急管理“十四五”规划编制工作，聘请西藏电建成勘院工程有限公司编制《林芝市应急管理“十四五”规划及 2035 年远景目标纲要》，征求各县（区）、市直相关部门意见建议。争取“十四五”期间应急管理建设项目，到应急厅对接应急管理建设项目，自治区应急管理厅初步明确“十四五”期间，全市应急系统建设项目总资金 1 亿元，有林芝市应急救援装备储备基地、林芝市应急指挥基地、墨脱县应急指挥基地 3 个项目。

【档案管理】 2021 年，将档案工作列入重要议事日程，制定档案工作计划，科学安排档案管理工作目标任务及主要措施。落实 2 名专职档案管理人员，建立完善档案工作人员岗位职责、档案保密、档案保管等规章制度，规范档案管理。加强对纸质文档和电子文档的管理，在文件资料的收发、分放、整理、归档、销毁等环节上，做到闭环管理，完成档案整理和销毁工作。

【安全宣传】 2021 年，开展森林草原“扑火安全警示教育整治周”“5·12”防灾减灾周和“安全生产月和安全生产林芝行”等系列宣传活动 160 余场次，组织开展安全生产“八进”活动 10 余场次，利用短信平台发送森林防火、灾害防范短信 90 余条，发放宣传资料9.4万余份，依托林芝市电视台播放安全生产宣传标语200余次，集中对全市危化企业开展警示教育和新安全生产法宣贯活动，提升群众安全和防灾避险意识。督促各县（区）、各单位通过理论中心组学习、干部职工大会等形式学习观看《生命重于泰山》电视专题片210余场次、受教育干部职工4300余人次，树立“人民至上、生命至上”的安全发展理念。

【疫情防控】 2021年，组织党员干部学习领会习近平总书记关于疫情防控重要指示批示精神，贯彻党中央、区党委、市委关于疫情防控工作部署要求，调整充实防控工作领导小组，加强单位入（返）林芝人员服务管理，每日对办公区域进行消毒登记，储备疫情防控应急物资，组织开展疫情防控演练，确保各项疫情防控措施落实落地。

【脱贫攻坚】 2021年，局班子成员先后4次到驻村点开展结对帮扶活动，帮助厘清发展思路，送去2万余元的慰问物资。协助村“两委”维修水磨坊，协助购买维修零部件。做好脱贫建档立卡户青稞收割工作。组织村高校毕业生、农牧民参加创业培训、技能培训。落实减负任务，履行为基层减负主体责任，局主要领导把关审核上报数据材料，执行单位会议指标、发文指标计划等规定，精简会议发文，减轻基层工作压力。

【队伍建设】 2021年，组织全局干部职工集中学习30余次，确保中央、自治区和市委、市政府各项决策部署传达落实到位；把“学习强国”平台作为党员干部理论学习的重要抓手，强化日常监督，学习党的最新理论成果。强化用人导向。贯彻落实《党政领导干部选拔任用工作条例》，精准把握干部选拔任用工作要求，规范选拔任用程序，全年应急管理局选拔任用7名干部，无廉政问题和不良反应，群众满意度高。做好公务员管理、机构编制工作。按照政策规定保障干部职工休假待遇，按要求做好公务员登记，加强编制实名管理，建立健全离退休干部联系服务制度，健全群团组织，选拔3名优秀干部（含1名驻村第一书记）驻村开展工作，开展柔性援藏人才需求申报、大学生志愿西部计划等项目人才申报工作。

（市应急管理局）

2021年11月12日，林芝市应急管理局机关党支部与中铁隧道局川藏铁路项目经理部党工委前往朗县达贵村看望慰问农牧民群众和驻村工作队

（市应急管理局 供图）

消防救援

【概况】 2021年，林芝市消防救援支队隶属西藏消防救援总队，属四类消防救援支队，下辖林芝市巴宜区消防救援大队、工布江达县消防救援大队、米林县消防救援大队、墨脱县消防救援大队、察隅县消防救援大队、波密县消防救援大队、朗县消防救援大队7个大队和平安路特勤站。内设机关设置指挥中心、作战训练科、政治工作科、防火监督科、后勤保障科5个科室和1个应急通信与车辆勤务班。坚

持“以稳求进、以进固稳”总基调和“全面发展年”工作思路，以“防”与“救”为两大核心职能。2021年，共接处警639起，出动车辆900辆（次），出动指战员3737人（次），营救疏散群众300人，保护财产价值160余万元。

【“十四五”规划】 2021年，启动林芝市“十四五”消防专项规划编制工作，抓实“十四五”消防事业发展规划；编制“十四五”基本建设规划方案，投入1.66亿元，总建筑面积4.42万平方米。入驻鲁朗、觉木、火车站消防站，填补消防站空白点。市委、市政府和防火安全委员会将消防工作作为重点领域，印发专项文件3份。市县两级防安委3年挂牌重大火灾隐患10处，挂牌自治区级重大火灾隐患1处。制定“一查四推三到位”工作法，有效预防风险隐患。以鲁朗特色小镇为试点，召开旅游景区特色旅游小镇消防安全管理现场视频会，推进全市旅游景区消防安全标准化。2021年，在消防执法营商评估中取得西藏自治区内第一名、在全区上半年消防监督执法工作考评中获得第一名，消防救援支队对林芝市巴宜区政和投资管理有限公司行政处罚案被部局采纳并收入全国指导性案例中。

【实战训练】 2021年，坚持“党委议训、主官督训、全员参训”原则，向消防救援支队党委提交议战议训议安全工作报告12份，解决作战训练工作中13个难点阻点问题。推进全员岗位大练兵，制定年度全员岗位大练兵实施方案，落实“周训练、月考核、季比武”练兵工作，组织各单位分岗位、分类别、分科目开展岗位练兵体技能和理论知识考核，优化制定指战员训练档案，动态分析研判练兵成效；对基层单位开展随机视频调度抽查练兵工作120余次，实地督查检查练兵工作23次。立足辖区实际，分阶段、分区域推进全市重点单位熟悉演练工作，采取“实地熟悉—桌面推演—实战演练”三步走方式，组织开展多力量联合实战演练5次、地震灾害事故救援实战拉动15次、抗洪抢险实战拉动16次、“三类场所”实地实装现场效能测试18家（次），组织开展“蓝色利剑”2021年度应急救援实战拉动演练；优化制定数字化预案，按季度、分领域完成全市282家重点单位预案更新工作，累计修订预案300余份（次）。开展水源道路熟悉，对全市697个市政消防设施进行登记造册，针对配备不齐、破损、维护不到位等问题，专题报告市政府并专项督办各级政府职能部门，新建市政消防设施39个，维修破损市政消防设施100个。

【消防安全隐患治理】 2021年，市政府调整完善防火安全委员会，制定《林芝市防火安全委员会及成员单位工作职能》，组织召开消防工作会议、联席会议和专题会议10余次，解决影响消防工作发展的问题。市委、市政府和各县区党政负责人定期带队检查和调研危化领域安全生产、消防重点场所消防安全。依托“一查四推三到位”工作法，围绕“消防安全主体责任落实”，累计向各相关部门发送《消防警情通报》9篇、隐患函告86份。联合市刑警支队成立林芝市火灾调查协作领导小组，下发《明确各级公安机关履行消防工作职责的通知》，推动各级公安机关履行消防工作职责。各级消防安全委员会实体化运行，落实定期“研判、协调、会商、督导”四项工作机制，开展危化品、文物建筑、农村人员密集场所、电气火灾、电动自行车、商业综合体等专项整治工作，约谈消防安全工作落实不到位、发生火灾事故的政府和行业部门。在重点行业领域推行标准化管理达标创建工作，建成以鲁朗国际旅游小镇、五洲皇冠大酒店、林芝百货、喇嘛寺等一批标准化管理单位。

推进消防安全专项整治，会同市教体、公安、文化、供电等部门分别制定校园文物消防安全管理、消防车道联合治理机制、革命文物消防检查、电气火灾、大型商业综合体等专项治理系列文件。加强重点领域排查整治，分级挂牌督办4家重大隐患单位，推动全市新建小区、公共建筑生命通道划线率100%完成，争取700余万元经费用于寺庙文物古建筑和养老院消防设施改造，实现15座寺庙的千供灯外迁、22座寺庙主殿部分酥油灯替换弱电酥油灯；争取筹措资金，投入593.7万元用于行业领域、公共基础消防设施改造工程。联合市教育局举办学校消防安全辅导员聘任仪式，26名指战员被聘任为学校消防安全辅导员。集中约谈商业综合体、文博场所，宣贯“风险指南”和“检查指引”，针对新冠肺炎疫情常态化，抽调10余名业务骨干组建8支专业技术指导组，对医疗机构、集中隔离点、医疗防护用品生产企业等重点单位场所进行全面排查和一对一跟踪指导服务。联合市城市管理综合行政执法局开展辖区易燃、可燃夹芯材料彩钢板专项治理，累计拆除违规彩钢板2050平方米；开展《高层民用建筑消防安全管理规定》宣贯施行工作，对幸福小区高层民用建筑安全出口存在违规停放电动自行车的违法行为处罚2000元。依托乡村振兴计划、易地搬迁工作，对各乡镇村主要负责人开展消防安全培训和34处易地搬迁安置点进行专项消防安全检查，做好农牧区火灾防控基础；配合成都消防科研所在墨脱县背崩乡地东村挂牌成立“火灾快速识别与瞬时响应装备及预警平台开发与示范村”和“村寨火灾预警与防火建材技术研发及应用示范村”。

【作战工作】 作战训练安全 2021年，巩固训战安全防线，实现作战训练安全“零事故”。制定作战训练安全理论和安全要点抽问周计划表，对全市单位随机开展视频抽问40余次，累计抽问300余人次。利用考试宝微信小程序制作理论考核题库3个题型4000余道考题，采取“全员考模式”组考10次，累计1200余人（次）参加考试，实现理论知识抽考全覆盖。开展“四个一”（一次警示教育和作战训练安全大讨论、一次专题党委、支部会、一次执勤车辆装备巡检测试、一轮高危场所实战演练）和“作战训练安全自查自纠”活动，探索建立作战训练安全四级网格化管理。组织基层指战员开展防护、侦检、警戒、洗消等装备操作应用训练90余课时，开展避险技能训练40余课时，提升应急避险自救能力。

强化作战指挥 健全完善会商研判、预警响应等工作机制，更新完善25名灭火和应急救援专家组成员名单，与14家单位签署联调联战协议，固化季度联席会议机制，定期进行各类型灾害事故会商研判，将各大队、站负责人统一纳入市气象部门突发事件预警信息推送范围，实时共享相关信息。与辖区林芝航站、八一油库企业专职队建立联防联训机制，组织开展联合演练5次，调动机场专职消防队参与警情处置3次，建立“信息获取、发布预警、形势研判、工作调度、应急指挥”全链条工作机制，实现数据资源互联互通共享、联勤联动联战协调统一。投入180万元用于智能接处警系统建设，定期邀请第三方专业技术公司开展接警调度网络专项维护，建立起内部基础维护与第三方专业维护双轨并行的网络安全维护机制。举办接警员跟班轮训、应急通信岗位培训、无人机飞机驾驶员入门技术培训班，开展无线通信三级组网、现场图像拍摄、直调直报等实战化通信保障训练，各大队、站全部采购无人机，新培训无人机持证驾驶员4人，后备驾驶员20人，支队无人机持证驾驶员队伍扩充到15人。

【监管服务】 2021年，严把法制审核关口，推行集中法制复核制度，规范执法质量考评和案卷标准化制作。开展全市消防技术服务机构专项检查，并纳入日常“双随机、一公开”监督检查系统。推行公众聚集场所投入使用、营业前消防安全检查告知承诺管理，坚持放管结合，“先发证后核查”与“先检查后发证”双轨制并行，制定落实“便民利企”十项措施，全面优化营商环境。统一印制下发《消防法律法规文件及法律文书汇编》，推进全市消防监督执法规范化建设。做好“双随机、一公开”

2021 年 12 月 29 日，林芝市消防救援支队举行 2021 年度“蓝色利剑”应急救援实战演练　　（市消防救援支队　供图）

消防监管，全年共检查社会单位 5953 家，发现火灾隐患 5660 处，督促整改火灾隐患 5630 处，下发整改通知书 3891 份，下发行政处罚决定书 35 份，临时查封 8 份，“三停”单位 6 家，罚款 50.21 万元，约谈单位 630 余次，采取信息披露式曝光 64 家社会单位。

【消防宣传】 2021 年，投入 100 余万元组建全媒体中心，支队、大队、站三级宣传工作网络全面建成。联合市委党校，依托支队建成林芝市干部教育培训现场教学基地，将消防安全纳入党政干部能力培养、人才选拔、晋职培训等重要范畴，累计培训“八大类”重点人员 6000 人次。以新媒体平台运营为主，推进新媒体队伍建设，自主运营的微信、微博、抖音、头条 4 个新媒体平台账号发送安全提示 1500 余条，年内，获微信公众号全市最具影响力媒体第 16 名的成绩。结合践行习近平总书记授旗训词精神三周年系列活动，举行“119”消防宣传月系列专题活动，邀请防火安全委员会成员单位及重点单位、美团旗手等 150 余人参加。利用消防宣传车、户外电子显示屏循环播放火灾警示案例、消防安全提示视频 2 万余条，向目标人群发送消防安全提示短信 16 万余条，通过重点单位微信群发送消防安全提示 5000 余条，走进商业综合体、寺庙开展熟悉演练、防消联勤 200 余次，面向全市学校发放消防安全教育 6000 本，推动全市中小学校消防安全管理教育工作；消防安全学习云平台注册人数达到 8000 余人。

【综合保障】 2021 年，规范财务管理，争取业务经费 2974.2 万元，落实指战员属地化补贴 1262.93 万元，指导、推动各县区大队争取业务经费 1951.4 万元，增长幅度达到 61.4%。全市消防救援队伍争取地方财政投入经费总量实现“正增长”既定目标。开展财务规章制度宣贯，强化内控机制建设。规范经费开支审核审批流程，建立预算执行“月通报调度”“季度财务互查”和“约谈提醒”等机制，开展财务专项检查，经济责任审计 2 名大队主官，列出问题清单，逐一跟踪指导整改、纠正偏差。

结合林芝区域灾害事故特点，把准经费投向投量，累计投入 2042.33 万元，采购高层供水消防车 1 辆、登高平台消防车 1 辆、专勤皮卡车 2 辆、水罐消防车 2 辆、装备器材 6700 余件（套），完成山岳、水域、地震等专业救援队装备配备。投入 254.5 万元，完成米林县大队营区营房正规化建设、永久营房维修改造及接警中心建设、支队机关自己新建车棚、全媒体中心建设等项目工程；在年初预算中规划出正规化建设专项经费，推进队伍规范化、正规化建设水平；推进 2022 年波密县消防救援装备器材储备库建设及鲁朗消防站营房维修及供暖建设前期立项工作。

开展常态化“进队站、传技术、下基层”车辆装备巡检培训活动，累计巡检车辆装备 900 余台（件）次，发现问题 200 余处，帮助现场解决190余处。组织17名消防员、政府专职队员开展驾驶新训，改善基层执勤车驾驶员实力不足的问题。与车辆装备维修、无人机、照明、物流等12家社会单位签订联勤协议，提高综合保障水平。

【队伍建设】 2021年，围绕“人车酒”“黄赌毒”“网电密”“训战勤”等环节，部署开展“条令纲要学习月”、安全“九无”创建和“基层安全万里行”等活动，举办队列会操暨条令纲要知识竞赛，落实作战安全、车辆管理“三色”评估研判、“一测三考”“三查一帮扶”等举措，开展保密安全自查。组织开展饮酒突击检测5000余人次，落实工作日全员禁酒要求。以米林大队为正规化建设试点单位，推动全市队伍正规化建设工作。部署开展收送红包礼金、消防执法“微腐败”、装备采购领域廉洁风险等专项整治和问题线索清零攻坚行动，向全体整治对象家属发送家庭助廉倡议书，组织指战员观看警示教育片、参观廉政警示教育基地，落实部局巡察反馈整改意见，逐一整改122条反馈问题。制定印发《林芝市消防救援支队政治巡察和巡察整改“回头看”工作方案》，按照党委班子成员联系点工作办法，班子成员带头对7个大队党委班子及其成员开展督导巡查，全年共组织开展队伍管理专项督导检查20余次，督促整改问题110多个。依托国家西藏林芝体育训练基地和全民健身中心游泳馆，填补山岳、水域训练场地“空白点”；选派10人前往总队参加山岳、潜水、舟艇驾驶培训，选派6人参加部局组织的水域救援教练员培训，邀请区外绳索技术专业团队开展为期六天的IRITA国际绳索技术专项培训，16名指战员顺利结业，6名优秀学员参加IRITA国际绳索技术认证考核；发挥“传帮带”作用，以取得专业资格人员为教员班底，组织80名指战员分批次开展水域救援、安全与紧急救援、隧道火灾、车辆交通、危化品、地震救援、山岳救助等专业救援技能培训。结合林芝辖区灾害事故实际，制定灾害事故模块化力量编成，定期开展地震、水域、山岳等实战拉动，全面检验队伍应急救援准备工作情况。完成抗洪抢险实战拉动演练，国务院抗震救灾指挥部办公室副主任、中国地震局副局长阴朝民工作组一行实地指导检查。

（市消防救援支队）

森林消防

【概况】 2021年，林芝市森林消防支队下设灭火救援指挥部、政治部和保障科3个部（科）以及巴宜区中队、波密中队、察隅中队、米林中队、应急通信与车辆勤务中队等5个基层中队。2021年，林芝市森林消防支队参与“2·27”巴宜区比日山、“4·24”昌都市芒康县机动增援、“10·27”察隅县空档村等8起森林火灾（火警）扑救和10起综合救援任务。

【思想政治教育】 2021年，坚持以“两项重大教育”为主，组织“重走总书记来时路，扬帆奋进新征程”主题党日活动，利用林芝市委党校师资优势，抓实“七一”重要讲话和中共十九届六中全会精神学习；落实总队《思想政治教育规范指导意见》，发挥“三新”（学习新思想、掌握新本领、创造新业绩）作用，理清思路、明确工作重点，提升基层政工干部能力水平。重视政治舆论环境建设，全新设计、体系规范营区文化环境，邀请林芝市民族艺术团老师编排舞蹈。用好“一号二网三平台”，投入28万余元购买配发宣传设备，批次组织新闻报道员轮训，建成以微信、微博、抖音、快手为主体的媒体矩阵，全年在省部级以上媒体刊发稿件790余篇。

【实战训练】 2021年，开展实战化训练，拓展运用“龙虎榜”，注重完善训练场地等基础设施，组织重难点课目集训培训，异地同步开展为期一个月的野外驻训，在总队“火焰蓝”比武中获得优胜支队的称号，5人立三等

2021 年 10 月 25 日，林芝市森林消防支队举行赴墨脱县靠前驻防出征仪式（市森林消防支队　供图）

功。开展专攻精练，主导“雪域蛟龙 2021”水域救援演练，牵头组织以直升机空投物资、吊桶洒水、索降救援等 7 个课目为主要内容的自然灾害应急救援综合实战演练，探索研究陆空一体救援战法，组织墨脱靠前驻防，与比日山、嘎朗湖、慈巴沟共建森林消防站，在重点景区常态化开展防火专项行动。

【基层建设】 2021 年，落实基层建设工作会议精神和总队党委指导性意见，建立完善委员分片包、科室挂钩帮、中队自主建的抓建机制，每季度开展按纲建队考评和形势分析会，实施《按纲服务指导基层计划》。落实“双争”评比要求，每季度评选先进单位，波密中队被表彰为标兵中队，米林中队迈进先进行列，支队获第十七届“西藏青年五四奖章集体”，受总队以上表彰奖励集体 10 次、个人 97 人次；开展“我为群众办实事”活动，全年累计支出 70 万元，为 30 名指战员办理学历升级，慰问 10 名困难党员，看望 24 名结婚生育工会会员，增强指战员幸福感、归属感。

【应急保障】 2021 年，围绕疫情局部反弹、防控的不同阶段，全员纳入防控体系、全域落实防控标准，筹措购置各类防疫物资 970 余件（套），协调地方卫健委为支队 264 名指战员注射新冠疫苗，实现“零传入、零感染”。围绕基层难题破解，协调 195 万元用于备勤设施改造，48 万元用于察隅中队洗漱间、厕所改造，改善工作生活环境；围绕“5333”思路，优先向重点作战方向配发灭火类、救援类装备 1689 件（套），与驻地签订医疗、修理、运输和油料等 8 类联保联供协议，拓展上级集训、支队轮训、委托培训相结合的人才“共育”机制，组织 74 人次参加驾照升级、履带式特种车辆、保障技能培训。

【队伍建设】 2021 年，贯彻民主集中制，研究制定支队《贯彻

2021 年 6 月 1 日，米林县森林消防中队向参观师生演示水域救援流程（市森林消防支队　供图）

落实“三重一大”决策制度实施办法》，按程序决策，研究立功受奖146人次、调整使用干部10人次、选送技术骨干102人次、选晋消防士32人，队伍信服无杂音。贯彻《党建条例》，学习《总队两级“一把手”及领导班子八条约章》，选准配强4个中队党支部正副书记，组织消防员队伍整训，增强政治功能和组织力。做好党委巡察问题整改，推动5个方面107项问题解决，纠治“五多”“四过”，盯紧内部关系、网赌网贷、不正当交往等重难点问题，队伍风气持续向好。

（罗　黎）

水文水资源勘测

【概况】2021年，林芝水文分局以保障人民生命安全为中心，抓好水情预警工作。统筹全局技术力量，补充水情值班人员，加强防汛值班力量。至9月17日，向市应急管理局、人民防空办公室、消防、气象等部门共发送加拉堰塞湖水情专报19期，向林芝市县防汛部门及多布水电站报送实时水情信息1880余条，向区水文局信息中心发报2800余条，为地方险情防范和处置提供水文技术服务。

【水文防汛】2021年3月25日，分局组织召开汛前动员部署会，强化责任，动员各测站做好汛前准备工作，对照2020年度水文资料审查验收资料错情登记情况完善测站资料。4月，开展水毁修复工作的同时开展汛前测量。按照林芝水文水资源分局汛前检查工作方案进行汛前检查，各测站做好各站的汛前准备工作，确保汛期水文测报工作正常开展。自查工作队自查7个基本水文（位）站的台账、水文基础设施及技术装备维修保养情况、测验方案、安全生产、组织管理情况、测验质量情况等。针对自查过程中发现的漏洞和不足，安排测站工作人员进行了解并修复完善。

4月，区水文局党委书记它青在林芝水文分局负责人的陪同下分别前往奴下水文站和工布江达水文站了解基层水文干部职工工作、生活情况，询问两个水文站汛前准备工作完成情况，并对一线工作人员表示慰问。6月，区水文局东线汛前检查工作组到水文分局开展2021年度汛前检查工作。检查组先后到波密、米林、八一、奴下、工布江达水文站，通过查、看、听、问等多种方式，围绕设施设备、规章制度、站容站貌、测报方案、安全生产、应急演练、资料“日清日结”、防疫、党建、财务、库房以及大江大河、西藏专项升级改造、新建水文站建设情况、运行状况等方面进行全面检查。

【水文监测】2021年5月30日，分局协助工布江达县公安局到工布江达县仲萨乡巴朗村巴朗沟案发地分别在四处断面进行流速、流量、水深等监测工作，为警方侦破“5·21”溺水事件提供数据支撑。分局业务科组织人员在八一大桥上游50米处架设简易轻便缆道用于拖拽ADCP（声学的普勒流速剖面仪），提高八一水位站流量测验精度。分局水情分中心关注加拉堰塞湖水情变化，进入主汛期实行24小时值班制度，维护湖区监测设备、排除故障，确保监测设备正常运行，共计检测17次。8月，加拉堰塞湖湖区出现6次水位变化过程，分局组织应急监测人员开展水文监测工作，将实时监测的水情信息上报至市应急管理局、市防汛指挥部及相关成员单位，为当地政府科学研判灾情、指挥决策，提供准确、可靠的实时水情信息。11月，分局应急监测人员同区局、水利厅工作组2次前往米堆沟光谢错冰湖开展水文应急监测与现场勘查工作。

【应急演练】2021年3月25—28日，区水文局在林芝开展堰塞湖应急监测实战演练。此次演练以“3·22”加拉堰塞湖实际情况为情景，由水情信息中心牵头协同林芝分局、昌都分局、监测科及勘测队联合开展。通过演练，做好“防大汛、抗大洪、抢大险”各项准备工作，提高业务人员应急监测能力，强化应对突发水事件的实战能力。4月30日，林芝

2021 年 4 月 30 日，林芝水文分局在八一水位站开展 2021 年超标准洪水应急演练　　（林芝水文水资源分局　供图）

水文水资源分局在林芝市巴宜区八一水位站开展 2021 年超标准洪水应急演练。通过演练，强化业务人员应急监测实战能力、应急监测水平和应急监测技术实操能力，为快捷、有序、高效应对处置突发水事件积累经验。

【水环境监测】 2021 年，林芝水环境分中心主要开展辖区内 20 个地表水水质断面和 8 口国家地下水井的采样、寄样工作，按时将常规监测成果于每月 20 日前报送区水环境监测中心。3 月 21—25 日，区水文水资源勘测局水环境监测中心组成管理体系内部审核组，到林芝水环境分中心开展内部审核工作和总磷、砷化物、总硬度三项参数的盲样考核工作，考核结果均为满意。6 月 22—24 日，区中心组织检查组对内部审核工作问题整改情况进行跟踪验证。分中心派 1 人参加日喀则分中心的跟踪验证工作。9 月，1 人前往山南参加国家重点水质站监督监测工作。

【综治维稳】 2021 年，落实综治维稳工作制度，维护社会稳定和民族团结。构建领导班子责任机制，落实党政一把手为第一责任人，分管领导为第二责任人，一级向一级负责。全面落实安全生产工作建设。落实分局《内部治安保卫工作制度》《消防安全制度》，按照相关制度从事水文生产工作；更换分局、各测站消防设施。分局邀请林芝市消防支队开展“消防处置应急”讲座及演练。开展制度宣贯工作，强化职工安全意识，落实安全生产责任，做好水文测报工作。强化安全生产意识。各站职工坚守岗位，贯彻执行区水文局关于做好 2021 年汛前准备工作通知内容精神，立足防大汛，抗大洪，抓好防汛测报工作。在开展测报工作的同时，按照测站安全生产要求做好安全生产自查，按时上报安全自查情况，消除事故隐患，树立“安全重于泰山”的思想，确保生产安全两不误。

【援藏工作】 2021 年，与水文对口援藏单位进行沟通协调，加强分局人才队伍培养、专业技术交流和培训等，提高分局业务和

2021 年 11 月 5 日，林芝水文分局工作人员前往加拉堰塞湖开展设备维修和水文监测工作　　（林芝水文水资源分局　供图）

信息化水平，强化分局在设施设备运行维护、水情信息系统使用操作、档案管理、财务会计核算等方面的人才队伍培养。10月17日，分局3名业务人员受邀前往南京参加2021年江苏省水文勘测工技术等级岗位升级、技术培训。

（林芝水文水资源分局）

防震减灾

【概况】2021年，林芝市地震局以提高全市震害综合防御能力为目标，加强地震部门自身能力建设和全市地震灾害防御能力建设，推进全市防震减灾事业的发展。

【灾害风险评估】2021年，根据中国地震局在北京组织召开的全国地震趋势和重点危险区会商会上形成的2021年度西藏地震趋势预测意见，市地震局在征求市直各行业部门及县区意见的基础上，印发《林芝市2021年度地震危险区域应对工作方案》，提出加强组织领导，确保工作落实到位等5项具体要求。配合区内外专家对年度重点危险区域察隅县下察隅镇、察瓦龙乡等地，开展地震灾害隐患评估并实地开展督导检查，逐步完善应急准备工作。

【科普示范学校申报】2021年，贯彻党的十九大精神，落实《中华人民共和国防震减灾法》相关规定，强化中小学生安全教育，普及地震科普知识，提高紧急避险、自救互救能力和抵御风险能力。在市地震局、教育局、科技局、团市委的共同协作下，完成林芝市第二高级中学、米林县中学、广东省实验小学3所学校为自治区级防震减灾科普示范学校的申报工作，并通过上级地震部门验收通过，加上2020年度申报的巴宜区中学，全市有4所自治区级防震减灾科普示范学校。

【督导检查】2021年5月25—29日，市地震局、应急管理局组成联合督导检查组通过现场查阅资料、实地检查、询问座谈等方式对7个县区、13个乡（镇）、14个村庄（应急避难场所、空投地点）、34家成员单位、16个物资储备仓库等进行督导检查，检查共发现共性问题5项，个性问题24项，除不可抗力因素外，均完成督促整改。

【地震灾害风险普查】2021年，成立林芝市地震局地震灾害风险普查工作领导小组，领导小组下设办公室，负责组织协调、督促落实和指导县区普查工作。制定《林芝市地震灾害风险普查工作方案》和《林芝市地震灾害风险普查工作经费预算》，组织人员参加自治区地震局举办的地震灾害风险普查培训班，为地震灾害风险普查奠定基础。市地震局完成全市M5及以上历史地震灾害、地质和地貌、六县一区卫星影像、全市地形测绘数据、1978—2020年地震灾害灾情调查、全市地震危险源地质灾害致灾、房屋安评等资料收集整理工作及图件绘制、数据入库等工作。并按照区住建厅、地震局《关于建立房屋设施抗震设防信息采集和动态更新机制的工作方案》的要求，完成全市3.39万户的排查及902户危房改造户、2994户城镇棚户区的信息采集工作。

【地震测报】2021年，召开办公会议专题研究通过《地震信息速报工作流程》《林芝市地震局地震应急工作流程及预案》等制度，制定并落实地震应急值班表。全年共向市委、市政府及应急、消防等部门报送林芝市及邻区3级以上地震灾情信息30期，为领导决策提供依据。针对9月25日波密县易贡乡连续发生3.0级以上地震，局党组主要领导及时前往易贡乡开展灾情处置工作，深入江拉村、贡仲村、格通村、沙玛村、通加村等地实地查看民房、应急物资储备和应急避险地点设置及次生灾害隐患等情况，并开展抗震救灾和地震应急避险指导。

【项目建设】2021年，依托国家地震烈度速报和预警工程项目，配合自治区地震局完成林芝市墨脱县基准站1个，米林县、工布江达县分别完成基本站2个并投入使用，总投资110.42万元，提升全市防震减灾基础设施建设水平，提高防震减灾综合能力。逐步落实自治区地震系统“十四五”项目中涉及林芝市的如川藏沿线地震预警工程、地震监测台站、水温水位观测台站、地震科普宣教基地等4大类12个子项目，总投资1.71亿元。协调广东省地震局将《林芝市地区尼洋河断裂活动性探测》《西藏林芝地震监测台站》项目纳入“十四五”总体规划中。利用“十四五”时期建设及全国地震系统对口援藏机遇，抓住广东省地震局对口援建林芝的时机，抓好地震项目建设，提升全市地震监测能力水平。

【防震减灾宣传】 2021年，做好地震应急演练工作。结合党史学习教育，结合主责主业，制定以开展地震科普知识宣传、地震群防群测工作、地震应急演练及结对帮扶等工作为主要任务的《为民办实事活动方案》。2021年，共投入资金6.3万余元，购买宣传方巾、宣传帽、雨伞、围裙、抽纸等宣传物品，并印刷《防震减灾知识宣传册》(藏文版)1万余册，开展防震减灾知识宣传“八进”活动，向全市干部群众宣传防震减灾知识。依托“5·12”防震减灾宣传日、“6·5”世界环境日、“6·16”安全生产日和安全生产月等活动，开展防震减灾知识宣传6场次，参与人数达1500余人次，组织开展地震应急演练4场次，参与人数1200余人次。通过防震减灾宣传和应急疏散演练，提升社会公众的防震减灾意识和自救互救能力。

2021年5月12日，市委常委、副市长杨赤卫在厦门广场宣传点指导防震减灾宣传工作 （市地震局　供图）

【疫情防控】 2021年，传达学习习近平总书记关于新冠疫情防控工作的重要指示批示精神及各级常态化疫情防控工作部署要求，落实区党委政府、市委市政府关于疫情防控的具体措施，落实疫情防控“三包”政策，制定《林芝市地震局疫情防控“三包”工作方案》。做好疫情消杀工作，结合单位实际先后购买及申请消毒和防护物资，并指定专人负责人员信息登记、摸排反馈，定期对办公区域、楼道、电梯、安全通道等场所共开展消毒。做好疫情演练工作，与楼下商户共同开展疫情防控演练1次，提高全局干部职工及楼下商住户面对疫情快速反应和应急处理能力。

【安全生产】 2021年，加强组织领导，成立以党组书记为组长的安全生产工作领导小组，并确定领导小组工作职责，指派专人负责安全生产工作；制定完善《林芝市地震局安全生产工作应急预案》及相关规章制度，制定印发《林芝市地震灾害专项整治三年行动方案》。开展自查整治，市地震局共组织召开安全生产工作会议3次，传达学习全国安全生产电视电话会议和习近平总书记、李克强总理的批示指示精神及自治区、市安全生产工作电视电话会议精神；开展安全生产大检查活动1次，查处安全隐患1处，整改1处。组织宣传教育活动，组织开展“安全生产月”、“安全生产林芝行”、“防灾减灾周”、安全生产“八进”等活动，全年开展防震减灾宣传各类20余场次，参与人数共计5000余人次。

【队伍建设】 2021年，市地震局调整充实全市“三网一员”队伍，基本实现全市行政村“三网一员”全覆盖，建立“林芝市地震局三网一员”微信工作群，做到宏观观测员每月报告宏观异常情况，灾情速报员在地震发生后第一时间上报震感情况、受灾情况。全市共有地震宏观观测员55名，县级防震减灾联络员7名，防震减灾助理员56名，灾情速报员492名。组织全市宏观观测员开展系统培训，掌握地震监测尤其是“三网一员”工作的规章制度和管理流程，确保管理工作规范进行。

（市地震局）

交通　邮政　通信

交通运输

【概况】 2021年，林芝市交通运输局配合川藏铁路公司、区项目管理中心、区交建集团及自建重点公路18条，全年预计完成投资24.63亿元，其中市交通运输局续建项目G559线达国桥至帮辛乡公路改建工程，全年完成投资8000万元。配合川藏铁路配套公路建设，由市交通运输局负责实施的S303线康玉宗热村至康玉乡段，取得工程可行性研究报告批复，施工图待交通运输部审批。做好重大交通项目规划储备，按照“谋划一批、储备一批、实施一批”的工作思路，将国道、边防公路、建制村通畅、村道生命安全防护工程、抵边安置点通外公路等共计147个项目，列入自治区交通运输厅“十四五”规划。组织召开《林芝市“十四五”综合交通运输发展规划》专家评审会，完成林芝市“十四五”综合交通运输规划评审。

【公路建设管理】 2021年，制定印发《林芝市公路建设项目基本建设程序管理细则（试行）》和《林芝市公路建设项目设计变更管理办法（试行）》，规范公路工程建设管理。完成对察隅县G219线岔口至竹瓦根镇桑久村公路改建工程等“十三五”期间完工且具备验收条件的农村公路建设竣工验收的项目共计16个。对辖区内18个项目进行质量监督和综合检查，覆盖率100%，下发抽查意见通知书41份，整改完成率达100%。保持高压打击非法营运、超限超载、损坏公路等交通违法行为，全年查处非法营运车辆40台，处罚32万元；查处超限超载车辆775台次，处罚20.36万元；受理查处路政案件7起，收取公路损坏赔偿费4.46万元。

【农村公路养护】 2021年，争取自治区农村公路养护工程资金701.48万元，用于全市10处农村公路养护。全年开展应急保通工作164次、投入人员1622人次、投入机械322台次，解救被困人员10人；开展176次农村公路安全隐患排查整治，处置隐患点201处。开展自然灾害综合风险普查工作，普查完成率达91.83%，工作完成率达70%，超额完成年度目标任务。组织开展农村公路养护培训4批次60人，提升养护人员业务水平。印发《林芝市推动“四好农村路建设”发展的实施方案》《林芝市“四好农村路”建设三年行动计划》。编制完成《林芝市“四好农村路”建设管理技术和政策研究》。推进朗县“四好农村路”建设全国示范县创建成果示范引领作用，选定巴宜区为2021年自治区示范县创建单位。创建美丽农村路22条，打造“畅安舒美”的农村公路运行环境。完成“四好农村路”宣传片制作，展示“四好农村路”建设成果，推进农村公路养护体制改革，全市成立农村公路养护管理所6个、乡（镇）养护管理站38个，提升农村公路养护水平，推动“四好农村路”高质量发展。

【交通运输管理】 2021年，完成1个乡、41个建制村通客车，超额完成年度目标任务（1个乡、31个建制村），实现具备条件的乡镇和建制村100%通客车，乡镇和建制村客车通车率分别提升至87%、60.7%，提升农村客运服务水平。完成六县一区2020年度农村客运运营服务地（市）考评。重点道路运输企业质量信誉考核工作完成率达100%。推进“互联网+政务服务”“西藏自治区危险货物道路运输安全监管及道路运政业务综合管理应用系统”专网迁移至市政务服务中心；道路运输从业资格证补发、换发、注销、信息变更以及诚信考核五项高频事项实现网上“跨省通办”；道路运政管理信息系统延伸至六县一区。

【平安交通建设】 2021年，调整充实维护稳定、平安建设、扫黑除恶斗争常态化等工作领导小组。全年处置各类矛盾纠纷22件，化解率达100%；办理网民留言11件，办结11件，满意率达 100%；通过党组理论中心组、党支部学习会等开展安全生产学习 11 次，组织集中宣传 13 次，出动宣传人员 26 人次，发放宣传资料 745 余份，接受咨询 200 余人次；组织线上线下行政执法培训 3 批次 190 余人次。贯彻安全生产专项整治三年行动部署，累计查找隐患 6 类 413 处，约谈企业 1 家，制定整改制度措施 9 条。做好疫情防控工作，督促道路运输企业做好从业人员及场站消毒、通风等工作；全年完成客运场站消毒 2024 次、旅客检查 6 万人次、出租车消毒 2.78 万台次、公交车消毒 0.7 万台次；道路运输从业人员疫苗接种完成 842 人；全年调配应急车辆 972 台次，接送旅客 10403 人次，保障米林机场接驳运力。

（市交通运输局）

公路管理

【概况】 2021 年，林芝公路分局坚持以服务公路事业高质量发展大局，以提升人民满意的出行公路环境为目标，坚持“三个赋予、一个有利于”统筹推进公路工作，国省公路铺装路国道优良路率达 68.9%，MQI（公路技术状况指数）值 80，省道优良路率达 61.6%，MQI 值 79，砂石路优良路率达 60%。林芝分局公路养管工作呈平稳向好发展态势。

【公路养护管理】 2021 年，林芝公路分局做好公路日常养护工作，整治路域环境，处置各类公路病害，加大沿线设施维修更换力度，提升路况水平和通行能力。落实桥隧养护工程师制度，做好桥隧日常巡查、经常性检查及定期检查工作，针对巡查发现的问题进行记录并整改。开展美丽公路、示范路创建活动，在完成区公路局批复的 10 千米美丽公路和 68 千米示范路创建工作的同时，分局属各单位统筹资金，分别选取 10 千米路段创建美丽公路；合理安排资金实施预防性养护，累计完成 10.9 千米沥青混凝土罩面。组织协调交通情况调查站点新建及维修改造工作，新建交通情况调查站点 2 个，维修交通情况调查站点 3 个。贯彻落实《西藏自治区国省公路养护材料采购管理办法（试行）》，成立林芝公路分局公路养护材料采购领导小组及工作专班，推进养护材料采购相关工作。

【项目管理】 2021 年，结合养护工程项目管理实际情况，制定《林芝公路分局养护工程项目设计变更管理流程与办事细则》《林芝公路分局公路建设领域信访稳控工作流程及实施细则》等，工程管理制度体系逐步完善。通过民工实名制管理和平台应用，从源头防范和解决拖欠农民工工资问题；对养护工程项目资料进行整理、核备，将具备审计条件的项目送审。成立林芝公路分局公路技术专家委员会、公路养护工程招标工作专班，落实区交通运输厅、公路局相关规定，完成 2021 年批复项目招投标工作。

【应急保障】 2021 年，分类完

2021 年 7 月 20 日，林芝公路分局开展沥青混凝土摊铺机操作和罩面预防性养护技术培训　（林芝公路分局　供图）

善突发事件应急预案，规范应急处置流程，为加强应急抢险物资储备工作，根据区公路局总体部署，挂牌成立西藏自治区二级公路交通应急装备物资波密储备中心，确保应急物资及时供应。观摩学习区公路局2021年公路交通重大突发事件应急演练活动，局属各单位组织开展各类应急演练，应急处置水平得到提升。发挥公路部门保通保畅职责，完成护航川藏铁路建设TBM第二批运输等专项保通任务10余次，波墨公路快速恢复通行等应急保通任务165余次，救助车辆393余台次、人员986余人次。

【安全生产】 2021年，推广安全生产“双控”成果，推进安全生产专项整治三年行动，紧盯公路重点部位和薄弱环节，开展安全生产隐患排查治理，整治公路、铁路、水路并行交汇段防护设施隐患。依托“5·12”“5·26”宣传日及“安全生产月”“八进”等活动，组织开展具有公路行业特色的普法系列宣传活动，营造良好公路法治环境；协助区交通运输厅举办西藏自治区第一次自然灾害综合风险公路承灾体普查启动暨培训会，开展自然灾害综合风险公路承灾体普查工作，完成公路灾害普查2881.46千米，占比100%。科学应对新冠肺炎疫情，坚持常态化开展疫情防控工作，分局干部职工疫苗接种率达94%，做到“应种尽种”“应接尽接”。开展扫黑除恶、打非治乱、信访调处、保密和网络安全工作，制定印发相关通知、预案和方案等，签订相关目标责任书、承诺书，定期组织学习宣贯，执行24小时值班带班制度，保障公路系统安全稳定。

【财务审计管理】 2021年，加强基层单位财务预算执行监管，抽查各单位往来资金账务，清理长期挂账资金，盘活存量资金；加强内部审计监督，修订完善制度。组织开展财务内审、自查、自纠工作，抓好存在问题整改和回头看整改落实；加强会计工作规范化管理，依托信息系统平台实现财务大数据信息共享，全面推进财务管理、审计监督规范化。规范“三公经费”支出，组织开展“三公经费”支出检查，实现中央八项规定、自治区相关压减要求。

【机务管理】 2021年，加强机械设备维修保养，为公路日常养护、抢险保通工作提供机械设备保障，机械设备完好率达95%，使用率超过45%；制定《林芝公路分局应急抢险机械设备调度方案》，完成对2021年政府采购2台公路养护机械设备的验收和分配，对报废车辆进行技术检验和待报废车辆上报工作。加强机械设备安全管理，制定机械设备安全操作规程，规范生产物资堆放和储存安全，并对部分抢险保通机械购买意外险。依托林芝市交通技工学校教育平台，开展操作手技能安全等各类培训31次，参培人数达300余人次。

【强基惠民】 2021年，分局党委把强基惠民工作列入重要议事日程，成立强基惠民工作办公室，专人负责，统一谋划，支持驻村工作队各项工作任务。共选派6人前往察隅县古拉乡沙堆村、觉布如村两个贫困村开展巩固脱贫成果工作，通过分局机关、驻村工作队合力攻坚，确保巩固脱贫攻坚成果工作取得实效。

（林芝公路分局）

民用航空

【概况】 林芝机场是西藏第三座投入使用的军民合用机场，是在亚洲率先使用RNP技术的机场。林芝航站下设林芝机场公安分局1个副处级机构和10个二级部门：综合办公室、财务管理部、党群工作部、安全管理办公室、航务管理部、运行保障部、机务特车部、安全检查站、地面服务部、航空护卫部。2021年，林芝机场有国航、南航、川航、藏航、重庆航5家航空公司运营，通达成都、重庆、广州、西安、北京、深圳、武汉、西昌、兰州、珠海10个城市。林芝航站运输航班安全起降6646架次，同比增长22.2%；旅客吞吐量51.6万人

次，同比增长 24.7%；货邮吞吐量 2834.8 吨，同比增长 -2.0%，完成全年预定运输生产目标。

2021 年林芝机场总航线（10 条）

表 11

序号	航线（往返）	序号	航线（往返）
1	林芝—成都	6	林芝—西安
2	林芝—重庆	7	林芝—兰州—西安
3	林芝—广州	8	林芝—西安—深圳
4	林芝—北京	9	林芝—西昌—深圳
5	林芝—武汉	10	林芝—重庆—珠海

【安全生产】 2021 年，林芝航站落实全国安全生产专项整治三年行动部署。航站专题学习、研究、部署安全生产专项整治三年行动工作，成立工作专班、安排专人负责，持续动态更新问题隐患和制度措施“两个清单”。完成林芝机场符合性评价检查。4 月，民航重庆监管局对航站安全运行管理现状进行详细检查，航站按照评审组的意见建议逐条落实整改工作，依托此次符合性评价，提升航站安全运行水平和服务品质。开展工作作风整顿。根据区局统一部署，召开启动会，制定规章制度，建立负面和奖励行为清单 436 条，全年发现和查处负面行为为 278 人次，负面行为得到有效管控。开展机坪统一运行规范工作。制定航站工作方案及任务分解表，开展联合检查并及时通报、限时整改。持续开展机坪统一运行规范“回头看”工作，逐步巩固机坪统一运行规范成果。做好空防维稳工作。航站根据维稳形势，按要求提升安保响应等级，建立健全维稳工作机制，加强情报信息分析和研判。制定方案、完善预案，推进落实，确保中国共产党成立 100 周年和西藏和平解放 70 周年及重要专包机活动安全。加强鸟击防范工作，航站党委将鸟击防范工作放在安全工作重要位置，根据季节特点，通过人防和技防相结合，控制植被生长、使用定制烟花驱鸟、新增江心岛驱鸟点、加强航后驱鸟、影响鸟类飞行活动路线、利用与西藏农牧学院开展校企合作等方式，持续改进、优化流程，提升驱鸟效率。军民航协调发展，与周边入驻部队建立协调沟通机制，签署信息通报协议；配合第三方对机场开展踏勘、调研工作；依据使命任务，保持战略警醒，推进国防动员建设，开展国防运输专业保障队伍训练和演练工作，提高国防交通保障队伍应急应战能力。

【疫情防控】 2021 年，林芝航站按照“外防输入、内防反弹、人物同防”的原则，落实区局和林芝市疫情防控工作的部署和要求，修订新冠肺炎疫情防控工作方案及应急处置预案，完善疫情防控大事记，做好疫情防控工作阶段性分析总结。用管安全的决心和办法管疫情防控工作，对疫情防控工作的点评及部署列为周讲评会固定议题。加强旅客信息筛查工作，强化航班前端管控，提前预防红码、黄码或密接人员从航空渠道进入林芝。根据中、高风险地区的变化，动态调整进港旅客排查信息和航班保障等级；成立流动“防疫监督岗”，提醒监督候机楼各区域人员个人防护措施落实情况。执行航班防疫管控措施，责任落实到人、落实到岗位，对搬运工、机舱保洁等近机人员做到“一机一消杀”，进港货物“六面消杀”。加强防疫工作的监督力度，通过现场及视频方式对疫情防控工作开展定期和不定期检查，其中航站纪委开展疫情防控督查 16 次。3 月，依据《民航西藏区局员工奖惩管理办法（暂行）》处罚 4 人次（含商户 1 人）；按照工作作风负面清单共处罚负面行为 35 人次。做到“应检必检”“应接必接”，航站每周二、五定期开展全员核酸检测工作，至12月31日，除禁忌人员外，第一、二针新冠疫苗接种率100%。316名员工完成第三针接种，第三针接种率92.9%。在“应接尽接”方面，航站采用“人盯人”策略，疫情防控办每周公布应接种人员，由部门负责人监督应接人员直至接种完成。

【项目建设】 2021年，林芝航站新建平行滑行道项目投运。航站制定投运方案，通过差异化分析、模拟演练和现场检查，组织开展林芝航站平滑项目投运安全风险评估。4月20日，飞行区平行滑行道工程正式投入运行。公共RNP AR运行。航站组织开展公共RNP AR程序切换安全评估工作，制定风险管控措施和应急预案，并根据航空公司的实际情况，研究制定差异化和个性化保障方案。6月9日，完成林芝机场公共RNP AR程序的统一切换和运行保障工作。提升机场综合保障能力。年初，从林芝市争取到710万元，用于开展林芝机场助航灯光飞行校验、风场适航性研究论证、跑道延长论证等机场保障能力提升工作。6月，完成助航灯光飞行校验工作；经航科院论证，在合理使用跑道的情况下，林芝机场全年风场情况都具备符合航班夜航运行的条件；10月，航站委托民航西南设计院对林芝机场跑道加长进行论证，提交跑道加长研究报告。完成旧机坪重新划线工作，逐步优化旧机坪运行模式，增加部分机位安全间距，消除安全隐患，提高旧机坪运行效能和安全裕度。配合区局建设项目管理中心，完成执勤用房加装电梯、军民共建风雨篮球场、05号跑道端消防水池的建设工作；完成第6栋值勤用房交接并投入使用。

【优质服务】 2021年，林芝航站依托服务质量标准建设年，增设特色柜台，在开学季开设学生专用柜台、返乡季开设务工人员“一站式”服务柜台；针对特色人群开展特色服务，为60岁以上独自乘机的老人提供全程陪同引导；延长无陪儿童年龄范围，推出无陪儿童“可视化”服务；在候机楼女士卫生间设立独立编码并附联系方式，解决旅客应急之需；制定厕所整改专项计划，卫生间整洁度提升；加大监督野蛮装卸行为，减少行李运输差错和破损；强化雨雪天气行李板车上防水布的覆盖，保证旅客舒心提取行李；建立天气会商机制，提高低云、复杂天气的预判能力，减少航班返航、备降情况的发生；加强航班大面积延误应急演练，提高各部门统筹协调保障能力，全年林芝机场航班放行正常率为94.97%，同比提高10%。

（林芝航站）

邮政管理

【概况】 林芝市邮政管理局下设办公室和行业管理科（机要通信科）2个科室。2021年，全市邮政企业和规模以上快递服务企业业务收入（不包括邮政储蓄银行直接营业收入）累计完成7876.63万元，同比增长2.7%；业务总量累计完成5167.04万元，同比增长1.39%。

【普遍服务监管】 2021年，市邮政管理局开展动态分级监管，重点监督检查二、三级乡镇普遍服务网点，通过监督促进普遍服务规范化，提升邮政普遍服务水平。维护邮政网点信息，监督检查情况全部录入系统，根据邮政普遍服务营业场所综合服务能力状况和日常监督管理情况，将三级网点中综合情况较好的进行动态调整，一级网点20个、二级网点21个、三级网点29个。

逐步提高农村地区邮政普遍服务水平，以“四不两直”方式到各县乡镇网点、行政村检查触犯邮政业“两条红线”、实地打卡坐标虚假、建制村包裹未按址投递等普遍服务不到位问题。针对发现问题，约谈督促企业整改落实，通过“回头看”实地核查和非现场检查的方式开展普遍服务监管工作，采取调阅监控、走访村“两委”和驻村工作队以及现场测试业务办理等形式，掌握基层邮政普遍服务情况。组织外聘邮政社会监督员使用App开展社会监督，常规监督48人次，走访人数99人。通过执法检查，督办整改基层邮政普遍服务水平提升。

全年普遍服务检查实现各县区全覆盖，共计检查90次，包括56个邮政网点、34个村邮站。针对存在的问题约谈邮政企业2次，下发14份责令整改通知书，作出行政处罚1次。

【**通信安全**】2021年，市邮政管理局依法履职尽责，落实规章制度，开展两轮机要通信保密安全全覆盖专项检查，出动28人次，督促邮政企业开展自查，并将机要档案梳理装订。做好重大专项工作专用邮箱邮件寄递服务保障工作，林芝市邮政管理局印发《关于切实做好中央第七轮巡视专用邮政信箱邮件寄递服务工作的通知》。逐步推进安全隐患的排查整改落实，确保国家秘密载体传递安全。

【**邮政行业规范**】2021年，市邮政管理局印发《关于进一步推进林芝市快递企业营业网点标准化建设的实施方案》，针对营业场所、安全设施、从业人员、服务能力等制定具体标准化建设工作目标，各企业处理场地增配传送带辅助分拣设备，提高快递服务质量，推进快递转型升级与提质增效。与市公安部门等沟通衔接，联合下发《关于加强林芝市邮政快递车辆通行管理的意见》，按照统一车辆型号、统一车体外观、统一行业标识、统一企业编号的原则，完成城区76辆快递专用三轮车的“四统一”工作，加强和改进城市快递末端配送车辆管理。向上级争取专项补贴资金100余万元，为县级邮政、快递网点配备X光安检机27台，各县级网点安检机正式投入使用，对邮件快件做到应检必检。

【**邮政业市场监管**】2021年，市邮政管理局牢固树立安全生产“责任重于泰山”的思想观念，增强抓好安全生产工作的责任感和紧迫感。围绕邮政行业安全生产专项整治三年行动集中攻坚年活动，通过邮政业安全“三项制度”的落实，抓好市场监管。督促企业落实安全生产主体责任，与辖区各企业签订2021年林芝市邮政业安全生产责任书、2021年消防安全责任书、2021年林芝市邮政业安全生产责任书等，各企业与一线收寄人员签订“扫黄打非”安全责任书，提升企业履行安全监管主体责任意识。

加强安全教育和培训力度，开展专题安全生产培训与演练等活动。组织辖内邮政快递企业从业人员开展寄递行业安全生产工作、安检机使用、行业禁毒、反恐、国家安全、消防专项领域培训和应急演练。参加市相关部门组织的“安全生产月”“安全生产林芝行”等集中宣传活动，通过发放宣传资料、悬挂安全生产警示口号横幅、标语、设置宣传咨询等形式的宣传活动，强化安全发展理念，普及安全知识，增强安全防范能力和提高安全生产意识。做好邮政行业“扫黄打非”和禁毒、反恐相关工作。加

2021年1月27日，林芝市疾控中心检测人员与分拣人员对快递包裹进行核酸采样　（邮政管理局　供图）

强对邮政快递企业从业人员在禁毒、反恐、涉枪涉爆等方面培训教育。联合公安、禁毒、扫黄打非等部门开展联合执法检查10余次。

强化重要时间节点和业务旺季邮政行业安全。结合行业实际，围绕重要节点，印发《关于做好2021年全国两会期间邮政行业安全服务保障工作的通知》《林芝市落实邮政行业安全“三项制度”专项整治行动方案的通知》等，加强对邮政、快递网点开展专项检查，确保重要时间节点和业务旺季邮政行业安全健康运行。

加强执法监督检查。开展“三项制度”落实情况、市场秩序、疫情防控、生态环保、旺季服务等各专项检查工作，组织邮政、快递企业对消防安全、车辆安全、生产安全、场所安全开展定期安全隐患排查。市邮政管理局共进行163次邮政快递市场检查，共计下达责令整改52份，约谈企业4家，行政处罚4起。

【绿色邮政】 2021年，市邮政管理局召开专题会议，印发《关于进一步推进“2582”工程的通知》，加强行业生态环保监管工作，督促企业落实好行业生态环保工作。统一制作180份《邮件快件包装管理办法》速览宣传海报，并要求全市所有邮政、快递网点张贴上墙。组织举办邮政业生态环保培训，贯彻落实《邮件快件包装管理办法》《邮件快件绿色包装规范》《固废法》，并对相关处罚案由予以解读，逐步推进快递包装绿色化、减量化和可循环的普遍应用。针对3家企业快递包裹过度包装问题进行行政处罚。

【疫情防控】 2021年，市邮政管理局组织各企业开展疫情防控演练，邮政快递企业落实疫情防控各项措施要求，做好邮件快件消杀，建立健全内部防控工作制度和应急处置流程，防止疫情通过邮政快递寄递渠道传播。组织市邮政、快递一线从业人员进行核酸检测，坚持每14天对进口件集中采样检测一次。全年组织企业召开9次疫情防控专题会，开展疫情防控专项检查工作，组织完成590名从业人员接种新冠疫苗工作。

【关心关爱快递员】 2021年，市邮政管理局贯彻习近平总书记关于关心关爱快递员工作重要指示精神，落实关于快递行业非公党建工作相关要求，加强快递行业党建工作，促进行业健康发展。按照“两新组织”工作安排，推进非公党组织建设工作。9月，林芝顺丰分公司党支部获批成立。林芝市快递行业工会联合会，召开第一届工作会议，市顺丰快递员邹茂科当选第二届林芝市政协委员。

组织50名邮政快递从业青年开展党史学习暨社会主义核心价值观学习宣传教育活动，组织观看《生命重于泰山》《邮政快递业安全生产警示片》《青春不是挥霍的青春》禁毒宣传片，安排部署邮政业“我为群众办实事”和“双庆”工作进行。携手团市委、市工会开展“关心关爱快递员”集中慰问活动6次，帮

2021年11月30日，林芝市快递行业工会联合会成立大会暨第一次职工代表大会召开 （邮政管理局 供图）

扶快递员150人次，组织局党支部联合行业团工委开展“邮政快递行业人才慰问座谈”及“参观中国共产党创建史图片展览”等活动。向上争取资金，开展快递员职业技能提升培训。

【邮政下乡】 2021年，市邮政管理局围绕人民群众在邮政领域“急难愁盼”具体问题，局党组成员分两批带队到各县、乡、村，开展“学党史 守初心 立足本职服务群众 我为群众办实事”调研工作。走访驻村工作队和群众，调研党报、党刊和包裹的按址投递情况等，调查群众对邮政服务的满意度。开展行业法律法规和服务标准宣传，以《致广大用邮（快递）群众的公开信》的方式，提醒广大用邮用户保护自己的合法权益。针对存在的问题制定解决方案并落实。

按照邮政业“两进一出”及行业资源整合共享的要求，推动邮政、快递下乡进村合作项目。遵循市场规律，尊重合作双方的市场选择，规范引导，以邮政服务网络为基础，实现互利共赢，合力助推农牧区寄递物流发展，帮助群众增收致富。全年邮快合作累计代投数量11.9万件，累计代投收入100.28万元（顺丰、京东两家与邮政企业的合作数据）。全市邮政和快递企业推进电子商务进农村和农产品出村进城，助力高原“藏货出藏”。

（邮政管理局）

邮政服务

【概况】 2021年，中国邮政集团有限公司林芝市分公司以“人民邮政为人民”为服务宗旨，贯彻落实国家乡村振兴战略，依托“商流、物流、资金流、信息流”四流合一的优势，开发“墨脱石锅寄递”“羊肚菌、藏天麻寄递”“新鲜松茸寄递项目”“生鲜虫草寄递项目”等惠农合作项目，并开通林芝—拉萨专线邮路，加快农产品进城步伐，拓宽农牧民群众销售渠道。2021年，寄递石锅2790个、新鲜天麻70千克、新鲜松茸7.19万千克、鲜虫草306.25千克、羊肚菌等林下资源3064千克，助农增收3669.96万元。

【寄递业务】 2021年，公司所属单位通过走访营销、开拓市场，推广特快专递密码投递业务，优化增值服务，提升特快业务竞争力，市场占有率逐步提升。结合林芝乡村振兴工作要求，开发特色农产品生鲜寄递市场，运行生鲜天麻、羊肚菌、松茸、苹果、猕猴桃等生鲜产品寄递。加快“一县一品”寄递产品开发。针对墨脱县石锅包装、运输、赔偿等问题，通过宣传海报、车贴和组织全体员工通过微信朋友圈、抖音等多渠道宣传，石锅寄递项目实现突破。

【金融业务】 2021年，将“比学赶帮超”贯穿全年，营造全市代理金融业务发展竞进争先的氛围，实现全市邮政代理金融业务高质量发展。开展“众志成城齐努力，凝心聚力创佳绩”营销活动，各网点组织人员走访营销及布放商户收单拉动余额增长。将

2021年8月17日，中国邮政集团有限公司董事长刘爱力调研中国邮政林芝市分公司　　（林芝邮政分公司　供图）

公司业务作为拉动收入的主要来源，各网点负责人带头营销，网点员工群策群力，弥补金融收入缺口。期缴保险营销创新高，2021年元旦保险开门红工作启动以来，各网点全组织客户保险产说会合计16场，总保费完成进度、长期缴保费规模及进度均列全区邮政第一。

2021年，全市邮政业务收入完成预算进度103.1%，同比增长9.8%。金融业务完成全年预算进度100.56%，同比增长5.21%。其中全市邮政储蓄余额规模同比增长4742万元；代理保险同比增长553%；商户收单同比增长1600户；基金完成进度218.73%；公司业务完成进度112%。寄递业务完成全年预算进度的146.8%，同比增长73.7%。其中国内特快业务同比增长34%，完成全年预算进度的101.3%；快包业务同比增长17.5%，完成全年预算进度110.04%；物流业务同比增长1421.6%，完成全年预算进度的1110%。

【绿色邮政】 2021年，林芝邮政公司贯彻落实集团公司绿色邮政建设行动方案，系统部署“绿色包装”“绿色运输”和“绿色金融”三大工程。成立专项督导工作领导小组，定期开展绿色邮政建设督导活动，全市符合标准的包装材料应用比例、45毫米及以下“瘦身胶带”封装比例、科学打包方法封装比例均超过90%。

【协同发展】 2021年，林芝邮政公司与中国民用航空林芝站、南方航空公司拉萨营业部、西藏央秀实业有限公司举行“推进消费扶贫 助力乡村振兴”战略合作签约仪式。合作双方以“优势互补、资源共享、合作共赢”为目标，在扶贫产品开发、销售、运输等方面开展深度合作，助力乡村振兴。沟通移动、电信等单位洽谈重点总部项目业务合作，开发新市场、新业务。依托“10·9”邮政日，与市商务局联合开展“乐享消费 美好生活”促销活动，实现政企横向配合，上下联运。完成惠农合作项目信息采集工作，累计走访1071家，打造“邮政+农业合作社”生态圈。

【基础设施建设】 2021年，墨脱县分公司职工小家升级改造完工，市分公司本部职工食堂顺利运行，解决员工吃饭难的问题。整治市分公司综合楼、大院及发信台环境，珠海路营业厅、墨脱县分公司新营业厅完成搬迁使用，实施46个网点形象化改造工程，提升邮政品牌形象。

【企业管理】 2021年，制定《中国邮政集团有限公司林芝市分公司采购管理办法》，加强和规范市分公司采购管理，提高采购效率和质量。制定《中国邮政集团有限公司林芝市分公司公务用车管理办法》，规范市分公司公车使用管理工作。开展违规占用周转房清退工作，缓解市内干部职工周转房供需矛盾，维护干部职工的合法权益。

落实干部监督制度，完善干部考核制度办法，建立健全干部谈心、提醒劝诫、诫勉谈话等制度，从严管理干部。全面提升分公司干部职工的综合素质和业务能力，组织开展各类培训，增强干部职工的适应能力、创新能力、执行能力。

深化零基预算和对标管理，强化重点费用管控。完善和优化成本费用，对标全区各项标杆，执行“优杆”原则，总体上实现有保有压、有促有控。开展“小金库”及使用个人账户归集营收或结算业务资金问题的专项治理。印发《中国邮政集团有限公司林芝市分公司用户欠费管理办法（试行）》，规范欠费管理工作。

【平安邮政】 2021年，林芝邮政公司坚持“安全第一、预防为主、综合治理”的方针，落实“党政同责，一岗双责，齐抓共管，失职追责”的安全生产责任体系，推进“平安邮政”创建工作。协调配备10辆车，用于保障防疫物资的运输和投递；推出惠民、利民、便民的果蔬购买平台，帮助城区隔离市民解决居家期间购买生活用品的问题。筹集购买防疫物资，陆续为网点和职工发放口罩、消毒液、洗手液、体温枪、脚垫、消毒片、手套和喷桶等防控物资；对办公区域、营业网点、处理场地每天进行至少两次的消毒，对进口邮件进行二次消毒，登记消毒台账，确保员工防护措施到位和客户用邮的安全。

【助力乡村振兴】 2021年，林芝邮政公司驻吉太村工作队与村“两委”班子共同规划村集体经济发展目标，开展各项强基础惠民生及定点扶贫工作。通过入户开展蔬果种植技术指导、庭院经济建设、联系林芝市职教驾驶学校开展培训、联系村民外出务工、开展“建档立卡户”结对帮扶活动，开展驻村帮扶工作，真正解民忧、办实事。渠道平台业务逐步优化，打造波密藏天麻农产品基地，并借助线上线下平台进行促销，做大农产品上行商流规模，为金融和寄递的协同发展提供场景，全面助力乡村振兴。

（林芝邮政公司）

电 信

【概况】 中国电信集团有限公司林芝分公司是林芝市主体电信企业和综合信息服务提供主导企业，也是林芝市承担电信基础通信业务、党政通信、国防通信、保密通信、应急通信等任务的主导通信运营商。2021年，电信林芝分公司下设6个县局，共有10个干线中继站点和59个农话接入站点，行政村无线网络覆盖率达99%。乡通光宽率达超过96%，行政村通光宽率达超过90.15%。累计建成5G基站119个，实现市区及各县重点区域覆盖率100%，国道及省道4G网络覆盖率92%。推进普遍服务行政村、边境点位建设工作，4G行政村覆盖率98.15%；川藏沿线开通79条专线，6个基站建设信号覆盖，13个基站扩容优化，建设光端口232个，改造基站19座；完成派墨公路全区首个“MESH”试点，首家通信运营商实现派墨沿线信号覆盖；完成144条专线建设。至12月，电信林芝分公司收入规模达到1.89亿元，移动出账用户达10.37万户，累计出账净增3647户，累计新增2.3万户，宽带计费用户5.83万户，累计净增3995户，宽带累计新增1.21万户，5G用户3.94万户，智家用户1.85万户。

【生产经营】 2021年，聚焦云改数转，发力DICT市场，强化政企与系统集成分部的协同促进属地服务和商机转化；1000万元以上大单项目1个，100万元以上大单项目3个。采取总经理督办、副总经理协助推动、部门牵头落实三级管理机制，聚焦五大战区实施23项专项行动，实现高质量规模发展，渠道建设保持在全区前列。建设全渠道综合体验馆，加快智家业务发展及信息化产品推广。针对服务上的不足，主要从套餐资费满意、渠道服务质量满意、网络质量及装维服务满意、政企客户满意、客服热线满意五个方面提升服务。公众客户满意度由第一季度的行业第二提升为行业第一。落实“两深入两服务”工作，召开启动大会，学党史谈服务，并深入一线和客户，解决急难险重问题，提升服务感知。强化源头治理，落实实名分级稽核机制，做实对一线人员业务办理信息资料的稽核，杜绝非实名入网，电信林芝分公司在年初制定电话实名稽核及实施专项考核办法，明确三级稽核机制及人员，指定人员按天稽核并在工作群内上报稽核情况。从源头上进行规避和管理，着力纠治行业不正之风问题。加大实名制整改力度和稽核力度，提高业务受理水平，从源头杜绝实名制差错。按周对平台生成的疑似骚扰电话、涉诈风险号码、疑似诈骗电话清单进行核查处理。进行电信网络诈骗的防诈宣传工作。立足于乡村振兴，成立市、县两级工作推进小组，聚焦数字化赋能，发挥企业云网优势，明确责任田、落实责任人、夯实责任制，推进电信林芝分公司乡镇承包助力乡村振兴。通过资源引领，利用监控和大喇叭等信息化技术手段，助力平安乡村建设等工作，在工布江达县、墨脱县、察隅县、波密县、米林县等县的乡镇形成示范。至12月，共44个乡镇承包网格，较2020年增加16个。乡镇承包人35人，新增承包人2人，新增升级智慧乡村体验厅5个。乡镇版“天翼看家”发展1324户。

【通信服务能力】 2021年，电信林芝分公司履行企业社会责任，保障林芝市桃花节开幕式、习近平在林芝考察调研、中国共产党成立100周年庆祝大会等重大保障，共出动应急保障车19辆、人员87人次，为重大政治任务保障及重大事故应急保障构筑起网络安全防线。

林芝分公司成立由总经理负责，市场、政企、渠道、客经、云网运营、云网发展部负责人任组长的服务提升攻坚团队，从网络质量、渠道服务、故障处理方面提高客户服务感知，公众客户满意度由第一季度的行业第二提升为行业第一。完成382个基站整治，包括更换蓄电池、整流模块。持续基站的拆闲补忙、搬迁补忙15个，网络质差小区调整天馈60余处。为确保川藏铁路建设沿线通信质量，完成10个小区的2.1G和1.8G的扩容。

印发《装维管理办法》，规范装维作业标准，加大智慧家庭工程师认证力度，年内实现100%覆盖，通过率超过93%。加大智慧家庭学校的利用，打造一支能装移营维的装维队伍；推进前后协同作战能力，提高客户障碍修复及时率，发挥对前端的支撑作用。加大“当当慢”履约执行考核力度，重点提升客户障碍修复及时率。

通过开展“党建翼联”“三维联动”，完成网优各项工作。完成84个小区的拆闲补忙工作，完成资源整合7个基站的新建开通工作、解决各县局网络覆盖情况差、基站负荷高问题。通过建维优平台工单调整100余个基站的天馈、天面，排查干扰问题。完成六县局问题点现场核查测试，共收集网络覆盖问题129个，现场处理及后续解决70个，遗留问题点59个，建议上报区网优中心新建扩容基站59处。通过联合铁塔“共站共维”解决30余个基站的蓄电池蓄续航及掉电问题，结合移动网联合攻坚工作完成第三阶段的447小区退服整治工作。完成川藏铁路沿线弱覆盖、高负荷问题点测试，并上报区公司网优中心扩容及新建21个基站的方案。配合区5G办及网发部完成全市城区及察隅5G-3.5基站14个的开通测试工作，累计开通36个5G-3.5基站；5G-2.1基站墨脱、巴宜区、察隅25个基站的开通测试工作，累计开通5G-2.1基站49个。公司列支40万元作为乡镇有线宽带资源抢盘池，抢盘30.25万元，完成建设10万余元，推进乡镇有线宽带的发展。成立以云网部为主导的后端支撑团队，推动“政企一站”服务试点运行，完成各类酒店的大客户走访工作。

【网络结构优化】 2021年，实施传统设备、老旧设备下电退网专项工作。开展光衰整治、老旧OLT设备的退网和双上联以及10G PON的升级建设等工作，网络结构不断优化，客户感知逐步提升。完成798个基站资源信息清理清查的数据动态优化和资源入库，加强与铁塔公司沟通协调和考核，站址服务费同比下降18%。对波密县、察隅县、墨脱县的主干传输中继进行优化调整，使东三县的业务进入拉林昌大环做保护和分流，从而提升网络稳定性和带宽能力。对关键IPRAN节点做成环优化处理。

【网络安全】 2021年，完成暴露在互联网上的资产清理工作，按要求将资产全部纳入SOC平台。完成城域网设备定级备案，交换机、OLT定级备案。完成林芝城域网数据设备全部纳入AAAA系统。承接区网络安全防火墙的架设，完成办公网络（DCN网络）的割接改造工作和城域网专线VLAN的优化整改工作。完成传输、数据网管Agent安全代理软件的安装。完成城域网所有设备的管理地址规范化，并且全部纳管。

【企业管理】 优化调整架构 2021年，支撑单位以定员定编定岗的模式，优化为14个部门（含援藏工作坊），加强安全生产管理职能，强化综合服务支撑响应。市场销售部统筹公司前端全业务、全客户、全渠道的工作，政企客户部对政企行客聚类网格的，统筹管理政企行客聚类网格、县局网格和城区网格的政企业务，实现DICT的规模突破。创新设置全渠道融合数字化战区销售组织，强化渠道组织力和执行力，促进全渠道效能提升。探索援藏工作新模式，打造援藏中台和创新孵化载体，成立援藏工作坊。

人才选用机制　落实干部选拔任用相关制度、标准和程序，执行“四提四必”相关规定，加强纪实工作，就选人用人问题的关键流程、监督、管控等工作环节上党委会讨论研究，在干部职工的监督下做好选人用人工作，做到干部选拔任用员工参与度高，过程和结果公开、透明。开展了1名四级副提任和1名四级副转任工作。落实人才机制各项工作情况，打通专业岗位与管理岗位的通道，梳理岗位现状，开展员工岗位积分晋升工作，完成电信林芝分公司专业岗位的试用期满考核工作。完善员工积分管理台账和薪资调整台账，分公司42人次通过积分晋级，69人次通过积分晋档。加强年轻干部队伍建设，下发四级正副职人员管理办法和员工交流管理办法。开展领导人员重要事项报告工作。开展选人用人“一报告两评议”工作，完成存在突出问题的整改工作，开展关键岗位人员的动态调整工作。

员工培训　安排人员到区内、外参加学习培训，达到培训要求或资质考试合格的，交通费、培训费、住宿费都由公司承担。电信林芝分公司接应集团公司及区公司培训内容外，在分公司层面主要安排云业务知识及销售方法、销售技能、装维技能培训、分公司内训师讲座。培养西藏公司“两师一员”队伍，新晋分公司级内训师3名，达到5名。54名智慧家庭工程师培训，47名通过认证。组织开展战略解码3.0工作坊，打破固化思维、多维度梳理目标实现的逻辑关系、探寻现象背后深层原因、直击问题本质。落实智慧家庭工程师标准化服务，组织装维12人次参加3次区公司工程师培训，市区装维人员进行5次现场培训，按周进行点检，并形成智慧家庭工程师标准化细则文件。通过培训提升员工综合能力素质，推进员工培训工作高质量发展，培养高素质专业化干部和员工队伍。

退休管理　做好离退休、内退、离岗待退人员的工作，不定期开展慰问，并按照维稳保通要求，向离退休、内退、离岗待退人员，通过不同方式传达相关文件精神。完成区内居住离退休人员的移交，协助其他本地网完成在林芝居住的电信系统离退休人员的移交工作。同时，准备区外居住离退休人员的移交工作。

【助力乡村振兴】 2021年，电信林芝分公司从成本中专门核配11万元资金用于建设驻村点智慧乡村（平安乡村）示范点，建设联防联控平台和平安乡村监控网络。制定并下发《中国电信集团有限公司林芝分公司助力乡村振兴、推进乡镇划小承包再升级指导意见（2021年度）（试行）》，全市乡镇服务承包人员增加13个，打造智慧乡村体验店5个、平安乡村提升为41个。

【福利待遇】 2021年，林芝电信分公司通过员工生日、生病住院、教育云网加班慰问、三八妇女节日慰问等与员工进行交流，从生活、健康、工作环境关爱中提升员工的荣誉感、幸福感、获得感。完成院内车库门前公务车辆定点停放设置、安全标语警示、门卫值班室修缮、厕所修缮、5栋员工住宿楼房屋改善、员工住宿区下水道修缮、政企客户部修建、更换会议室大屏幕等，为全体员工创建更加安全舒适的生产生活环境。安装净水器8台，解决所用生产楼安全饮水问题；改善职工食堂就餐环境、丰富食堂餐饮，提高餐饮质量。林芝电信分公司班子成员、相关部门负责人到县局一线窗口、基层单位送服务。解决电信退休区内重要路口处安装监控、小区大门口安装道闸门，为退休员工送去关怀。

（电信林芝分公司）

移　动

【概况】 中国移动通信集团西藏有限公司林芝分公司隶属于中国移动西藏公司，下设7个部门、7个县区分公司，在职员工149名。2021年，以群众实际需求为导向，加大农村4G、5G网络、家宽资源的投入，推进农村网络优化、升级工作，为乡村振兴提供网络基础。年内，完成电普项目第五、第六批建设工作，开展川藏铁路沿线通信保障工作，完成1803个小区的宣传进驻工作。全年实现5G资费渗透率31.9%，5G网络使用率达16.1%，5G网络区县主城区覆盖率达100%。互联网宽带普及率达22.31%，行政村移动网络普及率达81.49%，移动用户占比达57.45%。

【网络建设】 2021年，移动林芝分公司投资规划1.13亿元，批复1.43亿元建设网络。有基站站点1398个，互联网宽带接入端口13.46万个，FTTH（光纤直接到家）覆盖家庭13.99万户，基本达到市民网络需求。在保障4G客户网络通畅的前提下，累计完成网络优化167处，拆闲261个小区，扩容小区579个，负载均衡780个小区，FDD1800新建73个，解决用户信号盲点及信号弱覆盖区域问题。解决高校、部队、县城重点场景等高负荷问题，提升用户的感知。市区网络覆盖率达100%，7个县城网络覆盖率达100%，林芝54个乡镇网络覆盖率达100%，行政村覆盖率达99%。

【客户服务】 2021年，移动林芝分公司以客户服务为中心，执行客户服务“五条禁令”，加快“电信普遍服务项目”建设，新建基站52个。通过提升运营效率，推进“三全”服务体系建设，聚焦农村市场、校园市场、城区细分市场、集团客户市场等重点市场，依托“节日促销”“5G网络开通业务上市”“校园新生入学”等标签性事件，提升品牌服务能力。落实落地地方政府断卡行动、阳光行动，管控外呼、野呼等违规行为，客户投诉率同比降低，客户感知持续改善。

【通信保障】 2021年，移动林芝分公司派遣应急人员，启用应急通车前往活动现场进行通信保障，全年完成林芝桃花节、工布公园烟火节、“5·17”电信节、米林县南伊沟黄牡丹节、林拉铁路开幕式、“冬游波密”旅游推介活动、西藏解放70周年、察隅森林火灾等重大活动的通信保障任务。

【网格化建设】 2021年，牵头党委班子配备7县（区）15个网格的网格长，实现15个网格100%的专职网格长配备，并通过岗位双选，实现各网格内其他职位的100%匹配工作。开展网格长的认证工作，开展2期覆盖所有县区分公司经理及网格长的“党建引领　赢战网格　融合训战”理论学习+实战训练的培训；牵头市场、政企联合组织客户规模攻坚培训2次，安排相关人员到每个县区现场实战帮扶1次；开展针对网格业务发展情况复盘工作40余次；通过挂钩业绩，统一下发网格指标、按月设置网格激励，激发网格工作热情，核发16.8万元网格经理津贴。完成15个网格的党建指导员100%的配备工作，共计开展网格思想教育21次，驻点指导32次，解决难题7项。

【“党建和创”】 2021年，组织分公司各基层党支部开展“一支部一品牌”的特色品牌创建工作。各支部根据自身不同特点，结合部门专业工作性质，围绕中心生产任务，探索发挥党支部战斗堡垒作用、党员先锋模范作用，创建“知行先锋”“网达雪域”等品牌，开展品牌创建活动90余项，实现“一支部一品牌”创建工作。开展“党建和创”，牵头各基层党支部通过挖掘各单位合作项目的潜力，全年累计签订合创单位14家，100%覆盖各网格，其中产生业务收入的单位10家，累计收入183.26万元。

【安全生产】 2021年，按月开

展安全检查专项活动，定期开展安全生产培训，常态化短信提醒强化全员安全生产意识，做好防火、防盗、防抢、防窃等工作。全年开展安全生产专项检查10次，检查营业厅、基站、机房300余处，针对存在的问题下达安全生产整改通知书，消除安全生产隐患，整改完成率100%。

【驻村帮扶】 抽调骨干员工成立驻村队伍在察隅县翠兴村驻村帮扶，公司员工与23户贫困户结对，对口帮扶翠兴村，了解贫困户家庭情况、致贫原因。全年开展帮扶活动5次，走访慰问贫困户23户，累计捐赠食用油、大米等价值1万元的物资，现金1.56万元。

（移动林芝分公司）

联　通

【概况】 2021年，中国联通公司林芝分公司聚焦医疗、教育、智慧城市等重点领域，实现创新业务规模发展，在云计算、大数据、物联网、人工智能AI、大安全等方面突破，开展智慧党建项目，打造林芝市首个党建标杆项目，服务于林芝市1409个党组织，3万余名党员，为推进林芝市智慧党建工作贡献联通力量。全年主营业务收入预算完成率101.8%，超全区进度均值1.33个百分点，同比提升17.2个百分点。收入份额由2020年度的10.29%提升至11.08%，同比提升0.79个百分点。

【重点项目建设】 2021年，联通林芝分公司完成15个中继站安全隐患整治，其中对4个中继站市电进行整治。完成老楼ODF架（光纤配线架）的搬迁。开通林芝至山南二干第三路由环路保护；完成排龙沟沿线6.3千米干线光缆入隧道整治。完成新大楼第二路市电接入及上电测试。在无线网络方面，全年开通4G基站96个，电联共享开通4G基站21个，5G开通135个，并全部投入使用。在本地网建设方面，完成7个千兆小区建设，共计建设端口544个，其中通过网业协同新建FTTH端口294个，紧急扩容端口64个。与移动置换通道，开通察隅至林芝干线环路。通过波分扩容，解决本地传输网共30个基站单链问题。完成波密至80K光缆线路灾后重建及整治，完成11台OLT（光线路终端）替换工作。

【资费改革】 2021年，联通林芝分公司聚焦公益性活动，新增畅视类流量包、沃云盘、沃助力、沃学习、视频彩铃、沃视频等产品。联通作为冬奥会的合作伙伴，推出冬奥流量包。以推广“网＋平台＋X”的业务新模式，不定期更新政企标准产品，协同政企简化政企标准产品受理流程，将公众家庭类产品向政企个人用户进行推广。

【业务发展】 2021年，联通林芝分公司发挥大市场统筹优势，将政企产品引入公众，公众家庭类产品向政企个人用户推广，推进两条线深度融合，实现两条线超额完成收入预算指标。搭建电子政务外网服务支撑保障体系，推广AI党建云、极速开票、小程序等标准化产品。提升ICT业务发展，针对疫情结合国家管控要求洽谈测温产品，创新业务与基础业务相互促进发展。

【用户规模】 2021年，联通林芝分公司以收入提升与用户黏性增强两大主线，聚焦营业服务与价值提升运营，满足客户多样化消费需求，实现用户质量、收入结构的增长。5G引领移网发展，在网用户4640户，同比增长13.08个百分点，渗透率20.1%，高于全区均值3.13个百分点，新增份额6.19%，高于区均值0.47个百分点；在网用户数提升15.14个百分点，移网收入累计同比21.67%，高于区均值13.65个百分点。

【宽带业务】 2021年，联通林芝分公司推出千兆宽带，围绕“一根线到一个家”，优化智家（FTTR）产品资费，将智能音箱、智能摄像头、千兆路由等泛智能与业务结合。根据固网资源及支撑现状，以问题为导向，补齐各项短板，夯实固网业务基础，实现“固网基础能力提升、规模发展、提质增效”的经营目标。

【网络服务】 2021年，联通林芝分公司网络总体运行平稳，未出现网络及人身重大安全责任事故，网络质量得到逐步提升。完成春节藏历年、桃花节现场通信保障、巴宜区火灾现场通信保障、林芝市政务大厅网络保障及“5·17”电信日期间通信保障、西藏和平解放70周年庆祝大会网络通信保障、察隅森林火灾通信保障。

（联通林芝分公司）

财税　金融

财　政

【概况】 2021年，林芝市财政局共有18个局属科室。其中行政科室12个：办公室、政工人事科、综合科、预算科、国库科、行政政法科、科教和文化科、经济建设科、农业农村科、社会保障科、资产管理科、会计监督科；参公科室4个：投资评审中心、国库支付中心、国有资产管理中心、政府采购中心；纯事业科室2个：机关后勤服务中心、信息中心。全年全市一般公共预算收入156.34亿元，增长4.8%，为预算的269.8%。其中，地方收入14.63亿元，增长2.3%，为预算的185.3%；上级补助收入123.6亿元，增长4.5%；一般债务收入1.69亿元；动用预算稳定调节基金收入15.17亿元；调入资金1.25亿元。全市一般公共预算支出114.56亿元，下降23.2%，为预算的197.7%。其中，一般公共预算支出101.21亿元，下降24.9%；安排预算稳定调节基金11.69亿元；上解支出628万元；债务还本支出1.6亿元。收支相抵，结转下年41.77亿元。

市本级一般公共预算收入140.86亿元，为预算的280.5%。其中，地方收入5.5亿元，下降3.3%，为预算的183.5%；上级补助收入123.6亿元，增长4.5%；一般债务收入1.69亿元；县(区)上解收入628万元；动用预算稳定调节基金收入8.8亿元；调入其他资金1.2亿元。市本级一般公共预算支出132.36亿元，为预算的263.6%。其中，一般公共预算支出34.75亿元，下降25.7%；补助县（区）支出88.35亿元；安排预算稳定调节基金支出7.51亿元；上解支出628万元；债务还本支出1亿元；债务转贷支出6879万元。收支相抵，结转下年8.5亿元。

【预算收支决算】 政府性基金预算　2021年，全市政府性基金预算收入8.46亿元，为预算的235.7%。其中，地方收入2.39亿元，下降31.5%，为预算的66.7%；上级补助收入6806万元；专项债务转贷收入4.67亿元；2020年结转7167万元。全市政府性基金预算支出5.53亿元，为预算的154%。其中，政府性基金预算支出4.29亿元，下降71%；调出资金1.24亿元。收支相抵，结转下年2.93亿元。

市本级政府性基金预算收入7.16亿元，为预算的342.7%。其中，地方收入1.58亿元，增长96.2%，上级补助收入6806万元；专项债务转贷收入4.67亿元；2020年结转2327万元。市本级政府性基金预算支出5.58亿元，为预算的266.8%。其中，政府性基金预算支出2.27亿元，下降60.2%；补助县（区）支出5362万元；债务转贷支出1.57亿元；调出资金1.2亿元。收支相抵，结转下年1.59亿元。

国有资本经营预算　全市国有资本经营预算收入511万元，为预算的108.5%。其中，国有企业上缴收入153万元，下降52.3%；上级补助收入7万元；2020年结转351万元。全市国有资本经营预算支出231万元，为预算的102.7%。其中，国有资本经营预算支出195万元，下降42%；调出资金36万元。收支相抵，结转下年280万元。

市本级国有资本经营预算收入511万元，为预算的108.5%。其中，国有企业上缴收入153万元，下降52.3%；上级补助收入7万元；2020年结转351万元。市本级国有资本经营预算支出265万元，为预算的101.5%。其中，国有资本经营预算支出190万元，下降42.9%；调出资金36万元；补助县(区)支出39万元。收支相抵，结转下年246万元。

社会保险基金预算　全市社会保险基金预算收入14.13亿元，为预算的112.2%。其中，保险费收入12.47亿元；财政补贴收入1.47亿元；利息及其他收入1788万元。全市社会保险基金预算支出11.33亿元，为预算的90%。收支相抵，全年结余2.8亿元，年末滚存结余14.92亿元。

【地方政府债券】 2021年，全市政府债务转贷收入9.66亿元，

其中新增债券8.07亿元，再融资债券1.59亿元。一般债务转贷收入1.69亿元，其中新增债券979万元，再融资债券1.59亿元。专项债务转贷收入7.97亿元。至2021年底，全市地方政府债务限额24.74亿元，其中一般债务16.61亿元，专项债务8.13亿元。余额23.94亿元，其中一般债务15.81亿元，专项债务8.13亿元，无超限额情况发生。

【财政改革】 2021年，开展“2+1”财政综合改革。推进绩效预算、零基预算和预算管理一体化建设深度融合的“2+1”财政综合改革，用绩效的手段和零基预算的理念，完善能增能减、有保有压的预算分配机制，打破基数概念和支出固化格局。逐步扩大预算管理一体化改革范围，全流程整合绩效、零基预算等，构建“制度+技术”的管理机制。推进财税体制改革。在全市范围内开征契税，减轻企业税费负担。建立财政资金常态化直达机制，兜牢“三保”底线，推进国有资产集中统一监管。防范化解债务风险。规范债务限额管理，健全政府债务项目和资金管理机制，足额保障债务还本付息支出需求。制止违法违规举债行为，稳妥化解隐性债务存量，全年化解存量隐性债务4.57亿元。自觉接受各方监督。依法接受人大预算审查监督，落实市人大及其常委会有关预算决议，做好审计查出问题整改，向市人大常委会报告审计查出问题整改情况。依法做好预算调整，向市人大常委会报告国有资产管理和绩效管理情况，公开预决算。

【民生保障】 2021年，累计安排各类就业补助资金1.55亿元，促进高校毕业生就业创业。推进转移就业和技能培训工作，促进农牧民就业增收。教育高质量发展。按照2020年度财政收入25%的比例配套2021年度教育领域资金1.46亿元。实施15年公费教育。县域义务教育基本均衡发展通过评估验收。支持加强教师队伍建设，全面推进教育人才“组团式”援藏。加大卫生健康投入。落实新冠肺炎疫情防控要求，累计安排资金2721万元。安排公共卫生资金1.08亿元，完善公共卫生服务体系，支持基层卫生健康人才队伍建设和医疗人才“组团式”援藏。落实城乡居民基本医疗保险财政补贴资金9868万元，推动跨省异地就医直接结算。提高社会保障水平。累计投入4611万元用于困难群众救助补助、特困人员救助等，提升人民群众幸福感、获得感。落实资金1.15亿元，做好退役军人、自主择业军队转业干部安置及医疗配套保障。实施城镇保障性住房建设和农村危房改造。支持文体事业发展。安排资金502万元，支持村级文艺演出。安排资金770万元，用于县（区）艺术团场次补贴。支持文物保护利用和非物质文化遗产保护传承。支持林芝体育事业发展。

【社会建设】 2021年，推进反分裂斗争和维护稳定工作，支持政法部门业务办案、司法救助、法律援助、人才培养等，提升政法机关履职能力。安排普法专项

2021年6月24日，市财政局党支部与真巴村党支部联合开展支部共建活动　（市财政局　供图）

经费，推进法检两院财物统管。寺庙财税监管覆盖率30%，重点寺庙实现全覆盖。保障中国共产党成立100周年、西藏和平解放70周年庆祝活动经费。

基础设施建设　基础设施建设累计投资17.38亿元，保障农林水、教育、体育、安置点等基础设施建设。安排“十四五”项目前期经费2.06亿元。安排资金1.11亿元，支持农村公路建设，保障公路养护经费。安排资金2.9亿元，支持拉林铁路站前广场设施建设。支持高海拔地区供暖工程建设。

乡村振兴建设　落实“四个不摘”要求，整合涉农资金12.96亿元用于优势特色产业发展、小型基础设施建设等，推动巩固拓展脱贫攻坚成果同乡村振兴有效衔接。安排巩固脱贫攻坚生态保护岗位1.36万个，年人均劳动报酬3500元。助力提升农业发展质量，支持农村集体经济发展、高标准农田和美丽乡村建设，推进农村厕所革命。加强农村基层组织运转经费保障，提高村干部待遇。

特色产业发展　安排专项资金5000万元，支持农牧、旅游文化等九大产业发展。组建林芝市融资担保公司，安排1亿元资金用于公司注册资本。设立航线补贴专项资金5000万元、冬季“稳市场促旅游惠民生”活动补助资金1000万元，助力旅游产业健康发展。

生态安全屏障　加强生态建设和生态保护，安排林业改革发展资金6.19亿元，用于森林生态效益补偿、草原生态保护恢复、国土绿化等。安排重点生态功能区转移支付2.16亿元，用于保护生态环境。安排资金3408万元，支持大气减污降碳、水污染防治和水生态环境保护、土壤环境风险管控和综合防治等。安排资金2286万元，支持地质灾害防治体系建设和自然灾害风险普查。

边境建设　加强财政资源统筹，推进边境县转移支付工作，配套边民补助资金1552万元。建立多元化资金筹措机制，巩固边境小康村建设成果，推进抵边新村、边境基础设施建设。支持完善边境地区综合交通网络体系。完善护边员补助机制，一线甲类村（居）边民补助提高到年人均1.2万元。

（市财政局）

税　务

【概况】 2021年，林芝市税务局内设办公室（党委办公室）、法制科、货物和劳务税科、所得税科、社会保险费和非税收入科、收入核算和税收经济分析科、纳税服务科、征收管理科、财务管理科、督察内审科、组织人事科（老干部科）、机关党委（党建工作科）12个机构；另单独设立“党委纪检组”；第一税务分局、第二税务分局和稽查局3个派出机构；信息中心、机关服务中心2个事业单位；林芝市巴宜区税务局、米林县税务局、工布江达县税务局、波密县税务局、朗县税务局、察隅县税务局、墨脱县税务局7个基层县（区）局。全市税务系统坚持组织收入原则，落实“三个务必、三个坚决、四个不得”要求，依法依规征税收费，重点跟踪监控税源情况变化，把握组织收入主动权。全年累计完成各项税费收入39.9亿元，同比增长31.3%；完成税收收入22.44亿元，同比增长22.4%，税收收入规模创4年来新高。

【减税降费】 2021年，全市税务系统持续推进减税降费决策部署，在宣传辅导上重实效、全覆盖，在办税缴费上提效率、求便捷，确保税费优惠政策直达市场主体。全年全市累计新增减税降费2.79亿元，其中，2021年新出台的政策减税降费4100万元；2021年展期实施政策减税2.22亿元；2021年展期实施和2020年年中出台政策在2021年的翘尾新增降费1600万元。制造业中小微企业延缓缴纳四季度部分税费203万元，享受率达100%。

【税务监管】 2021年，全市税务系统以“积极稳妥、分类施策、综合治理”的思路，规范公正文明执法，精准打击涉税违法行

2021 年 4 月 27 日，西藏税媒“看税务　进企业　谋发展”专题座谈会在林芝召开　（市税务局　供图）

为。落实行政执法“三项制度”，规范执法行为，维护纳税人权益，营造公正高效的税收法治环境。完成增值税 6 大类 69 项改革任务，发布企业所得税实务操作政策指引。管理残疾人保障金等 4 项非税收入，实现非税收入管理规范化、高效化。建立各险种征缴数据比对核准机制，实现全险种社保费和医保费征收。推动地方党委政府印发《关于进一步做好城乡居民社会保险助缴促征工作的通知》，逐步规范“两险”征收。巩固个人所得税改革成果，完成 2020 年度个人所得税年度汇算工作。中华人民共和国《契税法》《中华人民共和国城建税法》落地实施。夯实税源基础，通过调查研究，落实落细各项税收政策。实施增值税专用发票电子化改革，减少纳税人缴费人办税缴费成本。选好配强专业团队，推进案件查处，增强稽查打击力和震慑力，全年查处涉税违法案件 16 起，开展随机抽查 17 户，实现稽查查补收入 1272 万元。

【税务服务】 2021 年，全市税务系统持续推进优化税收营商环境，开展“我为纳税人缴费人办实事暨便民办税春风行动”，推出 13 大类 38 项 109 条便民举措。聚焦“边问需、边整改”，开展“大调研、大走访、大交流”38 次，召开“问需求 · 促提升”纳税人座谈会 18 次，电话调查 387 户，发放调查问卷 2600 余份，征集纳税人缴费人意见建议和需求 71 条。依托税收宣传月和“春风行动”等节点，推动培训辅导“常态化”，累计开展现场专题、一对一“滴灌式”、线上纳税人学堂等各类培训 19 期，参训人员达 2500 余人次。分批分类组织纳税人专题辅导培训 3500 余户次，提升纳税人满意度。打造便民惠民服务品牌，市局创建“林税通”、巴宜区设立巴税“易”站、米林县打造“央珍工作室”、工布江达县成立“阿哒解税”等，提供零距离、个性化、精准化涉税服务，得到纳税人缴费人支持，“央珍工作室”被评为“百姓满意的惠民工作室”。加强税银互动，通过“银税贷”平台，累计向信用良好的纳税人发放贷款 5249.54 万元。创新税收宣传方式，聘请“桃花仙子”为林芝市税收宣传代言人，提升林芝税收宣传品牌影响力。

【税收征管改革】 2021 年，贯彻落实《关于进一步深化税收征管改革的意见》，以《西藏自治区关于进一步深化税收征管改革的实施方案》为蓝本，通过理念先行、学习跟进等方法，推进税收征管改革落实。确定“十四五”时期以“法治、共治、数治、智治”为四大理念。通过“大数据”运用，设立内部风险排查专岗，完善“科室统筹推进、专岗归口管理”的工作机制，避免疑点数据重复下发、无效下发。将贯彻落实《关于进一步深化税收征管改革的意见》纳入林芝市“十四五”规划，协调地方党委政府，推动成立改革领导小组。

【优化税务队伍】 2021 年，优化各级领导班子结构，选拔任用科级领导干部 9 名，职务职级晋升干部 37 名，交流轮岗干部 41 名，调整 12 名基层县区局税务干部到局机关任职，让优秀税务人才发挥作用。以干部能力提升为主线，建立分类、分级、分层培训体系，共完成各类培训23项，参训128人次。

（市税务局）

银行保险监管

【概况】2021年，林芝银保监分局围绕“稳定、发展、生态、强边”四件大事，依托党史学习教育，全面开展“我为群众办实事”实践活动，加强内部管理，防范和化解金融风险。落实管党治党主体责任，依法依规履行监管职能职责，深化监管行业引领，服务实体经济，维护金融体系稳定。

【金融风险防控】2021年，坚持“预防为主，发现一件、查处一件，防查并重”的原则，防范林芝、昌都两市银行保险机构各类金融违法案件的发生。督促两市机构关注恒大房地产资金链融资情况，按照市场化、法治化原则和房地产金融审慎管理制度要求，配合相关部门和地方政府共同维护房地产市场的平稳健康发展，维护住房消费者合法权益。关注扶贫产业融资风险。提前做好产业发展预判，预测可能面临的自然因素、市场波动、合作经营、生产技术、生态环境等风险，确保产业扶贫稳健推进。

聚焦信用风险，控制流动性风险，做好不良处置、风险排查和授信管理，全面压实机构风险管理主体责任，对重点领域风险，尤其是房地产、互联网、隐性债务、案件防范及非法集资等领域加强管控，将月度、季度和年度监管通报与监管访谈制度有机结合。对两市风险高、经营数据持续恶化的银行业金融机构增加监管访谈次数，向不良“双升”银行领导班子传导监管压力，使银行业金融机构多方位、多层次、多手段化解资产质量下行风险，确保化解年初存量不良贷款70%的目标任务。要求两市银行业金融机构坚持差异化的信贷策略，按照“安全性、流动性、效益性”的经营原则，多措并举加大处置清收力度，两市银行业金融机构贷款质量逐步提升，保持金融稳定运行。

重点关注地质灾害、自然灾害影响。2021年，林芝市巴宜区、察隅县发生森林火灾，波密县地震频发，为了解各机构受灾影响情况，下发通知要求各机构每日在微信群报送网点运行状况，做到信息及时掌握、事件及时处置。督促两市银行保险机构做好灾后金融服务、金融救助以及理赔服务等工作。

【服务实体经济】2021年，引导林芝、昌都两市银行保险机构主动对接自治区“十四五”重点项目。围绕国家和地方重大战略实施，支持川藏铁路、农网改造等重点项目和产业发展。逐步加大支持边境地区公路、高海拔生态搬迁等项目，鼓励金融机构在边境设立机构网点，为西藏融入“一带一路”倡议、打通国家面向南亚通道提供金融支撑。督促林芝、昌都两市银行业金融机构落实国家“西电东送”接续能源基地建设、雅江水电开发、边境建设等重点项目，林芝、昌都两市银行业金融机构着重巩固和发展区域经济“造血”功能，履行支持和服务实体经济的应有职责和本职要求，加大绿色信贷投放力度，支持地方经济协调发展。引导更多资金投向能源、电力、交通等民生项目。至2021年末，林芝、昌都两市银行业金融机构为建筑业、制造业、电力热力、采矿业、交通运输业等信贷前五大行业贷款余额217.66亿元，比年初增加29.86亿元，上升15.90%。

【小微企业金融服务】2021年，立足服务小微企业，督促各金融机构落实普惠小微企业贷款延期还本付息政策和普惠小微企业信用贷款支持政策，激发市场主体活力，落实党中央、国务院有关“六稳”“六保”决策部署和重要指示批示精神，确保实现“两增”目标。参与“银税互动”“银商合作”“信易贷”等信用信息共享机制平台建设。鼓励金融机构在依法合规、风险可控等前提下，运用大数据、区块链、人工智能等金融科技，在农业、制造业、批发零售业、物流业等重

点领域搭建供应链产业链金融平台，提供方便快捷的线上融资服务。2021年末，林芝、昌都两市银行业金融机构小微企业贷款余额149.54亿元。

【“三农”信贷扶持】 2021年，督导林芝、昌都两市银行业针对西藏基层基础金融服务均等化和可获性水平偏低的“短板”问题，改进弱势群体基础金融服务。加快电子金融服务网络建设和自助设备建设，引领金融服务活动向社区和农牧区延伸。督促林芝、昌都两市银行业增强“三农”服务覆盖面，创新“四卡”“财政直补资金担保贷款”等信贷产品，提供“三农”金融服务，支持涉农企业和农牧特色产业。2021年末，银行业金融机构涉农贷款余额182.24亿元，比年初增加21.93亿元，增长13.68%；扶贫贷款余额70.48亿元，比年初减少15.53亿元，下降18.05%。

【服务乡村振兴】 2021年，鼓励银行机构下沉服务网点，保障农村基础金融服务全覆盖，推进普惠金融、金融扶贫、服务三农、助力乡村振兴、支持实体经济和小微企业发展等方面工作。逐步扩大金融服务范围，农牧民的居住地，提供流动金融服务。引导银行保险业高质量服务乡村振兴，支持乡村振兴战略，促进巩固拓展脱贫攻坚成果同乡村振兴有效衔接。推动保险业做好城乡居民大病保险承办、医疗救助经办等工作，减轻人民群众医疗负担，巩固拓展医疗保障脱贫攻坚成果。2021年，林芝市大病保险的保费收入为3820.43万元，服务73.3万人；昌都市大病保险的保费收入为817.95万元，为15.7万人提供风险保障。

【金融机构治理管理】 2021年，以公司科学健康发展为目标，分局通过下发金融监管提示书、开展监管评级、召开座谈会、实地调研等方式，就公司治理能力、资本管理能力、风险管理能力、发展能力、属地管理履职能力等方面存在的问题，加强监管指导和监督。开展公司治理专项现场检查，改善林芝、昌都两市公司治理水平，提升内部控制水平，加强公司治理监管。全面防控风险，稳步推进整改，依托银保监会巡视，督导林芝、昌都两市银行业加强各类风险防控，落实整改工作。推进不良贷款清收工作，通过诉讼、调解及约定还款等方式开展催清收工作，跟进核销进度，确保实现不良贷款处置计划。督促机构审慎发放房地产贷款，协调房地产贷款客户提前还款，压降房地产贷款比例。指导机构加强资产管理，调优资产结构，提升盈利水平。增强前瞻性研判，合理规划资本补充工作，提升资本充足水平。

控制重点领域金融风险，开展治理乱象“回头看”。分局结合工作实际，将整治银行业和保险业市场乱象与扫黑除恶打非治乱专项斗争工作相结合，将“守住不发生区域性、系统性风险”作为根本任务。督促银行保险机构承担起乱象整治和内控合规建设的主体责任，整治隐患问题，做到标本兼治，培育合规文化，提升依法合规经营和风险管控水平。抓好责任落实，治理金融乱象，确保守土有责、守土尽责。

2021年9月17日，银保监会党委委员、副主席肖远企一行到林芝银保监分局调研并与林芝分局干部职工进行座谈

（林芝银保监分局　供图）

根据银保监会“内控合规管理建设年”工作安排，检查两市金融机构风险合规，防范金融机构风险，提升合规经营意识。

（林芝银保监分局）

银　行

中国人民银行林芝市中心支行

【概况】 2021年，人民银行林芝市中心支行以“党建统领、创新履职、夯实基础、永争一流”为工作目标，坚持党建与班子建设、队伍建设和业务建设有机结合，围绕市委、市政府中心工作和中央经济金融重大决策部署，执行宏观调控政策，落实金融支持疫情复工复产政策，支持地方经济高质量发展。

【信贷调控】 2021年，围绕林芝“一核三带”发展战略，通过金融工作座谈、运行分析、重点督导等措施，保障铁路、公路、能源等重点领域信贷支持，确保全市贷款增速与GDP增长相匹配。至2021年末，全市各项贷款余额342.54亿元，同比增长7.43%，是全区贷款增速的2倍，新增贷款237.74亿元，同比增长53.94%，社会融资规模358.18亿元，同比增长6.91%，信贷总量创三年新高。推动信贷资源向薄弱领域倾斜，先后制定出台金融支持经济高质量发展、乡村振兴、边境发展、民营企业的实施意见，推进政府性融资担保公司成立，督促落实“稳企保就”政策措施，各银行对77家企业到期贷款开展延展期，金额达11.49亿元。协调市政府举办4场“政银企”对接会，收集整理有融资需求的企业129家，落地贷款27.47亿元，惠及企业87家；启动首贷培育计划，增加首贷企业133家，发放贷款2.4亿元。推动融资成本持续降低，全市企业贷款平均利率为2.31%，低于全区水平。年末，全市中小微企业贷款余额155.17亿元，同比增长21.01%，普惠小微企业贷款余额20.08亿元，同比增长16.61%。

【风险防控】 2021年，中心支行党委高度重视防范化解金融风险，党委会按季度专题研究部署重点工作，细化明确路线图和时间表。运用存款保险、央行评级等措施，化解苗头性风险，做实早期纠正。健全金融稳定工作机制，按季牵头召开专题会议，共享区域金融风险监测信息。提请市政府印发《林芝市金融风险防范化解应急预案》。做好地方法人金融机构风险监测，向主发起行发出风险提示。按照“一行一策”要求，督促地方法人金融机构制定风险化解方案，中心支行领导5次到机构现场调研督导，4次向市委、市政府主要领导专题汇报。高风险机构风险化解工作取得阶段性进展，该行不良贷款率由4.75%下降到1.77%，改善流动性，推进增资扩股工作。成立洗钱案件办理工作领导小组，联合市检察院印发《协作意见》，加强对非法集资、电信诈骗、非法金融等重点领域监测，全年反洗钱移送重要线索4条，实现洗钱入罪零的突破。

【绿色金融】 2021年，践行绿水青山就是金山银山的理念，引导金融机构不断加大对绿色能源的信贷投入力度。截至2021年末，全市水电能源业贷款余额达63.81亿元，同比增长23.92%。履行现代服务业专项推进组办公室职责，研究出台《林芝金融支持特色优势产业发展的实施意见》。全市特色农牧业贷款余额达4.14亿元，同比增长22.19%，藏医药业贷款余额达2.88亿元，同比增长50.91%。同时，牢固树立绿色发展理念，收集整理全市绿色企业名录库，督促和指导金融机构主动对接，各银行对接库内企业达297家，已经获得贷款支持48家，列为重点培育对象的企业96家。12月末，全市累计发放绿色贷款36.9亿元，同比增长1.7倍，绿色贷款余额达88.71亿元，同比增长1.28%，绿色金融服务实体经济的能力不断提升。

【助力乡村振兴】 2021年，聚焦边民群众急盼问题，与支持乡村振兴战略一体谋划、共同推进。成立工作领导小组收集整理全市农业龙头企业和农牧民专业合作社清单，指导创新“固边贷”“惠农贷”等14款涉边金融产品。至12月末，全市涉农贷款余额100.59亿元，同比增长25.16%，农户到户贷款余额达21.99亿元，农户贷款户均7.3万元、人均1.7万元，位居全区首位。引导金融要素向边境地区倾斜，优化助农取款服务点布局，全市边境4个县实现助农取款服务点全覆盖，财政直补覆盖率为100%，建成掌银村141个，在南伊村启动首个村级金融服务示范点建设，服务半径覆盖周边所有居民。年末，林芝边境四县贷款余额51.62亿元，同比增长14.58%，是全市平均贷款增速的2倍。

【金融为民】 2021年，开展金融教育示范基地创建工作。全区首个“智慧园区”系统在林芝市粤林产业园区启动。7家银行机构入驻市反诈中心，配合公安机关破获全市首个买卖银行卡案。指导银行落实支付手续费减费让利政策，减免费用12项。推进国库信息化提速扩面，强化财税库银横向联网协作，推广非税收入电子缴税。至12月末，全辖各级国库办理直达资金1.47万笔，金额3.6亿元，办理国库直补项目44项、6.28万笔，惠及8475户。推进现金服务网格化管理，创建三个现金服务示范区。推进社会信用体系建设工作，加大自助查询机布放力度，实现县域和重点乡镇全覆盖。逐步推进应收账款融资服务平台推广，完成应收账款融资业务32笔，成交金额5.36亿元。外汇收支高速增长，全年办理涉外收支业务203.94万美元，同比增长5倍。启动国家级银行业金融服务标准化建设试点，为全区唯一入选项目。

（人民银行林芝市中心支行）

中国农业银行林芝分行

【概况】 中国农业银行股份有限公司林芝分行拥有55家机构网点，7个县区支行，5个二级支行，38个营业所，5个分理处，机构占全市银行业的64.71%，直接面向“三农”服务的网点达50个，55个网点均全部实现电子化改造，服务面覆盖全市所有县区和54个乡（镇）。在职员工484人，直接从事金融服务“三农”工作人员占全行员工总数的70%以上。农行林芝分行围绕“强化政治属性、发挥独特作用、构建发展新优势、完善体系建设”四件大事，推动业务发展，突出重点工作，全行各项工作稳步发展。2021年，各项存款余额达161.8亿元，较年初增加4.33亿元，增长2.68%，各项贷款余额达112.52亿元，较年初增加10.96亿元，增长10.79%。全年累计投放各类贷款59.27亿元，净投放同比增加1.36亿元，增速快于上年同期0.35个百分点，全行存贷比70%，较上年同期增加5个百分点。其中，累计投放普惠型民营小微企业贷款6.8亿元，贷款余额突破10亿元大关，达10.3亿元，较年初增加1.8亿元，增长21%，贷款增速高于各项贷款平均增速。累计投放涉农贷款17.64亿元，贷款余额达41.3亿元，较年初增加3.13亿元，增长8.19%。

【服务实体经济】 2021年，围绕重大项目、重点单位和产业发展规划，为承建雅江下游和尼洋河流域水利资源开发，川藏铁路的华能、中铁二十一局、国家能源等企业投放贷款26.47亿元，为中铁某金融租赁公司办理首笔银赁通保理业务，在川藏铁路沿线工地开展“金融服务进工地”活动，为施工人员提供开卡、掌银、个贷等综合服务，为中铁某集团办理川藏铁路施工单位首笔“建工险”代理保险业务，提升重大项目金融服务质量。保持与市委、市政府的良好沟通和同频共振，经济开发区一批优质入驻企业落户农行林芝分行。推动普惠小微企业信贷服务下沉，5个营业所实现小微业务零的突破。发放“首户E贷”10笔，位居全区农行首位。举办“农行林芝分行——临夏商会战略合作现场推进会”，开创“银行+商会+小微”的全新合作模式，实现普惠型民营小微企业有贷户和贷款余额的“双增”，在区分行四季度考核中位居第一名，“夏融计划”“秋实计划”分获第二名、第一名的成绩。支持上市企业、地方国企等本地优质企业，累计向奇正藏药、林芝客运、波密诚投贷款4亿元，办理全区首笔“e保函”和跨境电商服务平台收汇业务。

【金融精准扶贫】 2021年，落实“四不摘”政策，坚持“走村入户”与网点服务相结合，全年全辖区精准扶贫贷款余额18.94亿元，较年初净增1.25亿元，增长3.85%。为建档立卡户发放贷款1.67亿元，贷款余额达3.40亿元。立足县域资源禀赋，累计向政府确认的8个扶贫产业投放产业扶贫贷款2.2亿元，产业扶贫贷款和扶贫项目贷款余额分别达3.51亿元和12.03亿元。对接“三岩”片区搬迁群众金融需求，累计投放易地扶贫搬迁贷款1432万元。加大贫困县贷款支持力度，3个贫困县累计投放各类贷款38.65亿元，贷款余额达26.28亿元，较年初增加2.36亿元，增速达4.23%。推荐17家扶贫企业60余个特色产品上架总行兴农商城，累计实现销售收入90.95万元。组织工会等部门直接购买贫困县农产品102.56万元，帮助销售贫困县农产品155.21万元，为林芝市消费扶贫贡献“农行力量”，在全区农行巩固脱贫攻坚成果考核中排名第一。

【金融戍边】 2021年，结合林芝实际，分解《西藏分行关于加强金融戍边工作的意见》5项任务、28条措施。构建边境区域“物理网点＋自助设备＋互联网金融平台＋流动服务＋助农取款点”五位一体的服务体系，4个边境县支行下辖23个物理网点，其中9个网点距边境线150千米以内。在边境县建设助农取款点263个，金融综合服务站2个，其中141个边境小康村实现助农取款点全覆盖，投放自助设备46台。向米林县南伊乡南伊村45户农牧民颁发“农行西藏乡村振兴·固边贷贷款证”。在米林县琼林村开展流动金融服务暨金融知识公益宣传活动，探索边境区域金融服务的新模式。至12月，边境县涉农贷款余额达30.89亿元，边境县农牧民贷款余额达9.79亿元。

2021年11月26日，林芝市首批中国农业银行西藏自治区分行乡村振兴·固边贷贷款证发放仪式在米林县南伊乡南伊村举行

（农行林芝分行　供图）

【助力乡村振兴】 2021年，加快农户信息建档进度，提升农户贷款投放效率，至12月，完成建档1.32万户，较年初增加5456户，行政村建档覆盖面达97%。依托“四卡”“惠农e贷”产品，累计投放农牧户到户贷款11.99亿元，贷款余额达21.63亿元，较年初增加8851亿元，增长4.27%。其中，“惠农e贷”贷款余额8.85亿元，较年初增加5.06亿元，增长133.51%。围绕“一带四基地”产业发展规划，累计向农牧业龙头企业、农牧民专业合作社、家庭农场和种养大户投放贷款4.59亿元，贷款余额达6.9亿元。工布江达县支行珠拉营业所发放全区首笔生猪活体抵押农牧民个人生产经营贷款。巴宜区和米林县上线农村经济组织“三资”平台，开户率达100%。与市商务局（市供销社）签订战略合作协议，建立市、县、乡三级农牧民供销合作社“四位一体”战略合作框架。推进县域网点升

级改造，在县域网点布放超级柜台80台，便捷式超级柜台10台，开展流动金融服务4128次，521个助农服务点年均交易笔数达3.5万笔，交易金额2.17亿元。

【**民生金融服务**】2021年，坚持“传统＋创新”“走出去、请进来”，深化“数字化赋能”网点导入，做优各行业代发工资、社保卡发卡激活等服务。至12月，全行个人核心存款余额65.31亿元，较年初增加3.48亿元，增长5.63%。实施“个人信贷＋”工程，聚焦公务员、老师客群，推广网捷贷业务。加强与新开发楼盘、二手房市场合作，优化个人住房贷款服务。聚焦“商户e贷”，开展扫街式营销，提升个体工商户融资服务。至12月末，全行个人贷款余额18.28亿元，较年初增加5161亿元，增长2.91%。完善发卡渠道。优化“乐享”刷卡环境，做大乐分易规模，提升专项分期服务，为林芝市城乡居民消费提供助力。建成林芝机场、林芝火车站、名人酒店等“智慧停车”项目，搭建林芝中法“智慧法院”二期项目，推进“智慧医院”项目，整建制推广“智慧党费”“智慧食堂”项目，推动互联网金融走入人民群众的“衣食住行”。

【**基础管理体系建设**】2021年，制定《林芝分行基础管理体系建设实施方案》，细化具体工作方法和步骤措施，确保责任到岗到人。在米林县支行召开现场会，确定该行库房改造、档案箱等设备采购安装、制度建设方案和步骤，完成档案库改造工程图纸审核、设备设施立项等工作。11月底，米林县支行样板行通过验收。组织相关部门对样板行打造经验、不足进行总结分析，提炼基础管理体系建设“米林经验”，并在全市推广。

控制信用风险，落实“一次调查、一次审查、一次审批”，提升客户管理层级，经管理行同意跨层级提交，波密县城投公司贷款是首笔在3个工作日内完成审查审批的业务。应用风险管理信息平台和风险管理工具，加强重点行业、重点领域风险监测，强化负面展望清单监测管理，监测分析逾期贷款、关注类贷款等前瞻性指标。通过行政、司法和核销等多渠道化解不良贷款风险。全年累计清收处置不良贷款4788.26万元，其中，现金清收2419.71万元，非重组回调2103.31万元，核销处置265.24万元。规范征信管理。压实征信信息安全责任，全行征信人员持证上岗率达100%。到农牧区、学校、企业、部队、机关开展征信专题宣传，提升征信工作质效。

推进运营体系建设，选拔8名内勤行长、8名监管经理，轮换5名到任期的内勤行长，提升88名柜面经理等级，柜面经理轮岗率100%。支行营业室超柜替代率稳定超过92%，为全辖网点配备具有电子指纹签名功能的柜外清，提升网点的柜台服务质效。撤并5个网点库，全行日均库存现金压降率达19.05%。完成2.13万册到期档案核实、鉴定以及销毁。保持运营条线“反假、打假、治假”高压态势，开展弄虚作假和虚假履职自查、排查和专项整治，发现问题27条，整改27条，移送并追责6人。

协同推进各板块基础管理，推进财会合规体系建设，组织领导干部、财务人员集中学习相关法律、法规和规章制度。推进财务决策等8个领域的重点治理工作，印发《财务审查手册》，逐步提升财务审查的效率和质量。落实安全生产管理。本着“成熟一个、上收一个”的原则，全年实现21个机构“同楼非现场＋异地集中守库”。推广应用安防设备点检及报修二维码，实现技防维修线上化。建设分支行应急器材中心，按时开展消防应急演练，逐步提升全行应急处突及自救能力。强化信息科技设备管理，规范各支行设备间布线、防盗、防鼠、防静电等基础管理。强化电子设备及耗材管理，实现人和物一一对应，实现全行科技资源配置管理智能化数字化。规范落实印控管理。开展县支行印控管理改革，清理行政印章、业务印章、合同专用章，落实用印审批制度，全辖基本做到人印分离、用印留痕。开展基础数据治理，加强对公客户信息治理，全面规范辖内对公客户开户身份识别及尽职调查，受益所有人识别、个人客户九要素治理、一人多ID治理工作，完成天枢移动办公系统推广。加强声誉风险和保密管理。科学确定“三员”，规范涉密人员管理，推进保密学习经常化、定期化，保密工作质效明显提升。

推进案件防控工作，统筹规划14个专项检查和2项综合检查项目，检查计划完成率100%。共出具底稿65张、风险提示函7份。组织实施外包业务领域核查，防范员工（含退休员工）经商办企业、参与民间借贷、非法集资等违法行为，处置员工异常行为线索，出具底稿13张、风险提示函4份。分析2020年内控缺陷等7大类35项屡查屡犯及重点问题进行重点治理，治理问题26个，持续治理问题9个。制定《农行林芝分行2021年整改工作考核方案》。强化整改督导，ICCS系统内问题整改实现“三个到位”。根据发现问题的性质，对171人次进行责任追究。其中，警告1人，记过5人，记大过1人，诫勉1人，批评教育23人，经济处理29人，通报5人，积分处理106人。开展“合规从高层做起”等活动，组织员工参加合规文化线上答题活动，打牢案件防控的思想基础。“三线一网络”系统累计收到预警信息19条，收到工作建议2条。

提升反洗钱工作质效。依托运营档案管理系统，通过“系统＋专家团队”的作业模式，逐步提升涉稳涉恐资金监测的准确性和统一性，落实高风险客户尽职调查和管控措施，年内，向人民银行提交一般可疑交易报告1份。组织辖内反洗钱专兼职人员培训5次，开展反洗钱宣传17次，面向全市金融系统专业反洗钱人员讲授专题课程，增强反洗钱工作人员能力和水平。

（农行林芝分行）

中国建设银行林芝分行

【概况】 2021年，中国建设银行林芝分行（以下简称建行林芝分行）一般性存款为34.35亿元，较年初下降5.64亿元。其中，对公存款为18.78亿元，较年初下降6.19亿元；个人存款为15.56亿元，较年初新增5499.19万元。各项贷款为71.44亿元，较年初下降4.72亿元。其中，对公贷款为67.05亿元，较年初下降5.78亿元；个人贷款为4.39亿元，较年初新增1.06亿元。不良贷款余额266.6万元，较年初增长35.57万元，全年回收不良贷款1088.60万元，不良率为0.03%。

【绿色金融】 2021年，建行林芝分行提高政治站位，明确信贷结构调整目标，发展绿色金融，加大绿色信贷储备，助力实现“双碳”目标。全年绿色信贷余额24.71亿元，较年初新增1.16亿元，增长率4.94%。

【普惠金融】 2021年，发挥银行金融稳定作用，支持本地小微企业和实体经济。加大对小微企业和实体经济的支持力度，加大信贷投放，保持延期政策稳定性，确保持续高效的普惠金融供给。依托小微快贷大数据产品全年为小微企业发放贷款1476笔，金额7.2亿元，实现日均放款4.5笔、日均放款300万元，服务民营小微企业取得实质性成效。

【金融科技】 2021年，建行林芝分行推动多个项目立项实施，支持西藏波密监狱智慧政法平台上线，基本账户日均存款达2300万元；与林芝市人民医院签订数字化建设需求战略合作协议；为巴宜区农业农村局签约总行版农村三资管理平台，开立农村集体经济组织一般存款账户14户，5户处于跟进对接开户中；为川藏铁路公司及参建单位上线数字基建管理平台和云建筑劳务管理系统；为中水十四局代发民工工资共计5431笔，代发总金额4484万元；为中铁隧道局支付项目建设资金80万元；推进巴宜区财政一体化进程，营销10户预算单位零余额账户落户。

【风险管控】 2021年，建行林

芝分行推进合规文化培育，依托银保监会“内控合规管理建设年”和深化审计发现问题整改工作，强化合规“八个步骤”闭环管理，推动全行各部门落实合规管理主体责任。定期召开风控委会议、两防工作会议、反洗钱例会、重点业务发展与主动风险防控联席会议并建立风险信息共享机制，推进全面主动风险管理，落实全面风险管理“五个到位”，实现从“被动控”到“主动管”的转变，深化主动风险管理。

加大风险隐患排查力度，建立常态化检查机制，采取开展全面检查、专项检查、突击检查、非现场检查等方式，检查反洗钱、小微企业快贷、单位结算账户、特约商户、柜面业务操作、征信、个人贷款、龙易行等业务，信贷领域和关键岗位开展风险排查与整治，加强贷前、贷中、贷后全流程管理，提升防范发生系统性金融风险的能力。

推进存量不良贷款的清收工作，采取源头堵截和对存量不良的催收，联动业务部门和专业律师进行沟通，化解风险，保障信贷资产安全，加强信贷资产贷前、贷中、贷后的检查，提高资产质量。加大对小微快贷、个人快贷不良贷款的催收，收回不良贷款1043万元。

以网格化的方式细化明确员工行为管理职责、内容、过程，落实各层次人员责任，规范操作，实施“有痕监督”，通过“一张任务清单”“一张排查清单”“一份合规档案”完成员工日常监督、异常排查工作及档案记录留存。各级网格管理员组织网格成员开展谈心谈话，依托员工行为“三清查”自查自纠工作，关注网格成员八小时内的工作状态，以案为鉴，做好警示教育。

【服务实体经济】 2021年，建行林芝分行围绕服务重大项目建设，建行领导走访营销区外10余个施工企业本部，响应施工企业融资需求、代发需求、民工服务需求，区外联动营销活动取得明显效果，全年累计发放对公贷款23.55亿元。3月8日，建行林芝分行扎木支行开业，配置的流动金融服务车把柜面服务延伸至川藏铁路沿线和偏远农村，补齐物理网点少的短板，提升金融服务的覆盖性、可获得性，保障川藏铁路建设和服务乡村振兴战略。

聚焦提升服务乡村能力水平，制定《建行林芝分行推动乡村振兴实施计划》，成立建行林芝分行乡村振兴工作领导小组，研究与本地区域相应的乡村振兴发展方向、督导乡村振兴的战略实施落地。加大对乡村振兴重点区域、重点行业、重点客户的信贷资源倾斜，促进信贷结构优化。强化客户和项目储备，研究学习总分行优秀案例，增强涉农信贷投放能力。全年建行林芝分行涉农贷款余额12.60亿元，较年初新增7.84亿元，增长率164.76%。

【平安建行】 2021年，建行林芝分行党委贯彻落实自治区、林芝市关于维稳工作的总体部署和工作要求，定期对维稳工作进行安排部署，将措施和责任落实到人，制定《建行林芝分行维稳工

2021年3月8日，举行波密县建行扎木支行开业仪式，副市长肖鹤（左一）揭牌并致辞　　（建行林芝分行　供图）

作方案》，成立维护稳定领导小组，明确各部门职责。开展意识形态领域各项工作，督促员工自觉维护民族团结，旗帜鲜明反对分裂，做好维稳各项工作。

开展“平安建行”建设，全年共开展安全生产检查5次，加大对办公大楼、营业网点、金库、发电机房、县域支行等重点部位检查力度和频率，重点排查各项安全生产工作是否落实到位，做到应排尽排，并督促做好登记整改工作，及时消除安全隐患。

（建行林芝分行）

中国银行林芝分行

【概况】 中国银行林芝分行内设综合管理部、普惠金融部（业务发展部）、个人数字金融部、纪委办公室4个职能部门，所辖1个营业部和巴吉西路支行、波密县支行2个分支机构。坚持支持林芝经济建设，重点支持林芝市交通、能源、水利水电、城市建设等基础产业发展，同时支持当地矿业、旅游业、藏药以及民族手工业等特色产业的发展。截至年底，全行存款余额14.42亿元，各项贷款余额为19.97亿元，各项不良贷款余额112.21万元。

【中银企业E贷】 2021年，中国银行林芝分行客户经理“中银企业E贷”拓展经验刊登至总行普惠金融部《对公普惠线业务优秀客户经理经验汇编》。“中银企业E贷”系列线上产品推出后，林芝分行普惠金融事业部加大线上贷款业务营销推广，宣传“中银企业E贷”，调动全员营销合力，锁定营销目标客群，梳理获客清单，开展业务营销推广。至10月末，线上贷款累计发放18户，共计2855万元。推出“中银企业E贷”信用贷、银税贷、抵押贷系列产品，并发放23笔共计4237万元，小微企业贷款增速达到110.6%。

【民生“云缴费”服务】 2021年，班子成员及工作人员围绕老百姓衣食住行密切相关的移动支付场景，多次上门对接相关单位，并与西藏林芝嘉和物业管理有限公司合作开展物业费“云缴费”合作事宜。提升老年人移动支付便利化水平，“云缴费”帮助解决线下收费耗时、烦琐及账务核对困难的问题。

【金融扶贫】 2021年，开展“强基惠民”活动，坚持思想教育引导为主、宣传动员为辅的工作思路，激发群众内生脱贫动力。通过调研摸底、村民会议、劳动作业、学习等方式，拉近与贫困群众的关系，与村民交心谈心，了解群众所思所想。宣传党和政府一系列强农惠农富农政策、精准扶贫政策及知识等，提高村民致富思想认识，摒弃“等靠要”思想，激发自我发展、自我脱贫内生动力，全年共开展扶贫政策及知识宣传会议25次，走访入户宣传40次。

助推产业致富，与下察隅镇政府、村“两委”、村民代表协商，联系察隅县阿曼陀茶产业发展有限公司，采取“公司＋农户”的方式开展茶叶种植，完成群众土地测量工作，种植茶叶430亩、猕猴桃170亩，拓宽群

2021年12月14日，中国银行林芝分行工作人员到波密县八盖乡帮助村民激活社保卡

（中国银行林芝分行 供图）

众致富门路，增加群众收入，实现长期持续稳定增收。对林芝市消费帮扶目录内产品进行选购，共计采购猕猴桃 2.35 万元。

精准落实帮扶责任。入驻以来，驻村工作队调整包户责任人，实行驻村工作领导包户到人，不定期入户走访，了解贫困户思想动态，帮助寻找致富途径。在中国共产党成立 100 周年之际，为建档立卡户每户送去 500 元慰问金，并为嘎堆嘎美村贫困群众捐赠衣物 120 余件，形成"队员当代表、单位做后盾"的联合作战体系，保障驻村工作队顺利开展工作。同时，村两委和驻村工作队建立命运共同体，做到不返贫、不脱钩。

（中国银行林芝分行）

中国工商银行林芝分行

【概况】 2021 年，中国工商银行林芝分行下设综合管理部、市场营销部、营业室 3 个部室，下辖分行本部、工布印象、五洲皇冠酒店、天宇藏秘酒店、幸福小区 5 个自助银行。全年各项存款余额 6.39 亿元，较年初增加 1.65 亿元。其中，储蓄存款余额 2.05 亿元，较年初增加 2400 万元；对公存款余额 4.18 亿元，较年初增加 1.43 亿元。各项贷款余额 74 亿元，较年初增加 6.26 亿元。其中，公司贷款 50.06 亿元，较年初增加 6.8 亿元；个人贷款 1.9 亿元，较年初增加 1.5 亿元。

2021 年 5 月 9 日，工商银行林芝分行工作人员到鲁朗白木村为川藏铁路施工人员办理工资卡　（工商银行林芝分行　供图）

【普惠业务】 2021 年，制定普惠贷款实施方案及细则，整合客户资源，优化客户结构，调查林芝市当地小微企业，开展客户筛选工作。依托普惠金融产品，树立以客户为中心的服务理念，以经营快贷业务为突破口，发放首笔小微企业固定资产购建贷款，支持小微客户发展，全面提升普惠金融业务的市场占比。至年末，普惠贷款余额 4303 万元，较年初增加 3366 万元，增幅达 359.23%。

（工商银行林芝分行）

西藏银行林芝分行

【概况】 2021 年，西藏银行林芝分行各项存款余额 19.37 亿元，较年初减少 1.85 亿元。其中，对公存款余额 13.8 亿元，较年初减少 2.77 亿元；储蓄存款余额 5.57 亿元，较年初增长 9152.32 万元。各项贷款余额 9.81 亿元，较年初增加 300.83 万元。其中，对公贷款余额 5.36 亿元，较年初下降 2094.28 万元；个人贷款余额 4.45 亿元，较年初增加 2395.11 万元。全年新增对公结算账户 568 户，其中农民工工资专户 351 户。新增银行卡 9647 张，其中开立农民工工资卡 7155 张。

【拓展客户】 2021 年，成立个人业务部，负责个人业务的营销工作。以任务为目标，细化营销工作计划，任务到人奖励兑现，调动全员营销积极性，推动分行个人业务稳定发展。

参与总行"开门红"营销活动，将该项工作延续至全年营销工作中，将商圈营销工作做到常态化，成立外拓营销小组，每周末不间断开展外拓活动，共计开展业务拓展活动 60 余次，共营销收单81户，储蓄存款累计营销2600万元。对前期营销的收单商户开展回访工作，收集解决实际使用中出现的问题，提升商户收单聚合码的使用率和进账率，提高客户的满意度和忠诚度。定期、不定期开展进社区、进农村、进校园、进工地等宣传活动，使新产品快速进入市场，成功营销林芝市火车站拆迁补偿款。与商务局、银联合作，承办2021年度“林芝市冬季维稳市场活动”，活动覆盖林芝市7条街道（商圈）、8个行业共计600余家商户。完成林芝市福利院、第三幼儿园、特殊学校3家单位的社保卡置换工作。

“薪享贷”业务实现林芝市级129家单位全覆盖，并延伸至巴宜区21家单位及波密县38家单位。发放“薪享贷”1246笔，金额共计3.01亿元。推进线下贷款，重点做好各商业楼盘按揭工作。按揭准入市委、市政府关注的优质楼盘，推进工布天街、墨脱梅朵花园、琅赛佳苑等项目资金监管账户落户，并开展个人按揭贷款投放，保障线下贷款的持续增长。推广“宝石贷”。拉林铁路沿线的巴宜区孜热村为首个信用村，试点投放7笔，共计200万元。投放双创贷款，为创业大学生提供信贷资金支持，全年累计投放4笔、共计40万元。

【对公业务】 2021年，与林芝市临夏商会签订战略合作协议。与经开区粤林产业园、银联商务签署智慧园区建设协议，处于投放设备阶段。与巴宜区构建园达成合作共识。与甘露藏药初步达成共识，起草办理结算、提供融资服务的银企合作方案。加强重点客户营销，对林升公司、住房公积金管理中心、琅赛房地产公司、川藏铁路建设协调领导小组、广东省第九批援藏工作队、医保局、扶贫公司等重点单位走访，保持长期互动关系。与地方政府建立沟通桥梁，协同促进地方经济发展。

全年分行向总行上报对公贷款6笔，金额为2.38亿元，其中发放3笔，金额为4300万元，分行权限内贷款审查8笔，其中发放贷款6笔，金额为3500万元；待发放贷款2笔，金额为1700万元。年底前发放贷款2笔，金额为1500万元，全年对公贷款整体投放量达1.1亿元。举办动产融资推介会，投放3笔共计4000万元的应收账款质押贷款。为林芝市高争建材有限公司设计以预付款票据模式的业务场景。定期通过多种方式对存量客户进行回访，提升存量贷款客户综合贡献度。继续小微企业延期还本工作，支持小微企业发展。对8户小微企业实施阶段性的延期还本工作，金额共计7800万元。支持乡村振兴工作，与林芝市、巴宜区两级政府开展乡村振兴项目的对接工作，筛选一批自治区级、市级示范合作社。绿色信贷方面，储备2家符合条件的客户，金额共计2.05亿元。

【农民工工资代发】 2021年，成立“农民工工资代发团队”，提供高效便利的开户开卡服务，将林芝市六县一区划分为三个片区，每个片区指定专人负责落实具体工作，同时对接各县监管单位和施工单位。全年新增农民工工资专户351户，开立农民工工资卡7155张，代发金额共计9.58亿元，其中线下代发金额8.58亿元，线上代发金额1亿元。实名制平台落实工作在全区金融机构排名第三名，完成率达99%。

【财政一体化营销】 2021年，成立专班由专人认领，一局一策，按照客户要求量身制定金融服务方案。6月初，与巴宜区政府签订合作协议，保障巴宜区预算内单位账户能够落户。全年开立财政一体化账户5户，分别为西藏自治区林芝市巴宜区觉木街道办事处双拥路社区居民委员会、沿河社区居民委员会、林芝市巴宜区商务局、统计局、文化和旅游局。对接的林芝市巴宜区自然资源局、交通局、应急管理局、民宗局、卫健委、人社局，开展收集相关资料的工作，完成账户落地。

【金融服务宣传】 2021年，通过

进社区、进农牧区、进工地、进校园等方式，开展“金融知识万里行”“普及金融知识，守住钱袋子”“防范电信网络诈骗”等宣传活动累计60余次，受众人数达6500余人次，发放各类宣传折页8000余份，使社会公众了解相关金融政策，普及支付安全知识，提升辖内居民反诈水平和金融风险防范意识。同时，联合林芝市（区、县）人社局、住建局在林芝辖区六县一区举办林芝市建筑领域工人实名制管理平台宣传与培训9次，参加培训人数达850余人次。

【金融风险防控】 2021年，树立风险防控理念，强化各部门责任。坚持业务开拓、内控监督齐头并进，明确各部门责任划分。建立风险内控机制，加强教育引导，增强对风险防控的认同，在经营过程中树立风险意识、合规意识。强化制度执行，坚持贷前审慎经营、规范客户准入，贷中深入调查、真实反映事实，贷后强化管理，落实化解风险的要求。建立问题整改长效机制。梳理分析问题，加大考核力度，推进有效整改长效机制，杜绝屡查屡犯、前查后犯的现象。建立风险预警监测机制。利用网络信息，结合人行征信、信用风险预警监测系统预警信息等，对贷款企业风险进行预警监测，综合分析和判断企业经营中生产销售、市场行情、自身违约、风险状况，提高风险内控水平。营造全员合规氛围、打好风险内控基础。推进员工行为排查工作，利用谈话、家访、座谈会等形式，加强员工异常行为和交易的监控力度。成立以行长为组长的林芝分行业务连续性工作领导小组，制定《林芝分行业务连续性管理办法》，开展各项应急演练工作。做好不良贷款处置工作。加强与总行风险部的沟通联系，将不良贷款处置情况上报监管机构，实现不良贷款双降目标，加强关注类贷款和逾期贷款的监测，确保信贷资产安全。

【员工学习培训】 2021年，制订《林芝分行2021年度员工培训计划》，在参与总行各类培训的基础上，每周安排2次集中学习，发扬“传、帮、带”精神，提高业务新手的业务素质和能力。抽调业务骨干前往总行相关部门跟岗学习，选派优秀员工前往林芝市职能部门交流学习，了解监管单位对“实名制平台”的各项要求。组织员工参加各项考试，分行员工参与总行组织的授权员、信贷条线签字权、柜员准入等各项考试。参加总行每次组织的线上测试，参与率达100%。加强员工岗位锻炼，全年分行有13名员工进行岗位调整，加强组织员工岗位技能练兵，以“考”为力，以“赛”促练。形成“比、学、赶、超”的氛围，激发员工工作热情。

（西藏银行林芝分行）

林芝民生村镇银行

【概况】 林芝民生村镇银行共设置综合管理部、市场管理部、风险管理部、计划财务部、运营管理部和内部审计部6个部门，辖有工布老街一家营业网点。全行员工28人，其中分行派驻管理人员3人，本地员工25人。本地员工中，中后台人员11人，

2021年6月16日，西藏银行林芝分行组织员工观看《失守》警示录　　（西藏银行林芝分行　供图）

客户经理6人，会计人员8人。

2021年，立足“支农支小、基础金融服务、普惠金融”的战略定位，在风险可控的前提下，通过实施“小额分散”的信贷策略，发挥村镇银行法人优势，开发有特色产品吸引本地客户。推出“民生贷”“教师贷”“政采贷”“商超贷”“异抵贷”等信贷产品，为推动林芝经济发展作出贡献。落实乡村振兴战略和双碳战略，推进乡村振兴特色信贷产品研发和绿色金融业务拓展。

【合规及内控管理】2021年，根据业务实际及风险管理需要进行梳理，组织开展2021年风险授权工作，并上报属地分行及村管部审核。配合完成2020年度监管评级及整改、法人机构稳健性现场评估、公司治理现场检查、反洗钱专项检查、支付清算系统风险排查和账户管理风险检查、主发起行安全检查、拉萨分行安全检查、拉萨分行科技检查等工作。通过配合监管机构、外部审计机构和民生银行总行、拉萨分行对林芝民生村镇银行的各种检查和督导，发现工作中的不足，通过整改促进各项工作合规化开展。全年问责委员会共发起合规问责3项，问责3人，累计罚款金额1.25万元，并对相关责任人处以通报批评处分。通过加大问责力度，提升员工合规意识，推进合规问责落地实施。

开展林芝民生村镇银行关于2021年法人金融机构反洗钱分类评级自评估，通过查找档案数据和资料、自查自纠内控审计、提供系统截图等方式，配合中国人民银行进行评估，按期完成2021年法人金融机构反洗钱分类评级自评工作。2020年度反洗钱分类评级初评得分为81.08分，评级为BBB级。报送大额交易、可疑交易报告，至2021年末，村镇银行分析甄别并经人工审定可疑报告1份，共向反洗钱监测分析中心报送大额交易366笔，涉及金额9.38亿元。按月报送资金监测数据报表，按月报送加强反洗钱工作助力扫黑除恶打非治乱专项斗争报告。组织开展反洗钱宣传4次，反洗钱培训11次，组织全员参加反洗钱岗位资格考试，应参加考试27人，考试合格20人。

做好股东承诺工作，提升股东承诺约束力，根据中国银保监会办公厅《关于进一步加强银行保险机构股东承诺管理有关事项的通知》，组织主要股东对该文件进行学习，向主要股东强调签订承诺书的重要意义以及签订要求，为完成承诺书签订工作奠定思想基础。加强对主要股东履职情况的监督管理，建立主要股东承诺档案，记录承诺方、具体事项、承诺履行方式和时间、承诺履行情况以及对违反承诺的股东采取的措施等情况。同时，将按年度开展股东承诺履行的评估情况，针对评估中存在的主要问题及时报告银保监会或其派出机构。

【业务培训】2021年，强化村镇银行经营班子建设，经营班子成员每周参加拉萨分行召开的经营分析视频会议，学习分行经营思路和方向，加强村镇银行工作的汇报。全行参加拉萨分行组织开展的各项培训，提升班子成员及全行员工自身管理能力和水平。选派对应条线业务人员参加监管机构组织开展的培训，提升对应条线员工的业务技能和专业素质。持续开展“晨学”活动，晨学时间为每个工作日早晨上班前10分钟开始，学习持续20分钟。晨学围绕职业操守、法律事务、风控合规、风险管理、办公技能、商务礼仪、服务理念、职业发展和安全保卫等方面内容，加强对员工专业技能和综合素质的培养，为村镇银行合规经营和杜绝违法犯罪行为打下基础。

【普惠金融宣传】2021年，开展各类普惠金融宣传活动，组织宣传人员到商圈、社区、牧区、校园等开展宣传活动，从防范电信网络诈骗、防范非法集资、反洗钱、金融消费者权益保护、反假币、征信等方面入手，向社会公众普及金融知识，进行风险提示，提升大众金融安全知识，全年开展外出宣传30余次。

【金融消费者权益保护】2021

年，组织开展金融消费者权益保护相关知识宣传5次；开展全行员工从业行为的警示教育2次；开展全员金融消费者权益保护培训7次；召开金融消费者权益保护专题会议5次；处理金融消费者投诉1起。

（林芝民生村镇银行）

保　险

人保财险林芝分公司

【概况】 2021年，人保财险林芝分公司推动“向以客户为中心”全面转型，通过扬长避短，拓宽保险服务渠道，落实“有温度的保险公司”理念，在服务林芝经济社会发展大局中，提升服务能力。年内，推动巩固拓展脱贫攻坚成果和乡村振兴有效衔接，发挥保险的“社会稳定器”作用，公司为全市14万名农牧民群众承保“防返贫救助保险”，同时，参与“鲁朗国际旅游小镇”项目建设，为鲁朗镇农牧民群众承保“乡村振兴保”商业保险，提高农牧民自然灾害、意外事故的自救能力，建设防返贫监测和帮扶体系，对脱贫成果巩固和扶贫工作的后续予以扶持。至12月底，公司实现保费收入1.44亿元，同比增加19%。

【理赔服务】 2021年，坚持“以优异的理赔质量实现最大经营利润，以良好的理赔服务赢取信誉”的工作思路，改进工作作风，简化理赔程序，提高办事效率，维护客户合法权益。年内，公司高度重视理赔和业务的同步发展，坚持“服务优先、客户至上”的理念，制定“对内严格、对外严打”的理赔工作制度，做到理赔无死角、流程无漏洞，坚持廉洁警示教育日常化、常态化，打造廉洁自律的理赔队伍。同时，公司参与“放、管、服”建设，设立“林芝交警支队人保服务站”“便民爱心服务站”等，慰问和协助一线执勤交警人员的同时，也为过往旅客提供必要的便民服务和检测车辆状况、快速理赔、路线导航等“温暖服务”服务。至12月底，公司直接赔款1.16亿元，全险种案件支付周期为5.14天，远超上级公司10天的周期要求。理赔案件立案结案率99%，超额完成总公司全年结案率标准。

【新冠肺炎疫情防控】 结合公司实际情况，成立疫情防控工作领导小组，组织保障疫情防控工作。在出入口、服务大厅等显著位置张贴“藏易通健康码”“场所码”和疫情防控说明，安排专人进行出入登记。开展离藏、返藏员工信息采集上报、安排员工居家隔离等工作。做好防疫物资采购，加大资金投入，保障消毒酒精、消毒剂、医用外科口罩、免洗消毒液等供应，保障一线员工和来往客户的生命财产安全。

【涉农保险业务】 2021年，公司逐步建立覆盖辖内7个县区和54个乡（镇）的“三农”服务网点。年内，公司依托人员、专业优势，加强政策性险种的承保，为辖内农牧民群众提供20亿元的风险保障。实现农牧民群众“愿保尽保”，保障主要粮食作物、地方特色农产品、农牧民住房等的全覆盖。加快推进商业农险推广，为辖内农牧民合作社、新农组织和企业提供风险保障，承保养殖、种植业等保险，基本满足农业产业多层次、多样化的保险需求。发展地方优势特色农产品保险，年内，提交《养殖业能繁母猪繁殖（畜养）保险方案》《茶叶种植保险方案》《果林保险保险方案》等，扩大农业保险在区域性特色产业的覆盖面、保障水平和服务领域，实现辖内农业保险持续稳定健康发展。

（人保财险林芝分公司）

教　育

综 述

【概况】 2021年，林芝市共有各级各类学校313所。其中幼儿园239所（含民办4所）、小学61所、初中8所、完全中学1所、高中2所、中等职业技术学校1所、特殊教育学校1所。全市共有专任教师4156人，各级各类学校在校生4.84万人。学前三年毛入园率94.81%，小学适龄儿童净入学率99.98%，初中毛入学率101.16%，高中毛入学率91.34%，义务教育阶段7～15周岁残疾适龄儿童少年净入学率97.76%，义务教育巩固率96.67%。

【“五育”并举】 德育 2021年，学习习近平总书记5封重要贺（回）信精神，《习近平新时代中国特色社会主义思想学生读本》进入课堂。开展“立德树人 永远跟党走”主题宣讲25场次，受众1.1万余人次。创建市级爱国主义教育基地1个，完成65所学校德育室规范化建设，申报乡村学校少年宫8所，36名教师获得民族团结进步先进个人称号。开展“小小石榴籽，殷殷中华情”主题教育。教育部2021年三科统编教材巡讲活动走进林芝，察隅、墨脱两县学校通过市级语言文字规范化示范校验收，全市中小学完成市级创建。各级各类学校累计开展“三人”主题活动395场次，受教育学生20余万人次。评选353名2020—2021学年林芝市“五好学生”工作，4名学生被评为西藏自治区“新时代好少年”。落实书记校长上思政课制度，法治副校长、法治辅导员配备率100%，开展法治宣讲活动400余场次。1所学校被评为全区“七五”普法先进集体，开展“扫黄打非护苗”行动和课外读物进校园清查。市八一中学获评全国“一校一案”落实《中小学德育工作指南》典型案例。

智育 巩固“五个100%”目标，组织各类调研和摸底考试6次，举办教学质量分析研讨活动10余次，分析解决薄弱学校和薄弱学科存在问题。挂牌9所基础教育国家级优秀教学成果推广应用示范区基地学校，实施“3+3+2+1+N”推广应用模式，组织学校骨干教师到区内开展“群文阅读”和“数学文化”专题培训，基地学校教师每周参加1次网上培训。各乡镇学校成绩与市直学校、县（区）直学校差距逐步缩小，西藏高中班上线率增长2.1%，中考藏文班总分连续两年位列全区第二名，4科成绩位列全区首位。高考本科率73.05%，增长17.21%，重本率增长11.46%，文理科总分平均位居全区第二名，4科成绩位居全区第一名。

体育 落实体育课程设置标准，累计创建27所国家足球特色学校（幼儿园）、青少年俱乐部11所、传统体育项目学校2所。组织开展全市第四届中学生运动会高中组球类比赛、攀岩运动进校园等活动，对2000名高中阶段新生进行军训。开展学生体质健康监测，市直7所学校7000余名学生统一进行视力测试。完成全市2800名初中毕业生的体育考试工作，完成林芝市创建卫生城市第二轮复评工作，

2021年3月10日，林芝市召开全市教育系统工作会议（市教育局 供图）

开展植树造林、创森知识宣传和美化环境等工作。

美育　累计创建国家级农村学校艺术教育实验县1个、第二批全国中小学中华优秀文化艺术传承学校3所、自治区级中小学美育特色学校15所、市级美育特色学校4所。筹办“为党献支歌 扬帆新征程”林芝市教育系统第七届青少年儿童歌舞大赛之学生合唱比赛活动、“书写新西藏 逐梦新时代”林芝市教育系统中小学生手抄报展览活动。青少年活动中心全年共开设三季63个特长班，招生858人，开展特色课后服务进校园活动，共有784名学生参加。

劳育　打造以市示范性综合实践基地为代表的一批劳动教育实践基地，开设实践活动17项，打造市内研学旅行精品目的地11处。开展综合实践教育15期，累计培训学生1318人。开展市内研学14期，累计培训学生1086人。全市学校新增绿化面积7038.24平方米，平均绿化面积占比达22.6%，消除“无树”校园6所、“无绿化”校园1所。全市27所中小学校完成教育部劳动教育推进情况调研评估。朗县仲达乡中心小学被评为全国中小学劳动教育典型案例。

【各级各类教育】　学前教育阶段　2021年，新开农牧区幼儿园28所，全市幼儿园覆盖465个行政村（居），覆盖率93.4%。市第四幼儿园项目有序推进，补充幼儿园教师和保育员27人，落实《3～6岁儿童学习与发展指南》，纠正“小学化”“保姆化”倾向，规范幼儿园办学行为。科学实施幼小衔接，小学一年级语文衔接教材秋季学期纳入语文课程，全面推广国家通用语言文字教育。

义务教育阶段　巴宜区城区学前和义务教育学校实施划片区招生入学，小学招生“应招尽招”、初中招生“整班移交”，基本消除义务教育学校大班额，不得设置重点班和快慢班。配发中小学实验药品及初中教学仪器，开展全市初中学生综合素质评价工作培训和系统使用情况抽查，持续办好市广东实验中学西藏班。43所中小学通过义务教育学校标准化建设市级评估验收，2所学校入选自治区义务教育管理标准化典型案例在全区推广普及。

普通高中教育　开展高考综合改革基础条件摸底调查，规范管理普通高中招生计划，遵循普通高中招生流程，巩固高中阶段教育普及攻坚成果，建立健全普通高中学生动态监测机制，严防高中学生流失。落实区内高考“3个三”要求，细化学生管理服务措施，2021年区外迁入高中学生入学、教学工作有序推进。

适龄残疾儿童教育　持续办好市特殊教育学校，落实“随班就读”“送教上门”“一人一案”，全市7～15周岁义务教育阶段残疾适龄儿童少年共401人，入学392人。其中，特殊学校就读53人、随班就读231人、送教上门94人、休学1人、完成教育13人。净入学率达97.76%，超2021年目标6.76个百分点。

“控辍保学”　坚持“控辍保学”与招生入学同安排同部署同督查，落实“控辍保学”日报告制度，定期更新完善“两库”数据，实现“人籍一致”管理。重点监测初中学段，把留守、残疾、易地扶贫搬迁、三岩搬迁、进城务工随迁子女、建档立卡贫困家庭儿童和服刑人员未成年子女作为重点监测群体，全市义务教育巩固率达96.67%。

薄弱地区教育　市级财政安排“两县两乡”激励资金共计345万元，解决自主招聘村级幼儿园172名保教员工资324.3万元，改善县区薄弱学校办学条件，安排54个项目1858.4万元，全年安排国培送教下乡培训经费183万元。

【教师队伍建设】　师德师风建设　2021年，开展全市教育系统师德师风摸排，累计摸排教职工4201人，发现问题25项，全部稳妥处置。开展“培养什么人、怎样培养人、为谁培养人”专题教育600余场次，参与教师2.3万人次。年内，完成“一考三评”各项考评工作。

教师职称制度改革　组织市直教育系统1139名教师进行

岗位认定，督促指导各县区教育局开展岗位认定。开展高级职称评审权限承接工作。全面下放初级职称评审权限，完成211名参评中级、高级职称教师的考察聘任，落实“定向评价，定向使用”职称评审机制。

教师资源调配　组织开展2021年度教师“公开招考”，为市直学校和巴宜区所辖学校补充教师37人。完成教师调动76人，通过自治区公开招考补充教师62人，结合城乡一体化发展联盟试点工作，安排45名校长教师参与交流轮岗。“赴粤跟岗”选派第六批15名教师到广东开展一年跟岗培训，“万名计划”支教工作助推提升米林县、工布江达县等受援县中小学教育教学水平。持续打造“红色＋智慧”教育品牌，“组团式”援藏教育人才援藏目标逐一落实。开展“校地共建”，广东15所高校与林芝市教育系统合作签约，共选派357名大学生到林芝市60余所各级各类学校开展支教。“名校＋”开展线上授课、讲座、交流以及研讨等活动共计34场次。

培训发展　组织开展国培项目11个，培训教研员、教师900余人次，并进行返岗指导。选派781人次参加自治区及以上培训，2名教师入选“2021年全国乡村优秀青年教师培养奖励计划”，举办市级学前教师、小学音体美教师、初中教师教学大赛，共14个学科105名教师参加，5位幼儿教师在全区决赛中获一等奖，参加第七届全国小学数学文化优质课网络大赛的5位教师全部获奖，其中一等奖2人。开展市级“基础教育精品课”遴选，评选80节市级优课。推荐60节参加自治区级优课遴选，获选自治区级优课36节，占全区自治区级优课的42.86%。聘请特约教研员54人，开展教研活动56场。第五批29项市级科研课题结题，第七批市级课题立项24项。实行教育激励政策，兑现教学质量奖633.34万元、教研成果奖26.55万元，惠及60余个单位、500余名教师。兑现学校管理人员岗位津贴800余万元、自治区特级教师奖金10万元。

2021年8月30日，自治区政协副主席、教育厅党组书记杜建功（左二）到林芝市广东实验中学调研　　（市教育局　供图）

【教育保障】2021年，林芝市本级财政及各县级财政投入教育资金总计3.09亿元，其中市本级财政对教育投入资金1.46亿元。教育厅下达建设项目136个，总投资1.94亿元。义务教育薄弱环节与能力提升学校仪器设备配备和购置项目37个，总投资4.16亿元。广东省教育援林投入资金1387万元，涉及“粤林育才”“粤林苗圃计划”“林芝市智慧教育建设”等9个项目。

落实“双减”　累计检查校外培训机构8轮61次，关闭违规机构1家，转型9家，校外培训机构减少至16家（其中学科类1家），义务教育阶段学校五项管理工作制度制定率达100%，减轻学生课业负担。全市非寄宿制义务教育学校课后服务实现全覆盖，5494名学生参加课后服务，学生参加率99.4%。特色课后服务进校园试点工作在市直小学有序开展，聘任教师31名。校内减负提质学生满意度97.43%、家长满意度97.33%。

“互联网＋教育”　实现“教

育云网”与“林芝市教育城域网”对接，累计建成精品录播教室23间、常态录播教室59间，打造信息化融合应用示范校2所，4个边境县智慧教育项目稳步实施，全年网络故障处理率100%。教育信息化市级集中培训和“国培计划”送培到县活动培训教师265人，“三个课堂”应用连片教研教学活动60余场次、公开课183节。

教育督导　春秋季开学专项督导检查覆盖率超过50%。开展全市中小学、幼儿园春秋季开学安全评估，完成全市义务教育阶段教师与当地公务员工资待遇比对情况调研，挂牌督导“五项管理”及“双减”等工作。推进国家县域义务教育均衡发展抽查复检、县域义务教育优质均衡发展、县域学前教育普及普惠三项国家检查，考核林芝市第四届督学年度履职情况。

政策扶持　全年下达全市三包经费1.57亿元，惠及学前至高中阶段学生3.7万人。义务教育阶段学生营养改善计划资金1900.16万元，惠及学生23145人。15年免费教育补助资金4971.17万元，惠及学前至高中阶段学生48395人。落实2020—2021学年建档立卡大学生“三免一补”资金445.8万元，惠及建档立卡大学生824人。实施“滋蕙计划”等4项资助项目，落实奖励资金212.5万元，惠及师生447人。审核上报800余人的高校毕业生学费补偿和贷款代偿资料，对接中国海洋基金会、“快乐种子”基金会等社会援助项目，局机关1名同志获得全区脱贫攻坚先进个人。

稳定安全　完成全市5万余名师生和8868名高校学生进藏出藏疫情防控动态信息跟踪管理，教职工新冠疫苗两剂次接种率99.52%，12～17岁学生两剂次接种率97%,3～11岁学生（幼儿）一剂次接种率71.64%，加强针接种工作有序推进。推进校园安全防范建设三年计划“四个100%”目标，市直学校专职保安配备率100%，全市学校专职保安配备率提升至58.1%，一键式报警器配备率100%。聘任消防安全辅导员26名，实现全市各级各类学校全覆盖。完成市直学校2200余个独立式烟雾报警器安装配置。启动校园公益诉讼观察员试点工作，聘任公益诉讼观察员12名。开展校园及周边治安综合治理和校园食品安全专项检查。完成高考、小考、对口高职等10大类12次2万人次国家教育招生考试的考务、录取和体检工作，完成80所学校2722人次西藏班学生进出藏工作。

【体育事业】 2021年，普查全市全民健身设施场地，84个公共体育场馆全部免费或低收费开放。向全市公共体育场所发放价值260万元的健身路径器材、篮球架、便携式音箱等各类运动健身器材。林芝滑雪场、易贡高海拔训练基地项目前期工作有序推进，筹备林芝体育场改扩建项目。开展全民健身和体育竞赛活动，全年全市共有512名社会体育指导员参赛。举办“迎国庆、促健康”全民健身活动暨第八届广场舞大赛，协办“香港马会助力全民健身”活动，参加自

2021年10月17日，中国奥委会副主席、中国田径协会主席段世杰到波密县调研高海拔训练基地建设选址工作　（市教育局　供图）

治区“夕阳红”老年人重阳节比赛。联合举办全市第十五届“南迦巴瓦峰杯”篮球赛、“七人制”干部足球赛，第四届“职工杯”篮球赛，协助市公安局举办“金盾杯”篮球赛；局机关1人获得全国群众体育先进个人称号。与广东省体校共同培养4名体育苗子，向自治区体校输送体育苗子10人。启动“粤林苗子苗圃计划”，选拔培养优秀的足球运动员，建立专业的教练员和裁判员队伍。组织全市足球特色学校体育教师和14名足球教练员参加国家足球教练员线上培训。选派运动员参加全国第十一届残疾人运动会暨第八届特殊奥林匹克运动会，获得银牌1枚，参赛的5名选手均取得名次，2名运动员获体育道德风尚奖。2021年，全市共有体育彩票销售网点70个，全年累计销售中国体育彩票9477.37万元，同比下降23.66%，销售量占市场份额58.39%。

【民生实事】 2021年，启动中职学校学生驾驶技能免费培训工作，107名学生纳入免费培训范围。至年底，科目一通过105人、科目二练习60人、科目三练习30人、科目四练习15人，34名学生取得机动车驾驶证。做好公共体育设施和符合开放条件的学校体育场地设施向社会免费或低收费开放工作。全市共有各类公共体育设施场地84个，实现免费和低收费开放，开放率达100%。其中低收费场馆有林芝市游泳馆和林芝市体彩公园（羽毛球馆）。国有企业困难职工和城镇困难家庭经过所就读学校审核通过后，均享受到教育“三包”政策。全市享受“三包”政策的国有企业困难职工和城镇困难家庭学生达到481人（含道班工人子女11人），全年下拨“三包”经费199.5万元。2021年秋季学期，启动林芝市巴宜区城区学前和义务教育学校新生入学报名登记服务系统进行网上报名，实现“信息多跑路、群众少跑腿”。

（黄进茂）

院校选介

林芝市第三幼儿园

【概况】 林芝市第三幼儿园位于林芝市巴宜区广东路西侧、滨河大道北段，是隶属于林芝市教育局的全日制公办幼儿园。幼儿园占地面积12293.09平方米，总投资3700万元。自办园以来，市幼儿园以“为孩子终身持续发展奠定基础”为办园宗旨，以“培育幼儿、服务家长、成就教师”为办园目标，以“尽职、尽责、尽心、乐教、乐育、乐学”为教风，以《3～6岁儿童学习与发展指南》和《幼儿园教育指导纲要》精神为指导。2021年，全园有18个教学班，在园幼儿469人，在编教职工65人，教师学历合格率100%。

【教育教研】 2021年，以《关于进一步加强校本研修工作的意见》为指导，开展家常课、听评课活动。成立健康、语言、科学、社会、音乐、美术6个教研组，开展8次教研活动，提升教研水平。落实每周教研制度，开展每周三中午园级大教研20次、年段小教研20次。立项园级课题3个，自治区级课题1个，形成学习共同体，全面提高幼儿园保教质量，提升教师专业水平。全年共有73名教师参加各级各类培训活动。其中，选派11名教师到广州市儿童福利会幼儿园、广州市东方红幼儿园跟岗学习，参加信息技术2.0网络培训59人，参加林芝市实地培训3人。培训教师返岗后在园内开展二次培训，并将所学落实到教学工作中。

【校园环境】 2021年，结合班级幼儿年龄特点，创设18个户外体育活动区域，给幼儿更多创造、学习和发展的机会。同时，创设生活体验区、藏棋区、石磨区、表演区、小小超市等9个室内区域，开展幼儿创造性游戏活动，整合教育资源，支持幼儿自主学习和游戏。

【童语童音】 2021年，创设想说、敢说、喜欢说的语言环境，在“互联+”的背景下，每月推出数字故事“工布娃双语故事乐园”，在班级群中推出“班级朗读群”和“童语同音欢乐多”，利用“双语广播站”让家长与师幼能在平台上“发声”，播出双语故事、儿歌等，班级环境创设以汉藏双语为主，班级实行汉藏综合班教学，加强双语教师队伍建设，提高幼儿国家通用语言文字的表达能力。

【交流帮扶】 2021年，落实《中共林芝市教育局党组关于开展林芝市2021年校长教师交流轮岗工作的通知》《林芝市第三幼儿园与波密县各级幼儿园结对帮扶三年计划》，9月初，选派1名骨干教师白玛曲珍到波密县教育局挂职教研员一年，负责帮扶具体工作。组织教研团队一行4人到波密各级幼儿园开展调研工作，形成调研报告1篇和结对帮扶计划1份。组织9人教师团到波密县幼儿园开展为期七天的理论、技能和实操培训，帮助各园所答疑解惑，惠及462名幼儿，捐赠教学物资合计3000余元。

（李霞廷）

朗县仲达中心小学

【概况】 朗县仲达中心小学占地面积15263平方米，是一所6年制完全小学。2021年，全校在职教职工36人，专任教师28人，10个教学班，在校学生276人，其中，男生152人，女生124人。

【德育工作】 2021年，开展“小小石榴籽、殷殷中华情”主题班会教育活动，观看“全国新时代好少年白玛央吉宣传报道”，开展庆祝西藏百万农奴解放纪念日活动，“勿忘国耻日　铭记九一八”主题教育。开展“请党放心　强国有我”主题队日活动，举行少先队新队员入队仪式。通过系列主题活动的开展，提升学生思想道德品质，树立学生正确的价值观，培养学生健全的人格。组织师生共同参与中国共产党成立100周年、西藏和平解放70周年庆祝活动以及“粤藏交流”“3·28”“六一”“十一”等全校文艺会演活动。开展民族课间操活动，坚持“每天锻炼一小时”；坚持阳光体育长跑活动，每年举办1次春、秋季校园运动会；每月组织开展1次足球、篮球比赛，提高学生身体素质。每学年组织1次歌咏比赛、1次学生书画展活动。年内，到28名贫困学生、建档立卡户学生家中走访，促进家校联系。

【教学管理】 2021年，在配备二级领导班子上，重点培养德才兼备且做实事的教师，为学校发展出谋划策。校领导班子以“薄己厚人”要求自己，为教师们做表率。在常规管理上，用制度规范教研活动。开展“双培养”“传帮带”教研工作，促进教师专业成长。定期抽查学科作业的批改及辅导情况、检查听评课记录、业务学习笔记、集体备课记录等，对做得好的教师给予表扬并在全校分享经验做法。各年级、各学科每周统一进行教研活动，校领导按照专业参加相应学科教研活动，教师在教研活动中发言讨论并提出见解。每学期组织开展各学科的主题教研活动和全校公开课活动，开展外出培训教师返校进行二次培训，借助援藏教师和学校优秀教师，定期为全校教师开展校本培训。与盟校联合开展“同课异构”“相互听评课”“交叉学科测试”等片区教研活动。结合学生基础情况，分年级制定教案、课堂教学评估办法和质量分析方案。要求各学科组长组织年级教师集体备课，提前完成一周备课内容，并要求年级间教师互相听课，修改完善教案，一起完成教后反思。规范教师课堂教学行为，让无效课堂教学向有效课堂教学、高效课堂教学发展。全年考入其他省市西藏初中班学生7人。

【劳动教育】 2021年，依托劳动教育实践基地开展劳动教育，通过认领校园绿植，搭建藤萝架、种植爬墙虎、开辟连廊种植区等方式，构建立体多元化教育平台，设置校内责任岗、责任区。组织学生参加社会实践，在朗县仲达村辣椒种植基地开展劳动实践。《教育部基础教育司关于公布全国中小学劳动教育典型案例名单的通知》公布48个获得全国中小学劳动教育典型案例名单，仲达中心小学劳动教育案例——《依托校内劳动实践教育基地打造特色劳动教育大课堂》在列。

（朗县仲达中心小学）

林芝市广东实验小学

【概况】林芝市广东实验小学原名林芝广东实验学校，是一所九年一贯制学校。2021年，更名为林芝市广东实验小学。学校占地面积6.78万平方米，建筑面积3.12万平方米。学校下设党政办、教务处、教研室、教信办、德育处、少工委、综治办、总务处、财务室、工会、妇委会、体校部等职能部门。学校共有33个教学班，其中一年级7个班、二年级6个班、三年级5个班、四年级5个班、五年级5个班、六年级5个班。全校有学生1108人。其中，一年级学生241人、二年级学生212人、三年级学生179人、四年级学生149人、五年级学生167人、六年级学生160人、男生583人，占学生总人数的52.62%，女生525人，占总人数的47.38%。学校有教职工97人，其中专任教师96名、工勤人员1名。男职工33人，占总人数的34.02%；女职工64人，占总人数的65.98%。党员55人，占总人数的56.70%；团员8人，占总人数的8.25%。高级职称14人，占教师人数的14.58%；中级职称46人，占教师人数的47.92%；初级职称29人，占教师人数的30.21%；员级4人，占教师人数的5.21%。具有研究生学历3人，占总人数的3.13%；本科学历76人，占总人数的79.17%；大专学历17人，占总人数的17.71%。2021年，小考有63人参考，初中升学率100%，其他省市西藏班录取17人，录取率26.98%，其中藏文班城镇户口第一名、汉文班城镇户口第六名均出自该校。

【招生工作】2021年秋季学期，计划招收一年级新生230人，实际招收236人，通过现场公开摇号的方式将新生统筹安排至7个班级。

【教育经费】2021年，年初预算指标2667.54万元。其中工资福利支出2288.77万元、生均公用经费90.17万元、“三包”经费169.05万元、营养改善经费36.96万元。秋季在校生1108名，其中，享受“三包”学生数412人，营养改善学生321人。

【教师队伍建设】2021年，选派教师参加各类培训共计160余人次。其中集中培训13人次、网络培训150余人次。开展青蓝工程，6位徒弟经考核出师，同时新结成8对师徒。学校教师主持的2项市级课题结题，1项市级课题立项，4项校级课题立项并结题。3名外校教师到学校交流，选派3名教师外出交流。全校共87人参加“一考三评”，综合成绩合格率100%，其中14人考评等次为优秀，优秀率15%。

【学生发展】2021年，开展思政相关主题周、队会共计41次、国旗下讲话20次。开展红领巾思政讲堂8期、民族团结教育7次，开展交通、食品卫生、防溺水、网络、疫情防控等相关安全教育活动22次，大型体育艺术类活动3次。对全体学生开展视力筛查，共筛查1083人，新增近视人数26人，近视新增率0.13%。有建档立卡贫困学生13人，党员教师不定期进行帮扶。

成立“工布天籁”少儿合唱团，该合唱团由6位女生组成，利用周末和课余时间排练，录制《林芝工布天籁儿歌集》儿歌12首。5月，“工布天籁”少儿合唱团的歌曲《珞巴少女》、伴唱歌曲《谢谢您，老师！》被评为由西藏自治区宣传部、文明办、教育厅、文化厅、区广播电视台主办的“童唱新时代，永远跟党走”原创少儿歌曲优秀作品。“工布天籁”少儿合唱团代表林芝市参加2021年西藏自治区六一晚会节目录制以及原创少儿歌曲发布活动。受邀参与录制《林芝市工布新年响箭文化旅游活动开幕式暨欢度2021工布新年文艺演出》节目。

【校园安全管理】2021年，建立各类安全稳定、应急处突、隐患排查机制，定期召开研究部署安全稳定和疫情防控工作会议，进行通风、消毒、体温监测等工作。开展安全教育、法治进校园、隐患排查、应急处突演练、防范校园欺凌、扫黑除恶、禁毒等活动。

【林芝市业余体校】 林芝市业余体校是由自治区体育局、林芝市教育局、林芝市体育局共同创办的集学习和训练为一体的培养竞技体育后备人才的寄宿制体育训练学校。2021年，依托林芝市广东实验小学（原林芝广东实验学校）办学。学校每周训练不少于12小时，在提高文化水平、身体素质、运动技能的同时，还开展田径（中长跑、竞走）、摔跤、攀岩等专项技能训练。学校拥有400米标准运动场，配有足球场、篮球场、体育馆。体育馆包含摔跤、篮球、铅球、爬杆爬绳等训练场地，配有单杠、双杠、海绵垫、足球、篮球、实心球等训练器材，建有多功能运动休闲暖房、学生洗澡房等设施。2021年，在校生73人，专职教练员3人，助理教练员2人，文化课教师11人。年内，体校班六年级参考人数29人，初中升学率100%，向自治区体校、广东省体校输送15人，输送率51.7%。

（林芝市广东实验小学）

察隅县上察隅镇中心小学

【概况】 察隅县上察隅镇中心小学位于察隅县西南部，距离县城117千米，学校占地面积3.73万平方米，建筑面积7351平方米，其中运动场地面积4247平方米，生均15平方米，图书5718册，生均19册，学生用计算机50台，每百名学生拥有计算机17台，固定资产总值3732万元，其中教学仪器资产值106万元，生均3578元。2021年，有学生298名，教学班8个，一年级45人、二年级47人、三年级46人、四年级45人、五年级55人、六年级60人。适龄入学率100%，巩固率100%。有教师24人，其中高级教师1人、小学一级教师3人、小学二级教师6人、小学三级教师12人、未聘教师1人，教师学历合格率100%。2021年10月，在察隅县教育局举办的“五育并举首届育人风采”活动德育案例中获第三名；2021年度察隅县教育工作综合考评中获先进集体；国庆节法制教育知识竞赛中获二等奖。

【德育工作】 2021年，开展校园文化建设，优化育人环境。布置宣传阵地，指导管理宣传栏等文化阵地，发挥宣传教育功能。规范教室布置，营造良好育人氛围。推进书香校园建设，每周一、三组织学生开展读书活动，使学生从教材以外的书本中汲取更多知识，了解更多事物。开展升旗仪式、师生国旗下讲话等活动，加强学生日常思想教育，发挥优秀学生带头引领作用，发挥环境育人作用，创设德育环境。以思政课为实践活动主线，以学生行为规范养成教育为主要内容，依托少先队活动，开展德育教育活动，加强学生爱国主义教育、中国特色社会主义思想教育，增强学生爱国意识。

【特色教学活动】 2021年，贯彻落实立德树人、促进学生全面发展和“双减”政策，根据学生兴趣爱好，打破班级、年级界限，组织开展特色课外活动。利用废弃牛奶盒造纸，让学生了解纸张制作过程，发扬勤俭节约、环保精神。掌握手工制作技巧，通过动手制作激发学生创造力，开阔思维，培养想象力、创造力，增强自信心。开展棋类活动，让学生懂得围棋、中国象棋和国际象棋知识，掌握基本技能，让学生“认识下棋，喜爱下棋，初步掌握和学会下棋”。发挥艺术教育的育人功能，培养学生健康的审美情趣，结合当地文化带领孩子们编排融合多种民族特色舞蹈和课本剧。组织培养孩子们表演课本剧、诗歌朗诵等。开展劳动实践活动，通过参加拔草、种植、浇灌、观察植物生长等劳动实践活动，锻炼学生劳动技能。

（白　轩）

工布江达县朱拉乡中心小学

【概况】 工布江达县朱拉乡中心小学位于工布江达县朱拉乡人民

政府西侧，距工布江达县78千米，距318国道线38千米。学校校舍面积7800平方米，体育运动场馆面积4063平方米，实验室、功能室13间，教学仪器设备520万元，图书1.35万册，计算机48台。2021年，小学部分有学生327人。其中一年级50人、二年级45人、三年级50人、四年级76人、五年级64人、六年级38人；男生有181人，女生有146人；附属幼儿园部分学生人数58人。小学部分有教职工24人，临时工4人。小学教师队伍中本科学历22人、专科学历2人。幼儿园部分教师8人，本科学历7人、专科学历1人，小学和幼儿专任教师均有教师资格证。工布江达县朱拉乡中心小学获西藏自治区民族团结学校，有市级优秀校长、最美乡村教师、自治区级乡村教师等个人称号。

【德育教育】 2021年，开展“大手牵小手，小手拉大手”“假期我在尽孝”“四讲四爱”教育实践活动等德育活动，利用重要时间节点，开展爱国主义教育、养成教育、民族团结教育、法治教育等。同时，利用国防教育基地，加强青少年国防教育，掌握国防知识，增强国防观念，并定期定时观看爱国主义教育片，增强爱国意识。开设国防安全地方课程、开展各种讲座和演练，把爱国主义教育融入课堂教学中，丰富校园德育内容。

【教育教学】 2021年，学校以提高教学质量为目标，做到减负不减质量。建立教研工作领导小组，全体教师同学习、同参与、共奋斗，开展教育教学工作。落实教学常规，改革备课、上课、作业批改、考试等环节的传统思路，加大对学习困难学生的个别指导，利用网络教学资源做好资源共享，突出课堂教学中心地位。

【教学改革】 2021年，在教育教学中建立激励机制，将每年15万元的激励经费预算调整至每年30万元，用于奖教助学。帮助学校建设国防教育基地展览馆及文化长廊，捐赠舰艇、飞机等装备模型和国防教育书籍，打造国防特色教育。把组织教职工到宁波市优质学校参观见学列入援建计划，为丰富办学理念、开阔教学思路、创新教育模式搭建学习平台。通过同中山市朗晴小学、林芝市广东实验小学间的合作，提高教师教学研究能力、开阔教师视野。开展校内培训、教研活动、骨干教师讲座、校领导教育理论指导、党员教师到一线等活动，搭建教学研究常规模式、提高教师专业素养。

【特色教学活动】 2021年，以“感恩”为主题，通过“大手牵小手、小手拉大手”等平台开展德育教育活动，以国防教育基地为平台开展系列爱国主义教育活动，丰富校园文化，提高师生爱国意识。开设第二课堂，组织教师开设独轮车、机器人、信息技术、电子琴、藏文书法、国学课堂、棋类、读书、舞蹈、计算、版画、书法、小小讲解员、科学实验、足球等校园实践活动，提高学生综合素质。东海舰队投入890万元的援助基金改扩建学校，新建综合楼和汇报厅，改善学校的大门、教师周转房前面道路及校园环境，提升学校办学品质。

【校园安全】 2021年，学校高度重视安全工作，按照“细查隐患，及时治理，严防事故，保证安全”的总要求，坚持安全第一，预防为主，增强师生的安全意识和责任意识，全校安全工作有序推进。落实教师值班制度，定期召开安全工作会议，做到值班期间巡查到位，填写好值班日志并做好值班登记。做好安全隐患排查工作，每周组织教师对校园内及周边地区进行安全隐患大排查，发现问题立行立改。联合乡派出所开展“法治进校园”活动，增进师生对法律知识的认识和掌握。学校食堂从业人员均要求持有健康证，建立健全食堂制度，落实食品留样制度，定期对后勤人员开展相关培训。组织学生开展应急疏散演练等安全教育活动，利用校园广播宣传安全教育，通过举办开学安全第一课、安全主题班会，提升学生安全教育意识。利用家长微信群，对学生家长进行安全教育宣传及培训。

（工布江达县朱拉乡中心小学）

米林县中学

【概况】 米林县中学是一所寄宿制初级中学，学校占地5.2万平方米，有教学班22个共计1041人，其中三包生975人。2021年毕业生278人，在职教师87人，其中师范院校毕业82人、非师范院校毕业5人，均为大专以上学历，学历合格率为100%。2021年，米林县中学围绕“培养什么人，怎样培养人，为谁培养人”根本问题，以“四有好老师”为教师工作目标，落实习近平总书记“3·18”全国思政教师座谈会精神和新时代教师队伍改革意见，从党的建设、队伍管理、教研教学、德育工作、后勤管理等方面开展工作，保证各项工作有序推进。

【德育教育】 2021年，共开展主题班会118余次，开展普法、禁毒、防校园欺凌、扫黑除恶等教育主题讲座和相关活动18余次，开展民族团结活动26次，组织全体师生参加禁毒考试2次，开展安全疏散演练14余次，疫情防控演练4次。年内，开展“开好局、起好步、奠好基”“三官进校园”主题活动、“3·28”系列庆祝活动等活动3次，召开专题会议3次，开展安全隐患排查2次，校园举行常态化疫情防控、消防等演练3次，举办清明节、“五四”青年节、“五四”运动会暨喜迎中国共产党成立100周年、西藏和平解放70周年庆祝活动、民族团结教育活动等10余次。珠海市徐汝成德育名校长工作室一行到米林县中学开展交流活动。召开“国际禁毒日”“世界无烟日”主题活动3次。

【教研教学】 2021年，以“提高教学质量”为中心，围绕“一个继续，六个提升”，聚焦“双减”工作，以“减负增效”为目标，抓好教学和常规管理工作。细化教学常规检查，按“双减”文件要求，每学期组织期中、期末2次考试，通过每次考试成绩分析为后续开展针对性教学，提高教学质量。制定米林县中学第三届“桃李杯”教学大赛方案，将“桃李杯”教学大赛融入县级教学比赛，县教育局副局长詹小俊担任主评委。“桃李杯”教学大赛初赛阶段，以教研组为单位，共69名教师参与，并根据评分结果推荐老师参与教学决赛。每学期每个教研组至少完成3次校本培训，促进教师教学业务能力的提升。以结对帮扶为手段，抓好青年教师的培养。组织完成林芝市初中教师教学竞赛，共6名教师参与。全年学校共312名毕业生参加全区统一考试，其他省市班上线人数27人，打破历史纪录。新加入考试科目地理，取得林芝市各县区第一名的成绩。示范高中以上录取率30.12%，非示范高中以上录取率83.65%，录取率稳步上升。

【教师队伍建设】 2021年，开展教师思想政治和师德师风教育专场4场次，覆盖教师330人次。组织党员教师开展“紧跟总书记足迹、做到‘两个维护’”等主题党性教育活动4次，覆盖党员教师138人次，其中，实地观摩学习2次、观看红色电影2次。培养积极分子2名，有5名教师向党支部递交入党申请书。

【特色教学活动】 2021年，结合米林县地域特点，开设珞巴竹编、木碗制作、藏棋技艺、书法、足球、传统歌曲等共16门第二课堂，供学生选择学习，拓宽学生素养提升渠道。举办非遗进校园文化艺术节，邀请县委县政府和相关单位负责人、广大家长走进学校参观。年内，米林县桃花节受邀参加非遗技艺陈展活动。

【校园安全】 2021年，安排和执行教师值班工作（护校队）。通过国旗下讲话、宣传栏、黑板报、微信公众号、学校广播站、班级微信群等平台开展疫情防控、食品安全、防溺水、防欺凌、防诈骗、预防自然灾害、消防教育、交通安全、森林防火、

预防传染病、网络安全、禁毒等相关安全教育。落实24小时值班制度，在节点调整值班人力，确保学校不发生任何安全事故。

【后勤工作】 2021年，做好固定资产管理工作，学校建立健全固定资产管理相关制度，同时，组织办公室和教信办、总务处对现有固定资产进行摸底登记，形成电子版备案记录。成立“三包”和“营养餐”采购领导小组和监督领导小组，由校领导、中层、普通教师组成，做到“三包”及“营养餐”经费开支至少有三人以上签字过问，确保“三包”经费规范使用。经费开支情况每月公示一次，接受社会及家长的监督，让经费使用公开化、透明化。同时，执行校领导及全体教师陪餐制度，确保每餐都有一名教师和一名校领导与学生一起就餐，把好学生饭菜质量关，提高学生饮食安全。加强学生食堂操作人员管理，制定考核办法，同时，组织食堂操作人员参加县局举办的技能提升培训，全面提升学生饭菜质量和整体服务水平。

（米林县中学）

林芝市八一中学

【概况】 林芝市八一中学占地面积5.1万平方米，有教学楼2栋，实验综合楼1栋，办公楼1栋，教师宿舍3栋，标准化运动场1个，室内体育馆1个，食堂1个，2间高清录播室和藏书4.5万册的三牧图书馆。学校共有30个教学班，其中七年级10个班、八年级9个班、九年级11个班。藏文班12个，汉文班18个。有教职工117人，其中学校教师95名，广东“组团式”援藏教师15人，公益性岗位7名。学校教师中，男教师45人，女教师50人。研究生学历3人，占总人数的0.03%；党员教师50人，占总人数的52%。高级教师28人、一级教师40人、二级教师21人、未评级教师6人。2021年，西藏学考中，学校800分以上23人，700～800分60人，其他省市班上线人数91人。

【德育教育】 2021年，通过英雄人物或“红色事迹”命名班级、创设班徽、班旗、班歌等班级文化建设，丰富“红色德育”内涵。选用《新闻联播》节目作为红色教材，组织全校学生每晚收看《新闻联播》。开展“红色德育”活动，举行铸牢中华民族共同体系列活动、感恩教育、养成教育、民族团结月、四讲四爱、禁毒教育、法治教育等活动40余项，包括“学党史、铭党恩、跟党走，争做新时代好少年”为主题的开学第一课班会活动、“3·28百万农奴解放纪念日”主题系列活动、“学党史、感党恩、听党话、跟党走”教育系列活动、“学习英雄事迹，传承英雄精神”系列活动、“检护明天”法制教育系列活动、“6·26”国际禁毒日等系列活动。

【校园安全】 2021年，由学校青年男教师组成27人的护校队，进行校内外巡逻工作。加大资金投入，强化硬件建设。在校园内10处增设消防车通道线。化学药品储存室及重点部位安装智能门禁报警器和智能烟雾报警器。教学楼及综合楼更换存在隐患风险的电缆，维修和更换校园物防、技防设施设备。

（林芝市八一中学）

西藏农牧学院

【概况】 西藏农牧学院是西藏自治区唯一一所集农、工、理、管等学科于一体行业特色鲜明，具有学士学位、硕士学位和博士学位授予权的高等农业院校。学校位于西藏林芝市，占地面积84.67万平方米，总建筑面积23.9万平方米，固定资产6亿元，其中教学科研仪器设备总值2亿元。设有22个正处级单位，其中教学科研单位9个：植物科学学院、动物科学学院、食品科学学院、资源与环境学院、水利土木工程学院、电气工程学院、西藏高原生态研究所、公共教学部、成人教育部。有教职工571人（含9名援藏干部、1名博士服务团成员），其中专任教师399人，副高级以上177人，占44.2%；博士学位45人、硕士学位234人，占69.8%。有教育部新世纪优秀人才支持计划人选1

人，国家中青年科技创新领军人才 1 人，农业农村部现代农业产业技术体系岗位专家 2 人，国务院政府特殊津贴专家 8 人，自治区政府特殊津贴专家 4 人，全区首席专家 3 人，分别在藏猪、藏药材、生态学领域。教育部高等学校教学指导委员会委员 6 人、自治区学术技术带头人 6 人。在校全日制学生 7201 人，其中博士研究生 10 人、硕士研究生 514 人、本科生 6631 人、专科生 46 人。另有成人教育学生 1405 人。全校有 36 个本科专业、21 个专科专业，涉及农、牧、林、水、电、生态、环境、食品、工程等领域，其中教育部特色专业 3 个、教育部卓越农林人才模式培养计划改革试点专业 4 个、自治区创新人才培养模式改革试点专业 4 个、自治区特色专业建设点 20 个、教育部“新工科”建设项目 7 个、“新农科”建设项目 5 个、“新文科”建设项目 2 个。农学、林学 2 个国家级一流本科专业。

有国家重点（培育）学科 1 个、自治区重点学科 10 个。作物学、林学、兽医学、水利工程、食品科学与工程、植物保护、农林经济管理、草学 8 个一级学科硕士学位授权点，农业、兽医、风景园林、能源动力、土木水利 5 个专业硕士学位授权点。拥有“西藏林芝高山森林生态系统国家野外科学观测研究站”“西藏高原森林生态教育部重点实验室”“西藏土木水利电力工程技术研究中心”等国家及省部级科研平台 8 个，自治区教育厅高校重点实验室 17 个。建有自治区职业技能鉴定所、自治区大学生创业孵化基地、首批全国新型职业农民培育示范基地等多个基地。

学校坚持“立足高原，面向西藏，服务‘三农’”办学定位和“高原农业、高原生态、高原水电”三条主线，培养社会人才。迁校筹建以来，为西藏培养和输送 3 万余名全日制专业技术人才，成为西藏各级领导骨干、科研骨干、管理骨干的培育基地。

【招生就业】 2021 年，西藏农牧学院实施招生“阳光工程”，实际招录本科生 1759 人、研究生 296 人，成人函授学生 551 人。将就业创业教育常态化，开拓就业市场，多渠道促进就业，在中国农业大学、河海大学建立就业创业工作服务站，2021 届毕业生中，有 43 名区内少数民族毕业生通过各类渠道实现区外就业，722 名毕业生通过市场就业，13 名毕业生通过孵化基地实现创业就业，毕业生实现高质量就业。

【学位授权点建设】 2021 年，西藏农牧学院制定《学科带头人管理办法（试行）》。新增植物保护、食品科学与工程、农林经济管理、草学 4 个一级学科硕士学位授权点，能源动力、土木水利、风景园林 3 个专业学位硕士学位授权点；兽医学、水利工程 2 个二级学科硕士学位授权点升级为一级学科硕士学位授权点，丰富并优化学科专业布局。加强研究生指导教师队伍建设，新遴选和聘任 38 名校内硕士研究生导师、

2021 年 10 月 8—10 日，南京农业大学党委常委、副校长董维春一行到西藏农牧学院考察交流，并签订“十四五”期间战略合作协议

（西藏农牧学院　供图）

41名校外兼职导师。召开研究生教育工作交流，开展4场专题培训，推行研究生学位论文查重、盲审和终审抽查制度，规范研究生管理。

2021年9月11日，西藏农牧学院召开西藏自治区“十四五”重大科技专项“藏猪高效生产与产业化应用关键技术研究与示范”启动会

（西藏农牧学院　供图）

【平台建设】 2021年，西藏农牧学院新建山南市农业技术推广中心等5个校外实习地。西藏特色农牧资源研发协同创新中心获批为省部共建协同创新中心。西藏高原森林生态教育部重点实验室通过教育部年度评估。自治区高寒植被生态安全重点实验室通过验收获批为自治区级重点实验室。与兰州大学草地农业生态系统国家重点实验共建的羌塘高寒草地生态系统定位研究站挂牌。林芝藏猪农业科技园区获批自治区级农业科技园区。成立西藏乡村振兴研究院并举办西藏“三农”高质量发展学术论坛。

【人才培养】 2021年，西藏农牧学院提前部署新一轮审核评估工作，修订完成2019级专业人才培养方案，获自治区级教学成果奖一等奖2项、三等奖1项、优秀奖3项。林学专业入选国家级一流专业，园林和草业科学2个专业入选自治区级一流本科专业，8门课程获批自治区一流课程。全面推进珠峰旗云计划，搭建以超星、优课联盟、智慧树等平台为主体，以自建课程为补充的在线课程资源，平台可选课程资源超过1万门。实施“六卓越一拔尖计划2.0”，获批2项教育部“新文科”项目。研究制定《教学奖励办法》，健全教学激励机制。注重质量保障，加强教学过程管理，开展“一考三评”，规范领导干部听课，学校入选全国高校质量保障机构联盟（CIQA）第一届理事单位。实行学生工作六级联动制度，完善班主任、辅导员考评指标体系，强化资助育人，累计发放各类奖助学金2491万元，受益学生8903人次。与河海大学、南京农业大学、华中科技大学组建联合心理咨询室。

【科研工作】 2021年，西藏农牧学院在研项目378项，其中纵向项目283项，横向项目95项；国家级项目57项，累计到位科研经费4458.41万元。全年主持或参与的科技成果获自治区科学技术奖一等奖1项、二等奖1项、三等奖2项。在《Science》上发表文章，填补自治区高校在国际顶尖学术期刊上发表论文的空白，被SCI（科学引文索引）、EI（工程索引）收录论文44篇，出版专著3部。获批2个地方标准，1个地方品种；发明专利5项。82个项目获得立项资助，合同经费5320.45万元。“藏猪高效生产与产业化应用关键技术研究与示范”获批自治区“十四五”重大专项，资助经费1950万元。聚焦川藏铁路建设、雅下水电开发、清洁能源基地建设等国家重大工程，主动参与对接，提升学校创新能力以及科技支撑国家战略任务的能力。加强科技服务社会，围绕生态、藏猪、藏药材、食品等方面开展科学研究，参与第二次青藏高原综合科考，组织开展科技扶贫调研和科技服务等工作。与墨脱县共建“墨脱县茶产业中心”，与西藏赤董尼玛实业有限公司签订松茸藏香猪肉辣椒酱、松茸牦牛肉辣椒酱配方及加工工艺许可使用协议。开展高素质农牧民培训、专业技术人才技能提升培训等25个班次，培训农牧民等2265人次。

【人才队伍建设】 2021年，西藏农牧学院公开招聘专任教师5名、管理人员1名，遴选专任教师2名；通过高层次人才引进1名博士和自主引进1名硕士。第六批柔性引进3名正高级人才。新聘二级岗位专家2人，三级岗位专家12人。评聘教授6人、副教授9人。19名教师获得学历提升，其中博士9人、硕士10人。有28人报考研究生，其中博士17人，硕士11人。开展师德师风专题教育和专项整治，教育引导广大教师不忘立德树人初心，牢记为党育人、为国育才使命。

【内部治理】 2021年，西藏农牧学院以提升内部治理体系和治理能力为重点，推进“废改立”工作，制定完善规章制度40余项。制定《“十四五”发展规划和2035年远景目标》以及《高质量发展工作方案》。主动对接上级部门，梳理更名建档材料，做好迎评准备。加强预算管理，控制“三公”经费预算，规范财务和国有资产管理。

【协同发展】 2021年，深化对口支援工作，西藏农牧学院与华中农业大学等单位签署协议5个，加入西北农林科技创新联盟以及国家乡村振兴战略高校联盟，同济大学建筑设计研究院设计完成新一轮校园整治规划。推进区内外合作交流，与林芝市政府等六方签订《关于共同支持西藏林芝乡村振兴和西藏农牧学院事业发展的若干意见》，与巴宜区签署《校地共建战略合作协议》，与广东医科大学签署《对口合作协议》。国家有关部委、自治区政府领导以及院士等100人次到校考察指导。校外专家到校开展学术报告44场次，200余名专家学者外出学术交流。

【基础设施建设】 2021年，西藏农牧学院打造智慧校园，推动校园网络升级改造（一期）项目建设，建成4间智慧教室和73间标准化考场并投入使用。应用型本科能力建设项目进入收尾阶段，高原生态实验楼完成主体工程使用性能验收。综合教学楼和20号、21号学生宿舍楼项目主体施工完成。维修改造运动场塑胶跑道及健身场地、研究生宿舍楼、2栋教工周转楼、第三学生食堂等。完成“十四五”规划项目及储备项目的申报，启动图书馆扩建及研究生楼、学生宿舍楼工程可研编制等工作。开展食品安全专项整治，确保全年校园饮食正常供应和饮食安全。制定维修管理办法，提升后勤服务质量。

【校园安全】 2021年，西藏农牧学院落实疫情防控措施，做好疫情防控工作。学习传达上级维稳会议和文件精神，安排部署维稳安全工作，加强校园安全隐患排查整治，对重要场所开展安全检查。以防范电信诈骗为重点，专题宣传14场次，受教育1.2万人次。执行24小时值班巡查制度，搭建联防联控机制，校园持续安全稳定和谐，实现“三不出”的工作目标。

（西藏农牧学院）

林芝市职业技术学校

【概况】 林芝市职业技术学校是一所集普通中专、成人中专、各类中短期培训于一体的多层次全日制中专学校。2021年，校园占地面积28.57万平方米，一期资产总额4.3亿元投入使用，可容纳2400人就读（在校生2383人）；二期（“十四五”期间）拟投入2.3亿元，用于师生的教学、学习和生活等基建项目，届时学校可容纳学生4000人。教职工总数260人，其中管理岗位8人、专任教师249人、工勤岗位3人。外聘兼职教师9人。学校有办公用计算机136台，教学用计算机378台，多媒体教室60间，数字课程资源11TB，图书53万余册。校园有线、无线网络全覆盖。

【德育教育】 2021年，坚持“五育并举”，深化“三全育人”综合改革，构建“德技并修、工学

2021年5月23日，西藏中等职业教育高质量发展论坛在林芝市职业技术学校举办　（林芝市职业技术学校　供图）

结合”育人机制，通过国旗下讲话、主题班会、线上学习等方式，加强师生爱国主义教育、反分裂和民族团结教育，开展“三个面向”（校班子成员面向全体教职工讲、思政教师面向学生讲、专业教师利用技能服务社区面向群众讲）“五史”宣讲教育，铸牢中华民族共同体意识教育。每周五下午专题教育、课前5分钟思政等工作举措。全年累计开展各级各类活动200余次。

【**专业建设**】2021年，围绕自治区七大产业，聚焦林芝“一核三带”区域发展格局、生态旅游、“一带四基地”产业布局和市场用工需求，开设旅游服务与管理、汽车运用与维修、智慧健康养老服务、茶叶生产与加工、畜禽生产技术（藏香猪养殖）、藏医医疗与藏药等18个专业，实行系部制二级管理体制，内设旅游产业系、学前教育系、文化艺术系、汽车运用与维修系4个系部，建有校内实训基地5个，引企入校2家，校企合作单位37家，校外实训基地24个。提升旅游服务与管理、高星级饭店运营与管理、汽车运用与维修等示范优势专业，打造藏医医疗与藏药、茶叶生产与加工、畜禽生产技术（藏香猪养殖）3个特色专业。调整专业布局，秋季学期新增铁道运输服务、铁道工程施工与维护、汽车美容与装潢、汽车车身修复等4个专业。

【**师资队伍**】2021年，学校有专兼职教师258人，其中外聘兼职教师9人，专任教师249人。专任教师中男性117人，女性132人；35岁以下181人，36～45岁有61人，46～55岁有7人；大专1人，本科222人，研究生26人；初级职称162人，中级职称49人，高级职称38人；文化基础课教师98人，专职思政教师15人，专业教师136人（占比55%），双师型教师66人（占比48.5%）；党员教师110人，预备党员4人。取得职业技能等级证书124人，“1+X”初级、中级培训讲师、考评员、考务员共计50人。

【**特色教学生活**】2021年5月22—28日，围绕“技能让生活更美好”主题，采用线上、线下相结合的形式，组织职教周活动。其间，学校与西藏南迦巴瓦旅行社、西藏智慧旅游文化有限公司、林芝工布庄园希尔顿酒店、卡定沟景区、尼洋阁、五洲皇冠有限公司等28家企事业单位挂牌“双师型教师培养基地”或“教师企业实践流动工作站”，丰富和发展产教融合、校企合作内涵。开展职业技能进社区、活动周启动仪式暨职教成果展、开放校园、开放实训室、开放赛场、入企参观、劳动精神、工匠精神和劳模精神进校园等宣传、服务、体验、观摩活动和“技能出彩人生 强身铸造未来”为主题的第九届田径运动会，共计30余场次，参与人数1万余人次，做到“天天有活动、处处有看点、人人有收获”。举办西藏中职教育高质量发展论坛、全国新时代研学旅行岗课赛证融通研讨会及师资培训。

【**职业技能培训**】2021年，学

校共申报和审核通过 8 个“1+X”证书试点，学生参与考试培训 344 人。推进落实“毕业证书 + 技能鉴定证书”双证书毕业制度。4 月，组织 2018 级 582 名学生进行技能等级认定考核，其中 394 名学生取得职业技能等级证书，取证率 67.7%。认定工种（初级）有汽车维修工、中式烹调师、保育员、客房服务员、餐厅服务员、导游和计算机维修工。承接市乡村振兴局组织的农牧民实用技能培训，培训 100 人。组织专业教师，利用周末、节假日进入社区开展职业技能展示和免费传授活动，共计 22 期，让社区群众亲自体验和感受“技能让生活更美好”，受益群众 2000 余人次。落实“13 项民生实事”，采取走访调研有“精度”、安排部署有“速度”、协力配合有“温度”的三项举措，8 月 24 日，在全区职业院校中率先启动学生驾驶技能免费培训，至 12 月 31 日，有 34 人取得 C1 机动车驾驶证。

2021 年 3 月 29 日，林芝市职业技术学校师生在林芝市职业技能大赛上包揽金银铜牌（林芝市职业技术学校 供图）

【受援工作】 2021 年，广东工商职业技术大学、广州科技职业技术大学就专业建设、师资培养、课程资源共享、技能训练、学生实习就业等方面对林芝市职业技术学校予以帮扶支持。年内，分 3 批次选派 16 名教师、64 名学生到两所大学开展跟岗学习；广东工商职业技术大学援建的复兴之路 VR 党建馆（200 万元项目）、广州科技职业技术大学援建智慧教室项目（117 万元项目）和新能源汽车技术与服务实训中心（210.4 万元项目）投入使用；广东银谷科技有限公司捐赠一批价值 50 万元低压电工实训设备；福建泉州信息工程学院确定援建酒店专业集训中心（50 万元项目）。

（覃小红）

科学技术

科　技

【概况】2021年，林芝市科学技术局和林芝市科学技术协会合署办公，内设办公室（政工人事科）、政策法规科（市外国专家局）、高新技术与社会发展科、农村科技科4个科室，下设林芝市科学技术协会办公室（科技信息中心）、科技开发交流服务中心和机关后勤服务中心3个事业单位。根据林芝国家可持续发展实验区建设专项和区域科技协同创新专项，全年共组织实施13个科技计划和科协项目，落实专项经费2982.5万元。

【科技项目】2021年，累计引进示范新品种14个，筛选出适应当地的嘎拉、瑞雪、红颜、白雪公主等优质果蔬品种9个，开发生物有机肥研制新工艺1条，研发灵芝孢子粉等新产品3个，建立松茸面条加工生产线1条，建立特色种植养殖示范基地10个，示范基地面积652.31亩。推广藏猪复养等新技术5个，覆盖乡镇12个。建立科技特派员农村创业服务点共计2个，培育本土种养殖专业户、致富能手700余户。成功转化智慧旅游产业运行监测平台、“3S”生态监测等社会发展和高新技术领域科技成果。在强化高原生态环境修复、高原生物多样性保护等方面科研攻关，参与重点地区生物生态安全管理与屏障建设任务。

【科技平台】2021年，林芝国家农业科技园区通过第八批国家农业科技园区验收工作，为加快特色林果、藏医药、食药用菌产业领域现代农业科技成果转化提供平台。创建自治区级农业科技园区——林芝藏猪农业科技园区，为藏猪产业发展提供技术支撑。新培育8家科技型中小企业，提升企业成为自主创新的主体。协助推进国家川藏铁路技术创新中心（西藏）、清洁能源技术创新中心、林芝自然灾害风险防控与工程安全研究中心建设工作。

【科技队伍建设】2021年，加强科技特派员管理，完成替换104人，科技特派员人数达到1002人（昌都三岩片区搬迁村庄共24名科技特派员）。实施“三区”科技人才支持计划，从全市农、林、牧、水专业领域及区外中国农科院郑州果树研究所等科技援藏合作单位中选派130名专业技术人员，成立果树、食药用菌、茶叶、藏猪等领域8个科技特派团，提供创业服务与技能培训，组织完成6期“三区”科技人才代培科技特派员及新型农牧民专题培训班，覆盖12个乡镇，培训天数达到26天，累计培训582名科技特派员、专业种养殖户，提升基层一线科技特派员、农牧民种养殖户的技术能力和支撑产业发展水平，促进区域特色产业健康发展。推进基层人才振兴，举办林芝市第一期大学生村（居）科技专干技能专题培训班，共有47名学员参训，提升全市大学生村（居）科技专干综合水平。协助市人社局开展2021年招聘大学生村（居）科技专干专项工作，新招聘235名大学生科技专干。

【科技扶贫】2021年，组织实施《食药用菌菌种生产示范与栽培技术推广应用》等2个科技产业发展项目，提升特色产业发展内生动力，拓宽群众增收渠道。市科技局到驻村点察隅县下察隅镇拉丁村开展“四个一”帮扶工作，结对认亲交朋友，慰问拉丁村建档立卡户累计1.71万元。

【科普宣传】2021年，完善科普阵地，在市特殊教育学校和市广东实验小学分别投入15万元，建设青少年科普阵地。投入25万元，为林芝市5所中学实施中学科技馆提档升级项目，加强科普阵地的建设，增强青少年“学科学、爱科学、用科学”的意识，提升服务青少年的能力。依托“五下乡”、全国科技活动周、全国科技工作者日、科普援藏、全国科普日等宣传节点，联合科研院校（所）、科技型企业等单位，利用流动科技馆、科普大篷车等各类科普阵地和设施，开展

2021 年 7 月 7 日，市科技局与市广东实验小学签订“青少年科普室建设项目”协议书

（市科技局　供图）

科普进农村、进乡镇、进学校、进寺庙、进园区活动，发放科普宣传资料 2.3 万本（册）、发放科普宣传品 8000 余份，受益群众达 2.6 万余人次。其中，在科普援藏活动时，争取经费 70 万元，捐赠科普设备 9200 余套、科普活动室 1 个，开展专题科普巡展活动 5 场、系列宣讲 30 余场次。

（市科技局）

气象服务

【概况】 林芝市气象局内设办公室、业务发展科、人事科、计划财务科 4 个机构；有气象台（公共气象服务中心）、大气探测中心（信息与保障中心）、气象灾害防御技术中心、财务核算中心 4 个直属事业单位；经林芝市机构编制委员会批准的地方气象事业机构西藏林芝市防雷减灾管理办公室，挂靠林芝市气象局；经林芝市政府批准成立的人工影响天气工作领导小组办公室设在林芝市气象局；林芝市气象局下辖波密县、米林县、察隅县、墨脱县、朗县、工布江达县 6 个县气象局。2021 年，市气象局建成布局和功能较为完备的气象灾害大气综合监测站网，全市气象灾害风险普查有序推进。联合市农业农村局开展防灾减灾培训，80 余名基层乡镇骨干技术员及气象信息员参训。组织到勃勃朗冰川等虫草采挖点开展科普宣传，开展科普宣传进寺庙、进学校等活动，利用“3·23”“5·12”和科技周等节点开展宣传，发放宣传册 600 余份。

【气象保障服务】 公共气象服务　2021 年，严密监视天气，加强会商，发布短信 321 期 43.25 万条。根据降水情况向水利、防汛抗旱指挥部、分管市长汇报 13 次。依托林芝气象微信公众号，常态化发布天气预报预警信息，推进气象灾害预警信息工作。借助林芝市区出租车顶 LED 屏幕，滚动播放气象预报预警信息，拓宽预警信息发布渠道。

重大活动气象服务　在习近平总书记考察调研林芝期间，与自治区气象局上下联动配合，完成重大活动气象保障。完成桃花旅游文化节气象服务保障工作，承办“璀璨星空”观星活动，联合西藏卫视、林芝电视台开展现场采访、抖音直播，协调广东卫视连续播放林芝桃花旅游文化节专题气象预报和旅游宣传，扩大林芝桃花旅游文化节影响力。完成“大庆”期间、中央媒体团主题采访活动、广东代表团到林芝调研以及“西南区域气象中心主任会议”专题气象服务保障工作等。

国家和地方经济建设服务　9 月 26—27 日，开展川藏铁路林芝段气象保障服务需求调研，形成气象服务保障思路和具体措施。12 月，针对川藏铁路沿线施工单位开展气象防灾减灾知识培训。推进边境地区自动气象站军民共建工作。围绕林芝“一带四基地”建设，推进气候好产品认证，朗县辣椒获评“中国气候好产品”。通过援藏渠道引入云南月尺度以上短期气候预测模式以及茶叶生产气象服务研究成果，收集气象、作物生育期数据，完成林芝市茶叶种植气候适宜性区划指标和气候区划图；送检采摘苹果，为苹果气候品质评价和茶叶生产气象服务打下基础，促进提升林芝市农副产品的影响力和经济价值。

重大灾害救援现场服务　做好各类预警、专报等信息发布，配合消防救援支队、应急管理局、自然资源局等部门，为“4·20”雪崩、巴宜区和察隅县3次森林火灾、“7·28”墨脱泥石流、察隅县古玉大风等重大灾害救援现场提供救援专报177期。在“10·27”察隅空档村森林火灾中，出动人影作业车3辆、便携式自动气象站2套，参与气象保障服务人员30余人，发布森林火情气象服务专报56期，向现场指挥部提供火点现场逐小时温度、湿度、风向和风速信息75期。

2021年林芝市气象局服务材料汇总表

表12

决策材料名称	发布数量
强降雨蓝色预警	10期
山洪地质灾害预警	14期
道路结冰黄色预警	2期
强降雪消息	5期
强降雨消息	26期
雨晴快报	64期
决策专报	36期
天气公告	11期
春运专报	41期
交通专报	14期
水库水电气象服务专报	8期
短期气候预测	2期
市委、市政府专报	17期
森林防火专报	102期
川藏铁路建设	100余期
大庆气象服务专报	34期
大庆重大接待活动气象服务专报	9期
中央媒体团主题采访活动专题预报	53期
重大灾害救援专报	177期

【气象现代化建设】2021年，林芝市气象局被自治区气象局纳入全区高质量气象现代化建设先行试点单位，完成《林芝市气象局高质量气象现代化建设先行试点申报方案》《察隅县气象局高质量气象现代化建设先行试点申报方案》的编写并报送自治区气象局审核。中国气象局预报员专项《林芝市短时强降水天气概念模型研究与预报指标分析》通过业务验收，成功申报广东省气象局自设项目《藏东南强降水水汽输送特征分析及研究》，市政府批复项目《林芝地质灾害气象预警预报系统》通过竣工验收，西藏自治区自然基金项目《气候变暖背景下藏东南中小河流域精细化暴雨洪涝预警模型研究》和西藏自治区质量技术监督局《西藏高原地区紫外线地方标准》立

2021 年 4 月 26 日，第二次青藏高原综合科考任务一项目组在林芝市气象局召开座谈会，负责人徐祥德院士（左二）做关于《第二次综合科考任务一研究与应用进展》的学术报告 （市气象局 供图）

项，成功申报《泥石流灾害预警系统》《地质灾害预警系统》《地质灾害群测群防系统》3 个软件著作权以及《基于径流汇流模拟的泥石流灾害预警方法及系统》1 个专利。

市气象局通过购买服务，委托第三方检测公司完成对 39 家行政事业单位的雷电防护装置的检测工作。印发《2021 年度林芝市防雷安全事中事后监管实施方案》，实施“双随机、一公开”监管机制，在全区率先开展景区景点防雷监管，对易燃易爆场所、星级宾馆饭店和雷电防护装置检测资质单位共计监管 86 次。做好疫情防控，保持公共场所消杀通风，落实入林返林人员“三包”制度和健康管理。

（市气象局）

文　化

综 述

【概况】 林芝市文化广播电视局为市政府正县级工作部门，加挂市文物局、市文化市场综合行政执法队牌子。内设办公室、政工人事科、财务科、产业发展科、社会文化科、广播电视管理科、文物科、文化市场管理科、政策法规科、执法科10个科室。下设市民族艺术团、群众艺术馆（非物质文化遗产保护中心）、图书馆、藏东南文化遗产博物馆4个正科级全额拨款事业单位和机关后勤服务中心（不定级）。

【公共文化服务】 2021年，推进城乡公共文化服务一体化建设，完善市、县、乡、村四级基本公共文化服务保障标准体系建设，落实各级文化馆（站）免费开放工作，发挥文化服务主体功能，完成第四批国家公共文化服务体系示范项目——林芝市县、乡（镇）、村公共文化建设项目创建和验收。

实施文化惠民工程，开展“我们的中国梦”——文化进万家活动，实施“美丽西藏、可爱家乡”文化产品供给工程。投入120万元，推进巴宜区数字图书馆总分馆建设。开展民间文化艺术之乡命名推荐工作，10月，巴宜区林芝镇为米纳羌姆舞之乡，全市民间文化艺术之乡有8个。做好常态化疫情防控下的文化文艺活动和公共文化场馆免费开放工作。推进全民阅读，开展图书进机关、进企业，在市中级人民法院、市农业农村局、中铁建工等设立党建阅览室。举办“全民阅读·文化林芝”让“悦”读遇见你我红色书籍读书分享会。开展“喜迎中国共产党成立100周年童心向党、红色书籍进家庭”活动，为学校、外来务工人员、医务人员等200个家庭发放红色书籍2000余册，总价值3万余元。全区首个智慧书屋建成并揭牌，探索和打造智能化城市休闲公共阅读空间。全年接待读者2.31万人次，累计外借图书7440册次，归还6857册次，馆藏图书10.46万册。

举办以“让党史学习教育红起来，让非遗文化跳起来，让革命歌曲唱起来，让红色广播响起来”为主题的红色群众文化活动，增强文化服务和供给能力。开设工布扎念琴、弦子碧央（胡琴）、素描、儿童彩绘等免费开放培训班，培训学员100名。开展“感恩共产党、携手奔小康”采风活动，为期33天，行程3534千米，书写春联、福帖、书画作品2.7万余幅（对），服务群众4万余人次。

2021年5月13日，林芝市2021年度文化广电文物工作电视电话会议召开，副市长徐龙海出席会议并讲话（市文化广播电视局 供图）

【文艺活动】 2021年，开展文艺交流，举办林芝市春节、藏历铁牛新年电视综艺晚会、第十九届桃花旅游文化节、2021年西藏林芝雅鲁藏布生态文化旅游节等文艺演出活动。组织70余名市、县（区）艺术团演员到广东广州、佛山开展“100年廿七载、粤藏心连心”文艺会演活动，加深粤藏交流。发挥行政村（居）文艺演出队作用，举办全市第二届村（居）文艺会演，组织七县（区）文艺演出队开展文艺交流，受益群众6000余人。同时，落实保障措施，建立完善动态管理、目标考核、经费保障等长效管理机制。全年开展各类文艺演出交流活动2800余场次，受益群众达50万余人次。

聚焦百年大庆和习近平总书记视察西藏、西藏自治区和平解放70周年，开展“中国梦”主题歌曲创作，创作《足迹》《猎猎党旗高飞扬》等党史学习教育和“三更”专题教育主题曲。开展“深入基层、扎根人民”文艺采风，创作《百年路》《林芝是个好地方》《花开高原》等文艺献礼作品30余个，以及《牡丹仙子》《最美青山绿水》《吉祥新天路》等群众文艺作品。投入111万元，制作《林芝非遗概览》《林芝文化宣传片》。投入100万元，重点扶持奖励舞台剧《帕隆江畔的红色记忆》《吃水不忘挖井人、党的恩情永记心》、微电影《立定村屹立的红旗》、音乐《达姆韵》等文艺作品，鼓励林芝文艺工作者创造文艺精品。

【非遗传承保护】 2021年，举办林芝市第五个“文化和自然遗产日”非遗歌舞展演活动。举办各类非遗展览5场，吸引干部群众7000余人次参观。开展非遗进校园活动，让少年儿童从小接受传统文化的熏陶。推进朗县苏卡药香、工布江达县太昭氆氇纺织技艺非遗工坊建设。推动非遗与旅游融合发展，巴宜区工布原乡展示中心、察隅县僜人民俗非遗旅游点被命名为“西藏自治区非遗旅游景区（点）”。“工布扎念博咚”入选第五批国家级非物质文化遗产代表性项目名录。全市有国家级非遗保护名录5个、自治区级非遗保护名录45个、市级非遗保护名录11个、县级非遗保护名录65个，各级非遗代表性传承人109名。

【文化产业发展】 2021年，全市有各类文化及相关产业经营主体1010家，注册资金10.2亿元，从业人数6100人，实现产值22.5亿元，形成文化娱乐业、文化艺术业、电影放映业、书报刊零售业等行业在内的综合型文化产业结构。年内，命名首批市级文化产业示范基地17家、园区3家。经自治区人民政府批准，林芝市5家企业被命名为第五批自治区文化产业示范基地，粤林产业园被命名为第四批自治区级文化产业示范园区。投入360万元，对7家A级旅游景区和6家特色景（区）点实施标识标牌文化提升建设项目，制作101个具有民族特色的标识标牌，助推文化旅游产业。推进林芝市群众艺术馆等项目建设。支持边境地区产业发展，以文化产业助力乡村振兴，促进农牧民转移就业，巩固脱贫攻坚成果。做好农牧民转移就业工作，聘用农牧民群众演员234名，发放务工补贴1183.92万元；聘用野外看管人员137人，发放补贴230.16万元；通过民族手工业（非遗工坊）带动农牧民就业增收，58家各类民族手工业全年生产总值2600万元，提供就业岗位880个，促进农牧民增收1550万元。全市1010家各类文化及相关产业市场经营主体，带动农牧民共就业1251人，发放工资2964.08万元。与高校毕业生联系，做好政策宣传、岗位推荐、就业帮扶等工作，提供2个工作岗位，促进高校毕业生实现就地就便就业。

【“互联网+政务服务”】 2021年，推进“放管服”改革，建立和完善办事指南和工作规程，实行马上办、网上办、就近办、一次办。推行“互联网+政务服务”工作，加大“一网通办”平台使用率，选派人员入驻市行政审批与便民服务局窗口，在“一网通办”政务事项管理平台认领属于文化领域实施清单目录共37个事项，通过梳理全部发布，在“一网通办”电子证照系统上认领电子证照3个，在“互联网+监管”平台上认领监管事项57个。按照工作流程，窗口受理审核文化领域行政审批申请材料，通知业务科室实地检查完成审批流程，实现一站式便民服务。全年受理审核互联网上网服务场所18家、歌舞娱乐场所33家、非遗事宜10件。同时，在微信公众号上公布相关审批事项和流程，并在政务大厅制作工作流程、高频事项申请资料须知宣传架，让群众了解和掌握文化领域的准入门槛和相关手续。

【文化监管】 2021年，开展“平安文化市场创建”工作，利用监管服务平台及“双随机、一公开”平台，开展文化市场守法经营、疫情防控监管检查40次，出动检查人员90余人次，责令整改4家。组织召开行业经营者座谈会2次，学习文化市场相关政策。组织召开全市“文化市场疫情常态化防控培训会”和文化市场业务培训班。结合重要时间节点，加大法律法规宣传，发放各类文化市场法律法规宣传手册3000余份，雨伞宣传品600余把，到企业开展普法宣传10余次，实现宣传全覆盖。逐步健全和完善《执法工作职责》《举报受理工作制度》《执法工作制度》等相关制度，加强执法队伍建设，确保按程序执法、依法执法、公正执法。全面开展文化市场综合执法，加大“双随机、一公开”、执法检查力度，围绕重点时段，突出专项执法。全市开展综合执法监督检查1129家次，出动执法人员2695人次，立案调查6件，办理案件6件，责令改正12家，罚没款1.89万元。

【文化乡村振兴】 2021年，实施文化乡村振兴计划，制定《林芝市文化广播电视局2021年乡村振兴重点工作实施方案》，坚持将巩固拓展脱贫攻坚成果同乡村振兴有效衔接纳入“十四五”规划和重点工作内容，投入2026.59万元，用于特色文化示范县（区）、乡、村创建和戏曲下乡村、贫困村购置文化设备等，推进全市2021年度100个乡村振兴示范村、重点帮扶村的文化扶持工作，巩固边境县、乡（镇）、村公共文化示范建设项目创建成果。开展文化下乡，市县乡村四级联动全年演出4000余场次。推进智慧广电固边惠民工程，县级应急广播体系建设，市级广播电视节目卫星直播定向覆盖，做好广播电视“村村通”便民服务巡检工作，全年累计巡回检修4182件。

【文物保护】 2021年，推进革命文物保护利用工作，投入26万余元，对全市19处自治区级第一批革命文物进行挂牌立碑。完成全市37处石窟寺专项调查工作，对接实施拉颇遗址考古挖掘等高原考古工作。完成全市寺庙文物收藏单位、寺藏可移动文物认定、登记采集和数据库建设工作。完成文物安全监管云平台建设工作，构建“人防＋技防”文物安全监管模式。林芝新华印刷厂等4个文物保护项目纳入“十四五”文物项目规划，波密县普龙寺安消防建设、电气线路改造等13个项目列入“十四五”时期西藏文物和博物馆单位安全防护设施建设重点项目，投入资金4849万元。签订2021年度林芝市文物安全目标责任书，开展全市文物安全大清理、大排查、大整治专项行动，确保全市文物保护单位安全。实施林芝文物“宣传＋视频＋微信模式＋线下二维码”，投入4.9万元制作63处市级以上文物保护单位二维码铜牌。张贴全市121处县级以上文物保护单位，文物安全直接责任人及消防安全责任人公告公示牌。投入12万余元，为全市11处文物保护单位购买保险，转移文物安全风险。扎木中心县委红楼、察隅英雄坡纪念园、太昭文史馆等革命文物点开展文化宣传，藏东南文化遗产博物馆共接待游客5.23万人次。

【广电惠民】 2021年，完成重要时期的安播保障任务，开展“黑广播”“灰广播”以及非法卫星地面电视广播接收设备专项治理和打击工作70余次，全市各级广播电视播出机构累计制作播出广播电视新闻5600余条次。完成6个县级平台、44个乡镇平台、429个行政村终端部署及对接试验测试工作。完成市级广播电视台融合能力提升1000万元建设项目资金和4个边境县1500万元智慧广播电视固边工程。广东省广电系统对口支援林芝230万元，用于市级广播电视节目卫星直播定向覆盖，捐赠市值5802万元的采编设备、影视节目和宣传推广等内容。累计为农牧民、寺庙僧尼发放广播电视直播卫星接收设备

2021年9月24日，林芝市首批广播电视“户户通”直播卫星接收设备发放仪式
（市文化广播电视局　供图）

共计3.83万套，推进广播电视“村村通”向“户户通”转型升级，发放“户户通”设备1820套。全市广播、电视综合人口覆盖率分别达到99.03%和99.33%，寺庙广播电视覆盖率100%。

【林芝市民族艺术团概况】 林芝市民族艺术团，隶属于林芝市文化广播电视局，为全额拨款的正科级事业单位，下设办公室、财务室、总务室、创研室、舞蹈队、声乐队、舞美组、音乐创作室等科室。岗位设置总量38个，其中，管理岗位3个，专业技术岗位34个，工勤岗位1个。主体岗位是专业技术岗位，占岗位总量的89%。主要文艺作品有《足迹》《猎猎党旗高飞扬》《扎念声声赞家乡》《阳光下旗帜飞扬》《百年路》，舞蹈作品《撸起袖子奔小康》《生命的曙光》，歌曲作品《林芝是个好地方》《牢记领袖万般恩》等46部作品。

文艺演出活动　2021年，筹备开展春节藏历年晚会、桃花节开幕式、2021年西藏林芝雅鲁藏布生态文化旅游节文艺晚会的演出活动。参加“100年廿七载 粤藏心连心”主题文化艺术交流演出活动，促进民族交往交流交融。开展庆祝中国共产党成立100周年和西藏自治区和平解放70周年系列文艺演出活动，参加“幸福不忘共产党 阳光路上梦起航”文艺会演及下乡巡演活动。开展“四送一迎”“文化八进”“五下乡”等基层文艺演出活动，完成演出80余场次，累计观众6万余人次。

（市文化广播电视局）

文化场馆

【林芝市群众艺术馆】 2021年，林芝市3个群众文化广场开展广场舞活动810场，参与人数24.3万人次；送文化下乡60余场，惠及群众5.3万余人次；举办各类展览5场，受众干部群众6000余人次；招收免费开放培训学员100名。新创作文艺作品14个、工布少儿天籁歌集15首、工布民歌20首。协助市委宣传部、市文广局拍摄《吉祥新天路》MTV和快闪视频《唱支山歌给党听》。与市电视台合作拍摄，完成歌曲《林芝颂歌》在《唱支山歌给党听——一首歌一座城》由IPTV总分平台共同实施的庆祝中国共产党成立100周年全媒体活动。开展“让党史学习教育红起来、让非遗文化跳起来、让革命歌曲唱起来、让绝色广播响起来”群众文化活动，并举办启动仪式。完成习近平总书记赴藏视察林芝站时的群众文化活动和全区县（区）艺术团歌曲写作培训班各项事宜。

文艺活动　2021年，举办林芝市庆祝2022工布新年暨响箭文化旅游系列活动开幕式文艺演出和送书法送祝福活动，嘎拉桃花村开展文化下乡活动。承办2021年西藏林芝雅鲁藏布生态文化旅游节广场舞会演和村（居）文艺会演。同时，举办雅江节非遗图片展，集中展示全市“非遗”进校园活动成果和四级非遗项目简介，普及非遗知识，提高公众对非遗保护重要性的认识。活动吸引广大干部职工、市民群众1万余人次。

非遗保护传承工作　2021

年，林芝“工布扎念博咚”入选第五批国家级非物质文化遗产代表性项目名录。6月12日，举办林芝市第五个“文化和自然遗产日”非遗歌舞展演活动，设立非遗文化宣传展板、群众文化工作展板、党的历史图片展40块，展示展演非遗项目8个。

培训工作 2021年，举办林芝市群众广场舞领舞人员培训班，来自七县（区）民间艺术团和市区6名领舞人员共30名学员参加培训。参训学员集体做汇报展演，展演作品有展现民族特色的《弦子锅庄》《朗县锅庄》，展现红色革命色彩的《毛主席的光辉》《洗衣歌》，展现非遗文化特色的《波卓》《加金加》，还有《工布锅庄》《踢踏》《舞动梦想》等14个节目。

【藏东南文化遗产博物馆】 藏东南文化遗产博物馆，隶属于林芝市文化广播电视局，为正科级事业单位。设序厅、文化遗存、民族服饰、狩猎文化、农耕文化、藏医藏药、生活习俗、民间歌舞、语言文学、手工技艺、体育竞技、节日节庆、宗教信仰、建筑艺术等14个展厅，集中展现藏东南地区藏族、门巴族、珞巴族、僜人独特的传统文化和生活习俗。

2021年，全馆累计接待人数为5.43万人次，其中游客5.13万人次、政府接待2873人次。

接待工作 2021年，完成国家广播电视总局、科技部、陕西省政协、山西省政协、河南省政协、广西壮族自治区政协、广东省文旅厅等23个区外政府工作组接待工作，完成市委宣传部、市政协、市委统战部、市民宗局、市旅游局、市科技局、市外事办等共计84个区内政府工作组接待工作，完成肯尼亚驻华大使参观博物馆接待工作。

场馆服务 2021年5月，由中央网信办主办，区党委网信办承办、林芝市委网信办协办的“石榴花开 籽籽同心”网络主题活动在博物馆举行启动仪式。配合西藏广播电视台《跟我学藏语》进馆拍摄专题节目，以及市旅游局、巴宜区、墨脱县相关专题片进馆拍摄工作。

送展进校 2021年5月18日，国际博物馆日，联合广州鲁迅纪念馆在广东省实验小学、林芝市第二高级中学开展非遗文化进校园专题讲座活动和《那些年我们遇到的鲁迅——中学语文课本中的鲁迅》专题展览，并向学校赠送《林芝文物概览》《林芝非物质文化遗产名录》等书籍，参加系列宣传服务活动的嘉宾及师生达1200人次。联合广东省流动博物馆、华南师范大学第七批林芝支教队组织开展送展进校园活动，此次活动将《地球第三极的生灵——珠穆朗玛峰国家自然保护区生态文明》《那些年我们遇到的鲁迅——中学语文课本中的鲁迅》两套展览在林芝市第二小学、林芝市广东实验小学、林芝市第二高级中学流动展出。

宣传教育 2021年，加大对外宣传力度，藏东南文化遗产博物馆和市教育局校外活动中心对接，利用2020年与广东省流

2021年12月18日，林芝市委常委、宣传部部长邓晓红，陪同中外艺术家采风组一行到市群众艺术馆开展采风拍摄活动

（市群众艺术馆 供图）

动博物馆联合开展的《背着房子去旅行——软体动物的世界》海洋类科普展览内容，组织全市中小学生分批次到博物馆开展研学旅行活动，共计500余人次。市教育局校外活动中心组织市中小学生在博物馆开展研学旅行，共计500余人。市委党校各类干部培训班在博物馆开展教学活动，共计370余人次。全区及全市各县（区）离退休老干部到博物馆参观学习。

场馆建设　2021年，联合景区完成博物馆室内外环境卫生整治、四楼观景台栏杆刷漆、园区内种植树木、彩车及文化旅游节标志进行翻新、悬挂宣传横幅等相关工作。完成博物馆智能语音导览仪采购及语音内容整理工作，提升博物馆公共文化服务能力。

消防安全　2021年，组织博物馆和景区工作人员每月定期进行消防安全检查、培训和演练。对馆内的消防水泵、灭火器、应急逃生通道指示牌和应急照明灯进行维修更换，做好博物馆的消防设施维护工作。每月定期开展博物馆消防维保工作，联合市消防救援支队定期对相关消防设施全面测试检验。

【林芝市图书馆】 林芝市图书馆，隶属于林芝市文化广播电视局，为全额拨款正科级事业单位，是福建省第三批援建项目，主体为三层建筑，建筑面积3104.4平方米，总投资700万元。2021年，图书馆接待读者2.5万人次（包含智慧书9580人次）；书刊外借2860人次，书刊借阅8504册次（包含智慧书屋1019册），书刊归还8235册次（包含智慧书屋931册），办理读者证344个（包含智慧书屋91个）。节假日照常开馆，主体馆每周开馆54小时，智慧书屋每日开馆时间12小时。

馆藏规模　2021年，图书馆总藏书10.93万册，期刊上架225种4354册。新购纸质图书3355册，其中汉文书籍2088册，价值7.25万元；藏文书籍1267册，价值7.25万元；订购价值4.5万元的报纸期刊241种。馆内数字资源本地存储量25.41TB，分电子书籍和电子视频类。2台歌德电子借阅机实现读者下载总量达4258册次。

社会教育　2021年3月20日至4月2日，联合市妇联开展“喜迎中国共产党成立100周年童心向党·红色书籍进家庭”活动，参加活动的家庭有200个，发放总价值3万余元的红色书籍2000余册。4月16—30日，组织市第一、第三幼儿园380余名小朋友们和老师到馆开展教育实践活动，让孩子们实地了解图书馆、体验图书馆阅读环境和良好的读书氛围。在“六一”期间，参加由市文广局主办的“文化助残送服务”庆“六一”活动，为市特殊教育学校的孩子们送去关心和关爱，图书馆为市特殊教育学校视障学生发放智能听书机15台，市图书馆工作人员向管理老师及孩子们教授智能听书机的使用和日常维护方法。通过举办活动，探索青少年“馆教合作”模式，引导学生走进图书馆，营造全民阅读的氛围。做好各项青少年阅读服务，依托青少年进图书馆、送书进家庭、开展阅读推广等各类活动，将青少年维权意识融入青少年日常生活中，推进青少年维权工作。2021年7月，获得由共青团中央、文化和旅游部颁发的“青少年维权岗”牌匾。

阅读推广　2021年2月9日，组织参加工布江达县巴河镇举行的文化、科技、卫生、法律和爱国爱教宣传服务“五下乡”集中示范活动，图书馆挑选涉及先进种植养殖技术、惠农政策、实用法律常识等和农牧民群众息息相关的各类知识书籍200余册，杂志100余册，合计金额6000余元。3月5日，联合市文广局开展第58个雷锋志愿服务集中示范活动。活动发放包括农业种植、医疗卫生、家庭教育、文学作品类图书160册、杂志300册及视频声像资料等370套。4月，联合上海市图书馆学会、西藏自治区图书馆学会、不定期向广大读者推出“四史”教育线上阅读推书活动。4月6日，到察隅县上察隅镇松林村、西巴村开展“下基层为群众办实事”及“红色书籍”进乡村活动。为察隅县

2021 年 4 月 6 日，市图书馆到察隅县上察隅镇松林村、西巴村开展“下基层为群众办实事”及“红色书籍”进乡村活动（市图书馆供图）

上察隅镇松林村、西巴村捐赠图书 120 册、杂志 120 册、价值 3000 余元。结合村内农家书屋的实际情况，向农家书屋的图书管理人员讲解图书的分类、排架、整理及使用基本知识。4 月 23 日，由林芝市文广局主办、林芝市图书馆承办的“全民阅读・文化林芝”让“悦”读遇见你我　红色书籍读书分享会活动举办，社会各界人士共计 170 余人参加。开展图书进机关、进企业工作，设立市中级人民法院党建阅览室、中铁建工党建阅览室（因驻地迁移 2021 年 6 月 30 日撤销）、农业农村局阅览室、林芝广播电视台阅览室、城市管理局阅览室、林芝市巴宜区消防救援大队阅览室、林芝市委宣传部、林芝市退伍军人事务局等，提供各类图书 2457 册。5 月 29 日，举办智慧书屋揭牌仪式暨“阅读为我赋能——邓咏秋阅读推广手绘漫画海报展”活动。7 月 25 日，联合市妇联、市文广局开展“家庭爱廉说 红色家风故事”活动，来自“维稳、发展、生态、强边、民生、文明家庭”领域的 8 个家庭，以朗诵、讲故事、现场互动等形式传递“老西藏精神”。9 月 17 日，由市文广局党总支主办，市图书馆承办的“阅读红色经典　传承红色基因”读书分享会举办，全市文广系统 30 余名党员干部参加分享会，7 名来自各支部的分享者依次分享《长征》《红星照耀中国》《习近平七年知青岁月》《红岩》等红色书籍。10 月 17 日，由市文广局主办，图书馆承办的长篇小说《东山顶上》读书分享会在智慧书屋举办。邀请西藏文联副主席、西藏作家协会主席吉米平阶，陕西师范大学出版总社董事长、社长刘东风，西藏社科院科研处处长、文学评论家、研究员蓝国华，西藏评论家协会理事、西藏民族大学文学院教授胡沛萍等 30 余人参加活动。

业务培训　2021 年 9 月 24 日，林芝市图书馆组织馆内干部职工、林芝市各单位流动阅览室管理人员共计 20 余人开展业务培训工作。邀请西藏自治区图书馆吉平、扎桑、德吉白珍三位老师讲授《图书分类与排架》《浅谈自治区图书馆近年来阅读推广活动》《公共图书馆业务管理工作基础知识》。林芝市各单位流动阅览室图书管理员 11 人参加培训，增强服务意识，提升馆员业务能力与业务水平。

（市文化广播电视局）

2021 年 10 月 17 日，由市文广局主办，图书馆承办的长篇小说《东山顶上》读书分享会在智慧书屋举办　　（市图书馆　供图）

广播电视

【概况】 林芝广播电视台为市政府直属、归口宣传部管理的正县级事业单位。下设办公室、政工人事科、总编室、融媒体新闻中心、专题文艺中心、藏语译制中心、技术维护管理中心、网络传输中心、市场运营中心、媒资数据中心10个部门，全台干部职工89人。2021年，安排播出藏语译制片1380集、汉语电视剧2760集、动画片2415集、纪录片及社教片63集、党史微视频205集。支出230余万元购买藏语电视剧、藏语动画片1600余集、7600余分钟，围绕中国共产党成立100周年和西藏和平解放70周年，在黄金时段增设“红色影视剧展播”节目，发放广播电视节目调查500余份了解受众实际需求。

【新闻报道】 2021年，围绕市委、市政府中心工作，开展新闻宣传报道，林芝广播电视台制播藏语、汉语《林芝新闻》360余期7600余条，新闻上送和采用位居全区第一名，微信公众号推送信息2600余条，在林芝综合频道增设《每日红印》板块，推出庆祝中国共产党成立100周年“奋斗百年路　启航新征程”专栏、系列报道《70年沧桑巨变看林芝幸福新颜》，完成习近平总书记到林芝视察3分钟汇报片制作任务，派出20余组记者到基层200余天采编160余篇新闻作品。

【专题节目】 2021年，坚持以高标准节目制作水平为重点，在保证日常专题节目按时、高质量播出的同时，深入基层，以经济社会发展、社会民生、党的建设、乡村振兴、民族团结等为主要内容，关注林芝经济社会发展的热点问题，开展制播专题节目。全年直播专题节目84期，其中《每周关注》46期、《七彩林芝》20期、《印象林芝》11期、《秘境之光》7期，创作《庆祝中国共产党成立百年 喜看乡村振兴》《盛开在社区的民族团结之花》《砥砺奋进七十载 林芝城市建设谱新篇》《绚丽多彩的工布新年》《波密易贡藏刀》等一系列反映社会热点实事、人民生活的专题节目。

【为民服务】 2021年，围绕“看好电视”目标，开展“我为群众办实事”活动，开展广电服务进小区、街道、村居活动，宣传推广有线数字电视、提供业务咨询、维修和现场办理等服务，走进群众家中检测调试信号，了解群众使用情况，掌握群众实际需求。从“全国优秀公益广告作品库”“中国文明网”中下载播出优秀公益广告，围绕重要节点、重点内容，自主策划、拍摄、制作公益广告，提升服务质量和服务水平。全年全台开展“广电进小区　服务送到家”为民办实事活动5次、日常维修2100余次，下载播出各类公益广告达3000余条次，自制公益广告10条，完成工布老街、永久公租房、新区格桑苑3个小区的有线数字电视网络新建和市区市政户外光交

2021年3月5日，自治区党委常委、宣传部部长汪海洲一行到林芝广播电视台调研
（市广播电视台　供图）

箱提升改造建设，为210余户城镇低保户和五保户免费安装数字电视机顶盒，全年新增覆盖用户2300户、有线用户600户。

【安全优质播出】 2021年，健全完善《安全播出管理制度》《安全播出应急预案》《机房值班制度》《设备使用管理规定》等安全播出各项管理制度，成立和充实广播电视安全播出领导小组、安全播出督导组，将安全播出责任落实到岗到人，加大安全播出带班值机和安全检查力度，组织开展安全播出业务培训及实机操作演练、消防灭火实战演练、消防器材使用教学和中国共产党成立100周年、西藏和平解放70周年安全播出供配电故障应急演练，完成中国共产党成立100周年、西藏和平解放70周年、习近平总书记到西藏视察等重要保障期的安全播出保障工作，确保节目安全优质播出，全年未发生停播和重大安全播出事故。

【创新发展】 2021年，林芝广播电视台《林芝新闻》新增“每日红印”专栏、推出文化纪实探索类节目《印象林芝》和非遗题材纪录类电视节目《秘境之光》，完成广播电视机房设备信号监测报警系统建设，开通有线数字电视线上缴费服务，新闻上送和采用量均位居全区第一名。有3部作品获自治区“庆祝中国共产党成立100周年、西藏和平解放70周年”微视频大赛专业组优秀作品（全区共13部）；公益广告《人民的非遗　人民共享》获西藏2021年度广播电视公益广告电视作品二类扶持项目，《脱贫攻坚 共奔小康》等4部公益广告获西藏2021年度广播电视公益广告电视作品鼓励扶持项目。林芝广播电视台被国家广播电视总局评为2020年度广播电视公益广告扶持项目传播机构，获林芝市2020年度新闻宣传先进集体、2人获林芝市2020年度新闻宣传先进个人、2篇作品获林芝市2020年度优秀新闻作品。

【队伍建设】 2021年，将2名副科干部、2名普通干部提拔到上一级职务任职，免去1名长期病假的副科干部职务，向市委组织部推荐1名干部人选，延长1名引进柔性人才半年服务期限，选派1名藏语播音员前往西藏广播电视台跟班学习1个月，安排5名业务骨干分别前往重庆、浙江、北京进行宣传思想、新闻宣传和媒体深度融合培训，组织4名记者前往拉萨参加无人机执飞培训，邀请设备厂商、离退休干部和区内外广播电视专家，到林芝广播电视台开展专题培训，拓展新知识、熟悉新领域、开阔新视野、增强新本领，提升广电队伍综合能力素质。

（市广播电视台）

卫生健康

综　述

【概况】 2021 年，林芝市卫生健康委员会立足群众全周期健康，成立 17 个健康林芝专项行动组，推进健康林芝建设。印发《林芝市“高原治未病、边境健康行”活动方案》，开展“高原治未病”活动，市藏医院通过制作视频音频、集中培训等方式，推广《藏医养生保健操》，组织医疗援藏专家撰写汉藏双语《高原治未病》，培养群众保健意识。向上级部门推荐健康林芝建设案例，察隅县远程医疗被国家卫健委《健康中国观察》（2021 年第一期）采纳刊登，米林县高血压防治管理在新华网“健康中国行动——各地行”刊载。

【新冠肺炎疫情防控】 2021 年，坚持流感、新冠肺炎和鼠疫等多病共防，共检测发热病例标本 3256 份，检出流感阳性 333 份，降低防控压力。推进新冠疫苗接种工作，至 3 月 22 日，全市完成疫苗接种第一剂次 26.87 万人、接种覆盖率 116.8%；第二剂次 25.65 万人，接种覆盖率 111.47%；第三剂次 15.58 万人、接种覆盖率 96.24%。推进应急保障及疫情救治体系建设，全市共有核酸检测实验室 17 家，移动核酸检测车 1 辆，单人单管日检测能力 1.8 万人份。逐步优化核酸检测服务，增设 6 个临时核酸检测点。对定点医院发热门诊等进行升级改造，为市、县两级公立医院配置负压救护车 12 辆。年内完成市县两级新冠肺炎疫情防控业务培训 220 场次，开展应急演练 40 余次。

【健康扶贫】 2021 年，通过公开招聘大学生村（居）医务人员 32 名（察隅县自聘 12 名）、“三支一扶”“支医”7 名、农村订单式免费医学生 24 名（到岗 13 名），全部分配至县乡村医疗机构。协调医疗援藏相关部门，对 2.13 万名 1 ～ 18 岁儿童进行先天性心脏病初筛，在自愿基础上，免费救治 9 人。为 90 名农牧民患者发放膝关节置换手术补助 45 万元，完成唇腭裂儿童免费救治 105 例、白内障免费手术 100 例。复核 283 名大骨节病患者，确定治疗方案，完成手术治疗 22 例。开展家庭医生签约服务，脱贫困人口家庭医生签约覆盖率 100%、服务率达 94.2%；一般人群签约覆盖率达 71.7%、服务率达 71.6%。通过国家卫生城市复审，获得“国家卫生城市”称号，指定林芝市成为全区创建“健康城市样板市”。米林县城创建自治区卫生县城，覆盖 2 个乡、8 个村（居），工布江达县创建自治区卫生县城通过自治区爱卫办考核验收。

【县域综合医改】 2021 年，依托《林芝市县域紧密型医共体实施意见》，七县（区）医共体建设有序推进，均开通远程医疗服务，28 个乡镇卫生院建立稳定的技术帮扶和分工协作关系，全年开展远程医疗服务 1717 人次，县、乡医疗卫生机构门诊 20.02 万人次、出院患者 5017 人次。全市各级公立医疗机构均制订绩效考核方案，建立多劳多得、优绩优酬的内部分配机制。开展健康教育、妇幼保健、计划免疫等基本公共卫生服务任务，加强医防融合能力建设。全年全市以“县 + 援藏 + 乡 + 村”的模式组建 56 个基层巡回诊疗团队，开展巡诊活动 340 次、发放宣传册 10 万余份、发放药品价值 78 万余元、受益 29 万余人次。

【公共卫生服务】 2021 年，市卫健委加强公共卫生硬件建设，完善公共卫生体系，全市卫生系统新建和续建项目 20 个、总投资 4.1 亿元。实施林芝市公共卫生临床中心（传染病医院）、林芝市卫生应急指挥中心、6 个县人民医院传染病楼建设、3 个县卫生应急仓库建设、智慧医疗建设、边境疫情防控物资采购等项目，全市公共卫生服务能力增强。市妇幼保健院与广东省妇幼保健院签订远程医疗签约协议、推广“妇孺国医堂”中医药妇幼适宜技术，开通 24 小时危重症孕产妇和新生儿急救绿色通道。孕产妇死亡率为 0，婴儿死亡率为5.19‰，住院分娩率为98.96%，“两降一升”指标均控制在规定指标内。完成“两癌”筛查8688人。各县区特困人员集中供养中心均与周边医疗机构签订医养服务签约协议，为入院老年人提供基本医疗、公共卫生和健康指导等服务。

提升重大疾病防治能力，全年全市报告乙、丙类传染病2052例，传染病报告发病率858.793/10万，妥善处置突发传染病疫情3起，发病66人，波及1077人。报告结核病患者252例，报告发病率105.47/10万，患者规范管理率99.66%，患者服药率96.62%。工布江达县、米林县创建慢病示范区和健康促进有序推进。开展地方病防治、鼠疫防治、性病艾滋病防治等工作，巩固棘球蚴病综合防治成果。

【卫生监督执法】 2021年，制定《林芝市人民政府关于落实国家2020年医疗卫生行业综合监管督察反馈意见整改措施》《林芝市卫生健康委关于违法违规执业医疗机构公示制度》。执行《林芝市医疗机构不良执业记分管理办法》，医疗机构不良执业行为累计记分84分，召开年度记分评价授牌会。“双随机、一公开”抽检任务完成率93.81%、完结率100%。全年受理行政处罚案件9起、关停整顿医疗机构23间次、罚款10.1万元。

【藏医药发展】 2021年，市藏医院与广东省中医院达成合作帮扶协议，与青海省黄南州藏医院签订合作协议，促进区内外藏医药文化交流。投入资金118.11万元，填补林芝市藏药“佐台”研制空白。推进米林县藏药材产业园基础设施建设项目，完成政府投资500余万元。通过广东援藏途径争取项目资金1320万元，打造以文化展示、藏药浴体验、非药物特色理疗等为一体的藏医院非遗疗法项目。朗县、波密县藏医院实施绩效考核机制，调动医护人员工作积极性。

【医疗援藏】 2021年，争取援藏资金1.93亿元，在“十四五”期间开展林芝市人民医院心血管大楼建设、异地新建工布江达县人民医院、改建墨脱县人民医院等10个项目。助力市人民医院建成“五大中心”。开展医疗人才“组团式”援藏、三级医院对口帮扶工作，波密县、察隅县纳入全区医疗人才“组团式”援藏范围，市县两级有47名组团式医疗援藏人才、48名柔性医疗援藏人才、107名三级医院对口帮扶医疗人才在林芝市开展医疗援藏工作，推广适宜技术100余项。选派42名医技人员到广东跟岗学习，开展师带徒培养200余人。各县区均与对口支援中医医院签订对口帮扶协议，13名对口三级医院帮扶中医医护人员在各县藏医院开展业务培训86场次，培训人员1072人次。注重优质医疗向市县医疗和抵边医疗并重转变，为55个乡镇和154个村建设抵边远程医疗站，让群众在林芝就能享受广东医疗专家服务。加强医疗卫生人才队伍建设，评选10名“林芝市医学领

2021年6月28日，林芝市卫生健康委员会开展“践行初心使命、送医送药送健康、党建义诊暖人心”活动　　（市卫健委　供图）

军人才”、30名“林芝市杰出青年医学人才”。争取“粤林育才专项资金”100万元，重点培养评选出的40名医疗人才，带动全市医疗人才队伍发展。

【人道主义活动】 2021年，接收并妥善处置社会各界人士捐赠的疫情防控资金68万余元及部分防护物资。开展以“情满高原送温暖——红十字博爱送万家”为主题的送温暖活动，给单亲贫困母亲、城镇贫困户、环卫工人和七县区部分贫困群众送去生活必需品共400套。慰问一线防疫人员，发放慰问金3.19万元。联合广东正翔照明科技有限公司向林芝所辖334个行政村安装光能照明灯1670盏。举办“2021年嫣然天使之旅西藏行”活动，协助符合治疗条件的5名唇腭裂婴幼儿前往西藏军区总医院接受免费手术治疗。联合中国红十字基金会、郑州市第七人民医院开展先心病免费筛查活动，免费救治4名先心病患者。携手江苏省连云港市红十字会在巴宜区、米林县、工布江达县、波密县开展义诊和应急救护救援培训。

【智慧医疗建设】 2021年，投资3412万元，推进融医疗监管、业务培训和疾病监测为一体的智慧医疗建设项目、“三区三州”乡村医生远程培训项目和林芝市乡镇卫生院和边境村远程医疗全覆盖项目。同时，为乡村医生配备简便且易学易用的医疗器械，提升服务水平。

（市卫健委）

林芝市人民医院

【概况】 林芝市人民医院是一所集医疗、预防、保健、康复、急救、科研、教学为一体的综合性国家三级甲等医院，占地面积7.08万平方米，医疗用房3.65万平方米，拥有西门子数字减影血管造影设备（DSA）、GE1.5T磁共振和3.0T磁共振、64排螺旋CT等医疗设备。内设28个一级科室，开放床位262张。干部职工587人，其中专业技术人员476人，高级职称51人，中级职称78人。2021年，在自治区率先完成国家标准版胸痛中心和卒中中心创建，完成林芝市域内的大骨节病筛查及380余例关节置换手术，其中大骨节病患者19例。医院门急诊就诊13.34万人次，入院7450人次，出院7018人次，开展手术及操作3469人次，其中手术1795人次，手术中三四级手术占比40.84%，平均住院日下降到8.26天。

【新冠肺炎疫情防控】 2021年，市人民医院是林芝市新冠肺炎定点收治医院，成立新冠肺炎疫情防控领导小组，制定第八版防控应急预案，确保整体防控流程的最优化、局部医疗流程最安全。同时，各临床、医技和职能科室结合科室实际和医院总体预案，制定更加细化的科室内部应急预案。医院建立突发公共卫生事件和疫情报告值班制度，实行24小时值班制。加强疫情防控培训，加大新冠肺炎知识宣传力度，定期开展应急演练。全年开展核酸检测15.19万人次，疫苗接种三岁及以上6.76万人次。

【发展重点特色专科】 2021年，市人民医院以“强三甲、创一流”为目标，在援藏专家的帮助下，医院推出胸痛中心、卒中中心、创伤救治中心、危重症孕产妇救治中心、危重症儿童和新生儿救治中心“五大中心”建设规划，以“五大中心”建设推动临床技能培训中心、传染病中心及危重症救治中心等功能单元及重点专科的建设。医院建成骨外科、妇产科、ICU等14个市级重点专科，发展6个自治区级重点专科；挂牌成立国家老年疾病临床医学研究中心西藏自治区分中心，开设老年医学科门诊，在西藏七地（市）人民医院中率先开设麻醉及疼痛门诊；获批全科专业住院医师规范化培训基地，建成西藏地市级医院临床技能培训中心；挂牌多所大学非直属附属医院，与暨南大学共同培养本地在读研究生49人。

【医联体建设】 2021年，医院重视分级诊疗工作，落实自治区推行的分级诊疗任务，与七县区医院签订医联体协议，在医院管理、人才培养、技术协助、双向转诊、远程会诊等方面展开合作。利用医联体主体单位优质医疗资源的优势，将林芝市人民医院的“医务人员培训平台、药品采购平台、消毒供应平台、检验检查诊断平台、设备维保平台”等五大医疗资源平台向基层医疗机构辐射共享。在成员单位推进和建设基层“五大中心”，科学合理规划救治中心覆盖区域、基层医疗卫生机构的数量布局。建立医联体主体单位与成员单位之间的双向转诊机制，签订双向转诊协议，制定双向转诊流程。帮助医联体医院创等级建设，选派专家百余人次，帮扶指导米林县、巴宜区、察隅县、妇幼保健院创建等级综合医院 10 余场次。

【人才培养战略】 2021 年，聘用紧缺医护人员 41 人，提高医疗队伍综合素质。选派 17 名医护骨干到广东各“以院包科”医院参加进修学习，学习先进技术和医疗水平并带回医院。组织 10 名医院中层干部，前往广东省人民医院等参观学习管理经验，提高医院建设水平。全年医院晋升高级职称 2 人，中级职称 9 人。

【优质服务活动】 2021 年，林芝市人民医院开展“医行雪域，护佑健康”优质服务活动，转变医疗服务行业作风，提升医疗卫生服务水平和服务质量。护理部制定优质服务具体实施方案以及各病区详细考核标准，编写《林芝市人民医院优质护理服务规范》并发放给全院护理人员进行学习，对各科室布置相关考核任务，并在每月底进行质控。围绕群众实际需求，不断优化新冠疫苗接种点接种流程，提供“两码”筛查、测体温、信息登记、测血压、健康宣教、接种、留观等一站式服务，在留观区设置椅子供休息，配有饮用水供饮用，将优质服务落到实处。儿科在“两节”前对病房进行大扫除和布置，对患儿家属进行健康宣教，并为所有住院患儿送上礼物。重症医学科对病房进行全方位消毒，排查安全隐患、检修仪器、修整固定容易弯曲断裂的输液架。妇产科医护团队打造健康教育视频号，开展孕产妇科普知识健康教育活动，提升优质服务质量和医护人员专业形象。

2021 年 4 月 9 日，由林芝市人民医院承办的 2021 年雅江医学论坛暨骨科适宜技术培训班举办　　（市人民医院　供图）

【基础设施建设】 2021 年，医院加强基础设施建设，改善看病就医环境，提升群众满意度，增强看病就医的获得感、幸福感。完成医院大门及值班室的改造项目，修建医院侧门，确保就诊患者单线通行，改善门卫及市人民医院总值班人员值班环境；感染科增设侧门，将核酸检测点独立设置，确保外来核酸检测人员和院内人员不交叉；建成负压病房、负压 ICU，提升对新冠患者的诊治及烈性传染病的筛查、防控和治疗；改造手术楼五楼住院病房，打造康复理疗科、耳鼻喉科、眼科为一体的住院综合病区，为理疗患者提供住院病房，方便按疗程诊治，为耳鼻喉科、眼科患者术后的诊疗、护理提供安全保障；改造老影像楼二楼为眼视光诊疗中心，并开展视力配镜中心，为眼

科患者提供更多的诊疗项目。

【公益服务活动】 2021年，组织开展各类公益服务活动，为农牧区群众、城市弱势群体、基层医疗单位送医送药。医院组织援藏专家和医护人员，前往米林县、墨脱县、察隅县、市福利院、敬老院、廉租房等地开展义诊活动20余场次，累计免费发放药品价值10万余元，惠及10万人次；协调慈善机构、广东省对口帮扶医院到院开展专项救治、医疗技术培训等公益活动，开展白内障免费手术、脑瘫救治、唇腭裂——“母亲微笑行动”等公益项目，免费为93名唇腭裂儿童患者进行手术。

（市人民医院）

林芝市藏医院

【概况】 林芝市藏医院是一所集医疗、教学、科研、保健、生产、文化为一体的三级乙等藏医医院，是西藏藏医药大学非直属附属医院、广东省中医院医疗协作单位、广东省第二人民医院技术支持单位。

医院位于林芝市巴宜区德吉路26号，占地面积2.04万平方米（制剂中心1万平方米），总建筑面积1.32万平方米（制剂中心3277平方米）。医院设有办公室、财务科、医教科、护理部、药械科、院感管理科、制剂中心、藏医药研究室（天文历算研究室）等10个职能科室；设有综合内科、心脑血管科、外治科、药浴科、门诊、急诊、康复科、口腔科、手麻科、治未病科、发热门诊、针灸科等临床科室。设有检验科、放射科、超声科、心电图室、胃镜室、PCR实验室等6个医技科室；拥有GE牌32层多排螺旋CT一台、GE牌彩色多普勒超声仪一台、迈瑞R7彩色多普勒超声仪一台、DR仪一台、富士内镜一套、潘太克斯内镜一套、全自动生化分析仪、核酸提取仪、扩增仪、2辆负压救护车、麻醉机、呼吸机等大型医疗设备。医院核定事业编制45名，有工作人员127人，其中在编正式职工64人，公益性岗位18人、临时工45人；副高职称5人，中级职称20人，初级职称26人，助理级5人；医院床位编制100张，实际开放床位数110张。

2021年，门诊总量3.01万人次，同比减少7%；收治住院患者1376人次，同比增加47%；实际开放床位110张，床位使用率36.3%；藏医治疗2.31万人次，同比增长132%；完成手术3人次。医院总收入3882.06万元，其中一般公共预算财政拨款收入2082.96万元、上级补助收入74.11万元、医疗收入1724.99万元。医疗收入较2020年同期增加943.05万元，增长121%。医院总支出3704.68万元，其中一般公共预算财政补助支出2648.37万元、单位预算支出1042.74万元、上级拨款支出13.57万元。

【专科建设】 2021年5月，正式挂牌“三级乙等藏医医院”。按照三级医院建设标准，完善科室设置，新增发热门诊、急诊科、手术室、PCR实验室、CT室等。

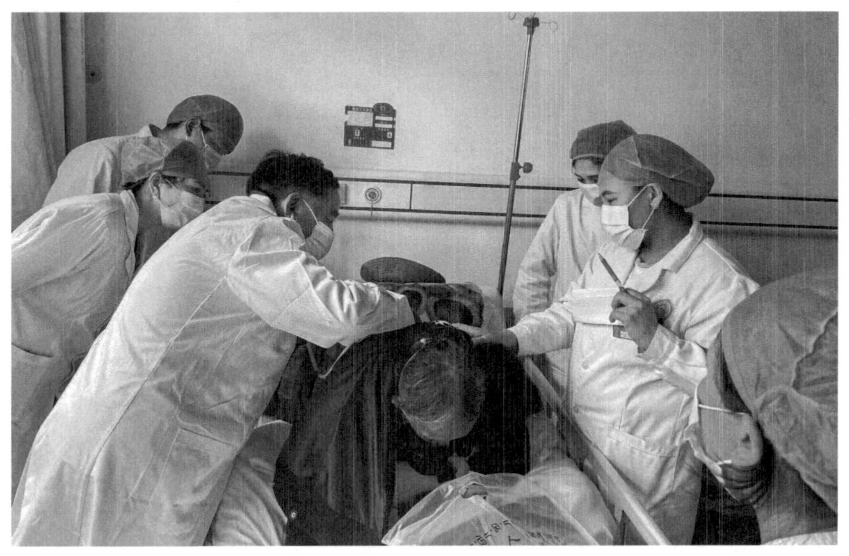

2021年10月18日，自治区藏医医生朗加到林芝市藏医院心脑血管科临床授课

（市藏医院　供图）

超声科开展心脏超声检查，PCR实验室配齐核酸检测设备，CT室新购进一台GE牌32层多排螺旋CT。6月，外治科设立病区，收治住院患者，并在原有治疗项目上新增头泻疗法、金龙疗法、擦托疗法等藏医治疗项目和督脉法、八脉法、埋线减肥法、火针、三伏贴等中医类疗法，临床诊疗能力逐步提升。药浴科从3月、10月开诊到全年开诊；消化内科自9月起开展无痛胃镜肠镜检查；心脑科研制出特色药“宁松多吉”“三味紫草”用于临床，受到患者认可；住院部医务人员针对支气管炎和肺炎患者，研制出“清肺膏”，在院内试用得到患者认可。加强专药、专剂的研发和应用，结合挖掘经典文献，邀请专家指点，总结临床经验等方式，结合林芝市多发病、常见病，研制降脂灵、黄水三药卡擦汤、五根草卡擦汤、养生足浴散等专科制剂。围绕重点病种进行临床研究，制定和优化诊疗方案，并在临床实践中执行运用。对实施情况和临床疗效进行分析评价，优化重点病种及其关键环节诊疗规范。年初完成康复科升级改造，并配备20余种康复设备，为群众提供优质的康复服务，满足患者群众的康复需求。

【医院改革】 2021年，对薪酬制度和人事制度进行改革，制定《林芝市藏医院绩效工资分配方案（试行）》《林芝市藏医院编外人员管理办法》，并于4月1日起执行。正式聘用编外人员，为临时工解决“三险”，提高职工待遇，调动医护人员积极性。规范医院管理，完善医院内部制度，制定完善《党委会议议事规则》《院长办公会议事规则》《林芝市藏医院编外人员管理办法》《职工考勤和请销假制度》《货物服务与服务项目采购制度》等制度，完善制度体系，要求各科室履行职责，落实制度执行，推进医院管理科学化、制度化和规范化。

【传统藏医诊疗】 2021年，医院设有“十二五”国家发展重点专科心血管科、藏药浴科。自治区级科技项目“陶瓷疗法”，自治区藏医药管理局局级课题“霍尔美”“鼻熏疗法”等科研项目。医院发挥藏医药特色优势，开展藏药浴、头浴、涂擦、金针、火灸、牛角吸、脉泻疗法、放血、尼如哈、金龙疗法、擦托疗法、督脉灸、精灸、穴位埋穴疗法、三伏贴等传统藏医诊疗服务。

【制剂能力提升】 林芝市藏医院制剂中心位于巴宜区巴吉路，2013年8月通过自治区食品药品监督管理局GPP（医疗机构制剂管理规范）验收通过并正式投入使用，拥有78种制剂准字号和59种制剂备案号，能生产200余种藏药制剂品种，满足医院患者临床需求。2021年，开展首次“八金八矿煅灰工艺”“水银洗炼法”传承实践活动，10月，完成第一阶段“八金八矿”的去毒、除垢、煅烧、淘洗工艺等任务。

【科研项目】 2021年，制定各项科研工作制度及激励办法，加强

2021年4月1—15日，西藏自治区藏医养生专家索旺到林芝市藏医院编排养生操（市藏医院　供图）

医院科研工作，利用市藏医药丰富资源，提高科研工作效率。申报并开展藏医霍尔美疗法和藏医鼻熏疗法规范化操作技术研究，自治区科技厅批准的藏医陶瓷治疗研究及其临床疗效评价等3项。

【信息化建设】 2021年，医院信息系统全面建成，将第二批藏医诊疗服务项目录入于医院HIS系统内，并相继建立远程会诊系统、全民核酸采样系、健康云平台等，并与广东省第二人民医院就远程会诊开展合作，信息化覆盖医院各个方面，为群众带来便捷。

【医疗援藏】 2021年，在广东省第九批援藏队的支持和帮助下，投入援藏资金1320万元，建设林芝市藏医院非遗特色疗法项目，传承和发展藏医药文化，发挥藏医特色优势。同时，投入200万元，开展粤林中医藏医交往交流项目，搭建粤林中藏医研究平台，组织中藏医学术交流、技术合作等，助力中藏医融合发展。年内，广东省中医院委派援藏干部4人，帮助市藏医院在中藏医融合、医学影像诊断、胃镜检查与治疗、外治、康复、临床教学、医院宣传等方面作出贡献，并与7名医生确定师徒关系，推动全院管理水平和临床诊治能力提升。

【新冠肺炎疫情防控】 2021年，成立疫情防控领导小组，修改完善应急预案，全院干部职工参与疫情防控，全年累计接种新冠疫苗第一剂9907人次，第二剂1.04万人次，第三剂5551人次；召开疫情防控工作会议12次，院感培训20余次，应急演练3次。

【为民服务】 2021年，开展庆祝西藏和平解放70周年演讲比赛、邀请老干部讲发展、党委书记讲党课、参观“波密红楼”、米林“红色小牧屋”、支部书记大走访、爱心义诊等丰富多彩的活动。2021年，全院组织开展为民办实事活动32次，累计发放常用藏药价值11.95万元，宣传用品5000余个，宣传册4500余份，发放藏医养生保健操光盘200余张，通过市卫健委援藏队向广东省捐赠价值2.25万元的九味防瘟香囊、向对口支援古乡卫生院捐赠价值1250元的针灸。

【队伍建设】 2021年，邀请区内外专家，开展现代医学知识、学科建设、养生保健、临床医疗、藏药生产等讲座共计20余场次，提升专业技术人员的操作技能和理论知识。举办心血管、心电图、影像学培训班，派出5名人员到市人民医院进修学习急诊、ICU、麻醉、外科等，组织两期县级藏医骨干、紧缺人才培训，80余人次。通过聘用等多种形式引进专业医疗人才，壮大人才队伍。

（市藏医院）

林芝市妇幼保健院

【概况】 林芝市妇幼保健院是林芝市卫生健康委下设的一所二级甲等妇幼保健院，为具有公共卫生性质的正科级公立事业单位。医院占地面积5514.29平方米，建筑面积4941.26平方米，编制床位40张，实际开放床位40张。医院有职工86人，编制人数34人，实有在编员人员60人，编外公益性岗位人员9人，临聘人员13人，“三支一扶”2人，广东省对口援藏医疗人员2人。专业技术人员占比81.7%，其中，执业医师16人、执业助理医师7人、注册护士25人、药师2人、技师6人、其他卫生技术人员11人。副高职称2人、中级职称14人、初级职称及以下51人。2021年，门诊诊疗总人数5.24万人次。

【新冠肺炎疫情防控】 2021年，落实国家有关医疗机构新冠肺炎疫情防控要求，规范预检分诊点、发热患者留观点、医疗废物暂存间、污水处理站管理；落实所有住院患者及家属核酸检测、医务人员及院内环境一周核酸检测；所有进出医院人员戴口罩、保持一米线距离。派出医务人员26人次参加院外疫情防控任务，有3名医务人员在拉萨市、林芝市隔离宾馆开展疫情防控工作。新冠疫苗接种和儿童疫苗接种“两不误”，全年共接种新冠疫苗2.39万人次，接种一类免费疫苗7011人次，接种二类疫苗3.06万人次，其中接种HPV疫苗1243人次。

【信息化建设】 2021年，依托市妇幼保健院微信公众号平台，推行院内预约挂号、缴费、查询检验检查报告及费用、新冠疫苗接种预约、HPV疫苗接种预约服务，方便群众就医。建立“孕妇学校”“家长学校”“市妇幼分娩体验营”“女性康复群”“疫苗接种群”等线上群，有针对性地开展健康教育、咨询、指导、预约等服务。2月21日，与广州市妇女儿童医疗中心签订医联体医院；4月29日，与广东省妇幼保健院签订“远程医疗协作网合作协议”并启动运行。接收4名业务人员在护理部、儿科、儿童保健科、妇产科进修学习，开展远程线上培训6次、远程会诊3次。

【医疗卫生资源配置】 2021年，与工布江达县、米林县、波密县人民医院建立“妇幼健康医疗体”医院，开展业务培训、进修、技术指导、患者双向转诊、危重患者急救绿色通道、市级业务骨干驻点县医联体医院等妇幼健康能力提升帮扶工作。接受进修2名，市级业务骨干驻点县医院1名（为期一年），接收医联体医院转诊高危重症孕产妇4例，抢救成功率100%；向下级医疗机构转介患者53例。

【托幼卫生保健】 2021年，贯彻落实《托儿所幼儿园卫生保健工作规范》，加强全市托儿所、幼儿园卫生保健工作，提高托幼机构卫生保健工作质量。4月1—2日，林芝市妇幼保健院保健部牵头，组织儿童保健部专业人员对全市辖区内8家（4家公立、4家民营）托幼机构开展卫生保健专项检查指导工作。

【“两癌”筛查】 2021年5月16日，医院联合林芝市总工会、西藏农牧学院工会开展免费“两癌”筛查工作，至8月2日，共筛查人数460人。其中，乳腺癌筛查异常并需要进一步检查确诊数为47人，宫颈癌筛查检查结果异常并需要定期复查及进一步检查确诊数为38人。

【健康宣传】 2021年10月8日，联合市卫健委开展学生健康体检，对林芝市高级中学及职业中学等2000名学生进行健康体检，了解林芝市青少年身体健康状况，让健康知识深入人心，让健康行为走进校园活动。

【基层妇幼卫生事业】 2021年10月19—22日，组织市、县区、乡镇三级妇幼骨干，参加林芝市妇幼健院在明珠酒店举办的2021年林芝市“妇幼健康服务能力提升”培训班，通过此次理论与实践相结合的培训模式，提升基层妇幼健康服务人员服务技术规范，保障全市妇女儿童健康水平。

（市妇幼保健院）

2021年4月29日，林芝市妇幼保健院与广东省妇幼保健院签订远程医疗协作网合作协议（市妇幼保健院 供图）

林芝市疾控中心

【概况】2021年，林芝市疾控中心设有地病科、传防科、免规科、病媒科、结麻科、检验科、性艾科、健康教育与慢病科、卫生科、财务科、办公室、党建办10科2室。主要承担全市疾病预防与控制、儿童免疫规划与疫情监测、疾病监测与研究、公共卫生监测检验、突发公共卫生事件应急处置、卫生宣传与健康教育、卫生防疫培训与技术指导、地方病、性病艾滋病、慢性非传染性疾病、寄生虫病、职业病、精神卫生、病媒生物防治等工作。

【新冠肺炎疫情防控】2021年，出动防控人员开展流调、调查、核酸检测等工作。中心消杀组前往各类公共场所消杀137次，消杀技术指导19次，消杀面积45万余平方米，使用消毒药（剂）92千克。配合市卫健委、市场监督管理局等部门对各级各类医院、宾馆、酒店、学校等重点场所开展新冠疫情防控工作督导指导检查16次。1月，开展新冠疫情应急防控模拟演练，处置“毛衣新冠病毒检测阳性事件”，12月30日，参加全市应急演练，通过实战模拟演练锻炼队伍，提高应对新冠疫情的处置能力。

培训学习 市疾控中心组织全体职工在职工大会上学习各类防控技术指南30余次，参加各类防控技能线上、线下培训10余次，中心受教专业技术人员达200余人次。组织开展1次为期两天覆盖全市疾控系统、市级医疗机构、公安、工信等部门的现场新冠肺炎技术培训，特邀广东省疾病预防控制中心传防所所长康敏及流调经验丰富的专家讲授各类防控技能，参训人数130余人。开展“手把手”带教新冠肺炎病毒核酸检测技术培训，累计为全市培训60余名新冠肺炎检测技术工作人员。开展新冠疫苗培训15次，共培训教职工及接种单位工作人员545余人次。开展新冠疫情防控业务视频培训10余次，培训各级、各单位专业技术人员670余人次。前往各单位开展新冠疫情防控知识培训10余次，受教人数达1720人次。通过学习培训巩固提升全市新冠肺炎常态化防控能力。

【新冠疫苗接种】2021年，全市接受单支单剂新冠疫苗31.33万支，单支双剂新冠疫苗16.5万支，所有疫苗均通过冷链运输车从自治区和航空分托转运，累计出动疫苗冷链运输车55余次，为各县区和市级接种单位累计分发出库新冠病毒疫苗约560余次。全市共设置65个接种点，12个流动接种队，全年全市共接种新冠疫苗第一剂次26.13万人、第二剂次24.63万人、第三剂次8.59万人。

防控物资储备 市疾控中心应急物资仓库储备有病毒采样管2.3万余支，N95口罩1.3万余个、一次性医用口罩1万余个、一次性医用隔离衣9000余件、乳胶手套4000余双、防护服4000余件、万福金安消毒片660瓶、过氧乙酸消毒液10箱、新冠病毒核酸检测试剂2.7万余人份。同时，借助国债项目经费和市级下拨的专项资金，2021年，市疾控中心新增价值600余万元的车载式移动核酸检测实验室，提升市疾控中心新冠肺炎病毒日检测量，全中心单人单管日检测量可达3600管。

【传染病监测】2021年，全市报告甲、乙、丙类传染病2052例，与2020年相比上升31.29%。无甲类传染病报告；乙类传染病报告7种，发病1147例，死亡2例，系艾滋病死亡2例，其中报告发病数居前三位的病种为：病毒性肝炎628例、肺结核252例和梅毒198例，占报告发病总数的93.98%；丙类传染病报告5种，发病905例，报告发病数居前三位的病种为：手足口病588例、流行性感冒213例和其他感染性腹泻病51例，占报告发病总数的94.14%。无自然疫源及虫媒传染病、新生儿破伤风病例报告。全市累计采样送检流感样品565份，经检测阳性282份，全部为

2021 年，林芝市新冠肺炎流行病学调查技术培训班开班

B 型流感；累计采样送检手足口样品 318 份，经检测阳性 256 份。全市共采集人、家禽、水禽及环境样共计 241 份，检出各类型禽流感分型（H5、H9、H5N1）阳性样本 59 份，其中动物样 35 份，环境样 24 份。

疫情处置　2021 年，全市累计接报法定传染病疫情 33 起，调查处置 3 起，排除 5 起，累计发病 66 人，波及 1077 人，疫情均得到有效控制，疫情未引起暴发流行。高效处置朗县小学流感疫情，朗县金东乡小学手足口疫情和林芝市文武幼儿园手足口疫情 3 起突发公共卫生事件。

【寄生虫病检测】 棘球蚴病防治　2021 年，全市完成居民监测 9268 人、检出新发病例 4 例、检出率 0.04%；小学生监测 4085 人均未检出病例；终末宿主监测 2554 份、犬粪抗原阳性 46 份、阳性率 1.8%；中间宿主监测 1897 份均为阴性，小学生防治知识知晓率调查 2553 人。全年棘球蚴病累计手术治疗 325 例，药物治疗 214 例。

疟疾消除　全年未报告本土病例。市直医疗单位及非流行县（区）完成不明原因发热病人血检 209 人，快速检测（RDT）、镜检结果均为阴性。墨脱县、察隅县两县共完成“三热”病人血检 729 例，快速检测（RDT）检测 729 人份，滤纸血滴 1458 份，通过快速检测（RDT）和镜检均未发现疟疾阳性病例。两县开展媒介监测 69 次，捕获各类蚊种 746 只。协助自治区疾控检测 1 份复核样，经检测为卵型疟原虫。参加并通过 2021 年度首次全国省级疾控中心（寄防所）实验室疟原虫核酸盲样考核。

土食源性寄生虫病　2021 年，对米林县和工布江达县 10 个乡镇、10 个行政村开展土源性线虫病、带绦虫病、肛拭法检测蛲虫卵、土壤污染情况调查，3 周岁以上常住居民共检查 2091 份粪便样，制作 4182 张加藤片，经市疾控中心检测和区疾控中心复核查出 149 人感染土食源性线虫，总感染率为 7.13%。对米林县南伊乡和卧龙镇 3 ~ 9 周岁儿童 38 人进行蛲虫卵检测，结果均为阴性。从工布江达县 5 个乡镇随机抽取 25 户，每户采集 1 份田地土样监测人蛔虫卵，均未检出蛔虫卵。

恙虫病和旋毛虫病监测　2021 年，市疾控中心恙虫病 IgM 和 IgG 抗体检测 5 例，均为阴性；网络直报恙虫病病例 19 例，均为临床诊断病例，其中 3 例经复核检测 IgM 和 IgG 抗体阴性；病例分布于墨脱县 4 乡镇。全年未监测到旋毛虫病病例报告。

病媒生物防制　2021 年，结合国家卫生城市复评工作，开展“四害”媒介监测工作，鼠类捕获率为 3.27%，蝇密度为 0.7 只 / 笼，蚊密度为 0.14 只 / 灯 · 夜。“四害”密度达到国家卫生城市 C 级标准。

【地方病综合防治】 鼠疫防治　2021 年，主要宿主密度监测及保护性灭獭方面，全市共监测面积 2445.25 公顷，见獭数 81 只，平均密度 0.03 只 / 公顷；见旱獭活动洞 1220 个，废弃洞 1042 个；重点区域保护性灭獭面积 8022.89 公顷，共堵活动洞 4680 个，废弃洞 3875 个。小型啮齿

动物及媒介监测方面，共布夹2503盘次，捕获鼠类65只；媒介监测探洞293个，未探到蚤；共采集狗血清416份均为阴性；采集旱獭等标本8份检测均为阴性。联合多部门开展鼠疫主要宿主喜马拉雅旱獭相关制品销售情况执法检查，共出动执法人员35人，检查141家店铺，未查出旱獭油及相关制品。开展督导暗访检查，全年2次对米林县、波密县两县共13个乡镇、5个放牧点、27家医疗单位、拉林铁路及林拉高等级公路11个项目部，进行鼠疫防控指导，针对存在的问题提出改进意见。

大骨节病监测　2021年，核查全市6县283例患者，其中Ⅰ度患者166例，Ⅱ度患者80例，Ⅲ度患者13例，排除大骨节病患者21例，去世患者3例。符合手术治疗指征患者150例，有意愿做手术患者139例；需药物治疗和非药物治疗109例；对其17例符合手术的大骨节病患者完成治疗。同时，采用非甾体抗炎药及软骨保护剂等大骨节病药物对全市现有患者278人开展治疗，全年累计发放药品6913盒。

氟中毒监测　2021年，调查察隅县竹瓦根镇8～12岁在校学生232人，氟斑牙检出可疑30人、极轻度32人、轻度22人、中度14人，氟斑牙检出率29.31%，氟斑牙指数0.57。调查察隅县竹瓦根巴嘎村、扎拉村、学尼村、雄久村4个自然村出厂及末梢水源丰水期、枯水期水氟平均范围及新水源，水氟均值均未超过1.2毫克/升，符合小型水库饮水氟含量标准。开展饮茶型氟中毒调查，监测七县（区）42个乡镇，成人饮茶型氟中毒氟骨症X线检查累计2371人，拍片4742张。

碘缺乏病防治　2021年，全市共抽检测居民食用盐2104份，其中合格碘盐2098份，合格碘盐食用率99.71%，碘盐覆盖率100%。农牧民群众碘盐计划配送800.06吨，配送率100%。B超调查1569名8～10岁儿童甲状腺，肿大39人，肿大率为2.48%，均小于国家5%标准；共采集并检测8～10岁儿童尿样1569份，尿碘中位数为196.2微克/升，中位数大于100微克/升；采集并检测18～40岁孕妇尿样210份，尿碘中位数为177.6微克/升，达到国家孕妇尿碘中位数≥150微克/升标准。

布病防治　2021年，采集并完成201人份血清虎红平板凝集实验，检测均为阴性。

【免疫规划】 2021年，全市新出生儿童数2814人，建证建卡2814人，建证建卡率100%，ID卡绑定儿童数2281人，绑定率82.67%。卡介苗接种率95.91%、乙肝接种率89%、其他各单苗按照年龄段有序推进接种。二类自费疫苗接种方面，三价流感疫苗接种363剂次、四价流感疫苗接种3102剂次、狂犬疫苗接种4391剂次、乙肝2557剂次、手足口（EV71）接种1167剂次、水痘疫苗接种411剂次、23价肺炎多糖疫苗接种59剂次、2价宫颈癌疫苗（HPV）接种892剂次、4价宫颈癌疫苗（HPV）接种501剂次、9价宫颈癌疫苗（HPV）接种365剂次。全年AFP共监测36次，报告率100%，未发现报告病例。七县（区）疾控中心和77家接种单位均能实施扫码出入库，55家接种单位开展扫码接种工作。市及各县区均使用冷链车辆逐级配送疫苗，全程冷链监控。

【结核病和麻风病防治】 2021年，全市报告结核病人252例，结核病报告发病率105.47/10万，同期下降22.96%。累计麻风病患者757例，存活336例；愈前死亡6例，愈后死亡408例，治愈1例，愈后观察患者2例，无现症麻风病例。全年肺结核患者共登记免费治疗肺结核患者248例，病原学阳性率为43.59%。比同期递增7.49%。非结防机构全年共报告肺结核患者38例，到位36例。总体到位率94.74%。1月1日—12月31日，普通结核病患者登记数104例，耐药筛查100例，耐药筛查96.5%；共登记9例耐药患者，纳入治疗6例。纳入治疗率100%。全年病原学阳性肺结核患者的密切接触者筛查率100%。结核患者开展HIV检测，至12月30日共登记251例。知情并自愿提供HIV检测患者人数217例。检查率86.45%。筛查糖尿病、学生、老年人结核病1422人，管理糖尿病患者1982例，进行结核病症状筛查1042例。筛查率52.57%。学生应筛查1560例，实际筛查1502例，筛查率96.28%，65岁以上老年人4402人，筛查4402人，筛查率100%。全年开展各项结核病实验室检测659人份，抽检市人民医院质控片293张，复检结果与该院初检结果相符。

【性病艾滋病防治】 至2021年12月31日，全市现住址管理累计病例97例（死亡10例），发现16例HIV感染者，完成首次随访告知并纳入管理，艾滋病感染随访管理率94%。市疾控中心通过国家确证实验室PT考核及CD4盲样考核。各县区通过自治区检测点考核。

教育宣传　市县乡三级累计开展宣传及讲座64场次，受教育人数270.69万人次。9月，协助自治区爱心协会开展全市性病艾滋病健康教育工作12场次，受教育人数达7000余人次，发放宣传资料6800余份。针对艾滋病感染者及患者开展心理干预工作，引导他们走出心理阴影、协助治疗。

【健康教育】 2021年，完成卫生城市复评健康教育各项工作。多渠道开展健康宣传，全年在公共场所LED播放健康教育视频公益广告89种，播放时长1046天，制作健康教育宣传栏250期，微信公众号推送76条健康信息，发放22条宣传短信息，累计发送25.17万人次。开展公众健康咨询和健康巡讲活动，市、县两级全年针对不同人群共开展健康教育活动836场次、培训110期、发放宣传品、宣传资料13.07万份，受教育人数12.92万余人次。完成林芝市第二高级中学、八一中学等市直5所学校市级健康促进学校创建工作。

【精神卫生】 2021年，全市累计建档患者426人、累计死亡患者46人，在册患者人数380人，报告患病率1.65‰，管理率99.21%，规范管理率67.18%，服药率93.59%，规律服药率48.97%，面访率54.36%，体检率21.28%，精神分裂症服药率93.33%。举办1期专业培训，加强全市各级精神疾病防治队伍建设，提升基层精防机构管理人员业务素质。全市共筛出34例疑似严重精神障碍患者，经广东省精神卫生专家远程视频确诊及既往患者复诊工作，确诊严重精神障碍30人次。新增侨仁医院为严重精神障碍系统医院直报权限，上报工作规范化运行。

【慢性病防治】 2021年，推进肿瘤随访登记，全市收集、上报恶性肿瘤和中枢神经系统良性肿瘤共计135例，随访106例。开展心血管病筛查项目，完成市级、工布江达县和波密县3个点现场工作。复筛任务300人，累计完成214人，完成率71.3%，初筛任务1000人，完成1010人，完成率101%；复筛检出高危对象30人、高危检查和干预29人；初筛检出高危对象390人、高危检查和干预385人；检查长期随访461人。全市累计上报死亡807例，报告死亡率为3.507‰，报告及时率76.58%，身份证号填写完整率99.87%，多死因链填写完整率74.57%，死因诊断不明比例7.07%。开展全民健康生活方式行动，收集并上报现场活动与健康讲座67条信息，媒体报道1次，无烟环境创建13所，工作培训7场次、培训人数1768人，下发方案3份，创建支持性环境9所。完成2020年、2021年两年窝沟封闭项目任务，口腔检查覆盖学校4所，覆盖人数946人。窝沟封闭覆盖学校4所，窝沟封闭841人、2558颗牙，并完成网络直报工作。开展基层呼吸系统疾病早期筛查干预能力提升项目，完成波密县和巴宜区培训工作并取得整体合格证书，待开展现场筛查工作。监测重点人群口腔健康状况，完成35～44岁、65～74岁年龄段的口腔健康问卷调查60人份、口腔健康检查60人份。监测评估农村义

务教育学生营养改善计划学生营养健康状况，覆盖全市所辖七县（区）65所中小学校，重点监测巴宜区中学、巴宜区小学、八一镇小学、团结小学、百巴镇小学5所学校。常规监测学生体格检查（身高、体重）16051人，重点监测学生调查表1109份，家长调查表1537份，学生体格检查1536人，包括血压、龋齿、视力等。血红蛋白测量1507人。

【**公共卫生监测**】 饮用水卫生监测 2021年，全市丰水期饮用水实际监测覆盖七县（区）51个乡镇，监测点乡镇覆盖率为94.45%；枯水期覆盖七县（区）54个乡镇，监测点乡镇覆盖率达100%。按方案要求应该监测454份、实采600份，完成率132.16%，总合格率13.67%。农村饮水安全工程442份，合格率6.34%。城市市政供水158份，合格率34.18%。出厂水227份（合格16份），末梢水351份（合格50份）、二次供水22份（合格16份）。丰水期水样319份（合格75份）、枯水期水样316份（合格66份）。监测结果原因分析主要超标的指标有微生物指标、感观性状和一般化学指标。

食品安全风险监测 2021年，全年任务160份，实际完成161份，其中化学污染物及有害因素监测样品20份，结果均合格；微生物及其致病因子监测样品141份中，合格128份。13份食品样中检出卫生指标及致病菌。

公共场所健康危害因素监测 2021年，全年共监测94家，收集50份基本情况调查表，从业人员健康状况调查表605份；游泳池水14份，其中3项不合格；浸脚池水6份，浴池水14份，公共用品用具共817份，其中114份不合格。检测项目涵盖温度、湿度、噪声、风速室内空气甲醛、一氧化碳、二氧化碳、PM_{10}和$PM_{2.5}$、室内空气真菌和菌落总数、水的浑浊度、pH值、尿素、消毒剂余量等。

放射卫生监测 2021年，对林芝市人民医院、市藏医院、墨脱县人民医院3家医疗机构进行医用X射线诊断设备质量控制检测及工作场所放射防护监测；市县两级疾控调查辖区内17家放射诊疗机构基本情况、监测医院放射工作人员职业健康管理情况、医疗机构开展放射诊疗频度。从事放射诊疗工作者共有97人，个人剂量监测93人，监测率95.88%；3家放射诊疗机构，设备质量控制共检测11台，工作场所放射防护检测11间。在广州市职防院援藏医生带教下，市疾控卫生科专业人员完成林芝市客运站、中国铁路青藏集团有限公司拉萨车站林芝站2家非医疗单位基本情况、职业健康管理情况的调查，以及现场辐射防护监测等工作，调查发现相关设备符合国家要求。

职业病危害因素专项调查监测 2021年，自治区卫健委邀请第三方检测机构协助市疾控中心开展监测工作，全市监测23家重点企业，覆盖3个县（区），覆盖率42.86%。

农村环境卫生监测 2021年，监测工布江达县、朗县、波密县、察隅县4个县共20个乡镇、80个行政村、400户家庭、4所中学、24所小学。通过基本情况、农村环境卫生情况、农户家庭卫生状况、农村校园环境卫生情况等调查，抽检土壤80份。检出蛔虫卵76份，检出率95.7%，检出活蛔虫卵18份，检出率22.5%。铬超标8份、镉超标8份、铅超标4份。

市政供水监测、卫生保障及委托样监测 2021年，市政供水检测60份，合格44份，合格率为73.34%。卫生保障水共70份，合格42份，合格率60.00%。委托水样45份，合格11份，合格率24.45%。公共场所卫生保障样365份，合格339份，合格率92.88%；委托样24份，合格率100%；双随机抽样共102份，合格95份，合格率93.14%。餐具委托样共24份，合格19份，合格率79.17%。卫生保障样共110份，合格91份，合格率82.73%。

学生常见病监测 2021年，除墨脱县外，全市6县区开展监测工作。林芝市共监测36所学校，10039人，收集问卷8482份，监测教室138间。收集各种检查表格 1.57 万份，相关检测结果反馈至市卫健委、市教育局及自治区疾控中心卫生监测所。

【卫生检验检测】 常规监测项目 2021 年，水质监测方面，完成全年饮用水水质监测共计 759 份；理化、微生物检测共计 2.01 万项次，不合格指标主要是微生物指标。公共场所健康危害因素监测、双随机及餐具共检 1738 份样，餐具 134 份；食品风险样检测和食源性疾病监测方面，微生物检测 143 份，理化检测 26 份（为糌粑和牛肉干）；食源性疾病监测报告系统各哨点医院上报 47 例；流感样检测 536 份，检出 B 型阳性流感 282 份；手足口样检测 318 份，阳性 256 份。完成地病水氟检测 8 份，结果合格。完成年度儿童尿碘样检测 1700 份和孕妇尿碘样检测 210 份。全年共计培训 36 名各县（区）疾控及医院检测人员新冠核酸检测技术。3 月，对林芝市 9 间新冠核酸实验室进行室间比对考核，结果符合室间质控标准。

突发应急检测工作 全年共接收并检测应急样本 194 份，包括 71 份疑似水痘合格标本、2 份疑似麻风疹样标本、50 份疑似腮腺炎合格样本、突发疫情腹泻样 30 份、呕吐物 1 份、物表样 6 份、9 份环境水、3 份疑似急性结膜炎合格样本、卫生保障 22 份肛拭子样本，检出 32 份阳性样本，13 份临界值样本。

【实验室质量控制】 2021 年，制定《林芝市疾控中心 2021 年质量体系内部审核计划》《林芝市疾控中心 2021 年度管理评审计划》。全年检测人员外派培训 10 余人次，共检定校准仪器设备 30 余台。通过国家行业部门能力各类盲样考核。

【援藏工作】 2021 年，广州市第十二人民医院职业卫生评价检测中心苏艺伟、中山市疾病预防控制中心理化检验所黄莹偲、东莞市疾病预防控制中心理化检验所任园园 3 位专家到林芝市疾控中心进行为期六个月的援藏工作。3 位专家围绕医疗援藏工作目标，结合林芝市职业病防治和检验检测实际情况、发挥“传、帮、带”及桥梁纽带作用，帮助林芝市提升新冠疫情防治和检验检测技能，提升市疾控中心专业人员的职业病防治能力，建立液相色谱法测定 5 种蘑菇毒素的定性检测方法，填补林芝市蘑菇毒素检测的空白，提高市疾控对蘑菇中毒事件的应急检测能力。

（市疾控中心）

林芝市血液中心

【概况】 2021 年，林芝市血液中心以血液安全为中心，以保障临床用血为目标，宣传《中华人民共和国献血法》，落实“一法两规”，强化内部管理，完善采供血服务体系和质量管理体系，确保临床用血保障和安全。至 2021 年 12 月 2 日，采集血液 1435 人次，比 2020 年同期增长 30.2%，采集血液 1695.5U；临床供应悬浮红细胞 1269U，比 2020 年同期下降 6.3%；临床供应冰冻血浆 7.2 万毫升，比 2020 年同期下降 6.5%。无一例经血液传播疾病发生，满足临床用血需求，保障血液质量安全。

【血液标本监测】 2021 年，血液标本检测实现全自动化。购置配备生化、酶免全自动检测设备，确保临床用血安全，提高血液检测效率和准确性，提升实验室检测能力。

【血液保存管理】 常规血液保存有效期只有 35 天，血液库存调控难度大，在严重偏性或突发事件的情况下，血液易造成过期浪费或应急供血得不到保障。市卫健委支持资金 300 万元，购置配备冰冻红细胞设备，经过加工制备成冰冻红细胞，保存有效期延长至 10 年，解决库存调控能力和突发事件情况下的血液应急保障能力。

【献血宣传与服务】 2021 年，加大无偿献血宣传力度，推动无偿献血向机关单位、社会团体、学校和农村延伸。到市政府驻地附近县级行政区域米林县和工布江达县开展无偿献血宣传和血

2021 年 10 月 8 日，林芝市美团骑手组织无偿献血活动（市血液中心　供图）

液采集工作。全年团体献血率达 56%，公职人员献血率达 21%、高校师生献血率达 31%、医务人员献血率达 12.7%。

【献血安全管理】 2021 年，在献血者招募环节做到认真征询、细致体检，在血液采集环节加强核对、确保无误，按照操作规程采集运送血液；在血液交接、成分制备、血液检测过程中落实自查与互查制度，确保关键环节不出差错；把好试剂和血袋等关键物料质量关，实行备用试剂合格标本抽检制度，自建站以来未发生一例血液安全事故。规范献血服务，坚持“以人为本、献血者至上”的服务理念，为无偿献血者提供优质服务；发展固定无偿献血者队伍，保障临床用血及时安全有效。

（市血液中心）

社会生活

民　政

【概况】林芝市民政局内设办公室（政工人事科）、规划财务科、基层政权和区划地名科（社会组织管理科）、社会救助科、社会福利和社会事务科5个正科级机构；下辖救助站、居民家庭经济状况核对中心2个参公单位，机关后勤服务中心、儿童福利院、慈善工作管理办公室（福利彩票发行站）养老服务中心（老年人日间照料中心）5个事业单位。2021年，全市有826户1906人城乡最低生活保障对象，落实低保资金809.36万元；全市特困供养人员1043人，共发放供养资金1480.37万元。城市低保标准由每人每月847元提高至每人每月910元；农村低保标准由每人每年4713元提高至每人每年5060元；集中供养和城市分散供养的特困人员基本生活标准每人每年13213元提高至每人每年14196元，农村分散供养的特困人员基本生活标准每人每年7070元提高至每人每年7590元。

【“一老一小”机构疫情防控】2021年，制定印发《林芝市养老儿童领域常态化疫情防控监督检查机制的实施方案》《林芝市民政局关于做好“一老一小”机构安全生产和疫情防控工作的通知》《林芝市民政局关于做好元旦春节和藏历新年期间安全生产及新冠肺炎疫情防控等工作的通知》等，市、县区民政部门和全市7家养老服务机构成立疫情防控工作机制，建立和完善24小时应急值守制度。10月，全市各养老儿童机构全部实行封闭式管理，所有养老儿童机构取消各类活动。落实工作人员和服务对象每日不少于2次体温监测和异常症状报告等健康监测。同时，全面做好“一老一小”机构通风消毒等工作。备足物资储备，摸排“一老一小”机构物资情况，及时补缺补漏。督促“一老一小”机构加强业务培训和应急预防演练，建立完善应急预案。推进“一老一小”机构内符合条件的工作人员和服务对象做好新冠病毒疫苗接种工作，开展3～11岁儿童和60岁以上老年人无禁忌人群疫苗接种工作。全市养老机构工作人员共185人，接种率95%；全市特困人员集中供养服务中心老人共521人，接种率61.43%。全市儿童福利机构工作人员共70人，接种率92.75%；全市集中收养孤儿共392人，接种率94.8%。建立通报制度，依托《林芝市养老儿童领域常态化疫情防控监督检查机制的实施方案的通知》，各县区民政局对养老服务机构定期开展监督检查并形成工作小结，市民政局针对发现的突出问题进行通报和约谈，督促完成整改。

【社会救助】2021年，全市城乡低收入人口4855人。其中，城市低收入人口689人、农村低收入人口4166人；易返贫致771人；支出型困难人1086人。以低保对象、特困人员、农村易返贫致贫人口、因病因灾因意外事故等刚性支出较大或收入大幅缩减导致基本生活出现困难人口以及其他低收入人口为重点，发挥各级社会救助联席会议制度作用，完善困难群众基本生活保障工作协调机制，利用民政、扶贫、教育、人力资源、住房和城乡建设、医疗保障、残联等数据平台，加强数据比对和信息共享，建立城乡低收入人口动态监测信息库。利用低收入人口动态监测预警机制，发现需要救助的困难群众。关注监测对象基本生活状况，建立监测相关台账，将符合救助条件的困难群众纳入救助范围，保证困难群众基本生活。发挥“12349”社会救助服务热线作用，确保困难人口第一时间得到各类社会救助，实现农村低收入人口返贫风险早发现和早帮扶。全年全市实施临时救助988人（户）次、“救急难”173人（户）次，发放临时救助金418.97万元。特困救助供养年龄从16周岁延长至18周岁，对脱贫人口中完全丧失劳动能力或部分丧失劳动能力且无法通过产业就业获得稳定收入的人口，对低收入家庭中依靠家庭供养且无法单独立户的成年无业一级、二级重度残疾人，重病患者，参照“单人户”纳入低保。对边境县区最低生活保障家庭，按照自治区最低生活保障标准增发 10% 的最低生活保障金。全市重病、重残 65 人参照“单人户”纳入低保，因学、因病等其他刚性支出致贫的 90 户 201 人纳入低保。察隅县、墨脱县、朗县、米林县 4 县共有城乡低保 374 户 901 人（其中城市低保 71 户 124 人、农村低保 303 户 777 人），6 月起享受增发补助资金，共增发补助金 32.19 万元。

【社会事务管理】 2021 年，加强婚姻登记规范建设，加强疫情防控期间婚姻登记工作的组织领导，全市 7 个婚姻登记处坚持以“依法行政、优质服务”为宗旨，积极推进婚姻规范化建设，杜绝“权力登记”“人情登记”，创建军人优先窗口，建立婚姻家庭辅导室、婚姻家庭纠纷调解室，既严格执法又热情服务，保证婚姻登记的合法、规范、便民。全年办理结婚登记 3082 对，离婚登记 373 对，结离婚登记合格率达 100%。依法推进收养登记，按照民法典办理收养登记，对收养人实行合规办理收养登记，全年依法办理收养登记 2 对，解除收养登记 1 例。提升殡葬公共服务能力，开展乱埋乱葬专项治理行动，加大殡葬基础设施建设，加强公墓管理。制定印发《2021 年清明节祭扫工作方案》，联合公安、应急管理、林业等部门，加强对祭扫活动的管理，确保祭扫安全、文明、绿色、环保，全年办理公墓安葬 10 例。推进精神障碍患者救治救助，结合党史学习教育，践行我为群众办实事工作要求，在全区率先挂牌“精神障碍患者救治救助点”，为全市精神障碍患者提供定点救治救助点。全年共救治 65 名精神障碍患者，病情稳定出院 27 名。

【福利事业】 *养老服务* 2021 年，完善林芝市养老服务体系，补齐居家、社区（日间照料）养老服务短板，提升老年人生活品质，推动兜底型、普惠型养老服务融合发展。落实特困人员救助供养制度，精准实施特困人员救助供养政策，完善全市 7 个特困人员集中供养服务中心硬件设施，提高管理服务水平，确保“应养尽养。”农村分散供养标准提高至每人每年 7590 元；集中供养标准提高至每人每年 14196 元。全市特困人员 1043 人，其中集中供养 529 人、分散供养 514 人，发放特困人员救助供养金 1480.47 万元。开展养老服务培训，提升服务技能，聚焦特殊群体，坚持问题导向，解决思想认识不到位、日常监管不到位、照护服务不到位等突出问题，组织特困机构服务人员参加民政部、市民政局、市人社局等部门举办的线上线下养老服务培训 3 场、68 人次参加。

发展居家和社区日间照料养老服务，加快构建居家社区机构相协调、医养康养相结合的养老服务体系，探索建设符合社区实际情况且具有民族特色的老年人日间照料中心。整合市、巴宜区两级老年人日间照料中心资源，在全市开展日间照料试点工作，依托市级老年人日间照料中心、巴宜区老年人日间照料中心为补充、社区建立养老服务驿站的推进模式，在市级老年人日间照料中心开展照料服务；在巴宜区老年人日间照料中心开展医养康养服务。完成城区 4 个社区居委会 710 名老年人能力等级评估、问卷调查，市、区级日间照料中心提升改造，建立林芝市永久梦想小镇和双拥路社区养老服务驿站，开启林芝市居家和社区日间照料养老服务工作。

儿童福利服务 构建与林芝市经济社会发展水平相适应的儿童福利体系，围绕新时代儿童福利工作职责使命、重点任务，落实孤残儿童、事实无人抚养儿童、困境儿童、留守儿童各项权益保障。通过开展入户走访、面对面交流、结对帮扶、“微心愿”礼物慰问、政策宣讲进村（居）和“大手牵小手·永远跟党走”等实践活动，发挥儿童督导员、儿童主任作用，深化“合力监护·相伴成长”专项行动，引导父母或者其他监护人依法履行监护职责和抚养义务，让村（居）民委员会、儿童主任履行工作职责，维护儿童基本权益。构建与

2021 年 5 月 31 日，市民政局在儿童福利院举行庆“六一”系列主题教育活动（市民政局　供图）

儿童生存发展需求相匹配，与其他社会救助、福利制度相衔接，以生活保障、儿童保护为主要内容，城乡一体化、保障制度化、服务专业化的儿童福利体系。2021 年，全市孤儿 392 名、困境儿童 325 名、事实无人抚养儿童 104 名、留守儿童 3 名。兑现孤儿养育金 498.15 万元、事实无人抚养儿童保障金 74.88 万元，为困境儿童、留守儿童送去“微心愿”礼物 17.6 万元。将因残疾、患病导致家庭经济困难且符合有关社会救助、社会福利政策的农村留守儿童、困境儿童、事实无人抚养儿童纳入社会救助保障范围，实施精准帮扶，解决实际困难，保障其合法权益。

残疾人权益保障　落实残疾人“两项补贴”制度，加强服务对象信息核查，将残疾人“两项补贴”信息录入信息系统，做到精准发放、动态管理。2021 年，为 91601 人次发放残疾人困难家庭生活补贴 916.13 万元，为 34663 人次发放重度残疾人护理补贴 693.26 万元。投入福利彩票公益金 108.15 万元，为残疾人购买护理型床、轮椅、拐杖等康复辅助器具，推动全市残疾人康复事业发展。

【流浪救助管理】2021 年，推进街面救助劝返工作，市救助站工作人员每周至少 3 次在餐馆、茶馆、香港路、工布映象、毛纺厂、福建公园、农贸市场等人员密集场所开展巡逻，劝返流浪乞讨人员，实施主动救助，做到发现一个救助一个。开展宣传工作，利用日常巡逻，张贴和发放《致广大市民的一封信》，宣传流浪流浪乞讨人员救助方式，引导市民理性施舍，营造市民关心、支持流浪乞讨人员救助管理的良好氛围。不定期组织公安、城管、民宗等主要成员单位，研究讨论流浪乞讨人员救助管理工作，集中力量开展流浪乞讨人员救助劝返专项行动和“寒冬送温暖”专项救助行动。开展“温情救助·让爱回家”主题活动，做好对流浪乞讨危重病人的医疗救助、生活救助、联系家人、护送返乡等工作。全年全市累计救助流浪乞讨人员 348 人次，其中救助区外人员 314 人次、救助区内人员 34 人次、救助未成年人 38 人次、劝返 404 人次、跨省救助护送 1 人次，共计支出救助金 12.5 万余元。组织召开救助联席会议 4 次，开展专项整治行动 4 次，开展宣传活动 8 次，发放宣传资料 1200 余份。

【福利彩票】2021 年，林芝市福利彩票共销售 6753.93 万元，其中电脑票销售 4155.84 万元，即开票销售 2598.09 万元，同比销量下滑。

【基层政权建设】2021 年，选派 3 名领导干部配合组织部门，聚焦精准选人用人，坚持靶向施策、严格程序、依法选举，全面完成全市 503 个村（社区）“两委”换届选举工作。指导墨脱县完成墨脱镇东布路社区居委会设立工作，提升城市社区管理服务水平。落实《关于修订完善村规民约的实施方案》工作，通过实地调研、建立调度工作机制，完成全市504个村（居）规民约（居民公约）修订完善工作，推动基层自治、法治、德治相融合。选定巴宜区巴吉村和米林县单嘎努觉村为村级民主议事协商创新实验试点单位，指导以上两个村修订完善村级民主议事协商创新实验方案。组织社区工作干部参加区民政厅举办的业务能力培训，举办林芝市社区工作培训班，提升社区工作干部业务能力。通过下基层调研走访摸排、电话邮箱举报等方式，开展涉黑涉恶线索和社会治安乱点、行业乱象线索摸排，结合村规民约修订完善和乡镇（街道）社工站建设等工作健全深化扫黑除恶长效机制。

【社会组织管理】 2021年，新登记成立市级社会组织2家，指导察隅县、墨脱县、波密县、巴宜区登记成立县级社会组织8家。全年全市共有市级社会组织24家、县级社会组织8家。联合巴宜区、米林县民政局和市公安局组成联合执法队伍，取缔1家非法社会组织。制定《林芝市民政局关于林芝市2021年度藏传佛教寺庙财税监管工作实施方案》，指导各县区完成21个宗教活动场所法人登记办理。开展“僵尸型”社会组织专项整治行动、在行业协会商会领域组织开展“我为企业减负担”专项行动、开展清理整治社会组织违规评选评奖工作等，推进社会组织健康发展。投入资金1万余元，为24家社会组织送去党建“大礼包”。年内，社会组织发展党员6名，另有5人向党组织递交入党申请书；通过专题党课辅导、专题教育、实地观摩、参观红色教育基地、观看爱国主义电影等方式，推动党史学习教育走深走实。各社会组织党组织开展“我为群众办实事”实践活动，累计为民办实事20件。

【区划地名和界线管理】 2021年，市民政局启动墨脱县行政区划调整前期工作，墨脱县完成请示等申报资料初稿。搜集整理波密县、察隅县“红色地名故事”3个，开展3场次宣讲活动。投入7.54万元，完成老城区和经开区322主道路一级路牌灯箱庆祝中国共产党成立100周年和西藏和平解放70周年宣传内容更换工作。开展专题部署讨论界线联检工作，制定《界线联检档案资料目录及归档标准》并下发至各县区，开展调研检查，指导各县完成县级行政区域界线联检工作任务。同时，加强平安边界创建工作，全年未出现因边界界线问题引发的矛盾纠纷。

【慈善事业】 2021年，召开林芝市慈善总会第一届第一次和第一届理事会第一次会议，完善理事会、监事会等组织机构，制定规章制度8部，设立林芝市慈善总会“董嘎公益”分会，通过倡议在会员内部筹集善款70万元，用于社会公益事业和事业管理费开支。开展关爱城镇低保边缘户活动，为20户家庭每户发放1070元的“生活购物卡”；对发生意外事故伤残住院群众、患大病女职工、因公牺牲军人家属等

2021年12月3日，林芝市仁华运营有限公司向林芝市慈善总会无偿捐赠演艺中心、城市客厅 （市民政局 供图）

对象进行帮扶，发放慈善救助资金 7 万元；协调其他省市一家爱心企业，为市儿童福利院 2021 年考入本科院校及西藏其他省市班的 15 名学生给予 3.6 万元助学金帮助；前往林芝火车站、林芝米林机场、市疾控中心等场所、单位慰问疫情防控一线工作人员，送去 11 类价值 3.19 万元的物资；协调落实福建盼盼集团 100 万元定向捐赠资金项目，指导 3 家受益单位制定项目方案、指导监督项目实施，林芝广东实验中学图书馆项目和市政府国资委困难群众救助帮扶项目落成。接收固定资产商务车 1 台、与林芝仁华城市运营有限公司签订无偿捐赠“演艺中心”“城市客厅”协议并完成交接。

【社工站建设】 2021 年 9 月，在广东省民政厅和西藏自治区民政厅的支持下，成立市级社会工作指导中心 1 个、乡镇（街道）成立社工站 18 个，在市儿童福利院、永久梦想小镇养老服务驿站成立社工点 2 个，“政府直聘社工”模式的首批林芝市社会工作指导中心和 7 个社工站正式运营。在借鉴广东社工“双百工程”经验上，完成“林粤社工计划”方案。利用外出学习、柔性引进、社工直聘的方式，争取到广东省民政厅援助资金 648 万元，用于全市首批 15 个社工站建设、人员聘用及连续三年每年安排 2 批民政干部职工前往广东跟班学习。完善社工站建设日常管理相关配套文件，加强体制机制建设。各县区社工站走进基层，了解民政对象与边缘困难群众的需求，链接政策及社会资源，为困难群体提供精细化服务，探索“五社联动”发展路径。社工站成立以来，入户探访民政对象 233 户，电话访谈 20 户，建立民政对象档案 176 户，服务民政对象 726 人次。

（市民政局）

人力资源和社会保障

【概况】 2021 年，林芝市人力资源和社会保障局围绕在发展中保障和改善民生主题，突出抓好“稳就业”“保居民就业”主线，推进社会保障、人才人事、劳动关系各项工作。全年实现城镇新增就业 4755 人，完成目标任务的 105.7%，城镇登记失业率控制在 1.45% 以内；农牧民转移就业 4.1 万人，完成目标任务的 102.5%，较 2020 年增长 8.5%；实现劳务收入 4.7 亿元，完成目标任务的 130.6%，较 2020 年增长 6.8%。应届高校毕业生就业率 99.5%。

【就业创业】 技能培训 2021 年，以服务川藏铁路、雅下水电资源开发等项目建设以及“一带四基地”产业发展为重点，以培育一批技能人才队伍为目标，实施农牧民“增技长智”计划和职业技能提升行动，提升就业能力。全市共培训农牧民 1.47 万人，完成年度目标的 112.8%，其中“订单定向”培训 3982 人，以工代训 1178 人；创业培训 595 人，完成目标任务的 108.2%，创业成功率 12.8%。开展企业稳岗扩岗培训，发放职业技能提升专账资金 450 余万元，惠及 2424 名企业职工，提升企业职工技能水平，助力企业发展。发挥林芝市技工学校优势，借鉴广东“三大工程”经验，实施“高原工匠”培养工程，开展南粤家政、粤菜师傅、农村电商等职业技能培训 21 期，培训学员 1520 人次，完成民生实事任务；与粤港澳大湾区粤菜师傅文化促进会、TCL 科技集团股份有限公司签署粤菜师傅培训合作协议，结合林芝特色研发“粤林幸福菜谱”3 类 34 道菜，增强就业竞争力，助推林芝市旅游服务行业发展。举办林芝市职业技能大赛、林芝市气象行业重要天气预报劳动技能竞赛，推荐选手参加全国乡村振兴职业技能大赛、西藏自治区第四届职业技能大赛，3 名选手 1 个交流展示项目入围全国乡村振兴职业技能大赛。推荐“易贡藏刀打造技艺”参加上海第 46 届世界职业技能大赛“中华绝技”展演。

搭建就业平台 坚持区内、区外“两个市场、两个资源”统筹谋划、一体推进。结合行业用工特点及需求，针对性举办招聘活动52场次，累计提供就业岗位29608个，提供“就业服务不打烊、网上招聘不停歇”的招聘服务。指导和督促各县区加强与广东对口支援地市的沟通衔接，启动“跨省就业直通车”，巴宜区、米林县分别在东莞、珠海设立劳务协作服务站，推动深圳市、珠海市、惠州市、东莞市、中山市等与林芝市受援县（区）签订劳务合作协议，在广东技才人力资源有限公司挂牌林芝市区外就业创业基地，构建“政府引导＋对口支援＋劳务协作”新模式，促进跨省转移就业536人，完成目标任务的107.2%。建立西藏籍高校毕业生“在粤之家”，巩固扩大广东省“三支一扶”招募西藏籍高校毕业生常态化工作成果，协调13个岗位专项招收西藏籍高校毕业生，4名高校毕业生前往广东基层就业。认定19家区内外机关企事业单位为林芝市青年就业见习基地，19名林芝籍高校毕业生前往广东机关企事业单位参加就业见习，增强高校毕业生岗位适应能力。组织18名林芝籍高校毕业生到粤参加就业创业训练营，提升就业创业知识储备和能力。2021年，援藏省市提供高校毕业生就业岗位2141个，完成年度目标的178.4%；196名高校毕业生实现区外就业，区外就业率9.4%。

规模就业 制定《川藏铁路林芝段工程建设劳务用工方案》《林芝市关于加大有组织转移就业和技能培训力度促进农牧民持续就业增收的意见》，全面实施领导干部“一对一”“一对多”帮扶应届高校毕业生就业创业，发挥市、县、乡、村四级劳务输出组织作用，培育劳务品牌，组织农牧民和高校毕业生实现就近就便就业。全市培育劳务品牌11个，墨脱采茶人、米林藏药种植人入选全区典型劳务品牌，其中墨脱采茶人纳入人社部新公布全国劳务品牌建议名单，代表西藏自治区参加第三届全国创业就业服务展示交流活动，被评为创新发展类劳务品牌，展现林芝市劳务品牌风采。全市实现有组织化转移就业25947人，占转移就业总人数的63.4%。各类政府投资项目吸纳农牧民用工14343人，占项目总用工人数56.5%，实现劳务收入超过1亿元。其中，400万元以下项目吸纳农牧民用工8880人，占项目总用工人数的84.8%，实现劳务收入4235万元。加快农牧民转移就业基地建设，促进农牧民实现转移就业，新审核挂牌农牧民转移就业基地17家、全市累计72家，共吸纳农牧民转移就业5170人，实现劳务收入5631万元。兑现5家符合条件的农牧民转移就业基地，吸纳就业奖励资金150万元。同时，制作《西藏籍高校毕业生在粤就业实录》，到各县（区）开展就业创业政策“五进一送”系列活动，受益人群超过2万余人次。认定林芝市第一批“创百店 扶千生”示范店10家，纳入西藏“创百店 扶千生”暨百企“一帮一”行动范畴，授牌西藏“创百店 扶千生”示范点，扶持有能力有意愿的高校毕业生创业

2021年9月2日，全国人才流动中心、广东省人力资源和社会保障厅、广东省第九批援藏工作队、林芝市人民政府联合主办的2021年大中城市联合招聘林芝籍高校毕业生和退役军人专场招聘会在林芝厦门广场举行

（市人社局 供图）

者。兑现高校毕业生就业创业补贴超过 4177.5 万元，提升用人单位吸纳高校毕业生，稳定高校毕业生就业。

【社会保险】 2021 年，贯彻落实习近平总书记在中央政治局第 28 次集体学习会上《关于完善覆盖全民的社会保障体系、促进社会保障事业高质量发展可持续发展》的重要指示精神，实施全民参保计划，推进“最多跑一次”服务，提升社会保障服务能力和水平。全市养老保险参保人数 10.96 万人、失业保险参保人数 2.06 万人、工伤保险参保人数 2.71 万人，全部提前完成社会保险参保任务。推行企业职工基本养老保险跨省转移“掌上办理”“移动办理”，参保人员可以通过“掌上 12333”App、微信等平台足不出户办理社会保险关系转移，办理时限从 60 个工作日缩短至 15 个工作日，办结申请养老保险关系跨省转移接续 326 件，实现“数据多跑路、百姓不跑腿”。推行告知承诺制，全面精简社保业务证明材料，放宽要求，798 名区外参保人员通过告知承诺方式完成参保登记，获得群众一致好评。加强与兄弟省市人力资源社会保障部门的沟通衔接，与四川、云南、贵州、甘肃 4 省建立异地劳动能力鉴定模式，开展异地劳动能力鉴定 18 起，方便受伤职工就地就近就便参加劳动能力鉴定，减轻工伤人员负担。

推进社保卡“一卡通”服务，发放社保卡超过 18 万张，签发电子社保卡 13 万张，签发率位居全区前列。社保卡发放工资待遇有序开展，全市机关事业单位 1.64 万名在职职工通过社保卡发放工资，占比达到 91%；1.94 万名退休人员通过社保卡领取城乡居民养老待遇，占比达到 92.5%。社保卡使用人数比 2020 年同期增长 83.54%。社保卡发放惠农资金工作对接财政部门有序进行。

做好离退休工作，兑现自治区 13 项民生实事关于发放较早参加工作退休人员特殊生活补助费的承诺，发放 7—12 月特殊生活补助费 20.28 万元。完成全市 3780 名退休工人的基本信息统计更新工作，动态掌握退休工人基本信息。取消退休人员领取养老金资格集中认证，推进线上认证，针对年老体弱、行动不便的退休人员提供上门服务。全年全市完成退休人员领取养老金资格认证 6388 人。组织 4 批次 75 名退休工人开展健康疗养、23 名林芝常驻拉萨退休工人开展“乘坐复兴号回家乡 看奋进中的林芝”参观考察活动。

强化风险防控，确保基金安全。迎接机关事业单位养老保险制度改革中期评估、社保基金风险管理地市交叉检查，完成社会保险数据专项治理工作，治理问题数据 1.43 万条；开展社保基金管理问题专项整治工作，清理回收滞留社保卡 1453 张，核查整改疑点数据 374 条，到各县（区）开展社保基金专项核查工作，追缴死亡冒领、重复领取养老保险金 203.81 万元，筑牢基金安全防线。

【人才人事工作】 2021 年，全市事业单位总人数为 8942 人，其中管理人员 961 人、专业技术人员 7225 人（双肩挑 296 人）、工勤技能人员 1052 人。结合产业发展需求，争取专家服务基层工作项目和知识更新工程项目，向自治区申报易贡乡茶叶种植品种和果树栽培基层技术人员培育为专家服务基层项目，感恩坚建材销售农牧民合作社为国家级专家服务基地，察隅县中小学教师藏语文教学能力提升培训班、察隅县科技特派员兽医合作社等领域相关人员业务能力提升班、电视新闻节目策划编辑播音高级研修班为知识更新工程项目。通过林芝市事业单位公开招聘、“三支一扶”等形式补充工作人员 500 余人。

巩固和扩大西藏少数民族专业技术人才特殊培养工作成果，多方协调将选派条件放宽至初、中级专业技术人才，为林芝市专业技术人才前往顶级科研院所学习、提升业务能力搭建平台。向自治区推荐 2021 年参加“西藏特培”人选 22 人，自治区批复 10 人。向自治区推荐 2 人享受自治区政府特殊津贴。

落实事业单位人员激励政

2021 年 3 月 29 日，林芝市职业技能大赛在林芝市技工学校举办

（市人社局　供图）

策，落实待遇留人、政策留人，对林芝市在岗的“三支一扶”人员生活补贴从每月 2800 元、每月 3000 元提高至每月 3000 元、每月 3500 元，并按照年度工作生活补贴的 40% 确定绩效考核奖励。落实专业技术人员以学历定职称的“定向评价、定向使用”优惠政策，畅通专业技术人才晋升渠道、拓宽晋升空间。2021 年，共 82 名专业技术人员通过“定向评价、定向使用”政策晋升相应职称等级。

向市直各部门、各县区全面下放各系列初、中、高级专业技术职称评聘权限，发挥行业主管部门、用人主体在职称评审中的主导作用，赋予用人单位更多选人、用人自主权，降低选人用人上的盲目行为。完成政府系统事业单位岗位设置工作，推进事业单位岗位认定，持续规范事业单位人事管理。制定《林芝市高技能人才培训基地管理办法（试行）》，培养适应林芝市经济社会发展的高技能人才。

【和谐劳动关系构建】 2021 年，实施劳动关系“和谐同行”行动，完善行政执法、劳动仲裁、刑事司法有效衔接机制，构建不敢欠、不能欠和不想欠的治理新格局，保障农民工工资足额支付。全年全市各级劳动监察部门受理案件 161 起，追发工资待遇 1311.51 万元，涉及劳动者 1033 人，结案率 100%，欠薪人数、金额与 2020 年同比下降 36.7%、72.7%；劳动人事争议部门受理案件 71 起，办结 71 起，结案率 100%，涉及金额 337.8 万元，涉及人数 128 人，实现各类欠薪案件动态清零。林芝市保障农民工工资支付工作连续四年被自治区评为 A 级，市人社局获得全国根治拖欠农民工工资工作先进集体。

以宣传《保障农民工工资支付条例》为重点，通过短信平台发送宣传标语 20 余万条，联合市电视台制作《我市多措并举根治农民工欠薪问题》专题片，在《每周关注》栏目开展为期一周的滚动播放。制作拍摄《答好为民考卷 构建和谐林芝》专题宣传片，起草《致全市农民工朋友的一封信》，并制作成抖音短视频，多渠道、全方位宣传农民工务工签订合同、实名制务工以及依法维权等注意事项，增强用人单位合法用工、广大农民工依法维权意识。

协同市中院、检察院、司法局、公安局、信访局、铁路办等部门，建立林芝市快速解决拖欠农民工工资机制和铁路建设项目保障农民工工资支付协调联动合作机制，强化源头治理，开辟农民工工资案件处理“绿色通道”，为农民工提供“一站式”服务，促进社会和谐稳定。同时，着眼根治欠薪工作实际，推行“互联网 + 调解”服务，实现市、县（区）、乡（镇）三级线上调解组织全覆盖，为劳动者提供调解在线申请、法律政策咨询和案件处理进展查询等服务，实现劳动人事争议调解“马上办、网上办、就近办”。

在全市范围内开展建筑领域劳动保障信誉企业评定工作，授予 11 家企业 A 级劳动保障信誉企业称号，2 家企业 B 级劳动保

障信誉企业称号，依法依规在日常检查、专项检查以及工资保证金缴存方面予以倾斜。对恶意欠薪行为保持零容忍态度，向公安机关移送拒不支付劳动报酬案件6件，面向社会公布8家公司重大劳动保障违法行为和1家“黑名单”企业，依法依规实施联合惩戒，提高用人单位恶意欠薪成本。开展“和谐同行”示范企业培育共同行动，在全市范围内确定3家培育企业，面向企业开展劳动用工指导服务，吸引广大企业参与和谐劳动关系创建活动。

聚焦“我为群众办实事”实践活动，联合公安、住建、信访、市场监管等部门，开展“学党史、解‘薪’忧、护‘薪’”夏季专项行动、清理整顿人力资源市场秩序专项行动、根治欠薪冬季专项行动等执法活动，聚焦工程建设领域和劳动密集型加工制造、餐饮服务等行业，突出发生过拖欠农民工工资问题的企业，对按时足额支付农民工工资、实名制管理、职业中介行为和企业招用工行为等情况进行专项检查，全面规范工资支付行为，为林芝市高校毕业生、农牧民工等重点群体就业创业营造良好社会环境。

坚持目标导向、问题导向和效果导向，到七县区实地查看2020年度保障农民工工资支付工作的组织领导、工程建设领域欠薪源头治理、工资支付保障制度建设、工资支付诚信体系建设、依法处置欠薪案件、执法能力建设等内容，通过自查自评、实地检查和综合评议相结合，形成考核报告，评定巴宜区、米林县、墨脱县为A级，工布江达县、波密县、朗县、察隅县为B级。

（市人社局）

退役军人事务

【概况】 林芝市退役军人事务局位于林芝市巴宜区迎宾大道4号。内设办公室（政工人事科、规划财务室）、军转安置和就业创业科、拥军优抚和权益维护科3个科室。下设市退役军人服务中心1个正科级事业单位。2021年，林芝市退役军人事务局贯彻落实习近平总书记关于退役军人工作重要论述和党中央、区党委及林芝市委各项决策要求，围绕以服务退役军人为中心，坚持为经济社会发展服务、为国防和军队建设服务两个服务方向，结合组织管理体系、工作运行体系、政策制度体系三大体系建设，做好就业安置、优待褒扬、权益维护、服务保障、思想教育以及激励发挥作用等各项工作，推动退役军人事业高质量发展。

【服务保障】 2021年，巩固服务组织，配齐补强服务中心（站）工作人员，厘清与行政机构的职能界限，打造“一站式”“一条龙”服务模式。拓展服务职能，面向军人军属、退役军人和其他优抚对象，推动服务内容向远程权益、司法援助等方面延伸。提升服务效能，开展服务中心（站）星级评定和示范创建活动，推动服务保障有效覆盖，实现从窗口服务到综合服务转变。

【权益维护】 2021年，以市退役军人服务中心为核心，辐射“五个一”服务要素，包括一条服务热线、一站式服务窗口、一个常态化工作例会、一个法律服务站、一个涉退役军人调委会，构成“五角星状”网络权益维护工作服务格局，实现权益维护工作网格化、责任化和法治化，用行动回应退役军人诉求。全年林芝市挂牌成立退役军人法律援助站和涉退役军人纠纷人民调解委员会共6家，召开退役军人工作例会2次。2021年上半年，来电来访400余次均得到满意答复，无历史遗留积案。开展法律咨询宣传300余人次，受理法律援助申请6人次，参与矛盾纠纷调解3人次。

【帮扶援助】 2021年，通过完善数据信息、帮扶结对、常态化走访、政策扶持、社会优待、基础保障等六条工作线，开展信息采集，建立退役军人分类基本数据库和服务对象“一档一卡一策”，帮扶援助困难退役军人，为困难退役军人排忧解难。坚持政策性落实和社会化扶持，让退役军人享受到更多福利政策。

【就业安置】 2021年，加强就业创业培训、信息精准对接和服务扶持工作，与市人社局签订就业信息共享协议，推送最新就业岗位信息；与5家有资质的承训机构达成培训合作协议。举办专场招聘会1次，扶持退役军人实现就业。加强与西藏技师学院协调，录取退役士兵1名。举办林芝市自主择业军队转业干部创业培训2期，对自主择业军转干部开展创业教育培训。

【“双拥共建”工程】 2021年，通过推进军地合力，让现役军人安心服役、建功军营，让退役军人适应社会、服务社会。做好拥军优属、移交安置、抚恤优待工作，让退役军人得到更多关爱。实现拥军支前资源与国防动员潜力对接共享，服务部队轻装上阵、专谋打赢。有挂牌“双拥门店”35家，为军人军属提供优惠保障服务。清明节开展网上祭扫共2.1万余人次。“9·30”烈士纪念日，组织各界代表在烈士陵园开展祭扫活动。开展“送服务进军营”“六送六进”等活动37场次。

【退役军人安置】 2021年，实施“党员回归”计划，修订《退役军人党员管理实施办法》，优化拓展退役军人基层党组织设置，建立党员年度登记、流动管理、常态教育机制，引导退役军人党员回归组织；召开自主择业军队转业干部例会2次，上专题党课2场次；局党组书记达瓦带队前往四川、广西，向抗美援朝老战士送去70周年纪念章；实施“榜样引领”计划，建立优秀退役军人资源库，选树典型人物，让退役军人走近身边典型；实施“老兵建功”计划，协调建立优秀退役军人推荐培训机制，引导退役军人投入新西藏建设。优秀退役军人投身基层治理、美丽乡村建设，以高荣、卫军为代表的“兵支书”“兵委员”，成为当地经济建设的主力军。开展最美退役军人先进事迹巡回宣讲20场次。

2021年4月23日，2021年林芝市退役军人创业培训（重庆）班开班仪式举行，林芝市副市长徐龙海出席活动

（市退役军人事务局 供图）

【受援工作】 2021年，做好受援工作，成立受援工作领导小组，由市政府副市长徐龙海带队前往广东省退役军人事务厅衔接援藏工作。9月6—8日，广东省退役军人事务厅党组副书记、厅长陈小山一行到林芝市考察调研，为林芝市退役军人事务局援助100万元的项目资金，同时为边防官兵送去价值100余万元的防寒服等物资。

（市退役军人事务局）

医疗保障

【概况】 林芝市医疗保障局内设办公室（政工人事科），医药价格、招标和待遇保障科，基金与医药管理科3个科室。下设医疗保障服务中心。2021年，城乡居民参保缴费15.43万人，参保率97.16%。至11月底，城乡居民基本医疗保险共筹集资金1.3亿元，其中中央及自治区财政补助8531万元（中央财政补贴7290万元）、市、县两级财政补贴

1164万元、个人缴费3238万元、利息收入24.57万元。城镇职工基本医疗保险参保3.38万人，其中在职27225人、退休6559人，参保率98.65%。城镇职工基本医疗保险基金支出1.65亿元，基金支付5921.37万元，其中生育保险基金支付1075.10万元，特殊门诊基金支出962.14万元。个人账户基金支付8505.13万元。做好医保扶贫保障，建档立卡贫困人口和四类特殊人群参保缴费全部由医疗救助金代缴，共计2.52万人706.38万元。解决群众医疗票据报销问题，市政府核拨700万元专项资金，各县（区）财政配套3460.49万元，解决6283人次医疗报销问题。构建意外伤害医疗保障，完成林芝户籍人员团体意外伤害保险购买工作，为全市20.1万名户籍人员购买团体意外伤害险，增强医疗保险基金的共济能力，保险金额308.55万元。提升医疗救助保障水平，完善城乡医疗救助中的普通医疗救助（年度最高限额10万元）、重特大疾病医疗救助（年度最高限额20万元），全面取消建档立卡贫困人口大病封顶线，减轻大病患者、困难群众医疗负担。制定《林芝市医疗保障局关于落实精神疾病人员医疗救助政策的通知》，全年医疗救助基金收入合计5413.88万元，其中财政划拨医疗救助基金4148万元，2020年度结转1253.88万元，利息收入27.6万元；全年医疗救助支出1698万元，基金支付1008.71万元，参保资助人数2.52万人，共计706万元。开展药品耗材招采工作。组织林芝市公立医疗机构完成14批次的药品、耗材采购报量及确定工作，全年药械采购工作开展频繁、覆盖面广，包括中成药、西药、胰岛素、冠脉球囊、心脏支架、人工关节、冠脉导引导丝等项目。规范药品目录落地实施，6月30日起，再次对自治区药品目录（2017版）内增补的乙类药品进行规范，涉及107种药品。全年受理递交医保协议管理申请材料的医疗机构25家。组织实施考察评估工作并报局党组会研究，经审定有16家纳入医保协议管理定点单位，其中医院2家、诊所3家、药店11家。

【医疗系统改革】2021年，推进医保市级统筹探索林芝经验。在全区率先整合地（市）级统筹的城乡居民基本医疗保险制度。8月1日，医保信息化建设与全国医保信息系统并轨运行，市医疗保障局提前对经办机构、工作人员、医药机构、医保医师、护士、特殊病种等15项业务进行贯标赋码，确保平台上线后系统正常运行，实现经办服务无缝衔接，保障广大参保群众享受优质便捷的医疗保障服务。抓好异地就医结算，依托“智慧医保”试点项目，率先建成集城镇职工和城乡居民医保参保登记、保费征收、账户配置、医保转移、刷卡结算等功能为一体的独立医保信息系统，林芝市城乡居民、城镇职工在全区率先实现“一站式一单制”结算和跨省异地结算。打通医保服务最后一千米。落实市委、市政府民生十件实事工作，制定《林芝市乡（镇）、村（居）医保结算服务能力提升项目建设方案》，推进“一站式一单制”结算在基层落地应用，为基层群众就医购药提供便利。

【基金监管】2021年，组织开展两定机构自查自纠，国家、自治区、第三方机构飞行检查、地市间交叉检查和市医疗保障局组织开展日常监督检查。结合扫黑除恶打非治乱专项斗争，召开打击欺诈骗保专项部署推进会议，对全市定点医药机构进行调研及检查全覆盖。构建医保基金拨付五级审核机制。构建医保基金智能审核平台，明确医保基金智能审核加人工复核等五级审核程序。全年共计追回医保基金1267.34万元，行政处罚78.46万元，暂停刷卡结算医药机构10家，终止《服务协议》1家。开展专项治理工作，成立林芝市医保基金监管治理工作领导小组，制定印发《林芝市医保基金监管治理工作领导小组成员单位及主要工作职责》《林芝市维护医保基金安全（2021—2022年）专项整治工作方案》，推动全市医疗保障基金专项治理工作。推进基本医疗保险支付方式改革，实施医保基金总额预算控制，保障医疗机构正常有序运转，遏制恶性竞争，解决“过度医疗”“小病大养”等问题，确保广大干部职工和农牧民群众的“看病钱、保命钱”用到实处，全年总额控制后节约医保基金3500余万元。提升监管能力，采购36万余元的专业执法设备，配发给各县（区）医疗保障局，在全市开展打击欺诈骗保行动，始终保持高压态势，以“零容忍”的态度保障基金安全。开展专项检查，以“查出问题、强力整改、维护正常的医疗支付秩序、确保医保基金安全”为目的，委托第三方对全市24家定点医疗机构和六县一区经办机构进行专项检查，核查近两年医保拨付资金使用情况、业务办理环节等，并根据专项监督检查结果责令被检查单位落实整改工作。

【新冠肺炎疫情防控】2021年，向市人民医院预拨医保基金50万元，专项用于新冠肺炎疫情的医疗救治，贯彻针对新冠肺炎疫情采取的特殊报销政策，对企业职工医保实施单位部分阶段性减半征收、缓征等措施，促进企业复工复产。将新型冠状病毒相关检测医疗服务项目及相关耗材纳入基本医保支付范围，采取及时办、延期办、放心办和不见面办等方式，做好疫情防控期间参保人员的医疗保障工作。全年市医疗保障局拨付新冠疫苗接种费用428万元。

【便民服务】2021年，精简办理流程及手续，取消医院等级证明、结婚证、身份证、配偶无工作证、休假证5项证明，将转院证、长期其他省市地居住证改为报销时现场填写异地就医备案表，全年公共服务事项办件录入4761件。引入保险行业和金融服务窗口，在医保大厅集中办公，实现“一站式服务、一单式受理”服务目标。落实报销时限，承诺30个工作日内完成审核结算及待遇支付工作，偏远地区报销时限可适当延长，但最长不得超过10天，开发林芝医疗保障公共服务平台，实现参保人员掌上办理医保个人账户查询、参保人员就诊记录查询、电子医保凭证使用等业务。推行“不见面”无人值守柜台服务，实现医保经办24小时自助服务。市政府投资190万元购买医保经办服务岗位14个，增加医保经办服务人员，提升经办服务效率。

（市医疗保障局）

2021年9月3—6日，市医疗保障局联合市军人事务局到部队，就退役军人医疗保险相关政策进行专题解读　　（市医疗保障局　供图）

民族与宗教事务

【概况】林芝市民族宗教事务局内设办公室（政工人事科）、研究室（法律法规宣教科）、民族科、宗教科、监督检查科5个行政科室，设佛协办公室、机关后勤服务中心2个事业单位。2021年，贯彻落实党的民族宗教政策，维护宗教正常秩序，全面推进民族地区经济社会发展，铸牢中华民族共同体意识，为实现林芝经济社会发展、民族团结、宗教和睦、佛事和顺作出贡献。

【民族团结进步示范市创建】2021年，市委、市政府召开市委常委会会议、政府常务会议、民族团结进步模范创评领导小组会议7次，专题学习中央民族工作会议等会议文件精神，研究部署民族团结创建工作，制定《2021年创建全国民族团结进步示范市深化方案》《贯彻落实〈西藏自治区民族团结进步模范区创建规划（2021—2025年）〉的实施方案》《民族团结进步模范评选表彰实施办法（试行）》《模范区模范单位考评命名实施办法》《民族团结进步创建"九进"实施方案》等6个文件。利用9月民族团结进步宣传活动月等节庆节点，开展民族团结进步宣传月活动，铸牢中华民族共同体意识。第二次组织各县区、市创评工作成员单位和各级创建办业务骨干50人在墨脱县开展"互观互检"活动，搭建学习交流平台。命名林芝市第三批民族团结进步模范区模范单位12个、民族团结进步教育基地4个。打造以工布公园民族团结广场、香港路民族团结示范街、福建公园民族团结主题公园为代表的民族团结视觉形象。11月23日，林芝市、巴宜区、墨脱县入围第九批全国民族团结进步示范区示范单位公示名单。

【宗教事务管理】 2021年，完善宗教领域维护稳定工作总体方案、应对宗教领域突发事件方案预案。在萨噶达瓦节和其他重大节庆期间，组织宗教领域督导组，以明察暗访的形式到7个县（区）寺管会、宗教活动场所督导检查、安全生产、疫情防控等工作落实情况，慰问全市24个寺管会、39个宗教活动场所和122名困难僧尼，发放慰问金24.4万元。开展宗教领域法治宣传教育，把藏传佛教活佛转世历史定制、宗教仪轨、法律法规宣传作为工作重点，面向全市广大僧尼开展政策法律法规宣传。制定《林芝市2021年藏传佛教寺庙财税监管工作方案》，成立市藏传佛教寺庙财税监管工作领导小组，召开2次工作部署会、推进会，在总结借鉴2020年巴尔曲德寺财税监管试点工作经验的基础上，开展35座寺庙财税监管工作。按照定员僧尼补充条件和审批程序，向自治区申报2021年新吸收僧尼7名，推进藏传佛教寺庙定员僧尼补充的工作。2次开展宗教领域大调研，对全市宗教活动场所、寺庙僧尼、社会流动从事宗教活动人员等情况进行摸底排查，并形成2份调研报告，为自治区党委和市委决策提供依据。

【兴边富民建设】 2021年，完善《西藏自治区"十四五"兴边富民建设规划表（林芝市）》，加强中央下达的少数民族发展资金使用情况监管，协调市乡村振兴局、财政局将第一、二批中央下达的少数民族发展（兴边富民）资金9425.19万元统筹整合用于全市实施乡村振兴战略。协助市发改委将察隅县、下察隅镇、墨脱县、格当乡申报为自治区"兴边富民中心城镇"建设试点范畴，推进兴边富民中心城镇建设。

【健康茶推广普及】 2021年，制定《林芝市2021年健康茶推广普及工作方案》，在庆祝西藏和平解放70周年期间，与自治区同步举行低氟健康茶发放仪式，按照户籍人口中城镇居民和农牧民群众每人3千克的配送标准，累计完成免费配送健康茶605.514吨，配送率100%。

【应急保障】 2021年，落实《林芝市涉及民族宗教方面群体性事件应急预案》《矛盾纠纷排查调处工作方案》，指导七县（区）民宗部门完善涉及民族宗教方面的应急预案和矛盾纠纷化解、行政调解制度，全市防范民族领域重大风险隐患制度建设工作走在全区前列。

（市民宗局）

强基惠民

【概况】 2021年，林芝市各级各部门和广大驻村（居）工作人员贯彻落实区党委、市委关于干部驻村工作的相关会议部署，聚焦新时代干部精准驻村工作"七项职责"，推动驻村工作在抓好"四件大事"上取得进步、在服务"四个确保"上展现更大作为、在推进长治久安和高质量发展上迈出步伐、在助力现代化国家新征程开局起步上取得突破。

【制度保障】 2021年，坚持科学部署，区分重点村和一般村，统筹安排，按照村居所要、单位所优的原则，将72个市直单位的101支工作队调整至工作任务重的重点村，实现“抓重点、攻难点、强弱村、齐向前”的目标。各级强基办审核派驻单位选派的1512名驻村干部，对不符合条件的督促更换。推动“严管与厚爱”并举，建立“日收集、周研判、事即处”制度，结合“我为群众办实事”活动，推行“四个一线”工作法和月视频调度会举措，督促驻村干部担当作为。强化自身建设，市强基办坚持每周开展“业务大讲堂”，增强工作人员业务水平。制定《林芝市驻村工作激励机制方案》，每半年对工作成效显著、成绩突出的县乡强基办和驻村工作队进行表彰奖励，激励驻村人员担当有为。

【民族团结教育】 2021年，推进民族团结进步教育，开展中华民族共同体意识教育、“四讲四爱”群众教育实践活动、“中华民族一家亲，同心共筑中国梦”主题宣传1727场次，覆盖群众6.02万人次，推动党的民族理论、民族政策走进人民生活，教育引导农牧民群众树立正确的国家观、民族观、宗教观、历史观、文化观，增强“五个认同”意识，提高维护祖国统一、加强民族团结的思想自觉。开展国家通用语言文字教育培训1.1万余场次，群众性民族团结进步创建活动1545场次，覆盖群众106813人，驻村工作人员与农牧民群众同吃、同住、同学、同劳动，促进民族交往交流交融。

【维稳工作】 2021年，坚持把维护稳定作为第一位任务，干群协力，构筑基层安全防护网。强化思想教育引导，开展反分裂斗争教育活动3156场次，引导各族群众主动参与反分裂斗争。发挥协调联动机制作用，协助村“两委”制定维稳工作方案和应急预案3619个，组建护村队、护路队、护校队等，开展巡逻3.37万次，处置紧急事件86件。落实“日收集、周研判、事即处”制度，共排查矛盾纠纷风险隐患9439次，化解处理各类矛盾纠纷904件，防范化解风险隐患977次，把各类矛盾纠纷隐患与不稳定因素消除在萌芽状态，做到“三稳”“三不出”。

【基层组织建设】 2021年，建强村“两委”队伍，协助乡镇党委，推进村（社区）“两委”换届选举，发挥“传帮带”作用，提升能力素质。建强党员队伍，推进“两学一做”“不忘初心、牢记使命”等学习教育常态化制度化，组织党员学习5163次，发放宣传学习资料33892份。协助村居抓好党员发展和教育管理工作，发展党员763人，列入发展对象350人、入党积极分子587人，排查清理信教党员10人，提高基层党员队伍整体素质。协助村（社区）党组织规范“三会一课”、过好党内组织生活，召开党员大会3386场次、党支部委员会4169场次、党小组会6371场次、讲党课3046场次，开展组织生活会729次、民主评议党员680次、主题党日活动4231次、党务村务财务公开3984次，提高凝聚力战斗力。依托村（社区）党群服务中心，加强农牧民党员教育培训、服务基层群众，开展群众群团活动2597次，打造成为服务群众、紧密联系群众的基础平台。深化军地共建“五共五固”活动内涵，筑牢边境红色长廊，加强边境一线军地基层党组织结对共建，推广“帐篷党支部”“小牧屋党小组”做法。

【助力乡村振兴】 2021年，巩固拓展脱贫攻坚成果与乡村振兴战略有效衔接，宣传相关政策3189次，配合乡镇、村居党组织和县区乡村振兴部门，对6100余户群众开展易返贫致贫人口常态化监测，制定针对性防返贫措施946条，驻村工作人员结对帮扶4516户1.66万人，帮助结对群众解决实际困难和问题1750个。帮助村（社区）“两委”理清发展思路1293条，制定实施经济发展规划841项。争取派驻单位支持，从各渠道争取推进乡村振兴计划帮扶项目 164 个，资金 29326.5 万元，其中落实项目 63 个。用好各项扶持资金和强基惠民资金，帮助 200 个村居党组织兴办符合产业政策、市场前景好、就业带动强的集体经济组织 176 个、专业合作社 152 个，产生稳定收益的有 110 个，构建起乡村产业体系。推进中组部扶持的 42 个村级集体经济项目建设，推行“乡镇抱团”“联村共建”等有益做法，全市集体经济收入 10 万元以上的村达到 154 个、50 万元以上的村增加到 45 个。

【治理体系建设】 2021 年，建立健全现代乡村社会治理体制，组织动员群众广泛参与，完善共建共治共享格局。坚持驻村干部当好“指导员”，村“两委”当好“管理员”，双联户长、保洁员、护林员等当好“管事员”上下联动的治理服务体系，组织党员群众在维护村居环境、理论宣传宣讲、志愿服务帮扶、设卡巡逻登记等方面发挥作用，提高基层社会治理能力和水平。开展宪法、民法典等法律法规宣讲教育 3553 场次，宣传防范网络诈骗、禁毒知识教育 3133 场次，普及防灾救灾和自救互救、避险逃生等知识宣传教育 2909 场次，破除封建迷信宣传教育活动 2251 场次，开展常态化疫情防控知识宣传 8277 场次，夯实基层治理根基。推动社会主义核心价值观落细落实，帮助村级组织规范完善村规民约 5037 条。实施村级事务阳光工程，开展村务、党务、财务“三公开”3984 次，运用“四议两公开”解决事情 2211 件，提高基层社会治理制度化水平。

【为民服务】 2021 年，聚焦困难人群保民生，入户走访慰问困难群众，开展志智双扶，协助帮扶单位对口帮扶，协调社会力量参与帮扶活动，为困难群众捐款捐物折合资金 29.09 万元。聚焦便民利民优服务，发挥村级组织活动场所平台作用，协助做好“一站式服务”“一门式办理”工作，推动村（居）为民服务全程代办，开展线上线下代缴代办理等便民服务 1.66 万件。聚焦民生难题办实事，开展“我为群众办实事”实践活动，为群众解决好“急难愁盼”问题 4168 件，协助相关部门在农牧民群众中宣传“厕所革命”“两降一升”和结核病、肝炎、风湿病、大骨节病等地方病综合防治工作 2704 场次、覆盖群众 10.29 万人次，帮助 7553 名村民解决看病问题。推进重点人群就业，宣传免费教育政策和就业创业优惠政策 2519 次、覆盖群众 10.96 万人次。协助和动员农牧区高校毕业生参与大众创业、万众创新 664 人，帮助 132 名毕业大学生解决就业，协助开展农牧民实用技能培训 934 场次，受益群众 3.24 万人次，帮助 1857 名群众稳定就业，增加收入 256.12 万元。

【驻村工作】 2021 年，自治区第十次党代会作出“充分发挥第一书记作用，统筹用好村级工作力量”部署要求，全面总结十年驻村工作成就，协调相关部门，制定细化措施，完善工作方案，引导驻村力量统筹发力，发挥最大合力作用，提高村级力量服务群众能力。贯彻落实区党委、市委的安排部署，围绕“强基础惠民生”这个主题，聚焦“七项职责”，坚持系统观念，坚持“只能加强、不能削弱，定期轮换、小幅调整，突出重点、全面覆盖”的工作原则谋划精准驻村工作，继续完善坚持全市“驻村工作激励机制”“日收集、周研判、事即处”等创新工作制度，确保各驻村（居）工作队做好各项工作。

（市强基办）

县　区

巴宜区

【概况】巴宜区地处西藏自治区东南部，地理位置坐标为北纬29°21′～30°15′，东经93°27′～95°17′，地处雅鲁藏布江中下游，东西长177.2千米，南北宽98.6千米。东邻墨脱县，南邻米林县，西部和西北部与工布江达县交界，北部和东北部与波密县相通。全区平均海拔3000米，相对高差2200～4700米。东北部和西北部为藏东南山地河谷地貌，南部为冈底斯山脉余脉，北部属念青唐古拉山支脉高山地段。境内较大的河流有雅鲁藏布江、尼洋河、帕隆藏布江，主要的湖泊有帕隆湖、措木及日湖。受印度洋暖湿气流影响，境内属高原温带半湿润季风气候区，冬季温和干燥，夏季湿润无高温。主要的山峰有北部的加拉白垒峰、东部的色季拉山峰。川藏公路318国道、306省道和拉林高等级公路贯穿全区，区政府驻地八一镇，距拉萨市400余千米，距林芝火车站18千米，距林芝米林机场51千米。

巴宜区下辖4个镇、3个乡、2个街道，69个行政村，4个居民社区，127个自然村。2021年，全区常住总人口84590人，其中农村人口23678人，人口出生率4.67‰，自然增长率1.51‰。主要AAAA级旅游景点有卡定沟景区、世界柏树王园林景区；AAA级旅游景区有千年核桃王景区；其他景区有措木及日景区、工布原乡景区、嘎拉桃花村。特色产品包括工布圣香、玫瑰花茶、雪菊茶、玫瑰香皂、藏式氆氇、苹果干、藏香猪等。全年完成生产总值104.76亿元，同比增长6.9%。其中，第一产业完成1.78亿元，同比下降2.7%，第二产业完成36.79亿元，同比增长4.1%，第三产业完成66.19亿元，同比增长9.3%。全社会固定资产投资41.2亿元（含林芝市），同比下降3.8%。社会消费品零售总额38.54亿元。

【产业发展】2021年，巴宜区以建设全域旅游示范区为目标，丰富入藏“第一站”内涵，整顿优化旅游市场环境，推进精品民宿打造，新一轮A级景区集群创建全面启动，探索建设西藏首个高原植物园，投资6600万元的大柏树景区项目稳步实施。全区累计接待游客304.04万人次，旅游收入28.08亿元。加大品牌培育力度，创建公用品牌“工布雅布都”。推进投资2600万元的西藏高原苹果苗木繁育基地，引进总投资2亿元的林芝牧源生物科技黑龙雪牛养殖项目，推进投资3000万元的章巴沟藏猪养殖项目，果蔬和藏猪等种养殖规模扩大。章巴村藏家乐农牧民专业合作社被评为国家农民合作示范社。强化新兴产业培育，全面打造全市商贸物流集散地，促进传统产业逐步向现代服务业转变，规划建设农牧产品加工产业园。建筑构件产业园、更章现代农业

2021年2月27日，市委书记敖刘全（前右三）到巴宜区布久乡寺管会开展“三大节日”慰问　（巴宜区委员会办公室　供图）

产业园、巴吉物流园等产业园区经济效益逐步显现，年增加税收超千万元。

【项目建设】2021年，巴宜区实施重点建设项目84个，其中续建项目33个，新建及计划开工项目51个，总投资10.42亿元，完成投资7.23亿元。投资50亿元高原茶产业小镇项目和农夫山泉项目有序推进。实施重点项目惠民行动，400万元以下项目农牧民用工占总用工量的85.6%，川藏铁路巴宜段建设带动群众创收超1亿元。以“打基础利长远”为目标，做好“十四五”规划及2035年远景目标纲要编制工作，谋划储备重大项目304个，总投资237.85亿元。投资1500万元，实施火车站配套建设项目，提升火车站站外运营管理能力。推进“四好农村路”创建工作，县乡污水处理设施覆盖率100%，水利基础设施逐步改善，完成嘎吉村泄洪渠、防洪堤等工程。

持续优化营商环境，落实招商引资优惠政策，借助互联网载体，做好招商引资宣传，加大招商推广力度。全年落实招商引资项目39个，总投资59亿元，到位资金8.41亿元。加强校地共建，与西藏农牧学院签署战略协议，建立重点研发项目示范基地，承担自治区首个藏猪野外散养监测与回收系统研发科技项目。

【乡村振兴】2021年，巴宜区做好脱贫攻坚和乡村振兴有效衔接，落实过渡期内“四不摘”要求，完善脱贫攻坚动态监测机制，夯实“两不愁三保障”基础，开展“三岩”群众“1+4”结对帮扶模式，统筹脱贫攻坚整合资金和乡村振兴衔接资金2.83亿元，实施产业项目27个，建成项目14个，在建项目13个。在培育选树17个乡村振兴示范村基础上，结合各村的资源禀赋，实施“一村一策”，整合5566.88万元，打造4个乡村振兴示范村。持续深化产业、就业、智力援藏内涵，打造“藏小鲜”线上销售平台，推进米瑞乡小学升级改造、“产学研检”综合提升、玉麦村林果示范基地等项目，投资4000万元的8个小康示范村项目建设完成，“藏家乐”帮扶模式成为援藏品牌。借鉴浙江“千万工程”经验，全域推进农村人居环境整治，常态开展“三清一改”，乡镇生活垃圾清运实现全覆盖。探索建立人居环境综合整治长效机制，通过“绿色银行”模式引导群众自觉形成良好生活习惯。采取先行先试开展村集体土地占用整治，推行庭院标准化建设，为乡村产业发展提供空间，白定村释放土地资源200亩。围绕“四讲四爱”教育实践活动，持续改进乡风民风，深化精神文明创建活动，加大非物质文化遗产保护，编撰完成自治区第一部行政村志《巴吉村志》，“工布扎念博咚”“米纳羌姆舞之乡”等特色民俗文化成为推进乡村振兴的文化窗口。

【深化改革】2021年，巴宜区完成事业单位改革，司法体制改革有序推进，“一站式”诉讼服务中心建设完成。深化纪委监委“三转”工作，完成纪委监委内设机构试点改革。“放管服”改革持续推进，“一站式受理、一次性告知、一条龙服务”逐步实现。

【改善民生】教育事业　2021年，巴宜区全面完成义务教育均衡发展目标任务，落实本级教育投入资金7018.47万元，制订《深化教育改革提升教育教学质量五年行动计划》，实施新建、改扩建教育项目11个，推进控辍保学工作，实现“五个100%”教育目标。实施暖心工程，投入200万元，为全区师生配备专业厨师，创办干部职工子女假期托管班。

医疗卫生　巩固国家级慢性病示范区创建成果，第二轮国家卫生城市复评工作通过国家考核，投资2.3亿元，建成区人民医院，推进县域医共体建设，实现家庭医生签约全覆盖，藏医药事业不断发展，巩固医疗基础条件。开展爱国卫生运动，倡导健康文明生活方式，食品药品实现智慧监管，食药领域未发生安全事故。

就业创业 累计多渠道开发就业岗位1057个，新增城镇就业975人，农牧民转移就业5398人，实现劳务收入6443.8万元，高校毕业生就业率达99.5%，城镇登记失业率控制在2.5%以内。“三岩”搬迁群众就业工作入选“人社部扶贫助力全面建成小康社会优秀成果奖”。

社会保障 全面落实城乡低保和特困供养标准提标工作，累计发放社会保障资金367.57万元，城乡居民基本实现参保全覆盖，跨省异地就医实现直接结算，老年人日间照料中心投入试运营，总投资1100万元的特困中心提升改造项目有序推进。同时，坚持办好“民生十件实事”，开展“我为群众办实事”实践活动，累计为群众办实事1302件，投入资金1636万元，解决群众的急难愁盼问题。

【生态文明建设】 2021年，巴宜区研究部署生态环境保护工作13次，开展专项督导检查40余次。第一轮中央环保督察反馈问题91项及自治区环保督察反馈问题14项，全部整改完成。环保督察整改“回头看”实现全覆盖，做好第二轮中央生态环境保护督察迎检准备工作，上级反馈、曝光及自查问题整改工作有序推进（警示片曝光1件、自治区暗访调研及林芝市督导反馈15件，自查问题35件）。强化考核结果运用，将生态创建、森林保护等相关内容纳入年终考评范围，明确各级各部门职责、任务，并将考核结果作为年度综合排名依据。践行绿色理念，实施草原生态保护补助奖励政策，提供生态补偿脱贫岗位1212个，鼓励群众参与生态修复工程建设。加强生态文明宣传教育，将环境保护纳入村规民约，引导群众形成绿色低碳的生活方式。落实环境执法“双随机”制度，开展实地排查29次，检查企业70余家，累计接到环保举报投诉22件，处理完结率100%。制定环境质量监测方案，全面掌握环境质量状况，空气质量达标天数比例100%，主要江河湖泊水质达到或优于Ⅲ类标准，集中式饮用水水源地水质达标率100%。推进生态文明建设规划编制、“两山”基地创建和自治区级生态文明示范县、乡、村申报，国家生态文明建设示范区复核迎检通过自治区审核，实施城市周边国土绿化、生态修复（造林）等国土绿化工程，森林抚育3.19万亩。157名河湖长发挥作用，推进砂石整治，保护河湖环境。投入600万元，开展自然灾害综合风险普查，加大自然灾害隐患监控监测，开展隐患排查100余次。持续加强生物多样性保护，开展野生动物保护及宣传工作。国土空间规划编制和自然保护区调整有序推进，针对非政策性搬迁群众违建的实际，推进开展“打非治违”专项整治，累计拆除违建75宗、释放土地257亩。

2021年7月20日，自治区人社厅副厅长邵昌（右一）到巴宜区进行社保基金管理问题专项整治抽查工作（巴宜区委员会办公室　供图）

【社会治理】 2021年，巴宜区坚持和发展新时代“枫桥经验”，深化平安巴宜创建，落实维稳经费4404.59万元，构建以人防为重点，技防、物防为辅助的治安防控网。推进治安防控体系建设，健全各卡点安保服务措施，乡镇（街道）社会工作服务站和三级综治中心规范化建设有序推进，37名护路员守护拉林铁路巴宜区段的安全，“一标段一警务室”保障川藏铁路巴宜段的顺利建设。推进安全生产专项整治三年行动，开展安全检查970余次，排查整改隐患2062处，安全事故起数和死亡人数实现“双下降”。一次性招录30名政府专职消防员。抓好金融领域风险防控，组织开展打击非法集资、网络传销、金融诈骗等专项行动。巩固扫黑成果，坚持做到机构不撤、人员不减、力度不变、措施不软，抓好十项制度落实，推动扫黑除恶专项斗争制度化、常态化，受理问题线索8条，办结6条，2020年11月以来立涉恶九类个案10起，打击处理23人。开展政法队伍教育整顿，建立健全工作机制19项，推进学习教育、查纠整改、总结提升；推进“回头看”工作，收集问题线索245条，排查“六大顽瘴痼疾”190个158人。整治突出违法犯罪，查处治安案件420起，刑事立案439起，破获刑事案件223起，破案率51%。推进“八五”普法，依托“法律十进”，抓好“法律明白人”培养，开展专题宣传教育814次，发放宣传资料14.2万份，设立咨询台214个次。重视和支持人大、政协工作，发挥人大、政协汇聚力量、建言献策、民主监督等重要作用，任免“一府一委两院”干部96人次，办理人大代表议案20件、政协委员提案44件。

（巴宜区委员会办公室）

经济开发区

【概况】 2021年，林芝经济开发区围绕党的建设、招商引资、园区建设、产业发展、优化营商环境和安全生产、生态环境保护等方面展开工作。全年实施招商引资项目32个，其中新建项目9个、续建项目23个，总投资33亿元，到位资金16.05亿元，完成年度目标任务的100%，同比增长60.5%。工业总产值1.01亿元，同期增长30倍。辖区内企业累积注册数量771家，同期增长260%；税收收入1438万元，同期增长11.36%；带动就业477人，就业增收368.66万元，其中带动高校毕业生就业达67人，同期增长76%，带动农牧民转移就业达410人。引导粤林产业园入驻企业探索发展“产业＋旅游＋文创”新模式。培育一批具有鲜明特色的企业，涵盖林下资源加工、高原生物科技、中药藏药材加工和科技成果转化等产业，文化企业占比达90%。粤林产业园文化产业总投资1.9亿元、产值3500万元，2021年粤林产业园命名为“自治区级文化产业示范园区”。

【项目建设】 2021年，编制完成《土地集约利用评价报告》《规划水资源论证报告》《水土保持区域评估》。完善基础设施，完成政府和援藏资金投资的基础设施类项目14个，总投资8520.87万元，包括粤林产业园消防设施提升、电力提升、消费产品展厅装饰工程、综合楼提升改造项目、经开区大门标识等项目。林芝经济开发区重点园区有粤林产业园、高原生物科技产业园和中药藏药产业园。其中，粤林产业园是“十三五”广东省援藏重点项目，占地面积105亩，有20家企业入驻，总投资金额4.5亿元，其中广东企业8家、本地企业8家、澳门企业2家、其他区企业2家；高原生物科技产业园占地面积237.58亩，总投资3.6亿元，其中广东援藏在“十四五”期间安排1.78亿元支持建设，主要建设标准厂房、研发服务中心、中转仓储，以及办公楼、人才公寓等配套设施，在建6栋标准厂房；中药藏药产业园占地面积326亩，园区将配套建设公共服务平台、藏药电子商务平台、研发中心等，入驻海南上诚健康、甘露

2021年2月3日，林芝经济开发区外资项目实现零的突破，引进联升贸易（澳门）有限公司、中拉控股集团有限公司两家澳门企业

（经济开发区管理委员会　供图）

藏药、藏草宜生、药联药业等4家企业。

【招商引资】2021年，引进伽蓝集团喜马拉雅科研中心、广州普罗艾森高原生物医药研究中心、甘露藏药保健品及食品实验室、岭南生物技术研究室、林芝域之香生物提取实验室、藏野驴高原肌肤护理实验室等一批实验室落户粤林产业园，为产业转型升级提供技术支撑。系统推进全产业链发展，提升产业链层级，借助链主企业的研究能力，推进产业链高端化。引进中药藏药产业上游龙头企业、链主企业，拉长产业链条，打造产业链上下游配套齐全的中药藏药产业集群。

【智力援藏】2021年，发挥佛山高新区和林芝经开区结对共建平台作用，选派2名干部到佛山高新区跟班学习，引进佛山高新区招商引资、规划编制方面的2名业务骨干，为经开区发展注入新活力。与广东省佛山市高新区、东莞松山湖经开区、珠海经开区、江苏省海门经开区、湖南省望城经开区签订结对共建协议。

【优化营商环境】2021年，推行“全程代办　专班服务”，为企业发展提供“一人一站”式服务。建立“链长制”，成立招商引资项目36个服务专班，明确具体责任人，一对一为企业提供精准服务，累计提供相关政策咨询服务1000余人次，帮助企业解决各类问题500余件，帮助企业招聘各类人才100余人。设置经开区管委会综合服务中心，为企业提供工商注册、行政审批、政策宣传、公共服务等“一条龙”服务，简化行政程序，累计帮助企业解决各类问题200余件。

2021年9月30日，成立林芝经济开发区管理委员会机关工会委员会、经费审查委员会、女职工委员会。

【外贸出口】2021年，园区外贸出口总额6284美元（4万元人民币）。年内，共接待区内外到经开区各类考察团140余家，其中接待广东企业97家。

（林芝经济开发区管理委员会）

波密县

【概况】波密县位于西藏自治区东南部，林芝市东北部，念青唐古拉山东段南麓与喜马拉雅山东段北麓交界处，距拉萨市636千米，距林芝市234千米。平均海拔3300米，主要为冰川、高山峡谷及河流堆积地貌。波密县地处青藏高原的藏南谷地与藏东横断山脉高山峡谷过渡段，属藏东南温带半湿润高原季风气候，年平均气温10.4℃，年最高气温30.1℃，年最低气温−8.8℃，日照时长1244小时，年降水量945.6毫米。主要物产为天麻、松茸、灵芝菌、羊肚菌、三七等。辖3个镇7个乡85个村（居）委会，总人口4.01万人，其中农村人口2.71万人。地域面积1.68

万平方千米，主要以农牧、旅游产业为主，农业包括小麦、玉米、青稞、马铃薯、油菜等作物，畜牧业包括牛、猪等。耕地面积5606.06公顷，粮食播种面积4939.3公顷，经济作物耕地面积5777.96公顷。森林覆盖率34.3%，林地面积63.03万公顷。国家级野生保护动物有黑颈鹤、藏雪鸡、豹、斑羚、扭角羚、绯胸鹦鹉等。已探明矿产资源有铅锌矿、铜矿、云母矿、水晶矿、铁矿、冰洲石、石灰岩等。主要旅游景点有AAAA级景区米堆冰川、波密红色系列景区（扎木中心县委红楼、易贡将军楼），AAA级景区岗云杉林。特色产品有易贡菜籽油、波密天麻、波密松茸等。

2021年，波密县完成生产总值32.85亿元，同比增长6.9%。其中，第一产业完成3.01亿元，同比下降4.6%，第二产业完成9.83亿元，同比增长3.7%，第三产业完成20.01亿元，同比增长9.7%。全社会固定资产投资11.08亿元，社会消费品零售总额3.76亿元。地方财政收入1.33亿元，同比增长98.94%；地方财政支出11.24亿元，同比下降8.57%。完成邮政业务总量307万元，完成电信业务总量1916万元。固定电话用户7544户，使用率18.86%；移动电话用户2.5万人，使用率62.43%；互联网用户1.14万户。全年共接待游客176万人次，旅游相关收入12.17亿元，同比分别增长32.19%和17.63%。年末城乡居民储蓄存款余额10.13亿元。全年农村居民人均可支配收入2.38万元，新增城镇就业602人，城镇失业登记率2.3%。至年底，参加城镇失业保险1813人，机关事业单位养老保险参保人数1993人，企业职工基本养老保险参保人数674人。参加城乡居民养老保险1.35万人，领取养老保险待遇2294人。参加城乡居民基本医疗保险2.71万人，参合率96.62%。

【重大会议】 **中国共产党波密县第十次代表大会** 2021年6月27—29日，中国共产党波密县第十次代表大会召开。会议审议通过中共波密县第九届委员会工作报告、中共波密县第九届纪律检查委员会工作报告、中共波密县委第九届委员会关于党费收缴、使用和管理情况的报告，会议选举产生中国共产党波密县第十届县委委员27名、县委候补委员5名、纪委委员13名和出席林芝市第二次党代会代表25名。明确今后五年全县工作要求是以新时代“六区”建设（和谐稳定示范区、民族团结模范区、高质量发展先行区、生态文明引领区、强边富边保障区、党建引领样板区）为目标，把维护祖国统一、加强民族团结作为着眼点和着力点，把改善民生、凝聚人心作为出发点和落脚点，抓好稳定、发展、生态、强边“四件大事”，打造藏东南经济枢纽，推动全县长治久安和高质量发展。

波密县十三届人民代表大会第一次会议 2021年7月4—7日，波密县第十三届人民代表大会第一次会议召开。会议审议并表决通过《政府工作报告》《波密县人民代表大会常务委员会工

2021年6月27日，中国共产党波密县第十次代表大会召开

（波密县委员会办公室　供图）

作报告》《波密县人民法院工作报告》《波密县人民检察院工作报告》，会议选举产生县人大常委会主任1名、副主任4名、委员18名；县人民政府县长1名、副县长8名；县监察委员会主任1名；县人民法院院长1名；县人民检察院检察长1名。

中国人民政治协商会议第十届波密县委员会第一次会议 2021年7月3—6日，中国人民政治协商会议第十届波密县委员会第一次会议召开。会议审议通过《政协第十届波密县委员会第一次会议关于常务委员会工作报告的决议》《政协第十届波密县委员会关于政协九届一次会议以来提案工作情况报告的决议》《政协第十届波密县委员会提案审查委员会关于政协十届一次会议期间提案审查情况的报告》《政协第十届波密县委员会第一次会议政治决议》。会议选举产生政协主席1名、副主席4名、常务委员13名。

【基础设施建设】 2021年，波密县储备“十四五”项目共计495项，总投资224.28亿元，推进项目前期工作，共有121项纳入自治区“十四五”项目库。全年政府投资项目140项，总投资18.16亿元，年内累计完成投资5.26亿元，援藏投资项目3项，完成投资1730万元。同时，围绕川藏铁路、滇藏铁路及318国道枢纽经济轴，发展生态旅游、特色农牧产业、清洁能源、商贸物流产业，打造“路地共建”平台，完成征拆工作，川藏铁路配套公路建设有序推进。开工建设G318（波密段）提质改造工程，建成5个乡镇综合运输服务站及县城客运站，开通县乡客运班线6条，改善群众出行条件。投入资金365万元，维修改造农村饮水安全工程63处，河道治理和乡村防洪工程13个，保障农牧民群众用水安全。通信网络逐步完善，4G网络建设实现县域全覆盖，推进以县城为中心的5G网络建设。

【改善民生】 教育事业 2021年，落实广州市教育局“双师课堂”项目帮扶资金120万元，完成15套双师课堂设备建设。强化穗波两地学校、学术、经验交流，16名思政教师到穗跟岗培训。完成中小考各项工作，全县小学其他省市班上线19人；县中学其他省市班上线41人。全县共有在校学生5772人，其中中学生1264人、小学生3088人，义务教育入学率为100%；在园幼儿1420人，学前三年毛入园率为89.03%。

医疗卫生 发挥“组团式”医疗援藏优势，推进县域紧密型医共体建设，建立“基层首诊、双向转诊、急慢分治、上下联动”的分级诊疗模式，推动县、乡医疗卫生资源配置合理化、高效化，实现县域内优质医疗资源纵向流动。创新巡回诊疗患者跟踪随访服务机制，全县10个乡（镇）卫生院均建立藏医馆，开展常规藏医外治理疗项目，农牧民群众实现“家门口”就医；县人民医院完善医疗卫生服务体系，创“二甲”医院工作稳步推进。

文化事业 建成以县综合文体活动中心为主阵地的三级公共文化服务体系，县图书馆、文化站等场所免费向社会开放。以波密红色历史为背景的红色舞台剧《波密红》上映，并在西藏卫视、中国西藏之声网等媒体平台播出，获得广大党员干部群众认可。各行政村演出队全年共开展演出336场次，惠及群众4.04万人次。

社会保障 落实促进就业创业政策，通过技术培训、特色产业带动、劳务派遣机构合作等方式，实现城镇新增就业602人，农牧民转移就业7864人，完成目标的108%，实现转移就业收入1.22亿元，完成目标的186.8%，同比增长33.7%。扩大高校毕业生就业渠道，2021年，应届毕业生实现就业354人，就业率达99.7%。推进医保联网结算，实现全国32个省（区、市）部分定点医疗机构异地直接结算。开展社会福利和社会救助工作，全年开展临时救助415人，兑现资金80.96万元。推进“党建+社会救助”试点工作，打造玉普乡阿西村、倾多镇德吉村、倾多镇栋曲村、多吉乡扩拉村、扎木镇居委会5个村（居）试点。

生态环境　秉承“绿水青山就是金山银山”的理念，开展波密“318”最美景观大道沿线和重点景区环境综合整治，全县空气质量优良天数比例保持100%。强化建筑施工、道路交通扬尘处理，突出抓好乱挂经幡治理，全年开展整治行动21场次，拆除经幡14吨。推进市容精细化管理，加强市政设施维护，更换维护路沿石30处，疏通城区污水管网10次，维修破损人行道300平方米，拆除违法建筑4处。实施自然保护区、生态功能区建设，完成森林抚育项目2个，抚育面积2.5万亩，全年累计兑现生态效益补偿金2198.04万元。落实水资源管理和河（湖）长制工作责任，建立“河（湖）长+检察长+警长”机制，被自治区列入全区河（湖）长制度建设“亮点”。

【乡村振兴】 2021年，波密县坚持将巩固拓展脱贫攻坚成果同乡村振兴有效衔接，守好防返贫底线，开展防返贫动态监测和帮扶工作，确定“三类人”重点监测对象43户174人，制定“一户一策”帮扶措施308条；争取资金4279.93万元，保障“三岩”搬迁群众配套政策享受到位；落实资金206.48万元，改造提升116户农村住房安全性能。6月1日，县扶贫开发工作办公室重组为乡村振兴局并正式挂牌。全年整合各类资金2.2亿元，全面改善农牧区生产生活条件，推进玉普乡米美村等6个乡村振兴重点帮扶村和松宗镇栋曲村等10个乡村振兴示范村建设。县脱贫攻坚指挥部、县卫生健康委员会、扎木镇东若村党支部和八盖乡人民政府获“全区脱贫攻坚先进集体”称号。11月16—22日，县党政代表团到昌都、那曲围绕乡村振兴相关工作进行考察学习，并结合双方实际签订战略合作框架协议。12月27—30日，以乡村振兴为主题，县党政代表团前往广州与广东省委常委、广州市委书记林克庆进行座谈，并与广州相关单位围绕乡村振兴、产业发展、技术人才支撑、民生保障等领域开展交流，在“区乡对接”的基础上，拓展延伸提出“村村对接”和10个国企对口支援波密10个乡（镇）计划。

【集体经济】 波密藏天麻基地　西藏波密高原藏天麻产业开发有限公司成立于2020年5月，注册资金3200万元，注册地址为扎木镇东若村，进行藏天麻林下野生抚育实验研究工作。公司依托中科院昆植所、西南林业大学天麻研究院、昆明理工大学生科院作为技术支撑，打造藏天麻“公司+科研+市场+专业合作社+专业种植户”的产业链模式，实现产、学、研、供、销一体化无缝对接，带动农牧民通过藏天麻产业实现增收致富，助力乡村振兴。公司自成立以来，带动农牧民增收365万余元，无偿开展藏天麻野生抚育“田间课堂”46班次，培训农牧民300余人次，

2021年11月12日，市委书记赦刘全（前右二）一行到扎木镇东若村天麻基地调研产业发展情况　（波密县委员会办公室　供图）

雇佣当地农牧民2800人次，长期雇工10人，扶持8户藏天麻种植户和6名贫困大学生。

松宗镇角达村藏猪养殖基地　总投资2840万元，总面积400亩，包括办公室、宿舍、仓库、有机肥车间、13间养殖栏舍、屠宰车间、门卫室、消毒室、控制间以及其他配套环保设施及其附属设施。2021年，出栏1.1万余头，年底存栏4600余头。农牧民群众以土地流转及出售饲草料的形式从中获益，土地流转租金惠及5个行政村218户农牧民群众（包含57户脱贫户），全年获得土地流转租金50万元，通过出售饲草料使全县群众获得收益500万余元。

倾多镇联村共建产业示范园区　依托倾多镇巴康村聂赤赞普农副产品种植农牧民专业合作社，建设倾多镇联村共建产业示范园区。园区主要以种植白肉灵芝为主，占地面积500亩，分3期建设完成。整合“4+1”扶贫产业资金、中央扶持资金、县扶贫专项资金、村级党建整合经费、涉农整合资金共计5843.5万元，共建成温室大棚149座，项目所得收益惠及倾多镇13个行政村。2021年，园区灵芝菌干货产量2500余千克，总产值达200余万元；通过承包的形式，可为村集体分红25万元；在入驻企业带动下，雇用农牧民群众3350人次，累计带动增收70万余元。

倾多镇巴康村藏王桃源良种繁育农牧民专业合作社　巴康村藏王桃源良种繁育农牧民专业合作社是以全村村民集体参与为主要形式的非公有制集体经济，总投资500万元，农户集资22万余元。合作社耕地面积1600余亩，亩产量达400千克。合作社通过实行“支部+合作社+农户”的方式，探索支部班子成员交叉任职合作社理事。采取“六个统一”模式（统一耕作、统一管理、统一收割、统一包衣、统一销售、统一分红），提升群众组织化程度和实际收入。2021年，种植山冬七号和青稞冬青18号共1600余亩，销售良种小麦76970千克、良种青稞76320千克，收入85.84万元。

古乡雪瓦卡千亩茶田　雪瓦卡村流转1020亩土地，吸纳各类资金6000万元，形成“一田、一地、一园”为主体，种植为补充，孢子粉茶灵芝为延伸的发展格局。“一田”即千亩茶田，“一地”即育苗基地，“一园”即占地20亩的茶叶品种试验园。2021年，平均每天在茶田务工群众30余人，每人每天工资200元，其中19名村民技术能手与企业签订长期用工协议，每月工资6000元，群众通过劳务输出、机械租赁、土地流转等途径实现增收273万元，户均7.8万元。

【高原特色产业发展】 2021年，完善波密县“2+3+1”农牧特色产业发展思路，推动种养殖业向规模化、标准化、品牌化、分类化方向发展。制定《波密县2021年扶持藏猪生产实施方案》，推进沟口养殖，全县藏猪养殖规模达13.76万头，带动全县农牧民群众增收840余万元。通过广州博览会、第二届直播电商节（中国·广州）助农专场分会场等农特产品展销活动，打响波密县茶叶品牌，拓宽“万亩茶园”市场。藏芝星雪域白茶在“福茶杯”暨2021年海丝博览会“名优茶评选”评鉴赛中获白茶类金奖。结合乡村振兴战略，深化“广东—云南—西藏”三地天麻合作模式，扶持西藏高原藏天麻产业开发有限公司建设“京东数字农场”，打造智能化、集成化、标准化的现代智能农业产业园区，中国邮政和京东集团将波密县东若村藏天麻基地作为全国乡村振兴示范点。全县天麻种植面积1260亩、灵芝菌种植面积500亩、羊肚菌种植面积506亩。

【生态文明旅游建设】 2021年，波密县围绕“红+绿”融合发展的“一轴三线”旅游发展布局，拓展“旅游+”“+旅游”发展模式，培育复合型旅游经济，加快构建特色旅游产品体系，推出“百里桃花”爱情之旅、红楼党性教育红色体验之旅等系列旅游产品。举办波密县2021年“冬游波密”旅游推介活动，推介活动中签约项目7个，签约资金14.63亿元。波密县入选“2021中国最美县域”榜单；岗云杉林成功创建国家AAA级景区。全县共有酒店（宾馆）123家，客房4233间，床位7888个；家庭旅馆316家，客房2033间，床位4313个。全年全县累计接待国内外游客176万人次，同比增长32.19%，最高单日人流量1.5万余人次，实现旅游相关收入12.17亿元，同比增长17.63%。

【民族团结进步创建活动】 2021年，波密县围绕推进民族团结进步创建“九进”活动，打造玉普一级公安检查站、县中学、松宗镇等为标杆的民族团结进步创建示范点。加强党外代表人士队伍建设，为全县203名党外干部、教师、医生建立党外知识分子信息库，落实党外人士生活补助，鼓励他们参政议政，为全县各项事业发展贡献力量。推进军地协同发展，巩固军地共建成果，做好退役军人接收安置工作。9月，波密县获评“西藏自治区双拥模范县”称号。

【招商引资】 2021年，发挥波密县毗邻318国道沿线的区位优势，实施“走出去，请进来”招商引资策略，精准招商、以商招商，加大县级领导挂点联系督导力度，加快前置手续办理，推动招商引资项目落地实施。全年招商引资到位资金5.54亿元，完成年度计划的100.7%。全年全县共有在业市场主体4343户，同比增长17.2%，注册资本48.3亿元，同比增长16%。

（波密县委员会办公室）

察隅县

【概况】 林芝市察隅县地处西藏自治区东南部，位于北纬27°44′～29°32′，东经95°41′～98°45′，东与云南省贡山县相连，西与墨脱县相连，南与缅甸、印度两国接壤，北与波密县、昌都市八宿县、左贡县相邻。距自治区首府拉萨市943千米，距林芝市巴宜区537千米。辖3乡3镇，96个行政村和1个居委会，常住人口28046人。其中农牧民人口24883人，城镇人口3163人，人口出生率11.8‰。

境内属喜马拉雅山脉和横断山脉西段地带的藏东南高山峡谷区，总体地势由西北向东南倾斜，西北高东南低，平均海拔2800米，最高海拔6740米，最低海拔600米，相对高度差达3600米，垂直高低悬殊，是典型的高山峡谷和山地河谷地貌。境内河流纵横密布，均属印度洋水系。长年径流不断的河流有1300多条，其中主要河流有28条。境内河流主要分为怒江、吉太曲（独龙江）、丹巴河、察隅河四大水系。全县河系水面面积101.92平方千米。河流滩多水急，蕴藏着丰富的水能资源，极具开发价值，据测可开发水能蕴藏量为1.5万兆瓦，对西藏自治区实施“藏电外送”战略、建设能源接续基地具有深远的意义。气候条件独特，且复杂多样，不仅受印度洋西南季风和孟加拉湾暖湿气流的影响，还受青藏高原高压系统的影响，气候变化多样，有“一山有四季，十里不同天”的特点。境内总体气候温和多雨，日照时间长，年均气温13.1℃，冬暖夏凉。年平均无霜期达264天。境内温度适宜，日照充沛，热量丰富，雨热同季，适合多种农作物生长和林果种植。由于其特有的地貌特征和不同天气系统的影响，形成不同的小气候区。主要山川以伯舒拉岭山脉和祁灵公山脉为代表，南北延展120～250千米，境内地貌复杂多样，以高原延伸面为基础，兼有海洋性冰川、雪原、高山、峡谷、山地丘陵、山川河谷盆地、草甸等地形类型。

全县土地面积3.15万平方千米，林地面积1.74万平方千米，占土地面积55.31%；非林地面积1.41万平方千米，占土地面积44.68%。森林覆盖率55.32%，林木绿化率52.92%。其中，林地面积1.43万平方千米，占土地面积45.29%；疏林地面积30.56平方千米，占土地面积0.1%；灌木林地

面积 0.22 万平方千米，占土地面积 6.98%；未成林地面积 6.44 平方千米，占土地面积 0.02%；苗圃地面积 0.03 平方千米；无立木林地面积 41.8 平方千米，占土地面积 0.13%；宜林地面积 127.01 平方千米，占土地面积 0.4%。全县活立木总蓄积量 4.1 亿立方米，控制内蓄积量 2.2 亿立方米。以茶叶、猕猴桃、石榴、薏仁种植为主，农业包括冬小麦、春小麦、冬青稞、春青稞、玉米、水稻、蚕豆、豌豆、马铃薯、荞麦、大豆、鸡爪谷等作物，畜牧业以牦牛、黄牛、犏牛、绵羊、山羊和猪为主。国家级野生保护动物有虎、豹、黑熊、小熊猫、獐子、麝、扭角羚、羚牛、鼯鼠、鹦鹉等 100 余种，已探明矿产资源有金、银、铜（钼）、铅、锌、钨、锡、锑、铌、铁、铀（钍）、白云岩、蛇纹岩、花岗岩、板岩、石榴石（紫牙乌）、白云母等。主要景点有丙察察、次龙沟、僜人部落、甲兴—梅里雪山、罗马桃花村、千年水磨岩等。特色产品猕猴桃、察隅大米、鸡爪谷、雪巅 57 啤酒、白酒等。

2021 年，完成生产总值 12.1 亿元，同比增长 6.8%。其中，第一产业完成 1.73 亿元，同比增长 −2.1%；第二产业完成 4.41 亿元，同比增长 4%；第三产业完成 5.96 亿元，同比增长 9.2%。全社会固定投资 23.16 亿元；完成邮政业务总量 335 万元，电信业务总量 1437 万元。固定电话用户 4571 户，使用率 98.7%；移动电话用户 1.43 万户，使用率 98.7%；互联网用户 9771 户。社会消费品零售总额 2.52 亿元。接待旅游 19.76 万人次，实现旅游收入 1.65 亿元，同比下降 12%；地方财政收入 1.87 亿元，同比增长 36.12%；地方财政支出 1.03 亿元，同比下降 23.9%。年末城乡居民储蓄存款余额 6.84 亿元。全年农村居民人均纯收入 15425 元，城镇居民人均纯收入 41346 元，实现城镇新增就业 387 人，城镇登记失业率 2.5%。至年底，参加失业保险 1068 人，参加基本养老保险 2934 人，城镇职工参加基本养老保险 714 人。参加城乡居民基本医疗保险 2.34 万人，参合率 95.8%。参加城乡居民基本养老保险 1.31 万人，领取养老保险待遇 2220 人。

【深化改革】 2021 年，推进“放管服”改革，“一网通办”累计办理 27 万件，减税降费 662 万元，新增市场主体 376 家。深化重点领域改革，引入现代化企业管理模式，实现国有资产保值增值。土地林地经营承包权确权、农村集体产权制度改革等工作有序推进。开展援藏工作和定点帮扶，完成援藏投资 4859 万元，组团式人才援藏效果明显，自然资源部（国家林草局）落实空间规划指导、结对共建、产业规划等帮扶举措。与内江市、赣州市高新区签订帮扶协议，拓宽交流合作渠道。

【基础设施建设】 2021 年，重点项目开复工 217 个，完成项目投资 18.08 亿元。昂美公路、仕中桥建成使用，G219 线察墨段建设有序实施，推进县城至滇藏界段改建工程，完善交通网络。加强网络基础设施，建设和改造通信基站 251 个，实现县城 5G 网络覆盖。主电网延伸至古拉乡、察瓦龙乡和日东片区，偏远地区结束孤网运行历史。实施饮水安全维修养护、农村供水维修等项目，提高 36 个村组农村饮水质量。推进县城改造、产业招商，累计完成投资 7.78 亿元，超过年度目标的 3 倍。续建察瓦龙乡门空吊桥改建工程，总投资 4300 万元，年内累计完成投资 3700 万元，该项目年底完工并投入使用；开工建设察墨公路建设项目，总投资 14.4 亿元，年内累计完成投资 12.25 亿元；开工建设扎拉水电站项目，总投资 119 亿元，年内累计完成投资 5.02 亿元；开工建设下察隅镇拉丁村 1 号、上察隅镇巩固村 1 号抵边搬迁安置点项目，总投资 1.03 亿元。

【国家通用语言推广】 2021 年，察隅县坚持村干部学习国家通用语言，发挥县委党校培训主阵地作用，通过编排课程，将抖音制作搬进文化素质提升培训班，邀请长期从事新闻宣传工作的援藏干部，为村干部讲解新闻稿撰写及图片收集、抖音制作等知识，激发村干部通过抖音等新媒体平台学习使用国家通用语言兴趣，提升村干部文化素质培训质效。县委党校开办主体班次1期，培训初中以下文化程度村干部50余名。

坚持分类分批原则，采取县委党校示范培训，乡镇兜底培训的方式，各乡镇结合实际科学合理制定文化素质提升培训计划，确保新一届村（居）干部教育培训实现全覆盖。察瓦龙乡采取“请进来＋走出去”的方式，邀请察隅县抖音网红“西藏师兄”，为80余名村干部讲解抖音制作及注意事项，传授通过抖音宣传家乡特色农产品和自然风光经验方法，增强学习使用国家通用语言的趣味性感染性，助力乡村振兴。

拓宽国家通用语言文字使用“新途径”，教育引导村干部通过微信、抖音等新媒体平台学习使用普通话，同时，引导村干部制作学习宣传习近平总书记“七一”重要讲话精神、总书记最新讲话精神以及党内法规条例、乡村振兴等相关政策理论知识抖音视频，引导农牧民党员群众知党恩感党恩、听党话跟党走。

【集体经济】 2021年，全县共有村集体经济项目170个，收益1177.19万元，其中集体收入10万元以下的村51个、收入在10～50万元的村23个、收入在50万元以上的村6个。察隅县坚持把发展壮大村集体经济作为推动农村经济发展、增加农牧民收入、提升基层党组织组织力、夯实党在农牧区执政基础的重要举措，全年累计投入资金2.6亿元，全县97个村（居）集体经济总数达142个，实现年收入1100余万元。成立察隅县村集体经济项目工作领导小组和强基惠民活动经费项目审核领导小组，不定期召开项目论证会和审核会，综合考虑效益分析、群众意愿等，对乡镇申报的项目再次进行可行性论证，对于收益不明朗、项目风险度高、群众赞同率低的项目不予以立项。同时，对于涉及资金量大、投资风险高的项目尽量不安排。全年召开项目论证会和审核会40次，通过项目142个，不予立项30个。定期督查村集体经济发展情况，对项目施工进度慢、项目效益不明显、负责人执行不力的进行处理全年组织督导检查50余次。制定《察隅县村集体经济收益分配管理指导意见》，将发展壮大村级集体经济与奖励激励结合，对创办、领办或负责人员及对村集体经济发展壮大作出较大贡献的个人或集体分等次给予适当奖励，以激发村集体发展活力。全县收入在5万元以上的村有40个、10万元以上的村有19个、50万元以上的村有5个、100万元以上的村有2个，全年为群众分红800余万元。

【高原特色产业发展】 2021年，察隅县高原特色产业主要以猕猴桃、茶叶、石榴种植及藏（生）猪养殖为主。猕猴桃产业方面，累计投入5778万元，建设猕猴桃基地9个，种植面积3000余亩。引进4家猕猴桃企业（合作社），承包经营猕猴桃基地2887亩，规模化经营率超过96%，带动2个乡镇9个行政村624户2560余名群众增收861万元。品牌建设持续加强，察隅猕猴桃获得农产品地理标志认证、地理标志证明商标2个区域公共品牌，2家公司获得绿色食品认证，察隅猕猴桃获得第二十一届中国绿色食品博览会金奖。规范化标准化建设效果明显，猕猴桃产量39.65万千克，产值达到1348.1万元。茶叶产业方面，察隅县上察隅镇毕达村等村留存老茶树62亩。截至4月，政府投入资金3.8亿元，建成5个茶叶加工厂和30个茶叶种植基地，茶叶基地面积2万亩。产业组织化程度逐步提高，引进4家茶企，流转土地1.4万亩，规模化经营率66%，带动6900余名群众增收1740余万元。10月，茶叶加工厂建成运营，开展茶叶试制和市场推广工作。石榴产业方面，投入政府资金9800余万元，石榴种植规模7700余亩。察隅石榴成功申请地理标志证明商标，有2家公司获得绿色

2021 年 11 月 5 日，自治区党委常委、区政府党组副书记、常务副主席白玛旺堆（前）到察隅县下察隅镇拉丁村调研生猪养殖情况

（察隅县委员会办公室　供图）

食品认证。藏（生）猪养殖方面，县委、县政府投资建设规模化养殖基地，建成牧野香养殖场、昌林养殖场 2 家规模化养殖基地和其他中小规模养殖场，藏生猪规模化养殖率超过 20%。全县引进 2 家藏（生）猪企业。其中察隅县昌林养殖有限公司建设的现代规模化养殖场，年内出栏超过 1 万头，位居西藏自治区前列。察隅县昌林养殖有限公司在林芝市设立直销点，新鲜猪肉首次直接进入林芝市场。

【生态文明旅游建设】 2021 年，察隅县有 76 个自治区级生态文明村和竹瓦根镇、上察隅镇、下察隅镇、古玉乡、察瓦龙乡 5 个自治区级生态文明乡镇。推进生态文明创建提档升级工作，编制完成 6 乡（镇）90 村《西藏自治区生态文明建设示范乡（镇）、村（居）工作报告》，并提交至西藏自治区生态环境厅。全年创建 6 个自治区级生态文明建设示范村。完善国道 219 沿线旅游基础设施建设，建设项目 4 个，完工项目 3 个，在建项目 1 个，总投资 2499 万元。全县累计接待游客 19.76 万人次，同比下降 0.10%；实现旅游总收入累计 1.65 亿元，同比下降 −5.5%，家庭旅馆收入累计实现 496.92 万元，比 2020 年同期减少 53%。

【民族团结进步创建活动】 2021 年，察隅县健全领导机构，成立以县委书记任组长的察隅县创建民族团结示范县工作领导小组，成立以县委常委、统战部部长索朗扎西为创建办主任的工作专班，确保民族团结进步创建工作有序推进。开展宣传教育，全年累计开展宣传教育活动 50 余场次，受教育人数 3 万余人次，营造民族团结进步创建的浓厚氛围。抓好示范建设，打造民族团结示范点，全年全县被命名为自治区级民族团结进步示范单位 8 个、市级示范单位 10 个、县级示范单位 61 个、打造民族团结主题广场 1 个、民族团结街 1 条。弘扬传统文化，打造民族文化品牌，提高察隅县知名度，创作《草原龙头琴》《祥鼓迎丰》等舞蹈、音乐作品，且通过申报，全县有各级非物质文化遗产项目 12 项。其中，自治区级 4 项、市级 3 项、县级 5 项，有各类非物质文化遗产传承人 12 人。

（察隅县委员会办公室）

工布江达县

【概况】 西藏自治区林芝市工布江达县地理位置西藏自治区东南部，念青唐古拉山南麓，雅鲁藏布江以北，尼洋河中上游。平均海拔 3600 米，地形地貌特征西高东低，南北山峰林立，尼洋河由西向东横贯全境，属高原温带半湿润季风气候区，与西藏高原大多数地区相比，气候相对温和湿润，主要山川念青唐古拉山南麓，主要物产藏香猪、牦牛、冬虫夏草、松茸等。距拉萨市 270 千米，距林芝市八一镇 130 千米。辖 9 个县镇乡，81 个行政村，总人口3.58万人。其中农村人口2.67万人，地域面积129.6万公顷，主要以第三产业为主，农业包括小麦、青稞、油菜、土豆等作物，畜牧业包括牦牛、藏猪、藏鸡、绵羊养殖。耕地面积4357公顷，粮食播种面积4357公顷，经济作物耕地面积623.7公顷。森林覆盖率31.97%，林地面积43.06万公顷。国家级野生保护动物有白唇鹿、雪豹、豺、马麝、黑颈鹤、棕熊、金雕等。已探明矿产资源有水晶矿、铁矿、铜矿、金矿、石灰石矿、银矿、铝矿、瓷土、彩土等。主要旅游景点3处，巴松措为AAAAA级、秀巴千年古堡AAA级。特色产品沙滩摩托、马匹租赁、节能帆船、藏猪“敢敢”。

2021年，完成生产总值20.47亿元，同比增长7%。其中，第一产业完成2.5亿元，同比增长2.9%；第二产业完成5.78亿元，同比增长3.9%；第三产业完成12.19亿元，同比增长9.4%。全社会固定资产投资9.31亿元，完成邮政业务总量收入216万元，邮件量出口2754件，进口13.5万件，完成电信业务总量1310万元。固定电话用户5216户，使用率85%；移动电话用户11299户，互联网用户1.27万户。社会消费品零售总额5.32亿元。接待旅游205万人次，实现旅游收入11.36亿元，同比增长61.27%。地方财政收入6961万元，同比下降102.62%；地方财政支出10.15亿元。年末城乡居民储蓄存款余额6.39亿元。全年农村居民人均纯收入22638元，实现新增城镇就业525人，城镇登记失业率2.0%以内。截至年底，参加城镇失业保险1831人，参加基本养老保险1.59万人，城镇职工参加基本养老保险701人。参加新型农村养老保险1.59万人，已领取养老保险待遇3.25万人。

【基础设施建设】 2021年，推进县城二期生活垃圾无害化处理设施项目，项目总投资2684.53万元，总体完成99%，10月30日完成设备调试。加兴乡生活垃圾无害化处理设施项目，总投资789.16万元，总体完成99%，10月30日完成设备调试。巴河特色小集镇基础设施提升工程建设项目，总投资2210万元，进行路面沥青铺设工作，其余工程全部完成，完成总工程量的99%。

【乡村振兴】 2021年，全县实现新增城镇就业250人，转移就业农牧民3910人。保障饮水安全，完成全县173个供水点水质检测，检测结果均为达标。保障基本医疗，统筹报销群众351人次，金额233.9万元；医疗救助42人，救助资金10.55万元，全县无人因病返贫、致贫。保障义务教育，全县义务教育巩固率达到100%，适龄儿童全部在校就读，无辍学现象。保障住房安全，全年中央财政补助农村危房改造资金预算指标任务313户，下发补助资金638万元，用于农村住房质量提升改造，已完成80%的改造任务。落实生态岗位扶持政策，落实生态岗位2509人，兑现工资439.075万元。

【集体经济】 2021年，全县村

2021年8月4日，自治区乡村振兴局局长尹分水（前排左二）到工布江达镇阿沛村调研示范村建设情况（工布江达县委员会办公室　供图）

集体经济共186个，全年收入超50万元以上有8个，收入10万元以上的村34个，占41.5%。

【高原特色产业发展】 藏猪养殖 2021年，投入资金4300万元，打造3个沟口养殖基地，建设完成2个，在建1个，投入运营2个，有藏猪存栏2700头。推进创建国家现代农业产业园，工布江达县藏猪产业园升级为现代农业产业园，并被批准纳入2020年国家现代农业产业园创建名单，3月通过中期评估，并投入第二期发展资金3000万元用于产业园区道路改造。全县通过“补饲料”方式，解决全县27个藏猪养殖合作社及养殖大户能繁母猪缺饲料、缺营养问题，共发放能繁母猪饲料700吨。

牦牛养殖 改进养殖模式，以娘蒲乡堆龙村牦牛养殖集中集中点为试点，采取“半舍饲”“统一收购、统一育肥、统一出栏”养殖模式，转变传统养殖结构，提高养殖收益，以点带面，逐步向全县推广。2021年堆龙牦牛养殖示范基地存栏315头，新生犊牛37头，出栏41头，受益达59万元。推进畜种改良工作，全县牦牛经济杂交配种任务1200头，完成1203头，完成100.3%，黄牛改良任务900头，完成900头，完成100%。制定《工布江县2021年牛羊出栏补贴实施方案》《牛羊出售补贴申请程序》，补贴总资金108万元，全年共计出栏

2021年4月23日，自治区人大常委会副主任、市委书记马升昌（左四）到工布江达镇娘当村调研藏猪养殖项目

（工布江达县委员会办公室 供图）

1800头，受益群众达1200余户；投入牲畜良种推广资金23万元，在金达镇、加兴乡推广优质种牛58头，提高牦牛种群质量。

【生态文明旅游建设】 生态文明 2021年，工布江达县创建国家生态文明建设示范区，投入700余万元，建成34座村级垃圾收集转运站，村级垃圾收集转运站覆盖率80%；争取资金1477万元，实施巴松措结巴村污水治理工程；投资300万元，实施巴松措流域水生态调查项目；投资470余万元，实施巴松措错高乡水源地保护工程；投资87万余元，实施唐丁村污水处理项目，为首批农村污水处理试点。

旅游建设 2021年，全县共接待游客205.8万人次，实现旅游收入11.4亿元，分别同比增长42.9%、56.8%。其中，巴松措风景旅游区共接待游客44.4万人次，实现门票收入3548.6万元，分别同比增长33.3%、24.9%。带动农牧民参与旅游服务人数3892人，同比增长8%，经营收入2870.55万元，同比增长13%。9月26日，林则生态文化旅游景区通过自治区旅发厅国家AAAA级旅游景区创建验收工作，并完成巴松措国家AAAAA级旅游景区的复核工作。巴松措国家AAAAA级旅游景区被评为2021年国家体育旅游示范基地、全国文化和旅游系统先进集体。秀巴古堡景区累计投资500余万元，实施秀巴古堡景区旅游监控系统、标识标牌、游步道硬化、游客服务中心等旅游基础设施建设，并于9月10日通过林芝市旅游发展局旅游景区质量等级评定委员会的初步验收审核。11月30日，秀巴古堡景区创建为国家AAA级旅游景区。

【民族团结进步创建活动】2021年，坚持示范创建和模范表彰有机统一，培养民族团结进步先进典型。全县有民族团结进步模范集体70个和模范个人122名，其中自治区级模范集体4个、模范个人6人，市级模范集体11个、模范个人10人，县级模范集体55个、模范个人106人。全年登记少数民族特色村寨1个，推荐自治区级民族团结进步模范区模范单位1个，推荐林芝市民族团结进步模范区模范单位，命名县中学、巴松措景区、朱拉松茸加工农民专业合作社、太昭村、拉如寺等5家单位为工布江达县民族团结进步示范单位。征集全县自治区级和市级民族团结模范事迹，推介宣传模范典型，采用身边事教育身边人的方式，示范引领全县干部群众参与民族团结进步创建活动。

（工布江达县委员会办公室）

朗　县

【概况】朗县，藏语意为“光明、显现”，地处林芝市西南部，雅鲁藏布江穿境而过，东与米林县相邻，西与加查县、曲松县相邻，南与山南市隆子县接壤，北与工布江达县毗邻，属全区21个边境县之一。朗县平均海拔3700米、面积4120平方千米，下辖3个乡、3个镇、52个行政村（居）。全县（区）常住人口总数为17690人，其中城镇人口5197人、乡村人口12493人。朗县属高原温带半干旱型气候带，年均日照达2000～2500小时，年均降水量711.3毫米，年均气温11.8℃。县域铁路（川藏铁路拉林段，即拉林铁路）、公路（国道560、219）齐全，具有“三横四纵一铁”交运体系，公路通车总里程达845.478千米。境内有铬铁矿、铜钼矿、金、沙金、镍、铅、锌、建筑石材等8种矿产资源，有虫草、贝母、红景天等名贵药材，有烈山古墓、巴尔曲德寺、冲康景区、嘎贡瀑布、勃勃朗冰川等人文自然旅游资源，有辣椒、苹果、核桃、苏卡药香等特色产品。全县（区）以“农牧特色业、文化旅游业、藏医藏药业、清洁能源业”四大产业为主，辖区内有26家工业企业，124个扶贫产业项目。

2021年，地区生产总值9.54亿元，可比增长6.7%；一、二、三产占比分别为12.68%、24.95%、62.37%；公共财政预算收入5878万元，同比增长7.5%；工业总产值0.2亿元，同比增长6.1%（其中无规模以上工业）；社会消费品零售总额（区属）实现1.88亿元，同比增长9.5%；社会固定资产投资达15.12亿元；城镇居民人均可支配收入实现4.13万元，同比增长13.33%；农村居民人均可支配收入实现2.16万元，同比增长14.5%；农林牧渔总产值2.13亿元、增长4.96%。农作物播种面积2.66万亩，粮食总产量4158.55吨，其中青稞面积5932.95亩，青稞产量1923.06吨。草场面积为246.3万亩，林地面积为314.43万亩。牲畜存栏总数为10.5万头（只、匹），其中牛羊猪存栏数分别为6.5万头、4946头、3.24万头，全年猪牛羊肉产量为750吨。

【社会稳定】2021年，全面落实维护国家安全和社会稳定各项举措，健全县、乡镇、村居三级维稳指挥体系，依托网格化管理模式，加强重点防控、强化属地管理、深化主动治理，构建立体化治安防控格局全年累计排查化解矛盾纠纷41起。坚持和发展“枫桥经验”，深化市域社会治理现代化试点工作，加大对流动人口聚居地、各类娱乐场所、出租屋巡查管控，打击盗抢骗、黄赌毒等违法犯罪，整治治安突出问题，侦破19年前命案，为2名电信诈骗受害群众挽回经济损失46万元，社会治安治理体系和治理能力现代化水平提升，年内，朗县获“平安中国建设示范县”称号。

树立问题意识、风险意识和忧患意识，落实安全生产责任制，全面压实安全生产属地管理、行业监管和企业主体责任，排查校园、道路交通、危化物品、森林防火以及施工领域等重点场所安全隐患，并进行监管整改，做好宣传教育以及应急物资储备、应急避险演练和应急标识设置等基础工作，开展安全生产检查700余次，排查安全隐患1391处，下达整改指令书330份，形成全员参与、全体联动、全面覆盖的“大安全”格局。

【基础设施建设】 2021年，坚持将更多资金投向民生领域，全年开复工项目96个，县城供水、市政道路提升以及乡村振兴等重点项目有序推进，水、电、路、信、网等服务保障能力提升，农牧区基础设施和农牧民生产生活条件显著改善。坚持把产业建设作为促进经济社会发展的重要支撑，推进“一特两带三品”建设，种植辣椒2348亩，产值1250万元；累计种植苹果8478.9亩，产值340.4万元；藏猪养殖达5.74万头，实现产值3559.11万元；牦牛存栏4.5万头，实现产值5840万元；接待游客35.26万人次，实现经营收入1.28亿元，分别增长31.9%、19.13%，增加农牧民群众主动参与产业发展的积极性。

受援工作稳步推进，对接农业农村部定点帮扶，重点对接项目3项，完成262名干部群众区外培训，接受广东省对口援藏资金4200万元，实施项目5个。同时，实施“请进来、走出去”工程，34名医生、教师到朗县开展组团式医疗教育援藏，为朗县提供人才和智力支撑。

【改善民生】 乡村振兴　2021年，健全防返贫动态监测、帮扶机制，统筹整合涉农资金和乡村振兴补助资金1.85亿元，消费扶贫累计交易341.3万元，巩固拓展脱贫攻坚成果与乡村振兴有效衔接。

教育事业　围绕“培养什么人、怎样培养人、为谁培养人”工作目标，改善办学条件、提升办学水平，抓好学校思政德育教育教学工作，全年中考升学率上升至66.67%，小考成绩位居林芝市前列，教育教学水平提高。

医疗服务　实施健康朗县战略，优化卫生服务体系，提档升级公共医疗水平，完善农牧民健康体检及建档工作，强化就医群众医疗报销，“一站式”结算报销5133人次1106万元。同时，常态化做好新冠肺炎疫情防控工作，落实各项措施，保障人民群众生命安全和身体健康。

社会保障　实施积极的就业政策，城镇新增就业354人，登记失业率控制在2.5%以内；实现农牧民转移就业1.06万人次、创收6143.3万元；组织2批次35人前往其他省市就业；发放各类保障补助资金799.64万元。

为民服务　深化“我为群众办实事”实践活动，聚焦群众急难愁盼问题，优化办实事、办好事清单372件，完成率88.3%，制定长效机制176个，群众满意率超过98%。

【生态文明建设】 2021年，实施青山守护工程，坚持山水林田湖草沙冰系统治理，筑牢生态安全屏障，完成国土绿化面积2650亩，种植各类树苗9.83万余株，形成以工程造林为主体，社会造林和义务植树共同发展的造林绿化新格局。实施碧水提升工程，坚持统筹推进水资源、水环境、

2021年2月7日，县委书记扎西一行调研督导县城年货市场节前稳价保供、疫情防控等工作　　（朗县委员会办公室　供图）

水生态治理，执行“河畅、水清、堤固、岸绿”工作目标，县、乡两级河长巡河632次，开展“清四乱”专项行动11次，共治共享河湖生态的良好社会氛围形成，并获得“全面推行河长制工作先进集体”。实施净土巩固工程，引领全社会共同参与生态文明建设，倡导绿色生活方式、普及生态环保知识、培养公民环保意识，县乡两级生活垃圾兑换超市覆盖率达100%，“垃圾兑换超市”兑换生活垃圾7.2吨。实施美城净化工程，在完成县城市政道路提升工程的同时，结合“环境卫生整治百日行动”，推进城区精细化管理和城乡人居环境综合治理，收集处理垃圾5426.73吨，形成“党政组织、部门带动、属地管理、全民参与、集中治理”的环境整治模式。

【民族团结进步】 2021年，以健全民族团结进步教育常态化机制为引领，在借助传统媒体和“两微一抖一端”等新兴媒体优势的同时，把民族团结教育等内容纳入国民教育、干部教育、社会教育全过程，开展民族团结“九进”活动70场次，张贴横幅标语200条，发放宣传手册1000余册，受教育群众达1.2万余人次，营造“抬头可以看、随手可以学、处处能感受”的舆论氛围。举办党外人士代表座谈会、惠州·朗县民族团结大家庭线上“云结亲”以及文艺会演等系列活动24场次。注重榜样引领，发挥民族团结进步模范典型的影响和示范作用，挖掘和宣传群众身边的先进典型，用身边人、身边事教育群众、引导群众，并推荐申报民族团结家庭、命名民族团结模范单位和个人，推动民族团结进步工作向纵深拓展。

【固边兴边强边】 2021年，贯彻落实习近平总书记强边固边兴边重大战略思想，落实《关于做好新时代西藏强边工作的意见》精神，确保边境巩固和边防安全。树立双拥共建发展的“大边防”理念、“一盘棋”思想，坚持屯兵和安民并举、固边和兴边并重，深化“五共五固”军地基层党组织结对共建，开设共学课堂35次，开展各类活动60场次。健全边境军地联防联控机制，组织军警民开展联合武装巡边4次、110人次，形成“人人是哨兵、户户是哨所、村村是堡垒、生产是执勤、放牧是巡逻、处处有防范”的边境管控格局。推进边境地区高质量发展，边境乡开复工项目15个，总投资1159.15万元。边民实现人均可支配收入25085元，同比增长9.56%，其中现金收入17057.9元，同比增长9.57%。深化感党恩宣传教育，开展编排《致敬百年风华》情景剧、绘制“红色插画”等活动。

（朗县委员会办公室）

墨脱县

【概况】 墨脱县地处西藏东南部，雅鲁藏布江下游，喜马拉雅山脉东段南麓，西与米林县和巴宜区相邻，南与印度接壤，北与波密县毗连，平均海拔1200米，地形主要为山地。气候条件优越，年均气温16.8℃，年均降水量在2088毫米，形成热带、亚热带、温带及寒带并存的立体气候带，是“西藏的天然氧吧”。水利资源丰富，境内大小河流39条，年径流量1400余亿立方米。山川河流主要有雅鲁藏布大峡谷和嘎隆拉天池、布裙湖等。森林覆盖率56.7%，生物资源多样，有国家级重点保护珍稀植物80余种。距离林芝市350千米，下辖7个乡、1个镇、46个村（居），常住人口14941人，是门巴族、珞巴族、藏族等多民族聚居区。全县总面积3.145万平方千米，产业以茶产业、旅游业为主。

2021年，全县地区生产总值8.52亿元，增速7.1%。一般公共预算收入6277万元，同比增长9.11%；全社会固定资产投资14.46亿元，同比增长44.7%；社会消费品零售总额达0.73亿元，同比增长11.9%；落实招商引资项目13个，完成投资1.53亿元。城镇居民人均可支配收入41364元，同比增长13.3%，农村居民

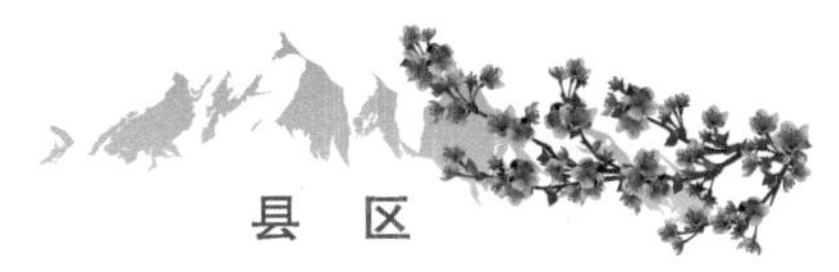

墨脱县全景图（墨脱县委员会办公室　供图）

人均可支配收入达 15278 元，同比增长 18.7%。全县公路总里程达 529.24 千米，乡镇、行政村公路通达率均为 100%。客运班线逐步健全，5 个乡镇 20 个行政村实现通客车，派墨公路全线联通。通信信号通乡率、通村率均为 100%，电视、广播综合人口覆盖率均达 100%。

【农牧业发展】 2021 年，墨脱县坚持"藏粮于地、藏粮于技"战略，组织开展良种、良法推广，全年农作物播种总面积 2 万亩，其中粮食播种面积 1.69 万亩，产量 46.27 万吨，推广水稻良种 0.51 万亩、玉米良种 1.1 万亩，良种覆盖率 94.2%。其他谷物 694.58 亩，蔬菜及食用菌种植面积 2941.37 亩。落实草地贪夜蛾、沙漠蝗虫等农作物病虫害防治，农药采购资金 18.46 万元，累计防治面积 9270 亩。养殖业实行"放养＋半舍饲"相结合，至年底，牛 3770 头，猪 4493 头，骡子及马 735 匹，家禽 9562 只。村级动物防疫员基本报酬 63.36 万元、耕地地力保护 77.61 万元、农作物良种补贴 9.36 万元、草原生态补助奖励资金（可利用草场面积 12.48 万亩）27.13 万元，其中草畜平衡奖励补助资金 26.43 万元。

【教育事业】 2021 年，全县共有各级各类学校 40 所，在校学生 2622 人。其中，初级中学 1 所，在校学生 506 人；小学 8 所，在校学生 1416 人；幼儿园 31 所，其中县级幼儿园 1 所、乡小学附设幼儿园 5 所、村级幼儿园 25 所、在校幼儿 700 人。教育体育事业有序推进，围绕"培养什么人、怎样培养人、为谁培养人"根本问题，把"立德树人"作为教育的根本任务，抓好基础设施建设，提升教学质量，强化教师队伍建设，推动教育事业发展，推进"控辍保学"工作。学前三年毛入园率 97.80%，小学适龄儿童净入学率 99.93%，初中阶段适龄少年毛入学率 101.92%，义务教育阶段巩固率 100%，义务教育适龄残疾儿童净入学率 100%。落实十五年免费教育政策，将"三包"经费按月足额拨付至各执行学校，全年累计支出"三包"经费 1014.58 万元、营养改善计划资金支出 136.83 万元。营造体育运动浓厚氛围，举办"雅江杯"足球赛，共计 18 支球队、300 名球员参与，新华社、中央广播电视台进行报道。

【医疗卫生】 2021 年，县乡医疗卫生机构共 14 家，其中县级公立医院 2 家、乡镇卫生院 8 家、1 家疾控中心、3 家诊所。县人民医院被评为"二级乙等"医院，通过市级"二级甲等"医院评审。县乡医疗机构共有专业技术人员 166 人，医疗机构中持有高级职称 2 人、中级职称 8 人。村医 93 人，其中 3 名为招录大学生。全县全年诊治患者 3.76 万人次，住院患者 628 人次，急诊 8833 人次，门诊及住院患者转院 487 人次，开放床位 149 张，开展各种中、小手术 2116 例。住院治愈率 59.48%、好转率 34.67%、未愈率 4.89%、死亡率 0.96%，全年无一例医疗事故发生。开展城乡居民暨在编僧人免费健康体检 7048 人次，开展棘球蚴病筛查 7048 人，开展适龄妇女"两癌"

筛查工作，累计筛查854人次。巡回义诊59次，派出医务人员共计365名，诊治群众4520人。免费发放药品105种，价值4.31万元。持续推进县人民医院创建“二甲医院”工作，援墨工作组、政府及医院共计投入“创二甲”资金595.72万元，引进先进医疗设备，医疗服务安全与质量得到提升。

【文旅事业】2021年，墨脱县通过“两微一网一抖”进行全县文化旅游宣传，信息发布量310条，挖掘开发墨脱特色门珞文化和旅游特色资源，利用微信公众号，举办墨脱县首届“莲花秘境·文韵墨脱”文旅创意产品设计大赛，佛山市第九批援藏工作组投入13万元开展“墨脱号”地铁宣传月活动，在广佛地铁“广佛援藏同城号”，对墨脱县文化旅游进行为期一个月的宣传推广，带动墨脱文化旅游发展。强化民族文化的传承保护和创新交融，举行庆祝中国共产党成立100周年、西藏和平解放70周年文艺会演、“三大节日”文艺会演、墨脱县徒步文化旅游活动。开展文艺“八进”70场和“戏曲进乡村”48场、观看群众1.61万人次。开展“送图书下乡”活动，送出图书3400余册，并向县直各单位送图书4000余册。开展“非遗”保护和文物保护工作，墨脱县非物质文化遗产项目14项，其中自治区级为墨脱石锅制作技艺、门巴服饰编制技艺、竹编编制技艺3项，县级为乌木筷子制作、次真拐杖制作技艺、吊脚楼建造技艺、体育竞技、黄酒酿制技艺、薄饼制作、藤跳射箭竞技、藤竹毛编制技艺、藤网桥、红糖制作技艺、门巴老调等11项非遗项目。

【社会保障】2021年，墨脱县依托县、乡、村三级劳务输出组织，带动农牧民组织化劳务输出2490人，促进50名农牧民到区外实现就业。认定2家农牧民转移就业基地，带动就业53人增收86万元。运用微信、新闻网站、电视媒体推送招聘信息65期，提供岗位1231个，全县新增城镇就业350人，城镇失业率控制在2.5%以内，实现农牧民转移就业3755人，转移就业增收3606.53万元。完成全县企业职工基本养老保险参保554人，机关事业单位养老保险参保1355人，失业保险参保1182人，工伤保险参保1908人，城乡居民社会养老保险总参保6079人，共计发放社保卡1.19万张。全县共有农村低保户114户341人、城镇低保户10户22人。全年共发放城乡低保资金共计137.76万元，其中农村低保资金123.45万元、城镇低保资金14.31万元。全年完成大病统筹、医疗救助、专项医疗救助兑付工作，城乡居民、城镇职工医疗保险享受待遇报销1.87万人次、统筹基金支出1927.92万元，2家定点医疗机构、1家定点药店均实现“一站式一单制”结算。按照残疾人“两项补贴”政策，筛选符合条件人员名单，兑现残疾人“两项补贴”资金共计83.6万元，受益残疾人419人次，其中困难残疾人发放生活补助39.38万元；享受重度残疾人护理补贴142

2021年11月9日，市委书记赦刘全到背崩乡巴登村了解群众生产生活情况

（墨脱县委员会办公室　供图）

人，重度残疾人发放护理补贴44.22万元。

【生态环保】2021年，墨脱县坚持生态保护与经济共同发展的战略决策，树立“绿水青山就是金山银山，冰天雪地也是金山银山”的理念，坚持生态优先发展战略。推进水土污染防治攻坚战，定期开展环境问题排查、整治工作，划定“墨脱县畜禽禁养区”，强化对饮用水水源地规范化工程建设进程，落实小型汽车修理厂、医疗单位登记备案、处置制度，规范固废、危废处理处置，打好蓝天保卫战、土壤污染防治攻坚战。推动中央、自治区级环保督察问题整改，认领《生态环境部西南督察局赴林芝日常督察问题清单》中存在的6大类12项问题，墨脱县涉及共性问题3项，制定《墨脱县关于生态环境部赴林芝市日常督察反馈问题整改方案》，督促县乡村振兴局、住建局加大对茶叶、垃圾、污水三项内容相关整改措施落实情况的监督，做到整改一个，销号一个。全面落实河（湖）长制，县、乡、村级河（湖）长巡河（湖）1863人次，出动4168人次清理河湖管理范围内“白色污染”11.59吨。排查“清四乱”问题8个，销号问题8个，整改完成率为100%。全年墨脱县空气质量、水质质量、农村土壤环境监测质量均达标。

【强基惠民】2021年，墨脱县以建强村班子为目标，以建强队伍为重要抓手，开展村干部文化素质提升和党员、入党积极分子政治教育轮训，激发村党员干部干事创业激情，帮助班子成员树立威信、提高能力，提升村党员干部综合能力。共组织召开周例会954场次，参会村干部达4770人次，协助开展72期党员培训班，培训党员干部827人次；协助完善村内各类规章制度120余条。发挥派出单位和自身资源优势，组织开展技能培训78场次，转移就业人数559人次，实现群众增收202.8万元。开展就业、创业宣讲教育145场次，激发75人参与大众创业、万众创新活动中。协助开展乡村美丽建设活动261场次、3.05万人次。各驻村工作队将群众思想教育和丰富精神文化生活贯穿强基惠民活动全过程，通过宣传教育、文艺会演、影视节目展播等方式，引导农牧民群众明白“惠在何处、惠从何来”，改变陈规陋习，树立文明新风，累计组织开展召开各类教育会532场次，受教育群众14085人次。协助召开村“两委”建立健全村内维稳应急方案184个，建立工作机制139条，成立护村队、民兵队等安保力量317个，协助做好重点领域排查1953场次，排查重点人员3227人次，协助村“两委”开展常态化疫情防控知识宣传860场次，受教育群众23001人次。

【宣传活动】2021年，墨脱县宣传思想文化工作采取专家授课、集中研讨等多种形式，举办党史学习教育相关培训班21场次，培训1821人次；组建150支宣讲队伍，500余名各级宣讲员到田间地头、到千家万户开展党史学习教育宣讲1925场次，参与人数达62140人次。开展3月综治宣传月、6月综治宣传周、“9·16”平安西藏宣传日活动，宣传党的方针政策、法律法规和反分裂、反邪教、维护国家统一、国家安全等相关内容，累计开展各类宣讲活动1600余场次，发放宣传材料5000余份，参与群众5.2万人次。

【维护稳定】2021年，墨脱县把反对分裂和维护稳定作为第一要务，树立“稳定压倒一切”的意识，推进“中国共产党成立100周年”“西藏和平解放70周年”系列安保维稳工作。执行24小时维稳值班带班制度和“日报告、零报告”制度，全面落实党政军警民联防联控和群防群治维稳工作机制，确保社会局势持续和谐稳定。发挥嘎隆、贡日、亚东3个便民警务站和解放大桥边防检查站的“护城河”“过滤网”作用，落实“五必查”要求，全年检查登记出入人员57.8万人次，车辆22.07万台次，盘查物品65.75万件次；指挥中心共接警471起，其中有效警情353起，办理治安案件26起，查处违法人员31人，受理刑事案件23起，立案19起，查处交通违法行为293起。现场教育纠正各类违法行为157起，其中办理行政案件29起，行政拘留17人。开展民族团结进步示范创建，深入开展铸牢中华民族共同体意识教育，墨脱县入选第九批全国民族团结进步示范区示范单位，完成墨脱县第一批、第二批30家民族团结进步示范单位、4家教育基地、2家特色村寨评选创建和命名。加强和创新寺庙管理，推动寺管会党组织标准化建设，完成仁青崩寺和格当寺财税监管工作。加大对《藏传活佛转世管理办法》等藏传佛教活佛转世历史定制、宗教仪轨、法律法规宣传力度，开展宣讲宣传100余场次，参加干部群众3000余人次，推动藏传佛教与社会主义社会相适应。

【项目建设】 2021年，墨脱县推进“十四五”时期重大项目策划工作。形成《墨脱县“十四五”项目储备表》，共涉及44大类108个项目，总投资110亿元。全年实施市级21个重点项目，总投资5.74亿元，累计完成投资3亿元。县级重点项目69个，完工43个，累计完成投资4.11亿元。34个小康村全部完工，累计完成投资8.32亿元。德尔贡、康卓登、兴开3个安置点建设任务，涉及搬迁群众660人，下达批复总投资2.46亿元，全年累计完成投资1.35亿元，完成总工程量的55.14%。墨脱主电网延伸工程全面完成，年发电量2729万千瓦时，供电量2325万千瓦时，售电量2036万千瓦时。建成电子政务外网点位55个，实现全覆盖。

【助力乡村振兴】 2021年，墨脱县把乡村振兴作为重大发展问题、重大民生问题，把巩固拓展脱贫攻坚成果同乡村振兴有效衔接作为各项事业发展的出发点和落脚点，按照“四通九有五覆盖”建设标准要求，结合各村区位特征和资源优势，完成33个行政村“一村一策”编制工作。全年统筹整合资金1.36亿万元，实施项目37个，完成资金支出1.25亿元，支出率92%。实现群众转移就业3755人，收入3606.53万元。高校毕业生就业158人，就业率99.37%。全年交由农牧民施工企业参与建设项目40个，促进群众就业1052人次，累计增收1137余万元，人均增收1万余元。

【特色产业】 2021年，墨脱县围绕全市发展既定战略，采取“政府+企业+基地+农户”模式，建成高原有机茶园103个，建成标准化茶叶加工厂3个，全年全县茶园累计采摘茶青22.57万千克，为群众增收1157万元，户均增收8287元，人均增收1859元，茶叶成为农牧民群众致富增收的“金叶子”。累计接待游客20.58万人次，其中探亲、公务、务工人员、本地8.95人次，同比增长136%，实现旅游总收入7893.07万元，同比增长164%，其中农牧民收入1193.8万元，与2020年相比同比增长152%，旅游产品收入494.22万元，家庭旅馆接待游客3.35万人次，总收入185.32万元。玛迪村水产养殖基地建成并投产，填补西藏高端水产养殖空白，首批对虾于11月上市，受到市场认可。

（墨脱县委员会办公室）

米林县

【概况】 米林藏语为“药洲”之意，米林县地处西藏自治区东南部，林芝市西南部，雅鲁藏布江中下游，念青唐古拉山脉与喜马拉雅山脉之间。位于北纬28°39′～29°50′，东经93°07′～95°12′。东南部与墨脱县相连，西部与朗县相接，西北部与工布江达县毗邻，南部与印控区接壤，北部与巴宜区接连。县政府驻地东多村海拔2950米，距离西藏自治区首府拉萨市480千米，距离林芝市72千米。全县区域总面积9494.57平方千米，东西长239千米，南北跨度158千米。米林县地形东西狭长，西高东低，多宽谷，相对高度相差较小，全县平均海拔3700米，呈山河谷地形。境内主要山脉有喜马拉雅山脉和念青唐古拉山脉，最高峰南迦巴瓦峰，海拔7782米，是世界第十五高峰，与海拔7294

米的加拉白垒峰隔江相望。雅鲁藏布江从西向东横贯全境，境内河段长250千米，全县有5条较大的支流，境内河流总长1077千米。米林县属高原温带半湿润季风气候区，全县受孟加拉湾暖湿气流影响，境内形成亚热带、温带、寒带并存的气候。气候总体夏无酷热、冬无严寒、气温偏低、年温差小、昼夜温差大、气候湿润，垂直变化明显。全县辖米林镇、卧龙镇、派镇、里龙乡、扎西绕登乡、羌纳乡、丹娘乡、南伊珞巴民族乡8个乡（镇），69个村（居）。2021年末，全县常住人口26221人，同比增长0.17%，户籍人口24742人，同比增长0.61%，其中农村人口20347人，同比增长6.27%。米林县由多民族组成，人口密度相对较小，是以农业生产为主的半农半牧县。聚居民族主要有藏族、汉族、珞巴族、门巴族、回族等。

全年农作物播种面积3229.5公顷，其中粮食作物播种面积2398.93公顷，油料种植面积275.77公顷，蔬菜种植面积256.91公顷。森林覆盖率49.91%，森林面积47.39万公顷。主要农作物有小麦、青稞、油菜、豌豆、荞麦等，农副土特产品有苹果、梨、核桃、桃、辣椒和藏鸡、藏鸡蛋、藏猪等。野生植物有巨柏和大花黄牡丹、星叶草、桃儿七、八角连、胡黄莲、假人参、水青树、领春木、西藏延龄草等。主要野生动物有黑熊、棕熊、豺、藏狐、水獭、猞猁、云豹、雪豹、林麝、马麝、鬣羚、岩羊、雀鹰、藏雪鸡、藏马鸡。药材种类有虫草、贝母、天麻、丹参、红景天、当归、三七、雪莲、秦艽、沙棘、雪山一枝蒿、三棵针及松茸、青冈菌、牛肝菌等多种菌类、蕨类。矿产资源初步勘探发现铜矿、水晶、建筑用砂砾、石墨、水泥用黏土、板岩、花岗岩、片麻岩等岩浆岩和变质等矿种。主要景区有雅鲁藏布大峡谷景区国家AAAAA级景区和南伊沟景区国家AAAA级旅游景区。

2021年，全县实现县域生产总值20.77亿元，按可比价格计算，比2020年增长6.8%。其中，第一产业增加值1.82亿元，增长0.8%；第二产业增加值8.26亿元，增长3.7%；第三产业增加值10.69亿元，增长9.3%。三产业的比例为9 ∶ 40 ∶ 51。农牧民人均可支配收入达25273元，同比增长14.4%；城镇居民人均可支配收入41346元，同比增长13.3%。一般公共预算收入1.38亿元，同比增长3.56%，公共财政预算收入占生产总值比重6.64%。各项税收收入0.79亿元，同比减少4.81%，公共财政预算支出10.71亿元，同比减少38.98%。年末城乡居民存蓄余额9.04亿元，同比增长26.61%。全县固定资产投资同比下降4.2%。社会消费品零售总额3.81亿元，同比增加9.15%。分区域看，城镇零售额2.51亿元，同比增长10.46%；乡村1.29亿元，同比增长7%。分行业看，商品零售2.2亿元，同比增加9%；住宿、餐饮销售1.6亿元，同比增长9.35%。全年米林县共接待区内外游客187万人次，同比增长54.55%；旅游收入达16.41亿元，同比增长43.82%。全年邮政业务总量59万元，同比减少11.94%；电信业务总量3516万元，同比增长1.1%。实现城镇新增就业519人，城镇失业率1.9%。年末城镇居民社会养老保险参保人数1.03万人，同比增长19.95%。基本医疗保险参保人数1.94万人，城镇职工基本医疗保险参保人数2925人。失业保险参保人数1916人，同比增加48.52%。工伤保险参保人数2810人，同比增加22.97%。生育保险参保人数2120人，同2020年持平。

【社会稳定】 社会治理 2021年，强化社会面管控，巩固党政军警民协调联动工作机制，加强对辖区主要街道、政府机关、人员密集场所的巡逻排查，全年累计开展武装震慑巡逻200余次，参与警力1500余人次。推进市域社会治理现代化试点工作，在东措社区探索实施“1+4+X”联防治理模式，推动警务工作与社区管理服务深度融合。谋划“八五”普法，推进法治政府建设，人民群众法治意识、法治观念增强，政府依法决策、依法行政水平提升。坚持和发展新时代“枫桥经验”，排查化解项目施工等领域矛盾纠纷，做好“双拖欠”问题防范排查处置工作，全年共开展矛盾纠纷排查355次，排查出矛盾纠纷35起，化解35起，化解率达100%。推进安全生产专项整治三年行动，强化重点行业领域监督检查，加强宣传指导、应急演练和物资储备，安全生产形势总体平稳。全面深化平安创建，常态化推进扫黑除恶专项斗争，打击各类违法犯罪行为，全年刑事案件共立案62起，破案37起，抓获犯罪嫌疑人47人。全面从严管党治警，强化“三个效应”，围绕“两个着力点”，彰显“三大成果”，发现六大顽瘴痼疾问题103条，处理违规违纪干警80人。

民族宗教　落实宗教活动管理“三项要求”，深化宗教领域“七个一”活动，全面加强宗教场所、人员管理。推进“两项教育”“两个创建”，开展“遵行四条标准、争做先进僧尼”教育实践活动，宣传《藏传佛教活佛转世管理办法》，开展爱国主义宣传教育和“五下乡”等活动，全年累计开展活动60余场次，发放各类宣传资料2000余份，巩固“三升三降”的局面。以铸牢中华民族共同体意识为主线，把民族团结宣传教育与党史学习教育等实践活动相结合，通过“老西藏”口述民族团结以及挖掘宣传援藏干部、其他省市西藏班师生等民族团结典型事迹，举办民族团结摄影、书法、美术比赛、文艺会演等系列活动，全年累计开展活动600余场次，参与人数达1.2万余人次。学习贯彻《西藏自治区民族团结进步模范区创建条例》，推进民族团结进步模范县创建，创新打造民族团结“五个一”示范点，全年累计完成3个乡、8个村、4家企业、2个学校、1个景区、3个基地和10家单位的模范集体创建。

【产业项目】 项目建设　2021年，拉林铁路建成通车，米林车站、岗嘎车站投入使用，机场改扩建完工。争取广东省“十四五”对口支援规划项目，“十四五”受援资金共计2.46亿元。统筹整合珠海市财政计划外资金900万元，加快米林县民俗旅游示范村改造项目建设，打造“环雅江乡村振兴产业带”。全年开复工市级重点项目32个，累计完成投资6.18亿元，完成计划投资总额的95.81%，复工率88.88%。

招商引资　深化“放管服”改革，加快三级政务服务标准化建设，推进“互联网＋政务服务”，实现“一网通办”，政务服务便利化程度提升，营商环境优化。建立健全招商引资机制，落实减税降费等优惠政策，主动对接粤港澳大湾区资源，招商引资工作持续优化。全年累计招商引资项目25个，到位资金5.2亿元，固定资产投资预计完成23.43亿元，同比增长8%。

产业发展　突出旅游产业战略支柱地位，依托林芝市桃花文化旅游节，实施以市场为主体的目的地营销，巩固雅鲁藏布大峡谷AAAAA级旅游景区创建成果，提升米林文旅品牌影响力。全年全县共接待区内外游客187万人次，旅游综合收入16.4亿元，同比分别增长54.55%和43.82%。发展商贸物流，完成电子商务公共服务中心升级改造。依托“7+2”消费援藏平台，探索拓宽米林农产品线下直

2021年4月3—5日，林芝市桃花旅游文化节米林分会场开幕

（米林县委员会办公室　供图）

销+直播带货销售渠道，助力米林县农产品扶贫消费销售超过2230万元。以水电为主带动技术服务、绿色建材、商贸物流等相关配套产业发展，为水电能源产业加速发展做准备。高质量发展藏医药产业，藏医药文化馆全面启用，藏医药产业园初具规模，藏医药全产业链加快延伸，全县藏药材种植面积780亩，产生效益2000万元，藏医药业正向优势产业转化，以藏药材和苹果种植为主的米林县现代农业产业园被评定为市级产业园，并通过自治区级产业园评审。构建农旅结合、种养相融、产销一体的高原生物产业体系，推动农牧特色产业提质增效，打造规模化藏猪养殖基地2个，全县藏香猪存栏7.5万头。建设"水肥一体化"标准水果种植基地1326亩，全县水果种植面积超2.1万亩。丰富蔬菜种植种类，全县蔬菜种植面积5000亩。

乡村振兴　做好全县"三类人口"动态监测和帮扶，以产业帮扶、消费援藏等方式予以保障，在援藏工作队支持下，投入10.02万元，为全县建档立卡脱贫户2862人购买乡村振兴防返贫保险。制定《米林县关于做好"十四五"时期"三农"工作的实施意见》，挂牌成立米林县乡村振兴局，围绕乡村振兴战略"20字"方针，推动10个乡村振兴示范村、2个重点帮扶村建设，推进农村基础设施建设，改善农牧民居住条件，提升公共服务水平，特色产业发展全面兴旺，乡村治理体系更加健全。

【生态环保】2021年，贯彻落实习近平生态文明思想，推进生态环境保护和可持续发展，落实生态环境保护考核、责任追究、生态环境监管和政绩考核等制度，严把建设项目环境准入关，禁止"三高"企业进驻。推进国土空间规划编制工作，每季度对水、大气、土壤质量开展监测。抓好2020年森林督查反馈问题整改、销号、归档工作。对关键季节、重点时段、重要区域火灾隐患排查整治，查处野外用火、非法占用林地等林政案件19起、罚款18.26万元。

生态文明创建　加快国家级生态文明示范县和国家森林城市创建，开展国土绿化工作，全年完成造林绿化项目2580亩，开展公路沿线生态恢复工程建设1294亩、森林抚育2.5万亩，持续改善林木生长环境，林区有害生物发生率和森林火灾发生率下降。

生态机制建设　落实国家生态效益综合补偿机制，兑现生态岗位补助资金，发展"庭院经济"，实现保护生态、经济发展、促民增收三者有机统一。落实巩固拓展脱贫攻坚生态保护岗位，全年共兑现岗位资金465.5万元。推行林（草）长制、河（湖）长制，动员群众强化对县域山水林田湖草沙冰的常态化管理保护，开展人居环境整治三年行动，深化"四清两改"工作，推进"厕所革命"，推广垃圾分类收集，拆除违法违规乱搭乱建，被授予"自治区卫生县城"称号。

【改善民生】2021年，推进县域紧密型医共体建设，提升县域医疗服务水平。强化食品药品安全监管，加强冷冻食品日常监督检查。推进文化惠民，开展庆祝中国共产党成立100周年和西藏和平解放70周年文体活动63场次、参与干部群众1.61万人次，群众精神文化生活逐渐丰富。完善道路运输服务，乡镇、村居通客车率分别达到100%、75.36%。完善社会救助网，妇女儿童事业高质量发展，加强退役军人服务管理。

教育事业　落实林芝市"双百计划"，引进珠海市教育专业技术人才到米林开展技能帮扶，强化校地共建工作，争取更多优质教育资源落地米林。加快县第二幼儿园施工建设，推进派镇、扎绕乡、里龙乡和卧龙镇小学教学楼和配套设施建设，2021年，西藏自治区高中阶段学校招生全区统一考试（中考）成绩排七县区初级中学第三名。

就业帮扶　开展全县范围内劳动力资源状况调查，登记劳动力1.23万人，形成《米林县劳动力调研报告》。新增县级农牧民转移就业基地2家，吸纳农牧民稳定就业，实现农牧民转移就业5729人，转移就业收入就业7314万元。做好高校毕业生就业，261名应届高校毕业生实现就业259人，就业率达到99.2%。

社会保障　深化医疗“小组团”援藏，推进三级医院对口帮扶工作，分批次引进15名援藏医疗人员开展帮扶工作，引入建设南伊乡琼林村5G远程智慧医疗试点，受援质效进一步提升。地方病、慢性病防治全面加强，县域医疗服务水平持续提升。开展全县农牧民体检，实现体检人数7553人，为因病致贫返贫建立预警监测机制。全面推进全民参保计划，各类参保率均达到100%。关心关爱弱势和特殊群体，落实基础性、普惠性的社会救助制度，社会救助和慈善事业稳步发展。

2021年11月30日，林芝市委常委、副市长张海波调研米林县2021年公共租赁住房建设项目　（米林县委员会办公室　供图）

（米林县委员会办公室）

表　彰

先进集体

2021年度林芝市获得区级以上表彰的先进集体

表13

单位名称	授予奖项	授予单位
工布扎念博咚（巴宜区文旅局）	国务院第五批国家级非物质文化遗产代表性项目名录（传统音乐）	国务院
米林县南伊乡琼林村党支部	全国先进基层党组织	国务院
墨脱县墨脱镇	全国脱贫攻坚先进集体	国务院
西藏农牧学院	全国脱贫攻坚先进集体	国务院
林芝市乡村振兴局	全国脱贫攻坚先进集体	国务院
工布江达县	2020年真抓实干成效明显地方予以督查激励	国务院办公厅
中国民用航空站地面服务部	工人先锋号	中华全国总工会
工布江达县朱拉松茸加工农牧民专业合作社加工生产小组	工人先锋号	中华全国总工会
波密县工商业联合会	2020—2021年度全国“五好”县级工商联	中华全国工商业联合会
米林县工商业联合会	2020—2021年度全国“五好”县级工商联	中华全国工商业联合会
波密县文联	摄影作品《波密·春》荣获全国县级融媒体中心优秀作品双月赛三等奖	中宣部新闻局、中宣部宣传舆论研究中心、“学习强国”学习平台
巴宜区民政局（特困人员集中供养中心）	巾帼文明岗	中华全国妇女联合会
百巴镇章巴村藏家农牧民专业合作社	2020年国家农民合作社示范社	农业农村部、发改委、财政部、水利部、税务局、市监总局、林草局、供销总社
巴宜区人社局（达柏）	全国优秀农民工	国务院农民工工作领导小组
巴宜区民政局	第二批全国乡镇政府服务能力建设典型经验（助力脱贫攻坚战）	民政部办公厅
巴宜区白玛岗街道	第六批全国学雷锋活动示范点	中共中央宣传部
墨脱县文化活动中心	全国先进县级综合性文化服务中心	中共中央宣传部
巴宜区农业农村局	2020年全国村庄清洁行动先进县	中央农村工作领导小组 中华人民共和国农业农村部
更章门巴民族乡久巴村	第二批全国乡村治理示范村	中央农村工作领导小组办公室、农业农村部、中央宣传部、民政部、司法部、国家乡村振兴局
巴宜区（区委统战部）	第九批全国民族团结进步示范区示范单位	国家民委
中国民用航空林芝站	2021年重大航空运输保障先进集体 中国共产党成立100周年民航安全保障工作成绩突出集体	中国民航局
林芝市工布江达县水利局	全国水利工作先进集体	水利部
西藏自治区林芝市朗县河长办	全面推行河长制工作先进集体	水利部
工布江达县统计局	国家贫困地区重大专项普查工作先进集体	国家脱贫攻坚普查领导小组
工布江达县	国家生态文明建设示范区	生态环境部

续表 13

单位名称	授予奖项	授予单位
朗县	第八批全国民族团结进步示范区示范单位	国家民委
	2017—2020 年度平安中国建设示范县	平安中国建设协调小组办公室
朗县洞嘎镇塔布木碗农牧民专业合作社	全国乡村振兴职业技能大赛突出贡献奖	全国乡村振兴职业技能大赛组委会
墨脱县墨脱镇玛迪村	全国民主法治示范村（社区）	司法部、民政部
林芝市米林县南伊乡才召村	全国民主法治示范村（社区）	司法部、民政部
米林县南伊乡人民政府	全国乡村治理示范乡镇	中央农村工作领导小组办公室、农业农村部、中央宣传部、民政部、司法部、国家乡村振兴局
米林县南伊乡南伊村	全国乡村旅游重点村	国家文旅部
米林县退役军人服务中心	退役军人服务保障先进单位	退役军人事务部 中央军委政治工作部
墨脱县人社局	“墨脱采茶人”荣获创新发展类劳务品牌	第三届全国创业就业服务展示交流活动组委会
林芝广播电视台	2020 年度广播电视公益广告扶持项目传播机构	国家广电总局
林芝市文广局	全国新闻出版广播影视系统先进集体	国家广电总局
林芝市交通运输综合行政执法队	全国交通运输行业文明单位	交通运输部
林芝市总工会	基层职工互助保障工作优秀单位	中国职工保险互助会
林芝市市场监督管理局	全国知识产权系统先进集体	人力资源社会保障部、国家知识产权局联合授予
	全国依法治理创建活动先进单位	中央宣传部、司法部、全国普法办联合授予
	“全国市场监管卫士”集体称号 全国市场监管系统“小个专”党建工作表现突出集体	国家市场监督管理总局
林芝市司法局	2021 年国家统一法律职业资格考试工作表现突出单位	司法部
林芝市公安局	集体一等功	公安部
林芝市巴松措旅游度假景区	国家体育示范基地	国家体育总局、文化和旅游部
林芝市巴宜区鲁朗小镇	国家级文明旅游示范单位	全国旅游标准化技术委员会
林芝市巴松措景区	全国文化和旅游系统先进集体	人力资源和社会保障部、文化和旅游部
波密县云杉居民宿	全国乙级民宿	全国旅游标准化技术委员会
林芝市统计局	第七次全国人口普查先进集体	国务院第七次全国人口普查领导小组
林芝市“扫黄打非”办	全国“扫黄打非”先进集体	全国“扫黄打非”办公室
林芝市中级人民法院	人民法院基层党组织组织力提升工程优秀组织奖	最高人民法院
	人民法院司法警察先进集体	
林芝市自然资源局	全国自然资源系统“七五”普法先进集体	自然资源部办公厅
林芝市人力资源和社会保障局	全国根治拖欠农民工工资工作先进集体	国务院根治拖欠农民工工资工作领导小组
工布江达县教育局	2017—2020 年度全国群众体育先进单位	国家体育总局
林芝市总工会	2017—2020 年度全国群众体育先进单位	国家体育总局

续表 13

单位名称	授予奖项	授予单位
林芝市第二小学	《阳光梦·健康行》中国青少年艺术素质教育展演活动中获西洋乐类小学组集体项目特金奖	中国关心下一代工作委员会健康体育发展中心、中国文化产业促进会文化教育委员会、中国青少年艺术素质教育系列活动办公室
朗县中心小学	全国中小学劳动教育典型案例《依托校内劳动实践教育基地打造特色劳动教育大课堂》	教育部基础教育司
中国人民银行林芝市中心支行	全国文明单位	中央文明委
林芝市民政局	全国农村留守儿童关爱保护和困境儿童保障工作先进集体	农村留守儿童关爱保护和困境儿童保障工作部际联席会
林芝市疾控中心	2019—2020 年全国麻风病防治管理信息系统工作先进集体	中国疾控中心
林芝市群众艺术馆	“春雨工程”全国示范性志愿服务项目	文化和旅游部办公厅、中央文明办秘书局
林芝市边境县、乡（镇）、村公共文化建设项目	国家公共文化服务体系示范项目	文化和旅游部、财政部
林芝市图书馆	青少年维权岗	共青团中央、文化和旅游部
波密艺术团	最佳志愿服务组织	文化和旅游部
工布江达县融媒体中心	全国先进县级融媒体中心	中国新闻出版研究院传媒研究所、中共成都市双流区委、成都市双流区人民政府
林芝市民族艺术团	《新春走基层、欢乐小康年》获春节特别节目优秀作品	中宣部、中国记协
林芝市消防救援支队	第 20 届全国青年文明号	共青团中央、最高人民法院、发展改革委、工业和信息化部等“青年文明活动”组委会
林芝市委组织部	西藏自治区就业创业工作先进集体	自治区党委、自治区政府
墨脱县政府办	西藏自治区就业创业工作先进集体	自治区党委、自治区政府
米林县公安局	西藏自治区抗击新冠肺炎疫情先进集体	自治区党委、自治区政府
墨脱县卫健委	西藏自治区抗击新冠肺炎疫情先进集体	自治区党委、自治区政府
巴宜区市监局	西藏自治区抗击新冠肺炎疫情先进集体	自治区党委、自治区政府
林芝市米林县公安局	西藏自治区抗击新冠肺炎疫情先进集体	自治区党委、自治区政府
林芝市疾控中心	西藏自治区抗击新冠肺炎疫情先进集体	自治区党委、自治区政府
波密县玉许乡人民政府	西藏自治区人民满意的公务员集体	自治区党委、自治区政府
八一镇巴吉村驻村工作队	先进驻村（居）工作队	自治区党委、自治区政府
墨脱县委办	集体一等功	自治区党委、自治区政府
波密县	双拥模范县	自治区党委、自治区政府、西藏军区
米林县	双拥模范县	自治区党委、自治区政府、西藏军区
墨脱县	双拥模范县	自治区党委、自治区政府、西藏军区
米林县委组织部	2021 年度全区组织系统信息工作先进集体	自治区党委组织部
墨脱县委组织部	2021 年度全区组织系统网宣工作先进集体	自治区党委组织部
墨脱县委组织部	作品组工干部讲“组工”被评为 2021 年度全区组织系统“网络正能量”优秀项目	自治区党委组织部
林芝市民政局	全区基层党建示范点	自治区党委组织部

续表 13

单位名称	授予奖项	授予单位
墨脱县背崩乡	全区基层党建示范点	自治区党委组织部
朗县金东乡来义村	全区基层党建示范点	自治区党委组织部
巴宜区白玛岗街道（林升小区党支部）	全区基层党建示范点	自治区党委组织部
波密监狱一监区党支部	先进基层党组织	区司法厅
波密监狱一监区	先进集体	区司法厅
波密县森林消防中队	集体三等功	西藏自治区森林消防总队
波密县森林消防中队	集体三等功	自治区应急总指挥部
林芝市委宣传部	扑救林芝“4・14”森林火灾先进集体	自治区应急总指挥部
林芝市应急管理局	扑救林芝“4・14”森林火灾先进集体	自治区应急总指挥部
林芝市人民医院	扑救林芝“4・14”森林火灾先进集体	自治区应急总指挥部
巴宜区民政局	扑救林芝“4・14”森林火灾先进集体	自治区应急总指挥部
巴宜区应急管理局	扑救林芝“4・14”森林火灾先进集体	自治区应急总指挥部
巴宜区公安局森林警察大队	扑救林芝“4・14”森林火灾集体二等功	自治区应急总指挥部
巴宜区公安局更章派出所	扑救林芝“4・14”森林火灾集体三等功	自治区应急总指挥部
武警第二机动总队交通第三支队	拥政爱民模范单位	自治区双拥工作领导小组 自治区退役军人事务厅 西藏军区政治工作部
波密县委宣传部	全区“四讲四爱”群众教育实践活动先进集体	自治区党委宣传部、自治区“四讲四爱”群众教育实践活动领导小组办公室
	2020 年度自治区“学习强国”先进学习组织	自治区党委宣传部
波密县人民法院	2020 年度全区“学习强国”先进学习组织	自治区党委宣传部
巴尔曲德寺寺管会	全区“四讲四爱”群众教育实践活动先进集体	区党委宣传部“四讲四爱”群众教育实践活动领导小组办公室
	2020 年度全区统战信息工作先进单位	区党委统战部
波密县文联	光荣辉煌 40 年——团结奋进 永攀高峰	自治区文学艺术界联合会
林芝镇康扎村	2020 年西藏自治区第七届户外运动大会箭歌表演第三名	自治区体育局、林芝市人民政府
巴宜区退役军人事务局	示范型退役军人服务中心（站）温馨窗口	自治区退役军人事务厅
	优秀示范型退役军人服务中心	
巴宜区妇联	西藏自治区妇联成立 60 周年“最美基层妇联组织”	自治区妇女联合会
巴宜区卫健委	全区基层巡回诊疗优秀责任团队	自治区卫健委
巴宜区觉木街道办	爱国拥军模范单位	自治区双拥工作领导小组 自治区退役军人事务厅 西藏军区政治工作部
巴宜区八一镇巴古村	西藏自治区 2020 年美丽休闲示范村	自治区农村人居环境整治工作领导小组办公室
巴宜区林芝镇真巴村		
巴宜区更章门巴民族乡久巴村		
巴宜区米瑞乡通麦村	西藏自治区 2020 年幸福宜居示范村	自治区农村人居环境整治工作领导小组办公室

续表 13

单位名称	授予奖项	授予单位
巴宜区布久乡仲果村	西藏自治区干净整洁示范村	自治区农村人居环境整治工作领导小组办公室
巴宜区布久乡工布原乡	首批自治区非遗旅游景区（点）	自治区文化厅、自治区旅游发展厅
布久乡嘎玛村第一联户单位	自治区级“先进双联户”	自治区平安办
巴宜区林芝镇	2021—2023 年度西藏自治区民间文化艺术之乡——米纳羌姆舞之乡	自治区文化厅
林芝航站航空护卫团支部	五四红旗团支部	民航西藏区局团委
林芝市农业农村局	农机购置补贴政策落实工作先进单位	自治区农业农村厅
	农业相关转移支付资金整体绩效评价先进单位	
	农业建设项目工作先进单位	
	加强重大动物疫病防控工作先进单位	
	高标准农田建设先进单位	
	农村人居环境整治工作先进单位	
	开展以秸秆、农膜废弃物资源化利用为重点的农业农村污染治理攻坚战先进单位	
波密县农业农村局	西藏自治区农产品质量安全县	自治区农业农村厅
朗　县	自治区农产品安全县	自治区农业农村厅
朗县金东乡边境派出所	先进基层党组织	西藏出入境边防检查总站委员会
朗县公安局	西藏自治区扫黑除恶专项斗争“六清”行动集体三等功	自治区公安厅
	西藏公安机关中国共产党成立 100 周年和自治区和平解放 70 周年安保维稳集体二等功	
朗县公安局交通管理大队	2021 年中国人民警察集体二等功	自治区公安厅
农行朗县支行	先进基层党组织	中国农业银行西藏自治区分行委员会
	脱贫攻坚金融服务先进集体	农行西藏自治区分行
米林县民政局	全区退役军人工作模范单位	自治区委员会退役军人事务工作领导小组
林芝市生态环境局	西藏自治区“无烟单位”称号	自治区爱卫会
米林县南伊乡人民政府	西藏自治区卫生乡镇	自治区爱卫会
米林县南伊乡琼林村	西藏自治区卫生村（居）	自治区爱卫会
米林县南伊乡才召村		
米林县南伊乡南伊村		
米林县自然资源局	“西藏国土三调劳动竞赛”先进单位名单	自治区自然资源厅
米林县电信局党支部	先进基层党组织	中共中国电信股份有限公司西藏分公司委员会
米林县退役军人服务中心	自治区 2021 年度示范型退役军人服务中心（站）创建工作温馨窗口	自治区退役军人事务厅 自治区退役军人服务中心
墨脱县团县委	五四红旗团委	共青团西藏自治区委员会
团巴宜区委	五四红旗团委	共青团西藏自治区委员会

续表 13

单位名称	授予奖项	授予单位
墨脱县委政法委（县扫黑办）	西藏自治区扫黑除恶专项斗争 2018—2020 年先进集体	西藏自治区扫黑除恶 专项斗争领导小组
林芝经济开发区管理委员	2020 年度全区招商引资工作成绩突出单位	自治区人民政府办公厅
林芝经济开发区粤林产业园	第四批自治区级文化产业示范园区	自治区文化厅
建行林芝分行	全区“七五”普法工作先进集体	自治区党委宣传部 自治区司法厅 自治区普法办
林芝市道路运输管理局	2020 年度全区道路（水路）运输行业 先进集体	自治区道路运输管理局（地方海事局）
林芝市妇联	巾帼家政服务劳动技能大赛优秀组织奖	自治区妇联
中国石油天然气股份有限公司西藏林芝销 售分公司	2021 年度“促消费稳增长突出贡献企 业”称号	自治区商务厅
林芝市公安局扫黑办线索核查组	集体三等功	自治区公安厅
林芝市公安局科技信息化支队	中国共产党成立 100 周年和西藏和平解放 70 周年等系列重大活动安保维稳工作成绩 突出集体	自治区公安厅
林芝市公安局警务保障处	中国共产党成立 100 周年和西藏和平解放 70 周年等系列重大活动安保维稳工作成绩 突出集体	自治区公安厅
林芝市公安局政治部	集体二等功	自治区公安厅
林芝市公安局刑事侦查支队		
林芝市公安局特警支队		
林芝市公安局交通警察支队		
林芝市公安局国内安全保卫支队		
工布原乡展示中心	西藏自治区首批非遗旅游景区（点）	自治区文化厅、自治区旅游发展厅
察隅县僜人民俗非遗旅游点	西藏自治区首批非遗旅游景区（点）	自治区文化厅、自治区旅游发展厅
林芝市统计局	全区统计工作先进集体	自治区统计局
林芝网	“庆祝中国共产党成立 100 周年、西藏和平 解放 70 周年”微视频大赛优秀作品奖	区公安厅区委员会宣传部、西藏记协
农行林芝分行巴宜支行	社会责任服务典范奖	区公安厅区银行业协会
西藏农牧学院	全区征兵工作先进单位	区公安厅区征兵办
林芝市第一中学	第七届全国青年科普创新实验暨作品大赛， 西藏赛区优秀组织奖	自治区科学技术厅 自治区教育厅 自治区科学技术协会 西藏自然科学博物馆 西藏自然资源保护与科普发展基金会
林芝市第二高级中学	第七届全国青年科普创新实验暨作品大赛 西藏赛区优秀组织奖	自治区科学技术厅 自治区教育厅 自治区科学技术协会 西藏自然科学博物馆 西藏自然资源保护与科普发展基金会
	全区基层党建示范点	自治区党委组织部
	全区“七五”普法先进单位	自治区普法办
	第二届西藏自治区文明校园	自治区文明委
西藏农牧学院	第二届西藏自治区文明校园	自治区文明委
西藏林芝市气象局	自治区文明单位称号	自治区文明委
西藏米林县气象局	2021 年复评保留自治区“文明单位”称号	自治区文明委

续表 13

单位名称	授予奖项	授予单位
西藏察隅县气象局	2021 年复评保留自治区"文明单位"称号	自治区文明委
林芝市消防救援支队	自治区"文明单位"	自治区文明委
米林县里龙乡德吉新村	第六届西藏自治区文明村	自治区文明委
林芝市第一小学	西藏自治区书法家协会书法教育示范基地	自治区书法家协会
林芝市第二小学	五四红旗团支部	共青团西藏自治区委员会
林芝市广东实验小学	体育道德风尚奖	自治区体育局
	2021 年度西藏自治区防震减灾科普示范学校	自治区地震局、自治区教育厅、自治区科学技术协会、区团委
波密县完全小学	第二批自治区级中小学美育特色学校	自治区教育厅
工布江达县小学	中华民族共同体意识示范学校	自治区教育厅
林芝市职业技术学校	第二批自治区级中小学美育特色学校	自治区教育厅
洞嘎镇人民政府	2018 年度教育系统党建示范学校	自治区教育厅党组
中国人民银行林芝市中心支行	2021 年度目标管理先进单位	中国人民银行拉萨中心支行
林芝市疾控中心	西藏地方病防治知识竞赛团体一等奖	自治区疾控中心
	首届西藏自治区寄生虫病防治技能大赛团体二等奖	自治区卫健委、自治区疾控中心
藏东南文化遗产博物馆	思想政治教育基地	自治区消防救援总队
爱心康乐广场舞队	西藏自治区"夕阳红"老年人健身锅庄舞交流展示大会三等奖	自治区体育局、自治区体育总会
林芝市文广局	2021 年广播电视公益广告扶持项目优秀组织机构	自治区广电局
林芝市巴宜区工布原乡展示中心	西藏自治区非遗旅游景区（点）	自治区文化厅非遗处
察隅县僜人民俗非遗旅游点		
扎木中心县委红楼	西藏自治区第二批基层理论宣讲示范基地	自治区委员会讲师团
扎木中心县委红楼	西藏自治区爱国主义教育基地	自治区委员会宣传部
林芝市森林消防支队	第十七届"西藏青年五四奖章"集体	自治区委员会、区青年联合会
	西藏自治区集体二等功	自治区森林消防总队
林芝市森林消防支队巴宜区中队	西藏自治区集体二等功	自治区森林消防总队
米林县中队		
波密县中队		
察隅县中队		
米林县税务局党支部	全区税务系统"先进基层党组织"	中共西藏自治区税务局委员会

2021 年度西藏自治区先进基层党组织

中共广东省第九批援藏工作队医疗组临时支部委员会

中共林芝市应急管理局机关支部委员会

中共巴宜区布久乡麦巴村支部委员会

中共林芝市疾控中心支部委员会

中共米林县南伊珞巴民族乡琼林村支部委员会

中共朗县巴尔曲德寺管理委员会支部委员会

中共朗县朗镇申木村支部委员会

中共林芝市第一小学总支部委员会

中共林芝市自然资源局机关支部委员会

西藏自治区脱贫攻坚先进集体

（区委、区政府，2021 年 4 月）

巴宜区卫生健康委员会
巴宜区八一镇巴吉村
巴宜区乡村振兴局
波密县八盖乡人民政府
波密县脱贫攻坚指挥部
波密县卫生健康委员会
波密县扎木镇东若村党支部
工布江达县水利局
工布江达县乡村振兴局
朗县巴尔曲德寺寺管会
朗县乡村振兴局
墨脱县背崩乡
墨脱县乡村振兴局
林芝市交通运输局
林芝市委组织部
林芝市乡村振兴局

工布江达镇党委、工布江达镇人民政府

朗县仲达镇委员会、朗县仲达镇人民政府

工布江达县金达镇委员会、金达镇人民政府

林芝市“先进双联户”创建评选工作先进双联户一览表

表 14

林芝市“先进双联户”创建评选工作先进县（区）（3 个）	朗县
	墨脱县
	米林县
林芝市“先进双联户”创建评选工作先进乡（镇）（7 个）	巴宜区更章门巴民族乡人民政府
	工布江达县朱拉乡人民政府
	米林县里龙乡人民政府
	波密县玉普乡人民政府
	朗县仲达镇人民政府
	察隅县古玉乡人民政府
	墨脱县格当乡人民政府
林芝市“先进双联户”创建评选工作先进村（居）（10 个）	巴宜区米瑞乡色果拉村
	巴宜区鲁朗镇白木村
	工布江达县仲莎乡仲莎村
	工布江达县加兴乡加兴村
	米林县里龙乡巴让村
	朗县洞嘎镇堆村
	波密县八盖乡竹玉村
	波密县玉许乡达拉村
	察隅县察瓦龙乡左布村
	墨脱县德兴乡荷扎村

林芝市“先进双联户”创建评选工作“先进双联户”（18 个联户单位 185 户）

表 15

巴宜区（5 个联户单位 45 户）	更张门巴民族乡扎曲村第五联户（7 户）	巴登（户长、户主）、觉阿罗布、扎西顿珠、德吉卓玛、才旺加措、扎西次仁、其米旦增
	林芝镇卡斯木村第一联户单位（10 户）	桑杰普巴（户长、户主）、达娃、索朗旺杰、次仁、白玛旺堆、白玛次仁、昂格、罗堆、尼玛拉姆、俊美多吉
	米瑞乡吉定村第一联户单位（7 户）	次吉拉姆（户长、户主）、旺姆、普巴卓玛、次仁旺堆、玉珍、才旺、拉巴次仁
	布久乡甲日卡村第一联户单位（10 户）	聪吉（户长）、巴珠、尼玛、索朗、布桑、白玛、才旺罗布、白玛乔、次仁罗布、索朗拉姆
	鲁朗镇东巴才村第二联户单位（11 户）	西绕（户长、户主）、达娃、卓嘎、扎西央宗、尼玛、德吉、巴桑拉姆、其加、拉珍、边巴次仁、达瓦次仁
工布江达县（3 个联户单位 29 户）	仲莎乡那岗村第五联户单位（8 户）	贡觉罗布（户长、户主）、白玛顿珠、赤列达杰、俊美旺久、加措、索朗顿珠、旺堆、益西卓玛
	加兴乡加兴村第三联户单位（11 户）	次卓嘎（户长、户主）、加主、索朗央金、索朗达杰、拉姆、罗布群旦、次仁扎西、阿旺卓玛、欧珠拉姆、次旺仁增、西洛
	朱拉乡吉木雄村第二联户单位（10 户）	洛桑边巴（户长、户主）、次仁拉巴、尼玛、次仁白珍、玉珍措姆、扎巴索南、宗巴、卓玛、旦巴曲桑、次仁扎巴
米林县（2 个联户单位 21 户）	里龙乡巴让村第七联户单位村（9 户）	多布杰（户长）、才旺旦增、贡桑措姆、旦巴、加措、李花、康珠、达瓦、白吉
	卧龙镇麦村第二联户单位（12 户）	肖李（户长）、次仁扎西、罗措、帕丽、达玛、央吉、边巴次仁、坚村、才旺卓玛、格桑、尼玛卓玛、扎西平措
波密县（3 个联户单位 32 户）	玉许乡麦差村第二联户单位（11 户）	布嘎（户长、户主）、索朗尼玛、白玛罗布、扎西曲觉、卓嘎、白玛顿珠、顿珠江才、德吉央宗、次珍、拉巴次仁、布嘎玛
	扎木镇卡达村第二联户单位（9 户）	布卓嘎（户长、户主）、布尼、边巴、布布、尼达、群英伦珠、拥宗、次仁公布、索朗巴姆
	多吉乡西巴村第五联户单位（12 户）	白玛才旺（户长、户主）、巴桑卓玛、次仁曲珍、索朗旺堆、嘎桑丹增、罗桑仁增、群珠、索朗旺堆、布左、央青次仁、益西伦珠、央青
朗县（2 个联户单位 20 户）	金东乡巴龙村第四联户单位（9 户）	扎西措姆（户长、户主）、巴珠、格桑、洛桑加措、尼玛次仁、平措、桑旦、玉珍、扎西卓玛
	拉多乡许村第一联户单位（11 户）	江白（户长、户主）、格桑曲珍、欧珠、尼玛多吉、其帕、次仁贡布、贡布次仁、旦增、旦增旦巴、扎西多布杰、群旦加措
察隅县（2 个联户单位 23 户）	上察隅镇竹巴村第二联户单位（13 户）	卓玛（户长）、格桑拉姆、江华、多多、阿洛、扎西央宗、珠吉、仁增多吉、吉措、扎西次仁、扎西措姆、江白、次桑
	下察隅镇沙玛村第三联户单位（10 户）	索朗卓玛（户长）、尼玛曲措、江安拉吉、拥珍旺姆、央青曲珍、永忠次仁、次仁珠、小华、白玛罗布、陶云
墨脱县（1 个联户单位 15 户）	墨脱镇东布路第五联户单位（15 户）	边珍（户长、户主）、赤列央宗、曲桑顿珠、伍班东、秦孟军、陈军、邓建斌、常建楠、张国照、次仁央宗、措姆、云登、廖佳佳、王慧勤、罗布央宗

先进个人

2021 年度林芝市获得区级以上表彰的先进个人

表 16

姓名	所在单位	获得荣誉	授予者	授予时间
拉　姆	工布江达镇残障缝纫友谊合作社理事长	全国脱贫攻坚先进个人	国务院	2021.2
云登加措	工布江达县朱拉松茸加工农民专业合作社	全国脱贫攻坚先进个人	国务院	2021.2
		爱国主义学习先进个人	中国国际报告文学研究会名人文化艺术研究院、北京华人故事文化传媒中心	2021.1

续表 16

姓名	所在单位	获得荣誉	授予者	授予时间
谭得智	朗县人民法院	全国法院先进个人	最高人民法院	2022.1
宋海华	市中级人民法院	人民法院保密工作先进个人	最高人民法院	2021.6
张　卫	米林县总工会	城市困难职工解困脱困工作中作出重要贡献的个人	中华全国总工会	2021.5
冲　吉	林芝市民政局	2021 年全国最美家庭	中华全国妇女联合会	2021.10
索　珍	林芝市司法局	2017—2020 年“遵法守法·携手筑梦”活动先进个人	中华全国总工会、司法部、中华全国律师协会	2021.12
扎　庚	国家税务总局米林县税务局	最美税务人	中共中央宣传部 国家税务总局	2021.12
		全国税务系统百佳县税务局局长（书记）	国家税务总局	2021.6
布阿娘	松宗镇人民政府	全国文化和旅游系统先进工作者	人力资源和社会保障部 文化和旅游部	2021.8
王翠丽	米林县文旅局	全国文化和旅游系统先进工作者	人力资源和社会保障部 文化和旅游部	2021.11
王翠丽	米林县自然资源局	全国文化和旅游系统先进工作者	人力资源和社会保障部 文化和旅游部	2021.8
珍　嘎	墨脱县人社局社会保险管理中心主任	全国人力资源社会保障系统 2021 年度优质服务先进个人	人力资源和社会保障部	2022.1
余小龙	林芝市职业技术学校	2019—2020 年度职业技能竞赛优秀选手“全国技术能手”	人力资源和社会保障部	2021.7
达　乔	工布江达县人民政府、县委常委、政府副县长、二级调研员	全国优秀河（湖）长	水利部	2021.6
王海斌	墨脱县人民政府副县长	全国优秀河（湖）长	水利部	2021.6
桑杰罗布	墨脱县政法委二级主任科员	全国扫黑除恶先进工作者	全国扫黑除恶专项斗争领导小组	2021.7
桑杰卓玛	林芝市司法局	国家统一法律职业资格考试工作先进个人	司法部	2021.12
德　青	林芝市应急管理局	2021 年全国应急管理系统先进工作者	应急管理部	2021.10
马　静	林芝市退役军人事务局九级职员	退役军人服务保障先进个人	退役军人事务部、中央军委政治工作部	2021.11
其　林	林芝市教育局	2017—2020 年度全国群众体育先进单位	国家体育总局	2021.8
扎西次仁	林芝市第一中学	2017—2020 年度全国群众体育先进单位	国家体育总局	2021.8
贡吉卓玛	帮辛乡小学教师	全国乡村优秀青年教师	教育部	2021.9
米玛次仁	米林县农业农村局	最美牧技员	全国畜牧总站	2021.4
曹世勋	林芝航站	中国共产党成立 100 周年民航安全保障工作成绩突出个人	中国民用航空局	2021.11
田金波	林芝航站	2021 年民航重大运输工作先进个人	中国民用航空局	2022.4
乔德吉	米林县民政局	全国农村留守儿童关爱保护和困境儿童保障工作先进个人	农村留守儿童关爱保护和困境儿童保障工作部际联席会议办公室	2021.9
宋　星	林芝市公安局	第七届“中国·民族区域法治论坛”一等奖	中国民族区域法治论坛组委会	2021.9
罗停月	林芝市乡村振兴局	系统先进个人	国家乡村振兴局	2021.6
王晓丹	市委宣传部	2021 年全国“扫黄打非”先进个人	全国“扫黄打非”办公室	2021.1

续表 16

姓名	所在单位	获得荣誉	授予者	授予时间
普布桑姆	林芝市气象局	国务院第一次全国自然灾害综合风险普查领导办公室通报表扬	国务院第一次全国自然灾害综合风险普查领导小组办公室	2021.12
		2021 年西藏气象部门业务能力提高班“优秀学员”	中国气象局干部培训学院	2021.5
德庆央宗	林芝市气象局	西藏气象部门业务能力提高班“优秀学员”	中国气象局干部培训学院	2021.5
登增多杰	市疾控中心	全国鼠疫监测工作先进个人	中国疾控中心	2021.5
格桑曲珍	拉多小学	“舞动中国－排舞联赛”线上总决赛 职工部机关工会青年组小集体民族采风项目特等奖	国家体育总局体操运动管理中心	2021.1
阿　白	林芝市特殊教育学校	全国第十一届残运会暨第八届特奥会男子 50 米 M－3 比赛银牌	全国第十一届残运会暨第八届特奥会组委会	2021.10
何　雄	工布江达县金达镇中心小学	乡村优秀青年教师	教育部教师工作司	2021.9
杨艳艳	林芝市第二小学	全国小学数学优质课大赛一等奖	全国数学教育研究会	2021.8
赵兵章	林芝市第二小学	全国小学数学优质课大赛一等奖	全国数学教育研究会	2021.8
刘　莉	林芝市第二小学	全国小学数学优质课大赛二等奖	全国数学教育研究会	2021.8
刘青山	林芝市广东实验小学	微课《拜师记》一课，在第七届全国小学数学文化优质课网络大赛微课比赛三等奖	全国数学教育研究会、教育部西南基础教育课程研究中心	2021.8
边觉次仁	林芝市委宣传部	全区脱贫攻坚先进个人	区党委、区政府	2021.4
白玛罗布	波密县多吉乡人民政府	全区脱贫攻坚先进个人	区党委、区政府	2021.4
王学位	波密县玉普乡人民政府	全区脱贫攻坚先进个人	区党委、区政府	2021.4
闫新航	林芝市乡村振兴局	全区脱贫攻坚先进个人	区党委、区政府	2021.4
大旦增	林芝市乡村振兴局	全区脱贫攻坚先进个人	区党委、区政府	2021.4
陈星现	林芝市自然资源局	全区脱贫攻坚先进个人	区党委、区政府	2021.4
仁　增	林芝市公安局	西藏自治区抗击新冠肺炎疫情先进个人	区党委、区政府	2021.2
吴真真	林芝市人民医院			
土旦阿尼	工布江达县疾控中心副主任			
武恒辉	工布江达县娘蒲乡原副书记	一等功	区党委、区政府	2021.6
云登加措	工布江达县朱拉松茸加工农牧民专业合作社	全区优秀共产党员	区党委	2021.7
达　娃	市财政局干部监督科	先进驻村工作队队员	区党委	2021.4
边巴卓嘎	林芝市特殊教育学校	全区优秀党务工作者	区党委	2021.7
王　晟	林芝市人民医院	全区优秀党务工作者	区党委	2021.7
黄炳勇	波密县公安局	全区优秀党务工作者	区党委	2021.7
格　列	工布江达县娘蒲乡副乡镇	全区优秀基层干部称号	自治区党委组织部	2021.7
徐　宁	中共米林县委组织部	2021 年度全区组织系统信息工作先进个人	自治区党委组织部	2022.3
周　萍	墨脱县电子政务中心专技	2021 年度全区组织系统网宣工作先进个人	自治区党委组织部	2021.3

续表 16

姓名	所在单位	获得荣誉	授予者	授予时间
王　斌	松宗镇人民政府	2017-2020 年西藏自治区“四讲四爱”群众教育实践活动优秀宣讲员	自治区党委宣传部、自治区“四讲四爱”群众教育实践活动领导小组办公室	2021.1
格桑曲珍	中共林芝市委员会党校	2017-2020 年全区“四讲四爱”群众教育实践活动中优秀宣讲员	自治区党委宣传部、自治区“四讲四爱”群众教育实践活动领导小组办公室	2021.1
祝海清	波密县委宣传部	西藏自治区“学习强国”优秀管理员	自治区党委宣传部	2021.12
侯鹏飞	墨脱县委宣传部专技	2020 年度宣传思想文化系统先进工作者	自治区党委宣传部	2021.2
旦增多吉	墨脱县委宣传部常务副部长、新闻出版社局长	2020 年度全区优秀宣讲员	自治区党委宣传部	2021.1
刘　帅	共青团林芝市委员会	全区 2022 年度“学习强国”优秀个人（优秀学习管理员）	自治区党委宣传部	2021.12
强巴旦增	林芝市生态环境局	2020 年度“学习强国”学习积极分子	自治区党委宣传部	2021.12
陈　曼				
次　央				
次　仁	林芝市中级人民法院	自治区“七五”普法先进个人	自治区党委宣传部、司法厅、自治区普法办	2021.5
谭　猛	朗县县委宣传部	2019—2020 年度西藏新闻奖“三等奖”	自治区党委宣传部、区新闻工作者协会	2021.5
徐　桢	林芝市幼儿园	全区“四讲四爱”群众教育实践活动优秀宣讲员	自治区党委宣传部 自治区“四讲四爱”群众教育实践活动领导小组办公室	2021.1
刘　勇	林芝市第二高级中学	全区“四讲四爱”群众教育实践活动优秀宣讲员	自治区党委宣传部、自治区“四讲四爱”群众教育实践活动领导小组办公室	2021.1
唐　艳	林芝市广东实验中学	全区优秀共青团干部	团区委	2021.5
索朗德吉	林芝市第二小学	全区优秀共青团干部	团区委	2021.5
刘　帅	共青团林芝市委员会	全区优秀共青团干部	团区委	2021.5
杨　帆	墨脱县德兴乡人民政府一级科员	全区优秀共青团员	团区委	2021.5
杨文波	工布江达县错高乡中心小学	优秀辅导员	团区委	2021.7
多　吉	西藏波密监狱第一监区	先进个人	自治区司法厅	2021.4
莫松林	西藏波密监狱第一监区	先进党务工作者	自治区司法厅	2021.7
德庆卓玛	西藏波密监狱政治处	优秀共产党员	自治区司法厅	2021.7
多吉欧珠	西藏波密监狱生活卫生科	优秀共产党员	自治区司法厅	2021.7
金　松	西藏波密监狱卫生所	监狱戒毒系统优秀人民警察	自治区司法厅	2021.7
张亚军	西藏波密监狱第三监区	最美监狱人民警察	自治区司法厅	2021.1
达波儿	米林县南伊乡人民政府	2021 年度西藏自治区十大法治人物	自治区司法厅	2021.4
曲　央	波密县公安局	个人嘉奖	自治区公安厅	2021.1
边　巴	波密县公安局	全区公安机关警务辅助工作成绩突出个人	自治区公安厅	2021.2
洛桑仁增	朗县公安局	首届西藏公安十佳接警员嘉奖	自治区公安厅	2021.1
鲁金宝	波密县森林消防中队	三等功	西藏森林消防总队	2021.5
于鹏武	波密县森林消防中队	三等功	西藏森林消防总队	2021.9

续表16

姓名	所在单位	获得荣誉	授予者	授予时间
王　斌	松宗镇人民政府	2021年度自治区级优秀示范型退役军人服务站站长	自治区退役军人事务厅	2021.11
冯琪轩	朗县金东乡人民政府	“老兵永远跟党走·让退役军人成为全社会尊重的人”主题演讲比赛二等奖	自治区退役军人事务厅	2021.3
王冰冰	波密县退役军人事务局	自治区级岗位标兵	西藏自治区退役军人事务厅、西藏自治区退役军人服务中心	2021.11
洛桑旺久	扎木镇人民政府	2022年度自治区级优秀示范型退役军人服务中心（站）主任（站长）	西藏自治区退役军人事务厅、西藏自治区退役军人服务中心	2021.11
杨　帆	扎木镇人民政府	爱国拥军模范个人	自治区双拥工作领导小组、自治区人力资源和社会保障厅、自治区退役军人事务厅、西藏军区政治工作部	2021.9
罗布顿珠	米林县直机关工委	爱国拥军模范个人	自治区双拥工作领导小组、自治区人力资源和社会保障厅、自治区退役军人事务厅、西藏军区政治工作部	2021.9
丁增卓玛	多吉乡人民政府	“西藏国土三调劳动竞赛”先进工作者	自治区第三次全国国土调查劳动竞赛委员会	2021.4
尼玛央金	工布江达县总工会主席	2021年西藏自治区“最美家庭”	自治区妇女联合会	2021.5
桑杰平措	工布江达县司法局科员	西藏自治区“七五”普法终期验收工作先进个人	自治区普法办和司法厅	2021.4
王永亮	工布江达县人民检察院二级检察官	西藏自治区检察机关第一届行政检察业务竞赛三等奖	自治区人民检察院	2021.9
琼　达	朗县朗镇人民政府	基层科普信息员	自治区科学技术协会	2021
次仁央宗	朗县税务局	西藏税务系统优秀共产党员	自治区税务局	2021.6
周　斌	朗县税务局	个人嘉奖	自治区税务局	2021.8
		自治区局“岗位大练兵、业务大比武”中获得“专业骨干”		2021.11
赵　帅	墨脱县应急管理局副局长	华能派墨公路建设功臣	自治区总工会 华能西藏雅鲁藏布江水电开发投资有限公司	2021.6
冯　椿	米林县交通运输局	华能派墨公路建设功臣	自治区总工会 华能西藏雅鲁藏布江水电开发投资有限公司	2021.6
李　利	米林县人民检察院	西藏自治区检察机关第一届行政检察业务竞赛一等奖	自治区检察院	2021.9
向巴曲珍	林芝市退役军人事务局拥军优抚和权益维护科科长	自治区退役军人工作模范个人	自治区党委退役军人事务工作领导小组办公室、自治区双拥工作领导小组办公室	2021.7
陈　威	米林县退役军人事务局	示范型退役军人服务中心（站）创建工作岗位标兵	自治区退役军人事务厅 自治区退役军人服务中心	2021.11
伍小英	墨脱县退役军人事务局专技	示范型退役军人服务中心（站）创建工作“岗位标兵”	自治区退役军人事务厅、自治区退役军人服务中心	2021.11
旦巴平措	墨脱县墨脱镇专技	西藏自治区2021年度示范型退役军人服务中心（站）创建工作“党员示范岗”称号	自治区退役军人事务厅、自治区退役军人服务中心	2021.11
德宗姬	米林县农业农村局	全区第二届农产品质量快速检测技能竞赛优秀奖	自治区农业农村厅	2021.10
贾晓茹	米林县电信局	优秀共产党员	电信西藏分公司委员会	2021.7
舒晓艳				
高　露	米林县委巡察办	九届区党委第十轮巡视工作表现优秀干部	自治区党委巡视办	2021.6

续表 16

姓名	所在单位	获得荣誉	授予者	授予时间
土 旦 兰荣芬	林芝市交通运输局	全区道路水路运输行业先进个人	自治区道路运输管理局（地方海事局）	2021.3
达娃拉姆 琼达次仁	林芝市交通运输局	全区运管系统疫情防控先进个人	自治区道路运输管理局（地方海事局）	2021.3
陈颖湘	林芝市人民检察院	全区扫黑除恶专项斗争先进工作者	自治区扫黑除恶专项斗争领导小组	2021.6
郭 凯	城管监察支队工人	西藏自治区普法先进个人	自治区党委宣传部、自治区司法厅、自治区普法办	2021.7
刘 艳	林芝市生态环境局	“环境执法大练兵”先进个人	自治区生态环境厅	2021.10
强巴旦增	林芝市生态环境局	重点行业企业用地土壤污染状况调查表现突出个人	自治区生态环境厅	2021.12
李 平	林芝市司法局	全区扫黑除恶专项斗争先进工作者	全区扫黑除恶专项斗争领导小组	2021.6
贺柳明	林芝市委政法委	全区扫黑除恶专项斗争先进工作者	全区扫黑除恶专项斗争领导小组	2021.6
罗桑多吉	林芝市应急管理局	2021 年扑救林芝“4.14”森林火灾先进个人	自治区应急总指挥部	2021.2
张玉生	林芝市公安局	个人二等功	自治区应急总指挥部	2021.2
单 曲 尼玛扎西 章冬奇 索朗尼玛	林芝市公安局	个人二等功	自治区公安厅	2021.12
李云友	林芝市公安局	全区公安技侦工作先进个人	自治区公安厅	2021.4
汤中原	林芝市公安局	个人嘉奖	自治区公安厅	2021.6
泽 多 王 珊 杨天明 李 成	林芝市公安局	“建党 100 周年和西藏和平解放 70 周年等系列重大活动安保维稳工作成绩突出人”	自治区公安厅	2021.12
次仁桑旦	林芝市统计局	统计工作先进个人	自治区统计局	2021.3
魏兴梅	林芝市统计局	全区实施妇女儿童发展规划先进个人	西藏自治区人民政府妇女儿童工作委员会	2021.12
张文斌 江 村	林芝市中级人民法院	西藏法院扫黑除恶专项斗争先进个人	西藏自治区高级人民法院	2021.8
黄 静	林芝市职业技术学校	西藏自治区第四届职业技能大赛导游组讲解员二等奖	自治区人力资源和社会保障厅	2021.9
德庆央宗	林芝市气象局	全区预报竞赛个人全能第四名	自治区人力资源保障局、自治区总工会、自治区气象局	2021.10
普布桑姆	林芝市气象局	全区预报竞赛理论知识单项第三名	自治区人力资源保障局、自治区总工会、自治区气象局	2021.10
樊书雯	米林县气象局	西藏自治区气象局庆祝建党 100 周年“百年潮起共读史 砥砺奋进新征程”演讲比赛“一等奖”	自治区气象局	2021.7

续表 16

姓名	所在单位	获得荣誉	授予者	授予时间
陈文鸿	林芝市气象局	2021 年度全区气象信息网络工作优秀个人	自治区气象局	2022.1
索朗拉姆	林芝市气象局	全区气象部门装备保障技术业务优秀个人	自治区气象局	2022.1
卓　旭	林芝市气象局	2021 年度记功	自治区气象局	2022.4
杨小婷	市疾控中心	2020 年度西藏心血管病高危人群早期筛查与综合干预项目先进个人	自治区疾控中心	2021.5
赵森东	市疾控中心	2021 年西藏首届地方病防治技术竞赛地氟病单元一等奖	自治区疾控中心	2021.5
小巴桑	市疾控中心	2021 年西藏首届地方病防治技术竞赛碘缺乏病单元二等奖	自治区疾控中心	2021.5
宋喜峰	林芝市森林消防支队政治委员	西藏自治区个人二等功	自治区应急指挥部	2021.1
巴桑旺堆	巴宜区中队副班长	西藏自治区个人二等功	自治区应急指挥部	2021.1
普巴拉姆	巴宜区林芝镇真巴村	“小手拉大手—我给爸爸妈妈讲民族团结故事”暨第三届西藏少年声音秀活动一等奖	区党委、西藏广播电视台	2021.10
熊丹丹	墨脱县背崩乡小学	2021 年度西藏广播电视台汉语广播《金色童年》节目《我和我的家乡》《我家的小康日子》作文评选指导优秀奖	西藏广播电视台	2021.5
索朗旺姆				
米玛卓玛	墨脱县背崩乡小学教师	2020 年度西藏广播电视台汉语广播《金色童年》节目优秀指导教师	西藏广播电视台	2021.5
谭宏云	林芝市职业技术学校	第三届中华经典诵写讲大赛西藏自治区预赛优秀奖	西藏自治区国家语委办	2021.11
孙小静	林芝市第二小学	2021 年经典诵读指导奖	西藏自治区国家语委办	2021.9
罗世军	林芝市广东实验中学	第二批自治区级中小学骨干教师	自治区教育厅	2021.4
朱艳虹	墨脱县达木珞巴民族乡小学	第二批自治区级中小学骨干教师	自治区教育厅	2021.4
平措洛珠	工布江达县巴河镇中心小学	西藏自治区少先队辅导员培训优秀奖	自治区教育厅	2021.12
赵　佩	波密县完全小学	2020 年全区小学教师教学竞赛二等奖	自治区教育厅	2021.6
史翠丽	察隅县中学	基础教育精品课优秀奖	自治区教育厅	2021.11
程莎莎	林芝市第一中学	高中起点语文组“评卷教师”称号	自治区教育厅	2021.11
董　英	林芝市第一中学	西藏自治区“两融杯”教育教学成果交流展示二等奖	自治区教育厅	2021.5
吴　广	林芝市第一中学	基础教育精品课一等奖	自治区教育厅	2021.12
谭　杰	林芝市第一中学	基础教育精品课优课	自治区教育厅	2021.12
肖蒲英	林芝市第二高级中学	基础教育精品课优课	自治区教育厅	2021.12
白玛多吉	林芝市第二高级中学	优秀评卷组长	自治区教育厅	2021.2
白玛央金	林芝市第二小学	第一届西藏自治区中小学青年教师大赛三等奖	自治区教育厅	2021.7
白玛央金	林芝市第二小学	2021 年度基础教育精品课	自治区教育厅	2021.11

续表 16

姓名	所在单位	获得荣誉	授予者	授予时间
钟戊华	林芝市第二小学	2021 年度基础教育精品课	自治区教育厅	2021.11
刘　莉				
其　米				
赵兵章				
赵兵章	林芝市第二小学	101 教育 PPT 杯全区第二届中小学教师信息化应用大赛三等奖	自治区教育厅	2021.1
饶炜民	林芝市幼儿园	《轮胎游戏》全区第三届幼儿教师教学竞赛健康领域一等奖	自治区教育厅	2021.5
廖玉蓉	林芝市第二幼儿园	全区第三届幼儿教师教学竞赛决赛中艺术领域一等奖	自治区教育厅	2021.5
金丽霞	林芝市第三幼儿园	全区第三届幼儿教师教学竞赛一等奖	自治区教育厅	2021.5
卓子琪				
王改霞	林芝市第二小学	全区教学大赛一等奖	自治区教育厅	2021.9
谢　艳				
普　珍	波密县中学	2021 年全区初中教师教学竞赛决赛中荣获优秀辅导教师	自治区教育厅	2021.11
杨赵龙	波密县中学	2021 年全区初中教师教学竞赛决赛中荣获地理组一等奖	自治区教育厅	2021.11
洛桑达瓦	波密县中学	2021 年全区初中教师教学竞赛决赛中荣获藏语文组三等奖	自治区教育厅	2021.11
董　鑫	林芝市第二小学	101 教育 PPT 杯全区第二届中小学教师信息化应用大赛三等奖	自治区教育厅	2021.1
		中国移动和教育杯全国教育技术论文三等奖		
吴雪梅	林芝市广东实验小学	全国中小学优质课程资源语文课件初中组三等奖	自治区教育厅	2021.7
		全国中小学优质课程资源语文课件小学组二等奖		
王亚维	林芝市广东实验小学	全国中小学优质课程资源语文课件小学组二等奖	自治区教育厅	2021.7
吴二峰	林芝市广东实验小学	全国中小学优质课程资源语文课件小学组三等奖	自治区教育厅	2021.7
马玉婷	林芝市广东实验小学	全国中小学优质课程资源语文课件小学组一等奖	自治区教育厅	2021.7
开静静	林芝市八一中学	第一届西藏自治区中小学青年教师教学竞赛思想政治组三等奖	自治区教育厅	2021.8
王明尧	林芝市八一中学	第一届西藏自治区中小学青年教师教学竞赛数学组三等奖	自治区教育厅	2021.8
胡建平	林芝市第二高级中学	第一届西藏自治区中小学青年教师教学竞赛三等奖	自治区教育厅	2021.8
周昕佩	工布江达县娘蒲乡中心小学附属幼儿园	全区第三届幼儿教师教学竞赛决赛“语言领域一等奖”	自治区教育厅	2021.5
范艳娇	波密县中学	全区中小学优质资源收集活动	自治区教育厅	2021.7
崔　强				

自治区第三批优秀村（社区）党组织第一书记

（区党委组织部　2021年3月19日）

表17

姓　名	职　位
周　皓	巴宜区八一镇巴吉村第一书记
洛松丁增	巴宜区百巴镇色贡村第一书记
罗洪前	巴宜区米瑞乡色果拉村第一书记
翟云霞	巴宜区鲁朗镇白木村第一书记
次仁顿珠	米林县里龙乡仲萨村第一书记
白玛玉珍	米林县卧龙镇日旭村第一书记
索朗顿珠	米林县南伊乡才召村第一书记
旦　巴	工布江达县金达镇嘎木村第一书记
德　吉	工布江达县娘蒲乡拉如村第一书记
林泽铨	工布江达县巴河镇秀巴村第一书记
李德法	工布江达县仲莎乡那岗村第一书记
代维川	波密县玉许乡沙仁村第一书记
赵树兵	波密县古乡古村第一书记
何　磊	波密县康玉乡宗热村第一书记
扎西央宗	波密县八盖乡雄吉村第一书记
董　伟	朗县登木乡登木村第一书记
李红艳	朗县仲达镇堆许村第一书记
格桑扎西	朗县拉多乡许村第一书记
仓　拉	朗县洞嘎镇嘎贡村第一书记
袁毅华	察隅县竹瓦根镇曲瓦村第一书记
尼玛次仁	察隅县下察隅镇京都村第一书记
王常阳	察隅县上察隅镇西巴村第一书记
白玛顿珠	察隅县古拉乡则巴村第一书记
索　朗	察隅县古拉乡日托村第一书记
温二飞	墨脱县墨脱镇亚东村第一书记
黄家斌	墨脱县背崩乡格林村第一书记
黄初孟	墨脱县达木珞巴民族乡贡日村第一书记
孙　超	墨脱县帮辛乡帮果村第一书记

2021年度自治区教育系统先进个人

自治区第二批中小学学科带头人

表18

姓　名	工作单位
徐斯亮	林芝市教育局
周　梅	巴宜区八一镇中心小学

续表 18

姓 名	工作单位
龙珍卓嘎	察隅县完全小学
王富珍	林芝市第一中学
仉艳宏	林芝市第一中学
刘晓英	林芝市第一小学
袁玲玲	林芝市幼儿园

自治区第二批中小学骨干教师

表 19

姓 名	工作单位
卜海珍	巴宜区中学
白玛乔	巴宜区鲁朗镇小学
毛 勇	米林县多卡中心小学
胡 婕	工布江达县仲莎乡中心小学
巴桑布芝	工布江达县双语幼儿园
拥增卓玛	工布江达县中学
刘 敏	波密县完全小学
彭超文	波密县中学
郎杰卓玛	波密县中学
普 珍	波密县中学
江 措	察隅县古玉乡中心小学
尼玛曲珍	墨脱县中学
嘎玛拉姆	墨脱县中学
陈国琴	林芝市第一中学
贾玭琳	林芝市第一中学
徐斯琴	林芝市第二高级中学
次仁旺姆	林芝市第二高级中学
万学东	林芝市第二高级中学
李 直	林芝市第二高级中学
胡建平	林芝市第二高级中学
王俊哲	林芝市第二高级中学
万 敏	林芝市广东实验中学
罗世军	林芝市广东实验中学
谭春幸	林芝市广东实验中学
王 涛	林芝市八一中学
常 清	林芝市八一中学
任 琴	林芝市第一小学

续表 19

姓　名	工作单位
王改霞	林芝市第二小学
刘　莉	林芝市第二小学
刘青山	林芝广东实验小校
索朗措姆	林芝广东实验小学
户新苗	林芝市幼儿园
郭　羽	林芝市第二幼儿园
卓玛央宗	林芝市第二幼儿园
朱雪梅	林芝市第三幼儿园
白玛曲珍	林芝市第三幼儿园

第二批自治区级中小学教学能手

表 20

姓　名	工作单位
唐晓红	巴宜区中学
群　宗	巴宜区八一镇小学
吴利太	巴宜区八一镇团结小学
普　硧	米林县多卡中心小学
王娟娟	工布江达县巴河镇中心小学
巴桑次仁	工布江达县小学
卓　玛	朗县朗镇小学
康　珠	朗县登木乡中心小学
赵　佩	波密县完全小学
汪海军	波密县中学
措　姆	波密县中学
张　斌	墨脱县中学
辜晓蓉	墨脱县中学
王江乐	墨脱县中学
梁亮平	墨脱县中学
吴　广	林芝市第一中学
梅晓芹	林芝市第一中学
刘伟伟	林芝市第二高级中学
李爱明	林芝市第二高级中学
王　然	林芝市广东实验中学
索朗加措	林芝市八一中学
卓　玛	林芝市第一小学
央　珍	林芝市第一小学

续表 20

姓 名	工作单位
赵兵章	林芝市第二小学
李 宪	林芝市第二小学
琼 达	林芝市第二小学
吴雪梅	林芝广东实验小学
刘小建	林芝广东实验小学
王亚维	林芝广东实验小学
蒋 兰	林芝市幼儿园
常姗姗	林芝市幼儿园
饶炜民	林芝市幼儿园
邓志星	林芝市第二幼儿园
罗 娟	林芝市第三幼儿园
贺昱静	林芝市第三幼儿园
徐茂植	林芝市广东实验中学

2020 全区中小学优质教育教学资源征集活动

表 21

姓 名	工作单位	奖 项
群 宗	巴宜区鲁朗镇中心小学	一等奖
		二等奖
黄丽萍	工布江达县小学	一等奖
玉 珍	察隅县中学	实录课一等奖
梁秋鹤	林芝市第二小学	实录课一等奖
张 谋	波密县完全小学	一等奖
平措扎西	林芝市第二小学	课堂实录一等奖
		三等奖
尼玛曲珍	察隅县完全小学	一等奖
		三等奖
巴桑次仁	波密县完全小学	二等奖
		三等奖
彭丽娟	波密县完全小学	二等奖
江巴拉姆	察隅县完全小学	二等奖
叶 红	察隅县完全小学	二等奖
江巴拉姆	察隅县中学	二等奖
韩梅梅	察隅县中学	二等奖
强巴卓玛	察隅县中学	二等奖
白玛卓嘎	西藏察隅县中学	课堂实录二等奖

续表 21

姓　名	工作单位	奖　项
嘎玛卓嘎	察隅县中学	课堂实录二等奖
贡觉江村	林芝市第二小学	课堂实录二等奖
王继兰	林芝市第二小学	课堂实录二等奖
小　英	察隅县完全小学	三等奖
平措扎西	林芝市第二小学	三等奖
赵　珺	察隅县中学	三等奖
万政知	墨脱县中学	历史课堂实录三等奖（初中组）
李　瑞	墨脱县中学	课堂实录二等奖（高中组）
		历史课件三等奖（高中组）
张贤彬	波密县古乡中心小学	优秀奖
路雅婷	波密县完全小学	优秀奖
王春容	察隅县完全小学	优秀奖
赵锋燕	察隅县完全小学	优秀奖
向久旺姆	墨脱县中学	语文课件二等奖（初中组）
		课堂实录二等奖
张换涛	巴宜区布久乡小学	道德与法治二等奖
多吉玉珍	墨脱县中学	道德与法治课堂实录二等奖（初中组）
凌夫平	林芝市广东实验小学	道德与法治课件小学组二等奖
刘青山	林芝市广东实验小学	道德与法治课件小学组三等奖
张　斌	墨脱县中学	历史课堂实录一等奖（初中组）
王凤璎	米林县卧龙镇中心小学	道德与法治课件优秀奖
		道德与法治课堂实录优秀奖
白玛央	林芝市第一小学	藏语文课堂实录一年级一等奖
次仁德吉	林芝市第一小学	藏语文课堂实录六年级二等奖
尼玛德吉	林芝市第一小学	藏语文课件一年级二等奖
小　英	察隅县小学	《藏文语法》三等奖

林芝市脱贫攻坚先进个人

（市委、市政府，2021 年 4 月）

表 22

姓　名	工作单位
扎西顿珠	林芝市教育局
白玛措姆	波密县乡村振兴局
巴桑卓玛	波密县财政局

续表 22

姓　名	工作单位
王冰冰	波密县退役军人事务局
次仁顿珠	工布江达县自然资源局副局长
钱崇祯	工布江达县错高乡四级主任科员
洛桑赤烈	工布江达县惠民民族服装加工合作社理事长
边巴卓玛	工布江达县乡村振兴局四级主任科员
次旦卓玛	工布江达县司法局副局长
达娃卓玛	工布江达县江达乡人大专职副主席
崔　峦	中共金达镇委员会副书记
乔顿珠	中共朗县金东乡委员会
杨向晴	米林县林业和草原局
岳菲菲	米林县行政审批和便民服务局
亚　新	米林县羌纳乡人民政府
植达峰	墨脱县帮辛乡
格桑扎西	墨脱县财政局党组书记、局长
央　宗	墨脱县乡村振兴局副局长
洛桑扎西	墨脱县墨脱镇
巴　桑	市财政局农业科

附　录

党政军群团机关及其工作部门主要领导名录

中国共产党林芝市委员会

市委书记：马升昌（9月离任）
　　　　　敖刘全（9月任）
副 书 记：巴　塔（藏族，11任）
　　　　　刘光明
　　　　　张秀武
常　　委：赵　雄（6月离任）
　　　　　杨光敏（10月任）
　　　　　柯　磊（藏族，9月任）
　　　　　刘业强
　　　　　达　瓦（藏族）
　　　　　符永波
　　　　　梅家奎
　　　　　杨赤卫（藏族，9月离任）
　　　　　张海波（9月任）
　　　　　邓晓红（女，9月任）
　　　　　喻　昌（9月离任）
　　　　　徐　平（9月任）
　　　　　甘丹平措（藏族，10月任）
秘 书 长：梅家奎
副秘书长：颜世辉（5月离任）
　　　　　肖　莹（援藏干部）
　　　　　徐　斌（4月离任）
　　　　　杨　坤
　　　　　涂小伟（5月任）
　　　　　沈光银
　　　　　王国栋（4月任）
　　　　　旦增维色（藏族）

组织部

部　　长：刘业强（兼任市直机关工委书记）
常务副部长：裴　伟
副 部 长：何方俊（援藏干部）
　　　　　赵　敬
　　　　　刘越岭
市直机关工委常务副书记：袁卫红
市直机关工委副书记：巴桑旦增
市委老干部局局长：李培灵（6月离任）
　　　　　古桑朗卓（6月任）
市委老干部局副局长：普　果
　　　　　杨运英（6月任）
市公务员局局长：彭　易
市委编办主任：徐继军
市委编办副主任：刘越岭

宣传部

部　　长：邓晓红（女，9月任）
常务副部长：扎西洛布（藏族）
副 部 长：谷立辉（援藏干部）
　　　　　王　鹏
　　　　　龙　毅
部务会成员：冯裕峰

林芝广播电视台

书　　记：高原宏（藏族，4月离任）
　　　　　陈　蓉（女，4月任）
台　　长：陈　蓉（女，4月离任）
　　　　　米　军（4月任）
副 台 长：才旺欧珠（藏族）
　　　　　次旺晋美（藏族）
　　　　　郭学娟（女，4月任）

网信办

主　　任：王长江（4月离任）
　　　　　高原宏（藏族，4月任）
副 主 任：班　措（女，藏族）
　　　　　屈永辉

统战部

部　　长：达　瓦（藏族）
常务副部长：周学武（4月离任）
　　　　　薛成涛（4月任）
副 部 长：余　水
　　　　　兰军伟
　　　　　史　锐（女，8月离任）

格桑次仁（藏族，5 月任）
石小刚

政法委

书　　记：柯　磊（藏族）
常务副书记：次　仁（藏族）
副 书 记：巩雷斌
刘　勇

党　校

副 书 记：刘光明（援藏干部）
校　　长：张秀武
常务副校长：栾远翔（5 月离任）
全保卫（5 月任）
副 校 长：普　布（藏族）
杨红格（女，4 月任）
何　钢

林芝市人民代表大会常务委员会

书记、主任：尼玛扎西（藏族，11 月任）
多布庆（藏族，8 月离任）
副 主 任：尼　玛（门巴族，11 月离任）
肖　鹤（11 月任）
张　明（11 月离任）
次仁央宗（女，藏族）
刘兴平（女）
扎　西（藏族）
欧珠多吉（门巴族，11 月任）
周传峰（11 月任）
王东升（11 月任）

办公室

秘 书 长：甘国均（11 月任）
燕商明（7 月离任）
副秘书长：孔令奇（6 月离任）
尼玛次仁（藏族）
赵艳丽（女，5 月任）

法制委员会

主任委员：全　胜（门巴族）
副主任委员：次仁卓玛（女，藏族）
王东升（4 月离任）
韩志坚（6 月离任）

财政经济委员会

主任委员：旦　真（藏族）
副主任委员：肖文英（女，藏族）
顿合成

教育科技文化卫生委员会

主任委员：燕商明（7 月任）
布　加（藏族，4 月离任）
副主任委员：仁增旺姆（女，藏族）

民族宗教外事侨务委员会

主任委员：边巴次仁（藏族）
副主任委员：沈萍骋

社会建设委员会

主任委员：仓　琼（藏族）
副主任委员：韩志坚（6 月任）
熊灿文（4 月离任）
陈　荣（4 月离任）

林芝市人民政府

市　　长：巴　塔（藏族，11 月任）
常务副市长：刘光明
符永波
副 市 长：杨赤卫（6 月离任）
张海波（11 月任）
尼玛扎西（藏族，10 月离任）
肖　鹤（10 月离任）
扎西平措（藏族，10 月离任）
赵　俊
徐龙海（9 月离任）
强巴央宗（女，藏族，9 月离任）
玉　珍（女，藏族，11 月任）
刘春祥（11 月任）
中次仁（藏族，11 月任）
米　次（藏族，11 月任）
段刚辉（11 月任）

办公室

党组书记、秘书长：董贵军（6月任）

副秘书长：张小玲（援藏干部）

卓　玛（女，藏族）

张晋宇

王海颖

杨　帆

向巴次仁（藏族，4月任）

祝东彬（6月任）

朱金寿

安来天（5月离任）

刘世军（4月离任）

旺　堆（藏族，6月离任）

涂小伟（5月离任）

市政府驻拉萨办事处

主　　任：尹　斌（5月离任）

史　锐（女，7月任）

副 主 任：薛　华（女）

田小元

外事办公室

书　　记：琼达次仁（藏族，4月任）

主　　任：刘颖（女）

副 主 任：加格江央（藏族，4月任）

蒋长江

行政审批和便民服务局

书　　记：吕亚杰（5月离任）

雷振鹏（5月任）

局　　长：普布昌菊（女，藏族）

副 局 长：廖　剑

周必容（女，4月任）

藏语委办（编译局）

书　　记：周学武（4月任）

局　　长：索　平（藏族）

副 局 长：塔尔杰（藏族）

信访局

书　　记：罗布次仁（藏族，5月离任）

贾百祥（5月任）

局　　长：贾百祥（5月离任）

罗　布（藏族，5月任）

副 局 长：杨晓莉（女）

夏　靖

公安局

书　　记：柯　磊（藏族，10月任）

副 局 长：张玉生

旺　青（藏族）

平　珠（藏族）

卢炜旻

司法局

书　　记：康　岩

局　　长：次　仁（藏族，7月离任）

旺　杰（藏族，7月任）

副 局 长：唐建勇

袁铁鹏

发改委

书　　记：玉　珍（女，藏族，5月离任）

米　次（藏族，5月任）

主　　任：熊义东（12月任）

副 主 任：张小玲（女）

胡洪青（4月离任）

边　巴（藏族）

王　斌（藏族）

王　胜（4月任）

朱东伟

国资委

书　　记：次旺边旦（藏族）

主　　任：陆传刚

副 主 任：王清建

次旺罗布（藏族）

孙小凌

边　巴

杨　伟

统计局

书　　记：央　珍（女，藏族）

局　　长：刘东红

副 局 长：赵小兵
　　　　　苑业庆

国家统计局林芝调查队

队　　长：周俊贤
副 队 长：吕先亮
纪检组长：杨　联（女）

审计局

党组书记：欧珠多吉（门巴族，11 月离任）
　　　　　边巴卓玛（藏族，11 月任）
局　　长：刘应萍（女，4 月退休）
　　　　　付瑞理（5 月任）
副 局 长：姚运通（援藏干部，6 月任）
　　　　　旺　堆（藏族，1 月任，6 月离任）
　　　　　米玛郭杰（藏族，4 月任）
　　　　　李　萍（女）
　　　　　蒋红梅（女）

市场监督管理局

书　　记：罗恒伟
局　　长：才旺尼玛（6 月任）
副 局 长：王小力
　　　　　刘吉斌
　　　　　罗布顿珠

农业农村局

书　　记：刘成利
局　　长：洛桑吉美（藏族）
副 局 长：谭　琼（女，援藏干部，6 月任）
　　　　　张志宏（藏族）
　　　　　祝东彬（6 月离任）
　　　　　旦　增（藏族，4 月任）

经济和信息化局

书　　记：唐拥军
局　　长：张秋生（6 月离任）
　　　　　唐开彬（6 月任）
副 局 长：李保民
　　　　　尼　仓（女，藏族，5 月离任）
　　　　　徐　斌（5 月任）

商务局

书　　记：扎西顿珠（藏族）
局　　长：唐开彬（6 月离任）
　　　　　胡文平（6 月任）
副 局 长：普　琼（藏族）
　　　　　李小平
　　　　　姚万庆
　　　　　张　利（女）

旅游发展局

书　　记：周传峰
局　　长：旦增桑珠（藏族）
副 局 长：余晓娟（女）
　　　　　任　君（女）
　　　　　余卫东（4 月离任）
　　　　　吕建奎（4 月任）

鲁朗景区管理委员会

书　　记：罗　加（藏族，6 月离任）
　　　　　刘　斌（6 月任）
主　　任：旺　堆（藏族，6 月任）
常务副主任：胡雄英（援藏干部）
副 主 任：刘顺江（藏族）
　　　　　　益西旦增（藏族，4 月任）

工布江达县风景管理局

局　　长：黄景贤（4 月离任）
　　　　　许元松（6 月任）
副 局 长：次仁卓嘎（女，门巴族，12 月免）
　　　　　普措卓玛（女，藏族，12 月任）

住建局

书　　记：达瓦次仁（藏族，1 月任）
局　　长：谭明全（女，1 月任）
副 局 长：陈镜伊（女）
　　　　　袁　东（4 月离任）
　　　　　董宁辉（4 月任）
　　　　　索南努布（藏族，4 月任）

城市管理和综合执法局

书　　记：次旺边旦（藏族，6 月离任）
　　　　　孟存军（藏族，6 月任）

局　　长：王怀江
副 局 长：孟祥景（女，藏族）
　　　　　张　平
　　　　　益西卓玛（女，藏族）

自然资源局

书　　记：王东升
局　　长：洛桑群培（藏族，6 月任）
副 局 长：拿比友拉（回族，5 月任）
　　　　　周　英（女）
　　　　　次仁拉姆（女，藏族，5 月任）

林业和草原局

书　　记：郑　都（藏族）
局　　长：董贵军（6 月离任）
　　　　　向　军（5 月任）
副 局 长：尼　玛（藏族）
　　　　　王卫东（5 月离任）
　　　　　多　吉（藏族）
　　　　　白　珍（女，藏族）

生态环境局

书　　记：雷增炎
局　　长：洛桑群培（藏族，6 月离任）
　　　　　边　巴（藏族，6 月任）
副 局 长：李　彬
　　　　　梁霄龙
　　　　　李振芳

水利局

书　　记：吕亚杰（5 月任）
局　　长：土丹洛桑（藏族）
副 局 长：李　勇（5 月任）
　　　　　李　娜（女，4 月离任）
　　　　　王　程

应急管理局

书　　记：德　青（藏族）
局　　长：杨　波
副 局 长：安志光
　　　　　沙吉贡布（藏族）
　　　　　原玖江
　　　　　于方勇（4 月任）

地震局

书　　记：朱军社（7 月离任）
　　　　　陈心德（7 月任）
局　　长：次　仁（藏族）

交通运输局

书　　记：张秋生
局　　长：旺堆多吉（藏族）
副 局 长：王清建（6 月任）
　　　　　马召辉（7 月离任，援藏干部）
　　　　　平　措（藏族）
　　　　　李晓雨（7 月任，援藏干部）

财政局

书　　记：格　桑（藏族）
局　　长：王增旺
副 局 长：姜　波
　　　　　尼　琼（藏族，5 月任）
　　　　　周改玲（女）
　　　　　蒋　杰（女）

教育局

书　　记：雷振鹏（5 月离任）
　　　　　栾远翔（5 月任）
局　　长：巴桑次仁（藏族）
副 局 长：吴珍珠（女，瑶族，援藏干部）
　　　　　昝继强（4 月离任）
　　　　　李才奎
　　　　　阿旺次仁（藏族，4 月离任）
　　　　　刘　伶（5 月任）

科学技术局

书　　记：马广胜
局　　长：琼达次仁（藏族，4 月离任）
　　　　　四郎拥珍（女，藏族，5 月任）
副 局 长：李补照（4 月离任）
　　　　　周　立（6 月任）
　　　　　李莉峰（女，8 月任）

文化广播电视局（文物局）

书　　记：裴红梅（女）

局　　长：孟存军（藏族，6 月离任）
　　　　　朱军社（7 月任）
副 局 长：多布杰（藏族，5 月离任）
　　　　　格　桑（珞巴族）
　　　　　张　磊
　　　　　洛桑加措（藏族，6 月任）
　　　　　罗德明（4 月离任）

卫生健康委员会

书　　记：边巴卓玛（女，藏族，11 月任）
主　　任：王洪举（4 月任）
副 局 长：尼　玛（藏族）
　　　　　陈　全（6 月任）
　　　　　赵　线
　　　　　达瓦央金

民政局

书　　记：拉　珍（女，藏族）
局　　长：柏　平（5 月离任）
　　　　　尹　斌（5 月任）
副 局 长：罗葵英（4 月离任）
　　　　　格尼群培（藏族）
　　　　　尼　玛（藏族，4 月任）
　　　　　邹文武（苗族）

人社局

书　　记：张华磊
局　　长：李继承（藏族，5 月离任）
　　　　　李培灵（女，藏族，5 月任）
副 局 长：程　涛（援藏干部）
　　　　　李志平
　　　　　杨运英（女，5 月离任）
　　　　　玉　珍（女，藏族）

退役军人事务局

书　　记：达　瓦（藏族）
局　　长：殷贤义（藏族）
副 局 长：刘世军（4 月任）
　　　　　孙　辉
　　　　　唐建松

医疗保障局

书　　记：周广元（11 月任）
局　　长：蒲前亨（苗族）
副 局 长：旺　堆（藏族，6 月任）
　　　　　李国才（4 月任）

民宗局

书　　记：兰军伟
局　　长：加　布（藏族，1 月任）
副 局 长：索朗平措（藏族）
　　　　　蒋永丰
　　　　　次仁多吉（藏族，1 月任）

强基办

组　　长：张秀武
副 局 长：刘业强
　　　　　柯　磊
　　　　　符永波
　　　　　邓晓红
　　　　　米　次

乡村振兴局

书　　记：闫新航
主　　任：乔多吉（藏族）
副 局 长：尼　玛（藏族）
　　　　　尼玛拉宗（女，藏族）
　　　　　胡洪松
　　　　　尼　玛（藏族，4 月离任）
　　　　　熊玉梅（女，5 月任）

中国人民政治协商会议林芝市委员会

书记、主席：谢　英（女）
副 书 记：达　瓦（藏族）
　　　　　崔晓东（11 月离任）
　　　　　央　宗（女，藏族，11 月任）
副 主 席：达　瓦（藏族，11 月离任）
　　　　　央　宗（女，藏族）
　　　　　罗布次仁
　　　　　旦增拉姆（女）
　　　　　旺　东（门巴族）

朱正辉
熊义东
边巴卓玛（女）
次仁多吉
秘 书 长：杨天昌
副秘书长：四郎拥珍（女，藏族，4 月离任）
次　平（藏族，6 月任）
陈　健

提案委员会

主　　任：大尼玛（藏族）
副 主 任：索朗罗布（藏族，党外人士）
孙瑞莲（女）

经济和人口资源环境委员会

主　　任：达　格（藏族，4 月任）
佀佩飞（女）
副 主 任：雍尚荣
旺　久（藏族）

文化文史民族宗教委员会

主　　任：柏　平（5 月任）
穷　达（藏族，5 月离任）
副 主 任：苏永卫
桑　旦（藏族，党外人士）
王长江

农业与农村委员会

主　　任：李奉义
副 主 任：次　久（藏族）
刘迎会（女）

社会法制外事科教卫体委员会

主　　任：戴　平（7 月任）
杨天昌（7 月离任）
副 主 任：丹　增（4 月离任）
刘　明（4 月离任）
仓决卓玛（5 月任）

中国共产党林芝市纪律检查委员会、林芝市监察委员会

书记、主任：喻　昌（9 月离任）
徐　平（9 月任）
副书记、副主任：周广元（10 月离任）
边巴卓玛（女，藏族，10 月离任）
杜丽君（女）
刁锋林（9 月任，援藏干部）
陈绪全（10 月任）
洛　追（藏族，10 月任）
纪委常委：刘爱香（女，7 月任）
常委、监委委员：格桑边巴（藏族）
谭凌君（4 月任）

市委巡察办

主　　任：刘爱香（女）
副 主 任：蒋永生
格桑顿旦（藏族）

林芝市人民检察院

书记、检察长：尼玛次仁（藏族）
副检察长：白玛杰布（藏族）
胡　波
卓嘎群措（女，藏族）

林芝市中级人民法院

书记、院长：常仕洪
副　院　长：王成刚
白玛加措（藏族）

群众团体

林芝市总工会

书　　记：次仁多吉（藏族）
主　　席：夏世红
副 主 席：赵勤智

共青团林芝市委员会

书　　记：索　珍（女，藏族）
副 书 记：惠　鹏（4 月离任）
权　猛
索朗群宗（女，门巴族，4 月任）

林芝市妇女联合会

书　　记：梁小莉（女）

主　　席：晓　红（女，珞巴族）
副 主 席：罗玉萍（女）
　　　　　达　珍（女，藏族）

林芝市工商业联合会

书　　记：余　水
主　　席：格桑卓嘎（女，藏族，1月任）
副 主 席：郑俊凡（女）
　　　　　龙　君

林芝市残疾人联合会

书记、理事长：扎西次仁（藏族，5月离任）
　　　　　　　尼　仓（藏族，5月任）
副理事长：陈建国

县（区）

巴宜区

区委书记：甘丹平措（藏族，5月任）
人大常委会主任：荆　涛
区　　长：颜世辉（5月任）
政协主席：尼玛次仁（藏族）
书　　记：刘光明（援藏干部，8月离任）
　　　　　米　次（藏族，8月任）
主　　任：旦增拉姆（女，藏族，6月离任）
　　　　　索　珍（女，藏族，6月任）
副 主 任：张小玲（女，8月离任）
　　　　　周　立（5月离任）
　　　　　次仁拉姆（女，藏族，8月任）
　　　　　张晓伟（8月任）

波密县

县委书记：朱正辉（6月离任）
　　　　　旦增拉姆（藏族，6月任）
人大常委会主任：马海蕴（5月离任）
　　　　　　　　王　芳（女，5月任）
县　　长：边　巴（藏族，5月离任）
　　　　　杨　力（5月任）
政协主席：巴　桑（藏族，5月离任）
　　　　　尼玛扎西（藏族，7月任）

察隅县

县委书记：扎西平措（藏族，6月离任）
　　　　　杜元文（6月任）
人大常委会主任：付瑞理（5月离任）
　　　　　　　　夏先启（7月任）
县　　长：杜元文（6月离任）
　　　　　罗　加（藏族，7月任）
政协主席：仓决卓玛（女，藏族，5月离任）
　　　　　索朗晋美（藏族，7月任）

工布江达县

县委书记：甘丹平措（藏族，4月离任）
　　　　　王启展（4月任）
人大常委会主任：旺　毕（藏族）
县　　长：王启展（4月离任）
　　　　　白　多（藏族，7月任）
政协主席：索朗拉旺（藏族）

朗　县

县委书记：扎　西（藏族，6月离任）
　　　　　刘正伟（6月任）
人大常委会主任：罗　松（藏族）
县　　长：胡文平（5月离任）
　　　　　贡　久（藏族，5月任）
政协主席：宋步川

墨脱县

县委书记：旺　东（门巴族，5月离任）
　　　　　魏长旗（5月任）
人大常委会主任：多吉扎西（藏族，5月离任）
　　　　　　　　杨玉东（7月任）
县　　长：魏长旗（5月离任）
　　　　　李继承（7月任）
政协主席：边巴索朗（藏族，7月任）

米林县

县委书记：李牧之（4月离任）
　　　　　严世钦（4月任）
人大常委会主任：陈绪全（5月离任）
　　　　　　　　达　顿（藏族，7月任）
县　　长：才旺尼玛（藏族，5月离任）

多吉扎西（藏族，7月任）
政协主席：刘安奇（藏族，5月离任）
马海蕴（7月任）

中直、区直机关

林芝市消防救援支队
政治委员：杨　戈
支 队 长：尼玛乔（藏族）
副支队长：邹业军（6月任）
李国才
汪清林（6月任）
副政治委员：格桑群培（藏族）
政治部主任：胡彦深

林芝市森林消防支队
支 队 长：杨　飞
政治委员：宋喜峰
副支队长、灭火救援指挥部部长：
罗建新（9月离任）
毕占国（9月任）
副支队长：李君懿（9月离任）
李文成（9月任）
郑树东（9月离任）
柏银明（9月任）
副政治委员、纪委书记：常　博（4月离任）
政治部主任：曾小峰（9月离任）
张唐广（9月任）

林芝水文水资源分局
局　　长：小巴桑（藏族）
副 局 长：白玛旺堆（门巴族）
次旦多杰（藏族）

林芝市气象局
书记、局长：达　桑（4月离任）
杨　斌（4月任）
副　局　长：杨秀山（纳西族，援藏干部）
旺　扎（藏族）
贾柯佳
旦　增（藏族）

林芝公路分局
局　　长：贡嘎江村
副 局 长：尹婧婕
平　措
党委委员：刘代雄

中国民用航空林芝站
站　　长：谢国治
党委书记：王　刚（9月离任）
副 站 长：次　桑
龚杰昌
公安分局局长：曹世勋

林芝市邮政管理局
书记、局长：张所选
副　局　长：卓　卓

国家税务总局林芝市税务局
书记、局长：边巴扎西（藏族）
副　局　长：蒋庆利
央金卓嘎（女，藏族）
邱育群
周　可（5月任）

林芝市银保监分局
书记、局长：付跃东
副　局　长：郭　宏（5月离任）
郭宏芯

教育、医疗单位

林芝市第三幼儿园
书　　记：劳明宇
园　　长：格桑卓玛（女，藏族）
副 园 长：吴胜太
张　璐（女）
朱雪梅（女）

朗县仲达中心小学
书　　记：周　波（10月任）
校　　长：次仁多吉（藏族，11月任）
副 校 长：洛桑玉珍（女，藏族）
云旦加措（藏族）

林芝市广东实验小学

书　　记：欧国安（7 月任）

校　　长：金　桑（藏族，7 月任）

副 校 长：红　兵（藏族）

姚丽娜（女）

冯敏芝（女）

察隅县上察隅镇中心小学

书　　记：胡家祥（8 月任）

校　　长：娜　斯（女，藏族）

工布江达县朱拉乡中心小学

书　　记：胡　婕（女，8 月任）

校　　长：旺　扎（藏族）

副 校 长：西热加措（藏族）

拉　巴（藏族）

米林县中学

书　　记：胡献刚（8 月任）

校　　长：德吉卓嘎（女，藏族）

副 书 记：德吉卓嘎（女，藏族，8 月任）

副 校 长：胡献刚（9 月任）

格桑次仁（藏族）

文　双（藏族，9 月任）

林芝市八一中学

书　　记：归桑群宗（女，藏族）

校　　长：盛志勇（援藏干部）

副 校 长：邱　明

葛洪亮

杨名桂（援藏干部）

西藏农牧学院

书　　记：云丹加措（藏族）

院　　长：娄源冰

副 院 长：王从严（援藏干部）

郑维列

赵垦田

郭永刚

强巴央宗（女，藏族，9 月任）

纪委书记：边巴次仁（藏族）

林芝市职业技术学校

书　　记：李文琼（女）

校　　长：拉巴次仁（藏族）

副 校 长：赖映浩（援藏干部）

徐久峰

拉巴旺堆（藏族）

徐斯亮（5 月任）

斯朗旺堆（藏族，5 月任）

林芝市人民医院

书　　记：刘敬奎

院　　长：王　晟

常务副院长：扎西平措（藏族）

覃春雷

吴丽莎

马荣华

林芝市藏医院

书　　记：刘丽萍（女，4 月任）

院　　长：罗　杰（藏族，1 月任）

副 院 长：单巴旺久（藏族）

扎西尼玛（藏族）

林芝市疾病预防控制中心

主　　任：杨晓东

副 主 任：卓玛央金（女，藏族）

尼　珍（女，藏族）

马兵成

林芝市妇幼保健院

院　　长：措　拥（女，藏族）

副 院 长：吴晓丽（女）

德吉央宗（女，门巴族）

林芝市中心血站

站　　长：李玉江

企　业

易贡茶厂、林芝市易贡珠峰农业科技有限公司

书　　记：曹玉涛（援藏干部）

总 经 理：邓学均

副总经理：戴　宝（援藏干部）

察隅农场

总经理、法人代表：索朗晋美（藏族，5 月离任）
郭忠文（11 月任）
党委书记、副总经理：刘刚承（5 月任）
副总经理：刘刚承（5 月离任）
郭忠文
吴仁杰
李凯华

米林农场

董 事 长：周哲文（援藏干部）
总 经 理：彭　强（法人代表）
副总经理：李鸿斌（援藏干部）
吴绪波（援藏干部）
齐永刚

林芝市文化旅游投资发展有限责任公司

书记、董事长：李鸿斌
总经理、法人代表：旦增达杰
副总经理：益西扎巴
陈　艳
曹耕源（10 月任，12 月离任）

西藏林升森工有限责任公司

书记、董事长：琼达次仁（藏族）
总经理、法人代表：牛长城
纪委书记、监事会主席：张开真
副总经理：康　健
王明林
阿旺洛桑

林芝市净源水务集团

书记、董事长：谢　林
总经理、法人代表：巴　桑（藏族）
副总经理：张光军
扎　西（藏族）

林芝市林安交通产业集团有限公司

书记、董事长：钟　军（11 月任）
副总经理：胡建华
徐卫东
张　红（12 月离任）
党　菲（6 月任）

林芝市扶贫开发投资有限责任公司

书记、董事长、法人：蒋　华
总 经 理：靳岳峰
副总经理：李国伟
益西扎巴

林芝市城市投资有限责任公司

书记、董事长：康　征
总 经 理：郭　燕（女）
副总经理：马　录（援藏干部）
巴桑乔（门巴族）
周　昆
陈永文

国网林芝供电公司

总 经 理：赵　强
副总经理：达瓦次仁（藏族）
李　峰
唐　芳（女）
林　军（藏族）
王晓庆
纪委书记、工会主席：加　布（藏族）

国网西藏电力有限公司巴河发电公司

总 经 理：侯　伟
党委书记：廖光彬（藏族）
副总经理：何　川
尼玛扎西（藏族）

林芝市烟草专卖局（公司）

书　　记：索朗次仁（藏族）
局　　长：王志国（5 月任）
副 经 理：普布扎西（藏族）
齐向华（援藏干部）
段泽达（援藏干部）

中国石油西藏林芝销售分公司

书　　记：平　措（藏族）
总 经 理：刘明大
副总经理：孔德财
何　丽（女）

邮政林芝分公司

书记、总经理：格桑罗布（藏族，11 月离任）
李云贺（11 月任）
副总经理：边　雪（藏族，10 月离任）
蒋　燕（女）
旺青格列（藏族，10 月任）

电信林芝分公司

书记、总经理、法人：格桑旦增（藏族）
副总经理：晓次仁（男，藏族，4 月离任）
扎　巴（藏族）
次　珍（女，藏族）
王明明

移动林芝分公司

书记、总经理：吴　春
副总经理：沈克明
冯仕文

联通林芝分公司

书记、总经理：廖　华（土家族）
副总经理：刘长春
李清永（援藏干部，9 月离任）
夏冬冬（9 月任）

中国人民银行林芝市中心支行

书记、行长：江晓红（女）
副　行　长：裴文军
土登尼玛（藏族）
宋祥彬
徐俊杰（援藏干部）
次旺俊美（藏族）
多布杰（藏族）

中国农业银行林芝分行

书记、行长：赵仕银（8 月离任）
扎西达娃（藏族，8 月任）
副　行　长：扎西顿珠（藏族）
格桑次仁（藏族）
孙　辉
宁晓杰

中国银行股份有限公司林芝分行

书记、行长：王军君
副　行　长：李军芬（8 月离任）
边巴平措

中国建设银行林芝分行

书记、行长：杨高升（12 月离任）
甘维平（12 月任）
副　行　长：张玉梅
刘永东

中国工商银行林芝支行

书记、行长：徐　鸿（4 月离任）
副　行　长：吴　锦

西藏银行林芝分行

书记、行长：金晓斌
副　行　长：王金钟
尼美旦真（藏族，11 月任）

林芝民生村镇银行

行　　　长：代小嫚（女，7 月任）

人保财险林芝分公司

书记、总经理：瞿雪皎
副总经理：刘贵珠（纪委书记，11 月任）
巴桑扎西（藏族）

重要文献

林芝市人民代表大会常务委员会工作报告

——在林芝市第二届人民代表大会第二次会议上

林芝市人民代表大会常务委员会主任　尼玛扎西

2022 年 1 月 12 日

各位代表：

受市二届人大常委会委托，由我向大会报告工作，请予审议。

2021 年主要工作回顾

2021 年是中国共产党成立 100 周年、西藏和平解放 70 周年。一年来，在市委坚强领导下，市人大常委会始终高举习近平新时代中国特色社会主义思想伟大旗帜，全面贯彻落实党的十九大和十九届历次全会精神，深入贯彻落实中央人大工作会议精神、习近平总书记视察西藏时重要讲话精神，认真贯彻落实自治区第十次党代会和市第二次党代会、市委人大工作会议精神，以坚持党的领导、人民当家作主、依法治国有机统一为主线，紧扣全市稳定发展生态强边“四件大事”，勇于担当、善于作为，全力以赴做好立法、监督、决定任免、代表等工作，高质量高标准完成年初确定的各项目标任务。一年来，共召开 7 次常委会会议，听取审议 7 个专项工作报告，检查 5 部法律法规实施情况，开展 6 项专题调研，作出 5 项决议决定、6 个审议意见，任免国家机关工作人员 129 人次，组织 64 人次进行宪法宣誓，配合全国、自治区人大完成视察调研、执法检查、法律法规草案征求意见等工作 44 次，协助全国及其他省市县人大等 56 个工作组完成调研任务。

一、强化政治引领，始终把牢前进方向。市人大常委会始终坚持以政治建设为统领，切实把增强“四个意识”、坚定“四个自信”、做到“两个维护”扎根在思想深处、落实到具体行动中，坚决做到党的领导持续增强。严格落实重大事项、重要工作、重要会议、重要活动向市委请示报告制度，积极主动向市委报告人大全面工作，自觉就市县乡人大换届、调研检查、代表视察等工作向市委请示报告 40 次，特别是市委始终坚持把人大工作摆在突出位置，组织召开市委人大工作会议，制定出台《关于进一步加强县乡人大工作和建设的实施意见》《关于进一步加强和改进新时代人大工作的意见》指导性文件，为全面做好新时代林芝人大工作增添了动力、指明了方向。坚决做到理论武装持续加强。以开展党史学习教育、“三更”专题教育为抓手，先后组织召开常委会党组理论学习中心组学习会 41 次、专题研讨 10 次，深入学习党的十九届六中全会精神和习近平总书记视察西藏时重要讲话精神，重点学习习近平总书记、栗战书委员长在中央人大工作会议上的重要讲话精神，跟进学习自治区第十次党代会和市第二次党代会精神，做到学原著、读原文、悟原理，真正用党的创新理论武装头脑、指导实践。坚决做到服务中心持续深入。牢固树立市委中心工作就是人大重点工作的理念，组织常委会班子成员积极进行重大节假日、重要时段的维稳督导工作，助推全市社会局势持续和谐稳定。6名常委会领导担任市级河长并开展巡河13次、提出针对性治河治水意见建议21条，57名县处级以上干部积极参与市县乡领导班子换届、大学生就业指导、乡村振兴、西藏和平解放70周年大庆等重点工作，为更好服务全市稳定发展生态强边大局贡献了人大力量。

二、强化职权履行，始终注重依法担当。市人大常委会始终围绕贯彻落实市委“11364”发展战略，紧扣职权定位，找准依法履职的切入点、着力点和结合点，全力在加强立法促发展上下功夫。始终把立法工作紧扣在贯彻落实中央全面依法治国工作会议精神上，紧扣在厉行法治、推进全面依法治市上，坚持科学立法、民主立法、依法立法，以提高立法质量为核心，针对城市管理工作现实需要，及时将《林芝市城市市容和环境卫生管理条例》修订工作纳入2021年立法计划，先后召开5次座谈会、2次研讨会，累计征求立法咨询专家、政府职能部门等各方意见建议161条，及时对条例进行修订完善。目前，条例修订草案已提交自治区人大法制委员会备案审查处初审。全力在强化监督促发展上下功夫。准确把握新时代依法监督的规律和特点，突出经济民生、法律实施等监督重点，着重狠抓经济运行监督，听取审议国民经济和社会发展计划执行情况、预算执行情况、国有资产管理情况、预算调整情况报告，全面评估“十三五”规划实施情况，认真审查市政府提出的2021年国民经济和社会发展计划草案、2021年财政预算草案和“十四五”规划及2035年远景目标纲要，围绕产业发展层次水平有待提升等突出问题，有针对性提出8条意见建议。着重狠抓审计整改监督，在紧盯审计查出问题不放松基础上，着力做好审计整改监督的“后半篇文章”，以审计部门查出市发改委、教育局、卫健委等单位存在问题为依据，首次专题听取相关部门的整改情况汇报并开展满意度测评，对整改不到位的单位进行跟踪督办，切实保障财政资金规范运行。着重狠抓民生事业监督，聚焦群众关心的老旧小区改造、农村供水工程维修养护、小区物业管理等2021年“民生十件实事”热点问题，以体育领域作为切入点，深入察隅等3个县（区）、6个乡（镇）、6个村（居）进行实地调研，随机与社会体育指导员、竞技体育从业者等20余人次进行访谈交流，梳理提出四大方面20条工作建议，为林芝加快构建城乡一体的公共体育服务体系提供参考。着重狠抓民族宗教工作监督，采取实地查看、翻阅资料、询问交流等方式，深入巴宜、米林等6个县（区）针对我市人口较少民族发展现状进行专题调研，围绕“人口较少民族地区与全市经济社会平均水平依然存在较大差距”等问题提出9条富有建设性的意见建议，助推区域协调发展的整体性、联动性和协调性持续深化。深入波密等3个县10个宗教场所和寺管会调研“遵行四条标准、争做先进僧尼”教育实践活动开展情况，运用调研成果进一步推进教育实践活动常态化走深走实。着重狠抓乡村振兴有效衔接监督，牵头组织市乡村振兴局等部门，深入朗县、工布江达等基层一线调研全市巩固拓展脱贫攻坚成果同乡村振兴有效衔接情况，聚焦“乡村振兴人才队伍难以稳定、产业融合不够深入”等17个问题针对性提出工作对策，为统筹推进脱贫攻坚成果巩固和乡村振兴工作提供决策依据。着重狠抓司法工作监督，围绕加强全市检察机关公益诉讼工作，坚持把强化司法监督作为促进司法为民、公正司法的重要举措，及时研究通过《关于加强检察机关公益诉讼工作的决定》，积极助推检察机关更好履行维护国家和社会公共利益的法定职责。着重狠抓法律实施监督，积极开展社区矫正法专题调研，大力开展治安管理处罚法、公共文化服务保障法、安全生产法、统计法“一法一办法”5部法律的执法检查，提出建设性可行性意见建议22条，有力推动相关法律法规在林芝全面贯彻实

施。建立备案审查工作情况年度专项报告制度，首次听取备案审查工作专项报告，围绕计划生育、高考优惠政策等内容开展3次规范性文件专项清理工作。全力在依法决定任免促发展上下功夫。坚持把依法讨论决定重大事项作为贯彻市委决策部署、保证人民当家作主的重要体现，先后作出《关于同意撤销米林县设立县级米林市的决定》等5项决议决定，努力将市委部署通过法定程序转化为全市人民的共同愿望。坚持依法依规行使任免权，全年累计任命国家机关工作人员75人次、免职36人次、批准任命13人次、批准免职5人次，确保党组织推荐的人选通过法定程序成为国家行政机关的工作人员。制定出台《林芝市人大常委会任命人员任前法律知识考试办法（试行）》，围绕宪法、地方组织法等法律，完善形成783道考试题库，并先后组织5批次31名被任命人员进行任前法律知识考试，组织64人次进行宪法宣誓，切实增强被任命人员的宪法意识、法律意识。

三、强化代表服务，始终突出代表地位。市人大常委会始终站稳人民立场，时刻牢记江山就是人民、人民就是江山，坚持尊重代表、依靠代表、服务代表，扎实推动代表履职能力持续提高，通过连续三年与市委党校联合举办人大代表履职能力提升培训班的方式，组织引导40名新一届市级人大代表认真学习党的政策理论、代表议案建议撰写、代表权利义务等内容，有效推进代表培训的制度化、规范化、常态化。特别是为帮助新一届人大代表尽快熟悉人大工作、掌握履职技能，专门为每名人大代表配备《地方人大代表履职问答》和《人大代表履职教程》工具书，为每名代表如何当好人大代表及如何履好职奠定坚实基础，有效激活人大代表依法履职的原动能。扎实推动代表联系形式更加多元，严格贯彻落实“双联系”制度，坚持邀请代表参加各类履职活动，全年共邀请代表63人次列席自治区、市人大常委会有关会议，邀请代表45人次参加常委会和专门委员会组织的执法检查、工作调研等活动，引导和支持代表更好的投身服务大局“主战场”，当好人民群众“代言人”。结合代表的业务专长，合理安排代表37人次参加“一府一委两院”的听证会、座谈会、意见征求会，充分保障代表知情权、参与权、监督权。扎实推动代表建议督办富有成效，制定出台《关于2021年度代表建议督办的方案》，充分发挥各专委会职能作用，做到以督促办、以督增效，切实提高代表意见办理工作的整体水平。特别是针对今年代表提交的46件建议办理工作，组织代表对“加强我市扶贫产业项目后续管理、加强乡镇卫生院人员及医疗设备配置和基础设施建设”等7件重点代表建议办理情况进行现场座谈、现场推进、现场督办，推动代表关心、群众关切的热点难点问题得到有效解决。

四、强化自身建设，始终提升能力素质。市人大常委会始终坚持把自身建设摆在突出位置，持之以恒地以自身建设新成效推动人大工作新发展，实现党建引领作用更加突出，始终把贯彻落实党要管党、全面从严治党要求作为头等大事狠抓不放，两级党组先后召开7次党组会议，对党的建设、党风廉政建设和意识形态工作进行研究部署，扎实做好中央巡视反馈意见整改落实工作，围绕机关可能存在的廉政风险点，采取“一对一、面对面”的方式，分别与党员干部进行69次廉政风险谈话，真正把全面从严治党主体责任牢牢抓在手上、扛在肩上，忠诚履行管党治党政治责任。实现能力提升效果更加明显，成功举办第四期全市人大干部业务能力提升培训班，多形式地对85名基层人大代表和市、县（区）两级人大干部进行政治、经济、文化和人大业务等方面知识培训，尤其是着眼拓宽干部代表的工作思路，累计组织370余名各级干部代表到区内外参加各类学习培训，让他们开阔了眼界、增强了能力、推动了工作。实现协调指导范围更加广泛，结合县乡人大换届实际，专门制定下发《关于做好县乡两级人民代表大会换届选举工作的实施意见》《县乡人大换届选举工作流程表》，积极为县乡人大开展换届工作提供了科学参考，使县乡人大在选民登记、选区划分、比例保障、资格审查等重点环节、关键程序上更加合规合法，悉心指导县乡人大选出新一届市人大代表242名、县人大代表906名、乡镇人大代表2328名，助推县乡人大换届工作圆满完成。

各位代表！一年来，市人大常委会工作取得的成绩，最根本在于以习近平同志为核心的党中央的坚强领导，最重要在于习近平新时代中国特色社会主义思想的科学指引，是市委坚强领导、高度重视的结果，是全体代表开拓进取、辛勤付出的结果，是“一府一委两院”和各县（区）人大及其常委会密切配合、团结协作的结果，是全市人民充分信任、大力支持的结果。在此，我谨代表市人大常委会向大家致以崇高的敬意和衷心的感谢。

回顾2021年的工作，我们也清醒地认识到，市人大常委会工作仍存在一些不足和薄弱环节，主要表现在立法工作的科学统筹有待进一步加强，监督工作的实效有待进一步增强，代表的作用发挥仍不够充分有效，自身的建设仍有待进一步强化。对此，在今后工作中，市人大常委会将高度重视，自觉接受人大代表和人民群众监督，虚心听取各方面意见建议，采取务实管用的措施，认真加以改进。

2022年主要工作任务

2022年是党的二十大召开之年，是推进“十四五”规划的关键之年，是实施市委“11364”发展战略的开局之年。常委会工作总体要求是：在市委坚强领导下，坚持以习近平新时代中国特色社会主义思想为指导，全面贯彻落实党的十九大和十九届历次全会及中央人大工作会议、中央第七次西藏工作座谈会精神，深入贯彻落实习近平法治思想、习近平总书记关于坚持和完善人民代表大会制度的重要思想和总书记视察西藏时的重要讲话精神，认真贯彻落实自治区第十次党代会提出“四个创建”“四个走在前列”的安排部署，按照市第二次党代会和市委人大工作会议决策部署，增强“四个意识”、坚定“四个自信”、做到“两个维护”，胸怀“两个大局”、心系“国之大者”，坚持党的领导、人民当家作主、依法治国有机统一，紧紧围绕“一核三带六组团”新发展格局，以实现打造“四个区”为新发展目标，着眼坚持和完善人民代表大会制度，不断发展全过程人民民主，全面提升新时代人大工作水平，推动立法工作提质、监督工作提效、代表工作提级、自身建设提档，努力在建设新时代林芝长治久安和高质量发展新征程中更好发挥人大职能作用。

一是不断提高政治站位。常委会始终站在增强“四个意识”、坚定“四个自信”、做到“两个维护”的政治高度，坚决捍卫“两个确立”，全面贯彻落实党的十九届六中全会、中央经济工作会议及习近平总书记视察西藏时的重要讲话精神，深刻理解掌握蕴含其中的科学内涵和创新观点，掌握其政治意义、历史意义、理论意义和实践意义，着力在学深悟透、融会贯通上下功夫，做到内化于心、外化于行。认真学习贯彻中央人大工作会议精神，立足林芝人大实际，及时制定我市贯彻落实工作方案，做到既有学习又有宣传，既有举措又有抓手，切实筑牢坚持和完善人民代表大会制度的思想政治基础。认真贯彻落实自治区第十次党代会精神，深刻领会把握西藏工作取得的历史性成就，深刻领会把握谱写雪域高原长治久安和高质量发展新篇章的战略机遇，深刻领会把握做好新时代西藏工作的指导思想、目标任务、方针政策和战略举措，以实学实践的担当劲头推动“四个创建”“四个走在前列”落实落地。坚持把党的领导贯穿人大工作始终，按照区党委、市委人大工作会议部署要求，自觉接受市委对人大工作领导，坚决执行向市委请示报告制度，保证人大工作始终沿着正确政治方向前进。紧盯市委决策部署，围绕全市稳定发展生态强边大局，依法决定重大事项和人事任免，通过法定程序全力推动市委重大决策部署的贯彻落实，推动市委人事安排意图得到坚决落实。

二是不断提高服务大局水平。始终围绕党和

国家工作大局开展人大工作，严格贯彻落实市第二次党代会提出的“11364”发展战略，确保党和国家工作重点在哪里，人大工作就跟进到哪里，力量就汇聚到哪里，作用就发挥到哪里。围绕打造和谐稳定示范区目标，准确把握西藏工作新的阶段性特征和反分裂斗争新形势，坚定不移把维护稳定作为长期的政治任务，以铸牢中华民族共同体意识为主线，以促进社会治理体系和治理能力现代化为靶向，多谋长久之策、多行固本之举，不断筑牢国家安全屏障。围绕打造高质量发展先行区目标，坚持所有发展都要有利于提升各族群众获得感、幸福感、安全感，聚焦发展不平衡不充分问题，从群众急难愁盼问题着手，推动高质量发展向纵深推进，为实施好“十四五”规划作贡献。围绕打造生态文明引领区目标，坚持把保护好生态环境作为利在千秋、泽被天下的大事，利用听取审议市政府年度环境状况和环境保护目标完成情况报告等方式，巩固拓展国家生态文明建设示范市创建成果，守护好雪域江南的生灵草木、万水千山，让绿水青山成为各族群众的幸福靠山。围绕打造强边固防样板区目标，以解决边民群众急盼为出发点，持续加大对边境地区落实中央和自治区各项涉边优惠政策的监督力度，适时开展《关于做好新时代西藏强边工作的意见》调研检查工作，为加快边疆发展、确保边疆巩固边境安全提供坚强保障。

三是不断提高立法工作水平。坚持党对立法工作的领导，切实加强立法工作统筹协调，突出地方立法特色，广泛征集“城乡建设与管理、环境保护、历史文化保护”方面的立法项目，编制市人大二届常委会五年立法规划和2022年立法工作计划，做到既有“大块头”又有“小灵快”，善于通过“小切口”解决实际问题，切实增强立法的针对性、适用性、可操作性。坚持发挥人大在立法中的主导作用，加强与自治区人大沟通对接，全力完成《林芝市城市市容和环境卫生管理条例》修订工作，力推年度立法计划顺利进行。着眼调整充实立法和备案审查工作机构实际，加快设置立法科和备案审查科步伐。大力开展规范性文件备案审查工作情况专题调研，加强与“一府一委两院”的沟通协调，在政府规章等规范性文件制定通过前，提前介入、及时指导。

四是不断提高监督工作水平。坚持把宪法法律赋予的监督权用活用好，把实行正确监督、依法监督、有效监督作为人大开展监督工作的基本遵循，进一步创新监督方式、加大监督力度，不断深化对人大监督工作定位规律认识，更好把人大监督功效转化为治理效能。聚焦经济社会发展，认真听取审议市政府各专项报告，扎实做好深化经济运行分析，推动经济发展结构优化、提质增效。聚焦重点工作推进，围绕审计发现问题整改推进情况、国有资产管理情况、教育“双减”政策落实、高校毕业生就业创业、农牧民转移就业、寺庙财税监管等工作进行专题调研；围绕审计查出问题，认真督促有关部门抓好整改落实。聚焦法律法规实施，对禁毒法、基本医疗卫生与健康促进法、土壤污染防治法3部法律开展执法检查，督促有关部门完善制度、有效实施法律法规。

五是不断提高代表工作水平。始终把人民立场作为根本立场，把为人民谋幸福作为根本使命，把实现好、维护好、发展好最广大人民根本利益作为出发点和落脚点，紧扣完整准确贯彻习近平总书记关于西藏工作的重要论述和新时代党的治藏方略，为人民用权、为人民履职、为人民服务。围绕提升代表履职能力，积极探索针对性强、精准度高的培训方式方法，精心组织人大代表履职培训，使代表培训由“有所学”向“学能用”转变。做好“双联系”工作，进一步加强常委会组成人员与代表、代表与群众的联系，改进代表视察、专题调研等工作，更好发挥代表在了解民情、反映民意、集中民智方面的独特作用。落实好代表列席人大常委会会议制度，邀请代表参加常委会、专门委员会组织的调研、检查等活动，保障代表参与权、表达权和监督权。巩固拓展好“人大代表之家”“代表联络站”建设成果，推动代表工作进一步规范化、制度化。坚持好常委会领导牵头督办、“一府一委两院”具体承办制度，持续加大代表建议督办力度，切实推动事关经济社会发展的热点难点问题得到有效解决。

六是不断提高自身建设水平。牢牢把握习近平总书记关于“四个机关”的重要论述，按照新时代党的建设总要求，不断提高政治判断力、政治领悟力、政治执行力，全面加强机关党的建设、作风建设和意识形态工作，力戒形式主义、官僚主义，以实际行动落实好党风廉政建设各项规定，筑牢拒腐防变堤坝，切实把人大建设成为坚持党的领导的政治机关、保证人民当家作主的国家权力机关、全面担负宪法法律赋予的各项职责的工作机关，始终同人民群众保持密切联系的代表机关。以深化“四抓四促”机关党建品牌创建为载体，主动加强法律法规知识的学习，着力把对法律的尊崇转化为谋划工作时的法治思维、推进工作时的法治方式，切实增强按制度办事、依法办事意识，自觉维护法律制度权威，努力建设一支忠诚干净担当的高素质人大干部队伍。深入开展“查作风、查责任、查漏洞、查落实”教育活动，旗帜鲜明讲政治、学深悟透抓落实、压实责任抓落实、调研研究抓落实、转变作风抓落实。加强人大工作宣传，继续发挥好“林芝市人大代表之家”微信公众号等平台作用。加大对基层人大工作指导力度，夯实基层人大根基，促进基层人大“活”起来、基层代表“动”起来，推动全市人大工作再上新台阶、再上新水平。

各位代表！伟大的时代激励着我们，伟大的梦想鼓舞着我们，伟大的使命召唤着我们。让我们更加紧密地团结在以习近平同志为核心的党中央周围，在市委的坚强领导下，坚持以习近平新时代中国特色社会主义思想为指引，以坚如磐石的信心、只争朝夕的劲头、坚韧不拔的毅力，依法履职、拼搏实干，为加快推进林芝建设成为全区改革开放先行区而努力奋斗，以稳定发展生态强边的实际成效迎接党的二十大胜利召开！

名词解释

四件大事：稳定、发展、生态、强边。

四个意识：政治意识、大局意识、核心意识、看齐意识。

四个自信：道路自信、理论自信、制度自信、文化自信。

两个维护：坚决维护习近平总书记党中央的核心、全党的核心地位，坚决维护党中央权威和集中统一领导。

“三更”专题教育：自治区党委在全区开展“政治标准要更高、党性要求要更严、政治纪律性要更强”专题教育活动。

四个创建、四个走在前列：自治区第十次党代会提出着力创建全国民族团结进步模范区、高原经济高质量发展先行区、国家生态文明高地、国家固边兴边富民行动示范区，努力做到民族团结进步走在全国前列、高原经济高质量发展走在全国前列、生态文明建设走在全国前列、固边兴边富民行动走在全国前列。

四个机关：习近平总书记在中央人大工作会议上提出各级人大及其常委会要自觉建设成为政治机关、权力机关、工作机关、代表机关。

“11364”发展战略：第一个“1”指的是要把林芝打造成为全区改革开放先行区，第二个“1”就是“一核”指的是要做强巴宜区核心增长极；“3”就是“三带”指的是要构建川藏铁路发展带、构建雅江下游发展带、构建边境沿线发展带；“6”就是“六组团”指的是米林组团、工布江达组团、波密组团、朗县组团、察隅组团、墨脱组团要按照主体功能区定位，促进县域经济特色化、组团式发展；“4”就是“四个区”指的是要打造和谐稳定示范区，打造高质量发展先行区，打造生态文明引领区，打造强边固防样板区。

“十三五”规划：中华人民共和国国民经济和社会发展第十三个五年规划纲要（2016—2020年）。

“十四五”规划：中华人民共和国国民经济和

社会发展第十三个五年规划纲要（2021—2025年）。

民生十件实事：一是依托林芝市技工学校，大力实施“高原工匠”培养工程，全年开展职业技能培训1500人次以上。二是建设21个乡镇卫生院和边境小康村远程医疗系统，解决群众看病难问题。三是完成4197户市县老旧小区改造，提升居民居住换届和生活质量。四是对191个村组6.8万人的农村供水工程进行维修养护，提升农牧区饮水安全保障能力。五是启动实施海拔3500米以上乡镇机关、医院、学校供暖供氧工程，改善干部群众工作生活条件。六是完成7县区主城区和主要旅游景区5G建设，进一步提升通信能力和水平。七是实施30个村级提升工程，改善农牧民生产生活条件。八是新增31个建制村客运班车，加快农村客运发展。九是全面实现市县乡村基本医保、大病保险、医疗救助一站式服务、一窗口办理、一单式结算，不断提升医疗保障服务水平。十是将国有企业困难职工和城镇困难家庭纳入民政、工会、教育帮扶序列，实行动态管理，形成长效机制。

遵行四条标准：政治上靠得住、宗教上有造诣、品德上能服众、关键时起作用。

统计法“一法一办法”：《中华人民共和国统计法》《西藏自治区实施〈中华人民共和国统计法〉办法》。

“双联系”：市人大常委会组成人员联系市人大代表、市人民代表大会代表联系人民群众。

一府一委两院：人民政府、监察委员会、人民法院、人民检察院。

胸怀两个大局：中华民族伟大复兴战略全局，世界百年未有之大变局。

心系国之大者：关注党中央在关心什么、强调什么，深刻领会什么是党和国家重要的 利益、什么是最需要坚定维护的立场。

四抓四促：抓学习促提升、抓纪律促服务、抓班子促履职、抓队伍促业务。

林芝市“三包”及营养改善计划受益学生和资金动态管理办法

（试行）

第一章 总 则

第一条 为进一步体现党中央、国务院对西藏各族人民群众的特殊关心、关怀，充分发挥教育“三包”和营养改善计划在控辍保学、减轻困难家庭经济负担方面的积极作用，规范教育“三包”和营养改善计划政策落实和资金管理，确保各项工作有章可循、有规可依，提高资金使用效益，根据《西藏自治区教育厅 西藏自治区财政厅〈关于印发西藏自治区学前教育阶段农牧民子女补助和中小学“三包”及助学金管理办法〉的通知》及《西藏自治区人民政府办公厅关于印发〈西藏自治区农牧区义务教育学生营养改善工作方案〉的通知》精神，结合我市实际，制定本细则。

第二条 本细则所称教育“三包”政策，是指国家对我区学前教育阶段、义务教育阶段及高中教育阶段（含中职）农牧区家庭子女和城镇家庭经济困难家庭子女在校学生（在园幼儿）实施的一项“包吃、包住、包基本学习费用”的教育惠民政策。

第三条 本细则所称执行学校（以下简称“各校”），是指具体管理使用教育“三包”经费的我市各级各类幼儿园、中小学校（含教学点、普通高中、中等职业技术学校；含公办、民办、其他部门办学校）。

本细则所称集中用餐是指学校通过食堂供餐或者外购食品（包括从供餐单位订餐、城市集中供餐等）等形式，集中向学生提供食品的行为。

第二章　基本条件、对象

第四条　为正确传递党中央、国务院的特殊关心、关怀，使各族干部群众明白“惠从何来、惠在何处”，感党恩、听党话、跟党走，更好地回报党和国家、回报社会、回报人民，使教育“三包”政策真正发挥资助育人作用，要求“三包”学生需符合以下基本申请条件：

（一）爱党、爱国，反对分裂，维护民族团结。

（二）知恩、懂恩、感恩，尊敬师长。

（三）讲文明、懂礼貌，道德品质优良。

（四）遵守宪法、法律和校规校纪，无不良记录。

第五条　教育“三包”学生对象是指在具有西藏户籍的我区学前教育、义务教育、高中教育阶段学校（含中职）就读的农牧区和城镇家庭经济困难在校（园）学生（幼儿）。具体包括：

（一）农牧区家庭子女（含脱贫户和监测对象家庭子女），是指具有西藏户口的非城镇户籍人员（下同）；其中：脱贫户和监测对象家庭子女是指经乡村振兴部门认定，持有脱贫户和监测对象相关证明的贫困居民家庭子女。

（二）城镇低保家庭子女，是指经民政部门认定，持有并正在享受城乡最低生活保障金的城镇居民家庭子女。

（三）烈士子女，烈士是指在革命斗争、保卫祖国、社会主义现代化建设事业中为争取大多数人的合法正当利益而壮烈牺牲，经法定审批机关批准并由民政部向其家属颁发《中华人民共和国烈士证明书》的人员。

（四）优抚对象家庭子女，优抚对象是指现役军人子女、服现役或者退出现役的残疾军人以及转业军人子女、复员军人子女、退伍军人子女、因公牺牲军人遗属子女、病故军人遗属子女、现役军人家属子女。

（五）孤儿，孤儿是指失去父母、查找不到生父母的未满18周岁的未成年人，由地方县级以上民政部门依据有关规定和条件认定。

（六）特困户家庭子女是指无劳动能力，无生活来源，无法定赡养抚养义务人或者其法定义务人无履行义务能力且未满16周岁的未成年人。

（七）城镇困难家庭子女，是指单亲或父母因各种原因已丧失劳动力且无固定经济来源的家庭子女、企业困难家庭子女。

（八）残疾学生，是指办理残疾证的学前至高中阶段学生。

（九）公路养护段困难家庭子女和公路养护道班（工区）职工子女。

以上九类人员具体认定机构及方法请按照第三章第八条至第十三条相关条款执行。

第六条　各县（区）、各校应确保教育“三包”政策和营养改善计划对象全覆盖，不得擅自扩大政策保障范围和对象，实现“应包才包、应包尽包”目标。

第七条　上述第五条第1至8类人员的认定依据为《西藏自治区财政厅 西藏自治区教育厅关于印发〈西藏自治区学前教育阶段农牧民子女和中小学“三包”经费及助学金管理办法〉的通知》；第9类人员认定依据为《西藏自治区财政厅 西藏自治区教育厅 西藏自治区交通运输厅关于印发〈西藏自治区公路养护职工子女就学补助政策〉的通知》。

第三章　资格认定与要求

第八条　“三包”学生资格认定方法及材料（以下各类身份认定工作中，各级教育部门和执行学校均非认定部门）：“三包”生需提供本人及其监护人（子女户口不在监护人名下的以监护人户口情况为准）户口本复印件及下述其他证明。

监护人第一顺位应当由其父母担任，如父母死亡或者无监护能力的，按下列顺序由以下人员担任：第二顺位祖父母、外祖父母；第三顺位成年的兄、姐；其他愿意担任监护人的个人或者组织，但须经未成年人住所地的居民委员会、村民委员会或

者民政部门同意。

除具有西藏户籍的户口本外相关人员还需提供以下证明：

（一）农牧区家庭子女身份认定方法

户口本载明农牧民子女的以户口本记载为准。

户口本无法证明农牧民身份的，以户口本中服务处所一栏为准，即服务处所显示为 ××× 村，××× 组为农牧民，显示 ××× 单位、××× 居委会、××× 镇、××× 路、××× 小区 ×× 号等为城镇居民。

如以户口本服务处所栏所记载的事项认定为非农牧民子女有异议的，则需提供所在地公安派出所或公安户籍部门出具的证明。

（二）“城镇低保家庭子女”认定方法

持有《城镇居民最低生活保障金领取证》或由发放城乡居民最低生活保障金的县级民政部门开具低保对象家庭情况相关证明。

（三）“烈士子女”认定方法

遗属持有《中华人民共和国烈士证明书》。

（四）“优抚对象家庭子女”认定方法

1. 现役军人：持有现役军人和人民武装警察居民身份证或士兵证、士官证、军官证（警官证）、文职干部证、文职人员证等证件。

2. 退伍军人（含复员军人等）：持有退伍证和非转业军人证明。其中，退伍证包括中国人民解放军义务兵退出现役证、中国人民解放军士官退出现役证及中国人民武装警察部队义务兵、士官退出现役证。非转业军人证明可由退役军人事务等相关部门或现工作单位人事部门负责开具。

3. 残疾军人：持有《中华人民共和国残疾军人证》。

4. 因公牺牲军人：遗属持有《中华人民共和国军人因公牺牲证明书》。

5. 病故军人：遗属持有《中华人民共和国军人病故证明书》。

（五）“孤儿”认定方法

持有儿童福利证或由县级民政部门出具证明。已被收养的孤儿，从收养证办理之日起不再享受孤儿相关待遇。

（六）“特困户家庭子女”认定方法

持有西藏自治区特困人员救助供养证或由发放特困人员救助供养金的县级民政部门开具特困人员情况相关证明。

（七）“城镇困难家庭子女”认定方法

1. 单亲或父母因各种原因已丧失劳动力且无固定经济来源家庭子女的认定由其所在街道办事处、居委会出具单亲或父母各种原因已丧失劳动力且无固定经济来源证明，并经街道办事处、居委会主要领导审核签字后提交当地民政部门审核盖章。

2. 企业困难家庭子女的认定由其所在单位的上级主管国资委出具家庭困难证明，并经其主管国资委主要领导审核签字后提交当地民政部门审核盖章。

（八）“残疾学生”认定方法

持有《中华人民共和国残疾证》的学前至高中（含中职）阶段学生。

（九）“我区公路养护段困难家庭子女和公路养护道班（工区）职工子女”认定方法

公路养护段困难家庭子女的认定工作由其所在地公路养护段根据《中华全国总工会关于困难职工帮扶中心资金使用管理办法（暂行）》相关规定，出具证明并经公路养护段主要领导审核签字后，提交区公路局派驻各县（区）市公路养护管理机构群团部门进行审核盖章；公路养护道班（工区）职工子女的认定工作由区公路局派驻各县（区）市公路养护管理机构政工人事部门进行审核后出具证明。

第九条 上述认定工作中，凡涉及开具证明的，其被证明对象均为学生本人的法定监护人（非户主）。若学生户口簿中户主非其法定监护人的，则认定过程中应提供学生的法定监护人信息。法定监护人顺序为父母、祖父母、外祖父母、兄姐、关系密切的亲属或朋友、父母单位和未成年人住所地的居委会或村委会、民政部门担任监护人。

第十条 学生父母有一方符合本细则第二章

所规定的政策对象和基本条件的，应纳入教育“三包”政策保障范围。

第十一条 “三包”学生资格认定工作原则上每学年认定一次。农牧区等学校可结合生源等实际情况适当延长认定周期。

第十二条 资格认定期间，各县（区）各校要切实统筹处理好学生的食宿事宜，避免因认定工作“时间差”出现“应包未包或未及时包”等现象，确保“三包”政策在执行过程中无缝衔接。

第十三条 认定工作结束后，各校应在10个工作日内以班级为单位，将“三包”学生认定资料装订成册并统一归档，保管期限为五年。装订要求：

（一）统一为A4格式。

（二）左侧装订。

（三）封面命名统一为“××学校××年级××班××学年度（学期）教育‘三包’生、营养生资格认定资料”。

（四）认定资料册首页应附“××学校××年级××班××学年度（学期）在校学生花名册”。

（五）按照名册所列明的学生顺序整理“三包”学生个人资格认定资料，并确保所有个人资格认定资料齐全、没有遗漏。

（六）学校应汇总制作“××学校××学年度（学期）在校学生花名册”并装订成册、统一归档。

（七）资格认定后发生学生转学、休学、退学时要做好相应的档案登记工作。

第四章　经费标准、结构比例

第十四条 经费标准。具体标准以财政厅、教育厅实际下发文件为准。

第十五条 经费结构比例。依据《关于调整我区学前补助、中小学“三包”及城镇困难家庭子女助学金标准的通知》执行。

教育“三包”经费包括伙食费、服装及装备费、作业本和学习用品费用。其中：伙食费占80%～87%、服装及装备费占10%～15%、作业本和学习用品费占3%～5%。

第十六条 各单位需严格执行经费支出结构比例，不得擅自变更支出比例。

第五章　经费来源与资金划拨

第十七条 教育“三包”经费由中央财政和自治区财政全额承担。

第十八条 教育“三包”经费实行预算单列。自治区财政厅、自治区教育厅以年初预算形式将教育“三包”经费预算指标下达至各地市财政局、教育局；各地市财政局、教育局以预算指标形式将经费下达给各县（区）财政局、教育局，各县（区）教育局按照本级财政要求拨付所属各校（园）。

第十九条 各县（区）财政局、教育局收到经费指标后及时将资金逐级预算到校，并确保经费及时、足额落实到位，不得以任何理由截留、挤占、挪用或整合使用预算资金，不得与正常的教育经费、财政投入教育经费、专项经费等其他经费捆绑划拨（农牧区义务教育营养改善计划资金经费划拨方式同上，并与教育“三包”经费分离后单独划拨）。

第二十条 各县（区）财政局、教育局预算分解时要严格按照《中华人民共和国预算法》有关规定足额下拨“三包”及营养改善经费，不得改变擅自改变预算分配标准。

第二十一条 每年年终，自治区财政厅、自治区教育厅将根据全年政策对象实际人数及标准调整各县（区）教育“三包”经费预算指标。

第六章　经费核算与管理

第二十二条 为适应政府会计制度核算要求，实现“三包”经费精细化核算，在核算“三包”经费时应采用会计电算化核算手段。

第二十三条 坚持经费独立，坚持县级集中核算。即通过设置专用的会计账套对“三包”经费收支余情况（含库存物品等）进行独立核算，不同学段的三包经费应当分开核算。

第二十四条　为更好地实现经费独立核算，各县（区）各校应按照新政府会计制度等有关规定规范设置会计科目和启用会计科目，不得私造或自设不符合会计制度的科目进行会计核算。灵活掌握和使用会计辅助核算方式，细化核算各项经费的收支余科目，并按照伙食费、装备费、学习用品费、其他“三包”支出等细化核算科目（其中，伙食费还应按照米面粮油等类别再次细化核算）。

第二十五条　“三包”账套应完整核算“三包”经费中伙食费、装备费、学习用品费等各项收支。装备费和学习用品费由教育行政部门统一采购或管理核算的，教育行政部门应以书面形式将采购的物资以实物拨款单的形式告知各校，各校应以此作为账务处理依据，核算三包收入和支出。

第二十六条　对教育“三包”经费实施“县级集中核算”，各县（区）教育局应成立县（区）级“三包”经费核算中心（各单位要结合工作量等实际，合理分工和设置会计岗位，建强财务力量，从事集中核算财务人员不得低于4人）。对县域内各校“三包”经费实施集中分校核算管理，县属各学校应当设立“三包”物资出入库管理员（报账员）。

第二十七条　各县（区）教育局、市直各学校要加强“三包”及营养改善计划物资仓库管理，健全学前补助、“三包”及助学金内部稽核制度。

（一）将各县（区）教育局统一采购的装备费纳入各校“三包”经费账目中统一核算。

（二）发放给学生个人的服装、学习生活用品、学校要做好出入库账目登记，并由学生签收，保管好原始签收凭证。

（三）独立设置仓库保管员出入库账簿，仓库保管员要按时登记出入库账目，每月和会计核对，确保账实相符。

（四）出入库单据严格履行签字制度，确保每张单据上都有四人签字。其中装备出入库需由仓库保管员、后勤负责人、会计、学校负责人验收签字，物资出入库需由仓库保管员、后勤负责人、食堂厨师、学校负责人验收签字，由并据此登记出入库账目。

第二十八条　在集中核算制度下，各级教育部门要切实转变经费管理观念，树立会计集中核算工作要有利于、服务于各级各类学校的意识，正确认识经费统一管理与经费使用权之间的关系，把工作重心放在规范财务管理和强化会计核算工作上，进一步简化经费报销程序。

第二十九条　各县（区）各校要认真按照《中华人民共和国会计法》《会计基础工作规范》等有关规定，进一步加强会计基础工作，健全岗位职责，会计、出纳、保管员专人专岗，不得兼任。严格履行会计稽核职责，加强票据审核，坚决杜绝“打白条”现象。加强资金支付管理，严禁公款私存、公款转入个人账户。规范设置会计账簿，包括总账、明细账、日记账和其他辅助性账簿。坚持日清月结，保证账账、账表、账实一致。会计凭证、账簿、报表等会计档案，按规定保管年限归类保管，严禁私自销毁。规范并正确使用会计记录文字，凡使用少数民族文字进行会计事项记载的，必须使用中文进行准确完整注释。

第七章　经费使用与开支范围

第三十条　为确保“三包”政策有效实施，各县（区）各校应尽量保持“三包”经费收支平衡，原则上“三包”伙食费、基本学习用品费的结转结余资金均不得超过当年各项总收入的5%（不含因资金划拨或到位较晚等因素造成的结转结余），对冬季储存牛羊肉等的学校可适当保持正常结转结余。

“三包”装备费结转结余量正常情况下不受限制，以保障装备物资等周期性采购工作（如，两年或三年集中采购一次）顺利开展。

第三十一条　教育“三包”经费由学生正常变动造成结转结余资金，学校应按照实际支出情况结转，下年继续用于“三包”开支，但因虚报冒领、弄虚作假等行为产生的非正常结余资金应按规定上缴国库。

第三十二条 实行按月预算管理制度。

为切实保障“三包”经费支出进度，控制资金结转结余，保证餐食质量，确保“三包”资金安全，各县（区）教育局和各校要按照月预算管理制度制定拨款方案和食堂采购计划。

（一）做好“三包”经费支出预算工作。各县（区）教育局和市直学校在开学前，根据年初预算指标数据和2020年结余，按照学生人数对伙食费进行预算分配，伙食费标准由各单位按（80%～87%）自行决定上半年和下半年的经费执行依据。

（二）做好月预算。当月的预算按实际上课天数核算每周每天的开支预算。

1.每月末（具体以学校本月实际上课情况为准）收集本月学生就餐人数和下月请假、销假、转入转出、休学等学生人数，预估下月就餐学生人数。

2.各学校以预估的下周就餐人数制定食堂采购计划进行物资采购，制定下周食谱。食谱符合学生营养膳食标准。

3.学生请销假及转入转出要及时登记，并留存相应手续，每年装订成册以备查询。

第三十三条 经费使用原则：

各县（区）各校要科学、合理地研究制定符合并满足学生生长发育需求的“三包”伙食或营养食品供给实施方案，并确保伙食费能够全部用到学生身上。

（一）学前教育阶段、义务教育阶段“三包”经费全部纳入学校（幼儿园）统一管理使用，不得发放现金，不得将物资发放给家长带回家庭使用。

（二）高中阶段教育（含中职）“三包”经费中的伙食费原则上由学校按月转入学生饭卡（票、折，下同），不得发放现金和物资，提高餐食质量，避免学生饭卡结余问题；服装、装备、作业本和学习用品等按有关规定实行政府集中采购。

（三）中职学生实习期间，可将实习期间的伙食费按日折算后统一转入学生个人银行卡，由学生自行使用。统一转入实习单位并由实习单位统一解决就餐的，应考虑、解决好差额或结余问题，并做好政策解读工作。

（四）实行饭卡制的学校，在“三包”学生毕业、休学、退学时若遇饭卡有余额情形，均视为学生自愿不在学校就餐或不完全在学校就餐，不得将饭卡余额退还或变相退还学生（物资已实际出库）。各县（区）各校应适时对饭卡余额较多或长期未消费的“三包”学生进行资格再审核，有效防止或减少学生资助资金浪费现象。

（五）非饭卡制学校遇到学生转学时，应保障“三包”学生在享受政策待遇方面无缝衔接，实现“政策随人走”。调出学校要按照“月预算”管理规定，及时停止转学、休学等不在校学生的“三包”经费。

（六）请假、休学、毕业提前离校等离校或暂时离校情形，按照“人在校给予资助、人不在校不给予资助”的原则，其离校期间不予享受教育“三包”政策（实行饭卡充值制度的学校暂停充值业务）。因休学、毕业提前离校等长期请假形成的结余，年底清算后上缴财政，其余转入转出、短期请假等产生的正常结余滚存使用。

（七）学校存在“三包”生与“非三包”生共同就餐的，应将代收的“非三包生”伙食费统一纳入“三包”伙食费管理，按照成本以人数或收入比例分摊列入对应支出，确保“三包”和“非三包”经费支出。

第三十四条 教育“三包”经费开支范围：

（一）伙食费类：米、面（含糌粑）、油类（含清油、酥油等）、肉类、蔬菜类、蛋类、酱油等调味品类，香料类、茶、牛奶、水果、面包、饼干及学生生活用燃料等。

（二）装备费类：校服、床上用品（枕头、枕套、床单、被褥等）以及日常生活用品（洗漱用具、拖鞋、食堂和宿舍清洁用具等）。

（三）学习费类：学生作业本、书包、文具等。

（四）因组织学生参加各类比赛等活动而产生的餐饮费用，原则上不得从教育“三包”经费中列

支，应优先从比赛等专项经费中安排解决。确无专项来源的，可针对“三包”学生按照生均就餐标准从教育“三包”经费中列支，非“三包”学生和不足部分自行筹措解决。

第三十五条　严禁非“三包”学生在学校食堂免费就餐或享受不应享受的政策待遇。对非“三包”学生在学校食堂有就餐需求的（或在实施城市集中供餐的学校就读且有供餐需求的）应及时缴纳伙食费，收费标准参照“三包”学生就餐标准计算（学生伙食费属代收费，不需要向物价部门报备或审批）。各县（区）各校不得以任何理由多收、不收或少收伙食费。

对缴纳伙食费有剩余的，应原渠道退还，不得通过发放物资等行为变相退还。

第三十六条　针对“送教上门”学生，可结合残疾学生实际需求，通过“送教育”“送康复”“送温暖”等活动，为残疾学生购置日常生活用品（含米面油等“三包”物资）、学习用品等。

第八章　食品安全与营养健康

第三十七条　学校集中用餐实行预防为主、全程监控、属地管理、学校落实的原则。

第三十八条　学校集中用餐应当坚持公益便利的原则，围绕采购、贮存、加工、配送、供餐等关键环节，健全学校食品安全风险防控体系，保障食品安全，促进营养健康。

第三十九条　严格落实学校食品安全管理制度和监管主体责任。实行食品安全校长（园长）负责制，学校应当将食品安全作为学校安全工作的重要内容，建立健全并落实有关食品安全管理制度和工作要求，定期组织开展食品安全隐患排查。各县（区）教育部门要会同市场监督管理、卫生监督等部门与学校签订食堂食品安全责任书，形成一把手亲自管、分管领导具体抓、部门分工合作，层层抓落实的学校食品安全工作管理体制，深入开展食品安全检查，定期检查食品安全状况，加强全过程监管。

第四十条　实行陪餐管理制度。研究制定陪餐人员安排计划，做好陪餐记录并长期保存，确保各餐段均有学校相关负责人陪餐。陪餐人员要自觉定期缴纳陪餐期间的伙食费，缴费标准参照“三包”学生就餐标准计算。

第四十一条　各县（区）所属各校要根据当地饮食习惯、农牧区小学学生营养缺乏现状等实际，结合学生体质监测情况，因地制宜地研究制定满足不同学段、不同年龄学生的营养膳食结构实施方案，注重肉蛋奶蔬菜等食物的科学搭配，制定出科学合理的营养膳食搭配方案和食谱指南，建议参考《学生餐营养指南》标准执行。

（一）食谱应充分考虑学生的多元化需求，丰富饭菜种类，定期变换口味风格，杜绝学生用餐时因饭菜不可口等原因造成的食物浪费。食谱应遵循“营养、卫生、科学、合理”的原则，体现平衡膳食，做到一周内各类营养素的合理，以满足学生成长发育的需要。

（二）主食做到粗细粮搭配，应尽量搭配五谷杂粮、豆类、薯类，除米饭外每天搭配营养粥及面食。

（三）在考虑到中小学生普遍缺乏维生素 A、维生素 B2、铁和钙，食谱应尽量选用此类营养素含量高的食物，每天应补充 200 毫升以上的原汁豆浆或牛奶。

（四）制定学生营养餐食谱，应结合季节性，烹制菜肴时应考虑到各种烹调方法对营养素的保存及科学合理、营养搭配，力争做到每周食谱不同样，全天食物颜色超过 5 ～ 7 种。

第四十二条　各县（区）各校要发挥主观能动性，在“学生吃得好、吃得放心”上下功夫。细化食堂食谱（菜单）并定期进行调整，避免食谱固定化、重复化、简单化。各校要结合“月预算”管理要求确保一周内的食谱不得重复，周食谱不得长期使用。

第四十三条　严格落实日常供餐要求。幼儿园至少做到“一日一餐两点”，即一次午餐、两次点心，须提供主食、牛奶、鸡蛋、水果、点心等，确保幼儿营养需要；义务教育阶段学校学生食堂必须做到一日三餐正常开伙，做到每人每天一斤粮、一斤菜、一两肉，并保证每人每天有半斤牛奶或一个鸡蛋，午餐、晚餐应有两荤一素一汤，每周一至两次水果等。非寄宿制学校要做到“一日一餐两点”，在不超出伙食费支出比例的同时尽量提高伙食水平。

第四十四条 各县（区）各校要加强食品安全与营养健康的宣传教育，将食品安全与营养健康相关知识纳入健康教育教学活动，定期开展相关科学知识普及和宣传教育活动。强化“个人卫生习惯养成教育”，培养学生健康饮食习惯和生活卫生习惯，使学生树立全新的卫生习惯理念和意识，形成人人主动讲卫生，塑造良好的个人卫生形象。要求所有就餐学生养成饭前、饭后洗手的习惯。坚持开窗通风换气，保持室内（宿舍、教室）空气清新。

第四十五条 各县（区）学前教育及义务教育学校不得在校内设置小卖部、超市等食品经营场所，不得开设或售卖与学生伙食无关（含饮料、零食等）并可使用饭卡（折 / 票）刷卡消费的“小卖部”、摊点 / 位、窗口等。

其他阶段的学校确有需要设置小卖部、超市等食品经营场所的，应当依法取得市场监管部门及所在地教育主管部门的许可。

第九章 物资采购和集中供餐

第四十六条 各县（区）教育局和学校要严格落实“三包”物资集中采购制度，对于满足政府集中采购的必须执行政府集中采购。

第四十七条 政府采购限额标准。各县（区）教育局和学校应按照财政部门公布的《西藏自治区政府集中采购目录及限额标准》之规定严格按照规定执行政府采购程序。

现阶段按照集中目录之内 50 万元以上（含 50 万元）实行政府集中采购，采购人应当委托所在地（市）、县（区）财政局政府采购中心依法组织实施；集中目录之外的属于分散采购，单项或批量货物、服务项目金额达到 50 万元以上（含 50 万元），工程项目达到 80 万元以上（含 80 万元），采购人应当从市财政局 2020 年备案的政府采购代理机构名单中择优选择代理机构，财政部门发布新的政府集中采购目录及限额标准后则应以财政部门当年公布的标准执行。

第四十八条 各县（区）教育局应协调财政、物价等部门由各县（区）教育局或学校对学习用品，服装、装备及消耗频繁且数量较大的物资（大米、面粉、糌粑、食用油、蔬菜、肉类、燃料等）实施政府（部门）采购。

第四十九条 各县（区）教育局需签订教育局、学校与物资供应商三方采购协议，强化监督管理，确保供货质量。

第五十条 供货合同的签订要进行充分考虑，要将食品质量、食品检验、食品安全保障等具体条款纳入合同条款。

第五十一条 集中供餐的学校管理

（一）按天制作集中供餐学生名单，由就餐学生签字确认或由值班教师 / 家长和当日值班领导确认后作为就餐依据。

（二）按月汇总集中供餐人数，由学校分管校长、后勤人员、学校财务，集中供餐公司确认后作为当月结算依据。

（三）集中供餐学校需做好就餐温度抽查测量工作，现场由供餐公司负责人和学校负责人签字确认，学校负责人需如实记录温度，温度不达标的及时通知市教育局职教科和供餐公司进行处理。

（四）学校财务要按月根据供餐人数进行清算，按季度 / 按学期 / 按年度付款。

第十章 附 则

第五十二条 各农牧区义务教育阶段学生营养改善计划国家和地方试点执行学校，按照“三包 + 营养”的模式运作管理使用“三包”和营养经费，营养政策执行与管理工作参照本细则有关规定执行。以上执行标准根据自治区有关文件确定，如自

治区制定新的标准，按新标准执行。

第五十三条 本办法自2022年8月1日起执行。

林芝市人民代表大会常务委员会关于加强检察机关公益诉讼工作的决定

（2021年3月16日林芝市第一届人民代表大会常务委员会第三十八次会议审议通过）

为深入贯彻落实党中央、自治区关于建立检察机关提起公益诉讼制度的重大决策部署，落实市委关于市人民检察院《林芝市人民检察院关于林芝市行政机关执法情况分析报告》批示精神：请各行政机关要高度重视公益诉讼制度，在工作中切实履行职责，促进政治生态健康，社会和谐稳定。切实加强我市检察机关公益诉讼工作，维护国家利益和社会公共利益，促进依法行政，助力高水平高质量推进市域治理现代化，根据《中华人民共和国民事诉讼法》《中华人民共和国行政诉讼法》《中华人民共和国人民检察院组织法》等有关法律规定，结合我市实际，作出如下决定：

一、依法开展公益诉讼工作必须坚持党的领导。建立检察机关提起公益诉讼制度，是党的十八届四中全会推进全面依法治国的重大决策部署，是优化司法职权配置、完善行政诉讼制度、推进法治政府建设的重要制度设计。检察机关依法开展公益诉讼工作要坚持党的领导，立足法律监督机关这一定位，全面贯彻落实党中央和区党委决策部署，自觉接受人民代表大会及其常务委员会监督，严格依照法定权限和程序开展。全市各级国家机关、企事业单位、社会组织和公民要切实把思想和行动统一到习近平法治思想上来，坚定不移地走中国特色社会主义法治道路，充分认识检察机关依法开展公益诉讼工作对完善公益保护体系、推进依法行政、加强法治林芝建设的重要意义，认真贯彻中央决策部署，严格落实自治区、市委有关工作要求，积极支持和配合检察机关依法开展公益诉讼工作。

二、检察机关办理行政和民事公益诉讼案件范围

（一）生态环境和资源保护、食品药品安全、国有财产保护、国有土地使用权出让、英雄烈士姓名肖像名誉荣誉保护等领域公益诉讼案件。

（二）探索办理安全生产、公共卫生、生物安全、妇女儿童及残疾人权益保护、网络侵害、扶贫、文物和文化遗产保护等领域公益损害案件。

（三）法律法规规定的其他领域公益诉讼案件。

三、检察机关充分发挥公益诉讼职能。检察机关应当围绕全市工作大局，综合运用诉前磋商、诉前检察建议、提起诉讼、督促起诉、支持起诉等方式，支持和监督行政机关依法履职，自我纠错，确保国家利益和社会公共利益得到及时有效维护，应当行使以下职能：

（一）切实发挥诉前检察建议作用，规范检察建议的办理流程、跟进监督、诉讼衔接等程序，检察建议书可以采用直接送达、公开宣告等方式送达，必要时可以邀请人大代表、政协委员或有关人员参加。对公益诉讼案件反映的普遍性倾向性问题，可以向同级人民政府及有关部门提出工作建议。对于社会影响较大的案件，检察机关可以将诉前检察建议报送同级人大常委会或者被建议单位的上级部门。

（二）建立健全生态环境损害赔偿程序与检察公益诉讼衔接机制，强化食品药品安全和生态环境资源保护等领域公益诉讼惩罚性赔偿的探索。注重将办理公益诉讼案件与促进行业整治、区域治理相结合，因地制宜开展有林芝特色的专项监督活动。

（三）对经过检察机关督促，行政机关仍未依法履行职责，国家利益或社会公共利益仍处于受侵害状态或者有重大危险的，检察机关应当依法提起行政公益诉讼。对有关损害社会公共利益的行为，法律规定的机关或者有关组织不提起民事公益诉讼的，检察机关可以向人民法院提起诉讼。法律规定的机关或者有关组织提起民事公益诉讼的，检察机关可以支持起诉。

四、检察机关依法开展调查核实工作。检察机关调查核实公益诉讼案件证据时，可以要求行政机关收集提供，也可以依据相关法律规定自行调查核实。检察机关自行调查核实的，可以采取以下方式，有关单位和个人应当配合：

（一）调阅、摘抄、复制有关行政执法卷宗材料；

（二）询问违法行为人、证人等；

（三）向有关单位和个人收集书证、物证、视听资料、电子数据等证据；

（四）咨询专业人员、相关部门或者行业协会等，听取相关意见；

（五）委托鉴定、评估、审计、组织检验、检测、监测；

（六）勘验物证、现场；

（七）其他必要的调查核实措施。

有关机关正在调查的行政违法或者刑事犯罪案件需要依法提起公益诉讼的，检察机关可以商请有关机关在调查时一并收集、保全公益诉讼案件证据。对推诿、拒绝、干扰、阻挠检察机关调查核实的单位和个人，检察机关可以向有关单位或者上级主管部门提出检察建议；涉嫌违纪违法的，移送有关机关处理。以暴力或者暴力相威胁，妨碍检察人员依法调查收集证据的，检察机关可以依法采取相应处置措施；涉嫌违法犯罪的，依法移送公安机关处理。

五、行政机关应积极支持配合公益诉讼工作开展。全市各级行政机关应当依法向检察机关开放与案件相关的行政执法信息和数据库，实现信息共享。在检察公益诉讼中自觉接受检察机关的法律监督，积极配合做好公益诉讼案件调查取证、应诉出庭、专家证人鉴定人出庭、判决执行等工作；在鉴定评估、业务咨询、政策法规解读等方面为检察机关提供专业支持；对检察机关提出的诉前检察建议，应当认真研究落实，及时书面回复落实和整改情况，并附上相关证明材料。全市各级人民政府应当将支持检察机关开展公益诉讼工作纳入依法行政工作考核内容。

六、监察机关与检察机关应建立案件线索双向移送。监察机关在工作中发现公益诉讼案件线索，应当及时移送检察机关依法办理。检察机关在工作中发现有关单位或个人干扰、阻碍检察机关依法行使公益诉讼调查核实权，以非法定理由要求检察机关撤案、撤诉、干扰阻挠检察机关开展公益诉讼办案工作，或行政机关不按期落实检察建议，导致国家和社会公共利益遭受重大损失或者造成损失进一步扩大的涉嫌职务违法或者职务犯罪的问题线索，应当移送监察机关依法依规办理。

七、审判机关应加强公益诉讼审判工作。加强与检察机关在公益诉讼案件管辖、审理程序、证据规则、裁判执行、法律适用等方面的沟通协调，共同研究解决实践中存在的突出问题。对检察机关提起公益诉讼案件，应当及时立案和审理，依法作出裁判。对检察机关提出的财产保全、证据保全申请，应当依法采取保全措施。对被告不履行生效判决、裁定的，应当及时将案件移交执行；对于不履行相关义务的被执行人、协助执行人，应当依法追究法律责任。

八、公安机关应加强公益诉讼衔接工作。公安机关在相关行政执法中应当自觉接受公益诉讼检察监督，发现公益诉讼案件线索，应当及时移送检察机关。在依法搜集刑事犯罪证据的同时，协助检察机关收集、固定犯罪嫌疑人涉嫌侵害国家利益和社

会公共利益的相关证据。公安机关应当依法及时处置妨害、阻碍检察机关办理公益诉讼案件的违法行为。检察机关在办理公益诉讼案件中发现刑事犯罪案件线索，应当及时移送公安机关依法处理。

九、司法行政机关应加强公益诉讼保障工作。司法行政机关应加强执法监督检查，办理行政复议案件时，检察机关已向行政机关发送检察建议的，应当听取检察机关意见。并会同有关部门加强律师执业的保障和监督，发挥律师在公益诉讼中的积极作用。

十、建立健全检察公益诉讼协作机制。行政、监察、司法机关应当与检察机关协商构建重大工作通报、信息共享反馈、案件取证协作、快速协调联动等机制，通过定期召开联席会议、应急会商、联合开展专项公益保护活动，充分运用大数据、网格化管理等手段，形成公益保护合力。市人民检察院应当会同市中级人民法院、市财政局以及相关部门，研究制定公益诉讼案件赔偿金管理使用办法，对公益诉讼案件实行专账管理。积极推进实践“河（湖）长 + 检察长”等依法治河工作模式，促进全流域生态环境和资源保护等工作。

十一、加强人大常委会对公益诉讼工作的监督。市人大常委会将依法通过听取和审议专项工作报告、开展执法检查、专题询问、代表视察等方式，监督和支持各行政机关、监察机关、审判机关、检察机关严格依法履行共同推进检察公益诉讼工作的职责，督促本决定规定的有关事项得到落实。全市两级人大应当充分发挥人大代表密切联系群众的桥梁纽带作用，畅通人大代表向检察机关提供公益问题线索的渠道，共同维护国家利益和社会公共利益。

各行政机关、监察机关、审判机关、检察机关应当自觉接受市人大常委会对公益诉讼工作的监督。

十二、构建全社会共同参与公益保护的良好氛围。各级国家机关、企事业单位、社会团体等要加大对公益保护的宣传引导，提高检察公益诉讼工作的社会知晓度。检察机关应当通过定期通报公益诉讼工作情况、发布典型案例、以案释法等形式加大对检察公益诉讼工作的宣传；司法行政机关要将公益诉讼内容纳入普法宣传教育范围；各级宣传文化部门、新闻媒体应当加大对检察公益诉讼工作的宣传力度。倡导鼓励各有关单位、社会组织和个人可通过 12309 检察服务热线、信件等方式向检察机关举报损害国家利益和社会公共利益的违法行为，积极营造公益保护的良好社会氛围。

十三、本决定自公布之日起施行。

林芝市烟草制品零售点合理布局规定

为切实维护国家烟草专卖制度，加强烟草专卖零售许可证管理，规范烟草制品的流通秩序，依据《中华人民共和国行政许可法》《中华人民共和国烟草专卖法》《中华人民共和国烟草专卖法实施条例》《烟草专卖许可证管理办法》的相关规定，按照《烟草专卖许可证管理办法实施细则》，结合林芝市烟草专卖局实际，修改完善《林芝市烟草制品零售点合理布局规划》文件。

第一条　本规划适用于林芝市行政区域内烟草制品零售点的合理布局。

第二条　本规划所称烟草制品零售点（以下简称“零售点”）是指经申请人申请，依法取得烟草专卖零售许可证，从事烟草制品零售业务的经营场所。

第三条　零售点设置应当城乡统筹，遵循依法行政、科学规划、服务社会、均衡发展以及和公开、公平、公正的原则。

第四条　本规划根据林芝市行政区域内的人口

数量、行政区域面积、经济发展水平、交通状况、旅游特性以及居民消费需求等因素制定。

第五条 根据林芝市城镇布局、人口分布、交通状况等综合因素，零售点区域划分为中心城区和县乡区域两类。

第六条 中心城区主要是指巴宜区八一镇，进一步细分为主要街区、一般路段、居民小区、集贸市场、特殊区域等五类区域：

（一）主要街区，是指人口密集、人流量较大或烟草制品消费能力较强的繁华路段。主要包括八一大街、平安路、德吉路、广州大道中段、迎宾大道、香港路、嘉龙步行街、幸福三街等；

（二）一般路段，除去主要街区外的街区路段；

（三）居民小区，在林芝市范围内的居民小区、公寓；

（四）集贸市场，在林芝市范围内的集贸市场；

（五）特殊区域，包括部队营区、旅游景点、汽车（货运）站、机场、火车站、娱乐场所、网吧、酒店宾馆、高等院校、加油站、大型工程项目施工点等区域。

第七条 县乡区域主要是指工布江达县、米林县、朗县、波密县、察隅县、墨脱县及其所辖乡镇，零售点根据行政管辖划分为县、乡（镇）、村等区域。

第八条 中心城区零售点布局规划：

（一）主要街区设置零售点的间距可通行距离不得少于30米。

（二）一般路段设置零售点的间距可通行距离不得少于50米。

（三）居民小区按照居民户数为标准确定零售点，400户以下设置1个零售点；400户以上的，每超过400户可增设1个零售点；居民小区内的零售点同侧最近零售点间距不少于30米，对侧间距均不作限制。

（四）集贸市场零售点的设置按其规模设置，规模在50个固定门面和摊位数以下的，内设零售点不得超过3个；规模在50个以上的，每超过50个可增设1个零售点，且与市场内最近零售点间距不少于30米。对侧间距均不作限制。

（五）特殊区域零售点的设置：

1. 部队营区、监狱等对内经营烟草制品零售业务的，零售点设置不受间距和数量限制；

2. 旅游景点内设置零售点的间距可通行距离不得少于60米；

3. 汽车客运站内设置的零售点不得超过2个，不作间距限制；

4. 机场内每一个航站楼设置的零售点不得超过3个，不作间距限制；

5. 合法设立的娱乐场所、合法设立的网吧在固定的场所对内经营烟草制品零售业务的，可设置1个零售点，不受间距限制；

6. 50个床位以上或者营业面积250平方米以上的酒店、宾馆内可设置1个零售点，不作间距限制；

7. 高等院校（西藏大学农牧学院）内，可按每1500人设置2个零售点的原则设置，不作间距限制；

8. 具备安全保障措施和法定办证条件的加油站便利店，按照一店一证的原则设置1个零售点；

9. 火车站内设置的零售店不得超过5个，不作间距限制；

10. 大型工程项目施工点，务工人员达1000人，有固定经营场所的可设置2个零售点，每超过500人可增设1个零售点，不作间距限制。

第九条 县乡区域零售点的设置：

（一）县人民政府所在地设置零售点的间距同侧不得少于40米，不作对侧间距限制；

（二）乡、镇人民政府所在地设置零售点按照居民人口为标准确定零售点，1000人以下设置3个零售点；1000人以上的，每超过500人可增设1个零售点；零售点同侧间距及对侧间距均不作限制；

（三）农村50户以下的自然村设零售点不超过3个，50户以上的自然村每超过20户可增设1个零售点，不受零售点间距的限制，户数按照门牌号

林芝市政务服务中心运行管理办法（试行）

第一章 总 则

第一条 为转变政府职能、优化营商环境、提高行政审批效能、方便群众办事、规范行政审批行为和林芝市政务服务大厅运行管理，按照《中华人民共和国行政许可法》等法律法规，结合工作实际，制定本办法。

第二条 市政务服务中心是林芝市、巴宜区二级政府按照“依法行政、公开规范、便民高效、廉洁自律”“三集中、三到位”（把部门行政审批职能向一个科室集中，承担行政审批职能与办理公共服务事项的科室向市政务服务中心集中，行政审批和与公共服务事项向政务服务平台集中，政务服务事项进驻市政务服务中心到位、授权到位、电子监察到位）原则设立，为社会公众、企事业法人、非公经济组织等，依法办理行政许可（审批）和其他公共服务事项的开放式办公场所。

第三条 市政务服务中心的运行、管理、监督等工作，适用本办法。

第四条 市政务服务中心由林芝市行政审批和便民服务局负责日常运行管理，以及进驻市政务服务中心行政审批和公共服务事项的综合协调、指导督办等具体工作。

第五条 林芝市、巴宜区各级单位派驻市政务服务中心窗口的工作人员，其人事、工资关系由所在单位负责，身份不变；其党、团组织和工、青、妇等群团组织关系在派驻期间内由所在单位转入市政务服务中心。同时，日常管理、教育培训和检查考核由市政务服务中心管理机构负责，作息时间、业务开展、考勤考核等按照市政务服务中心统一标准规定执行。

第二章 进驻事项管理

第六条 林芝市、巴宜区职能部门应坚决贯彻落实国务院、自治区、林芝市深化“一网一门一次”改革相关决策部署，按照“应进必进”原则，将与企业生产经营、群众生产生活密切相关的政务服务及公共服务事项，统一纳入市政务服务中心。

第七条 进驻市政务服务中心的行政审批和公共服务事项，按照“二级一体”原则办理，即林芝市、巴宜区二级事项统一按照“前台综合受理、后台分类办理，统一窗口出件”的办件业务流程办理，依法制定相应的办理流程、编制办事指南，在实体大厅和自治区一体化政务服务平台进行公示，落实法定依据、办理程序、申报材料、承诺时限、收费标准“五公开”，相关内容发生变化的 3 个工作日内线上线下同步更新。

第八条 进驻市政务服务中心的行政审批和公共服务事项，按照深化“放管服”改革、加快推进“互联网 + 政务服务”工作和市政务服务中心管理机构相关要求，全面开展帮办代办、流程优化、全程网办等工作。各职能部门结合工作实际需要，授予窗口工作人员相应的审核、审批权限。

第九条 进驻市政务服务中心办理的行政审批和公共服务事项，除基于就近便民服务和报请林芝市人民政府同意的多处网点受理外，不得在市政务服务中心以外另行受理和出件。

第三章 运行管理

第十条 严格按照国务院和自治区、林芝市人民政府有关要求以及市政务服务中心管理机构制定规定，实行《窗口工作人员行为规范》《窗口工作人员选派和管理制度》《一次性告知制度》《首问负责制度》《限时办结制度》《投诉处理制度》等工作制度。

第十一条 即办件的受理

申请人提出事项办理申请时，窗口工作人员应对申报材料进行程序性审查。

对符合受理规范要求的，按相关规定给予办理。

对不符合受理规范要求的，应当允许申请人当场更正，不能当场更正的，出具《不予受理通知书》，一次性书面告知申请人应当更正或规范的全部内容。

第十二条 承办件的受理

申请人提出事项办理申请时，窗口工作人员应对申报材料进行程序性审查（初审）。

对符合受理规范要求的，出具《受理通知书》。

对不符合受理规范要求的，应当允许申请人当场更正，不能当场更正的，出具《不予受理通知书》，一次性书面告知申请人应当更正或规范的全部内容。

由窗口工作人员负责，将申报材料报后台或有关单位，由后台或有关单位派专人进行审核。

对审核论证符合批准条件的，按照规定程序和时限予以批准，并及时告知申请人取件方式，由申请人自愿选取以下取件方式：（1）通过邮政快递寄送；（2）到市政务服务中心窗口现场取件；（3）投放至自助取件柜自助取件。

对审核论证不符合批准条件的，出具《退件通知书》，书面告知申请人退件的依据和理由。

对不符合法规规定和有关政策的，出具《不予批准通知书》，明确告知申请人不予批准的依据和理由。

第十三条 审批权限在上一级的，且上级机关和有关事项已进驻市政务服务中心窗口的，经窗口受理、初审后由受理人员负责转交至对应窗口，明确告知申请人转交情况，并协调、协助对应窗口予以审核。

审批权限在上一级的，上级机关和有关事项未进驻市政务服务中心窗口的，明确告知申请人到上一级承办机关办理。

第十四条 各窗口进驻事项涉及收费项目的需本着就近就便原则，在市政务服务中心内缴费，并不断创新收费方式，减少群众跑动。

第四章 窗口管理

第十五条 市政务服务中心分为大综窗和行业小综窗。大综窗是指无差别办理各类事项的综合窗口；行业小综窗是指社保、医保、公积金、不动产登记、婚姻登记等行业类别相对集中办理的小型综合窗口。

第十六条 市政务服务中心在现有窗口相对集中的基础上，进一步分类、归并和整合窗口，最终实现所有进驻市政务服务中心事项“一窗”无差别受理。

第五章 人事管理

第十七条 进驻单位选派到市政务服务中心的工作人员，应符合以下条件：

（一）具有公务员或法律、法规授权能依法行使管理公共事务和提供审批服务职能的在编人员身份；

（二）具有较高的思想政治觉悟，较强的服务意识、组织纪律性和敬业精神；

（三）业务能力强、综合素质高，熟悉本单位的工作职能、业务范围，掌握本单位职权范围内的行政许可和公共服务事项以及相关法律、法规、政策的有关规定和办事程序，熟悉计算机操作技术和网络应用知识。

第十八条 窗口工作人员要相对稳定，各进驻单位派驻到市政务服务中心的工作人员，在窗口工作时间不少于1年；各单位选派进驻市政务服务中心工作人员须召开党组（党委）会议研究，择优选派，任何领导个人和科室不得随意调换窗口工作人员。确因工作原因需调整窗口工作人员的，相关单位需出具党委（党组）会议通过的调整意见，并经

单位主要领导审签后报市政务服务中心管理机构备案，工作人员轮换和调整期间严禁出现工作脱节及空岗现象。

对不适合窗口工作或不服从管理的工作人员，市政务服务中心管理机构应书面向所属单位说明原因、提出调换意见，相关单位应当认真研究，在10个工作日内进行书面答复。

第十九条 各进驻单位应按照《中国共产党章程》《中国共产党支部工作条例（试行）》《中国共产党党员教育管理工作条例》《中国工会章程》《中国共产主义青年团章程》等有关规定，主动将窗口工作人员党群组织关系转到市政务服务中心设立的党群组织，不能转入党群组织关系的，进驻单位党群组织应出具书面说明。

市政务服务中心工作人员应积极参加“三会一课”等党群组织活动。

第二十条 进驻单位的分管领导每月至少到市政务服务中心检查指导工作1次，认真了解派驻单位工作人员的工作、学习、生活等情况，及时帮助解决存在的困难和问题。

第二十一条 实行AB岗工作制度。进驻单位应按照AB岗原则选派工作人员，其中A岗是业务主办人员，进驻市政务服务中心上班，B岗是业务协办人员，平时可在单位上班，当A岗因事因病请休假或其他原因不能在岗时，由熟悉业务的B岗承办业务，保证政务服务工作持续高效有序运转。

第二十二条 实行进驻市政务服务中心工作人员年度考核和评优制度。每年12月10日前，由市政务服务中心管理机构对进驻市政务服务中心工作人员进行年度工作考核，按市政务服务中心工作人员总数的15%～25%（公务员25%、事业编制15%）评定优秀等次，不占用各单位年度优秀考核名额。被评定为优秀等次的，派驻单位按照相关规定给予奖励。

第二十三条 实行定期学习培训制度。市政务服务中心管理机构定期组织管理人员、进驻市政务服务中心工作人员开展政治理论、法律法规学习和业务培训。各进驻单位根据实际需要，及时组织进驻市政务服务中心工作人员开展专业培训，但原则上不得在市政务服务中心对外服务时间进行，以免影响窗口运行；如遇特殊情况需在市政务服务中心对外服务时间进行的，必须保证市政务服务中心窗口正常运转，严禁出现空岗及业务停办现象。

第六章 监督管理

第二十四条 实行服务绩效考评制度。以政务服务平台“好差评”数据为依据，采取多种形式对进驻市政务服务中心工作人员服务质量、工作效率等定期组织服务绩效考评。

第二十五条 市政务服务中心管理机构通过现场巡查、视频监控和服务绩效考评等方式，加强对所有进驻事项办理情况及进驻工作人员的审批服务行为、服务效能、服务作风等情况进行监督检查。

第二十六条 市政务服务中心实行季度、年度通报制度。季度、年度通报将以书面形式反馈至派驻单位，并适时召开通报会，对通报中反映的问题，相关单位要在5个工作日内回复整改落实情况，延期或不报者在年度服务绩效考评中作扣分处理。

特殊情况季度、年度通报会将邀请有关单位分管领导参会；严禁以科室负责人或市政务服务中心工作人员代替单位分管领导参会；首席代表不参加季度通报会或专题会议的，在年度考核中作为重要扣分依据纳入进驻单位年度服务绩效考评。

各职能部门派驻的工作人员服务绩效考核结果，与个人评先评优、提拔任用和进驻单位年度服务绩效考评挂钩。

第二十七条 实行考勤制度和请销假制度。考勤记录作为服务绩效考评的重要依据之一，并由市政务服务中心管理机构定期向进驻单位反馈其派驻工作人员的相关情况。

第七章 其 他

第二十八条 落实资金分级保障机制，确保市政务服务中心及其食堂正常运转。林芝市本级进驻单位工作人员的工会经费、党建经费、伙食补助，由林芝市行政审批和便民服务局于每年 9 月 30 日前提供进驻单位工作人员基本信息及相关资料，林芝市财政局按照现行保障标准核定后纳入次年预算。巴宜区进驻单位工作人员伙食补助，由林芝市商巴宜区办理。

第二十九条 对各相关单位政务服务事项进驻不到位、未经林芝市人民政府同意而多头受理或出件、体外循环等违规行为以及市政务服务中心工作人员工作中的违规行为，由市政务服务中心管理机构督促责任单位限期整改，会同所在单位对责任人进行处理；涉嫌违纪的，按干部管理权限移送相关纪检监察机关处理。

第三十条 本办法自印发之日起试行，试行期为 2 年。

关于印发《林芝市民族团结进步模范评选表彰实施办法（试行）》的通知

各县（区）人民政府，市各委、办、局：

《林芝市民族团结进步模范评选表彰实施办法（试行）》已经市委、市政府同意，现印发你们，请认真抓好贯彻落实。

林芝市人民政府办公室

2021 年 10 月 9 日

林芝市民族团结进步模范评选表彰实施办法（试行）

第一条 为进一步规范全市民族团结进步模范评选表彰工作，不断创新推进民族团结进步创建工作，根据《全国民族团结进步模范评选表彰办法》《西藏自治区民族团结进步模范评选表彰办法》《西藏自治区民族团结进步模范区创建条例》等规定，结合实际，制订本实施办法。

第二条 林芝市民族团结进步模范表彰称号包括：

（一）林芝市民族团结进步模范集体；

（二）林芝市民族团结进步模范个人。

第三条 评选林芝市民族团结进步模范应当坚持公平、公正、公开，先进性强、引领性强，注重实绩、群众认可，精神奖励为主、物质奖励为辅的原则，按照办法规定的条件、标准、权限和程序进行。

第四条 林芝市民族团结进步表彰大会每三年召开一次，评选表彰模范集体、个人原则上分别控制在 30 个、35 名。

第五条 推荐评选为林芝市民族团结进步模范集体和个人，必须以习近平新时代中国特色社会主义思想为指导，紧扣铸牢中华民族共同体意识工作主线和战略性任务，深入贯彻落实新时代党的治藏方略，牢固树立“三个离不开思想”，不断增强“五个认同”，认真执行党的民族政策，模范遵守国家法律法规，反对分裂，维护祖国统一，立足岗位，勇于奉献，积极投身民族团结进步创建，在实现

“中华民族一家亲、同心共筑中国梦”伟大事业中取得显著成绩，具备下列条件之一者：

（一）在促进各民族交往交流交融、铸牢中华民族共同体意识方面作出突出贡献的；

（二）在促进少数民族和民族地区经济发展进程中做出突出贡献的；

（三）在促进民族团结维护社会稳定，巩固和发展平等团结互助和谐的社会主义民族关系方面做出突出贡献的；

（四）在开展民族团结进步宣传教育和创建工作，维护各族群众合法权益方面作出突出贡献的；

（五）在脱贫致富，为少数民族群众办实事、办好事方面作出突出贡献的；

（六）在培养少数民族干部和人才方面作出突出贡献的；

（七）长期从事民族工作，为民族团结进步事业作出突出贡献的；

（八）在反对分裂，维护祖国统一和边防巩固，增进军民、警民团结方面作出突出贡献的；

（九）外来企业和产业能手、致富能手与当地群众结成对子，在抱团发展、共同致富方面作出突出贡献的；

（十）在推进民族团结进步事业中作出其他突出贡献的。

第六条 推荐评选工作应坚持面向基层和工作一线，重点向艰苦偏远地区、边境地区、农牧区、城镇社区和维护社会稳定工作任务较重的地区倾斜。地厅级以上干部一般不参加评选，县处级以上干部不超过模范个人总数的 10%，妇女代表不少于 5%。推荐评选民族团结进步模范要充分体现广泛性、代表性和典型性。推荐评选模范集体，既要有党政机关、人民团体、企事业单位和部队方面的代表，又要有村（居）委会组织、非公有制经济组织和社会组织方面的代表，还要有宗教活动场所方面的代表。推荐评选模范个人，既要有少数民族代表，又要有汉族代表，还要有驻村、驻寺干部代表；既要有在藏干部职工代表，又要有援藏干部代表，还要有一定数量部队干部战士代表；既要有公职人员代表，又要有居民、农牧民、非公有制经济人士、社会组织和在藏务工人员中的代表，还要有一定数量的僧尼代表。

第七条 评选表彰对象原则上由各县（区）、市（中、区）直各单位、驻林各军警部队等推荐。已获得表彰又做出新的突出贡献的，可再次参加评选。在开展民族团结进步创建工作中成绩突出的单位，可优先评选推荐。市民族团结进步模范创建评选活动领导小组办公室（以下简称“市创建办”）科学制定评选表彰名额分配方案，经市民族团结进步模范创建评选活动领导小组（以下简称“市创建领导小组”）审核同意后，报市委、市政府审定。

第八条 推荐评选工作实行自下而上、逐级审核的方式进行报送，采取各推荐评选县（区）、部门、单位和全市范围两级公示制度。具体程序为：

（一）市创建办提出评选表彰工作方案，经市委、市政府批准后，下发评选表彰通知；

（二）各县（区）创建领导小组负责本辖区推荐表彰对象的评选、审核、公示及报送工作；

（三）市（中、区）直各单位负责本领域本行业表彰推荐对象的评选、审核、公示及报送工作；

（四）驻林各军警部队负责对系统表彰推荐对象的评选、审核、公示及报送工作；

（五）在我市从业的各类人员（含个体工商户和务工人员）为民族团结进步事业作出突出贡献的，由所在县（区）负责评选、审核、公示及报送工作；

（六）市创建办对全市推荐表彰对象进行评审和公示，经市创建领导小组审核同意后，报市委、市政府审定；

（七）市委、市政府审批表彰对象，发布表彰决定，召开表彰大会。

第九条 出席市民族团结进步表彰大会的模范集体、模范个人代表人数及名额分配，由市创建办根据市委、市政府要求和实际情况确定。

第十条 市委、市政府对表彰的模范集体授予

"林芝市民族团结进步模范集体"称号，颁发奖牌和证书。对表彰的模范个人授予"林芝市民族团结进步模范个人"称号，颁发证书，一次性发放3000元奖金。表彰奖励资金由市财政核拨。

第十一条 表彰大会结束后，由市创建办组织全市民族团结进步模范事迹报告团，赴各县（区）、市（中、区）直各单位、部队和农牧区、学校、宗教活动场所等进行宣讲。两次表彰大会之间，应开展形式多样的常态化宣传活动。

第十二条 各级各部门要广泛宣传市民族团结进步模范典型事迹，总结推广先进经验，发挥示范引领作用；鼓励各级各部门采取创作主题文艺作品、制作播出公益广告等形式，弘扬其突出业绩和精神风貌。

第十三条 各级各部门应加强与市民族团结进步模范的联系，开展走访慰问等活动；组织模范集体和个人代表进行参观学习、考察培训；可以邀请参加重要庆典和纪念活动。

第十四条 优先推荐模范个人作为党的各级代表大会代表候选人、各级人民代表大会候选人、各级人民政治协商会议委员人选，在各级工会、共青团、妇联等群团组织担任职务。

第十五条 市民族团结进步模范应倍加珍惜荣誉、维护声誉，模范遵守法律法规，全心全意为人民服务，在推进民族团结进步事业中发挥更大作用。

第十六条 市民族团结进步模范评选表彰工作经费由市财政列支，列入年度预算。

第十七条 市民族团结进步模范集体、模范个人有下列情形之一的，应撤销其称号：

（一）为获取荣誉故意隐瞒真实情况、弄虚作假的；

（二）因违法违纪等问题造成恶劣影响的；

（三）在反对民族分裂、维护团结稳定等方面出现问题的；法律法规规定应当撤销奖励的其他情形。

撤销其称号，须原推荐单位提出，采取逐级上报，经市创建办初审、市创建领导小组审核后，报市委、市政府审批。对撤销称号的集体和个人，收回奖牌、证书，停止享受有关待遇。

第十八条 在作出正式撤销决定前，允许撤销表彰奖励的集体或个人提出申辩。市创建办组织对申辩或异议进行核查，及时作出答复。

第十九条 各县（区）开展民族团结进步模范表彰活动，可结合本县（区）实际，参照本办法制定本县（区）的评选表彰办法实施细则。

第二十条 本办法由市创建办负责解释，自发布之日起实施。

统计资料

2021 年林芝市国民经济和社会发展主要指标统计表

表 23

指标名称	单位	2020 年	2021 年	2021 年比 2020 年增长（±%）	备注
一、主要经济指标					
生产总值	亿元	191.34	209.01	6.9	可比速度
第一产业	亿元	12.29	12.56	-0.9	可比速度
第二产业	亿元	74.05	70.97	4.0	可比速度
第三产业	亿元	105	125.48	9.4	可比速度
主要农产品产量					
粮食产量	吨	84929	84979.08	0.1	
肉类产量	吨	11749	13946.75	18.7	
奶类	吨	26380	22617.1	-14.3	
油料	吨	4599	3671.00	-20.2	
牲畜存栏	万（头只）	75.18	80.96	7.7	
工业总产值（现价）	亿元	—	—	22.7	
其中：规上工业	亿元	—	—	2.2	
规下工业	亿元	—	—	113.8	
工业主要产品产量					
中成药	吨	—	—	3.8	
天然饮用水	吨	—	—	-54.0	
城镇居民人均可支配收入	元	36480	41346	13.3	
农村居民人均可支配收入	元	18791	21767	15.8	
固定资产投资	亿元	—	135.12	8.0	
其中：民间投资	亿元	—	—	-16.0	
社会消费品零售总额	亿元	51.4	56.23	9.4	
CPI 指数	%	102.2	100.3	0.3	
二、地区生产总值					
林芝市生产总值	亿元	191.34	209.01		
第一产业	亿元	12.29	12.56		
第二产业	亿元	74.05	70.97		
第三产业	亿元	105	125.48		
增速 GDP	%	7.9	6.9		
第一产业	%	4.0	-0.9		
第二产业	%	9.5	4.0		
第三产业	%	7.4	9.4		
构成					

续表 23

指标名称	单位	2020 年	2021 年	2021 年比 2020 年增长（±%）	备注
林芝市生产总值	%	100	100		
第一产业	%	6.4	6.0		
第二产业	%	38.7	34.0		
第三产业	%	54.9	60.0		
人均 GDP	元	—	—		
注：此表增速按可比价格计算					
三、农林牧副渔业					
农林牧渔业总产值（现价）	万元	168297.73	172276.57	2.4	
农业	万元	81935.08	86062.40	5.0	
林业	万元	2956.77	3240.90	9.6	
牧业	万元	77707.26	77086.54	-0.8	
渔业	万元	43.61	88.45	102.8	
农林牧渔服务业	万元	5655.00	5798.28	2.5	
构成					
农林牧渔业总产值	%	100	100		
农业	%	48.7	50.0		
林业	%	1.8	1.9		
牧业	%	46.2	44.7		
渔业	%	0.0	0.0		
农林牧渔服务业	%	3.4	3.4		
农作物播种面积					
粮食作物	公顷	18067.93	17909.34	-0.9	
青稞	公顷	5121.05	5844.64	14.1	
小麦	公顷	8063.27	7820.55	-3.0	
油料	公顷	2500.03	1975.17	-21.0	
油菜籽	公顷	2448.30	1919.65	-21.6	
蔬菜	公顷	2804.09	2811.48	0.3	
主要农产品产量					
粮食总产量	吨	84929.34	84979.08	0.1	
谷物	吨	80333.13	84514.83	5.2	
青稞	吨	20457.75	24452.81	19.5	
小麦	吨	33881.31	34732.52	2.5	
油料	吨	4599.30	3670.94	-20.2	
油菜籽	吨	4415.48	3472.12	-21.4	
蔬菜	吨	36260.00	42063.56	16.0	

续表 23

指标名称	单位	2020 年	2021 年	2021 年比 2020 年增长（±%）	备注
牲畜存栏					
年末牲畜存栏总头数	头（只）	751757	809553	7.7	
大牲畜	头	404253	392129	-3.0	
牛	头	376392	369266	-1.9	
羊	只	20665	16147	-21.9	
绵羊	只	5311	4473	-15.8	
猪	头	326839	401277	22.8	
牲畜出栏					
牛	头	39539	38690	-2.1	
羊	只	3240	3338	3.0	
猪	头	78540	94527	20.4	
畜禽产品产量					
肉类总产量	吨	11748.97	13946.75	18.7	
猪牛羊肉产量	吨	11455.57	12141.93	6.0	
牛肉	吨	6726.53	5469.48	-18.7	
羊肉	吨	69.07	59.30	-14.1	
猪肉	吨	4659.97	6613.15	41.9	
奶类产量	吨	26380.45	22617.10	-14.3	
羊毛产量	吨	9.95	7.00	-29.6	
禽蛋产量	吨	3205.09	3040.30	-5.1	
四、工业					
工业总产值（现价）	亿元	—	—	22.7	
其中：规模以上工业总产值	亿元	—	—	2.2	
工业增加值	亿元	10.61	12.71	12.4	
规模以上工业增加值	亿元	7.55	9.30	6.3	
主要产品产量					
中成药	吨	2670.90	2771.14	3.8	
天然饮用水	吨	11941.95	5463.29	-54.3	
五、贸易					
社会消费品零售总额	亿元	51.40	56.23	9.4	
按经营单位所在地分					
城镇	亿元	35.39	39.37	11.3	
乡村	亿元	16.02	16.86	5.3	
按消费类型分					
餐饮收入	亿元	8.38	9.92	18.4	

续表 23

指标名称	单位	2020 年	2021 年	2021 年比 2020 年增长（±%）	备注
商品零售	亿元	43.02	46.31	7.6	
六、交通运输邮电					
公路通车里程	千米	7135.98	7187.60	0.7	
公路客运量	万人次	103.42	119.06	15.1	
公路货运量	万吨	211.15	210.80	−0.2	
民航旅客吞吐量	万人次	41.36	51.58	24.7	
民航货邮吞吐量	吨	2892.70	2834.80	−2.0	
邮政局所	个	70	70	0.0	
全市邮政企业和规模以上快递服务企业业务收入（不包括邮政储蓄银行直接营业收入）	万元	7671.42	7876.63	2.7	
七、旅游					
旅游总人数	万人次	675.64	1006.07	48.9	
接待国内旅游人数	万人次	675.57	1005.79	48.9	
接待入境旅游人数	万人次	0.06	0.27	342.4	
旅游总收入	亿元	39.92	83.75	109.8	
国内旅游收入	亿元	39.9	83.68	109.7	
旅游景区数量	个				
AAAAA 级景区	个	2	2	0.0	
AAAA 级景区	个	6	6	0.0	
AAA 级景区	个	3	5	66.7	
宾馆饭店数量	个	517	619	19.7	
拥有床位	张	28018	39743	41.8	
星级宾馆饭店	个	39	31	−20.5	
拥有床位	张	5891	4863	−17.4	
农牧民家庭旅馆数量	个	637	701	10.0	
星级农牧民家庭旅馆	个	295	207	−29.8	
八、财政金融					
财政					
公共财政预算收入	万元	142958	150237	5.1	
税收收入	万元	73896	80735	9.3	
非税收入	万元	69062	69502	0.6	
公共财政预算支出	万元	1347341	1035838	−23.1	
一般公共服务支出	万元	189550	188613	−0.5	
国防支出	万元	358	1373	283.5	
公共安全支出	万元	79619	76395	−4.0	

续表 23

指标名称	单位	2020 年	2021 年	2021 年比 2020 年增长（±%）	备注
教育支出	万元	141397	143212	1.3	
科学技术支出	万元	3779	1078	-71.5	
文化体育与传媒支出	万元	33503	21350	-36.3	
社会保障和就业支出	万元	85983	83884	-2.4	
卫生健康支出	万元	101041	83606	-17.3	
节能环保支出	万元	52960	16675	-68.5	
城乡社区支出	万元	132689	63769	-51.9	
农林水支出	万元	325266	222346	-31.6	
交通运输支出	万元	88015	15564	-82.3	
资源勘探信息等支出	万元	10635	18724	76.1	
商业服务业等支出	万元	4541	284	-93.7	
金融支出	万元	263	52	-80.2	
自然资源海洋气象等支出	万元	6320	7611	20.4	
住房保障支出	万元	44150	40790	-7.6	
粮食物资储备支出	万元	4067	301	-92.6	
灾害防治及应急管理支出	万元	15745	9058	-42.5	
其他支出	万元	24695	35834	45.1	
债务付息支出	万元	2683	5302	97.6	
债务发行费用支出	万元	82	17	-79.3	
金融					
各项存款	亿元	352.11	343.29	-2.5	
境内存款	亿元	352.11	343.29	-2.5	
住户存款	亿元	95.62	101.64	6.3	
非金融企业存款	亿元	67.23	68.88	2.5	
广义政府存款	亿元	189.24	172.76	-8.7	
各项贷款	亿元	318.84	342.54	7.4	
境内贷款	亿元	318.84	342.54	7.4	
住户消费贷款	亿元	32.69	34.38	5.2	
住户经营性贷款	亿元	26.26	28.73	9.4	
非金融企业及机关团体贷款	亿元	259.89	279.42	7.5	
九、教育					
中等专业学校					
学校数	所	1	1	0	
招生人数	人	573	1113	94.2	
在校生数	人	2154	2313	7.4	

续表 23

指标名称	单位	2020 年	2021 年	2021 年比 2020 年增长（±%）	备注
教职工数	人	257	259	0.8	
中学（含 2 所高中）					
学校数	所	12	11	-8.3	
招生人数	人	4222	5077	20.3	
在校生数	人	14626	13780	-5.8	
教职工数	人	1224	1230	0.5	
小学					
学校数	所	60	61	1.7	
招生人数	人	3613	3750	3.8	
在校生数	人	21080	21523	2.1	
教职工数	人	1953	1992	2.0	
学龄儿童入学率	%	99.98	99.98	0.0	
十、卫生					
卫生机构数	个	81	82		
医院	个	17	17		
卫生院	个	54	54		
卫生防疫机构	个	8	8		
妇幼保健所（站）	个	1	2		
中心血站		1	1		
床位数	张	1158	1158		
医院	张	875	875		
卫生院	张	283	283		
卫生技术人员	人	1499	1563		
每千人卫生技术人员	人	6.27	6.54		
每千人病床数	张	4.86	4.86		
注：卫生机构数仅指政府公立医疗机构，不包含军队医院和民营医院、门诊所等					
十一、固定资产投资					
固定资产投资	%	4.0	8.0		
房地产开发	%	266.5	-29.8		
民间投资	%	78.5	-16.0		
按行业类别分					
第一产业	%	40.1	17.0		
第二产业	%	91.4	20.1		
第三产业	%	-7.3	12.9		
按经济类型分					

续表 23

指标名称	单位	2020 年	2021 年	2021 年比 2020 年增长（±%）	备注
国有经济	%	-14.4	20.4		
其他资金	%	78.5	-16.0		
注：按照全区投资统计统一要求，固定资产投资总量未列入此表					

2021 年林芝市各县（区）主要经济指标统计表

表 24

指标	地区生产总值（亿元）		公共财政预算收入（万元）		固定资产投资完成额（亿元）		社会消费品零售总额（亿元）		农村居民人均可支配收入（元）	
		比 2020 年增长（%）		比 2020 年增长（%）		比 2020 年增长（%）		比 2020 年增长（%）		比 2020 年增长（%）
全市	209.01	6.9	150237	5.1	—	8.0	56.23	9.4	21767	15.8
巴宜区	104.76	6.9	29300	8.3	—	-9.3	38.54	9.3	25603	14.7
工布江达县	20.47	7.0	6961	-50.4	—	9.1	4.99	9.4	22638	14.8
米林县	20.77	6.8	13803	3.6	—	-4.2	3.81	9.1	25273	14.4
墨脱县	8.52	7.1	6277	9.1	—	44.7	0.73	11.9	15278	18.7
波密县	32.85	6.9	13265	98.9	—	-19.3	3.76	10.1	23785	14.9
察隅县	12.10	6.8	18748	36.1	—	129.9	2.52	9.1	15425	18.3
朗县	9.54	6.7	5878	7.5	—	-16.9	1.88	9.5	21600	14.5

2021 年全国、西藏七地市主要经济指标统计表

表 25

指标	单位	全国	全区	拉萨	昌都	日喀则	山南	那曲	阿里	林芝
地区生产总值	亿元	1143670	2080.17	741.84	279.24	348.26	237.27	186.86	77.65	209.01
可比增速	%	8.1	6.7	6.7	7.0	6.4	6.9	6.3	6.6	6.9
规上工业增加值	亿元	—	—	—	—	—	—	—	—	—
可比增速	%	9.6	12.9	5.8	80.8	-3.8	9.1	-17.6	6.5	6.3
固定资产投资	亿元	—	—	—	—	—	—	—	—	—
增速	%	4.9	-14.2	-19.0	-25.6	-10.6	0.9	-40.1	8.0	8.0
社会消费品零售总额	亿元	440823	810.34	399.43	79.43	152.98	72.88	31.67	17.72	56.23
增速	%	12.5	8.7	8.1	9.3	9.1	9.1	8.9	9.0	9.4
一般公共预算收入	亿元	202539	215.59	106.94	20.34	14.56	19.25	7.04	3.76	15.02
公共财政预算支出	亿元	246322	2028.68	318.04	231.21	246.74	177.19	175.77	96.74	103.58
增速	%	0.3	-8.1	-8.1	-15.7	-27.2	-19.0	-21.1	-4.2	-23.1
农村居民人均可支配收入	元	18931	16935	21198	15159	15217	18435	15792	15959	21767
增速	%	10.5	16.0	16.0	16.2	16.3	16.1	15.7	15.9	15.8
城镇居民人均可支配收入	元	47412	46503	49299	40586	45286	43100	46977	49620	41346

续表 25

指标	单位	全国	全区	拉萨	昌都	日喀则	山南	那曲	阿里	林芝
增速	%	8.2	13.0	13.0	12.7	13.2	13.1	12.8	12.9	13.3
居民消费价格指数	%	100.9	100.9	100.5	100.9	102.0	100.0	101.9	100.5	100.3
上涨	%	0.9	0.9	0.5	0.9	2.0	0.0	1.9	0.5	0.3

2021 年林芝市各县（区）农林牧副渔业情况表

表 26

指标	单位	巴宜区	工布江达县	米林县	墨脱县	波密县	察隅县	朗县
农林牧渔业总产值	万元	28962.17	34641.71	24080.33	5926.65	32948.70	24397.14	21319.86
农业	万元	12961.15	15059.42	11214.74	4194.16	19978.95	13685.63	8968.35
林业	万元	79.17	566.74	426.63	29.00	805.70	962.69	370.97
牧业	万元	15623.57	18274.63	10091.96	1450.48	11224.44	8997.92	11423.54
渔业	万元	0.00	18.92	0.00	3.02	65.61	0.90	0.00
农林牧渔服务业	万元	298.28	722.00	2347.00	250.00	874.00	750.00	557.00
农作物播种面积								
粮食作物	公顷	2659.00	2592.00	2398.93	1129.91	4929.63	3338.49	861.38
青稞	公顷	671.00	1333.00	517.54	4.08	2168.67	754.82	395.53
小麦	公顷	1359.00	1203.00	1687.65	3.63	2486.67	662.91	421.32
油料	公顷	329.14	590.00	275.77	2.58	489.03	70.19	218.46
蔬菜	公顷	999.50	278.86	314.48	194.92	302.87	288.57	432.28
主要农产品产量								
粮食总产量	吨	17191.80	9462.10	8694.33	4627.60	23519.08	17325.62	4158.55
青稞	吨	3352.46	4838.79	1794.15	12.92	9884.79	2646.64	1923.06
小麦	吨	7602.43	4496.47	5844.25		12580.55	2110.16	2098.66
油料	吨	426.25	996.00	377.70	18.57	1146.81	203.75	501.85
蔬菜	吨	21005.87	1550.94	3860.36	1353.44	4568.43	2200.22	7524.30
牲畜存栏								
年末牲畜存栏总头数	头（只）	140453	176648	140023	8998	134598	103868	104965
大牲畜	头	50260	94372	71057	4505	59233	45068	67634
牛	头	48103	91394	64995	3770	55201	40803	65000
羊	只	1498	1824	1069		65	6745	4946
猪	头	88695	80452	67897	4493	75300	52055	32385
牲畜出栏								
牛	头	8135	12007	4052	641	2472	6710	4673
羊	只	74		134		11	2171	948
猪	头	46210	2513	7698	1201	14668	21175	1062
家禽出栏	只	498069	12332	181841	44725	810	26407	827
畜禽产品产量								

续表 26

指标	单位	巴宜区	工布江达县	米林县	墨脱县	波密县	察隅县	朗县
肉类总产量	吨	5100.77	1776.04	1339.20	228.13	1231.57	3519.80	751.24
猪牛羊肉产量	吨	3872.60	1754.44	886.53	172.23	1230.25	3475.88	750.00
牛肉	吨	1098.70	1669.00	616.85	112.18	384.25	928.50	660.00
羊肉	吨	1.30		3.08		0.35	39.57	15.00
猪肉	吨	2772.60	85.44	266.60	60.05	845.65	2507.81	75.00
奶类产量	吨	5501.93	6551.28	3375.75	65.91	4319.54	492.69	2310.00
羊毛产量	吨		2.00					5.00
鸡蛋产量	吨	749.69	350.00	4.73	40.70	513.42	81.67	1300.00

索　引

说　明：

本索引为综合性主题索引，索引标目按汉语拼音字母顺序，同音字按声调顺序，同音同声调者按笔画顺序排列。标目后数字为页码。同一主题的内容在文中多处出现的，在其款目后用不同的页码标明。对特载、大事记、附录等栏目不作索引。

#

A

B

C

D

H

J

K

L

M

N

T

W

X

Y

Z